U0625475

另一半中国史

杨建⊙编著

中国华侨出版社

北京

图书在版编目（CIP）数据

另一半中国史 / 杨建编著. —北京：中国华侨出版社，2014.10（2019.9重印）
ISBN 978-7-5113-4937-8

I.①另… II.①杨… III.①中国历史 IV.①K20

中国版本图书馆CIP数据核字（2014）第235971号

另一半中国史

编　　著：杨　建
责任编辑：茂　素
封面设计：韩立强
文字编辑：张丽鑫
美术编辑：潘　松
经　　销：新华书店
开　　本：720mm×1020mm　1/16　印张：27.5　字数：700千字
印　　刷：北京市松源印刷有限公司
版　　次：2015年2月第1版　2019年9月第4次印刷
书　　号：ISBN 978-7-5113-4937-8
定　　价：68.00元

中国华侨出版社　北京市朝阳区静安里26号通成达大厦3层　邮编：100028
法律顾问：陈鹰律师事务所
发 行 部：（010）58815874　　传　　真：（010）58815857
网　　址：www.oveaschin.com　E-mail：oveaschin@sina.com

如果发现印装质量问题，影响阅读，请与印刷厂联系调换。

前言

英国著名历史学家汤因比说："一个人如果能身处在历史感悟之中，他就一定是获得真知的人，因为历史的经验是最为丰富的一座智慧之库。"历史蕴含着经验与真知，它记录了人类社会的成功与失败、兴盛与衰退、辉煌与悲怆、交替与更新，也预示着人类的未来。"鉴前世之兴衰，考当今之得失"，历史的最大作用正如古希腊历史学家波里比阿所说的，"历史之特殊功用在于能使人明白某种政策或政见的成败原因"，"使我们更谨慎、更大胆地面对现实"。历史的作用决定了历史的最大价值在于真实。然而历史也往往最容易被改写，因为"历史是胜利者的宣传"。

中国的历史是从传说中的黄帝开始的，富饶的黄河流域成为华夏族的源头，而生活在这里的黄帝、炎帝成为华夏族共同的祖先，缔造了华夏文明。

公元前221年，秦始皇结束了诸侯纷争的战国，建立了中国历史上第一个统一的、中央集权的多民族封建国家，历经两千多年的封建社会由此开端。

自此以后，"文景之治""光武中兴""贞观之治""开元盛世""仁宣之治""康乾盛世"等一个又一个盛世的出现，体现了统治者的智慧，也将中华民族推向了一个又一个的巅峰，然而盛世之下却也蕴藏着衰亡的命运。"其兴也勃焉，其亡也忽焉"，人的智慧与典制的力量，显然还是没有胜过天道循环的力量，各代王朝均沿着起起落落、兴兴衰衰的老路子前进。五百年分裂，三百年统一，这种分裂与统一交替的出现是中国历史的典型特点，却也造就了中国历史在世界历史中的独树一帜。

朝代的分分合合，并没有阻挡经济文化的繁荣发展，也没有阻挡中华民族的进一步融合。

如此一部精彩的历史，却因为正史的记录、野史的传说、戏剧的编排，不同时期的不同评点，不同作品的不同描述，而变得是非真假众说纷纭。然而历史并不是一个任人打扮的小姑娘，而是客观的存在，历史的真实多存在于细节之中，因此，只有注重历史的另一半，把那些被遗忘、疏漏、润色或掩盖的鲜活而不容置疑的细节揭示出来，才能够感受到有血有肉、栩栩如生的真相及其延伸出来的思想意义。

历史是严肃的，但绝不是无聊的史料堆砌，更不是枯燥的年份列表。真正意义上的历史知识是丰富的、有趣的。同时，真正意义上的历史不仅能够引起人们阅读的兴趣，还能够指导人们的现代生活。觉得历史枯燥，不是因为历史本身，而是因为讲历史的方式。引人入胜的历史讲述应该是在对历史真相的追寻中，对历史人物的重新臧否中，以一种轻松活泼的文字来反映历史一步一个脚印的收获和进步。

本书以朝代为线，分为"华夏源头 国家初立""春秋霸业 轮流坐庄""战国风云 七家逐鹿""大秦帝国 九州一统""汉朝天下 四海归一""乱世三国 英雄辈出"等十三个部分，从石器时代的伏羲讲起，一直到清朝，将整个华夏历史悉数收录。在描述王朝的更替、社会的变迁以及"宏大的叙事"的同时，更侧重关注历史的另一半，从细微之处入手，搜寻历史深处的蛛丝马迹。同时，在对众多的历史史料进行甄选的过程中，遵循一个"真"字，选择最接近史实的部分，并运用历史逻辑重新对其进行解构和重塑，力求见微知著、去伪存真。

本书摒弃严肃枯燥的讲述方式，以人性解史，以趣味说史，兼顾历史的真实与文学的鲜活，以新颖独特的视角，用活泼浅显的文字、妙趣横生的语言，于大处着眼，小处落笔，深入到历史事件的背后，解开其背后所隐含的玄机，在把握历史脉搏的同时深度挖掘历史人物的真实情感，剖析人物内心，从细节中洞察历史，还原历史的真相。

目录

◎ 第一章 ◎
华夏源头　国家初立

◉ 第二章 ◉

春秋霸业　轮流坐庄

◉ 第三章 ◉

战国风云　七家逐鹿

◎ 第四章 ◎

大秦帝国　九州一统

◉ 第五章 ◉

汉朝天下　四海归一

◉ 第六章 ◉

乱世三国　英雄辈出

◎ 第七章 ◎

两晋风流　南北对峙

◎ **第八章** ◎

短暂隋朝　盛世基石

◉ 第九章 ◉

大唐盛世　五代十国

❀ 第十章 ❀
宋代风华　积弱积贫

◉ 第十一章 ◉

大元时代　东方帝国

◉ 第十二章 ◉

大明王朝　集权裂变

◎ 第十三章 ◎

大清王朝　封建末世

第一章

华夏源头　国家初立

【石器时代的老祖宗们】

☸ 最早的王

伏羲，是我国古籍里记载的最早的王，所处的时代大概是新石器时代，注意，还是最早期的。

他有很多的外号和称呼，诸如：宓羲、包牺、伏戏、牺皇、皇羲、太昊、包犠，史记中称伏牺。

可见他的神秘程度有多高，后人都搞不清楚他的真名真姓到底是哪两个字，不但搞不清楚伏羲的名字，就连对他长相的记载，也是五花八门。有人说他是神，有人说他是人，还有人说他是半人半神，长着人首蛇身。

宋代罗泌的《路史》中写到伏羲的身世更是奇特："华胥之渊，盖因华胥居之而名，乃今阆中渝水也。"意思就是说伏羲的母亲华胥还是个黄花大闺女的时候，有一次出外头玩儿，无意中踩到了一个神仙的脚印，回去以后就怀孕了，很快生下了伏羲，伏羲就被当时的人们看作是神人。当然，这是神话传说中的描述，可信度不高。

伏羲是个全能型的人才，他除了继承了人类最开始的本能外，很多后天才能都是自学而成的。

伏羲那个时代生活条件很艰苦，人基本上是和动物住在一起，双方谁逮着谁就吃谁，情形比较混乱。

人的力气当然是比不上那些凶猛的野兽了，伏羲作为头儿，自然不能看着自己的兄弟们受欺负。俗话说，人都是被逼出来的，在恶劣环境的胁迫下，伏羲开动脑筋，教自己的族人做出了简单的工具。

这些工具大多是就地取材，以石头、木材等为原料，做一些简单的、尖锐的武器，用这些武器和野兽作斗争，吃它们的肉，喝它们的血，穿它们的毛皮，基本解决了人们的温饱问题。

劳动人民的智慧是无穷的，在不断的劳作中，伏羲不断有智慧的火花闪现，带领着人们开始用绳子结网，用网打猎。他还发明了弓箭，这样可吃的就多了，天上飞的，水里游的，地上跑的，都能捉到来吃。

作为人类有史可考的最早的王，伏羲还是挺称职的，领着人类大口吃肉，大踏步地迈向新时代。

◉ 农业专家搞副业

一直都是打鱼、打猎的人类有一个问题深深地使他们苦恼着，那就是吃了上顿没下顿，生活太没有保障了。猎物不是时时有，尤其是冬天的时候，本来就天寒地冻，人都懒得出门，更何况动物呢？所以会时不时地闹饥荒，这让人类开始思索，怎么才能不饿肚子呢？怎么才能几天不打猎也照样有吃的呢？

开始琢磨这事儿的人类在过了很多很多年后，忽然有一天，他们发现偶尔把一把种子撒到土地上，过一阵儿就能长出小幼苗来。到了第二年，居然能够长出谷子，把谷子收割了，就有食物可以储存了，这种食物不像动物的肉，放几天就会臭，不能吃了，谷子可以长期地存放起来。

这个发现让人类振奋起来，他们开始大面积地种植庄稼，那时地广人稀，放眼望去全是荒地。打猎时间长了发明了弓箭，种地时间久了自然也有新发明，那就是耒耜（音 lěi sì，一种带把的木锹）。

这是一种用木头制造的耕地农具，应该和我们现在的锄头差不多，这个发明大大节省了人力，据说发明这个东西的人叫作神农。

神农，可以说是一个农业专家，精通各种种庄稼的技巧，凡是被他耕种过的地，到第二年没有不丰收的，他至今还是被人们称为神农，可见他从未失过手。

开垦土地，播种五谷，带动了原始社会后期的快速发展，从渔猎畜牧逐渐向农业经济开始转变和发展了。

神农一点不居功自傲、安于现状，除了农业，神农还有一大爱好，那就是中医。天地广阔，神农看中了这广袤土地上的丰厚资源，除了利用土地耕种之外，他还四处品尝草药。

因为那时候无论是居住条件还是卫生条件都很差，人类的寿命都很短，一旦有个头疼脑热就能要了命。伟大的农业家神农，就兼职了一项副业做了中医。

当然，他也不是有意去当医生的，那会儿物少，人们基本上是逮什么吃什么。

神农四处尝野果子、野草等东西当食物填肚子，他在无意中发现许多野草和野果居然有治病的功效。这个发现让神农大为振奋，他本着认真实践的态度，开始了尝百草的自学成医的道路。

草药有能治病的，也有带毒的，神农运气不是太好，他不幸尝到了"火焰子"这种毒草，听这名字就知道肯定是剧毒无比，神农就被毒死了。

神农虽然死了，但是他开创的医药事业却代代相传了下来，而他也被后世追为以"大德"闻名于世的三皇之一"炎帝"。

◎ 黄帝 PK 蚩尤

随着人类的增加和发展，逐渐形成了氏族与部落，分散在了大地的各处，人类聚集最密集的地方是黄河、长江流域一带，而在这些部落里最强悍的一个部落就是黄帝带领的部落。

黄帝为首领的部落，最早住在我国西北方的姬水附近，后来搬到涿鹿（今河北涿鹿、怀来一带）。落户在涿鹿后，黄帝就领着族人开垦田地，努力生活，定居了下来。

而跟黄帝部落势均力敌的另一个部落是炎帝带领的部落，这个部落最早住在我国西北方的姜水附近，相传炎帝跟黄帝还有点关系，两人是远亲，所以这两个部落一直也都算是和平共处。

后来炎帝部落渐渐衰落了，落后就要挨打这是真理。衰落了的炎帝部落有一天受到了欺负，欺负他的人叫作蚩尤，是九黎族的首领。此人彪悍异常，非比寻常，一个人打十个八个的不在话下。

自己强悍也就算了，就连手底下的人也是个个身怀绝技，相传他有一个"兄弟连"，里面个个都是好汉，长着猛兽的身体，铜头铁额，吃的是沙石，凶猛无比。蚩尤没事就带着这支"兄弟连"打家劫舍，搞得周围的部落不得安生。

不断扩张地盘的蚩尤今天打这个，明天打那个，打来打去，天长日久的，有一天他忽然发现周围没人可打了，全成自己的地盘了。于是他将眼光放长远了一些，瞄上了炎帝的部落。

炎帝自然不能白白挨打，他愤然抵抗，可惜他的部落早就衰落了，当然不是蚩尤的对手，很快就被蚩尤打败，落荒而逃。没了主意的炎帝不甘心将自己的部落拱手相让，便想到了自己的远方亲戚黄帝，于是带着残兵败将就投奔黄帝去了。在黄帝面前说了蚩尤一番，让黄帝为他主持公道。

黄帝是个讲义气的人，一拍胸脯就把这事给接下来了，集结了一帮弟兄，拿着最好的武器，还联合上了被蚩尤欺负的部落，一起在涿鹿的田野上，和蚩尤决一生死。蚩尤打遍天下无敌手，自然没把黄帝他们放在眼里。而黄帝一心除害，誓死要铲除掉蚩尤，双方展开了一场昏天黑地的大战。

关于这场大战的内容，有着许多不同版本的传说，据说黄帝把自己平时驯养的猛兽全部带到了战场上，有熊啊，豹子啊，老虎啊，狮子啊等，反正什么猛就放什么，让这些动物给自己助阵，蚩尤的"兄弟连"再猛，但也只是人身肉体，跟野兽比起来，自然不是对手，黄帝把蚩尤杀得败下了阵来。

常胜将军蚩尤居然输了，这让黄帝的部队士气大振，他们乘胜追击，一路追着蚩尤的残余部队进行歼灭。

半道上，蚩尤请来了风伯雨师助战，让天地间昏天黑地，那黄帝就请来了天女驱散了乌云。蚩尤又请来了巫师制造了大雾，而黄帝就用指南车指引兵士走出了迷阵。总之这场恶战真相如何已经是不得而知了，但最终的结果是蚩尤被黄帝抓住，砍掉了脑袋。

打败了蚩尤，黄帝就成了当时中原上最大的部落首领，他也被认为是华夏的始祖。

◎ 新首领上岗

黄帝之后的著名人物那就是人们耳熟能详的尧、舜、禹三位了。这三位作为古代的圣贤王，以禅让闻名了几千年。

所谓的"禅让"制度，类似于现在的投票选举，呼声最高的候选人将接任大权，成为下一任的领导者，这与血统和身份无关，是一种和平转让权力的方法。大家一起商量觉得谁合适就推谁上台。

继黄帝之后，尧是最先被推举出来当首领的，他老了，觉得自己快要死的时候，就学着前人那样，也拉了一票人凑在一起商量，看让谁接自己的班合适。

大家商量来商量去，就觉得还是舜最合适。舜机灵劲足，而且为人处世很有智慧。舜的爹是个妻管严，舜的娘死得早，后母是个坏女人，对自己的亲生儿子象很好，但是对舜十分苛刻。

舜一点也不计较，还是照样对家里人好。尧听说舜是这么个大好人，便很高兴地把自己的女儿娥皇、女英嫁给了他，让他成了自己的准继承人。后妈和弟弟眼红舜的好运气，就一直憋着坏心眼想弄死舜。

两人想了很多办法，比如把舜的房子一把火烧了，想把舜烧死在房子里，可是舜居然像没事人一样从房子里走出来了；两人让舜跳到井里去挖井，当舜跳下去之后，他们就开始往井里填土，想把舜活埋，但是他们填土的速度没有舜爬出井的速度快，他们又失败了；他们让舜上屋顶修房顶，然后他们把梯子拿走，想把舜饿死在屋顶上，可是最后舜还是想办法自己下来了。

想了这么多坏招，却没有一个成功。这母子俩折腾得够呛，可是舜却是越活越精神。

通过多方的考察，尧觉得舜是个靠谱的接班人，为人老实，但又不窝囊，遇到事儿能扛事儿，而且还孝顺大度。他后妈对他做那么多缺德事儿，他都能一笑泯恩仇，既往不咎，够爷们儿。

尧就是看中了舜在这些事情上果断干脆的处理手段，觉得他不论是情商还是智商都很突出。当然了，最重要的是人不错，品行一流，这是那时候选领导的一个重要考核项目。舜每一项都很合格，自然是众望所归。

在尧死后，舜想把领导的位子让给尧的儿子丹朱，他觉得这怎么都是人家一家子的事，自己只是一个外姓女婿，自己当了领导好像占了便宜似的，怪不好意思的。但是大家一致反对，坚决要让舜当这个领导，没办法，舜就勉为其难地当了这个部落首领。尧和舜是禅让制的第一实践者，实践得很成功。

老首领退位，新首领顺利上岗接替，没有私情，大家纯粹公事公办，合情合理。

◎ 治水还得要行家

尧在位的时候，黄河流域发生了很大的水灾，那时候人们不懂得防洪救灾，洪水来了能跑就跑，跑不了就只能认命。尧是个软心肠的人，他看着自己的子民年年都受到洪水的威胁，心里怪不落忍的，就召开了内部会议，找几个资深长老商量："这洪水老这么发，也不是个事儿，想个办法治治吧。"

大家你看我，我看你都不作声,这差事派谁去呢？最后大家商量着派一个叫作鲧（音gǔn）的人去治洪水。尧对这个人有些了解，觉得他并不合适，但是一时也没别人，尧就干脆死马当作活马医，让鲧去了。

事实证明，尧是个很有见地的人，鲧果然不会治洪水，这人太死板，遇到洪水就只懂得修造堤坝，加高堤坝。那时候的技术又不高，修筑的堤坝很不牢固，洪水稍微迅猛一些，堤坝就冲垮了。

就这样修一年，倒一年，修修补补又一年，一直修了九年，这个洪水还是没有被搞定。最后舜成为了部落首领之后，他实在等不了了，便当机立断地把鲧革职，杀掉了。

鲧虽然治水不行，但是他有个好儿子，那就是大禹。大禹治水很有一套，总的来说还是人家爱动脑筋，凡事都喜欢思考。大禹没有像他爹那样傻干活，而是思考了一番，带领众人用开渠排水、疏通河道的办法，把洪水引到大海中去。

结果鲧九年都没干完的活儿，自己的儿子给完成了。在大禹持续不断地努力了十三年之后，洪水终于流向了大海，人们又可以继续种庄稼，安居乐业了。

大禹功不可没，他成了部落里的功臣，大家都在传他治水时的丰功伟绩。治水开始的时候，禹刚结婚没多久，但是为了给大家谋福利，他丢下老婆一个人在家，自己和一群大老爷们在外头天天风里来雨里去。禹为了修理治水，有几次路过家门口，都没回去看一眼。

禹的老婆给他生了儿子启，他也没顾上回去瞧一眼，就顾得治水了，如此大公无私的精神让大家佩服不已。犹如当年的舜一样，禹成了下一任首领接班人呼声最高的人。而舜也正在考虑着把禹当作自己的接班人了。

这个时候的社会已经发展到了氏族公社后期，生产力、生产关系都发展进步了，人们对私有化的意识加强了。人们开始为自己的私利着想，奴隶社会逐渐形成，氏族公社开始瓦解。

◉ 真相永远是骨感的

后来人对尧、舜、禹的这种禅让制，本着精益求精、严谨认真的态度，提出了怀疑论调。在《庄子·杂篇》中说："非卮言日出，和以天倪，孰得其久！万物皆种也，以不同形相禅，始卒若环，莫得其伦，是谓天均。天均者，天倪也。"

"相禅"就是替代的意思，权力的和平转移，其中以尧、舜、禹最为人称道，千古以来，人们提及这三位君主都是称颂不已，但是继续考证下去，却不是这么回事了。

在史书上有所记载：《尚书》的《尧典》《舜典》《大禹谟》等篇这样写道："尧在位七十年后，其子丹朱不成器，不得百姓爱戴，作为驸马的舜那时已然摄政，但仍保荐丹朱治理南河八年。直到朝臣和百姓认为丹朱不是治国之才，纷纷靠拢'贤明'的舜，让尧也了解到他的儿子朽木不可雕，舜才以一句'天也'结束了丹朱的政治生涯，坐上了帝位。"这样看来，似乎并不是尧让位，而是舜自己取代了丹朱。所以，法家先人韩非子有这样的批语："舜逼尧，禹逼舜。"尧不得不传位给舜，实乃舜已经完全得到百姓的爱戴，近百岁的尧又能如何呢？

《尚书》中还有言："尧使舜嗣位，正月上日，受终于文祖，流共工于幽州，放欢兜于崇山，窜三苗于三危，殛鲧于羽山，四罪而天下服。"

舜即位后，立刻除去了共工、终、鲧、欢兜等一干尧在位时的名臣，终使天下臣服。很显然，共工等人大有可能威胁到舜的顺利即位，所以才惨淡收场。此招"杀鸡儆猴"再明显不过。政治上的权谋和利益关系，哪里是一言就道得清楚、说得明白的。不过舜的位置到最后也坐得并不踏实，因为即将取代他在人民心中地位的人，正是鲧之子大禹。

舜是禹的杀父仇人，此乃毋庸置疑的事情，所以禹治水成功后，能甘心为舜所用吗？此时再看韩非子的"禹逼舜"这句话，顿觉其中的精到之处。虽然《史记》上讲，舜南巡不幸病死途中，但魏国史书《竹书纪年》记载的却是，舜年迈体衰，禹于是迫舜去南方巡查，实则"放逐"，舜因此死于途中，两个妃子娥皇、女英都不在身边。舜死得如此孤独，于是便有了晋代张华《博物志》中记载的凄惨结局："尧之女，舜之二妃，曰：'湘夫人'。帝崩，二妃啼，以涕挥竹，竹尽斑。"一剧"湘妃斑竹"的戏目，在娥皇、女英哭死之后凄婉落幕。

不管是《史记》的记载更符合真实历史，还是被称为"野史"的《竹书纪年》更贴近现实境况，总之舜的死确实是有蹊跷的。今日无论如何推测，都不可能再现当时的情景，又如何知道舜传禹帝位是否有内幕的存在？

其实，原始社会除了尧、舜、禹三人是以"禅让"名目传帝位之外，在之前"禅让"根本就不曾存在。从轩辕黄帝开始一直遵循着子承父位的规矩，黄帝王朝子孙相传共传了七君，这是不争的事实。

孔子翻遍了历史，才找到尧、舜、禹三人并非子承父业的例子，于是以"天下德者"居之教育子弟，到各国游说各色君主，把礼乐、道统束之高阁。而事实上，孔子及其弟子用了两千多年的时间，实践的一直都是希冀将君主化为圣人的治国政统，而非将圣人化为君主的治国道统。儒家的道德理想，从始至终都为君主所利用。

禅让在儒家的道统中是上古圣贤明智的象征，是最正确的政治的举措。尧让位给舜，舜让位给禹……这些无疑是道统凌驾于政统的标志。天下唯有德者居之，此乃孔子一生笃信的圣人治国策略、追寻的道德理想，就连吕不韦也曾以此言暗示秦始皇的暴政即将倒台。

于是有人认为，政道合一、儒家道德规范成为政治手段，才是永久的统治之道，但可惜古老的禅让和德治还是破灭了。真正的事实是，人们一直认为存在的"禅让"，不过是为政治杜撰出的谎言而已。

是谁剥开了"禅让"的谎言，我们或可从魏文帝曹丕的身上得知一二。曹丕心安理得地接受傀儡汉献帝禅让帝位之后，脱口而言："舜禹受禅，我今方知。"一句话揭露了古代"禅让"背后的实质，在曹丕看来：原来天下唯"德者"居之，实则应该改为天下唯"权者"居之，谁的实力足够强，谁的地位足够稳，谁就可登上帝位。曹丕度古人之腹，虽有偏颇，但未必是空穴来风。

看天下千千百百斗争，越是乱世，"禅让"的戏目上演得便越精彩。以上内容是讲政权的轮替更迭，让古老的"和平性异姓夺嫡"事件走出了"禅让"的神话光环。

【 "禅" 始不能 "禅" 终 】

◉ 个人说了算

禹的治水功劳太大，不让他当领导有些说不过去，所以，禹没有任何悬念地在舜死后继承了部落首领的位子。

这个时候，部落的发展已经越来越像一个国家了，而且是一个集权制，一个人说了算的国家。禹有一次到地方上去视察工作，在会稽山（在今浙江绍兴一带）召集许多部落的首领给他汇报近期情况。

其中一个叫作防风氏的部落首领，因为一点儿事耽误了时间，最后一个到会场，这让禹很是不爽，他二话不说就让人把这个首领的脑袋砍了下来，作为他迟到的惩罚。而面对禹的残暴，没有一个人敢出声指责，这个时候，禹已经有了专制帝王的唯我独尊的感觉了。

有了禹做这样的榜样，他的儿子也萌生了当首领、尝尝霸权滋味的念头。那个时候，禹有一个得力的助手叫作皋陶（音 gāo yáo），曾经帮助禹治理政事，十分得力，一个顶三个，一点不让禹操心。

后来，这个皋陶死了，他的儿子伯益就接他爹的班，也给禹当了助手，而且干得也是相当不错。禹觉得这小伙子靠谱，很有自己当年智勇双全的劲头，让他接班当这个首领，应该错不了。

可惜禹这么想，有人却不乐意了，禹的儿子启一心要当首领，憋着劲儿要往首领椅子上坐，如果让伯益坐了，那自己还不是白瞎了。

所以，在禹死后，本来应该是让伯益坐的首领椅子，却坐上了启。本来伯益也想当首领，但是他知道自己斗不过启，为了保住性命，他主动让出了这个位子，让启来坐。启假装客气了几句就毫不客气地坐上了首领的位子。

但是为了免除后患，启还是发动了政变，他让人把伯益杀死，然后拥戴自己当了这个首领。禹做梦也想不到，禅让制居然会终结在自己的儿子手中。

启坐上了禹的位子，称王之后，就把氏族公社时期的部落联盟的选举制度变为王位世袭的制度。而启也够干脆，他让选举制度废除还不够，他还要让权力变得更加集中，他建立了我国历史上第一个奴隶制王朝——夏朝。

启觉得当首领很过瘾，每天对成千上万的人指手画脚，这种掌控天下的感觉实在很美妙。越当越上瘾的启开始考虑起后代来，如果还是禅让制度，自己的儿子万一没被大家推举上，那就得忍受别人的指手画脚了。

想到这里，启觉得禅让制度很不好，所以，他干脆利落地废除了禅让制，建立了自己的王朝，让自己的子子孙孙都能够对别人指手画脚。

夏朝的出现开辟了王朝的最新开端，也就是开创了"家天下"的思想，这个制度在中国一直延续了四千多年，直到1912年2月12日，末代皇帝溥仪退位才彻底废除，正式退出了历史的舞台。

◉ 抢来抢去没个完

夏朝建立后，传说中都城在阳城，也就是今天河南的登封少林寺那个地方。夏启是个有野心的实干家，他当领导并不是简单地为了满足自己的那点虚荣心，而是真的想干点事情以名留史册的。

在夏启的努力下，夏朝的疆域开拓到了晋南豫西、山西南部、河南西部，听起来挺大，但其实还是一个部落，巴掌大的地方，也就今天多半个山西省大。

而且就这么大点地方，也不是很能考证的，夏朝的成立没有文物也没有文字的支持，只是一些传说。但就是留在传说里的夏启，还是兢兢业业地开拓着自己的疆域。

俗话说，树大招风。夏启事业办得红红火火，那边就有人看不顺眼，想要挑事儿来了。有一个部落有扈（音 hù）氏不服，起兵反抗。夏启大为光火，居然敢有人和自己作对，反了。立马派人去镇压，于是启和有扈氏的部落发生了一场战争，最后的结果是挑事儿的被灭了，夏启在部落间树立了威信，让大家都不敢惹他了。

夏启死后，他的儿子太康即位。人都说富不过三代，祖辈们辛辛苦苦积累起来的财富，不到第三代就得挥霍完。这话一点没错，太康简直没法和夏启比，一点事业进取心都没有，玩物丧志，不懂得经营部落，还专爱惹是生非。

有一天，太康又溜溜达达地出去玩儿，带着随从到洛水南岸去打猎。越玩儿越高兴的太康玩儿了一天也不想回去，他越走越远，离自己的大本营越来越远了，在他玩得正高兴的时候，危险也正在逼近。

黄河下游的夷族，有个部落首领名叫后羿（音 yì）的，他看中夏朝的地盘很久了，一直苦于没机会下手。这次太康外出打猎让他看到了机会，他亲自带兵守住洛水北岸。等到太康带着一大批猎得的野兽，兴高采烈地打算回家睡大觉的时候，后羿把他给拦住了。太康带的人少，打不过后羿那帮人，眼看着对岸就是家，却回不去，太康只能可怜巴巴地当起了背包客，沿着河岸流浪。

逼走了太康的后羿也是个精明的人，他担心自己贸然称王，会有人不服，便让太康的兄弟仲康当夏王，而自己则是当起了摄政王，把实权都攥在自己手里。表面上，仲康是国王，后羿凡事都听他的，其实后羿才是夏朝的真正主人。后羿说往东，仲康绝不敢往西，后羿说喝粥，仲康绝不敢吃面。

就这样过了几年傀儡生活，仲康就死掉了。仲康死了，自然是仲康的儿子相撒（音 niǎn）称王，后羿觉着自己老当幕后工作者很没意思，他也想到台前亮亮相。于是他一不做二不休，把相撒赶下台，自己当起了夏王。

后羿也是个打猎爱好者，他当上首领后，最热衷的事儿还是四处打猎，跟原来的太康一个样。后羿把国家政事交给他的亲信寒浞（音 zhuó），可他没想到这个亲信是个白眼狼，他瞒着后羿拉拢人心，把权都夺到自己手里了。

后来，寒浞把后羿杀死，自己继承了首领之位，他为了斩草除根，就派人追杀已经被废了的相撒，相撒逃到哪儿，寒浞就追到哪儿，最后相撒还是逃不过，被寒浞捉到杀死了。不过寒浞没料到，相撒还留有个没出生的儿子，这个孩子后来被相撒的老婆生在了娘家，取名为少康。

少康长大后，决心报仇雪恨，夺回自己爹没抢回来的王位。他自小在艰苦环境中长大，练就了一身好本领，长大后就开始招兵买马，纠集弟兄，然后又偷偷去联络之前衷心于夏王朝的忠臣，反攻寒浞，终于把王位夺了回来。

从爱打猎的太康到后来依然爱打猎的后羿，再到现在的少康，这期间抢来抢去的日子过去了一百多年，夏朝才又恢复了过来，这在历史上被称为"少康中兴"。

◎ 夏朝被灭

少康灭了寒浞，可是夷族和夏朝之间的斗争并没有结束。后羿是个射箭高手，他的族人也都个个箭术高明，两个族之间经常打架斗殴，但是因为夷族的人能够利用弓箭进行远程进攻，他们射完就跑，让夏朝的人很是吃亏。

后来少康的儿子帝杼（音 zhù）即位，发明了一种可以避箭的护身衣，叫作"甲"，这种玩意儿穿身上，那就跟现在的避弹衣一个效果，刀枪不入。就凭着这个，夏朝才狠狠地教训了夷族，灭了夷族之后，夏朝的势力又向东发展了。

之后的夏朝就这样，爹死了，儿子继位，儿子死了，儿子的儿子继位，一直传到一个叫作桀的人手里，夏朝开始出现危机了。这个桀是个荒唐的、没文化、没追求、没抱负、没理想的四无人员，他对手下人很凶悍，谁不听话就抽死谁，弄得天怒人怨。

夏王朝的老百姓被他折腾得死去活来，而这个时候，黄河的下游有一个部落叫作商，虽然势力小，但祖上契（音 xiè）在尧舜时期，跟禹一起治过洪水，也是个建过功立过业的人。

商部落后来的发展主要靠的是畜牧业，把牛羊业搞得有声有色，很快为自己谋得了一条很好的出路。在桀当政时，商部落已经发展得很强大了，那时商的部落首领叫作汤。

汤看不惯夏桀的所作所为，决心消灭夏朝。不过，汤是个稳妥的人，不打没准备的仗，决定看看情况再动。

夏桀只顾得自己玩乐，还不知道自己的地盘早就被人惦记上了，大臣关龙逢（音 páng）劝说夏桀，让他改头换面，重新做人，不然夏朝一定会被别人给霸占的，可是夏桀听不进去，反而把关龙逢杀了。

看到夏桀这么残暴，老百姓们都恨不得吃他的肉，喝他的血，大家都盼着他早点死。这个时候就轮到汤出场了，他表面上对夏朝忠心耿耿，总是不断地给夏朝送贡品，但是暗地里却在不断地扩大实力。

实力发展到一定程度后，汤想试试夏朝，就停止了上缴贡品，夏桀一看商汤居然不给自己上贡了，十分生气，他派九夷发兵攻打商汤，一看夏桀动真格的了，商汤赶紧赔礼道歉，把贡品补上了。又过了一些年，因为夏桀实在太坏了，一直对他忠心的九夷族也不甘忍受了，这个时候，汤觉得时机来了，他便联合这些被压迫的部落，一起发动了对夏桀的攻击。

汤亲自上阵，带着浩浩荡荡的队伍杀向夏王朝，夏桀这才慌了。几番对阵下来，夏桀的军队根本不是对手，最后，在鸣条（今山西运城安邑镇北）打了一仗，夏桀的军队被打败了，夏桀跑到了南巢（今安徽巢县西南），汤就派人追到了那里，把桀流放在南巢，一直到桀死了才算完。

就这样，商汤结束了自从夏启以来，相传了四百多年的夏王朝。

◎ 搬家太勤了

新王朝商朝取代了夏朝，它以河南北部、河北南部、山东西部为统治中心，历史上把商汤伐夏称为商汤革命，但是请注意，这里说的革命和我们现在理解中的革命不是一个意思。因为古人喜欢把改朝换代说成是老天爷要变革，是天命所归，所以才称为革命。

汤自然是革命的开国功臣，汤比起桀来，好了不知道多少倍，但是汤有个癖好却让人受不了，他热衷于搬家。那会儿搬家不跟现在一样，拎上两箱子打个车到新楼盘，就算搬完了。那会儿搬家麻烦着呢，得全体人民一起搬。

不过商汤搬家也有他的道理，一开始，商朝以亳为都城，这个地方也没什么不好的，就是老发洪水，因为在黄河边上，人们总是生活得担惊受怕，怕黄河一拐弯就淹到自己家了。于是商汤就不停地换都城，绕着黄河定都。以至于他的子孙都染上了这个毛病，从汤之后的三百多年里，商朝的都城一共换了五次。

商朝的君主如此频繁地换都城，避开黄河是一个原因，躲避内乱是另外一个原因。因为商朝也实行的是夏朝那一套子承父业的继承方式。这就让许多人不满了，大家都想当领导，凭什么你家孩子就得领导我啊，他还得管我叫叔叔呢！这种心理，让商朝内乱不断，经常发生争夺王位的事情。就这样乱了一代又一代，一直乱到了第二十个王盘庚那一代。盘庚是个有志气有理想的君主，他决心改变这个社会如今动荡不安的局面，他想出一个办法制止，这个办法就是——搬家迁都。

但是进行搬迁工作并不顺利，好多王公大臣们不乐意动弹，他们觉着搬家太麻烦了，就不听盘庚的话。但是盘庚很有种，他就是不听劝。你们爱闹就闹去，反正我就是要搬。

由于盘庚坚持迁都的主张挫败了反对势力，他终于带着自己的老百姓和骨干大臣们，千山万水地也不知道走了多远，跨过黄河，搬迁到殷（今河南安阳小屯村）。在那里整顿商朝的政治，使得本来就快要灭亡的商朝出现了起色，这以后的日子，盘庚就过得舒坦了，他的子民也舒坦了。

以后的二百多年，一直没有迁都，所以商朝又叫殷商，或者殷朝。

日子过好了不愁吃喝，就要想想发展文化教育事业了，现在的考古学家在商朝国都的废墟上，发现了许多文物，其中有龟甲（就是龟壳）和兽骨十多万片，在这些龟甲和兽骨上面都刻着很难认的文字。上头的文字跟画的似的，基本让人看不明白是什么意思，但这也说明，商朝人开始写字表达自己的意思了。

后来人们把这些龟壳上的文字称为"甲骨文"，这是我国最早的文字，而我国最早有文字记载的历史，也是从商朝开始的。

◉ 传说中的头号坏蛋

虽然过了几百年的安生日子，但改朝换代是必然要经历的事情，就好像古人说的那样，是天命所归，人力无法为的。

商朝也终于走到了最后，和夏朝一样，商朝的灭亡也是跟一个坏君主有关，商朝的最后一任君主纣王，是出了名的大坏蛋。

纣王干坏事很有天赋，随随便便干几件坏事，就能让大家记住他。现在人们一提起古代最开始的英明领导，就是尧舜禹他们，可是一说起坏人，那就是纣王了，而且有了《封神榜》里的桥段，纣王和那个狐狸精妲己的事儿，更是让纣王的坏达到极致。

虽然狐狸精是假的，但纣王喜爱女色肯定假不了。其实纣王本质上是个聪明好学、勇敢有力气的人，他年轻的时候曾经亲自带兵和东夷进行一场长期的战争，把对方打得落花流水的，他是个很有军事才能的人，最后平定了东夷，把商朝的文化传播到淮水和长江流域一带。

在这件事情上，纣王干得挺不错，但是他干了点好事就飘飘然，学起享受来了。他频繁地修建宫殿，宫殿修得金碧辉煌，最终搞得劳民伤财。

纣王在别都朝歌（今河南淇县）造了一个富丽堂皇的"鹿台"，供他和自己的女人在里头吃喝玩乐，他把酒倒在池子里，把肉挂在树上，搞得像肉林子一样，看来他的品位也不是很高。

不仅如此，纣王还非常喜欢一项发明，那就是酷刑，纣王研制了许多酷刑，举几个例子就知道他心理有多变态了。

把人捉起来放在烧红的铜柱上烤死，这叫作"炮烙（音 luò）"；把人丢到满是毒蛇蝎子的坑里，让这人被活活咬死。凡是有敢于背叛他的人，那下场一定是死得很惨了。而且在对别人残忍这件事情上，纣王是很公道的，他一向六亲不认，他的亲叔叔比干劝他少造孽，结果他把比干的心掏了出来。

这样的君主再不被推翻，那真是没天理了。

纣王在鹿台喝着酒，琢磨着如何整死人的时候，在西部的一个部落却正在一天天兴盛起来，这就是周。

周是一个有着古老历史的部落，在夏朝末年，这个部落在现在陕西、甘肃一带活动。后来，因为遭到戎、狄等游牧部落的侵扰，部落首领亶父才带着自己的族人迁移到了岐山（今陕西岐山县东北）下的平原，在那片平原上，周红红火火地发展了起来。

到了古公亶父的孙子姬昌（后来称为周文王）继位的时候，周部落已经很强大了，堪比当年的商部落。历史仿佛在重演，一个贤明的部落首领要对抗一个昏庸的君主了。当然，历史总是有差别的，姬昌也不是主动就去找纣王打架的，而是纣王先挑的事儿。他看周部落发展壮大了，就眼红了，想让人家多给上贡品。

双方接洽不成功，纣王就怒了，派人把姬昌给逮起来了，关在一个叫羑里（在今河南汤阴县一带，羑音 yǒu）的地方。

【大国开始兴起了】

◎ 《周易》是怎么来的

莫名其妙被关押的姬昌感到很冤枉，他想纣王可能想要钱，于是他就给自己的人报信，说多给纣王一些珠宝和美女，求他把自己放出去。

于是，周部落的人就带着许多金银珠宝和美女去找纣王，希望纣王能把姬昌给放了。纣王看到这么多贡品很高兴，他盯着那些美女，流着口水说："光是一样就可以赎姬昌了。"

可是纣王身边有人说话了，说姬昌有谋反的心，放出去祸害无穷。纣王想了想，之后做了个很不要脸的决定，他把礼物收下了，可是人没放，不但不放，而且还想出狠招来折磨姬昌，拔指甲，抽鞭子，就是要让姬昌承认自己想谋反。

自己没想干的事儿怎么能承认？姬昌咬紧牙说不想谋反，自己是被冤枉的。于是纣王就想出一个更狠毒的招，他把姬昌的儿子拖过来杀死，然后把肉剁成了肉馅，做成了肉羹，逼迫姬昌喝下。

姬昌本来是一名养尊处优、行事优雅的诸侯，此时却落得如此田地，不但要忍受肉体上的痛苦，还要承受精神上的折磨。但是姬昌也不是一般人，他坚决不承认那些没影儿的事。

于是他就被纣王关了一年又一年，在小监狱里，姬昌除了每天受刑，也没什么事可干，他就有大把大把的时间拿来思考了。在思考的过程中，他居然完成了一件前无古人后无来者的大事。

姬昌在瞎琢磨的过程当中，竟然琢磨出门道来了，他将伏羲的先天八卦改造成了后天八卦。这八卦代表着天地间万物的八种基本性质，分别是：乾为天、坤为地、震为雷、巽为风、艮为山、兑为泽、坎为水、离为火这八种自然物。

也就是说只要是自然天地间有的东西，这八种就都能表达出来。后来姬昌还是没被放出来，于是他就放开想象，深入研究，他又研发了"八卦小成"，将之前的卦象引申。在无聊而痛苦的牢狱生活中，姬昌把伏羲的先天八卦分析拆解，推论出了六十四卦。

姬昌在被囚禁的七年里，居然完成了最伟大的卜卦的先驱《周易》。

这就是有名的"文王拘而演周易"的故事，后来姬昌被放出去，估计也没工夫研究《周易》的事儿了，但是后人却对他这部著作产生了浓厚的兴趣，孜孜不倦地研究了好几个世纪。

◎ "钓上"大老板

天朗气清，夏秋交替之际，渭水畔，一位老者头戴斗笠，眯着眼在垂钓。奇怪的是，他的钓钩是直的，上面不挂鱼饵，也不沉到水里，并且离水面三尺高，这老头就是姜子牙。说起姜子牙，也是一个有福没份享的人，姜子牙的祖上在协助大禹治水的时候，立了功，被封了侯，得了地。说起来这个家族的日子过得应该也是和和美美，其乐融融，不愁吃，不愁喝的。

但等到姜子牙先生出世的时候，家境却日渐衰败，所以，姜子牙没享上祖上积的福，他是一天好日子没过上。姜子牙长大后，为了生计，什么粗活累活都干过，他当过杀猪的屠夫，干过饭店里的酒倌，给别人打杂跑腿，这都是为了解决温饱问题。

姜子牙的心思并没有花在这上面，他一有空就读书学习，观察天文，考察地理，还研究治国之道，思考兵法军事理论。总之，他是全面发展，什么不会学什么。

但这个好青年却没赶上好时候，商朝末年，纣王昏庸无道，根本无心打理朝政，没有良主赏识，姜子牙的才华得不到重用，他一生在贫困潦倒和不如意中度过。

在他晚年的时候，他才增添了钓鱼这个新爱好，风雨无阻，雷打不动，一去到河边就是蹲一天。

开始人们并不感到好奇，但细心观察的人却发现，这个老头从来没有钓起过一条鱼，因为鱼钩上是空的，而且这空鱼钩离河水还有好远的距离。

姜子牙拿空渔竿钓鱼的事情，渐渐传开了，这事也很快传到了一个人的耳朵里，这个人就是西伯侯周文王。

一天，周文王出猎，听闻有人直钩垂钓，心生疑团，前来看视，果然见到此种情景，便下马与老叟攀谈，这才发现他并非山野村夫，而是胸藏韬略，见识过人。周文王不由得大喜，此行出猎之前，他就曾占卜。所获非龙非螭非虎非罴，所获为霸王之辅，预示着将得到一位辅佐他成就大业的高人。眼下此人不正有霸王之辅的气魄吗？

再一深谈，周文王得知这个老头就是姜子牙，如雷贯耳的拿空渔竿钓鱼的老头就站在他面前，周文王激动了。他恭敬地称他为"太公望"（姜太公），并想将其迎入朝中。

周文王恭维了姜子牙一番，希望姜子牙能够随同他一起回去，开创大事业，但姜子牙没接这茬，姜子牙是谁？等待了一辈子机会的人，往往是最冷静的，他不会为了某个人的一时恭维就热了大脑。

姜子牙和周文王就在河边聊起天来，意图是摸清这个人的底细，于是，二人便开始了一场改变历史的会晤。

死里逃生的姬昌对纣王很是痛恨，纣王平白无故地害他失去了七年的自由，还失去了自己心爱的儿子。这个仇如果不报，那真是算不得男人了。而且纣王早就失去了民心，需要被人讨伐了，这下有了姜子牙，那可谓是双保险了。

从此，进攻朝歌的队伍有了运筹帷幄、决胜千里的军师。有了姜子牙的从旁协助，周王朝的事业蒸蒸日上，并将事业版图扩大了一倍，周文王马上就要去找纣王报仇了。

◎ 儿子也好汉

姜子牙虽然年纪大，胡子白，可是精力旺盛，头脑清醒。在姜子牙的协助下，周部落发展得欣欣向荣。

眼看着周部落的势力越来越大，周文王很高兴，他找姜子牙谈话："我觉得我们已经能够开始征伐工作了，你觉得在征伐暴君之前，我们应当先去征伐哪一国？"

姜子牙说："先去征伐密须。"

周文王很听姜子牙的话，他说那好，咱就先去征伐密须。

可是底下有人反对，他们认为密须的力量很强大，单凭周部落是打不过的。

可是姜子牙胸有成竹，"密须国君虐待老百姓，早已失去民心，他就是再厉害十倍，也用不着害怕，咱们肯定能打过他们。"

在姜子牙的坚持下，周文王带领着部队去往密须，有时候人算不如天算，老天爷说给你，那就是你的，你躲也躲不掉。

周文王发兵到了密须，还没开战，密须的老百姓先暴动了，他们把密须的国君五花大绑地交给了周文王，然后归顺了。这真是天上掉馅饼的好事，中了这个头彩，周文王更加彪悍，他养精蓄锐，过了三年，他又发兵征伐商朝西边最大的一个属国崇国（在今陕西沣水县）。

战争进行得很顺利，灭了崇国之后，周文王就开始在那里广积粮，建高墙了，他建立了都城，叫作丰邑（京）。

就这样一步一步地，周文王蚕食了商朝的大部分统治区域。眼看着就要敲响胜利的大门了，周文王却忽然生病，没过多久就死了。真是出师未捷身先死，只能期盼后人完成他的宏图伟业了。

俗话说，虎父无犬子，周文王的儿子也是一条好汉。

他的儿子姬发即位，就是周武王，武王拜姜子牙为师父，并且要他的兄弟周公旦、召公奭（音 shì）做他的助手，几个人齐心合力整顿内政，扩充兵力，为讨伐商纣做最后的准备。

第二年，周武王把军队开到盟津（今河南孟津东北），举行一次检阅，有八百多个小国诸侯，自发地来和周武王碰头会师，这样的情形对周武王是一个极大的鼓励。

看来大家都对商朝的统领失去了信心，怨声载道了。在那次会师大会上，那些诸侯纷纷向武王控诉商纣的恶行，他们极力要求武王替他们出头，带领着他们推翻商纣的统治。但是武王是一个很理智的人，没有被现状冲昏头脑，他认为当下去讨伐商纣的时机还不成熟，要再等等。

于是他劝告大家再冷静一段时间，等时间成熟了就一起去干掉商纣。那次检阅之后，武王很快又回到了丰京。

◎ 史上自焚第一人

在武王努力干事业的时候，商纣王玩儿的是越来越过分了，他不但对自己的叔叔下手，对其他的贵族也是越来越严苛了。

商朝的贵族王子箕子、微子非常担心，他们害怕商纣王把国家给玩儿没了。但是比干去劝说，不但没成功，反而把命给劝没了，这让箕子、微子十分害怕。后来两人为了避免自己的心被挖出来，箕子装作发疯，微子半夜出逃，两人总算是把命给保下来了。

商纣的一举一动，武王都在打听着，大约在公元前 11 世纪的一年，武王探听到商纣的亲信们全都背弃他了，疯的疯，走的走，死的死，他觉得时候到了。于是便发动了精兵五万，请了姜子牙做军师，一行人浩浩荡荡地渡过黄河东进，前往盟津，和之前会师的八百多个诸侯又重新相聚。

大家为了一个共同的理想目标，由周武王作为代表，在盟津举行一次誓师大会，宣布了商纣的种种罪状，大家听得是热泪盈眶，恨不得当下就把商纣拉过来剁成肉馅。等周武王宣誓完毕，大家就一起去讨伐商纣了。

走到半道上，两个老头出来把武王的大军给拦住了，这两个老头来头不小，他们是孤竹国（在今河北卢龙）国王的两个儿子，哥哥叫伯夷，弟弟叫叔齐。孤竹国王钟爱叔齐，想把王位传给他，伯夷知道父王的心意，主动离开孤竹；叔齐不愿接受哥哥让给他的王位，也躲了起来。

也就是说，最后两人谁也没干这国王的职业，都当了平头老百姓了。两人一直住在周国的境内，生活了一辈子，忽然听说周武王要去讨伐纣王。他们觉得武王是臣子，纣王是天子，武王这样做是不道德的。

两位老人一番言辞之后，武王没搭理他们，该赶路还是赶路，还是事业要紧啊。这两人一看自己的意见没被重视，就想不开了，两人一起跑到了首阳山（在今山西永济西南）上躲了起来，绝食自杀来抗议武王的做法。

周武王的讨纣大军士气旺盛，一路上跟切豆腐似的，把商军打得节节败退，很快就打到了离朝歌仅仅七十里的牧野（今河南淇县西南）。在这里周武王又举行了一次誓师大会，将将士们的情绪调到了最高潮。纣王听到这个消息，赶紧东拼西凑地凑了七十万人马，以抵挡周武王。

纣王想周武王不过五万人，自己有七十万人的大军队，真打起来，不用动手了，就算挤也能把武王的人挤死，自己还怕什么呢？

纣王想得很好，但是现实总是过分"骨感"的，就在纣王高枕无忧的时候，那七十万人自己放下了武器，呼啦啦地往回跑了。因为这七十万的商军大多是一些俘虏。他们根本就不想打仗，而且他们也恨透了商纣王。在牧野的战场上，他们不但不替纣王打仗，反而带着周武王的部队杀进了商都朝歌。看着自己的军队都没了，纣王也没办法了，牧野之战后，也就是公元前 1046 年，纣王跑到了鹿台，放了一把火把自己和宫殿都给烧了。

◎ 周朝建立了

纣王把自己烧成了肉干，周武王灭了商朝，把国都从丰京搬到镐京（今陕西西安市西），建立了周王朝。继夏朝、商朝之后，这是中国历史上第三个王朝了。发展了将近六百年的商朝彻底宣告消失破产，由周朝接替，这就是历史上的西周。

为了巩固周朝的统治，周武王决定从自己做起，周朝地域广袤，一百五十万平方公里，人口据说上千万，很是有吹牛的资本。

这么大一个王朝，周武王想要好好管理一番，他希望能够把这样的国家一直让自己的子孙后代占有，于是他想出一个办法。他把自己的亲属和功臣分封各地，建立诸侯国，像太公望被封在齐国，他的弟弟周公旦被封在鲁国、召公奭被封在燕国。

许多近亲远亲都分了地，有了封号，大概共封了七十多个诸侯国，还有商朝的一些残留余党，为了安抚那些人，周武王也对他们进行了分封，他把纣王的儿子武庚封为殷侯，留在殷都，又派自己的三个兄弟管叔、蔡叔和霍叔去帮助武庚。

说是帮助，其实就是监视，还派了三个人去监视，就是要告诉他："你小子别跟我玩心眼，我还不知道你有几斤几两，安生待着吧！"

周武王没当几年君主，就得病死了。他的儿子姬诵继承王位，这就是周成王。那个时候，周成王才十三岁，小屁孩一个，什么也没见识过，让他统治这么大一个国家太不靠谱了，再说那会儿的周王朝也还不是很稳定呢。

于是就由武王的弟弟周公旦辅助成王掌管国家大事，实际上是代理天子的职权。历史上通常不称周公旦的名字，只叫他周公。

周公的封地在鲁国，因为他要留在周成王身边，处理一些家国大事，鸡毛蒜皮的小事，他就不能去封地了。

于是，周公就派了自己的儿子伯禽代他到鲁国去做国君。儿子临走前，周公啰里啰唆地给儿子上了一堂教育课，就是告诫儿子要好好做人，别做坏事，等等。

教育完儿子，周公继续辅佐君主，无私的周公没想到，自己一片苦心，却被他的弟弟误会，周公的弟弟管叔、蔡叔在外面造谣，说周公有野心，想要篡夺王位，让大家都认清这个人面兽心的伪君子。

周公本来不想理会，毕竟是一家人，他们有缺点，自己忍忍算了。但是没想到，管叔、蔡叔却串通了纣王的儿子武庚，三人凑一块想要推翻周公，他们联络了一批殷商的旧贵族，还煽动东夷中几个部落，闹起事儿来了。

这下周公可不能不管了，这关系到国家的安危。他向召公奭表了衷心，召公被感动，决定和周公合作，一起消灭叛军。没费什么事儿，叛军就被剿灭了，然后又历经三年，周王朝恢复了平静。

带头的武庚被杀了，手底下一帮商朝原来的大臣也被逮了起来。看到这架势，管叔觉得很没面子就上吊自杀了。其余的人，周公也没严惩，他把霍叔革了职，对蔡叔办了一个充军的罪就拉倒了。

对于那批商朝的贵族，周公觉得让这批人留在原来的地方不大放心，就在东面新建一座都城，叫作洛邑（今河南洛阳市），把他们弄那儿去了，然后派人监视他们。所以，从那以后，周朝就有了两座都城。西部是镐京，又叫宗周；东部是洛邑，又叫成周。

【国家不是那么好管的】

◉ 城里人造反了

周公辅助成王执政了七年，总算把周王朝的统治巩固了下来，他在百忙之中，还抽出时间，为周朝制定了一套典章制度，也就是法律规章制度，来规范人们的行为。

后来到了周成王二十岁的时候，周公就把大权交还给了他。说话算话的周公教导出来的成王也是个好君主，从他到他的儿子康王，两代前后约五十多年，是周朝强盛和统一的时期，历史上叫作"成康之治"。

在这父子俩统治的期间，周朝一切都很好，蒸蒸日上，欣欣向荣，一片繁荣昌盛的景象，但是每个朝代发展时间久了都会出问题，周朝也一样。

因为奴隶主贵族加重剥削，加上不断发动战争，老百姓不干了，这才过了几天安生日子啊，又不让人好好过日子了。他们就开始抱怨起来，偶尔还搞点小破坏，来表达自己的不满。

为了压制这种情况，周王朝的统治者们就制定了十分严酷的刑罚，好啊，你们想反不是，给你们上刑，看你们谁敢吭气。

周穆王的时候，制定了三千条刑法，也难为他们了，都得想破了脑袋啊，要不想三千多条整人的法子，真是太难了。那会儿犯法的人受的刑罚有五种，叫作"五刑"。像额上刺字、割鼻、砍脚，等等。

但是要永远记住一句话：刑罚再严，也阻止不了人民的反抗。

西周第十个王周厉王即位后，对人民的压迫更重了。听这谥号，厉王，很明显是属于批评型谥号了，杀戮无辜曰厉，就是一个很不怎么样的谥号。

周厉王宠信一个名叫荣夷公的大臣，实行"专利"，也就是说，他们逮着什么就要什么，不管是山川湖泊，还是飞禽走兽，只要是他们能想到的，能看到的，一切都是他们的。周厉王不准老百姓利用这些大自然的资源，老百姓要想用，那就得交钱。

这上哪说理去，老百姓自然不高兴了，吃饭的地方都没了，这太过分了，但是周厉王就认为这是天经地义的。这人的世界观有点问题，谁要是动了那些他认为是他的东西，那这人就倒大霉了。

周厉王的举动让国人敢怒不敢言，补充一点，那个时候，住在野外的农夫叫"野人"，住在都城里的平民叫"国人"。国人也就是我们现在说的城里人，城里人不满厉王的暴虐措施，怨声载道。

周厉王得知后，从卫国找来一个巫师，要他专门刺探批评朝政的人，这个巫师不是个好东西，谁不给给他送礼，他就诬赖谁，结果被周厉王当作反叛者处死的人一堆一堆的。那段日子，大家在街上看到，都不敢互相打招呼了。

在这样的压迫下，人们积累的怨气越来越深。过了三年，也就是到了公元前841年，城里人忍无可忍了，他们发动了大规模的暴动。大家举着锄头、锅盖就围攻王宫，要杀厉王。这会儿周厉王慌神了，带着人从后门溜了，一直逃过黄河，到彘（今山西霍县东北，彘音 zhì）这个地方才停下来。打进王宫的城里人，没找到周厉王，敲敲打打一阵，又去找太子靖，为了保护太子，当时的召公虎忍痛交出了自己的儿子，这事才算完。

周厉王是不敢回来了，城里人等着拿锄头砸死他呢。但是没有国王也不是个事儿，大家商量，就推举召公虎和另一个大臣周公主持贵族会议，暂时代替周天子行使职权，历史上称为"共和行政"。

从共和元年，也就是公元前841年起，中国历史才有了确切的纪年。共和行政维持了十四年，周厉王在彘死了以后，太子才开始即位，就是周宣王。宣王比他爹强，是个干实事的人，上位以后就好好干活，给百姓们谋了福利。

◉ 红颜祸水褒姒

经过这一场国人暴动，周朝统治者已经外强中干，兴盛不起来了。周宣王在位的时候还好点，人家好歹是个干事的人，国家就算再中干，也还是算可以的。周宣王时期就是周朝历史上有名的宣王中兴，可惜宣王一死，儿子幽王继位，周朝就完蛋了。

周幽王一点没继承他老爹的优良传统，成天胡搅蛮缠，不干工作。幽王最喜欢看美女笑。当然了，美女本来就好看，一笑起来就更好看了，但是把国家给笑没了的美女，就算笑得再好看，也不是个好女人啊。

阉人歌唱家李延年曾在汉武帝面前一展歌喉："北方有佳人，遗世而独立，一顾倾人城，再顾倾人国，宁不知倾城与倾国，佳人难再得。"

殊不知，在中国如此漫长的历史中，多少绿珠小蛮，环肥燕瘦，巧笑倩兮，千娇百媚，但是能真正一笑倾城倾国的，恐怕只有褒姒一人而已。褒姒也就是周幽王喜欢的那个女的。

褒姒很奇怪，她不爱笑。这可把周幽王急坏了，他是千方百计地逗褒姒笑，但是这位美女的笑点太高，幽王的幽默本领差点儿，褒姒就是不笑，这让幽王郁闷了。

幽王也不是个省油的灯，他想美女不笑，那就逗美女笑吧，于是幽王就带褒姒外出游玩儿。游玩途中，幽王有了主意，他把褒姒带到了烽火台上，让人把烽火给点上，这一点出大事了。

这一场景成了历史的定格画面：公元前773年，见到远处的骊山上浓烟滚滚，火焰冲天，各路诸侯都不敢怠慢，马不停蹄地率领将兵赶往骊山。经过一个晚上的急速奔袭终于是抵达了骊宫，可是眼前根本就是一片宁静，丝毫没有兵戈相向的迹象，正茫茫然不知所以时，宫里传出一句"幸无外寇，不劳跋涉"就将他们打发了回去。

众将兵是一头雾水，这时候却看到了倚靠在骊宫城楼上的褒姒，她的笑靥绽放在连山而起的滚滚烽火之中，楼下刚刚还是一片万马奔腾的景象，在看到楼上褒姒满意的笑容之后却都变得面面相觑。众将兵这才知道自己上当了，周幽王烽火戏诸侯为的竟然只是博得美人一笑。

虽说是千金难买美人笑，千两黄金在富得流油的周幽王眼里也不过是一片金黄的落叶，不值一提，可是这国家大事他可就开不得玩笑了。如今这玩笑既然已经开了，那诸侯国索性也就继续奉陪下去了。

想当年，一代英豪周武王灭了惨无人道的商纣王之后，分封了十多个大大小小的诸侯国。武王是个有文化的人，他懂得赏识人才，于是姜尚等贤臣都得以重用。周王室和周边的诸侯国也都礼尚往来，相安无事。

周王室作为老大哥一直保护着各个诸侯国的安全，而封国则要尽到兄弟的义务，定期给自己的老大哥送点好东西，顺道拜见周天子，还要用重兵把守周王室的王土。

周王室在和平友好协议的引领之下，无论是高官还是百姓，都生活得十分和谐。当然，再和美的王室也会出一些小乱子，后来的武庚叛乱和国人暴动让周公和召公立了周幽王的老爸太子靖为王，也就是周宣王。

比起周武王来，宣王的能力就略逊一筹了。可是他仍旧是学了点知识的人，能够继承武王的风范，任人唯贤，周王室也因此而进入了中兴的时期。

等到儿子周幽王即位的时候，周朝已经开始在动乱的微风中摇曳了，但看在周天子作为"天下共主"的余威尚存，各路诸侯对周幽王还留有一点敬意。当看到骊山上燃起了熊熊烽火之后，诸侯国还都着急地派人前来相助，可是谁又想到周幽王如此不成气候。

第二章

春秋霸业 轮流坐庄

【大幕逐渐拉开】

☉ 兄弟不听话了

周平王东迁洛邑以后，实力就渐渐不行了，势力一落千丈，诸侯不再听从天子的命令，不再朝觐和纳贡，时不时地还要说几句风凉话，这在以前是诸侯们想都不敢想的事情。

周王室的衰落，让周朝天子虽在名义上还是各国共同的君主，但实际地位却只相当于一个中等国的诸侯。

到了周平王的孙子周桓王继位的时候，情况变得更加糟糕了，郑国的郑庄公不服，不去朝觐，这让周桓王很是恼火，自己才上台几天，底下人就敢闹意见、发脾气了，这时间久了，自己的脸还往哪搁！

怒火中烧的周桓王带领周军及陈国、蔡国、虢国、卫国四国部队讨伐郑国，结果郑国部队力挫联军，周桓王战败，败就败了吧，逞英雄的周桓王本想勇猛地冲在部队前头，为将士们做个表率，可是他却表率没做成，反而被郑国大将一箭射中肩膀。

奇耻大辱，奇耻大辱啊！

当大哥的想教训一下兄弟，让兄弟乖乖听话，结果反而被兄弟教训了，这次周桓王的脸是彻底没地方放了。被修理了一顿的周桓王从此威信大跌，本来就不服气的诸侯们越加肆无忌惮了。周朝天子的地位更下降了。

既然老大不行了，那兄弟们就活跃了，其他一些比较强大的诸侯国家用武力兼并小国，大国之间也互相争夺土地，经常打仗，从而拉开了春秋的序幕。

这个时候的中原特别混乱，因为诸侯很多，大家就大鱼吃小鱼，小鱼吃虾米，相互吞并，打来打去。反正大家都打仗，你闲着只能被别人打。

在这个群雄乱舞的时代，只要是战胜了所有的诸侯，就可以称作霸主了。于是，为了这个奋斗目标，各路诸侯纷纷崛起，大家举着大旗就奔向了沙场，为了夺得更多的土地和人口而战斗。

周王朝从兴盛到衰败历经几百年的时间。在这个漫长的过程里,集权制度逐渐形成,统治者们都想维护自己的权力。周朝的衰败,让人类历史进入到了一个弱肉强食、群魔乱舞、战火纷飞的年代。

战争给百姓造成了无穷的痛苦,为统治者带来了无尽的利益。在这些争霸的诸侯中,齐国是胜算最大的一个诸侯国。齐国是周武王的大功臣太公望的封国,本来就地方大、人气旺,是块风水宝地。而且齐国人懂得治国齐家,齐国被他们发展得很是不错,颇有与周朝一争高低的架势。

◎ 窝边草不好吃

齐国君主齐襄公对于争夺霸主并不是很感兴趣,因为他是个多情的君主,当然了,人不多情枉少年,但问题是齐襄公多情谁不好,偏偏要去多情自己的亲妹妹文姜。兄妹乱伦,实在是一件不光彩的事情,大家都知道周代的宗法制有严格规定,同姓贵族不得通婚,连姓相同都不行,那么齐襄公和自己妹妹之间的不正当关系简直就是天理难容了。

但是,齐襄公毫不在乎,即便文姜被齐僖公(齐襄公之父)嫁到鲁国(今山东曲阜),成了鲁国国君夫人,齐襄公都不肯放手。他派人暗杀了自己的妹夫鲁桓公,将文姜放到齐鲁边境金屋藏娇起来。

这段不伦恋情被皇室里的许多人唾弃,但没办法,齐襄公是齐国老大,他想做什么事情,别人是没办法阻拦的。

不知道是不是上天对他的惩罚,风流成性的齐襄公虽然拥有女人无数,他也留情无数,但就是没有留下一个儿子。齐襄公在位二十年,居然一个儿子也没有,这真是天大的笑话。一个君主没有儿子,那就是后继无人,也就是说这个君主的椅子将会在齐襄公死后闲置出来,谁都能坐。

齐襄公是属于及时行乐的主儿,他才不管自己死了以后的事儿呢,他继续玩儿他的。但是他不关心,有人关心。

齐僖公有个弟弟叫夷仲年,两人关系很好。夷仲年早死,留下一子名公孙无知,齐僖公对他视如己出,宠爱有加。或许是嫉妒,或许是出于别的原因,反正齐襄公一上台就把公孙无知所有的好待遇都免除了,这让公孙无知很是恼火。

其实不光是对公孙无知使坏,齐襄公对谁都不厚道。《史记》上说他在位期间"杀诛数不当,数欺大臣"。

干了很多缺德事儿的齐襄公,不但对手底下的人不好,对别的国家的人更是差劲。他在位的时候,穷兵黩武,侵郑、灭纪、吞部、平部,连年征战,拓土开疆,搞得民不聊生,老百姓都没法生活了。

于是，在公元前686年的时候，齐国爆发了一场内乱。内乱就是由被齐襄公夺走特权的公孙无知挑起的。他依靠从被齐襄公冷落的后宫女人那里得来的情报，知道了齐襄公外出打猎未归，便在朝中做好了布置，然后联合那些不满齐襄公不公正待遇的将士们，一起将齐襄公杀死了。

可怜的齐襄公就这样被灭口了，暴动分子公孙无知被推举为新的齐国君主，但是好景不长，公孙无知也很快被杀死了。这下齐国没了领头人，大家感到很棘手，便想到了齐襄公的兄弟。

襄公有两个兄弟，一个叫公子纠，当时在鲁国（都城在今山东曲阜）；一个叫公子小白，当时在莒国（都城在今山东莒县，莒音jǔ）。他俩是在公孙无知发动战乱的时候逃跑出去的，现在仇人死了，自然是该归位了。

◎ 小白即位

齐僖公一共有三个儿子，除了死去的齐襄公，剩下两个儿子都是皇位的合理继承人。但是两人都不在齐国，为了继承这个位子，两人都拼了小命地往齐国赶，要去争夺这个位子。首先来介绍一下这两位公子的背景。

次子公子纠，庶出。他的母亲是一个鲁国女子，而且很受齐僖公的宠爱，而且鲁国是大国，实力雄厚，公子纠可谓是靠山稳当。又有管仲、召忽等贤人辅佐，所以公子纠的呼声最高，大部分人都挺他上位。

而且鲁国也不会放弃这个干涉齐国内政的机会，当时的国君鲁庄公拍着胸脯说要派大队人马护送公子纠回齐国继位。

相比起爹疼娘爱的公子纠，公子小白那可真是一个苦命孩子。母亲卫姬死得早，而且卫国的国君卫惠公整天忙着镇压国内动乱，根本没时间，也没精力去管公子小白的事。看来想要外援支持，是不可能的事了。

小白只能自力更生，他逃到了莒国，在那里安顿下来，打算积蓄力量，东山再起，而他也终于等到了这个机会。

公子纠和公子小白开始了争分夺秒的夺位赛。

当时公子纠身边有一个师傅叫作管仲，公子小白有一个师傅叫作鲍叔牙，这两个师傅都是绝顶厉害的人物。鲁国的国君鲁庄公决定亲自护送公子纠回齐国，但是管仲想得更长远，他跟鲁庄公说："公子小白在莒国，离齐国很近。如果让他先进入齐国，那我们的麻烦就大了，我去带人拦住他。"

管仲带了一队人马就奔公子小白去了，果然被管仲料到了，小白得知了齐襄公的事情，正快马加鞭地往齐国赶呢。有君主当这种好事，谁不想抢先啊。

在小白急忙赶路的时候，管仲把他给拦下了。在两队人马混战的时候，管仲伸起胳膊就给小白放了个冷箭。管仲射得很准，当下就把小白射中了。小白躺在地上叫唤了一阵就把脖子一歪，眼睛一闭，不动弹了。

管仲看到小白死了，高高兴兴地回鲁国报信去了。告诉公子纠，对手已经见阎罗王去了，他们可以慢慢悠悠，游山玩水地去齐国当国王了。

其实小白没死，他倒在地上不过是装死，管仲那一箭射中的不过是公子小白衣带的钩子，公子小白大叫倒下，是他的计策。这公子小白也不是个省油的灯，他为了让管仲放心，就用了装死这招，果然骗过了管仲。

等管仲他们走了以后，小白和鲍叔牙就日夜兼程地往齐国赶，哪条路近走哪条，最先赶到了齐国，等到公子纠和管仲游山玩水够了，去到齐国境内的时候，小白早就已经到了国都临淄，当上了国君，他就是齐桓公。

小白刚当上君主，就派人去通知鲁庄公，告诉鲁庄公赶紧杀了公子纠，然后把管仲押送到齐国。鲁庄公怕小白派人打他，只得照办。

玩得高兴的公子纠就这样被鲁庄公派的人砍了脑袋，而管仲也成了阶下囚。管仲傻眼了，没想到对手那么狡猾，管仲被关在囚车里送到齐国。鲍叔牙立即向齐桓公推荐管仲，齐桓公很记仇，他认为管仲射了他一箭，他一定得砍死管仲才算。

但是鲍叔牙劝他："算了，他那会儿是公子纠的师傅，他拿箭射你，说明他忠心啊，这样的人才可用。"

齐桓公想了想，也对。于是就把管仲放了，不但不办管仲的罪，还立刻任命他为相，让他管理国政。公元前7世纪前期，齐桓公任用管仲为相，进行改革，取得了很大的成效。管仲整顿内政，开发富源，大开铁矿，多制农具，提高耕种技术，又充分利用海资源，拿海水煮盐，鼓励老百姓入海捕鱼。

盐是必需品，齐国有大量的食盐，就能卖给其他诸侯国，齐国就越来越富了。

◉ 改革不可小视

春秋时期的第一个霸主是齐国（都城临淄，在今山东淄博）的齐桓公。

因为齐国沿海，能够利用沿海的一些资源，比如海产品什么的，就把齐国的生产力提高上来了，国力增强了不少。这其中，管仲自然是出力不少。

管仲其实是个不那么出色的人，这人从小就被认为德行不过关。当兵的时候，大家都是举着家伙往前冲，只有他抱着脑袋往回逃。结果就是大家伙都死了，他活下来了。管仲的理由很动人，他说自己家里有个老母亲，如果自己死了，那老母亲就没人照顾了。

后来他跟朋友做买卖，也特别不厚道，老是占朋友们的便宜，到最后，大家都不爱跟他玩儿了。总的来说，管仲不算个坏人，就是非常实际，是个实用主义者。他为了达到自己的目的，不会去在意太多外在的东西。

所以，这样的人最适合当实干家，而改革就需要实干家。管仲在相齐的时候，有一句特别精彩的论断："仓廪实而知礼节，衣食足而知荣辱。"意思就是没有物质文明，还谈什么精神文明，只有物质文明丰富起来，精神文明才能同样丰富起来，这二者是相辅相成的。古人说话就是精辟，十几个字就相当于我们现在的一篇论文了。

在管仲的理论支持下，齐国开始了大张旗鼓的改革。本来齐国的地理位置就好，背靠大海，尽享渔盐之利，国君也是个干实事的人，再加上管仲这么一个实干家，齐国很快就做强做大了，成为了诸侯各国中实力最强的国家。

为了让别的诸侯国不敢来冒犯，齐桓公还建立起一支多达三万人的常备军。齐桓公这是犯规出牌，按照周公以前定制的规矩，诸侯国的军队规模不能超过七千五百人，结果齐桓公就搞了这么庞大的一支部队，要知道当时周天子自己的部队规模也不过才有三万五千人。有了军事力量做后盾，齐桓公显得底气足了不少，周围的诸侯国都不敢惹他，齐桓公找到了点当头儿的感觉。

但是齐桓公远没有满足于让别人不敢惹自己，他还要去惹别人。当时的诸侯竞争已经发展到了白热化的阶段，大家都是斗得你死我活。通过兼并战，诸侯国已经没有原来那么多了，这个时候，谁能强大到吞并所有的诸侯国，谁就是中原的霸主。

当所有诸侯国的霸主可比当一个诸侯国的君主好多了，齐桓公决心为此而努力。

【大踏步前进中】

◎ 开会不捧场

宋国地处中原，最近正在发生一场大内乱，乱得让人头晕，大得过于离谱。

宋国和鲁国打仗，这本来不是什么大事，诸侯国之间没事就打打仗，过过招，但是这次打仗，打出问题来了。宋国猛将南宫长万被鲁军俘虏，宋国国君宋闵公于是轻视南宫长万，觉得他不行。

这对南宫长万是个打击，这位老兄也是个暴脾气，他无法忍受这个耻辱，竟然在被放回宋国后暗杀了宋闵公，改立公子游为国君。因为这个就杀掉自己的主子，这个做法太过偏激了。

逃到别国的宋国诸公子，又向曹国借兵，发起反攻，要为自己老爹报仇，也要夺回君主之位。很庆幸的是，诸公子赢了，带领军队攻进了宋都，杀死公子游，改立公子御说为国君，也就是宋桓公。

而之前还美滋滋的南宫长万在战败后，拉着一辆破车，带着自己的老母亲开始了狂奔逃窜的生涯。有一天，他逃进了陈国，本想着这下宋国人可捉不到自己了。没想到宋桓公向陈国要人，陈国为了不得罪宋国，就把南宫长万逮住，交了出来。

被押送回宋国的南宫长万和他老娘一起被宋桓公杀了。宋国这些乱七八糟的事让周天子很头疼，齐桓公决定乘此机会，召集诸侯开个会，以稳定宋国政局，同时号召大家共同维护周朝，不要重蹈宋国覆辙。

当然了，这是表面上的托词，其实是齐恒公想巩固自己的威信。

周天子那个时候早就是被人遗忘的角落了，大家都纷纷占地盘，谁有空搭理他？可是这次周釐王刚刚即位，齐国居然就带着礼物来看他，所以，周天子很高兴地答应了齐桓公的要求。

公元前681年，齐桓公就带着周釐王的命令，通知各国诸侯到齐国西南边境上的北杏（今山东东阿县北）开会。

不过，齐桓公的威信并不大，他大张旗鼓地宣传了一番，但是准时来开会的诸侯国只有宋、陈、蔡、邾四个国家。还有几个诸侯国，像鲁、卫、曹、郑（都城在今河南新郑）等国，都处于观望中，他们想看看风头再说。

不过没关系，齐桓公的心很宽，只要有人来，就说明他的这个主意还是起效果的。但是有人心很窄，那就是宋桓公，他本来以为这次大会在自己的地盘上开，那肯定是自己主持，可是没想到，齐国老大跑来他的地盘上充老大了，这让他很郁闷。

宋桓公很有个性，大会还没召开，他就溜走了。这让齐桓公感到很没面子，他简单地给剩下三国喊了几句口号，就草草地将会议结束了。

在这个北杏会议上，大家公推齐桓公当盟主，订立了盟约，这就是齐桓公"九合诸侯"（指九次重要盟会，不包括其他小型盟会）的第一合，虽然没人捧场，也没谈出点实际意义来，但这是周朝有史以来第一次以诸侯身份主持会盟的称霸活动，它代表着中国共主政治的结束，霸主政治的开始，意义还是非常重大的。

◎ 齐桓公始称霸

宋桓公的半道溜号让齐桓公很是不爽，他回家后越想越憋气，就跟管仲商量要不要去教训一下宋国。

管仲考虑了考虑，说成，但要先跟周天子商量一下，这样才师出有名啊。

齐桓公表示同意，他去了成周一趟，给宋桓公告了一个大黑状，他说的宋桓公简直就是非揍不可了。周天子当然没意见，他也不敢有意见，他不但同意齐桓公去打宋国，而且他还派了周卿士单伯，率领王师与诸侯联军一同伐宋。

于是，在公元前680年春，齐桓公叫上了陈国和曹国的君主，三人带着一队人马就跑宋国去兴师问罪了。

在经过上次的会盟之后，齐桓公的势力是发展得越来越大了。宋国哪惹得起他，宋桓公看到齐桓公雄赳赳气昂昂地前来，吓得赶紧求饶，说自己再也不敢了，求齐桓公放过他。齐桓公也风度了一把，他大方地表示自己原谅宋桓公了。

齐桓公还说咱们两国一定要团结起来，团结力量大嘛，只有团结起来，咱们才能一起发展，一起进步。

被吓坏了的宋桓公只能点头说是，从此以后，宋国就跟在齐国屁股后头，鞍前马后地效命了。

在这年冬天，周大夫单伯与齐桓公、宋桓公、卫惠公、郑厉公在鄄地（卫地，今山东甄城县西北）会见，商谈会盟事宜。第二年（公元前679年）春天，齐桓公又召开了"九合诸侯"的第二合，在这次会议上，宋、卫、郑三个中原大国正式承认了齐桓公的霸主地位，《左传》称："甄之盟，齐始伯也。"

齐桓公的霸主地位终于被大家承认了，这不光是齐桓公的荣耀，也是赋予了他更多的责任。在那个混乱不堪的春秋乱世，他当了老大，就要担起老大的担子。齐桓公花了七年时间，坐上了春秋霸主头把交椅，但是他这椅子还没坐稳当，就有人来给他捣乱了。

公元前678年秋，宋国的一个属国被山戎欺负了，他们来找齐桓公给自己做主。

公元前664年，燕国（都城在今北京）派使者来讨救兵，说燕国被附近的一个部落侵犯，打了败仗。燕国的使者哭着喊着求齐桓公给自己国家主持公道，于是，齐桓公义不容辞地决定率领大军去救燕国。

这也是他称霸天下的战略之二——攘夷。

◎ 打个没完没了

刚替兄弟出完气、打完仗回来，齐桓公还没来得及喘口气，邢国又出事了。

这打完一拨又来一拨，齐桓公有些不耐烦了，他不大想管这事了。但是他的好帮手管仲站出来说话了，"诸夏亲昵，不可弃也。宴安鸩毒，不可怀也。请君恤邢之患，速速往救。"

就是说咱们是一家人，自己家人被别人欺负了，你作为老大，怎么能见死不救呢？你必须得去帮忙。

没办法，齐桓公收拾了收拾又得出门干架去了，这次他还没走到地方呢，听说齐国大军到来的敌人非常识时务地提前跑了，齐桓公这架没打成，又原路返回了。

仅仅过了一年，也就是公元前660年冬十二月，比邢国更有钱的卫国被一个部族侵略。本来卫国也算是一个中原大国，还是能够应付的。齐桓公也是这样想的，他就没有前去帮忙，在家歇着了。

但是不巧的是，他们的君主卫懿公很不争气，这家伙好吃懒做不理朝政也就算了，他居然还玩儿起了收藏，卫懿公喜欢收藏鹤，成天和鹤待在一起的卫懿公什么事也不干，就欣赏鹤走来走去的姿势。

面对部族的入侵他也不着急，因为他自己家里就已经闹翻天了，卫国在闹内乱，乱得是一团糟，内忧外患的。但就这样，齐桓公也没去管，不是他不想去，而是他没工夫管，因为在中原的南边，一个更加强大的少数民族崛起了，他的实力甚至都超过了齐国这样的霸主国家。

这个势力强大的就是楚国，楚国因为地处中原南部，相隔较远，一向不和中原诸侯来往。楚国国君嫌地位低，所以干脆自称为王，跟天子平起平坐。当时的天子周昭王不高兴了，亲自去楚国讨个说法。楚国人听说天子要来，派出一艘船去迎接，没想到那船是拿糯糊粘的，下水就散架了，周昭王一众人全部落水葬身鱼腹。

就这么个楚国居然日益强大，现在不把他们放在眼里了。这还了得，公元前656年，齐桓公约会了宋、鲁、陈、卫、郑、曹、许七国军队，联合进攻楚国。

楚国也积极备战，楚成王派人跟齐桓公商量："我从没招惹你，你干吗打我？"齐桓公说："你们也是周天子封的，你们干吗不服从周天子，从来不进贡啊？这样我肯定得打你。"

双方商量来商量去，没个结果。

于是齐国和诸侯联军又拔营前进，一直到达召陵（今河南漯河市，召音 shào）。楚国又派了使者前去，齐桓公故意在使者面前展示实力，让他看看自己的部队有多厉害。使者回去以后告诉了楚成王，楚成王想想这样打，只怕两败俱伤，于是他就认了错，答应进贡，只要齐国他们退兵。

就这样，中原八国诸侯和楚国一起在召陵订立了盟约，各自回国去了。后来，逐渐年迈的齐桓公又在宋国的葵丘（今河南兰考东）会合诸侯，招待天子使者。并且订立了一个盟约，主要内容是：修水利，防水患，不准把邻国作为水坑；邻国有灾荒来买粮食，不应该禁止；凡是同盟的诸侯，在订立盟约以后，都要友好相待。

这是"九合诸侯"的最后一合了，公元前645年，管仲病死了，之后过了两年，齐桓公也病死了。

齐桓公死后，他的五个儿子开始争夺君主之位，齐国内乱，公子昭逃到宋国。齐桓公的死也昭示了齐国霸主地位的结束。

【下任霸主接力赛】

◉ 癞蛤蟆想吃天鹅肉

宋国是齐国的好帮手，宋襄公看到自己的老大家里出事了，不能不管，于是他就通知各国的诸侯，请求他们和自己共同护送公子昭到齐国去接替君位。可惜宋襄公面子不够大，没人搭理他，只有三个小国家带着少数人马来了。

于是，宋襄公就和这三国人马一起去到齐国，要求让公子昭继位。齐国正在搞政变的大臣和公子们，一看宋国带了这么多人来，就好汉不吃眼前亏吧，乖乖地把公子昭迎进了齐国，让他当上了君主，他就是齐孝公。

齐国本来是盟主国家，但是经过这么一闹，威望就大不如以前了，而以前一直依附于齐国的宋国，经过这次事件之后，地位顿时提升了一大截。宋襄公尝到了甜头，就想更进一步，他也想尝尝当霸主是什么滋味。

但是宋国太小，实力薄弱，他要当霸主，那大家都能当霸主了，宋襄公就想去找楚国合作，希望能借着楚国的力量去制服其他国家。但他的大臣公子目夷对他这个傻到家的主意表示了反对。

他认为宋国是个小国家，小国家一没人，二没钱，争着去当盟主没什么好结果。但是已经飘飘然了的宋襄公哪里肯听这样的忠告，他邀请楚成王和齐孝公先在宋国开个会，商议会合诸侯订立盟约的事。楚成王、齐孝公都同意，决定那年（公元前639年）七月约各国诸侯在宋国盂（今河南睢县西北，盂音 yú）地方开大会。

看到两个大国都同意自己的建议，宋襄公更是高兴，他的大臣公子目夷又站出来劝他，他们可能会有什么阴谋。

宋襄公没听。

到了那天，宋襄公颠儿颠儿地前往，公子目夷再次站出来说："主公你可不能就这样空手去啊，咱们为了以防万一，还是带点兄弟过去吧。万一打起来，也好应付啊。"

但是宋襄公断然拒绝："咱们不是为了打仗才去开会的，不带！"公子目夷怎么也说不服他，只好空着手跟着去。

果然，在开大会的时候，楚成王和宋襄公都想当盟主，争了起来。楚国仗着人多势力大，占了上风。宋襄公本来想以理服人，以德服人，但楚国可不跟他讲道理，随行的一帮楚国人上前就把宋襄公逮了起来。

后来，在鲁国和齐国的调解下，让楚成王做了盟主，才把宋襄公放了回去。宋襄公回去后，越想越不服气，他不甘心把这口气就这样咽下去，正当他想办法报复的时候，他的邻国郑国投靠了楚国。

宋襄公想自己打不过楚国，但能打过郑国。于是他就把郑国打了。挨了打的郑国向楚国求救。楚成王可厉害了，他没支援郑国，倒是派人去端宋国的老窝了。这下慌了神的宋襄公赶紧撤退，宋军和楚军就在泓水（在河南柘城西北，泓音 hóng）处打了起来。

楚军把宋军打败了，宋襄公在逃跑中，腿上中了一箭，回去后，过了一年就死了。临死前，他也没忘记报仇，他跟自己儿子说："一定得给爹报仇，晋国的公子重耳到时候肯定能帮咱这个忙。"

说完他就死了。

◎ 东奔西跑的日子

宋襄公嘴里那个万能的重耳是晋献公的儿子，也是个命途多舛的人。晋献公年迈的时候，宠爱一个妃子骊姬，想把骊姬生的小儿子奚齐立为太子，把原来的太子申生杀了。太子一死，太子的两个兄弟重耳和夷吾就赶紧跑到别的国家避难去了，怕晋献公哪天想起来，把他们也杀了。

等到晋献公死了，夷吾回国夺取了君位，他担心重耳眼红他的位子，就也想把重耳除掉。重耳就四处躲藏，不让兄弟找到他。

别看重耳命都保不住，但却是个特别有人格魅力的人，他在晋国有一批拥护者，这群拥护者都乐意跟着他，于是重耳带着那批拥护者先在狄国住了十二年，因为发现有人行刺他，又逃到卫国。

可是卫国国君是个势利眼，看他一穷二白，就把他赶走了。重耳一行人又去到齐国，那个时候齐桓公还在世，对重耳挺客气，送给重耳不少车马和房子，还把本族一个姑娘嫁给重耳。

重耳觉得齐国真是个好地方，在这里可以不愁吃不愁喝的，就想永远留在齐国了，但是他手下的人不乐意了，他们想回晋国。他们跟重耳商量着回晋国谋事业去，可是重耳不愿意走，没办法，既然来软的不行，那就来硬的吧。

一天晚上，他们把重耳灌醉，乘他熟睡的时候，把他扔上了马车，一路狂奔，等到重耳醒过来，已经离齐国很远了。

后来，重耳来到了宋国，宋襄公对重耳很是看重，但可惜的是，那一阵宋襄公正在害病，没工夫管重耳的事儿，重耳就又离开宋国到了楚国。

楚成王倒是很器重重耳。他天天大鱼大肉地招待重耳，一天他问重耳："公子要是回到晋国，将来怎样报答我呢？"

重耳认真地说："我要是能回去，肯定跟楚国好好相处，但要是有一天咱们两国战场上见了，我就退避三舍（古时候行军，每三十里叫作一"舍"。"退避三舍"就是自动撤退九十里的意思）。"

楚国的大臣们听了这话不乐意了，重耳不过是个流亡在外的小子，居然敢跟大名鼎鼎的楚国君主说这么不客气的话，干脆宰了算了。但是楚成王不同意，他挺欣赏重耳的个性，觉得重耳是个人才。

重耳在楚国待了一段时间，秦穆公就派人来接重耳了，楚成王就把重耳送到秦国（都城雍，在今陕西凤翔东南）去了。

秦国不是故意去管重耳的事的，而是因为秦穆公曾经帮助重耳的异母兄弟夷吾当了晋国国君。没想到夷吾做了晋国国君以后，反倒跟秦国作对，这让秦穆公对这个白眼狼很是不满意。

现在夷吾死了，可是他的儿子也是不知好歹，于是秦穆公才决定帮助重耳回国。在公元前636年，重耳在秦国的帮助下，回到了晋国，成了国君，结束了流亡十九年的生活，他就是晋文公。

◎ 说出去的话，泼出去的水

晋文公是个好君主，他即位以后，整顿内政，发展生产，把晋国治理得渐渐强盛起来。看到自己的丰硕成果，晋文公也想当霸主，尝尝当老大的滋味。

但那个时候，楚国实力强大，之前也说楚庄王是霸主。晋文公开始开动脑筋，看自己如何登上霸主之位。

这时，正巧周朝的天子周襄王派人来讨救兵，原来周襄王有个异母兄弟叫太叔带，联合了一些大臣，向一个部族借兵，夺了王位。周襄王带着几十个随从逃到郑国。被赶出来的周襄王向诸侯们发出命令，让诸侯们送他回洛邑去。

但是，诸侯们都按兵不动，当没听见，顶多有的诸侯会来给周襄王送点吃的、用的，帮助他维持一下日常生活，但是想要诸侯送他回去，没一个人肯开口。

绝望的周襄王得到了一个建议，有人对周襄王说："现在的诸侯当中，只有秦、晋两国有力量打退敌人，别人恐怕不中用。"于是，周襄王就请晋文公送他回去。

既然周襄王开口了，那晋文公就不好再装聋作哑了，他马上发兵往东打过去，把敌人打败，又杀了太叔带和他那一帮人，护送天子回到京城。

晋文公干完这件事，没过两年，宋成公又来讨救兵，说是楚国派大将成得臣率领楚、陈、蔡、郑、许五国兵马攻打宋国。宋成公是宋襄公的儿子，宋襄公当日对晋文公不错，再加上晋文公也想教训教训楚国，就立马答应替宋国出头了。

奔着霸主的位子，晋文公带着大军就去营救宋国了，公元前632年，晋军打下了归附楚国的两个小国——曹国和卫国，把两国国君都俘虏了。

楚成王本来不想跟晋国打仗，但晋国既然都欺负到他眼跟前了，他也不能坐视不理了。他立刻派兵去跟晋军火拼，晋文公看到楚国派大军过来了，他也不着急打仗，反而是命令大军向后退九十里地。

晋文公这是为了兑现当年说过的话，晋国和楚国一旦交战，他就要退避三舍。于是晋军一口气后撤了九十里，到了城濮（今山东鄄城西南），才停下来，布置好了阵势，楚国军队也跟着过来了，非要和晋国军队拼个你死我活。

当时带领楚国军队的是大将成得臣，他很傲慢，向晋文公下了战书，说要好好教训教训晋文公。晋文公也不怕他，大战开始了，才刚交手，晋国的将军就用两面大旗，指挥军队向后败退。他们还在战车后面拖着伐下的树枝，战车后退时，地下扬起一阵阵的尘土，显出十分慌乱的模样。

成得臣看这架势，觉得晋国真是不堪一击，他想立个大功，就赶紧追上去了。但却在半路上中了埋伏，被晋国的精锐部队杀了个措手不及，慌忙逃掉的成得臣带了败兵残将回到半路上，想回去也没法交代，肯定也是被楚成王砍了脑袋，不如自己了结了算了，于是就自杀。

晋军占领了楚国营地，把楚军遗弃下来的粮食吃了三天，才凯旋回国。晋国打败楚国，为宋国维护了正义的消息传到了周天子那里，周襄王认为晋文公是个大功臣，对他很是赞赏，后来借这个热乎劲，晋文公约各国诸侯开了个会，讨论了一下谁当霸主的问题，大家一致推举晋文公。

就这样，晋文公当上了中原的新霸主。

◎ 口才的艺术，头脑的智慧

晋文公成了新老大，顿时气粗起来，他为了让其他诸侯国都服他，时不时地就要搞个会盟，开开会，大家坐一起联络联络感情。

因为晋文公的影响力越来越大，就连一向归附楚国的陈、蔡、郑三国的国君也都来跟着凑热闹了，但郑国是个墙头草，他又害怕晋国，又不愿意得罪楚国，所以他两边都讨好，这件事情被晋文公发现以后，很是生气，他要打算再一次会合诸侯去征伐郑国。大臣们说："会合诸侯已经好几次了。咱们本国兵马已足够对付郑国，何必去麻烦人家呢？"

想想也是，晋文公就不麻烦别人了，但秦国之前跟晋国有约定，有事就一起出兵，不麻烦别人，也得麻烦秦国。

秦国听到这个消息，很是豪爽地答应了，因为秦穆公正想向东扩张势力，就亲自带着兵马到了郑国。晋国的兵马驻扎在西边，秦国的兵驻扎在东边。两国军队搞的声势十分浩大，吓得郑国的国君没了主意。

幸亏他手下有一个大臣口才十分了得，能把死的说成活的，活的给说死了。郑国国君就派这个人去劝秦穆公，希望秦穆公能够退兵。这人收拾了收拾就去了，此人就是烛之武。语文课本上的《烛之武退秦师》讲的就是这个故事。

见到了秦穆公，烛之武就开始游说："秦国和晋国这样两个大国一起来打我们，那我们肯定是抵抗不住了，抵抗不住就得亡国。那亡了的郑国不就得你们两个国家瓜分了吗？可是您想想，郑国和秦国相隔得那么远，您肯定不如晋国占便宜啊，他到时候把郑国全占领了，然后势力就更强大了，到时候，秦国可就危险了。"

烛之武句句都说到了秦穆公的心坎上，他思量了好几遍，决定跟郑国单独讲和，还派了三个将军带了两千人马，替郑国守卫北门，自己带领其余的兵马回国了。

秦穆公这个举动可是把晋文公闪得够戗，他看秦穆公闪人了，自己打郑国也怪没意思的，但是也不能白来一趟。于是他就想尽办法把郑国拉到晋国一边，订了盟约，撤兵回去了。秦国听说郑国又跟晋国绑一块去了，很是不爽。

秦穆公虽然很生气，但也暂时不想跟强大的晋国闹翻，就只好忍着了。又过了两年，公元前628年，晋文公病死了，他的儿子襄公即位。有人再一次劝说秦穆公讨伐郑国，他们觉得晋国现在正在忙活晋文公的丧礼，肯定没工夫管郑国的事。

留在郑国的将军也给秦穆公送信，说现在郑国北门的防守掌握在他们手里，如果秦国偷袭，肯定能成功。

但是秦国两个经验丰富的老臣蹇（音 jiǎn）叔和百里奚都反对，他们认为调动大军去偷袭遥远的郑国太不理智了，肯定会被发现的。

但是秦穆公不听，他派了百里奚的儿子孟明视为大将，蹇叔的两个儿子西乞术、白乙丙为副将，率领三百辆兵车，偷偷地去打郑国。

走到半路上，有个自称是郑国使者的人拦住了秦军，那个人说自己叫弦高，特地来送上四张熟牛皮和十二头肥牛作为礼物迎接秦军的。孟明视一看郑国已经知道了自己要来搞偷袭，就赶紧拉倒了，他当下掉头就回了秦国。

而其实弦高并不是什么使者，他不过就是个牛贩子，半道上他看到了秦国大军，得知了秦军的来意，为了救自己的国家，才用了这样的计策。弦高给郑国报了信，郑国国君赶紧派人去郑国北门查看，果然看到秦国将军有异样，他当机立断把那三人赶走了。

◎ 报仇十年不晚

秦国的大军想偷袭郑国这个事情并没有秦穆公想的那么秘密，晋国早就得到了这个情报。晋国的大将军先轸认为这是打击秦国的好机会，他劝说晋襄公在崤山（今河南洛宁县北，崤音 xiáo）地方拦击秦军，将秦军杀个措手不及。

晋襄公亲自率领大军开到崤山，在那里布下了天罗地网，就等着秦军前来受死呢。果然，孟明视他们一进崤山，就中了埋伏，被晋军团团围住，进退两难。慌乱的秦军死伤无数，孟明视、西乞术、白乙丙三员大将全都被活捉了。

秦穆公想捡个便宜，却被人耍了，气得直跺脚。得胜还朝的晋襄公很是高兴，但是他的母亲文嬴（音 yíng）原是秦国人，不愿同秦国结仇，就劝晋襄公不要杀了俘获的三个秦国大将，将他们放回去，两国也好和气说话。

听了母亲的话，晋襄公觉得有道理，他就把秦国的这三个将军给放了。前脚刚放，大将先轸就赶来了，"怎么能把我们好不容易捉到的敌人给放了呢？"在情绪激动的先轸的感染下，晋襄公也反悔了，他赶紧派将军阳处父带领一队人马飞快地追上去。

孟明视三人被释放之后，拼了老命地跑，等到阳处父追上的时候，他们早已经跳上一只小船，划远了。阳处父在岸边大喊大叫，说晋襄公给他们准备了马车，让他们走旱路回去，这样快。

但是孟明视可不是三岁小孩子，他跟阳处父一边打着哈哈，一边赶紧划船，"多谢晋国君主的好意了，我们划船就挺好了，就不上岸了。"说话间，小船就划远了，看着到手的敌将逃之夭夭，阳处父只得回去向晋襄公如实汇报了。

捡了一条命的孟明视等三个人回到秦国，本来想着秦穆公不杀他们也得骂他们，可没想到秦穆公一身素服，亲自到城外去迎接他们，还对他们承认错误，说自己不该不听他们父亲的话，才酿成这样的错误。

三个人感激得热泪盈眶，打这以后，他们就认真工作，努力操练，一心一意要为秦国报这个仇。到了公元前625年，孟明视要求秦穆公发兵去报崤山的仇，秦穆公答应了。孟明视等三员大将率领四百辆兵车打到晋国，没想到晋襄公早有防备，孟明视又打了败仗。

接连的打败仗让孟明视崩溃了，他发誓一定要挽回颜面，于是他天天苦练，想着一定要把晋国打败。功夫不负苦心人，公元前624年，孟明视再次带着大军去攻打晋国，这次他终于打赢了，晋襄公赶紧认输。

这次胜利不但挽回了秦穆公的面子，也为他提升了人气，他成了新的霸主。

◉ 个个都神气

秦穆公当了霸主，中原大地安生了十几年，没什么大事发生。可是南方的楚国却是一天比一天强大了，楚国也想来中原当回霸主，尝尝鲜。

公元前613年，楚成王的孙子楚庄王即位，做了国君。晋国逮住机会，把几个一直都是归属于楚国的国家拉到了自己这边，这是赤裸裸的攻击，楚国的大臣们很多都很不服气，想要教训教训晋国。

但是楚庄王似乎没这个打算，他当君王是为了享受，而不是为了操劳，他白天打猎，晚上听音乐，日子过得很滋润，这样一过就是三年。这样下去，楚国迟早会败亡的，大臣们忧心忡忡，但是楚庄王不听这一套，他下了一道命令，谁要是敢劝谏，就判谁的死罪。

有个名叫伍举的大臣，实在看不过去，决心去见楚庄王。伍举抱着必死的心态跟楚庄王说："大王，猜个谜怎么样？"

楚庄王点点头，伍举就开始说了："楚国山上，有一只大鸟，身披五彩，样子挺神气。可是一停三年，不飞也不叫，这是什么鸟？"

这说的就是楚庄王自己，楚庄王是个明白人，他知道眼前这个人是在激励自己，他让伍举退下了，他说自己明白。可是过了一段时间，楚庄王还是老样子，该吃吃该喝喝，另一个大臣苏从忍不住了，又去劝说楚庄王。

楚庄王问他："你难道不知道我下的禁令吗？"

苏从想死就死了，他硬着脖子说："知道啊，但是只要大王能够振作起来，我就算死了也认了。"

楚庄王很高兴有这样的臣子辅佐自己，从那以后就开始发奋，酒也不喝了，觉也不睡了，一心一意地改革政治。

他破格提拔了敢说真话的伍举、苏从，让他们帮着自己好好干活，一年时间，就收服了南方许多部落。六年时间，打败了宋国，一直打到周都洛邑附近。

楚庄王的确是个人才，别看平时玩得厉害，可是干正经事的时候，一点没见含糊。为了彰显楚国的威力，楚庄王在洛邑的郊外举行了一次大检阅，这是明摆着的威胁。楚庄王这一手，把周天子吓坏了，他赶紧派一个大臣王孙满到郊外去慰劳楚军。

看到周天子对自己这么客气，楚庄公心满意足地回去了，后来，他又请到了孙叔敖当令尹（楚国的国相）。孙叔敖很有实干精神，一上任就甩开膀子大干了起来，开垦荒地，挖掘河道，奖励生产。为了免除水灾旱灾，他还组织楚国人开辟河道，能灌溉成百万亩庄稼，每年多打了不少粮食。

在劳模孙叔敖的带领下，楚国更加强大起来。公元前597年，楚庄王带兵攻打郑国，晋国多管闲事地去了，结果被楚军杀得大败而归。从那以后，楚庄王奠定了他在中原的霸主地位。

从齐桓公、晋文公、宋襄公、秦穆公到楚庄王，前前后后总共五个霸主，历史上通常称他们是"春秋五霸"，一个比一个牛。

第三章

战国风云　七家逐鹿

【七雄轮番上场】

◉ 三晋乱周礼

经过春秋时期长期的争霸战争，许多小的诸侯国都被大国给吞并了，势力逐渐集中到了少数人的手中。

根据《资治通鉴》记载，公元前403年，即周威烈王二十三年这个时候发生了一件大事，周威烈王册封晋国大夫韩虔、赵籍、魏斯为韩侯、赵侯、魏侯，俗称三家分晋。这一变局拉开了战国的序幕，也使得当时的社会体制发生了根本的变化。

这其中分封制起到了很大作用。分封制本来是周朝统治者想出来帮自己排忧解难的办法，但是随着时间的流逝，这个办法的弊病越来越显露了出来。当天子把土地分给诸侯，让诸侯帮他管理的时候，诸侯为了省事，又分封给了大夫，而大夫则分封给卿，卿分封给士，它的每一层都是往下分封的。

所以，当春秋初期，周天子开始被诸侯架空时，就已经预示了诸侯也会逐渐被大夫架空，这是个不可避免的规律，因为这是由它的生产力水平决定的。

生产力进步了，生产关系也得发生变化。一些国家的内部就已经在悄悄地发生变化了，大权渐渐落在几个大夫手里，他们原先也是奴隶主贵族，后来他们采用了封建的剥削方式，转变为地主阶级。有的为了扩大自己的势力，还用减轻赋税的办法来笼络人心，这样，他们的势力就越来越大了。

那个时候称霸中原的晋国也早已经衰落得外强中干了，君主成了可有可无的傀儡，国家的实权被六家大夫把持，他们各自有各自的武器装备和人马，经常为了扩大地盘，打得不亦乐乎。

打着打着，有的大夫家族就被打弱了，然后被其他家吞并。后来，晋国就剩下了智家、赵家、韩家、魏家这四家大夫。这四家中，又以智家的势力最大。

智家想侵占其他三家的土地，其他三家也不是傻子，不能等着智家来欺负他们，但是这三家的心也不齐，彼此之间都留着一手。四家人混战，耍心眼，玩暗杀，搞暴动，把晋国折腾了个底朝天，不得安生。

最后本来势力最大的智家反而在争斗中处于了下风，被赵、韩、魏三家给灭了，三位大夫瓜分了智家的土地和家产，又一起把晋国其他的土地分了分。然后想自己已经这么有权有势了，还当个大夫，太不够档次了，就一起去找周天子商量，看能不能给他们分个诸侯当当。

周天子哪敢说不，答应了他们的要求，打那以后，韩（都城在今河南禹县，后迁至今河南新郑）、赵（都城在今山西太原东南，后迁至今河北邯郸）、魏（都城在今山西夏县西北，后迁至今河南开封）都成为中原大国，加上秦、齐、楚、燕四个大国，历史上称之为"战国七雄"。自此，中原地区逐渐形成了战国七雄争霸的格局。

这是后话了，总之天子之职莫大于礼，礼莫大于分，分莫大于名。周天子被三晋威胁着封他们为诸侯，这种窝囊事让周朝天子的职能彻底消失殆尽了，周朝的末日指日可待了。

◎ 玩的就是毅力

比起晋国的那摊子事儿来，齐国的这事儿就更不好说清楚了。

齐国的君主本来一直是姓姜的，比如齐桓公，名字就叫姜小白，后来一代一代地传下来，谁也没换过姓。可是凡事总有个例外，齐国后来有一个大夫田氏强行把齐国君主废掉，让周天子把自己封为了诸侯，从那以后，齐国的君主就改姓田了。

这个田大夫的祖宗原本是陈国公子完，公子完为了逃避陈国的内战，逃了出来，躲到了齐国。当时齐桓公还在，收留了他，公子完就改姓了田，担任了齐国的工正。从此田氏一代一代的都是侍奉着齐国君主，没当过什么大官，但也还算混了个安稳，一直到田桓子侍齐庄公而得宠，这段时间约计一百二十二年。

这一百多年里，田氏一家人一直都是中层领导干部，说话没什么分量。后来田氏家族慢慢发达起来了，野心也渐渐大了。这期间又经历了将近一百多年的时间，田氏比较会做人，不显山不露水地将民心收买了。

他们的办法主要是武装积蓄，掌握实力。田氏很会收买人心，他们在向贫苦民众放贷时，用大斗借出，小斗收入，这招很高明，用到了老百姓的心坎上了，大家都很拥护他。后来在公元前490年，齐景公死后，贵族国氏、高氏立景公的儿子公子荼（音tú）为国君。田氏看到新国君登基，位子还很不稳定，是夺取政权的最好时机，于是他就乘机发动武装政变，打败了国氏、高氏，立景公的另一个儿子公子阳生为国君（齐悼公），田乞为相。这一步，完成了田氏的很大一个飞跃。

田乞当相之后，实力增强了，属于一人之下、万人之上的大官。田乞死后，他的儿子田常（田成子）继续为相。公元前481年，田常又发动武装政变，把几家强大的贵族如鲍氏、晏氏等全部消灭，并杀死了齐简公，另立简公之弟骜（音 ào）为国君（齐平公），政权完全控制在田氏手中，国君实际成为傀儡。到田常的曾孙田和时，于公元前 391 年废掉齐康公，自立为国君，完成了田氏代姜氏之齐的过程。公元前 386 年，周安王承认田和为诸侯。

这个看起来简单的过程，却是经历了好几百年，田家人也真是够有毅力的，居然能好几辈的人，为了一个目标而努力。在反复的斗争中，田家取得了最终的胜利，而这个过程其实就是春秋战国时期的一个缩影，不断地争斗，失败，胜利，最后形成一个稳固的割据局面。

田氏代齐，再加上一开始的三家分晋，战国七雄的局面开始形成，战国一开始并不是就是只有这七个国家，当时一共有二十多个国家都觊觎霸主地位，历经战火洗礼，这二十多个国家就倒的倒，散的散，最后留下了毅力与实力最强的七个国家。

这七个国家还没完，他们还要继续死磕，为最后的霸主地位而奋斗。

◉ 免费午餐真好吃

公元前 356 年的一天，秦国都城南大门旁边的人多得跟逛街的蚂蚁一样，数也数不清。平日里也不见这里这般热闹的场景，不知今日又有什么热闹可以看。

仔细一瞧，老百姓都对着一根木头指指点点，这时候一个穿着体面的人指着木头发话了："无论是谁，只要能把这根木头扛到北门去，我就赏他十两黄金。"

这话发得可够豪气的，可在一旁看热闹的人却没有一个愿意站出来领这十两黄金。大家都嘟囔着："木头又不是金箍棒搬不动，稍微有点力气的人就扛过去了，干吗要赏十两黄金？"

还有人嘴里骂着："又不知是哪个骗子来骗人！"

时间刷刷地往前跑，眼看天就要黑了，可还是没人响应，于是穿着体面的人又提高了奖赏的力度，这一次可是二十两黄金。

大家还在犹豫着，这时候有一个人站了出来，义无反顾地扛着木头朝北门去了。穿着体面的人一激动，用高八度的音调大喊："二十两黄金，一个子儿也不会少！"

"左庶长可真是言出必行啊！"事后老百姓都这么赞赏着，原来那个穿着体面的人就是日后大名鼎鼎的商鞅。商鞅原来还有个名叫公孙鞅，他是魏国的贵族，年轻的时候就喜欢摆弄一些赏罚的玩意儿，给魏国的宰相公叔痤当侍从，也就是中庶子。

公叔痤不愧是相国，见这小子有些才学，在临死的时候就千叮咛万嘱咐魏惠王，让他提拔商鞅做宰相。可是魏惠王大概是以为老相国病糊涂了，也就没把他的话放在心上，没抓住商鞅这个人才。

过了些日子，听闻秦孝公那边要招纳贤士，商鞅也耐不住寂寞，于是义无反顾地离开了魏国这伤心之地，投奔到了秦孝公的门下，并且在秦孝公的大力支持之下开始了他的变法。等到变法的章程都制定出来之后，商鞅又担心百姓们不听话造反，所以才导演了迁木为信这么一出戏。

那时候奴隶制已经顾不住自己的尾巴了，封建制正雄赳赳气昂昂地往中华的大地上驰骋而来，颁布一些新的政令法令那是理所当然的。各个诸侯国都想弄个"霸王"来当当，于是争先恐后地进行改革。

变法的春风最早吹在了魏国的大地上，魏文侯在位的时候就任命李悝为变法的负责人；楚国也不甘示弱，楚昭王起用的则是因在魏国待不下去而来投奔楚国的吴起；在赵国，也有牛畜、徐越和荀欣等人天天吵着要变法；韩国的改革则是由申不害主持的。

还在魏国的时候，商鞅就跟李悝学了个一招半式，带着《法经》就来秦国施展才华了。可变法是那么容易的事吗？旧贵族们一个个地挡在门口，愣是不让变法的春风吹进门。

变法还没开始的时候，商鞅就吃了大大的闭门羹。秦国大臣甘龙气呼呼地说："大圣人在教育人的时候从来都不敢跟老祖宗的传统犯嘀咕，想要不费劲地成功，那就要顺着老祖宗的意愿，大家井水不犯河水，也都能相安无事。"

商鞅也不是吃干饭的，他顺势反驳说："夏商周三代霸主，各个都有个性的治国法宝，没有一个与前代走雷同路线的。聪明人制法，蠢人只能乖乖地就法，有才能的人敢于挑战旧制度，无能的人总是一味地接受。"

杜挚也唯恐天下不乱，嚷嚷说："老祖宗留下来的规矩是不能变的，还是祖宗的话放心。"商鞅才不是被吓大的，毫不留情地反击说："做事的目的是利民强国，方法有千万种，单仿效无创新根本不是办法。"

商鞅的胆识得到了秦孝公的青睐，他很快就升官了，成了左庶长。新官上任三把火，商鞅这三把火可是要好好地放上一放。

◉ 不信治不了你

贵族们财大气粗，想要严格按照法令行事当然没有迁木为信来得容易。第一次变法还算顺利，商鞅把他起草的新法令公布了出去。新法令赏罚分明，规定官职的大小和爵位的高低以打仗立功为标准。

那些贵族叫苦连天，可是商鞅是个铁面无私的人，谁跟他求情也没用。商鞅非常严厉地执行着自己的法令，贵族如果没有贡献功劳，那就没有爵位，多生产粮食和布帛的，免除官差；凡是为了做买卖和因为懒惰而贫穷的，连同妻子儿女都罚做官府的奴婢。

这些法令简直是要了平日里好吃懒做的贵族们的命了，他们哪经历过这架势，挨罚的挨罚，被没收的被没收。这日子从来就没过得这么惨过。

有了秦孝公的支持，商鞅打遍天下无敌手。

可是公元前350年第二次变法时就遇到了难题，因为当时以身试法的可是万人之上的堂堂太子，执法官员在办案的过程中打了哆嗦。

就在其他人都犯难的时候，商鞅心中却窃喜着，这不正是杀鸡给猴看的好时机吗！假如真的不能在太子头上动土，那么不如拿他的老师开刀，公子虔的鼻子被割，公孙贾的脸上被刺了字。这一事件在人民群众的心中影响极大，新法也很顺利地贯彻了下去。

变法给秦国带来了巨大的甜头，国力噌噌地往上蹿。商鞅改革的内容主要是：

一、废井田，开阡陌（阡陌就是田间的大路）。确立了土地私有。改变了之前大家心照不宣、国家变相默认土地私有的状态。

二、令民为什伍，实行连坐法。就是把老百姓组织起来，形成一个大网，他连他，他连着他，大家都有牵连，一个人犯错了，其他人就要跟着遭殃。

三、重农抑商，奖励耕织。重视农民，看不起商人，主要鼓励大家多下乡种地，给国家多支援粮食，要是人都跑大街上卖布去，那君王就要饿死了。

四、奖励军功，按功受爵。之前的爵位授予者是世袭制度，那些人一生下来就有工资领，有饭吃。商鞅认为这个很不公平，他坚决提倡多劳多得，不劳不得。

五、燔诗书而明法令。就是让大家都服从命令。

六、统一度量衡。规定一米是多长，一毫米是多长，这样避免好多误会。

七、废分封，行县制。这主要是为了加强中央集权，不让以前诸侯作乱的现象再度发生。

商鞅的这一系列变法措施，促进了秦国政治、经济、军事的发展，为秦国日后统一六国打下了最坚实的基础。

⊙ 小心眼的下场

当年那位不听公叔痤教诲的魏惠王可倒了霉，因为商鞅大哥在公元前340年率领秦军报了当年不被重用的仇，魏国被逼得迁了民，魏惠王想买后悔药都难。

其实魏惠王还犯了一个大错，当年公叔痤曾警告过他，说如果不能重用商鞅，那么就一定要杀了这小子。公叔痤不愧是忠心耿耿的老大臣，他不愿意看到商鞅这么好的人才流入他国。

但是现在说什么也晚了，商鞅现在在秦国，事业发展得很好。魏惠王眼红得不得了，他也想再找一个像商鞅那样的人才，来给自己的国家变变法，让自己的国家也强大起来。于是他花了好多钱招揽天下豪杰，魏惠王相信重赏之下必有勇夫，果然，许多人前来应征。

其中有个叫庞涓的魏国人来求见，向他讲了些富国强兵的道理。魏惠王听了挺高兴，就拜庞涓为大将。

庞涓不是个只会说嘴的假把式，他肚子里还是真有些学识的。他天天操练兵马，先从附近几个小国下手，一连打了几个胜仗，后来连齐国也给他打败了。看到庞涓这么有本事，魏惠王更觉得他是个人才，非常重视他。

但庞涓却是个小心眼，他有个同学叫孙膑（音 bìn），齐国人，比他还有能耐，是吴国大将军孙武的后人。孙膑手里有本祖传的《孙子兵法》，非常厉害。魏惠王也听说了孙膑的名气，就把孙膑请来了，本想让庞涓和孙膑两人好好工作，可是没想到庞涓嫉妒孙膑，怕他抢了自己的风头，就说孙膑的坏话。

魏惠王也是个软耳根，真信了，把孙膑脸上刺了字，还剜掉了他的两块膝盖骨。要不是被齐国一个使臣救出，孙膑就死定了。魏惠王伤害了孙膑，但齐国大将田忌却温暖了孙膑那颗受伤的心。

田忌对孙膑十分器重，后来公元前 354 年，魏惠王派庞涓进攻赵国，围了赵国的国都邯郸，赵国向齐威王求救，齐威王就拜田忌为大将，孙膑为军师，发兵去救赵国。孙膑也不露面，就是负责给田忌出主意，就把这仗打赢了。

后来，公元前 341 年，魏国又派兵攻打韩国。韩国也向齐国求救。那时候，齐威王已经死了。他的儿子齐宣王派田忌、孙膑带兵救韩国。

孙膑又使出智慧，把魏国打得落花流水，这次他还报了仇，把害他的仇人庞涓杀死了。孙膑带领齐国军队大破魏国军队，把魏国的太子申也俘虏了。这场仗为孙膑在军事界奠定了不可磨灭的基础，后来，孙膑的名气就越来越大了，而他写的《孙膑兵法》也流传后世，为后人所仰慕。

【一山还比一山高】

◎ 混的是张嘴

孙膑打败了魏军，魏国就一蹶不振了，但秦国却在改革的力量中，势力越来越强大了。当时秦孝公已经死了，他儿子秦惠文王掌了权，惠文王当了一把手的第一件事就是把商鞅干掉。

是啊，惠文王坐上宝座之后怎么能饶过商鞅呢？他正是当年被商鞅杀鸡儆猴的太子啊。惠文王对商鞅表面上恭敬，然而暗地里却在使坏，发动那些利益受到损害的贵族联合起来陷害商鞅。商鞅被扣上了谋反的罪名，逃亡的时候一不小心就被惠文王的追兵抓了个正着，就地正法。说起来这惠文王也是够狠的，人死了也就算了，他倒好，还来个车裂之刑。

商鞅不仅给自己引来了血案，还给后人提供了评头论足的好素材。有人觉得商鞅是个不厚道的人，比如司马迁，他就不欣赏商鞅推行的酷刑。

不过也有像王安石这样的名人来给商鞅助阵，他觉得他那个时代的人根本不能跟人家商鞅比，个个儿言而无信。刘向也说商鞅是秦国后来能够独傲天下的开山鼻祖。

生前身后事还得留给后人品评，仁者见仁智者见智。不过商鞅也算运气不错，不仅逢上了变法的好时机，而且还遇到了识才的主子，这才得以声名赫赫，被推到了中华变法始祖的位置上。

不管怎么评述商鞅，他的确给秦国带来了很大的生机。惠文王干掉了商鞅，依然利用商鞅留下的大好资源不断去扩张势力，引起了其他六国的恐慌。

这个时候的秦国就像一匹饿狼，看着就让人害怕，怎样对付秦国的进攻呢？有一些政客帮六国出主意，主张六国结成联盟，联合抗秦，这种政策叫作"合纵"。

还有一些政客主张帮助秦国，以秦国的立场向各国游说，要他们靠拢秦国，去攻击别的国家，这种政策叫作"连横"。

不管是主张"合纵"，还是主张"连横"，这些政客们就是在靠一张嘴，把君主们说高兴了，然后赏他们一碗饭吃。

在这些多嘴的政客中间，最出名的要数张仪。张仪是魏国人，在魏国穷困潦倒，跑到楚国去游说，楚王没接见他，但是楚国的令尹把他留在家里做门客。有一次，令尹家里丢失了一块名贵的璧。令尹怀疑是出了家贼，而他的门客里张仪最穷，他就把张仪打了个半死，丢出去了，浑身是伤的张仪回到家，妻子看到他哭了起来，张仪突然问了句莫名其妙的话："我的舌头还在吗？"看到妻子点头，他就放心了："只要舌头在，就不愁没有出路。"

后来，张仪到了秦国，凭他的口才，果然得到秦惠文王的信任，当上了秦国的相国。这时候，六国正在组织合纵，倡议者是一个叫苏秦的家伙。

◎ 闭关修炼有进步

周王姬扁手里拿着扫把在大街上扫过来扫过去，看他手上直哆嗦就知道心里一定是担心着什么。原来是苏秦从楚国来，正要到赵国去，途中要路过洛阳，周王唯恐招待不周而掉了脑袋。

说起来也是笑话，堂堂一国之君，怎么害怕起苏秦这个名不见经传的小人物来了呢？原来苏秦这小子也真不赖，居然弄到了六国宰相的相印，一路走来咣当咣当地在腰间晃悠着，所到之处掌声如雷鸣一般，花团锦簇的，苏秦可算是风光了一回。

老婆在一旁伺候着，丝毫不敢怠慢，还有那位嫂嫂，之前还让苏秦挨了饿，这下可惨了，哭得稀里哗啦，拜天拜地拜苏秦，求他饶了自己的无知。苏秦抚摸着腰间的六国相印，心中不由得感慨万千，激动万分。

想当年，苏秦刚刚从鬼谷子那里毕业，卖了所有家产到各国去游说晃荡，结果成了旁人眼中的败家子，就连老婆和嫂嫂也觉得他丢人。苏秦受了刺激，不过这一激可了不得了，击出了一个头悬梁、锥刺股的苏秦。

闭关发愤了一年，苏秦觉得自己对天下大势已经掌握得差不多了，其中奥妙也了如指掌，这才决定出关。这是苏秦第二次出山，他先是昂首阔步地来到了周宣王这里，可是宣王身边的人都了解苏秦的老底，觉得他就是个市井流氓，死活不肯引荐。

苏秦经过了一年的修炼，对于这些个不识货的人根本就不会动怒，他无暇理会这群有眼不识泰山的人，坚持四处奔走，终于凭借着三寸不烂之舌在赵国被赵肃侯看上了。

苏秦跟打机关枪一样将他的治世之道说给了赵肃侯："邦交很重要很重要，赵国千万不能与大猫树敌，例如齐国和秦国，这是安民之本。假如赵国选择与秦国结盟，那么秦大猫就一定会去啃韩国和魏国这两根鱼骨头。如果赵国与齐国联合，齐国就要吃楚国和魏国的肉。韩、楚、魏这三国一旦被抽了筋拔了皮，那可了不得了呀，赵国从此就失去了外援！国与国相处，不外乎一个合纵，一个连横，那些嚷嚷着要连横的人实际上就是一群败类，只想着自己的荣华富贵，却是牺牲了国家的利益。赵王您想想，六国的疆土加在一起可比秦国大了去了，兵力更是不在话下，还怕什么啊！"

赵肃侯被苏秦的好口才说得晕头转向的，不过人家苏秦也确实对六国之间的地理位置了如指掌，各国之间的利害关系也看得一清二楚，怎由得他不信。赵肃侯言听计从，还有点低三下四的感觉："您看我这还没长大，涉世不深，这治国的长远之计还不曾想过，想也想不来，还要有劳先生为我国奔忙啊！"

苏秦一听大喜，又快马加鞭地把剩下的五国说服了，各国的头头在苏秦的撮合之下都纷纷抛开了先前的恩恩怨怨，组成了庞大的统一战线来对付秦国。苏秦自然而然地成了六国联盟的总代表，这也是他生命和事业最巅峰的时刻。

公元前333年，六国在洹水相会，要商量怎么对付秦国。苏秦在会上被推举为六国相，并且佩戴了六国的相印，这一下可了不得，一下子把秦国出函谷关的时间推后了至少十五年。

洹水之盟后，苏秦要回赵国给赵肃侯报喜，身后跟着一大帮保镖，周显王心里直打哆嗦，对苏秦嘘寒问暖，可见当时苏秦的力量之强大，一个喷嚏都能让天下人泪流满面。

无奈赵王胆小得连老鼠都不如，后来秦国骗齐国和魏国，说让两国与他联合一起攻赵，赵王得到此消息之后就把责任通通赖到了苏秦头上，苏秦一气之下离开了赵国，六国曾经的山盟海誓也付诸东流了。

苏秦戴着草民的帽子在各国的政治舞台上尽情地跳着踢踏舞，左踢踢右踢踢，不仅展现了个人的魅力，还为历史舞台画上了浓墨重彩的一笔。他哪来的力量呢？

其实，战国时期出现了一批特殊的群体，就是人们口中的纵横家，说白了就是搞外交工作的，苏秦就是其中名声响亮的一位。这群人出身往往卑微，可是天生却又带着一股不服输的劲儿，拼了命地想要出人头地。等到修炼到家之后，就凭着自己的才识和三寸不烂之舌在各国间游说，说上两句就能获得胜利，走哪儿都牛气冲天的。

当时齐国国力强盛，吓得燕国大气不敢出一个，苏秦愿意给燕国当间谍，佯装是燕国的罪犯而逃到了齐国。齐宣王没心没肺地信任着苏秦,他一命呜呼之后,苏秦又劝说刚上任的湣王厚葬宣王,大兴土木,以此来分齐国的心。

苏秦的死更是惊天地泣鬼神,当时他被敌家派兵暗杀,为了抓到凶手,他居然让齐王把他车裂于市,还要故意说他是为了燕国在齐国捣乱。真真假假弄得世人一头雾水,不过苏秦的伎俩还真的让齐国找到了真凶。

苏秦死了以后,他是燕国间谍的事情也就随之败露了,齐国人民恨他恨得牙痒痒,不过司马迁却对苏秦大加表扬,说他是燕国的大忠臣。

◎ 见招拆招才是高手

作为鬼谷子的学生,张仪和苏秦在毕业后的事业都发展得很成功。一个合纵,一个连横,虽然对着干,但也算是战国时期,那个年代里一出好戏的主角了。

苏秦忙着张罗六个国家彼此联合,他终于成功了,在公元前318年的时候,楚、赵、魏、韩、燕五国组成一支联军,攻打秦国的函谷关。但因为这五个国家彼此之间不肯坦诚合作,相互之间都不能互相信任,这次的出征很快以失败告终。

这次的行动,给张仪敲了个警钟,在六国之中,齐、楚两国是大国。张仪认为要实行"连横",非把齐国和楚国的联盟拆散不可。他向秦惠文王献了个计策,就被秦惠文王派到楚国去了。

到了楚国后,张仪先拿出一份贵重的礼物来贿赂楚怀王手下的宠臣靳(音 jìn)尚,果然靳尚在楚怀王耳边说了张仪不少好话。

所以,楚怀王见到张仪的时候,显得和颜悦色的,两人坐一起讨论了当下的局势,张仪跟楚怀王说,"秦王这次派我来,是要和贵国交朋友的,如果大王能够和齐国决裂,那秦王就能跟贵国永远友好相处,还能把商于(今河南淅川县西南)一带六百里的土地献给贵国。这样一来,贵国很是划算啊。"

楚怀王是个糊涂虫,一听有便宜占,立刻高兴地答应了,张仪这次游说成功。楚国的一帮大臣听怀王说了这好事,也纷纷表示祝贺,但是有一个人提出了反对意见,那就是陈轸,他对怀王说:"秦国为什么要把商于六百里地送给大王呢?还不是因为大王跟齐国订了盟约吗?楚国有了齐国作自己的盟国,秦国才不敢来欺负咱们。要是大王跟齐国绝交,秦国不来欺负楚国才怪呢。秦国如果真的愿意把商于的土地让给咱们,大王不妨打发人先去接收。等商于六百里土地到手以后,再跟齐国绝交也不算晚。"

但是楚怀王一心想早点把便宜占到手,就不听劝,赶紧就和齐国断了关系,又派人去跟张仪到秦国要那个便宜去了。但是没想到张仪不肯承认了,死活说自己没说过要给楚国六百里地。

这下可把楚怀王气坏了,当下就调动了十万人去打秦国,秦国也不示弱,也发动了十万人应战,而且还约上了齐国。齐国君主正因为楚国跟他断交生闷气呢,一听有报复的机会，赶紧就派人出来了。

楚国打不过齐国和秦国，十万人被杀得就剩两三万了，吃了闷亏的楚怀王只得投降，不但商于六百里地没到手，连楚国汉中六百里的土地也给秦国夺了去。就此以后，楚国元气大伤。

张仪哄了楚国之后，又陆续到了齐国、赵国、燕国，说服各国诸侯"连横"亲秦。这样，六国"合纵"联盟终于被张仪拆散了。

◎ 试试新衣服

当楚国正在遭到秦国欺负的时候，北方的赵国却在发愤图强，力争上游。赵国的老大武灵王，眼光远，胆子大，想方设法要把国家改革一番。

有一天，赵武灵王对他的大臣楼缓说出了他的心里话："咱们东边有齐国、中山（古国名），北边有燕国、东胡，西边有秦国、韩国和楼烦（古部落名）。咱们要是还这么混吃过日子，早晚得等死。所以，咱们要先发愤起来才行啊。"

楼缓问："怎么发愤啊？"

"改革啊，依我看，咱们要先从这衣服改起来，你看咱穿的，多麻烦啊，长袍大褂，干活打仗，都不方便，不如胡人（泛指北方的少数民族）短衣窄袖，脚上穿皮靴，这衣服穿上才利索呢。咱们学人家那样，把衣服改一改怎么样？然后学胡人那样骑马射箭。"赵武灵王说。

楼缓听了很赞成，但是别人不答应了，好多大臣都反对，他们认为这事儿太不靠谱了。于是，赵武灵王又去找另一个大臣肥义讨主意，肥义无私地鼓励了他，说做大事就要不拘小节，怕这个怕那个什么也干不成。

赵武灵王听了很受鼓舞，于是就甩开膀子大干起来。第二天上朝的时候，他就穿着胡人的衣服走了出来。底下大臣跟看时装秀似的，个个都傻了眼。这哪是国王上朝开会啊，简直是耍猴嘛。

赵武灵王把让大家都穿胡人衣服的事情跟大臣说了，可是大臣们总觉得这件事太丢脸，不愿这样办。赵武灵王有个叔叔公子成，是赵国一个很有影响的老臣，头脑十分顽固。他听到赵武灵王要改服装，就干脆装病不上朝。

看到大家都不支持自己，赵武灵王也没灰心，他是不撞南墙不回头，不见棺材不掉泪，非要把这事给办了不可。他知道要想让大臣们都照办，肯定得先从老臣子那里打开缺口，于是他带了礼物，亲自去看望了他那位装病的叔叔。

赵武灵王磨破了嘴皮子，就是死活缠着他叔叔，讲改革的好处。他叔叔被磨得没办法了，最后觉着换换衣服样式也没坏处，反正也少不了一块肉，就答应了。大家一看，既然君主和他叔叔都穿胡服了，那自己还撑个什么劲呢？

就这样，在穿什么款式衣服这个问题上，大家得到了统一。随后就是要号令大家学习骑马射箭。在赵武灵王的积极督促下，不到一年，就训练了一支强大的骑兵队伍。公元前305年，带着这支队伍，赵武灵王收复了很多土地和部落，赵武灵王觉得自己已经可以和秦国一较高下了。

于是他打算亲自到秦国去摸摸底，他打扮成赵国的一名使臣，带着几个手下人，上秦国去。到了咸阳，他以赵国使臣的身份拜见了秦昭襄王，向他报告了赵武灵王传位给儿子，自己当起了主父的事情。（这就是说的他自己）

随后他就在秦国考察了一番，等到秦昭襄王觉出不对劲的时候，他已经跑出函谷关三天了，早跑没影了。秦国就这样吃了一闷棍，好歹也没什么损失，秦王也就没怎么再追究了。

【你争我夺誓不休】

◎ 乐毅是个猛人

燕昭王一向是个惜才的人，他知道自己这王位来之不易，所以更希望招几个才高八斗的大圣人来给他当参谋。每当夜深人静的时候，燕昭王还不忘回忆回忆当初自己是怎么坐上这皇帝宝座的。

那时候孟尝君被齐王撤了职，灰溜溜地回到了老家种地。齐王是个不消停的大王，之后又忽悠着楚国跟他一起干掉了宋国，看到自己有了点小建树，就跟太阳照在了桑干河上似的仰着脸走路。他一直梦想着自己将来统一各国，弄个大皇帝当当。

齐王那嚣张的气焰惹火了周遭的几个国家，特别是燕国，好端端地就受到齐国的骚扰，整日不得安宁。要说燕国一开始也是个不一般的大国，不过是被后来的燕王唅坏了名声，居然把自己的王位让给了相国之子。

听到老爹把王位给了相国之后，太子平就郁闷了，朝中的大臣们也都吵着不愿意，一气之下就搞起了内讧。后来在大臣们的努力之下，太子平总算是接了老爹的班，当上了君主，就是燕昭王。

燕昭王听说郭隗是个不错的大臣，为了让燕国变得厉害，他就合计着自己亲自去请老郭出山。见了郭隗以后，燕昭王装着一副可怜兮兮的模样跟老郭诉起了苦："齐国一直骚扰我们燕国，还小瞧我们燕国实力小，我就不相信我干不过他！听闻您老是个有才的人，所以我来请您出山，您看如何？"

郭隗听到燕昭王这么说以后，心里美滋滋的，不过他心想咱也不能就这么便宜了他，先扭捏扭捏再说，于是老郭就先给燕昭王讲了个故事：

从前，有个当大王的，对千里马特别感兴趣，可是他派人出去找了三年多连个马蹄印都没找到。就在这大王撂下一副苦瓜脸的时候，有个大臣说他能弄到千里马。这消息可把大王乐坏了，赶紧让这大臣去把马弄来，还给了他一千两金子。

这大臣估计骑了匹病马去的，等他到了千里马的所在地时，千里马已经咽下了最后一口气。无奈他就带着千里马的骨头回去给大王交差了。大王看见眼前这堆马骨头以后更加郁闷了，脸绿得跟黄瓜似的。

大臣赶紧解释说："嗨，大王，您先别气呀，您想想，要是大家都知道您花了大价钱买了一堆千里马的骨头，那他们会怎么个想法？说明大王您爱千里马如命啊！您瞧着吧，不等多久就有人给您送千里马来了。"

果然，这位大臣的话应验了，大王也心想事成。

燕昭王听了这故事以后明白了郭隗的意思，赶紧叫人回去给郭隗弄了套总统套房先住着，还做了老郭的学生。四方的人听说燕王如此爱才之后都纷纷投奔于他的门下，乐毅就是其中一位。

燕昭王也是个耐不住性子的人，他看见齐王成天嚣张跋扈的就郁闷，他跟乐毅叨叨："你瞧你瞧，那齐国的大王真不是个东西，我打算这就去跟他干，你觉得如何？"乐毅看燕昭王这么沉不住气，赶紧劝他说："大王啊，那齐国可是人多，地盘也大，就以咱们国家目前的实力来说，还不能跟他杠上，不如您考虑一下跟其他国家联手？"

燕昭王听了乐毅的话，还让他到赵国去忽悠赵王，之后又跟韩国和魏国达成了协议，再加上秦国，大家一起干齐国，把齐湣王逼到了临淄。其他国家见齐王这么个狼狈的样子，就不想再跟他较劲了，可是乐毅却不肯放手，继续带着兵追杀他，最后把齐湣王砍死了，乐毅也成了燕国的功臣，更是燕昭王身边的大红人。

◉ 这耍的是什么把戏

乐毅是个猛人，只用半年时间就把齐国的七十多座城池拿了下来，现在就只剩下即墨和莒城还没攻下。这时候莒城里出了个齐襄王，他是住在城里的大夫们新推举出来的大王。而当乐毅出兵攻打即墨的时候，里面的大夫纷纷出来抗战，却都不幸死在了乐毅的手里，这么一来即墨就成了空城。

当兵的没了个管事的人，那可就乱套了。正当大家快要一哄而散的时候，有个叫田单的出来主事。他说自己是齐王的一个远房亲戚，以前也干过这行，把大伙儿都忽悠晕了以后他就顺利地当上了主帅。

田单一点素质都没有，还通过裙带关系把自己的亲戚都弄到军队里了。不过经过他这么一编排，军队的人数倒也涨了不少，渐渐地也嚣张起来。

就在乐毅一心要攻城的时候，燕国那里却有人告他的状，说他打了三年即墨都没个说法，想当初才花了半年的时间就搞下了七十座城池，这怎么也说不过去，说不定这小子是故意在那边逗留，想要自己当个齐王呢。

燕昭王听了这话可不高兴了，他一向待见乐毅，所以就没在意在一旁说三道四的人。

不仅如此，燕昭王还真的就让乐毅当齐王，乐毅听说此事之后感动得稀里哗啦的，可是死活不愿意当齐王。没想到乐毅无心地经过这么一折腾，他在军中的威望就越来越大了。

燕昭王死了以后，他的儿子接了班，称燕惠王。这时候田单那家伙可乐了，他派人到燕国的大街上散布谣言，说乐毅之前没当上齐王，这回燕昭王死了，他可要在齐国称王称霸了。

燕惠王耳根子本来就软，再加上他也不待见乐毅，于是就派了个叫骑劫的家伙去齐国把乐毅赶走了，那个骑劫倒是留在了齐国继续率兵，乐毅一气之下就回了老家赵国。

虽说骑劫掌了兵权，可是他在军中没有威信，大家都不爱搭理他，他一个人也怪郁闷。田单知道以后就部署了下一步计划，让即墨城里的小老百姓整天在大街上扯着嗓门喊："乐毅大将军那时候连俘虏都当亲娘对待，咱老百姓都喜欢那乐将军。说起来也是，要是那乐毅把俘虏的鼻子都割了，把咱的坟都刨了，那齐国人还打个屁仗啊！"

骑劫真是个没脑子的人，他听了这些传言之后想都没想就把俘虏的鼻子都给割了，把人家的祖坟也给挖了，把即墨城里的那群百姓气得那叫一个火冒三丈，他们都找到了田单，让他赶紧拼老命把燕国给灭了。

田单的把戏还没耍完，这时候他又弄了几个人装成有钱人，让他们带着些礼物去给骑劫送去，还告诉骑劫说即墨城已经快不行了，吃不上喝不上的，过两天就准备投降了。

骑劫居然信了人家的话，这以后就真的不准备打仗了，天天吃着大虾喝着小酒等着田单来跟他投降。

再瞧瞧田单在干什么？他不知从哪整来了一千多头壮牛，再往牛角上绑了刀，尾巴上还弄了些沾了油的芦苇。又过了些日子，田单觉得是时候给骑劫点颜色看看了，于是就在一天半夜把牛都赶到了城外，还点燃了牛尾巴。一群牛跟发了疯似的冲向了骑劫的部队，燕军被牛角上的刀捅了一个玫瑰开花，大败。

骑劫这时候才知道自己有多失败，可是他已经被齐兵围得水泄不通，不死都不行。

这一次田单帮助齐国反败为胜，立了大功，后来田单又把齐襄王接回了首都临淄，齐国这才跟阎王爷说了声拜拜，又缓过气来了。

◎ 谋士有妙计

秦昭襄王是一会儿一个鬼主意，今天要跟这个谈判，明天又要跟那个签约。公元前283年，秦昭襄王又想出一把戏，说是要赵惠文王把手里的和氏璧送给他，他也会拿出秦国的十五座城池作为交换的礼物。

赵惠文王得到消息后就召集了一帮大臣在屋里开会，可是叨叨了老半天也没拿下个主意。这时候有人就推荐蔺相如出来给想个办法，还说这蔺相如是个肚子里有墨水的人，想出来的主意也一定不是没色儿的。

蔺相如说："秦国是大狼，而咱赵国只是个小白兔，敢不答应他吗？"

赵惠文王也在心里叽咕了一番，说："废话，这谁不知道。我就是想问你要是我把和氏璧送给秦王以后，他又说话不算话，不给我那十五座城池怎么办？"

蔺相如听了心里有些鄙视，又说："要是咱赵国不答应他，那就是咱的不是，可是要是咱把和氏璧拱手给了他，可他又不给咱城池，那就是他的不是。咱是不是得把这个不是留给他呢？"

赵惠文王一琢磨，说："也是，那就有劳蔺先生去秦国走一遭吧。不过我还是不知道如何是好，万一秦国真的得了和氏璧却又不交出城池怎么办？"

蔺相如嫌赵惠文王啰唆，就发狠话打发了他："要是我老蔺丢了和氏璧却又拿不到城池，那我就提着脑袋来见您！"

说完赵惠文王就用怀疑的目光目送蔺相如去了。

蔺相如到了咸阳以后，秦昭襄王赶紧会见了他。蔺相如把身上的和氏璧先拿给了秦王，心想先让这没见过世面的家伙玩一会儿。秦王把和氏璧捧在手里左看看右看看，喜欢得不得了，还让身边的大臣们也凑过来欣赏欣赏。

蔺相如一个人灰溜溜地站在大殿上，估摸着这秦王又是在使诈，看来那十五座城池是瞎话了。于是提高了嗓门说："咳咳，秦王啊，其实这和氏璧有点小毛病，我来给你指指看！"

秦昭襄王一听可不高兴了，好好的一块璧哪来的瑕疵？不过还是把和氏璧交到了蔺相如的手上，让他给指点指点。谁知蔺相如一拿到和氏璧立马退后了几步，站在了大殿里一根柱子旁边。他扯着大嗓门就跟秦昭襄王嚷嚷开了："你是怎么当大王的？怎么说话不算数！不是说好了拿城池来换的吗，也没见动静。我走之前就跟赵王保证了，璧在我在，璧亡我亡。你要是不给城池，那我就跟这和氏璧同归于尽！"

秦昭襄王被眼前这个一根筋的人吓坏了，他害怕心爱的和氏璧有什么闪失，赶紧糊弄着蔺相如说自己一定履行约定。可蔺相如瞪着两只眼睛说："我们赵王之前吃了五天斋饭才叫我把这和氏璧给你送来，现在你既然想要得到，那么也同样需要斋戒五天！"

秦昭襄王连连地答应了蔺相如的要求，还给他安排了个地方先住下。蔺相如到了自己的房间以后就赶忙派人带着和氏璧偷偷地跑回了赵国，把和氏璧归还给了赵惠文王。五天以后，秦昭襄王和一群大臣又在大殿里召见蔺相如，让他赶紧把和氏璧交出来。可是蔺相如这会儿却告诉秦王说和氏璧已经还给了赵王，还骂秦国一向是个不守信用的国家。

秦王这时候怒了，骂道："是你先骗了我，你还要倒打一耙啊！"蔺相如却冷静得跟神仙一样，慢悠悠地说："你等我说完再怒也不迟。在这世上混的人，谁不知道你秦国是个厉害的主儿，谁不知道赵国是个弱国，厉害的欺负窝囊的，这是天经地义。你要是真想得到那和氏璧，那就请先把十五座城池给我们，然后再弄个人跟我一起回赵国取和氏璧。"

秦昭襄王又不是傻子，用十五座城池换一块和氏璧倒也不是太值，于是就打发眼前这蔺相如回去了。蔺相如完璧归赵以后，赵惠文王就十分地待见他，还给了他个官做。

后来蔺相如又在渑池大会上帮赵惠文王解了围立了大功，赵王怎么看他都觉得欢喜，这就惹得廉颇大将军吃醋了："我拼着老命在战场上杀敌，他蔺相如就动动嘴皮子，功绩能跟我比？想在太岁头上动土，看我不给他点芥末吃吃！"

蔺相如听说之后就装病不去上朝，不过躲得过初一躲不过十五，这两人还是遇上了。一天，蔺相如坐着马车在小胡同里转悠，不料看到前面也来了辆马车，里面坐的正是廉颇大将军。蔺相如吩咐说到里面躲一躲，让廉颇先过去。

这件事以后，蔺相如手下的人都觉得他窝囊，活生生一个老蔺怎么怕起了廉颇？不过蔺相如解释说："你们想想，秦王跟廉颇谁厉害？"手下的人不用想也回答说秦王厉害。蔺相如又说："我连秦王都不怕，还怕廉颇？你们的脑袋瓜子怎么就不转转呢，要是我跟廉颇闹了别扭，传到秦国那边，那他还不趁着赵国内讧把咱给灭了啊！"

经蔺相如这么一解释，底下的人天天都夸他，还把他的话告诉了廉颇。廉颇听了以后脸红了，背着荆条就到蔺相如的府上请罪来了。从此以后，这一文一武的两人就手拉着手共同给赵国卖命了。

【斗谋略拼计策】

◎ 远交近攻计

廉颇和蔺相如边唱哥俩好边在赵国干大事业，一时间秦国也不敢再去找事了。不过秦国从来都不肯消停，眼瞅着骚扰赵国不成，那就先跟楚国和魏国玩玩吧，于是就从这两个国家又弄了点土地回来。

别看秦昭襄王每次见了别的大王都牛气冲天的，其实这都是装的，他在秦国也就一傀儡，真正手握大权的是太后和她兄弟穰侯魏冉。公元前 270 年，穰侯十分嚣张地说要去跟齐国打个小仗，话音还没落，秦昭襄王就收到了一封信，信里面那个叫张禄的人强烈要求要跟他会个面。

张禄是从哪窜出来的呢？他爹娘本来给他弄了个范雎的名，儿子争气，长大了混到魏国大夫须贾的门下讨饭吃。一天，须贾领着范雎去齐国转悠，齐襄王一眼就看中了范雎，还背着须贾偷偷地给范雎送了大礼物，可是谁想到范雎是个实诚人，没要。

须贾知道以后怀疑范雎这小子跟齐国图谋不轨，还把这事跟魏国的丞相魏齐禀报了。魏齐连调查都不调查，直接就跟范雎杠上了，又是踢又是打的，差点就把范雎送到了阴间。幸亏他手下留了点情，最终用破席子把范雎卷了起来，把他扔到了卫生间。

范雎忽忽悠悠地醒过来之后，发现有个士兵看着他，他贿赂了士兵就跑了。士兵回去跟魏齐禀报说范雎死了，魏齐也就没再追究。范雎逃跑后改了名，就是现在的张禄。范雎琢磨着今后的日子应该在哪混，正巧碰上个去秦国的使者，于是就跟着这人一起到了秦国。到了以后范雎就抽空给秦王写了封信，说是想见见他。

秦昭襄王约定好跟他会面的日子，等到了时候就坐着大马车来了，范雎知道这人就是大王，可他装着不认识。秦王的手下以为范雎不知道是秦大王来了，就吆喝了一声："大王驾到！"

范雎听了这声吆喝就来气，嘴上冷冷地给了一句："哟，秦国也有大王，我怎么没听说过呢？倒是听闻有个太后，还有个叫穰侯的家伙。"

秦昭襄王一听范雎这话，顿时觉得眼前这小子有点来头，赶紧把他拉进屋里仔细聊聊。他跟范雎叨叨说："哎，看来先生是个明白人，那就请您给我指条明路吧！"

范雎肚子里那些话早就耐不住寂寞了，一听秦王这么说就知无不言无不尽："你呀你，秦国实力这么雄厚，本来打周边那些个小国家就跟过家家一样简单，可秦国十五年还没弄出个动静，你失策啊！你瞅瞅，齐国离秦国那么远，中间还隔着韩国和魏国。你出兵打齐国算个什么事？就算是把齐国干掉了，那齐国和秦国也不能连成一体啊。我主张个远交近攻的战略，就是先把离得近的国家解决了，同时跟远处的国家假模假样地交个朋友，等到近处的得手以后再对那远方的朋友下手。"

远交近攻，说白了就是跟相近的国家打仗，跟较远的国家交个朋友。秦国四周有要塞可守，北边有甘泉、谷口，南边有泾水和渭水，右边是陇西和巴、蜀，左边是函谷关和崤山，只要把守好这几个关口，其他国家的军队就过不来，这与其他六国相比，可谓占尽地利。

因为秦国地理位置极好，进可攻退可守，所以离他远的国家暂且保住了小命，可是离得近的就遭大殃。可谓普天之下，"得寸则王之寸，得尺则王之尺"。

这计策绝了。

秦昭襄王听得是一愣一愣的，心想范雎这家伙也忒有才了，远交近攻的战略也对上了他的胃口，于是就重用了范雎，给了个丞相让他先当着，还让相国穰侯回家过年去了，太后也不能再插手朝政。

魏国大王听说秦国要灭了他，急得跟热锅上的蚂蚁一样，求爷爷告奶奶地找救命的人。这时打探到秦国的丞相是魏国人，就让须贾去秦国走一遭。

范雎知道须贾来了秦国，心想这回可等到报仇的时候了，于是就穿了件破烂衣裳去见他。须贾一见范雎就呆了，问他现在干什么职业，范雎就糊弄他说自己在这里当个伺候人的。须贾瞅见范雎穿得单薄，于是就拿出件貂皮大衣给他披上。

须贾问范雎谁能引荐他见见丞相张禄，范雎说他的主子跟丞相有点关系，就领着须贾去了。到了相府门口以后，范雎让须贾在大门外等等，他跑进去通报。须贾等得猴急，问范雎怎么还不出来，看门的大爷说："哪来的范雎？刚那人可是咱秦国丞相啊！"

须贾一听这话，两眼立马冒了金星，连滚带爬地就跑进去请罪。范雎是个明白人，他念着刚刚须贾给了他件衣服穿，就没再追究他什么。不过范雎要求须贾回去告诉魏齐："让魏齐那老家伙提早去跟阎王报到，再割出几块地给我们秦国，我就放了你们魏国。"

须贾赶紧回去跟魏齐禀告，魏齐无奈，只好自杀了事。魏国求和以后，秦国就先跟离他比较近的韩国干上了。

◎ 书本知识也不一定靠谱

魏齐死后魏国暂时脱离了危险，公元前262年，秦昭襄王命大将白起向韩国开炮。秦军先是占了野王，后来又阻断了上党郡跟韩国都城的联系。眼看着上党就要沦陷，韩军派人回去向赵王求救。

赵孝成王派援军去了上党，可两年以后秦军又把上党给围了个水泄不通，这次率领秦军的是王龁。孝成王一听急了，赶紧让廉颇也领着二十万人马去上党凑热闹去，可是廉颇一行人刚到长平的时候就听说上党已经被秦军占领了。

这时候王龁大将军正准备往长平打，廉颇跟将士们就在长平开工，又是修碉堡又是挖地道的，看样子是准备长期抗战了。王龁是个急性子，希望快点完成任务，好几次都想跟赵军开打，可廉颇死活都不肯。王龁没辙了，害怕军队断粮，就赶忙叫人回去请示秦昭襄王。

秦昭襄王让范雎给想个办法，范雎说："一定要把廉颇那老家伙弄回去，我来想办法！"

没过几天，赵孝成王就听到老百姓在大街上议论："廉颇那把老骨头都快散架了，秦国怕他个甚，赵括那么个年轻力壮又帅气的小伙子，赵王就是不派他，真没办法！"

赵括是赵国名将赵奢的儿子，他继承了老爹的优良基因，对打仗这事十分地有兴趣，从小就研究兵法，自以为是个战神，连老爹他都看不上。

赵孝成王赶忙让人把赵括给提溜来，问他有没有信心跟秦国杠，他说："秦国的白起不是个吃干饭的，要是跟他打我还得考虑考虑，不过这回这个王龁就不是我的对手了。"

赵王听了以后乐得跟吃了两斤白糖似的，就叫人让廉颇回来，让赵括当上了大将军。这时候，一直在旁边默默无语的蔺相如看不下去了，他说："王啊，赵括那小子不行啊！他可是个只会读书的书呆子，真的到了战场上根本就不懂应变，您把赵军交给他就等于自杀！"

赵王听了蔺相如的话就来气，不爱搭理他。这时候赵括的老娘也写了封信给赵王：

"王啊，赵括是我的儿子，他是个什么德性我最清楚。他爹死的时候千叮咛万嘱咐我，不能让他将来带兵打仗，他把打仗弄得跟过家家似的，您可不能让他去呀！"

赵孝成王现在哪还听得进劝，谁阻拦都不行，他就是要一根筋地让赵括当大将军，回信说："你甭管，我决定了的事谁都不能改！"

公元前260年，赵括带着四十万大兵来到长平，跟廉颇交接了之后就正式接替了廉颇。廉颇气不打一处来，气鼓鼓地回了邯郸。

赵括仗着自己手里有几十万大军，走路都连蹦带跳的，跟个毛头小子差不多。他下令跟秦军大干，要是秦军回头跑了，赵军也不能就此罢休，而是要快马加鞭地追上去杀他个狗血淋头。

范雎听说赵括把老廉换下去以后，就让白起带着兵去了长平。白起先是假惺惺地打了几次败仗，先给赵括点甜头尝尝。赵括一路在后面跟追老狼一样追着秦军打，一不留神就陷入了白起事先整好的埋伏圈。

这时候白起连忙派出了两万多精兵，把赵军从后面切断，另派了五千骑兵去赵军的大营里突袭。赵括的四十万大军跟蚯蚓一样断成了两截，他知道自己上了秦军的当，只好等着赵王派援军救他，可是秦军已经把赵括唯一的生路给封住了。

赵括的军队因为断粮断水，四十多天以后就顶不住了。赵括无奈之下带军突出重围，结果在秦军的乱箭之下命丧黄泉。

◎ 胆够大就行

秦国三下五除二地就打到了赵国首都邯郸，赵军因为之前赵括的大败，使了吃奶的劲儿都抵抗不过。无奈之下赵孝成王就叫丞相平原君去楚国那边先想想办法。

平原君觉得自己是赵王的老叔，有义务给侄儿消愁解难，于是就决定亲自上楚国走一趟。走之前他想带上自己手底下二十个门客，要那种文的武的都有两下的有才人。可是他现在有三千门客，挑了半天才弄了十九个人出来，这最后一个人怎么都搞不定。

平原君急得眉毛跟眼睛都挤一块儿去了，这时候门客中一个不起眼的人站起来说："您也别犯愁了，带上我吧。我叫毛遂，跟您这儿都混差不多三年了，也该露露脸了吧。"

平原君这才注意到眼前这小伙子，长得确实有些寒碜，不然也不会到现在都没人在意他。平原君回答说："哎，有点可惜啊小伙子！人家都说一把放在布兜里的好锥子，它的锥尖很快就能把布兜戳烂，自己冒出来。可是你怎么都在我这儿混了三年饭吃了还没出来露点小才？"

毛遂说："谁让您不早点把我放到口袋里呢？"

这时候众门客都用鄙视的眼光瞅着毛遂，心想这厮说大话脸不红心不跳的。不过平原君已经意识到眼前这个年轻人是个好苗，就把他算进了二十人的队伍。

一行人紧赶慢赶地来到了楚国，平原君在大殿里跟楚考烈王商量联手打秦的事，手底下的二十个门客就在外面等着。可是里面那两个当官的从早晨鸡叫一直说叨到了太阳照在头顶上，居然还没个够，那楚王死皮赖脸地不愿出兵。

门客们一开始还聊着天，这回越聊越急，可谁也想不出个好办法。这时候有人想起之前说大话的毛遂，就让他出来想个办法。

毛遂早就准备好了，他拿着宝剑就冲了进去，在楚王面前大声嚷嚷："联不联手打秦，这事说个三五分钟就能搞定，怎么你们聊了老半天还没说妥当！"

楚王见跟前这个没轻重的家伙，就问平原君来路，一听说是个门客以后就怒了："我们当爷的说事儿，用的着你一个门客管？滚远点！"

毛遂才不怵他，拿着宝剑径直走到楚王面前破口大骂："你仗着有口破锅就抢我们家的小米，我主子还在这呢，你牛什么牛？！"

楚王一看这小子手里拿着把剑，担心他一激动把自己给宰了，也就不敢再多啰唆："好好好，你牛！那你就说说叨说叨吧。"

毛遂这下来了劲儿："楚国那以前也是一大国家啊，一百万的将兵，五千多里地。谁想跟秦国干了几仗就败了兴，连一国之主都在秦国丢了命，魂都招不回来，耻辱啊！那秦国的小白起算个什么东西？就是个没大本事的人，可人家弄了几万兵就把你楚国给打趴下了，你说说这多丢人！"

毛遂话说得够狠，楚王差点连面子都没挂住，字字锥心呐！他赶紧顺着毛遂的话说："说得好！说得在理！"

看楚王给自己吓成这样，毛遂也不说个客气话，赶紧往下接："那咱联手抗秦这事儿算是说定了吧？"

楚王说："当然！"

为了不让楚王反悔，毛遂顺势弄了盆血上来，跪在楚王面前："那就请大王按着老规矩走吧，先歃血！"楚王没了退路，只得歃血，平原君跟毛遂也照着做了。赵楚这两兄弟算是拉上了钩，没过多久，楚王就出兵八万去赵国整顿了。

⊙ 自打一巴掌

赵国为了保住自己的小命，在跟楚国求救的同时也给魏国那边求救了，魏安釐王没楚考烈王那么矫情，人家一求他就立马派了大将晋鄙出兵奔赴赵国。

秦昭襄王听说三国联军要攻打他的时候也有点小害怕，就叫人去吓唬吓唬魏王："那赵国早晚是我大秦的，也不知道你们都瞎掺和什么，谁掺和我就揍谁！"

魏王还真让秦王给吓住了，说个话都打哆嗦，立马派人去把大将军晋鄙给追了回来。晋鄙听到大王的命令后就在原地安营扎寨，十万大军在邺城候命。

赵国盼星星盼月亮地就是等不到魏国的救兵，赵王急了，派人去魏国催。魏王左右犯难，又两面都不想得罪，还是没敢让晋鄙出兵。赵孝成王这才想到魏国公子信陵君是自家的亲戚，他姐姐不正是平原君的老婆吗！于是就赶紧让平原君给信陵君写信救命。

信陵君看过信以后就成天嚷嚷让魏王起兵，可魏王那厮胆小，死活不肯。信陵君没辙了，打算自己带上一帮门客去赵国相助。

临走之前，信陵君跟自己最好的朋友侯嬴道别，侯嬴看信陵君这副架势就郁闷，说："哎哟喂，您这哪叫去救人命啊，简直就是自己去送命，还给人家添乱。"

信陵君也觉得自己是兔子肉往狼嘴里送，可也没办法。侯嬴又说："兄弟，你忘了吗，咱魏王最爱谁了？如姬啊！想当初如姬她爸被人杀了，还是您给她出了口恶气呢！那女人是个知道感激的主儿，您要是请求她把大王的兵符弄出来，我估摸着她得帮您。"

信陵君听了这话立马来了精神，赶紧叫人去找如姬商量，如姬这女人不错，比她老公强，答应得干净利落。当天夜里她就把魏王的兵符偷了出来，让一个知心的手下送到了信陵君手上。信陵君拿到兵符激动万分，又去跟侯嬴道别。侯嬴看他那猴急的样子就想笑，又问："兄弟，要是晋鄙看了兵符也不肯把兵权交给你，那怎么办？"

信陵君被侯嬴这么一问又愣了，侯嬴也不为难他，直接说："别愁了，我都给您想好了。我有个不错的兄弟，叫朱亥，那力气叫一个大啊，牛都抵不过他！您走的时候带上他，要是晋鄙那小子不听话，就让我朱亥兄弟上去把他杀了！"

侯嬴交代妥当以后，信陵君这才雄赳赳气昂昂地去找晋鄙了。果然，晋鄙虽然看了兵符，可脑袋里还是犯嘀咕，说："这事大，我得问问大王再说。"

信陵君见状就给旁边的朱亥使了个眼色，朱亥这兄弟虽然长得粗鲁，却也是个心思细腻的大小伙子，晓得了主子的意思之后就大声吆喝了一声："怎么着！你想造反！"

还没等晋鄙反应过来，朱亥就从袖子里弄出一个大榔头朝他头上砸了过去，晋鄙当场就被砸死了。信陵君得了兵权，就对所有的将士们下令："都听好了啊！老爹和儿子都在参军的，老爹就先回去歇着；兄弟一起过来的，那老大就先回去娶媳妇；要是独生子在里面的，也先回去照顾爹娘去。剩下的人就跟我一起拼了！"

这样，信陵君挑了八万精兵就赶往邯郸去了，他一不做二不休地杀向了秦军。秦军将领王龁根本就没打算跟魏国打，一直守候在邯郸城中的平原君见到魏兵已来援助，也趁势进攻杀了秦军个措手不及。楚国那帮救兵这时候还在武关看热闹，一听说秦国败了，也就收拾行李回家去了。

三国联军总算是给了秦国一巴掌，信陵君因为救赵国有功，赵孝成王还亲自到城门口接他。

◎ 嬴政上台

秦国吃了败仗，面子上一直没过去。公元前256年，秦国又起兵进犯韩国和赵国，这回总算出了气，赢回来了，捎带着也把东周那小国家给灭了。

秦昭襄王终于拉不住气数死了，接他班的是他孙子秦庄襄王，可这孩子也是个短命鬼，才当了不到三年的大王也找爷爷去了。这才轮到太子嬴政上台，那时候这小子才十三岁，是个青年才俊。

虽然嬴政坐上了王位，可是这国家大权却不在他手里，而是由吕不韦那个老家伙掌握着。吕不韦以前是个做生意的，手里有几个臭钱。后来教唆着庄襄王当大王，成功了以后自己也弄了个丞相当着。吕不韦手底下也有不少混饭吃的门客，还有很多是从别的国家特意赶过来投奔他的。

战国时期思想开放，百家争鸣，各学派都把自己的思想和方针写成书发行出去，以扩大本学派的影响。吕不韦也跟着时代的潮流前进着，他自己是个没文化的人，于是就叫门客们吃饱了编书，弄了个《吕氏春秋》出来。

《吕氏春秋》弄出来以后，吕不韦还装模作样地把它挂在城门上，让有才的人都过来看看，看完后也能发表发表意见，把这书做得完美。哪怕是填上一个字或是删掉一个字呢，吕不韦都会赏上他千两黄金。

这风一放可惊扰了四方的志士，为了那千两黄金也得跑过来凑凑热闹啊，跟抓奖似的。吕不韦也因为这件事给自己打响了名声。

但因为嬴政跟吕不韦一直就有过节，一心想把这老家伙弄下台，自己出来主事。所以，吕不韦就没风光几年，在嬴政二十二岁那年，朝廷里出了个叛乱的事，并涉及吕不韦，嬴政顺势就把他逼死了。

吕不韦当丞相的时候结了不少梁子，他一死，那些曾经受他打压的人就纷纷蹦出来，跟嬴政说吕不韦那时候招进来的外国人都不是省油的灯，将来肯定得把秦国给卖了。

嬴政听大臣们这么一嚷嚷，也急了，就下令把那些列国来的人都赶了出去。这时候一个叫李斯的楚国人郁闷了，他给嬴政去了封信，说："大王把非秦人都赶走了，这不是给列国送肉吃吗？想当初秦穆公重用百里奚和蹇叔，结果自己当上了主子；秦孝公手里有商鞅，变法也成功了；惠文王身边的张仪，愣是把六国联盟弄解体了；就是咱秦昭襄王，他也用了范雎来强国，这些人可都是外族人。"

嬴政听李斯这么一说，觉得在理，就让人又把被驱逐出去的那些外族人叫了回来，还给李斯恢复了官职。后来嬴政就用了李斯这个参谋，秦国越来越强大。

韩王安见嬴政这架势，想必自己的国家也是保不住了，就赶紧派公子韩非到秦国求饶。要说韩非跟李斯还是一个老师手里的学生，他是个有志向的小伙子，不忍心看着自己的国家被狼吃了，就成天在老爹跟前嚷嚷着要救国。可老爹是个败类，有个好儿子还不知道用上，韩非气得直跺脚，就闭关自己写了本《韩非子》。

韩非在书中主张要中央集权，依法治国，嬴政看过了之后觉得这小子有些头脑，差点就当了小粉丝，还希望跟自己的偶像见上一面。

韩非来到秦国以后就先给嬴政送了封信，说愿意为秦国效劳，以统一天下。嬴政看着信还在琢磨着韩非的意图，李斯在一旁猴急了，他担心韩非那小子争了他的宠，就跟嬴政胡扯说韩非不怀好意。嬴政也没反应过来,直接把韩非关了起来。

李斯这厮下手忒快,为了不给自己留后患,他让韩非喝毒药自尽,韩非无奈,也就只能死了。等到嬴政反应过来不该扣押韩非的时候已经迟了。听说韩非死了以后,嬴政那个懊恼啊,痛失一贤才。

【最后的归结】

◎ 壮士死得惨

秦王嬴政是个有野心的家伙,想吃掉中原这块富得流油的肥肉,为了美梦成真,他让尉缭出兵各国。秦王先破坏了燕国和赵国的联盟,又夺得燕国几座城池,燕国是赔了夫人又折兵。

燕太子丹被扣在秦国时,洞察到秦王的心思,就悄悄溜回了燕国。太子丹回来后,他左思右想,发愤要想出曲线救国的法子。功夫不负有心人,他想到了,这种方法不用练兵,也不用麻烦其他诸侯。那就是:除掉嬴政这小子。

为寻找刺客,他天天去人多的地方蹲点,有本事的人终会被伯乐发现的,他找到了称心的人,他给这个人吃好的喝好的玩好的,又把自己的宝马车给他用,太子丹的苦心感动了这个人,他哭着说太子丹让他做什么都是可以的,这个人就是荆轲。

秦王这时已经拿下了韩国,占领了赵国。太子丹急得如热锅上的蚂蚁,看样子只有使出撒手锏了。他故作忧心忡忡地来到荆轲面前,严肃地说:"荆轲啊,燕国要完了,荣华富贵到头了。"

荆轲大笑一声说:"太子说这是什么意思?有什么郁闷的事说出来啊,憋在心里时间长了对健康不好。"

太子丹听了喜上心头,"一家人我就不说两家话了,现在我要派你去刺杀秦王,为祖国而战,你愿意吗?"

荆轲说:"你太客气了,吩咐一下就行了。只是要大王给我两样东西才能接近秦王,流亡在此的樊於期的人头和燕国最肥沃的土地督亢的地图。大王舍得吗?"

太子丹不忍心地说:"地图的事好说,可是这姓樊的将军走投无路来这,要他的人头会招人说闲话的吧?"

荆轲明白了太子有宽厚爱人之心,就自己跑去找樊於期将军,见面就说:"樊将军,咱粗人不说拐弯抹角的话,如今燕国有难需要你帮忙,为朋友你能两肋插刀吗?"

"老兄,你真是太啰唆了,有什么事赶紧说!"樊於期急等着听什么事。

"那好,我是太子叫去杀秦王的,为让秦王相信我,想借将军脖子上的玩意用用。"

樊将军是爽快人,立刻就拔剑割掉人头给了荆轲。这两样东西都得了,荆轲很欢喜。

太子把荆轲叫过来，又给他一把毒剑，只要这把剑刺到秦王，保证他立刻完蛋。一切都准备好了，只等东风刮起来了。选了个良辰吉日荆轲出发了，太子又叫勇士秦舞阳做他副手。临行的时候，荆轲又唱了一支抒发男人情怀的歌："风萧萧兮易水寒，壮士一去兮不复还。"

转眼到了咸阳，秦王一听通缉多年的樊於期的人头和督亢的地图来了，高兴得笑成了花，叫荆轲来见面。刚开始是秦舞阳拿着地图，荆轲捧着装头的盒子。秦舞阳一见这大阵势，吓得手乱抖，吃了秦王一个闭门羹，荆轲就一个人拿着东西去和秦王面谈。

荆轲拿人头给秦王看，果然是樊於期。秦王很高兴，就让他打开地图瞧瞧。荆轲心里有些紧张，可他还是慢慢地把地图打开来，等快到尽头时，事先藏在里面的匕首露出来了，这被目不转睛地秦王看得一清二楚，他哇的一声跳了起来。荆轲赶紧拿起匕首，一只手拉着秦王，想要捅他一百零八下，谁想到秦王的袖子断下来跑掉了。

秦王这时才明白天上掉下来的不是馅饼，急忙跑到一个大柱子后面，荆轲追过来，他们就绕着柱子你追我赶，像两个拉磨转圈的驴。这时秦王的医生拿起一把药朝荆轲扔来，荆轲以为是什么，吓了一跳，在这时秦王拔出宝剑砍断了荆轲的左腿，荆轲站立不住，在知道自己已经失败时，荆轲大笑一声说："要知道这样，我早些下手就好了啊！"于是，荆轲被侍从结果了性命。

◉ 多米诺骨牌倒塌

燕太子和荆轲这么一闹，令秦王嬴政感到这帮人太讨厌了，看来自己收拾他们的计划得提前了。时不待我，秦王在杀了荆轲之后，随即就下了命令，让他的大将王翦加紧攻打燕国，一是给自己出出气，二是打开吞并六国的开口。

燕太子丹刺杀失败之后，只得硬来，他带着兵马和秦军对抗，但是秦军个个彪悍，燕军实在扛不住。燕太子领人打了一阵，就被打得稀里哗啦，落荒而逃，他带着他爸爸燕王喜逃到了辽东。

本想着都跑这么远了，总算可以消停了吧，但是嬴政不愿意就此罢手。他又派兵追击，非把太子丹拿住才肯罢休。看着实在没办法了，燕王喜就只好把自己儿子砍了，拿自己儿子的头去和秦国求和，希望秦王能看在他连自己儿子都肯杀的诚恳分儿上，放过他。

燕国就这样被秦王收拾了一顿。这个时候，嬴政又向尉缭讨主意，看看接下来该打哪个倒霉鬼。

尉缭说："韩国已经被咱们兼并，赵国只剩下一座代城（今河北蔚县），燕王已逃到辽东，他们都快完了。目前天冷，不如先去收服南方的魏国和楚国。"

尉缭说的，嬴政照单全收，他听从了尉缭的计策，派王翦的儿子王贲（音 bēn）带兵十万人先攻魏国。魏王一见这架势，赶紧派人向齐国求救，可是齐王没理他。

原来赢政设计好的灭六国的顺序是这样的：韩、赵、魏、楚、燕、齐。齐国之所以被排到最后，是因为齐国实力最强，而且离得最远，打起来不方便。于是赢政就跟齐王田建说："我灭那几国你别管，你看着，等我打完了，咱两把这天下分一分，我就是西帝，你是东帝了，多好。"

田建也觉得挺好，所以其他国家向他求救他都看着，就等着做东帝呢。就这样公元前225年，没人管的魏国被灭了，随后就轮到楚国了，赢政跟老将军王翦讨论该派多少人去打楚国，王翦说怎么也得六十万，赢政说二十万差不多就够了吧。王翦说六十万我都是少说了，本来还想说一百万呢，最后两人折中了一下，就派了六十万去灭了楚国。

秦国因为生产力很高，人口也多，这打仗动不动就六十万，感觉那人乌泱泱的，都要倾国出动了。不管怎么说，楚国亡了之后，又绕路去把燕国彻底灭了，这下六国就剩齐国还健在了。

看着秦国把天下扫平了，齐王很高兴，他想着自己终于也要当天下第二了。就收拾了几样礼物，坐着车去秦国找赢政，打算问问赢政什么时候封他为东帝。

要说这齐王田建那可真是没脑子，这时候还想着去咸阳问候赢政，这不是羊羔上狼窝么。赢政哪能有那么好心，把自己辛苦打下来的天下，分给别人去坐拥一半。

齐国已经是朝不保夕了。很快，齐王就意识到了自己的危险，可惜啊，已经晚了。

◉ 谁也不能讨价还价

想当东帝的齐王驾着小马车已经快要走出城门了，幸亏这个时候还有个明眼人。

车马走到首都临淄的大门口时，城防司令官问齐王说："我说大王啊，齐国之所以建国，究竟是为了国家还是为了您自个儿？"

田建一时没反应过来，条件反射地说："当然是为了堂堂齐国和老百姓啊。"

城防司令官又问："那您傻啊！既然是为了国家，干吗还要跑那么远去拜访秦国那只狼？"

田建这时候好像明白了一点，是啊，我傻啊，这个时候去秦国。想通了之后他就吩咐掉转车马，一群人大眼瞪小眼地又回到了宫中。

这齐王真是有些老年痴呆了，搞了半天连自己都不知道为什么要前往秦国。说起来田建执政的时间也不短，掐指头一算也有四十来年，可是这长久的稳定可不是他的深谋远虑换来的，而是靠着贿赂秦国，对秦王嬉皮笑脸才得来的。田建可要好好地感谢他手底下的大臣，他们没造反还真是这皇帝的福分。

齐王这时候还愣头愣脑的，可人家秦王的脸上都快乐开花了。这不，还没等张开的嘴合上，公元前221年，赢政就已经又派大将王贲率军讨伐齐国了，几十万秦兵像泰山压顶一样，从燕国南部直扑临淄。奇怪的是，齐国的军民居然没有丝毫抵抗。

"田建，你投不投降？"王贲大将军只在城楼下这么一喊，齐国就已经没了魂儿，名副其实的名存实亡。

田建在城头上吓得腿都软了，他不投降也得投，不过为了多少给自己撑点面子，他要求秦国给他五百里地，秦军也答应了。不费吹灰之力，士兵手里连一刀都没有捅出去，齐国居然就这么轻而易举地投降了。

田建的确是老年痴呆了，掰着脚趾头都知道秦王不会给他五百里地。秦王嬴政是谁啊，这个世上还有谁敢跟他讨价还价的。

看看人家嬴政，从公元前230年开始，一直到公元前221年，短短的十年间，他就把别人辛辛苦苦经营好几百年的国家给吞并了。其中楚国活了五百一十九年，魏国活了一百四十五年，齐国活了一百三十八年，燕国、赵国和韩国分别存活了一百一十一年、一百零五年以及一百零四年。可秦国呢，仅仅建立了一百一十八年，也是，年轻人没气魄谁有气魄呢。

嬴政的确是个聪明人，自打继承王位以来，他就一直秉承着远交近攻的外交理念。为了让齐国不与五国联盟攻打秦国，嬴政花了大价钱来贿赂齐国的大臣。同时，又派王贲和王翦扫荡其余五国。没花多少时间，天下就只剩秦齐二国了。

现在齐王也投降了，齐国也被灭了，这各诸侯国经过二百五十多年的纷争，从公元前475年进入战国时期起，终于结束了长期诸侯割据的局面。

"及至秦王，续六世之余烈，振长策而御宇内，吞二周而亡诸侯，履至尊而制六合，执棰拊以鞭笞天下，威震四海。南取百越之地，以为桂林、象郡，百越之君俛首系颈，委命下吏。"贾谊大概是嬴政的粉丝，不然他干吗好端端地挥洒出这么一篇来称赞秦国。

事实上嬴政的巨大成就大家也都看在眼里，羡慕在心。他不仅开辟了一个新的大一统时代，而且还在华夏子孙的心中铸就了一个新观念，那就是：天下大势，分久必合，合久必分。

◉ 一起来砌墙

当然了，秦国最终能够称霸天下也不单是嬴政一个人的功劳，还有秦国世代帝王所秉承的共同理念：远交近攻。这些个帝王也都是专一的人，认定了什么事就一直坚持下去，成功的秘诀不正在于此吗？

范雎为秦国立了大功，他的主意成了日后秦国统一天下的方针政策，各代帝王只要认真贯彻和落实这一方针，一般是不会出现什么大问题。可见，六国的悲惨命运早在范雎提出远交近攻的战略时就已经注定了。

公元前221年，嬴政最终完全灭掉了六国，得了天下。

可是嬴政天生就是一个不甘寂寞的人。他还是四处蹦跶，到处找人打架，先是统一越族地区，击退匈奴，取得河套，将自己国家周边的人收拾了个遍。河套地区，也就是黄河大拐弯的那个地方，水草丰美的鄂尔多斯草原。

嬴政跑那么远，收拾了一番，然后就开始收拾自己这摊子事。

先是封自己为始皇，接着又大刀阔斧地统一货币和度量衡，闲都闲不住。不过老百姓在享受大国臣民的自豪的同时，也有说不出的苦衷。拿北建长城来说，也不知道多少尸骨都被埋在了山脚下。

为什么要修长城，都把匈奴打败了，还修那玩意防谁啊？嬴政很有远见，当然还是防匈奴，匈奴打得跑，可是打得绝吗？匈奴人热爱马上作战，打不过就跑，溜得快着呢，撵都撵不上。然后看你这边收兵了，人又溜溜地跑回来了。跟这样敏捷的部队打仗太费劲，跟不上那节奏。所以，嬴政想了个一劳永逸的招，在河套那里修长城。

用一个长城把匈奴人拦下来，你爱跑多快跑多快，只要打扰不到我们就行。省得你一来，我们就得花钱打仗，不能搞社会建设。就这样，世界八大奇迹中的一员就这么被修起来了。

这些事情都做完之后。秦朝的疆域已经北起长城（今天的内蒙古、辽宁），东至大海，南达南海，西到陇西（今天的甘肃），据说达到四百万平方公里，加上两千多万人口，相当于四百年后极盛时期的罗马帝国，人口比罗马帝国还多一百万。

第四章

大秦帝国　九州一统

【第一个吃螃蟹的人】

⊙ 始皇帝登基

赢政兼并了六国，结束了战国割据的局面，统一了中国。他觉得自己这个功劳是前无古人后无来者的，不能再用"王"来称呼了，这远远不能概括他的伟大功绩，他得琢磨个更响亮的称呼，想来想去，就决定采用"皇帝"的称号。他是中国第一个皇帝，就自称是始皇帝，自称曰"朕"，诏旨称制，或者称诏。

给自己安排妥当了，还不能把子孙给落下，他规定子孙接替他皇位的按照次序排列，第二代叫二世皇帝，第三代叫三世皇帝，这样一代一代传下去，一直传到千世万世。称呼的问题搞定了，和自己争天下的敌人也被打没了，公元前221年，始皇帝赢政就以咸阳为都城，建立起了中国历史上的第一个统一的专制主义中央集权的封建国家。

如何将自己建立的这个庞大的帝国万世无疆地保存下去，让自己的子子孙孙都享受到当国家老大的待遇，他下了狠功夫了。

首先，在建立了皇帝制度之后，他开始和众位大臣商量如何治理国家。其中丞相王绾（音 wǎn）认为应该将离咸阳很远的地方上封几个王，将几个皇子派过去替秦始皇看着很保险，反正都是一家人。

但是李斯反对，他说周王朝的时候也是封了不少诸侯，但大家最后还不是打来打去的，分封不好，不如在全国设立郡县。

这个建议很对秦始皇的胃口，于是他决定废除分封的办法，改用郡县制，把全国分为三十六个郡，郡下面再分县。

这一套从中央到地方的官制，可以概括为三公诸卿郡县制度。皇帝是老大，什么事他都管，什么事都得请教他，要不谁也做不了主。然后接下来就是三公。太尉主管军事，但是军队是国家的力量，皇帝哪能这么轻易交给一个大臣，所以这个位子不过是个领钱不干事的虚职。然后就是丞相，丞相是百官的头，国家大事一般都是百官报给丞相，丞相跟皇帝商量，然后解决掉。随后是御史大夫，这个职位是负责监督的，就是百官们平时是不是认真工作了，是不是贪污受贿了，是不是迟到早退了，等等，都是御史大夫在一旁偷瞄着记录，然后报告给皇帝，也就是说，御史大夫和今天的监察机关人员差不多。

这就是三公。

三公以下是诸卿，三公是一级的官员，诸卿就是一些常见的官员，他们管着各种各样的事物，例如管吃的，管喝的，管用的……这些都是高级的官员了，天天跟皇帝一把手打交道的，住在咸阳里。

接下来是郡里的官员，跟现在的市长差不多，然后是乡里的，村里的，一级一级往下，反正就是从皇帝往下，官员一级管着一级，但他们都得听皇帝的。秦始皇刚当皇帝那会儿，心劲很大，什么事都要批奏，每天除了吃饭睡觉就是看奏折，一天看好几百斤，这种体力活太累人了，但很有心理满足感啊：天下虽大，老子一个人说了算。

◎ 一场烧书灾难

焚书坑儒一开始的起因是源于一次宫廷对话，公元前213年，宫廷上举办了一场宴会，大家都有点喝高了，这时候，博士淳于越话就多了，他跟秦始皇讲："你不分封，反而搞郡县制度，这样多不保险啊。将来要是你的江山有什么要紧事帮忙，你那些官能帮你干什么，而你的子弟们没有兵，怎么救你啊？"

那会儿，李斯已经是丞相了，这个郡县制度本来就是他主张的，现在有人公然反对，他就不高兴了，跟淳于越争辩了起来，其实这也没什么，官员们在一起讨论一下事情，很正常，但是这个喝大了的淳于越多嘴说了一句："事不师古而能久者，未尝闻也。"

这意思就是说：你现在办事情不学古代的礼法你能把事儿办好吗？没听说过。

淳于越是典型的儒家，李斯被这话给激怒了，李斯是法家，跟儒家本来就不是一个套路，现在淳于越的话更是让他心里冒火，他说，好啊，你小子到底想干什么？现在郡县制度实行得这么好，你居然说不学古代，这事就办不好，皇帝办的事你居然说办不好，你这不是跟皇帝唱反调吗？反了你了。

于是李斯就跟秦始皇建议，现在天下都已经安定了，法令统一，但是有一批读书人不学现在，却去学古代，对国家大事乱发议论，在百姓中制造混乱。这样的人太可恶了，如果不加以制止，肯定会影响朝廷的威信的。

秦始皇就怕自己的威信被影响，于是他就问李斯有什么好办法。

李斯出了个馊主意，除了医药、种树等书籍以外，凡是《诗》《书》、百家言论的书籍，一概交出来烧掉；还有如果谁不甘心，要是敢再私底下讨论这类书，就统统杀死，谁要是敢拿古代的制度来批评现在，满门抄斩。

这个命令一下，李斯得意了，让你攻击郡县制度，让你不跟中央保持一致，都把你们那些古代书给烧了，看你们怎么办。

当下，秦国上下，除了历史书和自然科学类的书留着，其余的书都被当柴火烧了个光，有些人为了保存一些书籍，就想尽办法东藏西藏，好像孔子那会的后代，将经书藏到了孔府的夹壁墙里才保存了下来，要不然就也烧光了。但这些行为不过是杯水车薪，一场烧书运动，让文化停滞不前，甚至后退，这事儿办得真不怎么样。

当时有些读书人很看不惯这种行为，他们就背后说秦始皇的坏话。当时有两个方士，叫作卢生、侯生，本来两人是靠求神拜佛混饭吃的，但是两人也非常有时政感，就对这事发表了几句意见。然后有人就把这个现象报告给了秦始皇，秦始皇一听，就派人去抓他们，可是这两人早跑了。

秦始皇大为恼火，他再一查，发现还有好多读书人议论这事，他就挖了个坑把他们都活埋了。谁说坏话就埋谁，据说当时埋了四百多个读书人。

这就是焚书坑儒，是文化专制的典型表现，你能控制别人干什么事，还能控制别人想什么，说什么？这也为日后秦国的农民起义埋下了伏笔。

◉ 刺杀没成功

把那些手无缚鸡之力的读书人杀的杀，埋的埋，剩下的一些犯禁的就流放到边境去。秦始皇这件事办得太严厉了，也很不合情理，但是因为他正在气头上，大臣们都不敢去劝他，万一他一生气，把自己也给流放了，那可完蛋了。

但是他的大儿子扶苏认为必须要有人站出来说这件事情，就劝谏他不要这样做。这一来，触怒了秦始皇，他命令扶苏离开咸阳，到北方去和蒙恬一起守边疆去。扶苏只得无奈地前往那个鸟不拉屎的地方，和蒙恬相依为命去了。

扶苏是秦始皇宠爱的公子，都落得这个待遇，大臣们更不敢言语了。总而言之，焚书坑儒这件事就这样拉倒了，大家谁也不敢提了。

后来为了巩固自己的统治，秦始皇又让人设置了秦朝律法，秦律有一个显著的特点，那就是轻罪重刑。比如你在街上扔了块废纸，不但罚钱还得吊起来打。你要是扔两块纸巾，那就指不定得打成什么样了。

高压统治老百姓还不算，秦始皇还防着六国的旧贵族，他知道自己灭了六国，那些人肯定不会放过自己的，为了防止那些人造反，秦始皇就让天底下的十二万户豪富人家一律搬到咸阳来住，这样好管住他们。

除了把有钱有势的人管住之外，他还下令把全天下的兵器都收集起来，除了留下给政府军队使用的之外，剩下的都熔化了，铸成十二个二十四万斤重的巨大铜人和一批大钟（一种乐器）。

没有了兵器，看你们拿什么造反，以为安枕无忧的秦始皇常常要去各地巡视，说是去视察各地工作，祭祀名山大川，看看祖国的大好山河，其实是要让大臣们把颂扬他的话刻在山石上，好让后代人知道他的伟大成绩。

就在秦始皇四处炫耀功绩、想着能吓唬住那些想来造反的人时，自己却差点没了命。

公元前218年的春天，秦始皇又带了大队的人马出去巡视，当他的大队伍走到博浪沙（在今河南原阳县）时，忽然天降大铁锤，将秦始皇坐车后面的副车打得粉碎。这真是天降横祸，被吓得够呛的秦始皇真是气得不行了，居然有人敢用这么个招数来暗杀自己，简直是活得不耐烦了！

他下令兵士们四处搜寻，但是那名刺客非常狡猾，早逃得无影无踪了，于是秦始皇下令要在全国大搜查，将刺客找出来。全国总动员，足足搜查了十天，但是一无所获，便也拉倒了。当时谁也没看见刺客的样子，就凭一个大铁锤就想查出刺客的踪迹，真是笑话。

这个刺客虽然没有刺杀成功，但是他还是让日后的秦国在覆亡道路上，加速前进了。

◉ 此路不通换路走

这个行刺的人名叫张良。张良的祖父、父亲都做过韩国的相国，后来韩国被秦国无情地灭掉，张良就成了亡国奴，他那会儿挺年轻，年轻气盛，受不了这侮辱，于是他就变卖了家产离开了老家，到外面去结交英雄好汉，一心想为韩国报仇，但是想要靠自己的力量推翻秦朝是不大可能的，那就把秦始皇杀掉。

有了这个计划后，张良就一直琢磨，怎么能让自己的复仇计划成功。后来，他交了一个朋友，是个力大无穷的大力士，那个大力士使用的大铁锤，足足有一百二十斤重（相当于现在的六十斤）。

也不知道张良是怎么忽悠的大力士，反正大力士最后答应替张良报这个亡国之仇，两人约定好日子，探听好秦始皇的行踪，就偷偷到了一个最适合作案的地点刺杀秦始皇，这也就是上文提到过的博浪沙。

预先在那里的树林子里隐蔽好，就等着秦始皇的车队走过来，然后大力士将自己的大铁锤一下挥出去，把秦始皇砸死。

两人计划得挺好，但是秦始皇也是个谨慎的人，他的车队浩浩荡荡，一下子还真让人搞不太清楚他坐在哪辆车里。但是张良毕竟有学识，见过高档生活，他凭自己的经验推断出秦始皇的车辆后，大力士就开始动手了。

但是人算不如天算，这么好的条件占据了，就差那动手一挥了，可是大力士偏偏劲儿大了点，把大铁锤打偏了，打到了一辆副车上，这下两人傻眼了，没办法，只好跑路了。

张良隐姓埋名，一直逃到下邳（今江苏睢宁西北），总算躲过了秦朝官吏的搜查。后来他就在下邳住了下来，一面充实自己，一面等待再次报仇的机会。有一天，他闲得无聊，就出去到一条小河边散步。

走到一座大桥上的时候，看到一个穿着很朴素的老头坐在桥头上，老头看到张良过来，也不知道是不是故意的，他的鞋子忽然掉到桥底下去了。

老头就招呼张良，让张良替他捡鞋子，语气很不客气。张良挺不高兴，但是他还是很绅士地替老头把鞋子捡上来了。可是老头居然得寸进尺地让张良替他穿上，张良又给老头穿上鞋子。

老头笑呵呵地也不道谢就走了，走了不多远，老头又返回来跟张良说，自己愿意教他，让他过五天，天一亮，再到这桥上来见自己。

张良想自己这是遇到高人了，赶紧答应了。到了时间，张良赶紧去了，结果老头早就到了，老头认为张良不守时，就说再过五天再来。就这么反复了好几回，老头终于把张良磨得没脾气了。

这次，老头才从口袋里掏出一本书递给张良，让他好好钻研，以后一定有大作为，然后老头就离开了。张良一看，原来是那部传说中的周朝初年太公望编的《太公兵法》。这个不知名的老头从此以后再也没有出现，张良就刻苦研究这部兵法，最后终于成就了一番事业，干出了惊天动地的大事。

【大限将至，帝国末路】

◎ 你也有今天

被张良那么一吓，秦始皇依然没有打消他四处溜达的热情。到了公元前210年，他又要去东南一带巡视，他带着丞相李斯、宦官赵高还有自己的小儿子胡亥一起去。他一路上渡过钱塘江，到了会稽郡，再向北到了琅玡（今山东胶南县），视察得不亦乐乎。

这一行人溜溜达达，从冬天一直走到了第二年夏天才往回走，可能是一路上颠簸的缘故，也可能是年纪大了，秦始皇觉得身体有点不舒服，可是吃了几服药不见好，反而一天比一天重了，到了平原津（今山东平原县南）就病倒了，再也起不来了。

随从的医官给他看病、进药，都不见效。等走到沙丘（今河北广宗县西）的时候，秦始皇的病势越来越重。知道自己的病好不了了，秦始皇决定做几件正事，他让赵高写信给扶苏，让扶苏赶紧回咸阳，万一自己好不了了，那就让扶苏主持办理自己的丧事。

这信写好了，但是还没送出去，秦始皇就咽气了。晚年一直追求长生不老的秦始皇就这么病死在半道上了，可是他死了，还活着的人可还热闹着呢。

李斯知道秦始皇的信还没送出去，他就找到赵高商量，说："这儿离咸阳还很远，不是一两天能赶到的。万一皇上去世的消息传了开去，恐怕人心会大乱，到时候咱们不好收拾局面啊，不如咱们先不发布皇帝的死亡消息，等赶到咸阳再说。"

赵高表示同意，于是他们把秦始皇的尸体安放在车里，关上车门，放下窗帷子，外面什么人也看不见。这一行人里，除了胡亥、李斯、赵高和五六个内侍外，其他人都不知道秦始皇已经死了，以为他还活得好好的呢。

一路上，车队照常白天走，晚上歇，每到一个地方，文武百官都照常在车外奏事。这时候，赵高动开了歪脑筋，他是胡亥那一伙的，而扶苏和蒙恬是一伙的，他又和蒙恬一家人有仇，如果让扶苏当上了秦二世，那他就没什么好果子吃了。

想来想去，赵高就跟胡亥商量，准备假传秦始皇的遗嘱，杀害扶苏，让胡亥继承皇位。有这好事，胡亥当然乐意，但是李斯知道后有点不同意了，他说："这可不是我们臣子应该做的事情啊。"

赵高开始旁敲侧击："你的才能比得上蒙恬吗？你的功劳比得上蒙恬吗？你和扶苏的关系近还是蒙恬和扶苏的关系近啊？"赵高连哄带吓地说了一通后，李斯权衡了一番，决定和赵高一起扶持胡亥当皇帝。

李斯和赵高拟定了一份假诏书给扶苏，说他在外头不但不能立功，还怨恨自己的父皇，和蒙恬一起想造反，两人都该自杀谢罪。

扶苏是个老实孩子，一看诏书上说让自己去死，就拎起宝剑想要抹脖子，可是蒙恬不傻，他劝扶苏不要轻信这封诏书，要扶苏去咸阳找秦始皇问个明白，但扶苏说死就一定要死，还是抹脖子自杀了。

这边的赵高他们虽然解决了扶苏，但也遇到麻烦了，那会儿正是天热的时候，秦始皇的尸体开始发出臭味了。为了掩盖这味道，赵高他们买了大量的咸鱼，在每辆车上放上一筐，把秦始皇尸体的臭味掩盖过去了。

好不容易赶到咸阳，他们立刻宣布秦始皇死去的消息，并且假传秦始皇的遗诏，宣布由胡亥继承皇位，这就是秦二世。

◉ 燕雀不懂鸿鹄

秦二世当了皇帝，天下越发地混乱了，这位仁兄除了吃喝玩乐什么也不会干，政治大事都交给了赵高处理。

这下赵高可美坏了，但他还是多了个心眼，他和秦二世两人做贼心虚，怕篡夺皇位的事泄露出去，两人就决定杀死胡亥的兄弟和一些正派的大臣，于是一场腥风血雨的大屠杀展开了，十二个公子和十个公主都定了死罪，受株连的大臣更是不计其数。

到了第二年，赵高怕李斯跟他抢功劳，就又撺掇胡亥把李斯也给杀了。赵高自己当了丞相，独揽大权，这下安枕无忧的赵高就尽享荣华富贵了。

但是他们是享福了，天底下的老百姓可还苦着呢。

秦始皇那会儿为了抵御匈奴，建造长城，发兵三十万，征集了民夫几十万；为了开发南方，动员了军民三十万。后来他又开始修建豪华住宅阿房宫，动用了七十万的囚犯，这让天下的老百姓是苦不堪言，但是大家都是敢怒不敢言，一发牢骚就会被捉去重罚，轻则掉胳膊断腿，重了就送命了。

到了秦二世的时候，这种情况越发严重了。因为在秦始皇还活着的时候，他就为自己修巨大的陵墓，这座大坟规模非常巨大，而且还很复杂，不但面积巨大，还将大量的铜熔化了灌下去铸地基，上面盖了石室、墓道和墓穴。但还没修完秦始皇就死了，后来二世又叫人把大坟里挖成江河湖海的样子，灌上了水银，这才把秦始皇葬在里头。

把爹葬好了，二世就继续享受爹没享受到的。陵墓修完后，二世和赵高又继续建造阿房宫。那时候，全国人口不过两千万，可是被派去当苦力的前前后后就有两三百万人，青壮劳力全都上阵了。

老百姓被逼得实在没办法了，本来就是想安生过日子，可现在日子实在是过不去了，不反是不行了，就这样，一个个的都准备反了。

其中最先反的农民要说下面这位了。

又是一年农忙时，一处小山旮旯儿里一群农夫正挥着锄头洒着热汗。这里叫阳城，大概就是现在河南省的方城县。大家正干得没了劲儿，忽然天上来了一群大雁凑热闹，还呼呼地叫嚣着。

估计是累得够呛，一个人扔了手里的钉耙转而抬起头欣赏起大雁来了，嘴里还说着些别人听不懂的废话，说什么："哪个将来要是高升富贵了，那可不能忘记今天地里的这一帮亲兄弟！"

话音还没落地呢，他旁边的那位兄弟就已经听不下去了，用鄙视的眼光看着他说："陈胜，你做个屁梦啊，给人家当牛马的去哪跟富贵碰头？"

陈胜听了这话后眼神里充满了没落，他还舍不得刚刚那群大雁，又废了一句话："燕雀怎么能够了解鸿鹄心中的高远理想呢？"

要说这人还就得做做白日梦，没准还就成真了呢。在旁人看来是不着边的废话，可陈胜这白日梦还真就实现了。

◎ 陈胜吴广闹革命

公元前 209 年，蕲县大泽乡的营房里传出一阵阵此起彼伏的抱怨声，九百多人在里面呼喊着。人不消停就算了，天气还跟着起哄，一连几天都下着毛毛小雨，大泽乡真的快成了大泽。

陈胜也在这伙队伍之中，他看到眼下这情形，想要活命，只得造反了，他暗自定下了计划……

"这鬼天还怎么赶路！"

"可不是啊！到渔阳还有那么远的路，走到了个个儿都死了！"农民们个个哀号不已。

这时候一个叫吴广的人故意大声嚷嚷说："我看秦朝的气数也要尽了！"

押送这些人的那两个军官喝了点小酒，长满疙瘩的脸上黑红黑红的，跟在火里烤的核桃似的。

两位军官微醉的小脸这时候像是被扎上了针，开始变得狰狞了，呵斥道："吵什么吵？想造反是不是！"

边说还从腰间拔出剑来吓唬人，吴广才不吃这一套，从地上蹭地蹿了起来，一把夺走军官手里的利剑就刺了过去，军官就一命呜呼了。这时候陈胜也不闲着，他把另一个也解决了。

杀死了两个军官以后，陈胜就对着在场的九百余人大声宣布："兄弟们，外面的小雨正淅沥沥地下个不停，我们是绝对不可能走到渔阳的。要是不能按时到那儿，那咱们大家伙儿就是死路一条。我看在场的各位也都是壮士，壮士要死也要死得惊天地泣鬼神！难道那些当官的就天生该吃香的喝辣的？！"

他们的话让其他的兄弟们听得热血沸腾的，掌声比打雷还响亮，一个个儿地"斩木为兵，揭竿为旗"，起义军的队伍迅速壮大起来，很快就逼近了咸阳。

虽说陈胜命不太好，最后竟被一个小喽啰杀了，没能完成当初欣赏大雁时所发的志向，不过他却给燎原之势种下了星星之火，也算是立了大功。

再回到公元前 210 年，胡亥终于荣登皇帝宝座，可这小子跟他爹好的没学，做了个暴力狂，弄得百姓生不如死。

改朝换代的小微风已经吹了过来，秦朝摇摇晃晃的，陈胜和吴广就想借机把这小微风吹得大一点，让火势更猛烈些。

早在起义之前这两人就开始策划了，陈胜对吴广说："秦二世那小子居然把扶苏这么一好公子杀了，本应该是他继位的！老百姓光知道这公子人品不错，可都不知道他已经被胡亥那臭小子给害了！而且楚将项燕也都备受大家好评，打着他们的旗号起义，那响应者估计有好几大卡车！"

吴广觉得陈胜的话说得在理，两人一拍即合，先是决定去算个卦。算卦那老头知道他俩心里想些什么，就建议他们装神弄鬼来树立自己的威信。

于是，吴广扯了一块布条，并且用红砂石在上面胡诌上"陈胜王"三个字，又把布条塞到了鱼肚里。第二天士兵们吃鱼的时候发现了布条，都大眼瞪小眼地，觉得不可思议。

到了晚上，陈胜又让吴广去附近的祠堂里学狐狸叫，跟鬼哭似的："大楚兴，陈胜王。陈胜王，大楚兴。"

士兵们被吓得直打哆嗦，见了陈胜都跟看见阎王爷似的，陈胜的威望就这样慢慢地树立起来了。而大泽乡一连几天来阴雨绵绵，这更是给他们的起义创造了一个最佳的时机。

不在沉默中爆发，就在沉默中灭亡。由于社会矛盾太过白热化，起义之势越来越迅猛，整个秦朝几乎要被掀翻了。

说起来这秦朝也是个不知好歹的东西，原先商鞅老人家变法后形成的法制成了虚设，居然用来压榨起百姓来。再加上一群贪污受贿的家伙，还不到二十年，秦朝就已经在风雨中摇曳了。

自古以来皇帝撒的都是弥天大谎，什么真命天子，还什么君权神授，说瞎话眼都不眨巴眨巴。老百姓被这些鬼话吓倒，除了任人宰割还是任人宰割。但是陈胜、吴广的起义把麻木了的百姓打醒了：谁也不是天生命贱，谁也不是生来就当牛当马的。

起义还给了皇帝老儿一鞭子，让他们知道什么是"水能载舟亦能覆舟"，听不懂这话的就等着老百姓给自己送葬吧。

🔘 山雨欲来风满楼

以法为教，以吏为师。这一直是中国古代统治者的一个愚民政策，所谓上愚而下诈，就是将统治权、话语权都控制在统治者的手里，底下的老百姓最好都是傻乎乎的跟随者，统治者说干什么就干什么，一般一个朝代一开始建立的时候，这个方法还有效果，可是越往后，效果就越不显著。

现在的秦朝就是这样，一开始秦朝实行的轻罪重刑对老百姓还有个威慑、约束的作用，但是越往后就越把老百姓逼得没办法，最后逼急了，就造反了，引发了秦末农民起义。陈胜吴广他们也不是天生的造反派，是被逼的。

究其原因首先就是那会儿的徭役太过繁重了，一年得征七百万人的徭役。除了徭役，还得有兵役，派去打仗的人，多数是去了就没命回来了。生活在这么一个大环境里，有今天没明日的，谁也忍不下去啊。

这还不算完呢，徭役重也就算了，赋税更重。男人都外出修长城、打仗去了，这家里应该交的税可是一分都不能少交，你要是少交了就有大刑等着伺候你呢，比如割鼻子，挖耳朵。总之是随便一整就能把你给整成残疾人，让你干不了活，下不来地，但还是得交赋税，这个没跑。

农民本来就没吃的，没地种，除了要给国家免费干体力活之外，还得忍受肉体上的折磨，这要不造反真是没天理了。

所以，公元前209年，陈胜吴广在安徽大泽乡，发动农民起义。然后以"伐无道，诛暴秦"为口号，建立张楚政权，自立为王，他们失败之后，各地的百姓不但没有被统治力量吓唬住，反而纷纷起而反之，他们杀了官吏，继续扛起了造反的这面大旗，没有多久，农民起义的风暴席卷了大半个中国。

起义军的势头很足，他们节节胜利，占领了大批的根据地，但是因为农民毕竟没有实战经验，你要说挑粪种菜他们在行，可是行军打仗实在不行。所以没过多久，因为战线拉得过长，号令也不统一，有的地方被六国旧贵族占了去。起义不到三个月，赵、齐、燕、魏等地方都有人打着恢复六国的旗号，自立为王。

各地反抗秦王朝的大火燃势汹汹，其中的刘邦项羽最是厉害。南方的会稽郡（治所在今江苏苏州），项羽和他的叔叔项梁起兵。项梁是楚国大将军项燕的儿子，楚国被秦国大将军王翦攻灭的时候，项燕兵败自杀。

所以，项梁总是想着要恢复楚国的国号，为自己亡了的国家报仇，憋着一股劲儿的项梁就把希望寄托在了自己的侄子项羽身上。

而刘邦本来是沛县（今江苏沛县）人，在秦朝统治下，做过一名亭长（秦朝十里是一亭，亭长是管理十里以内的小官）。

刘邦之所以要造反，那完全是因为他工作得不到位，交不了差，怕被砍头所以才干上了造反这个行当，但不管怎么样，刘邦最后居然干成了，这真是傻人有傻福，老天拦不住啊。

◎ 造反的初级阶段

有一次，刘邦上司要他押送一批农民到骊山去做苦工，刘邦带着一批农民就上路了。但是这伙人知道去到骊山不是累死就是被打死，所以个个都憋着劲儿的要从半道上溜走。刘邦带着人走了几天，发现出不对劲了，队伍是越带人越少了。

这每天都有人逃跑，到了骊山，刘邦没办法交差，可是他也拦不住那些农民。为了保住自己的脑袋，刘邦和农民商量了起来，"你们去骊山做苦工，十有八九都没办法回到家里了，与其看你们这么惨，不如我现在就把你们放了，你们自己去找活路吧。"

刘邦的这番话彻底感动了那几个农民，他们为刘邦的日后出路担心，但刘邦告诉他们，自己会找到活路的，反正能逃到哪就是哪。

于是，当下就有十几个农民愿意跟着他一起找活路，刘邦就带着这十几个农民逃到芒砀（音 máng dàng）山躲了起来。过了几天，竟也聚集了一百多人。看到自己聚集了这百十来号人，刘邦暗自琢磨着该如何出山去打天下。

正在这个时候，沛县县里的文书萧何和监狱官曹参（音 shēn）很是欣赏刘邦，他俩就暗中跟刘邦来往。在陈胜打下了陈县之后，萧何和沛县城里的百姓杀了县官，派人到芒砀山把刘邦接了回来，请他当沛县的首领，大家称他为沛公。

到这个时候，刘邦算是正式出山，扛起了造反大旗，他在沛县起兵之后，又召集了两三千人马，攻占了自己的家乡丰乡，接着他带了一部分队伍攻打别的县城，但没想到后院居然起火了，他留在丰乡的部下叛变，把刘邦的成果占为了己有。

这个消息让刘邦很是恼火，他气吼吼地想要去收复失地，但可惜自己的兵力不够，他又绕路去别处借兵。当他赶到留城（今江苏沛县东南），遇到了带着一百多人想投奔起义军的张良。

张良研读兵法，看到现在天下大乱，正是起兵的好时候，就带着自己的小众部队来投靠起义军，碰到刘邦也算是缘分，两人挺投缘，聊得很开心，张良就决定留在刘邦身边帮助刘邦，他俩商量了一番，觉得附近的起义队伍中，只有项梁声势最大，决定去投奔项梁。

项梁见刘邦也是一个人才，就拨给他人马，帮助他收回丰乡。从此，刘邦、张良都成了项梁的部下。

但是项羽却看不上刘邦，认为刘邦是个不成事的流氓分子。项羽这么骄傲是有原因的，他天生神力，不爱读书只爱舞刀弄枪。项梁也管不了他，偶尔训斥他，他还要反驳说："读书有什么用，我要学就学打大仗的本领。"

项梁后来教他兵法，项羽居然一听就会，但是太聪明的人有个坏处就是不肯钻研。项羽也是，他觉着自己聪明，就不肯好好学，整天跟一些臭味相投的年轻人混在一起。

但不管怎么说，刘邦投奔了项梁这支队伍之后，势力就发展得越来越大了。其他的贵族们看到有人比自己强大，十分担心，于是加紧了争夺地盘。他们为了扩充势力，彼此间闹得四分五裂。这个机会被秦国大将章邯、李由发现，他们想乘机会把起义军一个个击破。

看到起义军存在危险，在这个紧要关头，项梁在薛城召开了会议，决心把起义军整顿一番。为了增强自己队伍的影响力，他听从了谋士范增的意见，把流落在民间的楚怀王的孙子找来了，立为楚王，以此加强楚国人的信任。这位楚王也被称之为楚怀王，这样一来，楚国人反秦的决心更坚定了。

【 "楚" "汉" 对决 】

◉ 巨鹿大战

项梁在整顿了军队，立了楚王之后，起义军军心大振，接连打了几个大胜仗，还打败了秦国的大将军章邯。

项羽尝到了胜利的甜头，开始飘飘然起来，他认为秦军没什么战斗力，不足为惧，慢慢地就放松了警惕。这个时候，章邯重新补充了兵力，趁项梁不防备，发动了猛烈的反扑。项梁在这次反攻中丢了性命，项羽和刘邦也顶不住了，只好带着队伍退守到了彭城。

死了叔叔的项羽发誓要报这个仇，天天磨刀霍霍向秦军，而反攻胜利的章邯在打败项梁之后，认为楚军一定是大伤了元气。于是，他打算让项羽他们苟延残喘几天，自己带着大部队先北上去进攻新建立起来的赵国。

赵国不能抵抗秦军的攻势，很快败下阵来，秦军很快就攻下了赵国都城邯郸，赵王歇逃到巨鹿（今河北平乡西南）。章邯不依不饶，他派人把巨鹿包围了起来，要把赵王围剿死在巨鹿。

赵王还不想死，他就赶紧派人向楚怀王求救，楚怀王当时正想派人往西进攻咸阳。急于想给自己叔叔报仇的项羽要求带兵进关，但是楚怀王身边有几个年纪大的老臣子对楚怀王说，项羽性子太暴躁，进关只怕会造成血流成河，不利于将来的安定团结，进关这事不如交给刘邦去做。

此时，正好赵国派人来求救，楚怀王就一竿子把项羽给支去巨鹿了。他派宋义为上将军，项羽为副将，带领二十万大军到巨鹿去救赵国了。

宋义带领的大军到了安阳（今河南安阳东南），听说秦军很猛很强大，就有点打退堂鼓了，他命令楚军停下来，原地待命。宋义想先看看赵军和秦军打到个什么程度了，自己再决定去不去营救。

项羽是个急性子，眼看走到巨鹿门口了，可是却不进去，着急了。他找宋义理论，但是宋义却搬出军中老大的架势把项羽批判了一通。项羽气得不得了，但是也没办法，就这样楚军在安阳一停就是四十六天。

等得花儿也谢了的项羽终于等不下去了，有一天他乘朝会的时候，拔出剑来把宋义杀了。项羽提着宋义的头说宋义背叛楚王，自己是替楚王杀了宋义。

远在他方的楚王听说了这件事情，虽然很生气，但是山高皇帝远，他也管不了项羽，只好封项羽为上将军。将士们大多是项梁的老部下，比起宋义来，他们当然更愿意听项羽的。于是项羽杀了宋义之后，就开始派部将英布、蒲将军率领两万人做先锋，渡过漳水，准备和秦军背水一战了。

项羽命令将士们只带三天的干粮，还得把锅碗瓢盆全砸了，他这是以没有退路来激励将士，别说还真管用。大家一鼓作气，很快就把秦军打跑了，化解了赵国的危机。

当时，除了楚国派了援兵，还有其他十几路人马都来营救赵国了，不过他们害怕秦军，一直是按兵不动。这下项羽露了这么一手，把他们全给镇住了，纷纷表示要跟着项羽干，项羽也乐得收了他们。这时，项羽的势力已经发展得非常壮大了。

◎ 刘邦进咸阳

城外头打得热火朝天，咸阳城里头也是钩心斗角，非常热闹。赵高当了宰相之后，知道有人肯定不服自己，为了给自己树立威望，他想了个办法。有一天上朝的时候，他让人牵了一只鹿到朝堂上。

赵高指着那只鹿跟秦二世说："我得到了一匹名贵的马，特来献给陛下。"

秦二世虽然智商不高，但是马和鹿他还是能分清楚的，他笑着说："丞相别开玩笑了，这明明是只鹿。"

赵高又问底下的大臣这到底是什么，大臣都知道赵高的用意，愿意拍马屁的就说那是马，不愿意的就说那是鹿，还有不愿意掺和事的就闭嘴不吭气。

后来那几个说是鹿的大臣都被赵高找个借口办了罪。打那以后，赵高让大臣们是又怕又恨，大家都不敢说他坏话了。

在赵高作威作福的时候，秦军在巨鹿打了败仗的消息传到了咸阳。章邯向秦二世上了一份奏报，他说自己虽然打了败仗，但是还有二十多万的兵马驻扎在棘原，只要朝廷能够多给他派一些人马，他一定能够收回巨鹿，打败项羽他们。

但是秦二世和赵高不但不支持他，反而埋怨他打了败仗，要对章邯进行处罚。章邯怕赵高害他，只好率领部下向项羽投降了。因为赵高的小心眼，项羽白白得了二十多万的兵马，这下秦王朝可是乱了套了。

听说章邯投降，赵高开始给自己找退路了，他知道项羽迟早得打进来。果然，在公元前206年，刘邦先一步带着人马攻破了武关（今陕西丹凤县东南），那地方离咸阳已经很近了，秦二世吓得让赵高想主意，可赵高哪有什么好主意，他的馊主意倒是一箩筐。

这次赵高又想了个馊主意，他派人把秦二世逼死，想自己当皇帝，但又害怕底下人反对，所以他就召集大臣们对他们说："现在六国都已恢复了，秦国不能够再挂个皇帝的空名，应该像以前那样称王。我看二世的侄儿子婴可以立为秦王。"

大臣们害怕赵高的淫威，都不敢反对，但是子婴不是个缺心眼的人，他知道赵高的意图，所以他和他两个儿子商量好，到即位那天，他就说自己病了不去，趁赵高催促他的时候，将赵高杀了。

子婴杀了赵高，派了五万兵马守住峣关（今陕西商县西北）。刘邦用张良的计策，派兵在峣关左右的山头上插上无数的旗子，作为疑兵；然后又派了将军周勃带着军队绕过峣关正面，从东南侧面打进去，杀死守将，消灭了这支秦军。

随后，刘邦的军队就进入了峣关，到了灞上（今陕西西安市东）。刚当了皇帝没几天的子婴一看这架势，赶紧带着秦朝的大臣来投降了。

到这里，公元前206年，刘邦至咸阳，秦亡。

"秦王扫六合，虎视何雄哉！挥剑决浮云，诸侯尽西来"。秦朝这么强大，结果十五年时间，二世而亡。这个原因，在《过秦论》里总结说，这是"仁义不施而攻守之势异也"，就是实行暴政，结果"身死国灭，七庙隳，为天下笑"。后来刘邦就吸取了这个教训，才令大汉朝蒸蒸日上的。

◎ 项羽很生气

这边刘邦都要当关中王了，那边项羽还兴冲冲地也要到咸阳来插一杠子。他接受了章邯的投降之后，就带着大队伍前往咸阳。

当大军到了新安（今河南新安）的时候，那些投降的秦军就忍不住开始担心了，他们害怕自己跟着项羽打进关去，把自己的家人打死，那难受的是他们自己。如果他们不跟随项羽打进关去，那秦朝也会把他们的一家老小都杀死，这横竖都要死了，这可真是难办。

士兵们的担心被项羽得知了，他的暴脾气又上来了，想着这些秦国的降兵既然不是真心跟着自己，那不如杀掉算了。于是除了章邯和两个降将之外，一夜之间，竟把二十多万秦兵全部活活地埋在大坑里。

打那以后项羽的暴脾气彻底扬名天下了。

解决了那些不听话的士兵，项羽接着往前走，等他到了函谷关，却瞧见关上有士兵把守着，不让他的部队进去，上前一问，那士兵居然说，他们是奉了沛公的命令守在那里，不论哪一路大军都不让进关。

反了你了，刘邦！

项羽这一气可非同小可，他命令将士猛攻函谷关。刘邦兵力少，没多大工夫，项羽就闯关成功。他雄赳赳气昂昂地接着往前走，一直到了新丰、鸿门（今陕西临潼东北），驻扎下来。

刘邦手底下有个叫曹无伤的人，他看到项羽实力大，就想投靠项羽，为了跟项羽打好关系，他偷偷摸摸地派人到项羽那儿去告密，说："这次沛公进入咸阳，是想在关中做王。"项羽性子急，脾气直，脑子不转弯，一听这话受不了了，直骂刘邦是个臭不要脸、不讲理的强盗。

而项羽的谋士范增也对他说，刘邦这次进咸阳，什么也不要，在百姓心目中留下了高大的形象，这样的人野心不小，不能留，得赶紧消灭掉。

于是项羽就要对刘邦开战了，那时候，项羽的兵马四十万，驻扎在鸿门；刘邦的兵马只有十万，驻扎在灞上。两军之间只相隔了四十里地，但是兵力悬殊，刘邦肯定是打不过项羽这个猛人的。

也巧了，项羽的叔父项伯是张良的老朋友，张良曾经救过他的命。项伯是个软心肠的人，他怕一旦打起仗来，张良会受牵连。于是他就在一个月黑风高的夜晚，乘一匹快马从项羽鸿门的军营中蹿了出去，他要去刘邦的营中做一件善良的事情，将自己的救命恩人张良劝走。

项伯忽悠张良离开刘邦，说日后双方一定打仗。张良装模作样地考虑了一下，觉得自己逃跑有些不厚道，而且还把这消息透露给了刘邦。刘邦听后吓了一跳，头上直冒冷汗。

刘邦听说项伯年纪有些大，就想着用招待老人的礼仪优待项伯，而且想让项伯把自己并不想反抗的意愿传达给项羽。

项伯掀开帘子一看，刘邦正一本正经地坐在那里，还假惺惺地笑着，前面摆着一桌酒席。项伯感到这场面自己有些吃不住，心扑通扑通直跳。刘邦热情地伸出手以表敬意，还给项伯斟酒。

吃饭的时候刘邦一直就没消停，话说个没完，跟开战斗机似的，都快词穷了。不过他废了半天话都只有一个意思，那就是让项伯告诉项羽自己一定顺从他。

项伯信以为真，还没一会儿，刚才那阵害怕的感觉早都被风吹走了。更让他兴奋的是，刘邦居然把自己的闺女许配给了他的儿子，这亲戚都攀上了，那就更没什么好怀疑的了，他的主观意愿全倒向了刘邦这边。项伯最后还建议刘邦亲自登门跟项羽解释解释，以表示诚意。

◎ 鸿门宴不是好吃的

项伯满面春风地回到了项羽那里，看到项羽还是一张苦瓜脸，他就一脸轻松地跟项羽道喜，还敢数落项羽的不是："你说说，要不是人家刘邦先攻破关中，咱们怎么能这么容易入关？人家立了大功，咱反倒倒打一耙，这可忒不够意思了啊。刘邦明天来给您谢罪，您可得担待着。"

范增看到项伯这副嘴脸就来气，他对项羽说："刘邦就是个地痞流氓，贪财不说还好色，现在进了关内居然换了嘴脸，光想着当皇帝了，咱得赶紧把他灭了，不然可是后患无穷啊！"

项羽被项伯和范增的话弄得不知所措，晚上在床上翻来覆去地睡不着，又想起当年跟刘邦并肩作战的宏大场面，那时候怎么就那么默契呢？哎，现在大家都变了，竟不知道是朋友还是敌人了。刘邦还真敢背叛我？

第二天刘邦就穿得人模狗样地来拜见项羽，身后还跟了一群人马。两人相见之后赶忙握住了对方的手，捏得比拳头还紧，项羽随后就迎刘邦入了帐。

刘邦低三下四的样子让项羽看不出他有谋反的想法。不过范增在一边可火大了，他看不惯刘邦装腔作势的样子，恨不得抽出腰间的剑刺他几个来回。

摆在他们面前的是一桌丰盛的酒宴，依次入座。项羽、项伯面向东坐，范增向南，最次要的那个向北的位置留给了刘邦，张良面向西陪坐。

刘邦吃饭的时候又开始叽叽咕咕说个不停了，他还是在跟项羽表明真心，说什么："虽然按照楚怀王的意思，谁先入了函谷关谁就是大王，可是明眼人都看得出，您的敌人比我们当时的敌人强大百倍，我算是运气不错，所以才得以先入函谷关。不过我已经在里面安顿好了一切，就等着您大驾光临了。"

项羽听了刘邦的话后感动得都快哭了，他赶忙举起酒杯跟刘邦碰上几碰，还不忘了自责，说自己真是糊涂，竟然听了小人的谗言，误会了刘邦。

饭桌上杯光酒影，觥筹交错，范增看见这场面就窝火，跟刘邦杀了他亲娘似的。范增暗地里给项羽使眼色，项羽瞅见了，不过就是不理会他，仍旧跟刘邦大吃大喝大笑。范增被气个半死，无奈之下把身上的玉玦都举了起来，这是他跟项羽之间的秘密暗号，谁也不知道。

不过，范增都举了三次了，可是项羽好像把这回事给忘了。范增这回可气大了，霍地站了起来，愤然离开了酒席桌。

范增走出营门对项羽的堂兄项庄说："你进去舞剑，找机会杀了刘邦。"于是项庄进去了，请求舞剑。项羽想这军中的确没什么娱乐，舞就舞吧，于是欣然答应了。项庄挥动着手中的宝剑，一刺一个地方，都是刘邦那个方向。有几次刘邦就差点被项庄刺到了，幸好他躲得及时。

在千钧一发之际，突然横出了另外一把剑，挡住了项庄那把锋利无比的剑，两把剑在风中展开了厮杀。气氛骤然紧张，这刚出来的一把剑不是别人的，正是项伯的。他傻了吧唧地保护着自己最大的敌人，项庄刺哪里，他就挡哪里，真是吃饱了撑的。

刘邦跟项羽两人看得一愣一愣的，笑得比哭还难看。这时候，刘邦的护卫樊哙冲进营中，宴会的空气凝固了。

樊哙面朝西站着，瞪着两只牛眼，头发都快竖起来了。项羽感觉到这小子不怀好意，顿时直起了身子，手里还握着剑柄。他故作镇定，问了两句之后还赐了樊哙一杯酒，嘴里还夸这小子有勇气。

没过一会儿，刘邦就借故上厕所出了帐篷，樊哙紧随其后。项羽让都尉陈平在后面监视他们。刘邦也顾不上形象了，边走边用袖子擦拭额头的汗水。

这时候樊哙催他了，说："人为刀俎，我为鱼肉，大王不用顾及礼节了快走吧。"刘邦这才不辞而别地逃跑了。

刘邦飞也似的逃跑在骊山下的芒阳小道上，两军的部队隔了四十里地，这时候刘邦哪还顾得上车马和士兵啊，自顾自地跳上了马背，落荒而逃，这一逃把中国的历史都改写了。

【霸王没干过亭长】

◎ 一竿子支到山区

刘邦从项羽的大嘴下逃走后，项羽就高高兴兴地进到了咸阳城里，他可和刘邦不一样，刘邦进来一团和气，可是项羽却是一团杀气，他先是杀了秦王子婴和秦国贵族八百多人，替他的叔叔项梁报仇。

然后就是下命令把人家始皇帝的那些小金库什么的都占为了己有，项羽顿时脱贫，从游击队发展成了地主阶层。

随后项羽就要安排自己的领导楚怀王了，项羽把他改称为义帝，表面上承认他是帝，实际上只让义帝顶个虚名。什么事都是项羽说了算，自立为西楚霸王，还把六国旧贵族和有功的将领一共封了十八个王。

虽然刘邦是他的对头，不过他也得给刘邦留点面子，于是封了刘邦个汉王先当着。楚汉相争就是这么拉开了序幕，刘邦也不是吃干饭的，五年以后就灭了项羽，学着始皇帝开辟了一个新的大一统王朝。

但那都是后话，现在的刘邦还只是一个小喽啰。

项羽当了一阵子霸王，就觉得楚怀王碍眼了，第二年，便把他杀了。

分封完诸侯之后，各国诸侯就都分别带兵回自己的封国去，项羽也回到他的封国西楚的都城彭城（今江苏徐州市）。

虽然给刘邦封了王，但项羽最放心不下的还是刘邦，他故意把刘邦安排到最偏远的巴蜀和汉中，还把关中地区封给秦国的三名降将章邯等人，目的就是让他们挡住刘邦，不让刘邦出来。刘邦对此非常不满意，但是他也没办法跟项羽计较，只好收拾收拾，带着人马去封国的都城南郑（今陕西汉中东）去了。

他到了南郑之后，就拜萧何为丞相，曹参、樊哙、周勃等为将军，打算养精蓄锐，再杀一个回马枪，毕竟君子报仇十年不晚，刘邦不着急。打了这么久的仗，也该让他歇歇了，但是刘邦不着急，他手底下的士兵们着急。士兵们都不是巴蜀人，来到这都不适应，所以每天都有人偷偷地溜走。

这让刘邦很惆怅。这天，居然有人来报告说，丞相萧何也逃跑了，骑着马溜得非常快，拦都拦不住。

刘邦彻底伤心了，和自己共同打天下的兄弟都跑了，这日子还混个什么劲啊。

可是没想到，过了几天，萧何又回来了，原来，萧何这次不是逃跑，而是去追逃跑的人了。萧何追的就是韩信。

萧何所说的韩信，本来是淮阴人。项梁起兵以后，路过淮阴，韩信去投奔他，在军营里当了个大头兵，每天打打仗，也没什么大的贡献，但是韩信志向远大，一心要干大事业，在项梁死了之后，项羽见他能力不错，就让他做了个小军官。

之后韩信几次向项羽献计策，项羽都没有采用，韩信感到十分失望，就来投奔刘邦了，但是依然没得到重用，还差点把命丢了。

◉ 你跑我就追

韩信来到刘邦这里，没过多久，就闯祸了，被抓起来要送去砍头。韩信这个憋屈，本来是来干大事、升官发财的，结果这下脑袋都要没了，幸亏当时刘邦手下的将军夏侯婴经过，韩信就冲他大喊："汉王难道不想打天下了吗，为什么要斩壮士？"

夏侯婴也是个厉害人物，他看韩信虽然快要被砍头了，但是一点也不害怕，是条真汉子，于是他就让人把韩信放了。夏侯婴向刘邦推荐了韩信，说韩信这小伙子不错，是个汉子，希望刘邦重用，但刘邦当时没当真，就让韩信做了个管粮食的官。

后来，萧何又见到了韩信，和他谈过之后，觉得韩信是个有能耐的人，很是器重他，又向刘邦推荐，可是不知道那段时间刘邦耳朵是不是不好使，他就是听不进去。韩信是左等右等，等不来重用他的消息。

看来自己留在这穷乡僻壤也是等不到被重用的机会了，看到其他将士纷纷逃走，韩信也找了个机会跑了。

韩信这一跑可把萧何急坏了，他赶紧骑马就追，都没顾上跟刘邦请假，让刘邦误以为他也逃走了。

萧何一直追了两天，才把韩信找到，劝了回来。

刘邦很好奇，这韩信有什么好，是比别人多个脑袋，还是多条胳膊，至于让萧何这么上赶着去追？

萧何对韩信大大夸赞了一番："一般的将军有的是，像韩信那样的人才，简直是举世无双。如果您要是想一辈子待到汉中，那韩信就可有可无了，可如果您是想打天下的话，那韩信就必不可少了。"

刘邦当然是想打天下了，那萧何就告诉他，既然你想得天下，那就一定要重用韩信，不然我这次把他拉回来，下次他还得走。

萧何的话，刘邦还是很当真的，他就把韩信封做了大将，而且还用最隆重的仪式举行了拜将。这下，刘邦倒是要见识见识这个韩信到底有多少本事，自己可不能做亏本的买卖。他问如果他想得天下，那应该怎么做。

韩信向汉王详详细细分析了楚（项羽）汉双方的条件，认为汉王发兵东征，一定能战胜项羽。韩信说得有板有眼，刘邦听得很高兴，知道萧何没有给他推荐错人。于是从那以后，韩信就指挥将士，操练兵马，刘邦东征项羽的条件渐渐成熟了。

转眼到了公元前206年八月，刘邦拜韩信为大将、萧何为丞相，整顿后方，训练人马也有好些日子了，对付项羽应该差不多了。于是，刘邦和韩信带着汉军气势汹汹地奔赴关中，要去教训教训项羽，关中百姓一直记着刘邦当年的"约法三章"，这下看到刘邦又回来了，都很高兴，不但不抵抗，还差点搞个夹道欢迎的仪式。不到三个月，刘邦就消灭了原来秦国降将章邯等的兵力，关中地区成了汉王的地盘。

这下，项羽可是气坏了。

◎ 大战前夕

公元前203年，项羽要去别处打仗，但他又得防着刘邦，于是就把手下将军曹咎留下来守住成皋，再三告诉他千万不要跟汉军交战，不管出什么情况都要等自己回来再说。曹咎满口答应了下来。

刘邦一看项羽走了，留下了个不足为惧的曹咎，就向曹咎挑战。一开始曹咎还能忍住，就是不出去迎战。但刘邦挑战的话越说越难听，曹咎一个堂堂大男人，实在受不了这窝囊气了，就想出去跟刘邦干架，幸亏被人劝住了。

刘邦反正也没事，就派人天天隔着汜水（流经荥阳西，汜音 sì）朝着楚营辱骂。天天骂，而且不重样，曹咎终于受不了了，他要为了自尊而战，就带着人马渡过汜水，要去和汉军决一死战。

但楚军兵多船少，不能一次性地全都过到河对岸去，只能分批渡河，刘邦就乘楚军只有一小部分人过了河，先将那一小部分人剿灭，然后等在岸边等着打余下的楚军，看到出师未捷，曹咎觉得很难办，但他已经迎战了，只能硬着头皮打，最后惨败，曹咎觉得没脸见项羽了，便在河边自杀了。

本来在东边打了胜仗的项羽很高兴，但听到成皋失守，他又立刻感到危机了，带着人就往回赶，在广武（今河南荥阳县东北）的时候，和刘邦的军队遇上了，两军就在那里打了起来。

因为后方失守，项羽的粮草接应不上，眼看将士们就没饭吃了，项羽看在眼里，急在心里，忽然他想到了被俘虏的刘邦老爸。

他把刘邦爹绑起来，放在宰猪的案上，派人大声吆喝："刘邦还不快投降，就把你父亲宰了。"

刘邦不愧是干大事的，眼看着亲爹要像猪肉一样被剁了，还是脸不红心不跳的，他非常大方地对项羽说："成啊，你要是把我爹杀了煮成肉羹，麻烦分我一碗尝尝。"

项羽气得真想把刘邦爹给宰了，但是被项伯拦下来了。

稍微平复了一下心情的项羽再次和刘邦在阵前对话，两人没说两句，项羽的暴脾气就又上来了。他用戟向前一指，后面的弓箭手一齐放起箭来。刘邦一看这么多弓箭手，好汉不吃眼前亏，赶紧往自己阵营跑，可惜没跑过流星箭，被一支箭射中了胸口。

为了安抚军心，刘邦故意大声喊道："居然被射中了脚趾头，真倒霉。"回到营帐包扎了伤口后，他还故作潇洒地去各军营巡视了一番，大家看到汉王没事，这才都放心了。

项羽一听刘邦没被他射死，很是失望。自己这边的粮草迟迟运不上来，战士们打仗也没激情。就在项羽左右为难的时候，刘邦又派人来要他爹和老婆，说只要项羽肯把自己爹和老婆放回去，就愿意跟项羽一分为二的霸占天下。双方以鸿沟（在荥阳东南）为界，鸿沟以东归楚，鸿沟以西归汉。

项羽觉得这是个不错的主意，就同意了，刘邦爹和老婆当了几年的俘虏，这才算是重得自由了。

安置好了自己的家人，刘邦就不守信用了，他组织了韩信、彭越、英布三路人马，由韩信统领，追击项羽。

看还不打死你

虽然刘邦爱耍赖，项羽也是知道的，但刘邦这次这么快就翻脸，还是让项羽一时之间难以招架。

有了韩信的帮助，刘邦异常神勇，公元前202年，他派韩信将项羽围困到了垓下（今安徽灵璧县东南，垓音gāi）。重重的包围令项羽陷入了绝境，粮食吃完了，楚军军心动荡，大家都害怕自己会死在这。

项羽想发挥出他霸王的气势，带着少量精锐部队冲出去，但韩信围得实在是太结实了，项羽冲出一层，立马又围上一层。项羽突围了几次都失败了，只能继续回到垓下的军营里郁闷地待着。

既然冲不出去，也没什么事干，项羽只能借酒浇愁。这天，他正喝高了，他最宠爱的女人虞姬进来了。

看到项羽喝得烂醉，虞姬心里也很难过，她刚才路过战士们的帐篷，听到战士们唱着悲凉的楚地歌曲。这军心都散了，仗还怎么能打下去呢？看到项羽的样子，虞姬心里感到很是悲凉。

项羽趁着酒意随口唱起了歌：

力拔山兮气盖世，

时不利兮骓（音zhuī）不逝。

骓不逝兮可奈何，

虞兮虞兮奈若何？

这歌的意思就是项羽认为自己是个好汉，但没赶上好时候，眼看着自己就要得天下了，却被别人给抢了，虞姬啊虞姬，我该拿你怎么办呢？

虞姬人长得漂亮，脑子也聪明。她听出项羽是在担忧自己，她意识到自己是项羽的一个拖累，为了让项羽顺利地突围，虞姬就拔刀自杀了。

项羽酒醒后，看到心爱的女人死在自己身边，很是伤心。他当下就跨上自己的乌骓马，乘着夜色，带着八百个子弟兵突围去了。等汉军有所警醒的时候，项羽已经渡过了淮河，来到了一个三岔路口。

项羽遇到一个庄稼人，就问他哪条路可以到彭城，没想到庄稼人认出他是不近人情的西楚霸王，就给他指了一条错误的路。项羽他们越走越不对劲，只见前面是一片沼泽地带，连道儿都没有了。

知道上当了的项羽赶紧往回跑，但是路已经被追上了的汉军给堵上了，双方一阵厮杀，项羽才又脱身。他带着剩下不多的人马向东南跑，一路走一路厮杀，等项羽跑到乌江边上的时候，就剩了二十六个兄弟了。

在乌江边，乌江的亭长留了一条小船在那里，亭长劝项羽过江去，到江东那里，虽然那地儿是少了点，人也少了点，但好歹是个落脚的地方，项羽到了那边，还能继续称王称霸，总有一天能够反扑回来。

但项羽不知道是哪根筋不对了，明明都跑到河边了，突然改主意了，不愿意过江去了，他觉得自己没脸回到江东去，就和剩下的士兵们迎上追上来的汉军，进行了一番贴身肉搏，最后全部阵亡。

而项羽也受了重伤，最后自刎在乌江边上，楚汉之争就此落下了帷幕。

第五章

汉朝天下　四海归一

【刘氏集团开张】

◉ 穿新鞋走老路

胜者为王败者为寇，项羽去见了阎罗王之后，刘邦就畅通无阻地当上了下一任君主。公元前202年，刘邦正式即了皇帝位，历史上称之为汉高祖。一开始刘邦建都洛阳，后来又迁都到长安（今陕西西安）。

那以后的两百多年里，汉朝的都城一直都是在长安，直到刘秀那阵，才将都城移回了洛阳。汉朝就这样被分为了两个时期，前半段为西汉，也称前汉，后半段为东汉。

看到自己的国家建立起来了，刘邦很是得意，他决心要好好当这个皇上，不能走秦朝的老路，于是汉朝一建立，就吸取了秦朝不施仁政的教训。刘邦很重视老百姓的力量，如何能够让老百姓拥护自己呢？自然是要减轻老百姓的负担。

减轻赋税，减免军役这些基本的做过之后，看到民心安定得差不多了，刘邦就开始忙活自己的权力维护这摊子事了。基本上，两汉的政治经济制度还是承袭秦制，有所损益。虽然有一定的变化和更改，但基本上跟秦朝大同小异。

汉朝依然延续了秦朝时候的郡县制，然后刘邦又分析了一下秦朝的经验教训，他认为没有分封制度，秦朝才会完蛋得那么快。如果有了分封制度，那时候他们造反，也没那容易就把秦朝打垮了。

为了不走秦朝的老路，刘邦又来了个封国制，这两个制度并存，也就是实行郡县制又兼有封国制，封国分王国、侯国。

王国与割据无异，侯国受所在郡监督。刘邦想这下又有人替我管着国家，又有我的自己人在一旁挺我，就算真有人要反我，我也不怕，我有一帮弟兄们呢。

刘邦搞分封是分封同姓王，就是说刘邦封的全是姓刘的。这是必然的，一家人才亲呀，要是封个外姓人，比如妹夫，小舅子之类的，那都是娘家人，跟自己不是同宗血脉，不能是一条心。

　　将来他们要反了，那自己就是搬起石头砸自己的脚了。所以刘邦的庶长子刘肥封到山东做齐王，儿子刘长封淮南王。这些分封都是刘邦给自家人谋福利呢，其实一个王国也没多大，也就一个郡那么大，实际上就跟割据没有区别，因为王国的军队是自己招募，官吏自己委任，甚至可以铸钱。

　　那会儿的钱都是铜钱，你要有铜矿就能生产，所以要是王国那里正好有矿山，那王国就可能比中央还要有钱。所以说，刘邦这种分封制度也有弊端。

　　虽然刘邦规定非刘氏而王者，天下共击之。就是说姓刘的才能建邦，确立了异姓不王的传统，将王侯这么两级搞分封，但还是对中央集权构成了很大的威胁。

　　因为同姓王之间也不是一条心，看到皇位谁都想把屁股挪上去坐坐，这样一来，后来对中央集权构成的隐忧就更大了。刘邦忙活来忙活去，其实还是穿新鞋走老路，兜个大圈，也逃不脱历史的规律。

◉ 人心隔肚皮

　　刘邦当了皇帝之后，也挺注意和大臣们之间的互动沟通。有一次，他在洛阳的南宫里举办了一个庆功宴会，酒过三巡，刘邦笑问："我何故可得天下？项羽何故错失天下？"

　　大臣王陵等人就抓紧时机开始拍马屁了："那是因为皇上宅心仁厚，每攻打下一座城池来，就有封有赏，所以大家肯为皇上效劳；可是项羽那人白长了五大三粗一个大个头，却是个小肚鸡肠，从来不给别人算功劳，所以把天下丢了。"

　　刘邦却笑着说道："你们只知其一不知其二，据我想来，得失原因，须从用人上说。运筹帷幄，决胜千里，我不如子房；镇国家，抚百姓，运饷至军，源源不绝，我不如萧何；统百万兵士，战必胜，攻必取，我不如韩信。这三人都是当今豪杰，我能委心任用，故得天下。项羽只有一范增，尚不能用，怪不得为我所灭了！"

　　刘邦这番话不是自夸，他用人的确是没有什么门户之见的，既不要求本科的学历，又不要求工作经验。只要有才，你就可以来。比如张良是贵族，陈平是游士，萧何是县吏，这些人都可以纳于旗下，只要你有用。樊哙是屠狗的，灌婴是贩布的，娄敬是赶车的，只要能为称霸一方出力，也收你入会。彭越是强盗，周勃是吹鼓手，韩信是待业青年，刘邦也一概收拢。

　　后来，刘邦将为自己立过大功的将领们都封了王，其中楚王韩信、梁王彭越、淮南王英布，功劳最大，兵力也最强。刘邦开始担心起来。毕竟不是一家人，只能共患难，不能同享福啊。

　　在刘邦想办法的时候，一个名叫钟离眛的人给了他这个机会。这个人原来是项羽的部下，刘邦一直在缉拿他，但是韩信却看这个人是条好汉，把他收留了。这事传到了刘邦耳朵里，让刘邦很是不爽。

刘邦想派兵消灭韩信，但又担心韩信兵力太强，自己吃亏。于是这事儿就一直拖拖拉拉到了第二年，刘邦假装巡视云梦泽，命令受封的王侯到陈地相见。韩信接到命令，信以为真就去了，结果一到那就被人按住了。

刘邦新仇旧恨地跟韩信算了一通，然后就大度地取消了韩信的楚王封号，改封为淮阴侯。被降职的韩信很是郁闷，天天窝在家里生闷气，也不去上班。

就这样又过了几年，有一个叫陈豨（音 xī）的将军造反，自称代王，一下子就占领了二十多座城。刘邦让韩信和彭越去替自己干掉这个没皮没脸的家伙，但是他没想到韩信和彭越都不搭理他，给他递了张病假条，说去不了。

没办法，刘邦只能亲自出马去讨伐陈豨。看来求人求天不如求自己，刘邦自己动手，丰衣足食，三下五除二地就把陈豨给收拾了，看来自己还是宝刀未老啊。

贤内助真可怕

俗话说一个成功男人的背后一定站着一个支持他的女人。

刘邦背后的女人就是吕雉，现在已经是吕皇后了。在刘邦带兵离开长安后，有人向吕后告发，说韩信和陈豨是同谋，他们还想里应外合，发动叛乱。

这还了得，自己老公外出打仗去了，不能让他分心，这点小事，吕后就打算自己解决掉算了。于是她和丞相萧何琢磨出个主意来，故意传出消息，说陈豨已经被高祖抓到，要大臣们进宫祝贺。倒霉的韩信又不知道这是计策，再次前往，这次他可就不是降职那么便宜了，而是脑袋搬家。

刘邦在外头打仗呢，韩信就被自己老婆杀死了，可见吕后这贤内助当得相当有水平。等刘邦消灭了叛军回到洛阳后，又有彭越的手下人告发彭越谋反。汉高祖听到这个消息，派人把彭越逮住，扔进了监狱里。

彭越很冤枉，刘邦也没查出他谋反的具体罪证，就把他放了，但是把他的官职全免了，把他罚做平民，遣送到蜀中去。

本来当王当得好好的，却莫名其妙地在监狱待了段时间，现在更是要被发配，彭越哭诉无门也只得郁闷上路。巧的是在去蜀中的路上，他遇到了吕后，彭越想女人怎么也是心肠软，头脑简单的人，于是他就跟吕后哭诉说自己多么冤枉，多么无辜，求吕后在刘邦面前给自己说说好话，就算免职，好歹也让自己回到自己的老家，落叶归根啊。

吕后满口答应了，她带着彭越回到了洛阳，可是一见到刘邦，吕后就翻脸了，她埋怨刘邦没脑子，彭越是头猛虎，哪能放虎归山，应当宰了他。

刘邦被吕后埋怨了一通后，也想开了，既然彭越又跟着吕后回来了，那就怨不得自己了，于是他把彭越也杀死了。

淮南王英布一听到韩信、彭越都被杀，就坐不住了，干脆也起兵反了。既然迟早是被刘邦找个借口干掉，那不如先干掉刘邦，你不仁就不要怪我不义了。英布是个材料，他一出山，立刻就打了几个大胜仗，把荆楚一带土地都占领了。

刘邦只好再次出山去打英布，两军对峙，刘邦痛骂英布："我都封你做王了，你干吗还造反？狼心狗肺的。"

英布也不跟刘邦玩儿虚的，他就直接说自己想当皇帝，让刘邦让位。刘邦哪肯，于是两军对打了起来，杀得昏天黑地，日月无光。英布手下兵士弓箭齐发，可怜的刘邦躲闪不及，当胸中了一箭，幸亏伤势不重，还不妨碍他继续指挥战斗。

在汉军顽强的厮杀下，英布被打败了，在逃跑的路上，被人杀了，刘邦这才养好伤，往洛阳赶。路过他的故乡沛县时，他去小住了几天，请父老乡亲喝酒，酒过三巡，刘邦击筑流泪而歌，情绪十分激动："大风起兮云飞扬，威加海内兮归故乡，安得猛士兮守四方？"

◎ 前打狼后打虎

打完了那些异姓王，刘邦安心逍遥地过了几年。

但情况也是时时刻刻在发生变化的，自从秦始皇在其统治时期打败匈奴以后，北方平静了十几年。但随着中原大乱，匈奴就又向南打过来。

刘邦统治时期，匈奴的冒顿单于带领了四十万人马包围了韩王信（原韩国贵族，和韩信是两个人）的封地马邑（今山西朔州）。

韩王信也是个没种的人，他打不过匈奴，怕死，就向冒顿求饶希望和解。这事被刘邦知道了，非常生气，这不是有辱大国风范吗！于是，他派使者去把韩王信指责了一通。韩王信害怕汉高祖办他的罪，就向匈奴投降了。

这下彻底把刘邦给惹火了，而那个冒顿也不知道好歹，得了便宜还卖乖。他占领了马邑，又继续向南进攻，围住晋阳。

为了保卫国土的完整，刘邦又一次披挂上阵，亲自带着大部队去和匈奴对战。

刘邦出兵的时候正好是冬天，关外的天气尤其寒冷，汉兵没受过这么冷的天，一个个都冻得受不了了。但汉兵非常神勇，一和匈奴打仗，匈奴人就节节败退。

刘邦很得意，看来这个匈奴也就是那么回事嘛。打了几仗之后，刘邦打听到冒顿单于逃到代谷（今山西代县西北）。刘邦进了晋阳，他继续派人打听匈奴的行踪，打探的人回来给他报告，说冒顿领着一帮老弱病残在打仗，要是咱们现在打过去，肯定能打赢。

这消息一分析就能觉出有误来，但刘邦偏偏鬼迷心窍相信了。他手底下一个叫刘敬的人劝他小心，他还把人家关起来，不愿意听真话。结果当刘邦带着一队人马，刚走到平城（今山西大同市东北）的时候，强悍的匈奴兵就好像从地底下冒出来的一样，围住刘邦他们噼里啪啦就是一顿猛打。

刘邦拼了老命才算杀出一条血路，退到平城东面的白登山。冒顿单于派出四十万精兵，把汉高祖围困在白登山。匈奴人太过凶悍，那些救援的汉军没办法上山，只能干瞪眼看着他们的皇帝在山上担惊受怕。

刘邦被围困在白登山之上有好几日了。山上寒气逼人，粮食匮乏。天寒人饥，惨不忍睹，军队之中人心惶惶。这时的刘邦哭爹哭娘都没辙了，这才后悔没有听刘敬和陈平的劝告，非要亲征平城。然而就在他无计可施，准备等死的时候，匈奴的围兵竟然扯开了一角，让汉军如漏网之鱼一般顺利逃亡。汉高祖这次的侥幸逃脱，又是陈平的一大功劳。

◎ 美人图的政治妙用

陈平是阳武人，河南老乡，读书的时候还是个好学生，因为有大志向在心，成天抱着书本不放。

陈胜、吴广起义以后，陈平原想着是去帮魏王的忙，没想到魏王不识抬举，总是对陈平一脸的狐疑，陈平愤愤然地离开了他，又去给项羽当参谋。可这小子命不太好，项羽也不重用他。无奈之下他又去投奔刘邦，刘邦开始也有点怀疑，不过最终还是被陈平的聪明才智给俘虏了。

陈平也不赖，还挑起了主子，不过也正是因为他有一双挑主子的慧眼，才让自己的才华得以发挥得淋漓尽致。不像范增和后来的陈宫，本来都是有文化的人，结果主子不是没大志就是没大脑，只能坐一旁郁闷。

陈平在货比三家之后挑对了主子，对刘邦忠心耿耿，助刘邦"六出奇计"夺取天下，也让自己出了名。这六计之中有一计就是解白登山之围。

那么陈平究竟是用了什么计策才把刘邦救出来的呢？司马迁在写《史记》的时候是这么说的："高帝用陈平奇计，使单于阏氏，围以得开。"大概就是说这小子向阏氏行贿了，用的还是空头美人计。

陈平不知上哪儿弄来一幅美女图，还带了些金银珠宝，派了一个胆大的使臣下山买通番兵，去会单于冒顿新立的阏氏。因为这阏氏是明媒正娶，所以单于就带着她一同来打仗。

阏氏屏退左右之后，跑腿的汉使就跟她说："我家汉王现在是没办法了，听说单于是个听您话的主，所以我带了些珠宝首饰献给您，要是还不行的话……我这儿还有美人可以献给单于，您看……"

画卷展开之后，果然有一绝色美女呼之欲出，阏氏心里嫉妒得牙痒痒，她怎么能容忍这么一美人来跟自己争宠呢？不过表面上还得不失风范，装模作样地想了一会儿，终于收下了珠宝首饰，让使臣带着美人图回去了。

果然，阏氏极力劝说单于放了刘邦："大王就算是夺了汉地，守起来也不是一件容易事。而且人家刘邦上头有神仙保佑，杀了他恐怕不太吉利。咱不是本来和韩王信的部将王黄、赵利约好了夹击汉军吗，可这俩人到现在都没回来，说不定是被刘邦抓住了。"

单于有些心虚，他也害怕自己的军队反而被刘邦和韩王信内外夹击，那自己就惨大发了。于是又做了一回听话的主，把刘邦的军队给放了。

美人图虽然是空头的，可是女人的嫉妒心理却不可小瞧，陈平正是抓住了阏氏心中的小鹿，又加上一些机缘巧合，所以才得以成功。

退兵的时候，陈平让兵将分成前后两部分，弓箭手把刘邦护在中间，张弓搭箭，驱车退入平城。匈奴的军队看见汉军意气风发的，也不敢轻举妄动。这样，汉军就顺利地解了围。

得救的刘邦重重地赏了刘敬和陈平，不过被困了七天，他心里还是有些打鼓，害怕匈奴反悔。这时候刘敬又说服刘邦与匈奴做亲家，把公主嫁给冒顿，而且要立公主为阏氏，将来再生个儿子，那可是咱自家的单于了，还打个什么仗啊！

刘邦觉得刘敬说的有道理，也这么做了，果然，汉朝跟异族结亲家的历史也翻开了。恩格斯在论述中世纪封建主之间的联姻现象时就指出：结婚是一种政治行为，是借一种新的联姻来扩大自己势力的机会，起决定作用的是家族的利益，而绝不是个人的意愿。

结亲家就是如此，每个出塞的女子不过是一颗政治的棋子罢了。从物质上看，这种用女人换来江山安定的做法也是个不错的买卖，不过也打击了一个王朝的自尊与自信，算是一种妥协吧。

实际的情况是什么呢？这种做法只是起到了一时之效，长期下来就助长了匈奴的贪欲，他们时不时地就想骚扰一下边境。要说把匈奴吓得屁滚尿流的还是汉武帝，两次大败匈奴，才使得从此之后"漠南无王庭"。

【家丑不可外扬】

◎ 斩草不留根

虽然刘邦对后代的教育问题很重视，但他在选择哪个儿子接他班的时候，还是多从儿子的娘那里考虑的。

刘邦老年的时候，宠爱了一个戚夫人。戚夫人生了孩子，叫如意，被封为赵王。因为对如意娘的宠爱，刘邦就爱屋及乌，觉得如意是个能治理天下的人才，而原先的太子刘盈，他是怎么看怎么不顺眼，觉得刘盈太软弱了，不够硬气。

刘邦觉得刘盈不是干大事的人，就想改立如意为太子。这下太子刘盈的娘吕后可不乐意了，她怎么能让别人抢了自己儿子的金饭碗？好在其他大臣们对这件事情也是反对的，刘邦也就没有得逞。

戚夫人一直在刘邦耳朵跟前说如意的好话，希望刘邦能够立如意为太子，但是刘邦那会儿已经年老体弱，没有年轻时候的霸气了。他只能安慰戚夫人过好现在的日子得了，以后的日子别想。

刘邦是能不去想以后的日子，他在讨伐英布的时候，胸部中了流箭，后来这伤势越来越厉害，眼看着刘邦就没几年活头了，可是戚夫人还年轻，如果刘邦一死，那她日子肯定会不好过的。

公元前195年，刘邦病逝，刘盈当了皇帝，就是汉惠帝，吕后就成了皇太后。她先是把刘邦病逝的消息封锁了起来，秘密把她的一个心腹大臣审食其（音 yì jī）找去，跟他商量着刘邦之前一起打天下的那帮老臣子肯定不会服气小皇帝，不如乘他们现在还没防备，都杀了算了。

这个审食其还没这个胆量，他又跑去找吕后的哥哥吕释之做帮手，结果两人做事不严谨，这个大事被吕释之的儿子吕禄知道了，之后这个消息又被透露给了郦寄，郦寄又偷偷地告诉了他父亲郦商。

然后郦商赶忙去找审食其，劝审食其别干什么事，万一事情不成功，到时候倒霉的是他自己。这个审食其本来就没什么胆量，现在被一吓唬，更不敢干这事了。于是他又跑回去找吕后，吕后一听大家都觉得这事不靠谱，只好就先下了发丧的命令，这才把刘邦下葬。

既然杀不成大臣，那就杀几个让自己碍眼的人吧。刘邦一死，吕后可算逮着机会了。现在没人给戚夫人撑腰了，吕后就堂而皇之地开始欺负人了。她先把戚夫人罚做奴隶，又派人把赵王如意从封地召回长安，想要害死他。

吕后虽然恶毒，但却有个善良老实的儿子，汉惠帝看到自己娘居然想害弟弟，他忍不了了。亲自把如意接到宫里，连吃饭睡觉都和他在一起，就是让吕后下不来手。但他毕竟嫩了点，一天清晨，汉惠帝起床出外练习射箭，本来想叫如意一起去，但是如意不乐意起床，汉惠帝就自己去了，等他回来，如意已经见阎王去了。

杀了如意，吕后还不满意，她又充分发挥想象力，把戚夫人的手脚统统砍去。挖出她的两眼，逼她吃了哑药，把她扔在猪圈里，做成了人棍。被邀请来参观的汉惠帝看到原来好端端的美人变成了这么个玩意，吓得不轻，大病了一场。

病好之后，汉惠帝彻底对他娘服了，老老实实地把权力都交了出去，一切让吕后自己做主，吕后也很乐意地接受了。

◉ 舅舅娶外甥女

吕后不但要跟汉惠帝抢事业，还要干涉汉惠帝的婚姻自由。本来当了皇帝，看中哪个女人娶回宫来，这不算啥大事。

可是，吕后为了捍卫自己的政治地位，非要让汉惠帝娶一个她看中的姑娘，而吕后也是非常有非主流的眼光，她给汉惠帝相中的妻子，是汉惠帝的外甥女。

古人非常重视伦理道德，这让汉惠帝如何接受得了，但胳膊拧不过大腿，最终还是发生了一桩政治婚姻的惨剧：十岁的外甥女嫁给了舅舅——汉惠帝，成为皇后。

汉惠帝刘盈是刘邦的长子，其亲妹妹鲁元公主嫁给赵王张敖后生有一女张嫣，张嫣本是刘盈的嫡亲外甥女，但在刚满十岁时便被选入宫中做了皇后。

这桩荒唐的婚事由皇太后吕雉一手操办，强加于汉惠帝和张嫣，她美其名曰"亲上加亲"，实际上是便于自己控制大权。

一开始，汉惠帝坚决不同意。吕后说："张嫣是你的外甥女，血统高贵无人能与之相比，而且容貌品德超绝古今。而舅舅娶外甥女不在五伦之列，你没听说晋文公娶文嬴的事情吗？"因为那年张嫣刚十岁，太后害怕人们议论，便让她自称是十二岁，无论"问名"、祭告祖庙诸礼都这样说。

年满二十岁的汉惠帝刘盈娶十岁的张嫣，抛开乱伦不说，年龄的巨大差异也让汉惠帝难以接受。而这个汉惠帝还是短命皇帝，他在皇位上干了三年后，就抑郁而终，十二岁的张嫣开始了悲惨的寡妇生活。据说，直到汉文帝后元元年（公元前163年）春三月去世时，三十六岁的张嫣还是处女。

皇后无子，吕后便让她假装怀孕，然后将一位美人的儿子作为皇后之子，并把美人杀掉。这个儿子后来继位当上了皇帝，他获悉真相后很是不满。吕后又将他废掉，立常山王刘义为帝。

为了争取权力，不惜违背伦理，可见权力对人心的蛊惑有多大。

◉ 还有后来人

汉惠帝虽然是个不敢违背母亲意愿的窝囊皇帝，但他还是有良心的，刚即位的时候，也是一心想要干番大事业的。

在汉惠帝继位的第二年，相国萧何病重，眼瞅着就要闭眼去找刘邦了，汉惠帝去看望他的时候，就问他，他死了以后，谁能接任他的职位。

其实这个问题在刘邦的病床前，吕后也曾问过，当时吕后问刘邦，萧何死了谁能辅佐刘盈管理天下，刘邦说曹参可以。吕后非常有远见，她又问那曹参死了以后呢，刘邦说王陵、陈平他们都可以。

吕后还想问，但是刘邦估计嫌她烦了，就没回答她，现在萧何果然是快要死了，面对下一任相国的继任者是谁，萧何没有作出明确的答复，他反而反问汉惠帝认为谁合适，汉惠帝说觉得曹参不错，萧何也同意。

其实萧何和曹参早年都是沛县的官吏，跟随汉高祖一起起兵。两人关系本来一直挺好，可是萧何一直比曹参的地位高，曹参慢慢就不大愿意和萧何来往了，两人也就疏远了，但萧何知道，曹参是个人才，所以他才愿意挺曹参。

曹参本来也立了不少战功，是个有才能的将军，汉高祖封他长子刘肥做齐王的时候，叫曹参做齐相。那个时候，天下刚刚安定下来，曹参到了齐国，召集齐地的父老和儒生一百多人，问他们应该怎样治理百姓。

大家各自发表意见，说法各有各的不同，曹参也不知道应该听谁的好，他非常有民主精神，又跑去找到一个挺有名望的隐士，叫盖公。曹参把他请了来，向他请教治理的方法。这个盖公是相信黄老学说的，就主张治理天下的人应该清静无为，让老百姓过安定的生活。

这番话让曹参也觉得有道理，他就听了盖公的话，尽可能不去打扰百姓。他做了九年齐相，齐国所属的七十多座城都比较安定。曹参在当地也算是个名声很好的人，萧何死了，汉惠帝立刻宣曹参进长安，接替做相国。

从地方进到中央，曹参也没骄傲，他还是用原来的老办法，只要维持原来现状就行了，也不改变，也不创新。这让好多大臣不满意了，请你来是来干正经事的，你可倒好，一件事不干。

于是就有人向汉惠帝告状了，汉惠帝也很着急，他就找曹参来谈谈心，想问问曹参到底是怎么打算的。

"曹参啊，你上任以来，一件大事也没办，这可不是我叫你来长安的目的啊。"汉惠帝问到。

曹参反问汉惠帝："请问陛下，您跟高祖比，哪一个更英明？"汉惠帝哪敢说自个比自己老子还厉害，只能说比不上高皇帝。

曹参又接着问，"我跟萧相国比较，哪一个能干？"汉惠帝也实话实说，说那还是萧何要能干。

曹参说这不就结了吗，咱俩都比不上人家俩，人家俩已经给咱们制定出了一套规章制度，咱们照着办就行了，还讲什么创新，那不是坏事吗。

汉惠帝一想是这么个道理，就同意了曹参的做法，曹参用他的黄老学说，做了三年相国，倒也真是给了汉朝百姓一个休养生息的安稳时期。因此，当时有人编了歌谣称赞萧何和曹参。历史上把这件事称为"萧规曹随"。

【向巅峰攀爬】

◉ 就是一封信的事儿

刘邦才当了十几年皇帝就被阎王爷叫走了，政权落到了外人手里，吕雉也从中捣乱。公元前180年吕后也死了，诸吕作乱。

这时候丞相陈平、太尉周勃与朱虚侯刘章等一心想着匡扶刘室，可是刘邦的儿子们都被吕后杀得差不多了。只有刘邦的四儿子刘恒在大西北开垦荒地，他的老母薄氏也是个捣鼓黄老之术的人，母子俩无欲无求，因而从死神爷那逃了出来。

陈平等一帮人商量来商量去，终于决定把大西北的刘恒接回来，并且把他扶植到皇帝的宝座上，也就是我们所说的汉文帝。

刚刚坐上座儿的时候，刘恒的日子可不好过，这皇帝当得可够郁闷的，朝廷里外都不消停。老爹在世时的手底下那些老大臣权势大得厉害，边塞还有一群老虎盯着这边，最要命的就数南越王赵佗。

秦朝快灭亡的时候，赵佗不过是个名不见经传的小人物，他被派到南越去当个小官。不过这家伙脑子转得快，趁着秦王朝垂死挣扎之际，他起兵把南海、桂林、象郡吃掉了，并且在公元前206年建了个南越国，称"南越武帝"。

公元前196年，高祖派陆贾出使南越，封了赵佗个南越王。赵佗稀罕吗？他表面称臣，暗地里却是做着一方的霸王。吕后死后，他见汉朝中央没有主心骨，于是自己称自己是皇帝，还准备北攻。

汉文帝起初没留神赵佗这家伙，没想到他在公元前181年居然把安阳国给灭了，南越国的疆域扩大到今越南北部和中部，这下汉文帝可急了，眼看着就要打仗了，可刘恒哪有那么大的兵力去跟他打呢？于是就想起黄老之道了，给赵佗先写上一封信吧。

信送到，赵佗漫不经心地展开文帝的信，他想："恐吓我？我手握大军，正想北上攻你呢！"谁知道一看内容，自己大吃了一惊。

在信中，文帝口气谦和，说已调动了赵佗要求撤换的驻守南越边境的两位将军中的一位，并派兵保护赵佗在北方的家属和同宗兄弟，还派人修葺了赵佗的祖坟。

这显然是话中有话，表面看来是一番温语、诚恳的安抚，其实绵里藏针，让赵佗不敢轻举妄动。

文帝接着陈述利害关系，指出战乱的危害，并希望赵佗听从中央指挥，治理好自己的领地。最后一点至关重要："你看这次给您送信的陆贾，他年纪不小了，在一个闲散的职位上多逍遥，安分享乐，什么时候见过他自寻烦恼呢？"

赵佗看完这句话是一身冷汗，文帝果然不是小喽啰，自己原来是小看他了，他说的一点不错，自己动手未必斗得过他。

考虑了考虑，赵佗也装模作样地用道家的手法回了文帝一封信，语气谦和，诉了一番衷肠之后就表示自己愿意给文帝当大臣，安安分分地活到死。

就这样两封信，一个信使一去一回把这么大的事儿一锤搞定，真是大国外交的典范。文帝的书信，字字谦和，又字字锋利，作为一封完美的外交辞令，可谓是恩威并施。

当然，文帝也不是傻子，在写这封信的同时他也把各方面都安排妥当了，摆好了一个有利的形势，增加了这封信的力量，于是收到预期效果。正所谓"半壁江山一纸书"，为自己的治世化解了危机。

不打仗就消停了，就这样，文景两帝在没有战争的大环境下采取休养生息的政策，国民经济得到了稳妥的发展。尤其是汉文帝，在位23年，"扣除烦苛，与民休息"，

"专务以德化民，是以海内殷富"。

当年刘恒还在大西北做大王的时候就非常关心老百姓的疾苦，是特节约的一个大王。有一次他想修个露台，让工匠先算算需要花多少钱，结果工匠说要好几百黄金，刘恒就说："这么多钱啊，这可是十家中等民户的产业值呢，咱可不能侮辱了先帝的德行，这露台不修了。"

历来的封建皇帝在花钱上都是挥金如土，哪里有刘恒这样的大善人，连百金都舍不得花，真是人民的好大王。

其实这"半壁江山一纸书"是双方力量权衡的必然结果，赵佗他也想借着文帝的信找个台阶下，实际上在南越还是称王称霸，文帝又怎么会不晓得。可人家文帝是有文化的人，分得清轻重缓急，也懒得跟他斤斤计较了。

◉ 还是得以仁服人

一个人有没有出息，看他做的那些事就清楚了。刘恒不但自己将国家打理得井井有条，教育儿子也很成功，他和儿子治理汉朝的那段日子，被称为"文景之治"，汉朝很是繁荣发达。

刘恒、刘启执政，七十多年没有发生什么大事，若不发生灾害，百姓可人人自给，家家自足。粮库中充满了粮食，有的吃不完甚至烂掉了，仓库里堆满了东西，国库里的钱多得数也数不清。

刘邦那时候作为国家首脑，连个"宝马"都坐不上，成天只能在牛车上慢悠悠地晃，而现在全国上下，到处都是"悍马"，不仅如此，大家不仅有马骑，而且骑马还有了讲究，在文帝、景帝那会儿，你要骑个母马，会被人瞧不起。那时候社会风气也比较开放，整个环境比较宽松。

国库中串钱的绳子都已经朽烂，因此根本无法清点铜钱数目。文帝那会儿，国家就富裕成了这样。虽然国家富裕，但文帝一点也不骄傲，他还是兢兢业业地工作，他还很注意法律的调整。

在他刚即位不久，就下过一道诏书，废除了一人犯法、全家连坐（连坐，就是被牵连一同办罪）的法令。

连坐废除了，但还有肉刑，这是一项直接把囹圄人变成残疾人的刑罚，很是残酷。公元前167年，临淄地方有个小姑娘名叫淳于缇萦，她的父亲淳于意，本来是个读书人，因为喜欢医学，经常给人治病，出了名。

后来有一次，有个大商人的妻子生了病，请淳于意医治。结果那位商人的妻子不但没好，反而病死了，商人说是淳于意的错，才让她老婆病死的，就把淳于意给告了。当地官府也没认真调查，就判了淳于意肉刑，要把他押解到长安去受刑。

看到自己老爸即将要变成残疾人，缇萦提出要陪父亲一起上长安去，家里人再三劝阻她也没有用。等到了长安，缇萦就写了一份奏章给汉文帝，也不知道她想了什么办法，反正最后汉文帝是看到了这份奏章。

汉文帝被缇萦感动了，他也觉得肉刑太过残酷了，动不动就把别人的鼻子或者耳朵割了，让这个人一辈子也没办法像正常人一样，太惨了。于是汉文帝就召集了大臣们商量，是不是要把这肉刑给废除。

大家讨论来讨论去，觉得既要惩办一个犯人，又不毁坏他的肉体，那就不如把肉刑改成打板子。

原来判砍去脚的改为打五百板子，原来判割鼻子的改为打三百板子。就这样，汉文帝正式下令废除肉刑。缇萦也就救了自己的父亲。虽然废除肉刑是好事，但打板子代替肉刑也挺残酷的，一下就被打上个三五百板子，真不是一般人能受得了的。许多人在受刑的过程中就被打死了。

后来到了汉景帝那里，打板子的刑罚才又减轻了一些。

⊙ 铁血真汉子

汉文帝在一心发展国内实力的时候，也没有忽视和匈奴那边的关系，他依然采用的是和匈奴贵族继续和亲的方法，用最小的代价来维护着双方的和平，在他的努力下，双方倒是没有发生过大规模的战争。

但是后来，匈奴的单于听信了奸人的挑拨，跟汉朝绝了交。并且在公元前158年，匈奴派出六万兵马，侵犯上郡（治所在今西榆林东南）和云中（治所在今内蒙古托克托东北）。

爱民如子的汉文帝一听自己的百姓被欺负了，赶紧就派三位将军带领三路人马去抵抗，同时又害怕匈奴人一路打到长安来，又另外派了三位将军带兵驻扎在长安附近：将军刘礼驻扎在灞上，将军徐厉驻扎在棘门（今陕西咸阳东北），将军周亚夫驻扎在细柳（今咸阳西南）。

为了安定军心，汉文帝便挑了个好日子，亲自去地方上慰问这些兵士，也想去顺便视察一下，看看这些兵士的精神面貌。他先到了灞上，刘礼和他部下将士一见皇帝驾到，赶紧夹道欢迎，带着汉文帝的车驾进到了军营里，就差给汉文帝开个欢迎晚会了。

然后汉文帝又到了棘门，待遇也是相当高。等他到了细柳的时候，却没感受到受欢迎的气氛，士兵不但不让他进营地，还盘查他的身份，当汉文帝把自己皇帝的符节递出去的时候，那个兵士也没对他客气。

让汉文帝在门口等了半天，周亚夫才打开营门，让汉文帝进去了，但他还提醒汉文帝，进军营里，不能让马车奔驰。汉文帝身边的大臣沉不住气了，他们觉得周亚夫太拿自己当回事了，仗着自己是开国名将周勃的儿子，就这么不把皇帝放在眼里。可是汉文帝很高兴，他吩咐大家放松缰绳，缓缓地前进。

到了中营,周亚夫一身盔甲,他只是对汉文帝作了个揖,说自己盔甲在身,不能下拜,汉文帝觉得这才是自己需要的将军。他离开细柳,在回长安的路上,一直对周亚夫赞不绝口,认为这样的将军才能够击退敌人。

过了一个多月,前锋汉军开到北方,匈奴退了兵。防卫长安的三路军队也撤了。但汉文帝却通过这次视察,认定了周亚夫是个人才,把他提升为中尉(负责京城治安的军事长官)。第二年,汉文帝就得了重病,临终前,他把太子叫到跟前,跟太子说周亚夫是个不可多得的人才,将来万一国家有需要,只要叫周亚夫统率军队,那就错不了。

太子点头记住了,汉文帝含笑九泉,随后太子刘启即位,也就是汉景帝。

在景帝三年,也就是公元前154年,吴、楚等七个诸侯国发动武装叛乱。吴王刘濞无比嚣张,领兵二十万与楚军会合,扬言要将景帝踢下台。景帝见情状不妙,想起老爹的话,就命周亚夫等人带兵平乱。

周亚夫受命后,提出:"楚兵剽轻,难与争锋。愿以梁委之,绝其粮道,乃可制。"他的意思是暂时放弃梁国的部分地区,引诱吴楚军队入梁,与梁争斗。等到吴楚兵疲马困时,再断吴、楚粮草,让他们饿得背朝天,只有乖乖投降。此计果然奏效。吴楚联军与周亚夫周旋了三个月,屡屡受挫,饷道被断,粮尽兵疲、士卒叛逃,不得不撤兵西走。周亚夫则乘胜追击,大破吴楚联军,迫楚王自杀,诱杀吴王。喧嚣一时的吴楚叛乱,终于平定下来。

在这一战中,周亚夫用兵如神,景帝对其更加倚重,官升太尉。不过五年,亚夫又到了丞相的位置上。可惜啊,自古以来"伴君如伴虎",周亚夫把他刚直的劲儿拿到朝堂上来与景帝较真,从来不看情况,最初景帝还能忍。但常在河边走,总有湿鞋的时候,他终于得罪了景帝。

◎ 天命早就被注定

其实,周亚夫的命运就好像是上天注定了似的。

早在周亚夫年轻之时,做河南太守期间,便有著名的观相者许负给他相面,说他三年之后为侯,为侯八年做将相,持国秉,身份高贵,但是却在为相的九年之后,落得被饿死的下场。

许负还指着周亚夫的嘴角说:"您的嘴边有条竖直的纹到嘴角,这是种饿死的面相。"周亚夫闻言不信,毫不在意,犹自过着安然之生活。想不到真如许负所说,过了三年,周亚夫的哥哥周胜之因杀人罪被剥夺了侯爵之位。

文帝念周勃对汉朝建国立下了战功,所以不愿意就此剥夺了周家的爵位,于是下令选择周勃之子中贤能的人,大臣都推举周亚夫,文帝便封周亚夫为条侯,作为绛侯的继承人。

世事万般皆存在一个"缘"字，良缘也好，孽缘也罢，一旦缘起，注定要有缘落。周亚夫此一得势，似乎无法不走上许负所说的命运之路。

被汉景帝器重的周亚夫依然是豪气云天，认理不认人。

当时景帝想要废掉太子栗，周亚夫不赞成，两人争执了半天也没个结果。景帝恼怒周亚夫的不良态度，因此疏远了他。不久，窦太后想让景帝封皇后的哥哥王信为侯，但景帝不愿意，推托说要和大臣商量，便叫来了周亚夫。他立刻搬出了高祖非同姓者不可封王的旧制，如果封王信为侯，就是违背了先祖的誓约，景帝被他一句话顶了回去。虽然他的意思也合自己的心意，但听着就是不爽。

不久，匈奴将军唯许卢等五人归顺汉朝，景帝非常高兴，想封他们为侯，以鼓励其他人也归顺汉朝。但周亚夫又反对道："如果把这些背叛国家的人封侯，那以后我们如何处罚那些不守节的大臣呢？"景帝愤然地骂他："丞相的话迂腐不可用！"周亚夫一生气便称病辞职，景帝竟然毫不犹豫地同意了。

但是过了一段时间，景帝又很想念周亚夫，便把他召进宫中设宴招待，想试探他脾气是不是改了。景帝命人给了他一块没有切的肉，又叫人在他的面前不放筷子。周亚夫不高兴地向管事的要筷子，景帝笑着对他说："莫非这还不能让你满意吗？"周亚夫羞愤不已，脱帽便走。景帝叹息着说："这种人怎么能辅佐少主呢？"

曾子曰："可以托六尺之孤，可以寄百里之命，临大节，而不可夺也，君子人与？君子人也。"可以把年幼的君主托付给他，可以把国家的大事交代给他，面临生死存亡的紧急关头而不动摇，这才是君子。周亚夫是个君子，在生死存亡、紧要关头也能不动摇，然而其身有行伍气息、匹夫之勇，景帝不愿让他辅佐少君，也不是没有道理。

周亚夫愤然回家，若是没有什么意外，也能安生于世。不过，自古以来，凡是有一番作为的人似乎终要因子女的坏事而身败名裂。周亚夫的儿子见父亲年老了，就偷偷买了五百甲盾，准备在他去世发丧时用，但甲盾是国家禁止个人买卖的，有心人便借此机会告周亚夫谋反。

景帝立刻派人追查，调查的人一问周亚夫，周亚夫根本就不知道怎么回事。负责的人以为他在赌气，便向景帝呈上报告书。景帝一气之下，将周亚夫交给最高司法官廷尉审理。

廷尉问周亚夫道："君侯为什么要谋反？"欲加之罪，何患无辞。周亚夫哼声道："我儿子买的都是丧葬品，怎么说是谋反呢？"

廷尉讽刺地说："你就是不在地上谋反，恐怕也要到地下谋反吧！"周亚夫闻言大感屈辱，无法忍受，立刻绝食抗议。五天后，吐血身亡，竟连昭雪的那一天也等不到了。司马迁在《史记》中称赞周亚夫的同时，也忍不住慨叹此人过于耿直，对皇帝不尊重，才为自己招来了祸患。

【主角这才登场】

◎ 赶上了好时候

汉景帝一生致力于工作，将汉朝发展得火热，到了他儿子刘彻，也就是汉武帝这一代，更是将汉朝推上了一个新的高度。

刘彻一上台，便表现出了锐意进取的一面。他号令天下，举荐贤才，建立察举制度。他亲自主持考试，后来因"罢黜百家，独尊儒术"为我们所知的董仲舒，就是武帝亲选的。他赏罚分明，废除酷刑，遏制腐败，减少诸侯权力，处理了七国之乱的遗留问题。他征收商税，打击富贾，通过各种办法增加国家经济实力。他兴修水利，西北屯田，大力发展农业，从而使得内政修明。

汉武帝之所以能有这么大的成就，跟他爹还有他爹的爹，他爹的爹的爹给他打下的坚实基础有很大的关系。基础决定一切，汉武帝就是赶上了好时候。当然，人们主要还是看到了他的成绩，主要歌颂了他的贡献。

荀悦在《汉纪》里对汉武帝评价说："武皇帝恢万世业，内脩文学，外曜武威，延天下之士，济济盈朝，兴事创制，无所不施，先王之风，粲然存矣，然犹好其文，未尽其实，发其始，不克其终，奢侈无限，穷兵极武，百姓空竭，万民罢弊，当此之时，天下骚然，海内无聊，而孝文之业衰矣。"

这一段话把汉武帝简直要夸到外太空去了，倒是司马迁对武帝一生"雄才大略"的评价确实是中肯之语。

这个人人夸奖的武帝，他的出生就与常人不一般。汉武帝的娘王美人"梦日入怀"，于是怀孕，当时还是太子的景帝就说这是贵不可言的征兆。后来汉景帝继位，王美人产子，名曰刘彘，也就是后来的汉武帝。

刘彘一开始并非太子，只是胶东王。汉景帝的姐姐长公主刘嫖，想要地位再显赫一些，就想将女儿阿娇许于当时的太子刘荣。结果遭到其母栗姬羞辱，未遂，于是决定将阿娇许配给刘彘。

当时刘彘年岁尚小，长公主问："小刘彘，你想娶妻吗？"然后又指着一干宫女说："这些人做你的妻好不好？"小刘彘摇头俱拒。最后长公主问及阿娇，刘彘朗声说："若得阿娇为妇，必以金屋储之。"这就是著名的金屋藏娇的故事，长公主心下大喜，遂订成这门亲事。

在刘嫖的努力运作和王美人的配合下，景帝废太子刘荣为临江王，将刘彘定名为刘彻，立为新太子。景帝对其栽培也颇费苦心，先请窦婴循循教育，又请卫绾做刘彻之师。后来景帝年高，于是在刘彻十六岁时为之行冠礼。

汉武帝可以说是时代的健儿。他接到的班，比之刘邦所接，简直要强百倍。司马光在《资治通鉴》中讲汉武帝登基时，故引班固《汉书》中对"文景之治"的赞语，其用意十分明显，意在指刘彻接过了一个"黎民醇厚"、有"周之成康"般的盛世天下。而这恰恰是这一雄主可傲立千秋的基础。基于此等优越的条件，武帝遂施展才华，极显一代君王之盛，在文治武功方面都有所建树。

◎ 不再伺候你

强盛了的汉王朝，还是得受匈奴的气。自从刘邦被匈奴欺负了之后，为了缓和压力，汉朝就一直和匈奴实行"和亲"政策。

打小就长在一个富裕发达的国家里，刘彻没有经过他爷爷那辈的苦，不懂得息事宁人，他不打人就算好了，哪还能让人打他。所以在公元前135年，匈奴的军臣单于又派使者来要求和亲的时候，刘彻就开始动脑筋了。

他和大臣们商量，是不是可以动手敲打一下匈奴，让他们别以为汉朝是软柿子，想起来就捏一下。刘彻的建议得到了大将王恢的支持，他说："过去朝廷同匈奴和亲，匈奴老是不守盟约，侵犯边界，我们应该发兵打击他们一下才好。"

但许多大臣不乐意了，说过几天安生日子吧，老打什么仗啊。汉武帝尊重大臣们的意见，但他其实憋着坏呢。

过了两年，马邑地方有个大商人聂壹来找王恢，说现在匈奴动不动就骚扰边疆地区，跟他们和亲，他们也不遵守约定。对待这样的人，不打是不行了，不如我们打他们一顿解解气。

王恢当然是愿意了，他跟汉武帝商量了一番，汉武帝也同意，于是就让商人聂壹把匈奴人勾引进马邑，然后将他们狠揍一顿。

聂壹因为经常在边界上做买卖，许多匈奴人都认识他，他借做买卖的由头，假装把马邑献给单于。单于贪图马邑的货物，就信了聂壹的话。聂壹发挥了自己的口才，添油加醋地跟单于说，自己有办法混进马邑，杀死那里的官吏，这样可以稳稳当当拿下马邑。

单于虽然很高兴，但单于不是傻子，他非常警惕，自己先不去，而是派了几个人跟聂壹去了，就等着聂壹把官吏杀了，自己再带兵进去。

聂壹按照事先跟王恢商量好的，把几个死刑犯的脑袋挂到城墙上，说是官吏的脑袋。匈奴使者见了人头，信以为真，立刻回去报告军臣单于。单于就带着大队人马打算进到马邑去，可是他一路上越走越不对劲，人太少，少得让他再次起了怀疑。

这次单于亲自逮住了一个汉朝的廷尉，威逼利诱之下，怕死的廷尉才说这是汉朝用的一招诱敌计策。一听有诈，单于带着人就往回狂奔，他想幸亏自己聪明，不然就要被汉朝人给打死了。

听到单于跑了，王恢他们赶紧去追，但哪能赶得上天天跑来跑去的匈奴人。虽然这次诱击战没有成功，但打那以后，汉朝和匈奴的和亲关系破裂，汉武帝身体力行地告诉匈奴人，大爷不乐意伺候你们了。于是，匈奴和汉朝之间接连发生了大规模的战争。

◎ 小小少年好儿郎

汉初有名臣叫曹参，曹参有曾孙叫曹寿。曹寿是平阳侯，他妻子就是汉武帝的姐姐阳信长公主，因为嫁给曹寿，所以阳信长公主又被称为平阳公主。

平阳公主有一姓卫的女仆。她与小吏郑季私通生下了后来战功赫赫的卫青。男未婚女未嫁就有了孩子，要不是当时开放的社会环境，还有曹寿的宽厚，只怕就没卫青这个人了。

卫青的母亲，也真大胆，她原来的丈夫应该是姓卫，她跟他已经生了一男三女，儿子卫长君，大女儿叫卫君孺、二女儿叫卫少儿、三女儿叫卫子夫。后来她丈夫死后，才与小吏郑季私通，生了卫青。按理说应该叫郑青才对，事实上一开始他姓郑，但是卫青小时候去郑季家，郑季这个亲爹对他并不好，不把他当人看，于是后来便断绝了与郑季的关系，从了母姓，改为卫青。相信这样的童年经历对他影响是很深远的，伤害也很大。

悲惨的童年会对人的一生造成影响，卫青长大后的双面性格：在战场上战功赫赫却不飞扬跋扈、恃宠而骄，在武帝面前卑微忍耐、诚惶诚恐，恐怕与他童年的经历是有关系的。

卫青小时候，有一次跟随别人来到甘泉宫，一位因徒看到他的相貌后说："你有富贵命，虽然现在穷，但是日后你一定不得了，会官至封侯。"卫青笑道："我天生是别人的奴隶，只求别人不打我，不骂我就行了，哪里谈得上立功封侯呢？"从这句话里，可见他年轻时候的卑微和可怜。可以说，他与王美人的母亲的做法形成了鲜明的对比。王美人先前曾嫁给金王孙为妻，她的母亲后为之占卜，得知自己女儿王美人将大贵，于是硬将女儿从金王孙手里夺来，送进了太子府。

两相比较就会发现，卫青为人太低调了。也许正是由于他太低调了，上天格外垂青他。因为一件事情，使他的一生有了很大转折。那就是卫媪的三女儿、卫青的姐姐卫子夫被汉武帝选入宫中，卫青也被召到建章宫当差。这是卫青命运的一大转折点。

当时汉武帝的皇后，就是那位"金屋藏娇"中的陈阿娇一直没有为汉武帝生下孩子，最担心皇帝别的嫔妃们怀孕。巧的是卫子夫入宫不久，就有了身孕。于是陈皇后视之为眼中钉，搬出了她的母亲，就是景帝时候的长公主，武帝时候的大长公主来，想除掉卫子夫这个心腹大患。

这个大长公主权力很大，于是想到从卫青入手。她找了个借口，便把卫青抓了起来，准备杀掉。卫青为人低调，人品又好，年轻时与公孙敖交好，公孙敖是很讲义气的一个人，他冒死把卫青救了出来。所以我们不仅要感谢汉朝的开放，曹寿的仁慈，还要感谢公孙敖的仗义，于是才有了后来在战场上英姿勃勃的卫青。

这大概是天意，卫青从此因祸得福。原来，不久后，武帝就知道了这件事情。对陈阿娇有点薄情寡义的武帝，为压一下陈阿娇和大长公主的嚣张气焰，索性一股脑儿把卫家的人都封了官，卫子夫被升为夫人，即内妾，地位只比皇后低一点；卫青被封了侍中，地位已经很显赫了。

当时武帝经过一番休养生息后，已经计划好要攻打匈奴，于是就召大臣商量，结果他发现朝中的大臣，都是怀柔与和亲派，这与他自己想征战的目标不合，于是大胆录用新人。卫青于是就被武帝看中，封为车骑将军。从此他登上了历史舞台，开始了他的戎马生涯。

◎ 不蒸馒头争口气

别看卫青出身不好，但人家一不怨父母，二不怨政府，勤勤恳恳做人，老老实实办事，很是受汉武帝的喜爱。

公元前128年，匈奴为报复上次龙城之耻，率兵南下攻辽西，杀太守，败渔阳守将韩安国。汉武帝再次请李广出山，又把李广任命为将军，派他去守右北平，结果匈奴人学狡猾了，他们避实就虚，从雁门关入塞，攻汉朝北部边郡。

这次轮到卫青正式出马了，他带着三万精兵，跟现在的飞虎队水平差不多，呼啦啦地就奔着匈奴去了。把匈奴打得是屁滚尿流，这次大胜仗之后，卫青的名气就更大了，可是人家照样还是低调，不抢功劳。

到了第二年，也就是公元前127年，上次被打惨了的匈奴又集兵，入侵上谷、渔阳。武帝决定避实击虚，派卫青率大军进攻久为匈奴盘踞的河南地。汉武帝正式向匈奴做出了反攻，别以为我爷爷他们老让着你们，我就也得让着你们，不蒸馒头我也得争口气，这次打不死你们就不行。

这次算是西汉对匈奴的战略大反攻开始。

卫青率领四万大军从云中出发，以"迂回侧击"的战术，从敌军后方切断了驻守河南地白羊王、楼烦王同单于王庭的联系。然后，卫青又率精骑，飞兵南下，进到陇西，来了个暗度陈仓，将白羊王、楼烦王杀了个措手不及。两王无奈仓皇率兵逃走。汉军活捉敌兵数千人，夺取牲畜一百多万头，完全控制了河套地区。

在这次战斗中，卫青十八岁的外甥霍去病也是立下了不少功劳。霍去病十分勇敢，而且会的武艺也很多。这次去打匈奴，一开始卫青一直找不到匈奴的主力，比较郁闷。但是霍去病却找到了，他带着八百个壮士就奔匈奴的兵营去了，霍去病瞅准一个最大的帐篷，猛然冲了进去，把一个匈奴贵族给结果了，还活捉了一个。

霍去病第一次参加战斗，就逮住了匈奴的两个将官，这功劳可真不小。战斗结束，被封为冠军侯。

然后汉武帝在此修筑朔方城，并设置朔方郡、五原郡。让内地的人去那里居住，史书上记载有十万人左右。此一战，卫青又由关内侯升为长平侯，食邑三千八百户。这下卫青更牛气了，自己的外甥也这么厉害，老卫家还真是代代都有人才出。

看到卫青把自己打得这么惨，为此，匈奴人很愤怒，连年来数次进攻大汉朝为非作歹，杀人上千，就是想报复。面对这赤裸裸的报复，公元前125年，武帝又派卫青统领苏建、李沮、公孙贺、李蔡、李息、张次六将军，领兵十万去进行反攻。

卫青正式迎来了他最辉煌的战绩。

【从此过上安宁日子】

◎ 低调也是种美德

别看卫青平时在刘彻面前不吭不哈，像个好欺负的人，但是一上到战场上，卫青就像换了个人似的，猛得厉害。

这次出击，他又将匈奴右贤王打了个措手不及。当时右贤王正在与美姜寻欢作乐，忽然听到帐篷外头怎就喊打喊杀开了，探出脑袋观摩了一阵，才反应过来，汉军打过来了。这才急急忙忙领兵冲杀出去，向北逃走，捡了条命。卫青派汉军轻骑校尉郭成等领兵追赶数百里，没有追上，只俘虏了右贤王的小王十余人，男女一万五千余人，牲畜几百万头。

虽然没有抓到大头，但也是狠狠地灭了灭匈奴人的气焰。这个消息很快传到了长安，汉武帝听到后，乐得嘴巴都合不上了，他派人拜卫青为大将军，加封食邑八千七百户，所有将领归他指挥。

这里需要说一句：俗话说"兵无常帅，将无常师"，汉武帝竟然将兵权全部交给卫青，可见卫青之军功显赫。不过这也为后来的野史提供了戏说机会，说汉武帝是双性恋，他与卫青关系不纯洁，因为宠幸才将军权交授于他。当时武帝格外施恩，将卫青三个还在襁褓之中的儿子也一并封侯。

这野史不可信，但卫青当时的显赫地位真是无人能及，就连打了一辈子仗的李广也比不上他。

卫青年纪不大就享受到了这么高的待遇，这要是换了别人，早该头脑发热，不知道自己姓什么了。但是卫青非常冷静，他对汉武帝说："微臣有幸待罪军中，仰仗陛下的神灵，使得我军获得胜利，这全是将士们拼死奋战的功劳。陛下已加封了我的食邑，我的儿子年纪尚幼，毫无功劳，陛下却分割土地，封他们为侯。这样是不能鼓励将士奋力作战的。他们三人怎敢接受封赏？"于是汉武帝才想起别人来。随后便封赏了公孙敖、韩说、公孙贺、李蔡、李朔、赵不虞、公孙戎奴、李沮、李息等。

公元前123年，匈奴又来边境骚扰。他们出动骑兵数万人，入侵代郡。

汉武帝彻底怒了。于是他又命令卫青去打匈奴，公孙敖、公孙贺、赵信为、苏建、李广、李沮、刘军为卫青指挥，兵分六路从定襄出发，一路所向披靡，摧枯拉朽，打得匈奴节节退败。

卫青彻底成了匈奴人的噩梦，但卫青依然低调，打完仗回来就当什么事也没发生过了，战场上的那一套霸气，人家不带到生活里来，是个严格能将工作和生活分开的人，这样的人最厉害。

⊚ 匈奴克星霍去病

黄沙呼啸着奔腾而过，远处泛着滚滚的狼烟，又要打仗了。

北风呼呼地刮着，一脸稚气的霍去病手指着远处的狼烟跟士兵们发着话，这得有多大的虎胆啊！果然，霍去病刚才那些话还挺振奋人心。这不，将士们一个个都意气风发，准备冲上去杀对方个狗血淋头。

公元前123年，漠南之战都打了一年了，霍去病对武帝刘彻说："就让我去打打看吧！"霍去病出身不太好，和舅舅一样，也是一名私生子。自家原本就是给别人当奴隶的，想必以私生子的好名誉，长大了还能够继续当一名合格的奴隶。

不过霍去病好像天生就有神仙罩着，三四岁的时候因为他姨妈被汉武帝看上，并且成了爱妃，卫家人终于开始转运了。霍去病是大将军卫青和皇后的侄子，十多岁的时候就已经是备受宠爱的贵族子弟了。

这小子不但身材好，人长得也帅呆酷毙了，个性还挺强，汉武帝很是待见他。得知霍去病的志向在于疆场，武帝答应了他的请求，想让他跟着卫青先到战场上混个脸熟，就当实习了。

于是在沙场上，我们就看到了一个年轻帅哥骑着马的英姿。他随时在大将军卫青的帅旗旁，两只眼睛里迸射出锐利的光芒。卫青这回有点倒霉，出师不利，没立什么功就回去了。不过霍去病可不服输，他带着八百骑部下深入到匈奴的腹地，居然与大军拉出了两百多里地。

霍去病这小子还真是不赖，生平第一场仗就是硬仗，带着八百个人居然杀了匈奴两千多人，就连匈奴的丞相等高级别干部都死翘翘了。匈奴单于祖父辈的籍若侯产亦在死亡名单内，让人不可思议。霍去病还在百忙之中顺手抓了名俘虏——单于的叔叔罗姑比，押往长安。

去的时候是八百人，回来的时候还是八百人，不要崇拜霍去病，霍去病只是个传说。这小爷们儿的功绩也太离谱了，从此成了让匈奴听了就魂飞魄散的"飞龙"。

霍去病的传说不止这一个，还有一则。相传他在河西立了大功，武帝特意派人带着美酒到前线去慰问他。可人家霍去病大度啊，对使臣说："嗨，哪里啊，谢谢皇上的恩赐。不过打匈奴可不是我一个人的功劳，没有大家伙儿是绝对成功不了的。"

随后霍去病就决定把皇上赏赐的美酒给大家分了喝，可是酒少人多，怎么办？没想到霍去病也是个浪漫的主，他吩咐手下把两坛美酒倒入了营帐所在的山泉之中，于是整个山谷顿时酒香弥漫，全体将士纷纷畅饮掺酒的山泉，欢声雷动。"酒泉"就是这么来的。

公元前120年的秋天，匈奴又派骑兵上万人突然杀入定襄、右北平地区。汉武帝于是发动了"漠北大战"。

霍去病一路杀到了现在的蒙古肯特山一带，为了庆祝胜利，他还在狼居胥山上积土增山，举行祭天封礼。

匈奴在这一战中彻底蔫儿了，想再跟汉王朝大战简直就跟做梦一样。灭了匈奴之后，汉朝的疆土就马不停蹄地扩大，霍去病也荣幸地登上了中国历代兵家的光荣榜，成了后来人膜拜的对象。

◎ 长线作战

公元前119年，汉武帝决定给匈奴最后一击，想深入漠北攻其不备。你匈奴人不是老趁我不防备的时候打我吗，现在我跟你学习，我也要偷袭你。

他命令大将卫青、霍去病各领兵五万，分别从东西两路挺进漠北。因为这是长距离作战，汉武帝又派专门搞军需的后备军随军进入沙漠，据说这些随军有马匹十四万，步兵数十万人，反正就是要大规模地进军，打不死你拖死你。

话说回来，这么大规模的战争，确实劳民伤财，这一战后来虽然获胜，却也把汉朝经济拖得够呛。但汉武帝当时已经要拼了，什么也顾不上了。

这次打仗还有个小插曲，汉武帝那会儿非常看中霍去病，他想让霍去病建一个大功劳，这样也好对他进行封赏，于是汉武帝就耍了个心眼，他霍去病先去挑选英勇善战之士，卫青只是带着别人剩下的部队去出征的。

本来汉武帝是计算好，想让霍去病演主角，然而有趣的是，情报错误，武帝安排的这场戏，被上天阴差阳错换了主角。卫青碰上了匈奴单于！在煌煌大漠与单于打了一场遭遇战。战争的惨烈也是前所未有的，但是卫青毕竟不是一般人，在人困马乏的情况下，沉着应战，毫不慌张。

先是以守为攻，而后攻守兼备，后来因为天气原因，卫青展示了他出色的军事才能，兵分两路夹击匈奴。单于见汉军士气高昂，犹如神兵天降，于是趁乱率精兵仓皇而逃。当然霍去病也没逊色，反正这两人是给汉武帝挣足了脸面。

看看他俩的战绩表就知道了。

公元前128年，武帝派卫青领兵三万，出雁门关，攻击匈奴，斩首数千。

公元前127年，匈奴攻上谷、渔阳。卫青攻之，击败匈奴楼颂、白单二王，斩首数千，得羊百余万，尽取河南之地，被封长平侯。

公元前 124 年，匈奴又来犯，武帝复派卫青出兵高阙。卫青率十万人马，出塞六七百里，击破匈奴右贤王，俘虏一千五百多人，裨王十余人。

公元前 123 年，武帝又派大将军卫青率兵十万，分两次出定襄击匈奴，杀敌无数。

公元前 121 年，骠骑将军霍去病师万人出陇西，所过之处，夷为平地，同年夏天，南下祁连山，斩匈奴三万，俘王公贵族数百，汉家军终于成了匈奴的噩梦。当年秋天浑邪王杀休屠王，率众四万降汉。

公元前 119 年，汉武帝又发动了一场规模浩大的对匈奴的大决战。霍去病与卫青大漠驰征，匈奴大溃。后霍去病与匈奴左王交战，俘虏屯头王，乘胜杀至狼居胥山，并于此举行祭天仪式。此所谓"封狼居胥"。

卫青和霍去病绝对是战场上的劳模，在他俩的连年打击下，匈奴终于是不敢来汉朝露头了，躲得远远的，汉武帝总算是出了一口气。

结束了常年的征战，汉武帝也意识到，该做点实在事了，他实行富民政策，罢斥方上，禁苛暴，止擅赋，想让老百姓也过几年安稳日子。

不过卫青和霍去病估计是忙惯了，一闲下来就浑身不舒服，反正没过几年，两人就相继去世。

但有了这两人打下的良好外围基础，汉武帝就可以专心地发展内部了。日子久了，汉朝越发巩固了。

【文化外交一起搞】

◎ 思想要统一

公元前 140 年农历十月的一天，皇帝刘彻单独召见了董仲舒董大博士。刘彻自打坐上皇帝的宝座后就想着要干出一番惊天动地的事业，可是这眼跟前还有一箩筐事没解决，尤其是这政治思想上的问题，已经让他头疼疯了。

都说汉承秦制，始皇帝虽然让大家伙儿用上了一样的文字和度量衡，可是没给咱们制定出一套统一的哲学思想体系。后人的思想百花争鸣倒也不是什么坏事，可毕竟对刘彻这样的小年轻皇帝治理国家来说不太容易。

董仲舒读书的时候就是个好学生，努力得紧，景帝的时候就考上了博士，在当时很是吃香。第一次近距离与新上任的年轻小皇帝聊天，小皇帝还让他别紧张，董仲舒感到温馨无比，就放开了嗓子扯了起来。

他说："历代哪个皇帝不想实现普天下大一统？咱儒家就是大一统的思想。皇帝您看，如今这么多学派在江湖上胡扯，一不小心还弄得头破血流的，这样下去百姓怎么能够齐心协力建设我们的国家呢？根本不是个事儿。我倒是觉得，那什么礼、乐、射、御、书、数之中，凡是不是咱儒家的思想，通通把它们罢黜了，省事嘛！再把咱儒家尊为圣，那统一思想还有什么难的？”

董仲舒发了一篇感慨，人家就是会说，句句都说在了年轻小皇帝的心坎上。武帝刚继位的时候，文景两帝经过休养生息已经把国民经济搞上去了，社会算是比较安定。

新上任的武帝就想趁着国力强盛把该办的事给办了，比如内外扩展事业之类的。此外，武帝发现地主们是越来越强大了，为了防止他们不听话，武帝还想在政治和经济上都强调中央集权。这样看来，文景之治时奉行的清静无为之道就执行不下去了，而且这种思想也与汉武帝喜欢显摆的性情相抵触。

董仲舒提倡儒家的大一统文化，正合了武帝的胃口，也与汉王朝当时所面临的形势相适应。于是，儒家思想呼啸而出，一跃成为强势，一不留神就成了我国封建时代的正统思想。还在汉武帝当政之前，以孔子为代表的儒家学说只不过是各学派中的一种，而且也不被官方所看重。儒家学说能在中国文化中混出个老大哥的地位，董仲舒这一次可是功不可没。

◉ 过程很艰辛

董仲舒给年轻小皇帝建议了三条，也就是"天人三策"，其中之一就是"罢黜百家，独尊儒术"。他还积极地把自己的想法付诸行动，修了学校，让儒学老大哥的形象稳固地树立在中国文化中。

"天人三策"的另外两策归纳概括还有：天人感应，君权神授；建立太学，改革人才拔擢制度等；在政治方面强调集中皇权。而第三策"罢黜百家，独尊儒术"则是在思想文化领域强调实行的专制。

不过儒学一开始的时候发展得也不是太顺畅，主要是因为有个窦太后在中间捣乱。这窦老太后信奉黄老无为之术，还尝到了不少甜头，所以就竭力阻止儒学的发展。

最初，武帝任命倾向儒学的魏其侯窦婴为丞相、武安侯田蚡为太尉，二人又各自推荐儒学门生赵绾为御史大夫、王臧为郎中令。赵、王二人是诗学大师申培的弟子，一上任，就建议立明堂以朝诸侯，他们事先得到风声说武帝准备大干一番，儒学的昌运已经来了，放开手脚干吧。二人一合计就是以厚礼请他们的老师一起制定明堂礼制。

可是他们却把窦太后给忘了。按照他们的意思，希望汉武帝不用再跟太皇太后打招呼，以便推行儒术。

谁知这事情不久就传到了窦太后的耳朵里。窦太后大怒，加上太后周围也有一些不太同意行儒术、好黄老无为的人的帮忙，于是很快赵绾、王臧贪污的行为就被人揭发。武帝大怒，但是并未起杀心。

不过在窦太后的强压下，武帝只能将二人下狱，并迫令他们自杀谢罪。因为窦婴、田蚡也心向儒术，所以也都免职反省。赵、王二人的老师申公因年事已高，得以活命，所以又重归故里了。黄老无为在此次博弈中胜出。明堂之事也不了了之。

整个武帝建元时期，儒学还是崭露不出头角，武帝的抱负也有点施展不开。一直等到窦太后一命归天，儒学才迎来了新天地。田蚡复出为丞相，董仲舒也开始积极推广儒学。

随着汉武帝罢黜百家、独尊儒术方针的落实，先秦时百花齐放、盛放似锦的局面彻底结束，文化开始变得单一，在学术和仕进上，儒家被定为一尊，成为我国封建时代的正统思想，延续千年。

虽然这么做不利于学术文化的发展，从某种程度上还扼杀了中华民族的创造力，但是却有利于国家统一昌盛。

◉ 西边溜达溜达

公元前138年，汉武帝把自己的万丈雄心交到了张骞的手上，让他去打探大汉以外的疆土。杜甫写的"闻道寻源使，从此天路回。牵牛去几许？宛马至今来"说的就是张骞。

那时候匈奴还在西北嚣张，西面的几个国家关系乱成一片。

汉武帝脑瓜子好使，他觉得应该给大月氏人帮个小忙，一来逞个人情，救人于危难之中嘛，将来说不定还能帮自己的忙。二来汉武帝的外交方案就是远交近攻，所以毫不犹豫地就决定跟大月氏人结盟。

这要派人去，就得找个送信的。张骞被汉武帝看上了，于是就派他去找从河西逃到阿姆河一带的大月氏人。

张骞不愧是个有胆魄的探险家，带着一百来号随从和忠心耿耿堂邑父就上路了。可是当双脚踏上匈奴的土地后才发现，匈奴的防线那也不是盖的，想要过去哪那么容易。

张骞一不小心就中了埋伏，被匈奴人监禁起来，这一过就是数十年，老婆也娶了，孩子也生了。不过张骞也是个靠谱的人，汉武帝看重的就是他这点，他一直在寻找逃跑的机会。终于，功夫不负有心人，他成功了。

没车没船没飞机，我们两千多年前的伟大探险家张骞就穿了个鞋走着万里路，翻过葱岭到大宛，通过康居至大夏，还途经了如今的乌兹别克斯坦与哈萨克斯坦等国。

张骞一路走还不忘给汉武帝办事，一路宣扬大汉王朝的地有多大，物质有多丰富，让西边的那些个国家的君主都听得目瞪口呆，什么丝绸啦，瓷器啦，听完之后这些小皇帝们就都想着跟大汉做个生意。

张骞的坚持终于是没有白费，他在大夏找到了那群躲避匈奴人的大月氏人。汉朝想着跟大月氏联合起来打匈奴，要是换了以前，大月氏人跟匈奴结下那么深的梁子，听到这个消息还不激动翻了。可是现在不同了，十多年过去了，大月氏人安于现在的安乐生活，哪里还想着回去打仗，这不是吃饱了撑的吗。

张骞苦口婆心地劝说大月氏人，可人家就是不动心，怎么说都不行。张骞逗留了一年多的时间，无功而返。在回去的路上，张骞不巧又被匈奴逮了个正着，一关又是一年多。

不过张骞此行也没有白搭，他凭借军人的敏锐，在进入匈奴人控制的范围之后，就开始留心每一处水源、每一块草地，并详细记录下来，为日后追随大将卫青征战匈奴立下了汗马功劳。

公元前126年，趁着匈奴内乱，张骞在妻子与堂邑父的帮助下乘机脱身回到长安。昔日浩浩荡荡的一百多人，如今只剩下了两个人，他和他的仆人堂邑父。

没完成政治使命，张骞一直很内疚，不过当他向汉武帝报上了自己一路来的研究成果以后，汉武帝不但没有发火，反而高兴坏了。张骞提供的资料可算是给汉朝打开了一张崭新的蓝图。

汉武帝又有了新的想法，那就是派张骞再去西域那边溜一圈儿，这回他老人家慷慨，一派就是三百人的大团。张骞一行人也走得更远了，什么大宛、康居、大月氏、安息、身毒，他通通去过。

张骞两次去西域旅游让他成为中国走向世界的第一人，不但与中亚、南亚、西亚等国家建立了直接的贸易往来关系，而且还沿途写了一些旅行日记，回来后与大家分享，让国内的人不再觉得西边太神秘。

张骞的旅行让汉武帝的梦想变成真的了，汉王朝终于在中亚那边也出了名，开始在西域设置校尉，屯田于渠犁，后来又在西域设置都护。

◎ 没那么幸运

比起张骞来，苏武可就没那么幸运了。虽然自从匈奴被卫青、霍去病打败以后，双方有好几年没打仗。匈奴口头上表示要跟汉朝和好，但是实际上还是随时想进犯中原。汉朝派往匈奴的使者，有时候还是会被扣留下来。可怜的苏武就不幸地被扣留为人质了。

公元前100年，匈奴派使者又来求和了，还把汉朝的使者都放回来。汉武帝为了答复匈奴的善意表示，派中郎将苏武拿着旌节，带着副手张胜和随员常惠，出使匈奴。

不料，就在苏武完成了出使任务，准备返回自己的国家时，发生了一件大事，苏武一行受到牵连，被扣留下来，并被要求背叛汉朝，臣服单于。

原来，有个汉人叫卫律，在出使匈奴后投降了匈奴，后被单于封王。卫律有一个部下叫虞常，对卫律很不满意。恰巧这个人跟苏武的副手张胜又是朋友，于是就暗地跟张胜商量杀卫律，并劫持单于的母亲，想逃回中原。张胜许诺了他，并分一些财物送给了虞常。

结果由于细节问题，虞常的计划没成功，反而被匈奴人所擒。单于大怒，叫卫律审问虞常。于是张胜就把事情原委和苏武说了。苏武知道这事情自己肯定要受牵连，因此想自杀以保全名节，张胜和常惠慌忙拦住。果然不久之后虞常把张胜供出去了。

卫律向单于报告审判结果。单于大怒，想把使节苏武杀死，被大臣劝阻了，于是单于让卫律去威逼利诱苏武投降匈奴。结果苏武不为所动，还跟卫律说："我是汉朝的使者，如果违背了使命，丧失了气节，活下去还有什么脸见人？"说完遂拔剑自刎。卫律感到羞愧，于是赶快叫人抢救，苏武才慢慢苏醒过来。

单于听说了这件事更觉得苏武是个好汉，想说服他投降。在苏武伤好了之后，单于先是派卫律审问虞常，让苏武在旁边听着。卫律先把虞常定了死罪，杀了；接着，又举剑威胁张胜，张胜贪生怕死，就投降了。

苏武对这等贪生怕死之辈感到耻辱。当卫律又举起剑威胁苏武时，苏武不动声色，看都不看他一眼。卫律一看硬的不行，只好来软的，于是劝苏武说："你还是投降了匈奴吧，单于会对你好的，先生若能降我匈奴，定有享受不完的荣华富贵！"

苏武很不屑和这些人为伍，再加上他又是个暴脾气，于是张嘴就骂上了，那话反正说得挺不好听的。单于就把他给关到了地窖里，不给吃不给喝，想让饿肚子的苏武反省反省。可没想到苏武越饿越精神，出来后照样不投降。

这下单于又想了个主意，他把苏武送到北海边去放羊，决定长期以这种方式监禁他，直到他屈服为止。苏武到了北海，周围什么人都没有，唯一和他做伴的是那根代表朝廷的旌节。他在北海"渴饮月窟冰，饥餐天上雪"，日子艰难极了。但是苏武仍不屈服，时间长了，旌节上的穗子全掉了。他的毛发也全白了。

苏武就这样过了好几年的日子，直到单于的弟弟于靬王到北海上打猎。由于欣赏苏武的气节于是供给他衣服、食品，后来又赐给苏武很多吃的穿的，苏武的日子才好过了些。但是好景不长，于靬王死了，苏武又陷入了困境。

一直到汉昭帝即位后，苏武才被接回了汉朝，那个时候苏武已经是老态龙钟了。回国后的苏武被当作是大英雄一样供了起来，一直到他去世。

◎ 身残志坚

司马谈是汉朝的太史令，也就是个文史类的编辑，在朝廷里写写史书，赚点稿费够养家。司马谈有个十岁的儿子叫司马迁，因为受着老爹的影响，司马迁从小也喜欢研究些历史问题，渐渐地也就爱上了老爹这一行当。

十岁的时候司马迁跟随老爹来到了长安，在京都的文化熏陶中有了不少的长进。不过司马迁是个比老爹还要要求进步的孩子，他为了让自己更加有见识，从二十岁的时候就开始到全国各地去旅游采风。

司马迁沿着老祖宗的足迹一路走下来，浙江、湖南、山东……大江南北走了个遍，视野一天比一天开阔，心胸一天比一天豁达，日记本也一天比一天厚重。这些都为他日后写书提供了很好的素材。

老爹抵不过岁月，终究还是离开他去了，司马迁接了老爹的班，继续在朝廷里当文史编辑。汉武帝经常让司马迁去外地出差，还去了一些较为偏远的地区，例如四川、云南等地。路途虽远，可是风光宜人，大家心情也还算舒畅。

历史上，李广鲜有胜仗，就在苏武出使匈奴的第二个年头，汉武帝就让李广带着三万兵马也雄赳赳气昂昂地去了匈奴阵地，结果却一败涂地。大概嫌爷爷丢脸，李广的孙子李陵又带着五千步兵去跟匈奴人讨个说法，可是被单于的三万骑兵围了个水泄不通，叫天天不应叫地地不灵，除了投降无路可走。

汉武帝听说李陵投降之后气得上气不接下气，为了给自己宽心，他叫来满朝文武弹劾一下李陵，而且还把李陵的老婆孩子都关进了监狱。朝上，众人把李陵骂得一文不值，只有司马迁是个"糊涂蛋"，因为说了句公道话结果被汉武帝也打发到牢里去住了几天。

司马迁最看不惯那些人云亦云的人，他对汉武帝说："李陵将军手上只有五千名步兵，相较于单于那三万骑兵简直就是不堪一击。可是李将军却带着手下的人杀进了匈奴的腹地，还杀了几万人，这难道不足以证明他的勇猛吗？至于李将军为什么投降，我想他是想将功补过吧，毕竟死了也没用，还不如等待时机伺机行动。"

李陵的上司李广利是汉武帝最爱的老婆的哥哥，汉武帝觉得司马迁的话是在故意讽刺李广利，于是他怒了："投降的叛徒你都敢为他辩护，我看你也是活腻歪了！"话音还没落，司马迁就被送进了监狱。

因为没钱保释，走过了审判程序以后，司马迁将要受到酷刑。司马迁怎么也想不通汉武帝是怎么想的，差点一头撞到墙上去跟老爹相会，可是又突然想起自己的宏愿还没完成，这才打消了轻生的念头。

坐牢当然很郁闷，不过司马迁懂得给自己宽心。想当年孔子、屈原这些个大名鼎鼎的人也是在相当郁闷的环境下写出了名垂千史的畅销书，为什么自己就不能？这样一想心情也似乎宽慰了许多，终于司马迁写了本《史记》，一举成名。

【开始走下坡路】

◎ 霍光辅政

人老了都会犯点糊涂，汉武帝虽然是个优秀的皇帝，可当年也做过一些个劳民伤财的败事。打匈奴那会儿就花费了不少钱财，后来他自己也生活得越来越放荡，朝廷的亏空也越来越严重。

为了不委屈自己，汉武帝开始想各种各样的方法让自己的日子过得好一点，他还让有钱的财主花钱买官做，这种做法让老百姓愤慨无比，骂街的人到处都是。直到他快咽气的那几年，汉武帝才如梦初醒地搞起了经济建设，国力也恢复了许多。

公元前87年，汉武帝因病医治无效而长辞于世，他的儿子汉昭帝接过了一把手的棒子。不过那时候汉昭帝才是个八岁的小屁孩，什么都不懂，自然由辅政大臣来罩着他。汉武帝临死前看重的这位辅政大臣就是霍光。

霍光做事做得还算体面，帮着汉昭帝把国家治理得有模有样。不过朝廷里钩心斗角，有几个人就是看霍光不顺眼，做梦都想把他做掉。其中就有左将军上官桀。他先是想跟皇家攀个亲戚，要把他六岁的小孙女介绍给汉昭帝，要个皇后当当。可是霍光除了给皇帝辅政以外，还操持着汉昭帝的终身大事，死活不肯接纳这门亲事，这让上官桀很是不爽。

汉昭帝有个姐姐，就是盖长公主。后来上官桀通过这层关系终于还是实现了自己的心愿，孙女成了汉昭帝的皇后。不过这老家伙还是不满足，之后又跟儿子合计着给盖长公主旁边的一个人弄个侯爵做做，也是被霍光挡在了门外。经过这两件事以后，上官桀和盖长公主一看见霍光就想揍他，更是坚定了把他做掉的决心，于是跟燕王刘旦串通谋害霍光。

一天，霍光要举行个阅兵式，调用了一名校尉到他身边。上官桀趁机找人写了一份假奏章送到了汉昭帝手里，说："陛下您不知道，霍光在阅兵的时候可是坐了跟您一个牌子型号的马车，还把一名校尉调进了自己的府里，我看他是居心叵测啊！"

那时候的汉昭帝已经十四岁了，也能明白其中的一些是非，他看完奏章之后没做什么声色。后来霍光来了，他也知道自己被别人诬陷，担心小皇帝不明是非，害怕还是有的。见了汉昭帝以后霍光又是下跪又是磕头的，以示请罪。

不过汉昭帝却说："大将军何罪之有？你在长安阅兵，咱又没有什么先进的通讯设备，燕王在那么遥远的地方怎么能知道呢？即便是神仙托梦给他，可就算是骑着千里马也赶不到这里来给我看奏章啊，显然是有人存心要陷害你。"

汉昭帝的话让霍光大跌眼镜，他心里感慨万千，自己可算是没白培养这孩子。后来汉昭帝要严格审查这件事，上官桀一群人见识到了小皇帝的威猛，害怕了，赶紧说："这么点小事就不劳皇帝费心了。"汉昭帝这才把怀疑的目光投向了上官桀。

之后上官桀又想方设法地灭了霍光几次，可都没有成功，反倒被霍光告了个一马当先，汉昭帝下令将上官桀一帮子通通做掉了。

汉昭帝二十一岁的时候就英年早逝，由于年纪太轻没来得及留下个接班人，霍光只好把汉武帝的孙子昌邑王拉过来安到皇帝的宝座上。可偏偏这小子不争气，搞出点这个年龄不该搞出的破事，霍光一气之下就让皇太后把他给废了，另立汉武帝的曾孙刘询为帝，也就是汉宣帝。

◎ 孙子娶奶奶

汉宣帝是个懂事的孩子，他管理国家的时候，汉朝又强盛了几天，但毕竟是不如从前了，之前被汉武帝收拾得老实的匈奴又开始闹腾了。

匈奴内部因为贵族争夺单于之位，搞得四分五裂，几拨人打来打去，谁也不服谁，其中一个单于名叫呼韩邪，被他的哥哥郅（音 zhì）支单于打败了，死伤了不少人马。呼韩邪就想投靠汉朝，让汉朝做自己的靠山。

于是他派了使者来求亲，希望跟汉朝和亲，呼韩邪是第一个到中原来朝见的单于，汉宣帝像招待贵宾一样招待他，还亲自去郊外迎接他，给他举办盛大的欢迎仪式。好吃好喝地在长安住了一个多月，呼韩邪说出真心话了，他让汉宣帝帮他回去，汉宣帝是个好心人，就答应帮他这个忙了。

汉宣帝派了两个将军带领一万名骑兵护送他到了漠南，还送去三万四千斛（音 hú，古时候十斗为一斛）粮食。呼韩邪也是个知恩图报的人，他回去后就念汉朝的好，教导身边的人跟汉朝的人好好相处。

汉宣帝死了后，他的儿子刘奭（音 shì）即位，就是汉元帝。汉元帝不像他爹那么厉害，整天就知道玩儿。

公元前 33 年，呼韩邪单于再一次到长安，要求同汉朝和亲。汉元帝同意了。但汉元帝这次不想送个公主出去，他就想派个宫女去。

一般宫女虽然也见不着皇帝，但谁也不想去那么远的地方，只有王昭君愿意去。王昭君本来是个美女，但当初入宫的时候，因为不肯行贿画师，画师就用印象派把她画成丑女，害得王昭君当了好多年的老姑娘。这次和亲，她就自告奋勇地报名了。

汉元帝没想到自己派出去的竟然是这么个美女，肠子都悔青了，眼巴巴地看着单于兴高采烈地把美女迎回家，非常生气。他也不能跟单于说换一个，只能把画师杀了出气。

王昭君出塞的时候才二十五岁，而她要嫁的呼韩邪可是奔七十岁的人，当她爷爷都绰绰有余。王昭君嫁过去没几年，呼韩邪就死了，匈奴是收继婚，所以呼韩邪一死，他儿子就要娶王昭君。

这让王昭君很接受不了，她就给汉朝的皇帝写了封信，说自己思念故土，想回去了。再说自己把和亲的任务圆满地完成了，自己嫁的老公病死了，自己也该解放了。

但是汉朝那边给她回话，让她再干一任，不让她回来。没办法，王昭君只好接着嫁给儿子，可是这儿子也很快死了，王昭君又嫁给了孙子。这时候，王昭君又写信回去，说自己想回去，思念故土了。

但是得到的回复依然是留那吧，再干几年。就这么着，王昭君在匈奴待了四十多年，朝廷封她为宁胡阏氏，最后病死在了匈奴。在王昭君出塞的这几十年里，匈奴和汉朝之间的关系非常好，大家互通有无，彼此礼尚往来，边境上难得过了一段安生日子，这和王昭君是分不开的。

◎ 半道杀出个王莽

王昭君离开长安没有多久，汉元帝死去，他的儿子刘骜（音 ào）即位，就是汉成帝。汉成帝在位的时候，他的老娘王政君让还活着的七个兄弟都当上了侯爵，这七个人中最厉害的要数王凤。王凤的亲戚见王凤掌了大权，一个个都想着自己有大人物罩着，因此就堕落成了浪荡公子，吃喝玩乐，什么做不得就做什么。

不过王凤也算祖上积德，后代里出了个比较正经的孩子，那就是他的侄儿王莽。王莽因为从小家庭困难，因此能够吃苦耐劳，是王氏家族里最有出息的孩子。王凤归天以后王莽凭着自己的本事连带王凤的关系当了大司马，开始为自己搜罗人才。

汉成帝是个败家子，他死后也没有个像样的人来接班，后来的汉哀帝和汉平帝也都政绩平平，国家大事皆由王莽把持。因为王莽做事比较高调，大家都觉得这人有点能力，于是就忽悠皇太后王政君给王莽封了个安汉公的名号，外带一些封地。王莽是个虚伪的人，碍于情面只接受了封号。

后来国家遇到了严重的自然灾害，老百姓叫苦连天的。这时候王莽赶紧发动当官的和有钱的出来做公益事业，捐点款什么的。这样一来王莽在百姓中的威望就提高了，那些有权有势的人也不敢小看他。

看来王莽这小子的确有才干，皇太后决定再封他些地，可还是被王莽谢绝了。王莽还暗地里派人到处宣扬自己是多么多么正直，多么多么善良，搞得老百姓和王公贵族们真的觉得他是个地地道道的大好人。

王莽的势力就在他不断的"谦让"中越来越大，把汉平帝吓得直哆嗦。王莽之前不让汉平帝跟自己的老娘一起住，还把娘舅家的人给害死了，汉平帝也因此耿耿于怀，对王莽很是不满。王莽也看出汉平帝的心事，就想着怎么把这皇帝给拉下来。

终于等到了一个好时机。这一天是汉平帝的生日，王莽给亲爱的汉平帝献上了一杯慢性毒酒，汉平帝喝了以后就倒下了，第二天就一命归西。汉平帝平白无故地死了以后，因为没有后代，王莽不知道从哪弄来一个姓刘的小孩叫孺子婴，让他暂时在龙椅上歇着，自己也做起了代理皇帝。

估计是代理皇帝做得不够爽，王莽在众人的敷衍下就直接把孺子婴从龙椅上扯了下来，自己坐了上去，脸不红心不跳，没一点羞愧的表现，跟以往的谦让差了十万八千里。公元 8 年，王莽改国号为新，定都长安，正式坐上了皇帝这把交椅。在历史上亮了两百多年相的西汉王朝彻底瓦解。

当了皇帝的王莽更加肆无忌惮起来，明着是要改革，实际上是打着改革的旗帜到处招摇撞骗，老百姓这才恍然大悟，拿着西红柿鸡蛋就满街扔他，也不管那东西贵不贵。

就在国内矛盾越来越激烈的时候，王莽想到用外患来暂时让内部安稳一些，可这却遭到了周边少数民族同胞的不满。一时间，内忧外患风生水起。

◎ 新领袖诞生

王莽的治国方式让百姓连温饱问题都解决不了。公元 17 年，又巧老天爷也不给饭吃，自然灾害横行，大家为了填饱肚子都跑到山上去挖野菜。为了让自己多活几年，灾荒年间的野菜也成了好东西，你抢我，我抢你。

百姓们因为争抢野菜，中间也难免不起争执，打架斗殴事件时有发生。这时候有两个姓王的人主动出来为大家调解，一个叫王匡，另一个叫王凤。由于调解工作做得还算公平合理，大家都十分喜欢这两个人，就让他们当了野菜小分队的头头。

听说挖野菜也有了组织，一些没入组织的百姓都匆匆地跑过来加入，让自己也有个集体可以依靠。这样一来，王匡和王凤手底下的人在很短的时间里就聚集到了差不多上万。因为大家都聚集在绿林山，所以这支野菜军团也就叫绿林军。

王莽听说这事以后就派了两万多名士兵去解除这个野菜小分队，可是这受过特别训练的两万人居然都是棒槌，被绿林军打了一个落花流水。不仅如此，绿林军还借着这个练兵的机会，顺道占领了一些小县城。按照通常的做法，他们把县城里的监狱大门都打了开来，让里面的人出来晒太阳放风，还把粮仓里的粮食拿出来给大家分了分。这时候的绿林军已经有五万多人了。

不幸的是，翌年绿林军里就有了瘟疫，几乎死了一半的挖野菜队员，这让王匡和王凤郁闷至极。他们只好把剩下的人又分成了三个军团，每路兵团都在一个地方盘踞，以此来增强力量。

正在绿林军声势逐渐浩大的时候，琅玡海曲出了一档子事。一个老大妈的儿子在县城的官府里做公务员，因为没有完成毒打未交税穷人的任务而惨遭杀害，绿林军听说后都激动起来，哭着喊着要为老大妈的儿子报仇。后来他们把当地的县官杀了，还跟着老大妈一起去了黄海，跟岸上的官兵打游击。

老大妈死了以后，她手底下的一帮人刚巧碰到一个叫樊崇的起义军头头，顺势就加入了这支队伍。樊崇的部队有着严明的纪律，都以维护老百姓的利益为前提，因此更加受到爱戴，很快就壮大了起来。

公元 22 年，王莽忍无可忍，让自己手下的两位将军带着大兵就朝樊崇的起义军杀了过去。樊崇早就等着王莽出兵的这天，他让士兵们把眉毛涂成红色，好跟王莽的军队区分开来，也就是赤眉军。大概是因为眉毛被染成了红色，赤眉军这一仗打得也是扬眉吐气，让王莽军队的面子没处搁。很快，赤眉军的人数就过了十万。

南边有挖野菜小分队，东边有眉毛是红色的赤眉军，起义浩浩荡荡地在全国开展起来。后来又两个刘氏兄弟，刘缤和刘秀，他们为王莽之前不让刘氏的人考公务员而愤愤不平，这时候也纷纷带着自己的春陵兵跟绿林军联合起来跟王莽大打出手。再加上一些趁机作乱的有钱人，王莽的天下恐怕也坐不了多久了。

鸡群还得有个鸡头呢，绿林军的几支野菜小分队却没有个头头来统一管理，这怎么说都说不过去，于是大家都觉得是时候要举办一次大选了。

公元 23 年，绿林军推举刘玄为皇帝，并且复用了汉朝国号，改年号"更始"，绿林军也因此改名汉军。王匡、王凤以及刘縯等也都有了自己各自的官位。

⊚ 实在短命的新朝

更始帝刘玄即位后，派王凤、王常、刘秀进攻昆阳（今河南叶县）。他们很快地打下昆阳，接着又打下了临近的郾城（今河南郾城区）和定陵（今河南郾城区西北）。

那边战果硕硕，王莽就坐不住了，自己刚当上皇帝没几天，这就接连失去了几座城池，他立即派大将王寻、王邑率领兵马四十三万，从洛阳出发，直奔昆阳。为了扩大影响力，让敌人先感到害怕，他也不知道在哪找了一个巨人，名叫巨毋霸。

巨毋霸长得个子特别高，身子又像牛那样粗大。他还有一个本领，就是能够驯养一批老虎、豹、犀牛、大象。王莽派他为校尉，让他带了一批猛兽上阵助威。

巨人和猛兽一起上战场打仗，这看起来有点像马戏团的人走错道了，驻守在昆阳的汉军只有八九千人。他们看到这么猛的巨人还带着一堆凶悍的野兽来了，怕对付不了，就主张放弃昆阳，回到根据地去。

但是刘秀不同意了，他对大家说："现在我们兵马和粮草都缺少，全靠大家同心协力打击敌人；如果大家散伙，昆阳一失守，汉军各部也马上被消灭，那就什么都完了。"

大家伙觉得刘秀说得有道理，就聚在一起商量了一番，最后决定由王凤、王常留守昆阳，刘秀带一支人马突围出去，到定陵和郾城去调救兵。王莽这支兵力量太大，光靠现在这点力量怕是打不过了。

于是当天晚上，刘秀就带上十二个猛汉突围出去了。刘秀跑出去之后，王莽军还是继续攻击昆阳，昆阳城虽然不大，但是挺坚固。王莽的军队又是拿大车撞，又是拿铁锹挖地洞，总之是无所不用其极，最后还是没攻进去，反倒把自己累个够呛。

在王莽军这边忙活的时候，刘秀那边已经到了定陵，然后把定陵和郾城的一部分人马调到昆阳去。刘秀亲自带着步兵、骑兵一千多人组织的一支先锋部队，赶到昆阳，他们在离王莽军四五里的地方摆开了阵势。

刘秀他们不等王莽军摆好阵势，就冲了过去，虽然有点不讲规矩，但挺有效果，把王莽军打得招架不住了。后来汉军的援军到了，看到刘秀挽着袖子在战场上打得热闹，那自己也别闲着了，大家就一起冲上去了，汉军越战越勇，一个人抵得上敌人一百个。

汉军越打越起劲，当王莽军被打跑了，一路逃回洛阳的时候，四十三万大军只剩下几千人。昆阳大战消灭了王莽主力的消息，鼓舞了各地人民。他们纷纷起来响应汉军，要打垮王莽，赶他下台。

后来更始帝派大将申屠建、李松率领汉军乘胜进攻长安。王莽看到大队人马打过来了，自己手底下又没有多少人，急中生智地从牢里把犯人都放了出来，组成了一支囚犯队伍，让他们上阵打仗去，这些人本来就是犯事了被抓起来的，现在被放出来了，哪肯去送死，一个个都跑了。

不多久，汉军就攻进了长安城，城里的居民纷纷响应，放火烧掉未央宫的大门。王莽带了少数几个人逃命，但群众的力量是伟大的，他没跑多远就被汉军追上了，结果了他的性命，王莽上台不过十五年，新政就土崩瓦解了。

【东汉来了】

◎ 江山谁来坐

自从干掉了王莽之后，刘缤和刘秀的名气更大了，功高盖主，这是历史圈的主流规律了，这个时候，就有人劝更始帝把刘缤除掉。更始帝借口刘缤违抗命令，把刘缤杀了。刘秀一看自己哥哥被杀了，就知道自己也离死期不远了。刘秀是个精明的人，他知道自己现在还打不过更始帝，就立刻赶到宛城（今河南南阳市），向更始帝赔不是。

有人问起他昆阳大战的情形，他也一点不居功，说全是将士们的功劳。而且刘秀还表现得很没心没肺，他不但不给自己的哥哥戴孝，还一点也不伤心，仿佛死的那个不是他哥哥而是他仇人似的。

更始帝以为刘秀不记他的仇，反倒有点过意不去，拜刘秀为破房大将军，但是毕竟不敢重用。后来，长安攻下来了，王莽也给杀了。更始帝到了洛阳，才给刘秀少数兵马，让他到河北去招抚河北郡县。

更始帝对刘秀放松了警惕，但刘秀可没忘记自己的哥哥是怎么死的。那阵子，更始帝也没什么能耐，管不住手底下的人，很多豪强有了武器之后就自立为王，还有人也开始称帝，刘秀被更始帝派到河北，也给了刘秀一个机会。

他废除王莽时期的一些苛刻法令，释放一些囚犯，一面消灭了一些割据势力，一面镇压河北各路农民起义军。整个河北差不多全给刘秀占领了。然后在公元25年，刘秀就在鄗（今河北柏乡县北，鄗音 hào）自立为皇帝，这就是汉光武帝。

更始帝先建都洛阳，后来又迁到长安。他到了长安以后，认为自己的江山已经坐定，就开始搞起了腐败。这让他手下许多人不满了，自己拼命打下的江山，就被这么个玩意腐败着，太伤人心了。

赤眉军的首领樊崇越看更始帝越不顺眼，他就率领了二十万人攻进了长安，要去把更始帝赶出来。更始帝除了腐败没别的本事，自然是被打得抵抗不住，绿林军中有些将领劝更始帝离开长安，反而遭到更始帝的猜疑、杀害；还有一些起义将领投奔了赤眉军。更始帝内部一乱，赤眉军就顺利地打进了函谷关。

既然更始帝不能当皇帝，那总得找个人来坐江山，赤眉军的将领们思想还是比较顽固的，他们坚持要让姓刘的贵族来统治大汉天下，当时在限定的人头里点来点去，选中了一个十五岁的放牛娃，叫刘盆子，据说他跟西汉皇族的血统最近，就硬把刘盆子立为皇帝。

立了皇帝，赤眉军就打得更起劲了，更始帝最终敌不过，投降了。赤眉军占领了长安后也没过上安生日子，主要是军队人口太多，把城里的粮食吃完了，城里闹起了饥荒，赤眉军又流落出长安去找吃的。

这一团糟的局面给刘秀提供了可乘之机，他乘着赤眉军进长安的时候，占领了洛阳。然后乘赤眉军离开长安往东走的时候，带领了二十万大军给赤眉军打了个埋伏战，将赤眉军全部都收服了。

◎ 比比谁的脖子硬

绿林军和赤眉军均被汉光武帝给镇压了下去，随后他又把几个割据政权灭掉，终于完成了统一中国的大业，定都洛阳。史称东汉。

这时候老百姓早都被连年的战乱搅和得疲惫不堪，光武帝也懂得百姓的心，于是就开始大力恢复经济，一门心思地搞起了建设。渐渐地，在光武帝和全国人民的努力之下，东汉的经济开始复苏，国家渐入佳境。

要建设国家，当然不能靠战乱时期的那些打打杀杀的策略，而是要用文化治国，用法律治国，让百姓们心甘情愿地服帖。这个时候，公平与公正的执法就是最重要的，光武帝也深知这一点。

可是对平头老百姓公正执法是容易，如果同样的事情换到了有头有脸的人，特别是皇孙贵族的头上，那可就难办多了。光武帝也犯了难，因为他的老大姐湖阳公主就专门在这件事上挑刺。

有一次，湖阳公主的一个仆人做了违法的事，负责追查的是洛阳的县令董宣。董宣是人民的好公仆，他才不管你是哪家的阎王老爷，谁犯了法谁就应该承担相应的责任。可是湖阳公主愣是不让董宣的手下进府里搜查，这让董宣郁闷坏了。

为了把湖阳公主的仆人抓出来，董宣天天派人在暗地里守着，终于有一天那仆人跟着湖阳公主出门，被董宣的人抓了个正着。董宣知道以后就马不停蹄地赶到了现场，死活要湖阳公主把人交出来。湖阳公主怒了，她呵斥了董宣一番，不过董宣也不怕她，直接叫人把那仆人给就地处决了。

湖阳公主被气得脸都绿了，直接就去找光武帝讨个说法。光武帝被湖阳公主这么一忽悠也怒了，立马让人把董宣给抓来问罪。董宣见到光武帝以后就让他先消消气，然后自己嘟囔说："还请陛下先听臣讲几句话，完了再杀我也不迟。臣以为陛下是个能给百姓办点实事的皇帝，也是个要有所作为的皇帝。要治理好国家当然要靠法律，为什么湖阳公主家的仆人就要免遭法律的制裁呢？这让老百姓知道了会怎么想？"

说完了董宣就一头朝旁边的柱子撞了过去，幸亏光武帝及时叫人把他拉了回来。光武帝明白了董宣的良苦用心，觉得这是个好孩子，就让他给公主赔个不是了事。谁想董宣还是个倔骨头，死活不说对不起，士兵怎么也压不下他那颗头颅。还好置办他的那个侍卫机灵，吆喝着说："董宣脖子太硬啊陛下，小的弄不下！"

光武帝一听就乐了，也不想继续追究下去。可是一旁的湖阳公主不饶人："切，以前当平头小百姓的时候还帮着逃罪的人，这时候当了皇帝反倒怕了县令，笑话！"汉光武帝紧接着又跟老大姐解释说："当了皇帝可不就不能那么干了嘛！"

后来光武帝重赏了董宣，以表示对法律的尊重。董宣也是个大方人，回去之后就把这些赏钱给底下的兄弟们分了分，之后继续做着他的清官。

除了董宣是人民的好公仆以外，洛阳的一个看城门的小人物也让汉光武帝的心灵小小地净化了一下。这个人叫郅恽，一次，汉光武帝打猎打疯了，很晚的时候才回到城门口。他叫手下的人去叫门，可是郅恽却说不到开门的时候，不管是谁都不给开。光武帝郁闷了，只好带着手下的人从另一个门进去了。

大概是昨晚上太困没顾上惩治郅恽那家伙，第二天光武帝就叫人去查办他。正当那人要去找郅恽算账的时候，有人却把郅恽的奏章呈了上来："皇帝三更半夜地才玩完了，留着国家大事由谁办理？"

汉光武帝心想这看大门的居然还有这样的境界，不但不再追究，而且一激动还赏了郅恽一百匹布让他做衣服去。

☺ 神神叨叨的

汉光武帝六十三岁的时候病死了，他的儿子刘庄从此当上了皇帝，即汉明帝。

汉明帝有点神神叨叨的，有事没事就做个梦。有一次他跟大臣们聊天，说自己昨晚又做了个怪梦，梦见一个小金人在大殿里飞，一不留神就往西边去了。

大臣们大眼瞪小眼地都不知道这金人意味着什么，这时候一个叫傅毅的人说："我想陛下梦中所见的小金人正是天竺的佛陀。"

傅毅叽叽咕咕地给汉明帝讲了一大堆佛教的事，汉明帝一时来了兴趣，就派了蔡愔和秦景去西天取经。

两个人终于到了天竺，说明来意之后就带了两个沙门回到了祖国。一路上还用小白马驮着一些佛像和佛经。

汉明帝其实对佛教一窍不通，不过他对两位远道而来的客人却十分敬重，还派人照着天竺的样子建了一座寺庙，让随行的白马也住了进去，那寺也因此被称为白马寺。

汉明帝打心眼儿里是对中国的儒家文化有兴趣的，还兴致勃勃地到太学去讲课。皇帝亲自上课那还有不去旁听的道理吗？那一次前去看热闹的人居然高达十万。

因为汉明帝对佛教不感冒，因此底下的人也没人信佛，白马寺常年都显得冷冷清清的。不过倒是有一个热衷于佛教的人士，就是楚王刘英。他还派人到洛阳跟从天竺来的两位沙门请教佛经的事，两位沙门见终于有个感兴趣的人来了，就赶紧画了幅佛像让人给刘英带了回去。刘英看到佛像之后就把他供了起来，每天都要礼拜，早晚各一次，看上去很是虔诚。

其实刘英那脑袋瓜里转的可不只是佛教，他还野心勃勃地想要谋反。

公元70年，刘英的小心思不知道被哪位高人看透了，就跟汉明帝告状。汉明帝心里一惊，立马派人前去察访，果然发现刘英这小子没怀好意，直接给他撤了职。后来汉明帝把刘英打发到了丹阳，刘英十分郁闷，没过多久就自尽了。

汉明帝不甘心，把之前跟刘英有来往的人都抓了起来，挨个儿地治了罪，不少人都因此丢了小命。还是后来一个大臣提醒汉明帝，他才把那些个受到冤枉的无辜人民给放了。

⊙ 不爱拿笔爱拿刀

明帝的时候，班超负责经营西域，他打理得挺好，西域和内地的交流又多了起来。说起班超，那就不得不提一下他这一大家子了，班超一家人都很牛，班超的哥哥班固是个史学家，《汉书》就是他写的。班超的妹妹班昭是皇帝嫔妃的老师，后来写女四书，就是《女诫》。班超的爸爸班彪也是个史学家。

这一大家都是给皇帝家写史的，班超一开始也是在宫里抄抄写写，后来他觉得写文章太不能体现他的男子气概了，于是他毅然决然地把笔一扔，带着三十六个人就通西域那边去了。

第一站到的是鄯善国，国王对他特别好，大汉来使，这是国家的头等大事，要好好对待，绝对隆重。

但是，过了几天，班超发现鄯善王对待他们忽然冷淡起来。他起了疑心，跟随从的人员说："你们看得出来吗？鄯善王对待咱们跟前几天不一样，我猜想一定是匈奴的使者到了这儿。"

班超的猜测很快得到了证实，他逮住招待自己的仆人，连吓唬带诱惑的，让这个人说了实话，果然是匈奴来人了，而且还来了三百多人，就在离这儿不远的地方。班超想，好啊，我不找你们，你们还自己送上门来了。

赶得早不如赶得巧，班超把那个仆人捆绑起来，不让他走漏消息，自己就带着那三十六个兄弟乘着夜黑风高，摸去了匈奴驻扎的地方。因为是偷袭，匈奴人完全没防备，被班超一伙人打得晕头转向，班超用三十六个人就干掉了匈奴三百多人，这成绩，绝对值得骄傲。

鄯善王吓坏了，赶紧地跟班超说好话，让班超千万别对自己下手，还说把自己的军队给班超用。班超就这么着，用西域各国的军队巩固在西域的统治，用鄯善的军队一国一国打下去，把各国都打服了。

班超这么厉害，西域各国的人都很崇拜他，舍不得他走。但班超是汉朝人，他希望自己回到汉朝去。汉朝皇帝也批准他回汉朝了，可是班超一动身，西域的各国人民就极力挽留，眼看着挽留不住，于阗国军队总司令就在他面前拔刀自杀了，反正就是不让你走，你走了，我们就都死你跟前。

班超一看出人命了，再执意要走怪不合适的，就留下来了。他这一待就待了三十多年，一直留在西域搞外交，为汉朝的边疆安全作贡献。但是班超还是想着老了老了还是应该回到故土上去，于是他在晚年的时候，终于回到了家乡。

班超走了以后，他的儿子班勇接着在西域干，他们爷俩守护西域一共五十多年，为西域的文明和平发展作出了很大的贡献。那会儿汉朝发展得也不错，后来汉明帝去世，他的儿子刘炟（音 dá）即位，这就是汉章帝。

汉章帝在位的时期，东汉的政治比较稳定。到汉章帝一死，继承皇位的汉和帝才十岁，小孩子不懂事，这就得仗着自己的娘来辅助了，于是窦太后上场，但一个妇道人家有时候也没什么主意，于是窦太后的哥哥上场，外戚开始干政，东汉王朝也开始走下坡路了。

【三条腿的凳子最稳定】

◎ 一不留神出国界了

一只蝴蝶在巴西呼扇着翅膀，居然扇起了美国得克萨斯州的龙卷风暴，据说这是洛伦兹这位气象学家在 1963 年提出的一个理论，就是所谓的蝴蝶效应。

也不知道洛伦兹知不知道，汉朝时咱这东边死了个有钱人，结果他的死让西边的一个皇帝也一命归天了，这究竟是怎么一回事呢？

公元 88 年，也就是东汉章和二年，汉章帝死了。后来十岁的小太子刘肇继承了父业，继续替他爸当皇帝。不过他这小皇帝当得可不太顺心，为什么呢？因为他老妈还活着，那就是窦太后。老太后说儿子太小，不如就让我垂帘听政吧。

这下可好了，小皇帝年幼，太后又那么强大，政局这活儿也就被太后的几个兄弟揽下了。揽活儿你就好好揽，别出乱子就好，可偏偏不想什么，什么就往身上蹦跶。

这不，洛阳出事了，章帝的大丧还没办完，刘畅也前来送老皇帝最后一程，这刘畅刚刚讨了太后的喜欢，是皇室疏宗都乡侯。不料丧还没吊完，人就被暗杀了。谁杀的？还不是太后那倒霉哥哥窦宪，他害怕刘畅得到太后的宠信，会抢了自己的权力。

窦宪杀了刘畅，理应按照法理处置，可是窦太后怎么肯呢？毕竟这是人家的亲哥哥，下不了手，何况窦氏家族也不能出个什么差错。于是窦太后开始想方设法保住自己的老哥，正当朝廷内议论纷纷的时候，事情突然有了转机。

这时候已经向汉朝称臣的南匈奴使者前来朝见，请求朝廷出兵讨伐北匈奴。窦宪及时抓住了这个机会，上书请求带兵征讨北匈奴以将功赎罪。这事对大汉王朝来说没什么太大的好处，只会让南匈奴坐大。

不过这么棘手的关头窦老太后也顾不了那么多了，先救了老哥是大。于是她老人家排除了万难让窦宪出兵征讨。要说这窦宪也争气，永元三年（公元91年），汉军在阿尔泰山脚下彻底击溃了北匈奴，单于率数万部众从西边逃去了，跑出大汉的视野。

谁知道匈奴这一迁徙却迁出了历史的大变革，欧洲因北匈奴的西迁产生了一连串的连锁反应，将西方世界搅得天翻地覆，最终导致了罗马帝国的土崩瓦解。

事情是这样的。公元337年，君士坦丁大帝驾崩，数子争位，罗马帝国陷入新一轮的分裂与混战。历经权位更迭，几番争战、分裂、统一之后，君士坦丁一系的皇室终结，军权在握的军官登上了罗马的王座，将领瓦伦提尼安坐镇罗马，其弟瓦伦斯成为"共治者"。兄弟同心，其利断金，罗马开始了与宿敌波斯的争战，对于东北方渐渐逼来的匈奴威胁却浑然不知。

西方那边的人哪知道匈奴人要来了呢，来得神不知鬼不觉的。匈奴这民族可了不得，骑马长大的，个个马术娴熟，箭法精准，跟九百年后的蒙古骑兵差不多，没有哪支欧洲军队能跟它打。

匈奴这帮人大败了阿兰人，又侵入了日耳曼哥特人的领地。想当年哥特人也是相当骄傲的，因为他们让罗马帝国活得不太舒畅，不过这下他可知道了，天外有天，人外有人，哥特人外还有匈奴。

匈奴打过来之后，哥特人不得不向罗马守军求救，请求罗马老大哥不计前嫌，帮助一下兄弟，兄弟将不忘老大哥的恩情，来年做牛做马都要好好报答。此时瓦伦斯正头疼与波斯的苦战，为了增加一些兵力，他就答应了哥特人的苦苦哀求。可是没想到，哥特人的涌入却给罗马帝国带来了无穷的后患。

既然现在不用为跟匈奴打仗发愁了，那么哥特人也就没事做了，但没事也要找点事，于是就来关心一下温饱问题吧。

罗马老大哥虽然让哥特兄弟进来自己的领地安息，可是人家也没义务继续抚养你这兄弟，这就导致许多哥特兄弟死的死，残的残。兄弟不堪忍受这样的虐待，忘恩负义也就难免了。终于，哥特人又要叛变了。

罗马老大哥是有文化的老大哥，哥特兄弟因为受到影响也有了些进步，可是匈奴一来又激发了他们野蛮的本性。这回哥特兄弟也不拿罗马当老大哥了，当然，他也不再把匈奴当仇敌。

罗马是个富有的国家，这块肉谁都想啃上一啃，无论是匈奴人、哥特人、阿兰人，还是色雷斯人，就连莱茵河上的日耳曼人也想分一碗肉粥尝尝咸淡。瓦伦斯还在跟波斯打仗，什么都顾不上了，瓦伦提尼安的侄子，也就是西部皇帝格拉提安这时候也北上迎战，一时天下大乱，罗马帝国也吹来了变动的小微风。

格拉提安又把哥特人赶回了多瑙河畔，哥特人怎么能服气呢，他们跟匈奴联手一起开始叛乱，一发不可收拾。罗马大军笨得厉害，只知道正面决战，也不想想人家游牧民族哪还跟你玩这套。结果罗马军退守城池，哥特人也攻打不下。西部皇帝格拉提安转战莱茵河上，大败日耳曼人，歼敌四万人以上。

瓦伦斯听到侄子的功绩之后十分嫉妒，于是他做了个决定，那就是上前线去逞逞能。瓦伦斯亲率一支六万人的大军向亚德里亚堡挺进平叛。罗马文明与游牧文明的战争波澜起伏，罗马帝国时而被动，时而主动，谈判与进攻摇摆，战斗之中，罗马布阵失误，军阵形大乱，再也无法控制。

亚德里亚堡战役的结果是，瓦伦斯一命归西了，为了自己的面子出来亲征，结果却被上帝老爷爷叫走了。这时候战斗已经变成了可怕的大屠杀，千千万万的罗马人不分身份贵贱，落入死神的手中，而罗马从共和国到帝国的千秋霸业也将在此大轮回后走向衰败。

哥特人也就在亚德里亚堡胜利了一次，罗马城市跟钢筋一样坚固，他们也没有办法攻破。所以，当格拉提安任命狄奥多西为东部皇帝主持战局时，哥特人又没出息地再度求和。不过这回罗马也没心思再打仗了，妥协拉倒。

哥特人又认回了罗马老大哥，老大哥也不计前嫌把色雷斯腾出来给兄弟居住。百足之虫，死而不僵。罗马帝国凭借其虚华的外表维持着表面的统治。

公元 395 年，狄奥多西大帝一死，哥特兄弟故伎重演，又叛变了。这回罗马老大哥真的支撑不住了，一败涂地，罗马城化成灰飞走了，只留下了一点历史的小尘埃。

◉ 外戚、宦官、皇帝

外围环境是这么个事儿，内部环境也不容乐观。东汉从汉和帝开始，当皇帝的基本就是一些小孩子了。有些只生下来一百多天，也被套上龙袍放到龙椅上坐着去了，这样的孩子除了会哭会吃奶，连话都不会说，还怎么管理国家？

于是太后就要出马了，太后又把政权交给她的娘家人，这样就形成了一个外戚专权的局面。有的皇帝太年轻就死了，也没留下个儿子，太后、外戚就得赶紧从皇族里找一个小孩子来接替皇位，这样他们才能继续掌控权势。

可是小孩子小的时候不懂事，等孩子长大了，就也想自己掌权了。不然每天干坐在龙椅上，还得听别人的，那这个皇帝当得也太憋屈了。于是当皇帝开始长大，想要摆脱外戚的控制时，就开始要寻求帮助了。

你当外戚傻啊，他的帮手多着呢，大多是潜伏在朝堂上的大臣将军，外戚和这些人都是一伙的，皇上要寻求帮助，就只能寻求身边的太监帮忙了。太监天天伺候皇帝，朝夕相处也算是有了感情，于是皇帝就需要借助太监的力量去扑灭外戚的力量，当太监帮助皇帝夺回权力的时候，这权力往往还不是在皇帝手里，而是在太监手里。

所以，这无论是外戚也好，太监也好，都是豪强地主最腐朽势力的代表。外戚和太监两大政权互相把权力夺来夺去，轮流把持着朝政，东汉的政治就越来越腐败了。公元125年，东汉的第七个皇帝汉顺帝继位了。

外戚梁家掌了权。梁皇后的父亲梁商、兄弟梁冀先后做了大将军。这个叫梁冀的非常蛮横，是个骄傲自大的家伙，他什么坏事都干，而且从来不和皇帝商量，全然不把皇帝放在眼里。汉顺帝就这么窝窝囊囊地当了几天皇帝，病死了，接替他的冲帝是个两岁的娃娃，过了半年也死了。梁冀就在皇族中找了一个八岁的孩子接替，就是汉质帝。

汉质帝虽然年纪小，但比起前两任皇帝来，那还真算是不错了，他也看不惯梁冀的胡作非为，有几次，他当着文武百官的面就训斥梁冀，说他不懂规矩等等，把梁冀气得要命，也不好意思当场发作。

梁冀就命人毒死了汉质帝，然后他又从皇族里挑了一个十五岁的刘志接替皇帝，就是汉桓帝。梁冀这个时候更加无法无天了，汉桓帝一开始也不敢管他，梁冀就到处占便宜，贪小利。今天把别人家的女儿霸占了，明天把人家的房子抢了。直到有一天，他跟汉桓帝也闹起矛盾来。梁冀派人暗杀桓帝宠爱的梁贵人的母亲。汉桓帝终于忍受不了了。

汉桓帝派身边的人联系了五个跟梁冀有仇的宦官，让他们调动了一千多羽林军，把梁冀的住宅给包围住，梁冀一看自己被围住了，想着也逃不出去了，就吃毒药自杀了。梁冀一死，外戚也就跟着倒霉了，他们的政权被太监给夺了，梁冀的家产也被汉桓帝没收了，一共有三十多亿，这笔钱相当于当时全国一年租税的一半。

后来汉桓帝论功行赏，把单超等五个宦官都封为侯，称作"五侯"。从那个时候起，权力又从外戚手中，转到了宦官手里。

宦官是后宫的一个大群体，这群看似男人，其实并不是男人的物种，有着和常人异样的心理。他们掌握政权，总是会做出许多异于常人的事情来。

所以，汉朝末期的那个时候，宦官专权，扰乱朝政，导致民不聊生，大家过得都很不如意。

◎ 文臣 PK 太监

文人们因为书读得多，所以精神上也就比普通百姓丰富得多。不过精神丰富虽有好处，但是也难免有些矛盾，出世和入世就是一直让文人头疼的事。

他们肯定常常梦见类似于陶渊明在世外桃源扛着锄头、赏着菊花的逍遥，不过梦终归是梦，梦醒时分还是想掺和一些实事，以表示自己对国家和人民的忠诚。入世的文人们自觉地承担起了一种兼济天下的责任。东汉末年的党锢之祸就是文人们忧国忧民之心的大爆发。

情况是这样的，那时候太监和外戚把持着选拔官员的大权，他们颠倒是非，混淆黑白，堵塞了士人做官的门路。民间就有这么个说法：当选才学优秀的却没有文化，当选品德高尚的竟不供养父母，当选清贫纯洁的反比污泥秽浊，当选勇猛有帅才的竟胆小如鼠。

太监和外戚的作孽让朝廷岌岌可危，眼看东汉王朝就要倒了，有识之士担心得不得了，吃不下饭睡不着觉，士人阶层逐渐形成"清议"之风，这里面就有个明星叫李膺。

东汉的清议之风就是对时事政治和明星们评头论足，当然，这对评论者的修养也有很高的要求，起码是从儒家学校毕业的才行。李膺的家庭背景也不错，大概就是企业家当官的家庭，俗称官僚地主。因为清议之风的影响，李膺也顺利地成长为一个文艺男青年，个性孤傲，为人清高，又因为学习还不错，所以能写也能打。

156年，鲜卑侵扰云中，桓帝任李膺为度辽将军，让他去边境打仗。李膺一到边境，鲜卑人就投降了。李膺这回又大大地风光了一把，别人去他家串门还说成是"登龙门"。

要是谁有幸被李膺接待了，那他以后的身价可就翻十倍以上了。听说荀淑的第六个儿子荀爽，因为老爹的裙带关系经常能够见到李膺，而且还能给李膺赶马车，回到家里他逢人就说："今天我又给李大明星赶马车了！"

文艺男们志气高傲，怎么能容忍太监们在朝廷中为非作歹呢？可是文艺男也不得不承认当下的事实，太监们的确在朝廷中操纵着大权。所以那些从太学府毕业的文艺男青年们只是动动嘴罢了，也就发挥个舆论监督作用。

文艺男青年们不时地跟太监打着口水仗，可是太监们没文化啊，再加上人家手里有权，才懒得和小孩儿们骂来骂去，直接来真格儿的算了。这不，他们用自己手中的权力打击当官的和还在读书的文艺男青年，说什么结党营私。

太监还把皇帝给收买了，两次向党人发动大规模的残害运动，让大部分党人禁锢终身，也就是一辈子都不许当官，就是我们所说的"党锢之祸"。

这场灾祸的燃点是一个名为张成的江湖术士推算近期将要天下大赦，指使儿子故意杀人。司隶李膺不顾大赦之令依然将他正法，没想到张成广交宦官，甚至与汉桓帝也有交情，于是宦官教唆张成的弟子上书诬告李膺等人"共为部党，诽讪朝廷，疑乱风俗"。

桓帝大怒，立即下令逮捕党人，并向全国公布罪行。文艺青年游说外戚，借他们的力量向桓帝求情，而李膺等人受审时，故意牵扯出部分宦官子弟，宦官惧怕牵连，也向桓帝请求赦免党人。因此此次以党人获赦而告终。但是桓帝死后，宦官们怂恿年幼的灵帝发动了新一轮的党锢之祸。

案情牵涉到李膺，有人劝他逃走。李膺却说："这算什么？有事了就跑？有罪咱就是担当，有难咱也不逃，这才是男人！我都六十好几了，临死的人了，跑去哪不被阎王爷抓回来啊？"

李膺被捕入狱的时候，被牵连的同党陈实也受到李膺气节的感染，说："我不入狱谁入狱！"千年后的谭嗣同也秉承这种精神：不有行者，无以图将来，不有死者，无以召后起。这原是清浊之战，黑白之辨，只可惜正未胜邪。

不久，汉桓帝死了。窦皇后和父亲窦武商量，从皇族中找了一个十二岁的孩子刘宏继承皇位，就是后来腐败出了名的汉灵帝。

东汉的文人们觉得自己就代表着社会的良心，头上戴着"道义"的帽子，希望掌权的人能够按照他们的指点做事。不过没权难办事，文人们也只能靠着皇权来实现自己的理想。这些人陶醉于精神导师的身份，时不时地指点一下别人，所以下狱也成了他们的一种荣誉和责任。

党锢之祸让中国的知识分子小试了一下牛刀，这一刀把他们的勇气和责任心给挖了出来，给后来的文人做了不小的榜样。所谓"天下兴亡，匹夫有责"。

◎ 皇帝的荒唐事

东汉灵帝刘宏，公元168年即位。这位老兄在位期间，党锢之祸兴起，宦官把持大权，公开买卖官位，还大兴土木，搞得民不聊生，生灵涂炭。但他却一点都不了解民间疾苦，只知道躲在深宫之中，自娱自乐，极尽荒唐之事。

汉灵帝最大的爱好便是女色，他继位后的皇后为扶风平陵的宋氏。宋氏性格平淡，因缺乏妩媚和女人味而遭到汉灵帝的嫌弃。后宫是一个尔虞我诈的地方，看到皇后失宠，其他嫔妃为了夺得后位，便纷纷诋毁宋氏。正巧当时的中常侍王甫枉杀勃海王刘悝及他的王妃宋氏，宋氏是宋皇后的姑母，王甫怕宋皇后迁怒于他，便恶人先告状，诬陷宋皇后在后宫挟巫蛊诅咒皇帝，汉灵帝便借机废掉皇后，将这个不会讨自己欢心的女人除去了。

汉灵帝随后又听信谗言，将宋皇后的父亲以及兄弟全部杀了。一天夜里，他做梦忽然梦到了桓帝，桓帝质问他宋皇后到底犯了什么罪，要被灭门？

惊醒后的汉灵帝吓得要命，便将此事讲给了当时的羽林左监许永，问他这是什么征兆。许永乘机将这前前后后的纠葛讲给汉灵帝听，他希望汉灵帝能还宋皇后一个清白。不过汉灵帝是个没心肝的人，他一番自责之后，很快就忘记了这件事情，继续玩乐去了。

可怜的宋皇后还是只能关在冷宫里。

汉灵帝在好色这件事情上，非常敬业，除了宫里已经有的美女他包了之外，他还让人不断地从宫外给他找美女。

汉灵帝开创了宫廷淫秽的先河。在酷热的暑期，他下令盖了一个场馆，让人采来绿色的苔藓并将它覆盖在台阶上面，然后引来水渠，将水注入。随后选择玉色肌肤、身体轻盈的歌女执篙划船，摇漾在渠水中。

在盛夏时节，汉灵帝就这样观看宫女们摇船，听着宫女们为他演奏"招商七言"的歌曲用以招来凉气。在这样的清凉宫殿里，汉灵帝夜夜醉生梦死，他自己也感叹道："假如一万年都是这样过日子，那就是天上神仙也比不了的了。"

除了夜夜笙歌，汉灵帝还让宫内的内监学鸡叫，以免天亮了他都不知道。汉灵帝令当时宫中的宫女全都浓妆艳抹，在水池中与他沐浴。当时西域为汉朝进贡了罕见的茵墀香，汉灵帝便命人将其熬煮成汤水，令宫女下去沐浴，然后将沐浴完的汤水倒入河渠，这些飘着脂粉的水被当时的人们称为"流香渠"。

汉灵帝耽于淫乐一直没有册立新皇后，后来在群臣上表之后，他才册立了贵人何氏为皇后。何皇后并非是名门望族之后，只是一个屠夫的女儿，只是因为容貌美艳，身材姣好，而且还能讨汉灵帝欢心，所以才被册封为皇后，后来诞下了皇子刘辩。

汉灵帝在位期间，他从不管天下百姓的疾苦，也不问朝政，只是任由宦官们胡作非为，而自己就躲在后宫中肆意淫乱。他在后宫中设列市肆，让宫中的婢女嫔妃打扮成买东西的客人，而他自己则装成卖货的商人，玩得不亦乐乎。

所买卖的货物都是搜刮来的奇珍异宝，不少在买卖的过程中被贪心的宫女陆续偷卖出去，但汉灵帝却是毫不知情，玩够后他便与宫女恣意地淫乐寻欢。

【乱成一锅粥】

◉ 皇帝亲戚不好当

中平六年（公元189年）四月，汉灵帝死了。

灵帝的死并不是王朝危机的结束，反而是一场更大危机的开始。由于灵帝有两位龙子——长子刘辩、次子刘协，于是后宫顺势就有这样几派势力：一派是保辩派的何皇后，以及她哥哥大将军何进；另外一派便是保协派的董太后，以及她一位做骠骑将军的侄子董重。还有一派是骑墙派——十常侍，他们并不明确表示出自己的政治主张，只是一切向利益看齐。

如电视屏幕上的宫廷肥皂剧一样，后宫的斗争时刻存在，名士、外戚、宦官等统统牵扯进去，他们在东汉末年已经斗了几个回合，各有胜负，死伤也不少。等到了黄巾起义异军突起的时候，何进当上了大将军，保辩派就取得了压倒性的胜利。

和"刘备＋关羽＋张飞"组合中的张飞一样，何进也是屠夫出身，文化水平不高。不过，虽然他的运气比张飞好多了，不过却不比张飞高尚，因为他是靠女人发家的。他因妹妹入宫而从政，他的妹妹喜得皇帝的唯一贵子之后，何进就认为自己以后是皇帝的舅舅，那自己的人生还不顺水又顺风，扶摇直上九万里，前程那叫一个不可限量。

但人世间的事情，谁能够说得准呢？世事难料，一个人的前程因为一丁点的小变化就会瞬间变为泡影，蝴蝶效应何进怕是不知道的，"一失足成千古恨，再回头已是百年身"这个道理何进估计也不知道。

所以，当灵帝在拥有皇子刘辩后的若干年，又有了皇子刘协的时候，何进大大地吃了一惊。更要命的是，皇子刘协讨得了灵帝他老妈董太后的欢心。

何皇后很恼怒，所以，在得知自己的儿子有了竞争对手后，不可忍受地用毒药鸩杀了皇子刘协他妈王美人，但一切仍无济于事。因为她的儿子刘协还是自己儿子的竞争对手啊，自己不能连他也杀了吧？

杀不掉刘协，何皇后的冲动行为反而使事情变得更加糟糕了。董太后收留了孤儿刘协，在夜深人静的时候，她从刘协的可怜眼神中一次次深刻体会到何皇后的毒蝎心肠。那个像蝎子一样毒辣的女人！在自己的儿子灵帝面前，董太后不止一次这样吼道，这种情绪的传染是可怕的，被传染的灵帝在其生命的最后时刻，终于做出了一生中最重大的决定：改立皇子刘协为太子。

当然何进还不知道灵帝的打算。他要知道灵帝的打算，也会采取措施阻止。灵帝很害怕何进，他难以想象当皇子刘协荣登宝座时，何进会放下屠刀，立地成佛。在灵帝看来，这个屠夫出身的大将军将永远和屠刀在一起，这个屠夫的大胡子也永远和他不可告人的欲望连在一起。枪杆子里出政权，自己虽然贵为皇帝，但手头缺少的恰恰就是枪杆子。

有人看出灵帝的恐惧，那就是天天揣摩上意的十常侍之一的中常侍蹇硕。蹇硕在这个时候悄悄进言："枪杆子从来没有离开过您啊，何进只不过拥有枪杆子的使用权，但所有权永远属于您啊。"蹇硕最后重复说，枪杆子本来就是您的，您要过来不就好了嘛。

灵帝幡然醒悟，惊呼道："爱卿说得很有道理呀，你好好策划一下怎么把枪杆子要回来啊。"

蹇硕就皱眉头了，说归说，但是要回来谈何容易："那容臣细细策划一下。"

灵帝："不急，等我死的时候再动手也不迟。"

到了灵帝驾崩时候，蹇硕他们才冥思苦想出来计策了。此时，何进当然不知道有人在对付他，他的心情像春天的小鸟在枝头雀跃，满怀希望进宫，遐想着前方有一个诱人的大蛋糕在散发着香气，那的确有一个大蛋糕——皇位。尽管不是自己坐上去，但是和自己坐上去差不多嘛。一路上，宫女太监都低声打招呼："大将军好。"但何进并不搭言，而是径直走向灵帝尸体所在处。他脚步坚毅而不容置疑，也没有做什么防备，所以一般情况下要是不出意外，何进必将人头落地，因为蹇硕早把刀斧手布置好了。

但是，意外的情况还是出现了。正当这个牛气冲天的大将军在赴死之路上撒腿狂奔的时候，一个名叫潘隐的司马悄悄拦住了他，并将一个惊天大阴谋告诉他："皇上已驾崩，蹇硕已预做安排，要谋害大将军！"

何进马上悬崖勒马，尽管此刻脑子一片空白，但还知道往家跑。"回府回府！"他吼着家丁，一队人以迅雷不及掩耳之势狂奔回府。坐下来之后还是惊魂未定，一杯凉茶落肚之后才想起来，招集自己的近臣密友商议趋福避祸之道。

◎ 意见领袖曹操

何进府上，人头攒动，在纷纷扰扰的争论之中，曹操站了出来。

曹操不是在济南当地方官员吗？怎么跑到洛阳何进府中了？原来曹操在济南官当得严厉，当地权贵害怕他长久在此会坏了自己的家业，就出钱给曹操买了个议郎的官，让他离开济南。当时都是出钱买官保官的，要是换了别人肯定是连蹦带跳去上任，曹操却不！他看不惯这种卖官鬻爵行为，就归隐乡里了。

归隐干什么？游山玩水？不！给自己充电，读史书。以史为鉴可以知兴衰，以史为鉴可以知人心，这段时间曹操从史书上看到了历史的轨迹，看到了人性的险恶。

等到灵帝设置西园八校尉让他做了典军校尉时，曹操已经远远走在了同时代人的前面，他的人生阅历与读史经验让他比别人看得更远，他的眼神里也时常充满了不可一世的光芒。

典军校尉如今和众多高官在大将军府中商议，他还没有表达自己的看法。他在众人的嚷嚷之中倾听，听了半天，他觉得这群官员太幼稚、太理想化，就打定主意要当个意见领袖。

曹操站出来是反对众人意见的。这就是曹操与众人的不同，这个与众不同使得他成为影响中国政局走向的重要人物，而那个时候何府在座的高官都已经成为历史的灰烬，再也找不到半点存在过的痕迹。根据蝴蝶效应细究，这与他当时在高官云集的何府站出来有着千丝万缕的联系。

这群高官的理想化想法是：宦官们蠢蠢欲动，那大将军就不要犹豫了，先下手为强，把他们一网打尽，统统消灭！

就在大伙为这个建议热烈鼓掌的时候，曹操站出来做意见领袖了。他说，我觉得这个想法好是好，但是可行性不大啊。

何进的脸马上就变绿了："孟德（曹操字孟德），怎么不大？你是说我连几个废人都杀不掉？"何进觉得曹操是在怀疑自己的能力。

曹操继续说："宦官这个群体，在朝廷蠢蠢欲动已经是很多年的事情了，想要消灭他们的人也不是一个两个了，要是很容易就能消灭掉，怕早就消灭了。如今十常侍已经做大，宦官遍布朝廷各个角落，此时商谈消灭这个群体，只怕不是那么容易。"

"遍布朝廷各个角落？那就一一找出来杀掉！我就不信灭不了他们，大不了和宦官们同归于尽，过把瘾就死。"何进愤怒地吼道。

曹操诧异地抬眼看向何进。这是一个手握天下兵权的大将军应该说的话吗？何进说完后也觉得自己说得不对，但是已经来不及反思了，因为潘隐气喘吁吁地跑了进来。

他大喊着："不好啦！不好啦！"

"怎么了？"何大将军连忙迎了过去，"不着急，慢慢说，来，先喝口茶顺顺气。"就招手让一个丫鬟送茶过来。

潘隐说："不喝了。来不及了，大将军，你要是再不进宫，怕是以后再也不能进宫了。因为十常侍将要拥护皇子刘协登基了。"

何进听闻，连忙问众官怎么办。此时何进想杀了这群十常侍，以成一世英名。只是刀在手，不等于头颅在手。何进手握钢刀，不知道该如何取下那些他想要的首级。

众位不知道该怎么办。当然，曹操知道。

曹操就再次站了出来，大家都没有可建设性意见可提了，这次看来我这个意见领袖当定了。他就迎着何进及众高官们感情复杂的目光侃侃而谈。他说："当今之急，就是要先立皇子刘辩当上皇帝，然后奉旨诛杀十常侍等官宦。这样做，名正言顺。十常侍他们要是负隅顽抗，那我们就给他们定一个谋反的罪名！到时候杀掉他们也就容易得多了。"

曹操此言一出，一切似乎如水银泻地，水到渠成了。何进也终于对他刮目相看，不由得伸出大拇指朝曹操挥挥，连声称赞，高，高。他采纳了曹操的建议。

◉ 剧情出现意外

另外有一个人则在此时也当仁不让地登上了历史的舞台，他就是曹操的好朋友袁绍。

此时的袁绍是个司隶校尉，和曹操是一个级别的官员，在曹操的话音刚落，何进点头暗许之时，袁绍请战了。他不甘落在朋友的后边，自己没有好主意，那行动总可以吧，做行动的巨人。袁绍就奋然表示，为了确保皇子刘辩为君，愿领精兵五千杀进宫去，强扶皇子刘辩上位。

何进点头，袁绍就行动了。袁绍确实有行动的天赋，刘辩登基成功，蹇硕人头落地，蹇硕手下的禁军也集体投降，投降仪式搞得很隆重，很有弃暗投明的氛围。

何进的心意这时已经满足了，有这样的结局太好了，自己本来是要被杀的命啊，如今竟然事事顺心了。但袁绍并不满足，宦官干政，传统的世家大族很难获得实权，面对到手的权力，世家大族是绝不愿意轻易放弃的。袁绍说："汉灵帝建宁元年（公元 168 年），窦武窦大人没有能够成功诛杀宦竖，是因为他们谋划不秘，言语泄露，当时洛阳的官兵又害怕居于宫中的宦官。现在情况不同了，您是当今皇上的大舅舅，手中又紧握枪杆子，我们这些将官都是一时豪杰，有谋略家又有行动巨人，大家都愿意为您效命。下定决心吧，为天下除患，成万世功业啊。"何进听袁绍这么一说，心头一热，开始着手完全消灭宦官。

但何进不愿意独自享受袁绍的这番大道理，于是跑去说给妹妹何太后（注意：何皇后已经摇身变为何太后）听。何太后只用一句话来反驳："太监都灭了，你让谁来伺候我？"

剧情就出现了意外。

大将军要诛灭宦官一族，那剩下的"九常侍"就是等着自己被诛吗？十常侍又不是光会吃饭，光会吃饭能做到十常侍吗？恐怕做小太监的时候就被人家阴了，或者死都不知道自己是怎么死的。在决定自己生死的这个关头，以张让为首的"九常侍"先后买通了何太后的母亲舞阳君和何进的弟弟何苗。

拿人手短，吃人嘴软，于是，何太后就站在了太监的立场上。何进在向她表示自己要杀掉太监的时候被斩钉截铁地告知：你不能杀了张让他们，他们可是我们的恩人！你想想，你好好想想，没有他们，出身寒微的我们能有今天吗？不能！

"可是，张让他们想要杀掉我啊。前几天，要不是我采取措施，早就是阴间的鬼魂了啊。"何进还知道自己来姐姐这里的目的。

"错，不是所有的宦官都想杀我们，只有一个蹇硕。其余的是想保护我们。"

"你怎么知道？真的只是他一人？"

"你怎么怀疑姐姐的话？大坏人已经除掉了，其余的都不应该问罪，要是这样，以后谁还为我们效命！"何太后也并不是心软之人，她不是不知道放虎归山的道理。但现在的情势是，天子是自己的儿子，大将军是自己的哥哥，天下就在自己的掌心中。几个宦官杀与不杀，都无碍大局了吧。

最后，何太后又对弟弟说了一句：记住我的一句话，思路决定出路，给人出路就是给自己出路。弟弟。

何苗也在旁边替宦官们说好话。

"那，好吧。"以犹豫著称的何进妥协而出。他觉得姐姐说的也不错，给人出路就是给自己出路。笼络了"九常侍"的人心，也就笼络了天下人的人心，而现在政局刚刚稳定，需要的是人心思定，而不是人心思乱。何进走在路上，暗暗为姐姐的"大手笔"选择喝彩了好一会儿。

【最后的狂欢】

◎ 你有我有全都有

虽然何进耳根子软下来了，但是袁绍认识到宦官不除的严重危害。病根不除，过段时间还会复发。他继续在何进耳旁进言："留着宦官，后患无穷啊，将军！"他还建议何进招来武猛都尉丁原假装造反，在洛阳附近放火，以此吓唬吓唬何太后。谁知道何太后居然毫不畏惧，也许她知道这只是吓唬自己，而不敢动真格的。这时袁绍出了另外一个主意，招外兵！只要外地的军队进入京城，他们与京中宦官没有瓜葛，肯定会把宦官剁成肉泥。

袁绍话音刚落，曹操又笑着站出来反对，说："宦官之祸自东汉以来一直就是有的，只是皇帝不该把权力交给他们。要摆平他们，只要将他们的头头一个个杀掉就好。做这件事情，一个狱卒就能解决，何必把外地的大将都请来呢？请回来他们还会离开吗？自找麻烦！"

曹操这句可以说是点出了把宦官扳倒的重点。行动巨人袁绍的主意确实都不怎么样，可惜何进就是听他的，白着眼瞪了曹操一番，硬是要把强兵董卓搬来。

搞这么大的动静，谁都知道了，更别说耳聪目明的宦官们，吓得他们到处乱窜。而"九常侍"这次镇静了，他们明白的一点是，要等董卓进了京，他们就别想活了。怎么办？三十六计，走为上策，但是走到哪儿呢？离开皇宫之后自己能干点什么呢？何进既然不放过我们，想把我们放在火上烤，好！你不仁就休怪我不义。张让他们坐下来一合计，那就先下手为强——除掉何进，控制皇帝，在朝中扶起自己的独立势力，那不就谁也不怕了嘛。

说干咱就干，你有我有全都有啊。于是，先假传何太后旨意召何进进宫，在何进入宫那一瞬间割下他的头最好不过了。结果也如这群太监所愿，何进傻乎乎真的进宫了，没有丝毫防备就失去了自己的脑袋，"九常侍"恶狠狠地把何进的头颅抛到宫外，同时劫持了三个天价级别的人物做人质：少帝刘辩、何太后以及陈留王刘协，在宫殿之上与闻风而来的军士、大臣对峙。宫中大乱。

还好，人质之一何太后在大臣卢植与"九常侍"之一段珪对峙之际跳下楼来，也没有摔死。张让连忙挟持两个小孩子逃走，而赵忠则因缓了一步被杀掉。曹操、袁绍，还有何进的一位部下吴匡开始大肆杀戮太监。这次杀得比较狠，三个将领都放开了手脚，太监作恶多端，这次竟然还杀了大将军，以至于有很多没有长胡子或者刮过胡子的并且手脚不麻利没来得及验明正身的倒霉蛋也被错杀掉。其中吴匡还嫌杀得不过瘾，看见何进的弟弟何苗从屋中睡眼蒙眬地探出头来，想到大将军的死也有何苗的一份责任，于是呼吁了军士把何苗也杀死。何苗还不知道怎么回事，就去阴间追随哥哥了。

宫中的大火还没有熄灭，曹操吩咐兵士救火，火光照在众人的脸上一片灼热，大家都不知道天子被劫向何方。

直到这年九月二十三日，少帝、陈留王才又回到洛阳。当曹操、袁绍将宦官势力铲除后，洛阳各派势力完成了第一次大洗牌。

◎ 董卓摇身一变

董卓，陇西临洮人。长得膀大腰圆，不爱读书爱打架。少年时代，他不思进取，跟一群古惑仔胡混在一起，一起遛狗看鸟，为非作歹。这一点和唐朝的安禄山很像。但是董卓的父母和天下父母一样觉得十几岁改变男人一生，一直胡混下去肯定会成为一个老痞子，应该给他找份活儿干忙碌起来。于是买了头牛让他在家耕田。可是在一个宁静的夏天他以前的古惑仔兄弟们来看他的时候，董卓把耕牛杀掉招待大家，吃了个痛快。临走董卓还热情地说下次还来吃啊。看看，青少年时期的董卓待人还是不错的。

家人一看，这样下去可不是办法，等他能当兵的时候就动用所有能动用的关系把他送军队去了，还花了很多钱让他当了个皇家的近卫军军官。在军队生涯中，董卓的长处也发挥出来了，他也确实比较了得，打架积累出来的力量到此时能左右开弓骑马射箭，于是跟着当时的名将张奂出去打仗，因为军功，步步高升，郎中、广武令、蜀郡北部都尉、西域戊己校尉等官职他都做过，好运一发不可收拾。看来他父母最初的担忧是多余的。

东汉末年的政府面临着足以影响国运的几个问题：第一个便是黄巾军，以及由此带动起来的各地民变；第二个是西北的割据势力韩遂，时不时地会冒险打到长安边上，吓唬一下皇帝。

在这几个问题出现的时候，董卓同学也为政府的存亡奔波了一阵子：他在东边配合卢植打过黄巾，在西边又先后在皇甫嵩、司空张温的手下打过韩遂。他在东边并不如意，被皇甫嵩替代，在西边却打得非常顺手，积功更多。自己就有些腾云驾雾，不知东西，说话也就肆无忌惮起来。

与此相对，皇甫嵩在东边打着顺手在西边却不如意，被撤换成了张温；张温不肯听参军事的孙坚杀掉董卓的建议。为什么孙坚建议杀掉董卓呢？因为董卓不听张温政令，还出言不逊。张温考虑着董卓这么大块头，万一遇到莽将，还可以用他在抵挡一会儿，他还听了董卓的建议打了个小胜仗，于是董卓又升官，做前将军。

前将军的官已经很大了，前边说过，再高一级就位列三公了。随着官级的增高，董卓的心眼也在长大。在他的整个军事生涯中，估计他前后官职变动的次数连他自己都记不全，还被免过两次官。东汉政府烦琐而多变的政策早已在董卓心目中失去了公信力。董卓早年也曾傻乎乎地为朝廷四处奔波卖命，打东边，平西边，时光穿梭，没有丝毫停留的意思，自己也已经过了不惑之年，于是开始对人生进行系统的反思。反思的结果使董卓如梦初醒，而后眯起眼睛重新打量了一下这个乱世，嘴角浮现出一丝笑意：自己为何不多为自己打算些呢？人生几何，匆匆流失，说不定明天这个世界就没有我了。

◎ 讨价还价

董卓蓄养起一支独属于自己的军队，从而拥有了和汉朝中央政府讨价还价的资本（董卓只是其中之一，当时各地军阀都拥有属于自己的军队），董卓就更加飞扬跋扈，更不把皇甫嵩、张温等老将放在眼里了，有时候碰见这个老上级连个招呼都不打。看不惯的人将这些汇总了一下上报朝廷，朝廷呢？朝廷自有朝廷的办法，他们打算用明升暗降的手段，这是政府惯用的伎俩。汉灵帝中平五年，也就是公元 188 年，朝廷让董卓当九卿之一的内务大总管（少府），内务大总管手下可谓太监如云。可是，董卓这个西北粗犷汉子是绝对不可能脱下明晃晃的盔甲换上围裙高帽子去做大厨的，更何况董卓已经在心底有了全盘的打算。他反叛朝廷是早晚的事情，要是现在朝廷强行收他的军队，他现在就敢起兵。

朝廷明升自己的官，又没有闹翻，董卓当然不会起兵反抗，他动了动脑子，就给朝廷回了一封信，中心意思有两个：一个是凉州还很乱，我不该走；一个是我的部下们也都拦着我的马车，哭着闹着不让我走啊。你看你看，我走不开啊。信的结尾处又重重地下了个结论：我看我暂时还是在这前将军的位子上待着吧，那个大总管看看谁合适先让他代我干着，我能过去了他再把那个高官让给我。朝廷想不出其他办法，也拿他没有办法，现在地方上作乱的小撮百姓政府都几乎治不住了，何况拥兵自重的军阀。董卓势力继续膨胀，灵帝死前一个月还不得已让他当并州刺史。先拉拢住他再说，省得自己一咽气就造反。

并州占今天山西的大部分地区，外带内蒙古和河北的一大块。凛冽的北风从西伯利亚呼啸而来，漫漫的黄沙从高原漫天掠过，总之这里也是民风剽烈。而且并州左接京畿地区（三辅），右挨中原入口（司隶），背靠大漠，属于凉州和都城洛阳之间的战略缓冲，实在是块好地方。对于这样一块好地方，董卓自然是巴不得去的。

但这道委任状还有个附带条件：让董卓把自己的兵转交给皇甫嵩。这其实是朝廷的第二个手段，也是退让得不能再退让了，明显是和董卓做交易嘛，和臣子商量着做买卖，只能是一个王朝到了末期无能的表现。但就是这个交易董卓却还不想做。鱼与熊掌不可兼得，董卓却有办法兼得。他的办法依然是给朝廷回信，这是他写的第二封信：我愿意去并州，那里不好管，我不入地狱，谁入地狱！但是我在甘肃混了十年了，这边的兄弟们都熟得很，大家只认我做老大，只有跟着我才肯好好打仗。道理大家都是知道的，要是不跟了我他们造反了怎么办？所以我请求让他们跟着我一起去并州，去那儿干的可是捍卫边疆为国出力的事啊。

在这封上书中，董卓的骄横口气表露无遗，并且也充分显现了他的私兵与他之间的依附关系。奇怪的是，朝廷同意了他的提议，让他带着原班人马上任。这在汉朝历史上恐怕是史无前例的。估计，朝廷是拿董卓真没有办法。莽人董卓竟然多次以写信的方法解决掉自己用武力都不好解决的问题，这多么值得大家好好地学习。董卓得了这个便宜，自然更加大胆，开始一步步试探朝廷容忍的底线。

如果早知道董卓后来会祸害社会并且会杀掉自己，张温肯定会听从孙坚的建议杀掉董卓。

⊚ 赶跑袁绍

要想活得好，万事前头跑。乱世从来是饿死胆小的，撑死胆大的。大胆的董卓兵驻并州，窥望洛阳已经不是一段时间了。当洛阳的当家人何进向他伸出友好的橄榄枝时，董卓知道自己的机会来了。自己多年的等待没有白费，快马加鞭进京，苍天有眼，路上还巧遇天子，那就护送天子回京吧。董卓进京不久就以武力控制了京城的众多大人物。如今皇帝都掌控在董卓手里，大家谁不是噤若寒蝉。即使有不服董卓的，也只好在自家屋里不服了。

有没有人把不服拿到台面上的？有。谁？丁原。丁原仗着义子吕布的勇猛是唯一敢和董卓抗衡的人，结果董卓又差人引诱吕布杀了丁原。这件事说明董卓还是有些手段的，还说明吕布之前从来没有见识过都市繁华，虽然勇猛，但是不谙世事。这样的少年最容易受到来自外界的诱惑，也最容易被他人利用，吕布在高官厚禄的诱惑下投靠了董卓，并做了他的义子。

大家一看，董卓三下五除二就收拾了丁原，还化劣势为优势拥有了吕布，这还了得！本来不想为官的，在董卓的征召之下也不得不入朝。这时董卓的想法就更多了，于是在朝堂之上，他兴致勃勃地说："我看着咱们皇帝年幼无知，体态多病，这样怎么能做好我们的皇帝呢？陈留王比他聪明伶俐，大家觉得改立陈留王为皇帝如何？"

改立皇帝？朝堂下炸开了锅，你一句我一句交头接耳，嗡嗡一片。董卓的意思很明显，他要立一个皇帝，那个皇帝是自己立的，那还不全部听自己使唤？

袁绍在大家嗡嗡时跳了出来，这一跳和他日后领导一场全国性质的革命有了必然的联系。此刻他咽了口唾沫说："皇上岁数还小，还是很有前途的，而且没做过什么坏事，一切体态也符合天子的标准，没有什么罪状可以向天下公布的，您废了他，怕天下都不服吧。"

董卓就不乐意了，他想到会有人跳出来阻止，但最多也只是一些愚忠的小角色吧，他本打算等那人跳出来的时候把他抓起来砍了，但没有想到会是袁绍。袁绍家族人多势众，不能立刻捕杀啊。不过董卓的脸是立刻冷硬下来，他抓起案上的宝剑，一把抽掉鞘，剑鞘掉落在地板上，发出清脆的响声，朝堂下的嗡嗡声立刻销声匿迹，众人知道董卓要发飙了，所有人都如履薄冰。只听董卓叱道："你小子胆敢胡言乱语！太看轻我董卓了。剑在我手，潇洒神州！你就不怕我杀了你？天下之事，全都在我，我想怎样就怎样，谁敢不从！"

袁绍也一下子被气急了，自己从小就在蜜罐里长大，从政之后大将军何进也是温文尔雅地对自己讲话，如今野外来的一个莽夫敢这样训斥自己，于是勃然变色："天下的牛人，难道只有你董卓吗？天下的刀，难道只有你董卓的锋利吗？袁绍告辞！"

说完这番话，袁绍挥挥衣袖，提着佩刀便步出京门，董卓的将士竟然都不敢拦截，袁绍挥一挥衣袖，不带走一片云彩。这种对抗的姿势，实在是非常潇洒。

可朝堂之上空气仍然是静止到了易碎的地步。望着袁绍离去的身影，董卓恶狠狠地一甩手："袁绍如此无礼，凡是附和他的，就是老夫的仇人。"然后一甩衣袖回自己宫殿去了。他心里想着，袁绍小儿，想和我斗，你嫩着呢。我得赶紧想个法子治治他。

朝中一些跟袁绍暗中相好的，如侍中周毖、城门校尉伍琼、议郎何颙赶紧跑到董卓那里替他求情："袁氏一家，四世三公，受他们恩惠的人遍布天下，门生故吏在这个国家的每个角落里都可以找得到，倘若您把他逼急了，他吆喝一声起来造反，那局势就危险啦。那是您想看到的吗？您想想是不是这个理？您不如安抚他，给他个郡守什么的官员当当，他一领情不是什么事情都没有了吗？"

这几个人轮流给董卓这么一说，董卓也觉得是这个理，自己要做大事，不能树敌太多，就顺水推舟让袁绍去做渤海郡太守，让他滚得远远的，先稳住他再说。

◉ 反了，都反了

袁绍这个问题摆平了，董卓在朝廷上再提起废立之事，就没有人敢反对了，谁也没有袁绍的实力了啊。然后，董卓废了少帝，立陈留王为新帝，那就是汉献帝。董卓自封为相国，把朝中大小权力全部揽到自己怀中，连睡觉的时候都不放一下。

董卓自顾乐呢，他没有想到，他给袁绍的那一个封官接着将要坏事了。袁绍出来以后，立刻带着家眷，连夜奔回老家，一路上他都在想，董卓敢无端废立天子，如此不义，看天下豪杰怎么收拾你。

曹操、袁绍二人忙活了半天，把宦官都杀掉，董卓不费一刀一枪入朝掌握了政权，得到了全部的好处。二人心里愤愤不已。三十六计，走为上策，袁绍先行逃出，袁术一看哥哥逃了，董卓会不会拿我开刀啊？我也走！袁术也跑到河南南边的南阳。

曹操不肯轻言放弃，他想把董卓拉下马，正巧那时汉朝的大臣王允也有这个想法。王允，太原祁人，出生于名门望族，为人愚忠，心随天子，对董卓的暴行忧愤愤怒。但董卓手中握有重兵，保住小命要紧，不得不曲意逢迎，佯装忠诚，但这样的日子何时是个尽头？

曹操就和王允联手，希望能够杀掉董卓。

王允送给曹操一把好刀，希望曹操能够用这把刀把董卓正法。曹操怀揣着刀就去找董卓了。董卓正好在午休，曹操看着躺在床上呼呼大睡的董卓，偷偷从袖子里把刀拿出来，正准备刺向董卓，董卓居然醒了。曹操也反应够快的，他立刻跪下说是要献宝刀给董卓，蒙混过关后，曹操立刻出逃，这个狼狈啊。

他知道董卓一旦醒过神来，肯定会通缉他的。他路过中牟县时在县令陈宫的帮助下跑到老家陈留。他就和父亲商量着打算变卖家产，招募义兵举事，讨伐董卓那个老贼。

曹嵩也比较支持儿子的打算，他还是希望自己的儿子能够成为"治世之能臣"的，如今看到儿子的志气，怎能不欣慰："阿瞒啊，就是本钱还是太少了，不过没关系，我以前认识一位巨富卫弘，要是能得到他的帮忙，做什么大事都没有问题了。"

曹操大摆筵席请卫弘喝酒，酒桌之上卫弘听了曹操的大志之后答应投资入股，出尽家财，连看门的几只狼狗都卖了，很有几分英雄气概。

在曹操甩开膀子大干的时候，其他人也纷纷走出了汉朝末年的阴影，开始开拓自己的好时光。他们走出了汉朝，迎来了三国那个纷乱的时代。

第六章

乱世三国　英雄辈出

【革命才是硬道理】

◉ 美人计

王允没有借曹操的手除掉董卓，他一直对这事耿耿于怀。

等他见到自己的养女貂蝉的时候，计上心头，貂蝉有闭月羞花之姿，董贼与其子吕布肯定都难以把持，何不用美人计？

于是，他先把貂蝉暗地许给吕布，再把貂蝉明献给董卓。而聪颖的貂蝉也知道采取措施周旋于二人之间，向董卓展示自己妩媚的一面，给吕布看自己楚楚动人的一侧。董吕二人均是神魂颠倒，矛盾日渐增大。

吕布得知董卓把貂蝉纳入府中后，心怀不满。一天，他乘董卓上朝，潜到董卓府去探望貂蝉，二人在凤仪亭相会。貂蝉哭得像泪人一样，吕布心疼得要命，当然对董卓十分恼怒。这时董卓恰巧回府看见了正在卿卿我我的两人，怒火中烧，拿戟就刺吕布。你胆子太大了吧？竟敢调戏我的女人！吕布逃走。

美人计使得董卓吕布互相猜忌，势同水火。当然王允也没有闲着，他趁机说服吕布，董卓是个无恶不作的坏蛋，杀了他你就是大英雄！

吕布最喜欢听别人说自己是英雄，杀了董卓自己就可以天天和貂蝉在一起了，于是答应了，可见世上最难过的关是"美人关"。

虽然杀董卓各有各的理由，但目标却是一致的。

达成一致的王允、吕布，商量好在汉献帝初平三年，也就是公元193年春天杀掉董卓。形式是诓骗董卓天子要禅位于他。董卓听到后心花怒放，天子终于想通啦？于是高兴得屁颠屁颠地来了。行到宫门，便遭到早已经等候在那儿的李肃一戟，董卓穿的衣服盔甲太厚，一戟竟然没有穿透。董卓吃了一惊，大叫："吾儿奉先（吕布字奉先）在哪？快来救驾！"

"他儿奉先"现身，不过不但没有救他，反而补了他一矛，董卓睁着眼睛倒地死亡。

估计临死他还不清楚是怎么回事。

董卓死了不要紧，可怜了董氏家族。树倒猢狲散，还没有来得及散去的董氏猢狲，便被从朝中的各个角落里跳出来的英雄好汉，特别是袁家的门生旧吏杀了个精光。现在没有什么害怕的了，一起来杀董卓的全家老小啊，抢董卓的金银财宝啊。董卓九十多岁的老母亲，尚在襁褓中的小儿子，也统统被杀红了眼的"好汉们"砍下了脑袋。

这还不够，朝廷之上有人发挥创造性思维了，把董卓的尸体给狗吃了。不行！有人反对，喂狗太便宜了他，让长安人都剁他尸体几刀。还有人说，把董卓的尸体泡在便池里……争吵之下最后达成一致，眼不见心不烦，把董卓的尸体烧了！董卓尸体的肚脐眼上就被点了灯火，董卓的尸体太肥，一直燃烧了三天才化为灰烬。这三天里，大家尽情狂欢，终于除了大患了，但是他们忘记了董卓虽死，他还有大批的军队在长安城外呢。

狂欢之后，王允的脑子还没有从狂欢的气氛中清醒过来，他竟提出凡是依附、同情董卓者，一律诛杀；凡是凉州籍董卓部属，一律不赦！

第一条，要了名士蔡邕的命。蔡邕听到董卓死掉的消息，文人伤时，轻轻感叹了下世事无常，就被王允听到了。王允派人把蔡邕抓过来，大义凛然指责蔡邕："董卓为非作歹，他死了你不高兴反而叹气，原来你是他的同伙啊。"于是把蔡邕问斩。

很多朝臣知道蔡邕的才华，而且知道蔡邕正在写后汉一朝的史书，都说饶了他让他写书去吧。王允拉下脸不高兴了："以前汉武帝不杀司马迁，司马迁写了本《史记》尽说汉武帝的不是；现在让蔡邕这样的人写史，还不知道把咱们都写成什么样呢？"

身正不怕影子歪。你杀掉董卓，大功劳一件，怕蔡邕写什么呢？人都追求完美，王允想，自己早先屈身逢迎董卓的丑态，蔡邕都看见了，要是他都写出来，后人看到还不知道怎么想我呢？杀了蔡邕，史书由我来写不就好了。

不过还没有等他来写，他第二条里边没有赦罪的董卓兵马就打进长安了。

王允头脑不简单，可也就用美人计那点本事，当面对董卓的大批兵马，他只好去追随蔡邕，两人到地下一起写后汉史了。

☉ 迁往许都

董卓之乱以后，东汉王朝名存实亡，对各地州郡失去了控制。各地官僚、豪强趁火打劫，争夺地盘，形成了大大小小的割据势力。

曹操本来势力很小，但是他肯动脑筋，干事从不硬拼，而是讲究智取。他在忙着发展自己的势力时，汉献帝可是苦了，公元195年，长安的李傕和郭汜发生火拼，汉献帝逃出长安，回到洛阳，可是当时的洛阳早就被董卓烧光了。

汉献帝没地方住，只能委屈地住在一个草棚里，下雨的时候，还得跑街上避雨去，住都没地方住，就更别提吃饭了。粮食找不到，大臣们就去地里挖野菜，放开水里煮煮给汉献帝充饥，这日子简直没法过了。就在汉献帝觉得自己快要活不成的时候，曹操听说了这事，他当时正驻兵在许城（今河南许昌），听闻汉献帝如今吃不上喝不上的惨状，就找手底下的人商量，要不要把汉献帝接过来。

谋士荀彧（音 yù）说："从前晋文公发兵把周襄王送回洛邑（今洛阳），成为霸主，很得人心，如今将军如果能效仿，那必定也能得人心。"

曹操觉得很有道理，便派出曹洪带领一支人马到洛阳去迎接汉献帝。当时的汉献帝饿得就剩半条命了，看见曹操要带他去好地方吃香的喝辣的，巴不得马上就走。可是他身边的大臣董承害怕曹操使坏，硬是把汉献帝给拦下来了。

曹操后来亲自跑去跟汉献帝一行人解释，说现在兵荒马乱的，皇帝住这么个破地方多不安全啊，许都设备齐全，有吃有喝，咱们一起去许都多好啊。

在曹操的忽悠下，汉献帝一行就前往许都了，也就是在公元 196 年，曹操把汉献帝迎到了许城，打那时候起，许城成了东汉临时的都城，因此称为许都。

当汉献帝到了许都，曹操就给他修建了宫殿，让汉献帝能够安安稳稳地在许都上班工作，而他自己则自封为大将军，开始用汉献帝的名义去向各地的诸侯发号命令了，这也就是历史上的"挟天子以令诸侯"。

曹操先通知袁绍，训斥他只顾自己发展，不给朝廷谋福利。这把袁绍气得鼻子都歪了，曹操居然敢对他指手画脚。但袁绍还是顾及汉献帝的面子，没有对曹操发火。曹操看到自己现在说什么别人听什么，感到很高兴。他很是享受现在的生活。

◉ 煮酒论英雄

曹操迎汉献帝到许都的那年，刘备跑来找他了，刘备也不容易，自从举起造反大旗，运气就没好过，东跑西颠的几乎没打过胜仗。

这次有了曹操做后援，刘备的底气足了好多，曹操和刘备一起去攻打吕布，很迅速地就把吕布给消灭了，吕布的割据势力被他们给抢了过来。回到许都之后，曹操就请求汉献帝封刘备为左将军，而且私下里，曹操总是对刘备尊敬有加。

刘备心里有些发毛，曹操从来都是看人仰着头，他干吗偏偏对自己这样啊？越想刘备就越不安。刘备深知自己不是什么香饽饽，曹操这么上赶着地跟他套关系，肯定有所图。于是刘备为了不让曹操猜忌他，就装作胸无大志的样子，每天在菜园子里施肥种地。

曹操看到刘备的举动也蒙了，据探子回报，刘备三人每天就是在院子里种点菜苗，到饭点了就直接上院子里去摘几棵，完全实现了自给自足的自然经济状态。

刘备要是每天造兵器，拉关系他反倒能接受，可是刘大叔带领着两个义弟，三个虎背熊腰的大汉成天蹲在菜地里猫着，这实在是无法理解。

在这场争斗中，方法手段已经不重要了，重要的是目的。曹操诱敌深入，希望近距离地找出破绽，但是刘备以守为攻，他不露锋芒的行为给曹操传达了一个错误的信息：我们其实就是想混口吃的，没什么大理想，现在虽然也算是在中央任职了，但是能省还是省吧，毕竟提倡节约总是没错的。

而曹操也几乎半信半疑地就要相信他们的胸无大志了，后来曹操找刘备喝酒谈人生，论理想，刘备又是装傻充愣。

曹操一再地说着一句同样的话："如今的天下，除了我，就只有你才算得上是真英雄了啊。"刘备虽然一直迫切表示自己只是一个小角色，根本不配和曹大人相提并论，但是曹操还是不住口地说刘备的好，后来看到刘备就是个没有大志的人，曹操才放他回去。

从这以后，刘备更是时刻准备着离开曹操，虽然董承邀请刘备和他一起除掉曹操，但刘备不想偷不着羊肉白惹一身骚，他趁曹操想去伏击袁术，主动请缨，带领了曹操的一队人马就溜号了。

然后刘备用曹操的人打败了袁术，夺回了徐州，就在那安营扎寨。曹操气得要命，正巧他得知了董承的事情，就把火全撒到董承身上了，然后带领兵马，杀气腾腾地去找刘备讨个说法。

刘备打不过曹操，只能放弃徐州往冀州投奔袁绍，慌乱之中，他和自己的兄弟关羽、张飞走散了，关羽被曹操捉住，张飞下落不明，曹操总算是出了一口恶气。

◎ 官渡之战不是盖的

刘备逃到了邺城（冀州的治所，在今河北临漳西南），看着被曹操打得惨不忍睹的刘备，袁绍唏嘘感叹，曹操真是个人才，是个对手，他决定先下手为强，进攻许都，攻打曹操的大本营。

他的谋士田丰这时冲出来说，如果贸然行动，大军肯定会失败。袁绍闻言极度不爽，直接把田丰关进了大牢。然后带着所剩无几的谋士和一群虎将向曹操发起了总攻。

先是在黎阳渡河，不料曹军大将于禁反而到黄河北面，一把火烧了袁军的屁股，还杀了好几千人。在黄河三渡口白马津、延津、杜氏津一带，曹袁两军一通强渡和砍杀。不过于禁太聪明，很少与袁军正面交手，采用游击战和丛林战方法，耍得袁绍团团转。

袁绍顾不上同于禁周旋，直接将大军开赴白马，与曹操的总军碰面，摆开阵势打起来。白马城是曹军的刘延在把守，袁绍的爱将颜良把这里作为自己进攻的关键点。刘延当然打不过颜良，只能等待曹操的援军。曹操北上的路线本是跟在于禁的后面，听说白马之围一事后，马上叫夏侯渊到延津一带做幌子，表示自己也在那边。此举跟当年派王忠、刘岱去晃点刘备很像，不过曹操这次做得更逼真，平时夏侯兄弟一向不离自己半步，这会儿他们只要出现在延津，袁绍肯定以为自己没去援救白马城，实则曹操早就带着徐晃、张辽、关羽等人奔向了白马城。

因为曹操对关羽很好，所以关羽为了感激就替曹操卖命，在这次征战中，关羽杀了袁绍的两员大将颜良和文丑。这让袁绍很生气，他认为刘备和关羽串通好了，要来害他，刘备表了半天衷心，袁绍才放过他。

袁绍的军队被曹操杀得垂头丧气，但袁绍还是不肯放手，他打算仗着自己粮食多，跟曹操打持久战，打不过曹操，就耗死曹操。但可惜，袁绍这个计划虽然很完美，但是实施起来就出问题了。

曹操也不是个省油的灯，袁绍有什么打算他一清二楚。曹操写信到许都告诉荀彧，准备退兵了。但是荀彧给他口信让他无论如何坚持住。就在曹操头疼的时候，袁绍手下的谋士许攸半夜来投奔他了，曹操高兴得光着脚就跑出来迎接。

原来许攸给袁绍建议让他派出一小支人马，绕过官渡，偷袭许都。可袁绍不但不听，还骂他，一气之下，许攸就来曹操这边了。

有了许攸的帮忙，曹操士气大振，他在许攸的建议下，派了一支轻骑兵去袭击袁绍放粮食的地方，把袁绍的粮食全部烧光了。这个消息让正在官渡的袁绍部队十分惊慌，士气大失，曹操还没怎么费劲，就赢了。

这场著名的官渡之战，以以少胜多闻名历史，经过这次惨败，袁绍的主力已经消灭。过了二年，袁绍病死。曹操又花了七年工夫，扫平了袁绍的残余势力，统一了北方。

◎ 父亲没了儿子上

北方打得热闹，南方也没闲着。

公元 193 年，江东猛虎孙坚不幸中箭身亡，他的部众为了谋生也都投奔了袁术。当时孙坚长子孙策十九岁，他把父亲葬到老家曲阿之后，也携带着兄弟等人依附于袁术。为报父仇，他主动请缨出战，袁术怕再损耗部将，没有同意。

袁术联盟南北作战均遭失利，自己一看势头不好便跑到了九江，解决了扬州刺史陈温，自己做起刺史来。

此时的扬州局势也不明朗，因为朝廷派了一位宗室刘繇来做扬州刺史。刘繇到了扬州却不敢去政府所在地寿春，因为袁术控制着呢，自己可不想落到袁术手中，便到寿春东边的曲阿上任了。这时的扬州，东边一个刘刺史西边一个袁刺史。东边的刘刺史为了遏制袁术的势力扩张，在曲阿到寿春的界线上设置了两个据点，袁术也不甘示弱，派了孙坚旧部孙贲、吴景围攻这两个据点，打了一年也没有打出来成效。

你们这两人也太不争气了，白吃了我一年的军粮！袁术气呼呼地在军门外踱步，抬眼就看见了孙坚的长子孙策，脑子一转，为什么不让孙策去打？这小子一直吃我的穿我的，就是没有回报我呢。没想到孙策不但不费吹灰之力把这两个据点打下来，并且一鼓作气攻到了曲阿，把刘繇也给打跑了。

孙策确实继承了父亲的军事才能，博得了袁术的欢心。之后袁术屡次对手下以及宾客说："我要是有孙策这样的儿子，死也没有什么遗憾的了（我若有子如孙郎，死复何恨）！"

他说得很对，他没有孙策这样的儿子，临死时候抱恨终生，吐血而亡。不过现在袁术觉得把孙策当作一件工具挺实用的，重要的战事也都安排给孙策。

孙策还打了一场庐江之战，当时庐江太守陆康也是朝廷任命的，自觉身贵，不同袁术同流合污，袁术很恼恨，但派将屡攻不能克，就又想到了孙策。他说："只要攻克庐江，太守的位置就是你的。"孙策一听不错，也便率将奋力攻城，不巧陆康病死，庐江城破。

不过袁术马上就失言了，他没有让孙策继任庐江太守，而是任命了一个自己的亲信担任此职，孙策本来愉悦的心情化为一肚子闷气，但是没办法，谁叫自己寄人篱下呢？庐江之战后，孙策下定了决心，一定要闯出一番事业来，结束这种乞怜于人的生活。

孙策打听到名士张纮很有谋略，此时正在附近居住，便备了些礼物，前去请教治理天下的办法，开始了东吴版本的"三顾草庐"。第一次去的时候正赶上张纮母亲病逝，张家正在办丧事。张纮对孙策说，不好意思，我正在丧居期间，方寸已乱，其他的事情都靠边站。孙策只得郁郁而归。之后孙策不间断地去问好送礼，有一次还站在大雨中鞠躬不止，这些做法最终打动了张纮。

张纮就对孙策说："现在天下大乱，要想成就一番事业，除非先占一块地盘啊。袁术这个人你也看到了，好好的南阳被他折腾成什么样子了，怎么能成事？如今江南混乱，各个家族占山为王，要是将军您能向袁术借兵一统江南，然后招揽天下豪杰，养兵蓄锐，静观天下，到时机成熟时候入主中原，那么大事就成功了。"

这可是最早的"隆中对"，孙策一听恍然大悟，他抓住张纮没有放开，表示叹服与感谢，之后二人经常交谈结交。孙策还把全家家眷都交由张纮照顾，然后在这条方针的指导之下，放心放手去开拓自己的事业去了。

【乱到高潮是疯癫】

◎ 可找着亲人了

官渡大战以后，刘备逃到荆州，投奔刘表。刘表拨给他一些人马，让他驻在新野（今河南新野县）。张飞和关羽也找来了，三兄弟又聚到一起了，可是刘备却并不开心，眼看着自己就是知天命的人了，却还是一事无成，想想就没脸见人。

后来刘备总结了一下，自己之所以这么失败，就是因为没有一个足智多谋的人，因为刘备穷，谋士都不愿意跟随他。

刘备开始四下打听，问哪里有聪明的谋士，还真被他给打听到了，隆中名人司马徽举贤不避亲，极力推荐了诸葛亮和庞统（庞德公的侄子），有话为证："卧龙凤雏，得一而可安天下也！"

刘皇叔很实在，他为了稳妥决定上双保险，要把这两个人都收罗进来。庞统很积极，刘备还没去请，他就自己跑过来自荐，刘备很高兴，打算再派人去找诸葛亮。这时，一个人发话了。

"诸葛亮非等闲之辈，主公如果不亲自去请，恐怕有怠慢的意思。"

醍醐灌顶，刘备亲自准备了礼盒，带着关羽和张飞就找去了诸葛亮家，但是很不凑巧，诸葛亮出门了，问什么时候能回来，家里人答道没准。原来诸葛亮还是个踏青爱好者，常常一个人跑野地里去溜达，什么时候回来要看他的心情。

没关系，这次不凑巧，下次再来就是了。刘备留下姓名和来拜访的目的就回去了。回去的路上，听到田间有个农夫在唱歌，出口不凡，气势恢宏，跟老乡一打听，刘备才知道原来这人竟然是诸葛亮的弟弟，弟弟都这么有出息，那哥哥一定错不了，刘备满怀希望地走了。

过了几天，刘备再次出发去到诸葛亮家里，非常不幸的是他却被告知，很不凑巧，先生本来回来了，不过今天一早又去岳父家喝酒去了。

没办法，那就等等吧，也许喝完了诸葛亮就回来了呢。结果一等等到太阳下山，也没见到诸葛亮的影子。这次刘备有些生气了，一旁的关羽和张飞也一个劲地数落诸葛亮不地道，上次来的时候都留下姓名了，既然你回来了，不说主动来拜访，起码也该在家等着啊，还摆那么大的谱。

刘备回去后越想越气，越气就越睡不着觉，爷爷我还不请他了呢，不就是一个谋士吗，天下千千万还抵不过一个诸葛亮吗？

还是那个人，一句话浇灭了刘备的怒火："越是难得到的越是要珍惜啊。"

金玉良言，刘备再次准备了厚礼，带着关羽和张飞去了诸葛亮家。这次很赶巧，诸葛亮在家，不过在午睡。

刘备很高兴，在家就算放心了，那就等他睡醒了再见。上次他出门不知道什么时候回来，睡觉睡几个钟头总会醒的，于是恭恭敬敬地在门外等候。

因为刘备坚决要求不要打扰诸葛先生的休息，所以家人也没去通知诸葛亮门外有人等着，诸葛亮一个放心觉睡起来，天都快黑了，推开门正准备问老婆晚上吃什么，猛地看见院子里杵了三个黑影，吓了一跳。

"先生，刘玄德等你多时了。"可算起床了，刘备松了口气。

和诸葛亮相谈甚欢，刘备的谦虚坦诚感动了诸葛亮，诸葛亮决定出山帮他的忙，刘备激动万分，诸葛亮可是个人才，他可算找到亲人了，看来自己就要转运了。

◉ 天涯海角追杀令

公元 208 年，曹操开始南下，进攻刘表，但是曹操走得慢了点，他还没到荆州，刘表就病死了，刘表的儿子刘琮被曹操吓破了胆，赶紧投降了，这仗赢得太利索了。曹操转头就去收拾刘备，刘备早吓得跑掉了，一路上带着百姓，走也走不快，很快就在当阳长坂坡（今湖北当阳县东北）被曹操追上了。

刘备被打得很惨，老婆丢了，儿子没了，要不是赵云仁义，拼死替他抢回儿子，只怕刘备就绝后了。

实在没有办法的刘备向江东的孙权求助。孙策被人暗杀，用毒箭射死了，这才轮得上孙权接班。

孙权就派了鲁肃来和刘备洽谈，刘备也不能跌份，就派出了诸葛亮对阵。

诸葛亮就跟鲁肃到了东吴柴桑见孙权。

孙权见诸葛亮来了，故作高傲，一言不发地看着诸葛亮在那里比比画画，分析曹操各种弱点，诸如大军远征兵疲马困、人数减半、水土不服之类。诸葛亮知道他故意不理自己，暗地里耳朵竖得老高，便笑眯眯地说："既然孙权你怕了曹操，还是投降他吧，也不必跟我们一般见识，反正刘备不成气候，迟早是要完蛋的。不过我们主公可是个有气节的人，就算战死也不投降。"

孙权闻言大怒。

孙权唤来自己的属下，询问打曹还是降曹。正好曹操的威胁信到，孙权顺便读给大家听。臣子们讨论不大一会儿就吵了起来，有人认为投降，有人认为坐视不理，年轻一点的则认为跟曹操一拼到底。大家越吵越激烈，把孙权弄得糊里糊涂，躲回屋里郁闷去了。

生气归生气，仗还是要打的。孙权将鲁肃找到内室，与他"垂泪对望"，鲁肃摸着下巴想了好久才说："把周瑜叫回来吧，由他来决定。"

周瑜与孙策是铁杆兄弟，二人分别娶了二乔姐妹花，周瑜娶的是小乔。周瑜能文能武，连苏轼都说三国风流人物只有公瑾（周瑜字）才配得上，足见他有多悍。刻下，周公瑾正在鄱阳湖练水兵，一接到孙权的飞鸽传书，他就赶赴柴桑。

没见到孙权前，程普、黄盖、韩当等一班人都来见周瑜："水军都督，我们是宁死也不会投降！"特别是黄盖，他激动得口水喷了周瑜一脸。

周瑜擦了擦脸上的口水说："我也没说让你们投降，激动什么？"他将几员老将送了出去，诸葛瑾、吕范等文官又进来了。

诸葛瑾不好意思地说："我老弟诸葛亮来找主公商量对付曹操的事情，我没敢多嘴，都督有何高见？"

周瑜微笑着说："我自有主张，你们不用担心。"

把众人打发出去后，诸葛亮又来了，而且是有备而来。他和周瑜分析了一番利弊，两人达成了共识，那就是联合抗击曹操。

诸葛亮带着这个好消息回到江夏，刘备乐得不得了，带着从刘琦那里搞来的两万兵马，顺流而下经夏口至樊口，与周瑜三万水军会合。

◎ 偷鸡不成蚀把米

曹操听说周瑜把自己送去的劝降信撕了，还砍了使者的脑袋，怒骂一通之后派出蔡瑁和张允督船打东吴，与甘宁领导的东吴战船交手。

蔡瑁、张允都是老将了，姜毕竟是老的辣，甘宁不幸惨败而归，周瑜急忙补上空缺，与曹军再战。作为水军都督的周公瑾当然没甘宁那么窝囊，三两下就把曹军轰跑了，但是因为水上西北风刮得厉害，东吴战船无法进一步推进，只能暂时收兵。

曹军败兴而回，蔡瑁和张允被曹操一顿臭骂，心中极为不爽。每每和东吴战船打仗的都是荆州水军上一线，曹军在后面躲着，算什么能耐！二人愤愤离去。

曹操叫来一帮亲信，询问该如何对付周瑜，蒋干站出来说："我与周瑜是好朋友，我去跟他说。"曹操大喜，给蒋干带上充足的干粮，弹了弹他脑袋上的儒冠说："去吧，全靠你了，兄弟。"

蒋干乐呵呵地跑到樊口拜见周瑜。周瑜早知道他是曹操的说客，每当蒋干要说话的时候就故意岔开话题，晚上又办了个"群英会"，喝酒到天明。

凌晨时候，周瑜终于玩够了，让蒋干扶他回房睡觉。蒋干自己则坐在大厅里发呆，怎么也睡不着，便到周瑜的书房找两本小人书消遣，没想到在周瑜的桌子上看到一封信。他打开一看，不禁大惊失色，竟然是蔡瑁、张允给周瑜的信。蒋干这下更精神了，一路狂奔回曹营，告诉曹操蔡、张二人通敌。

曹操越想越生气，觉得最近荆州军情绪很不稳，难道是打算背叛他？他终生都坚信一项准则：宁可我负天下人，勿叫天下人负我。蔡、张两个老头既然如此待他，他也没必要客气了。

某一天的夜里，曹操带领一队人马突袭荆州军营，咔咔两刀杀了蔡瑁和张允，致使曹方水军群龙无首，全赖曹操一方的北方汉子指挥。然后为了补上蔡、张的空缺，曹操让毛玠和于禁做水军都督。两个旱鸭子指挥一帮水军，把对岸的周瑜乐得直打跌，心想曹操可是一点也没浪费自己的反间计啊。

用脚丫子也能想出来，周瑜桌子上的那封信有百分之九十九是假冒伪劣产品，但多疑的曹操偏偏就中计了。

先是中了周瑜的计策，后来又中了诸葛亮的计。

曹操是富人，武器多，诸葛亮决定从他身上拔毛，一天半夜，他向鲁肃借了二十艘船，在船上插满了稻草人，给稻草人穿上士兵的衣服，指挥各位船长向曹军方向开去。

天色大晚，江上起了大雾，曹军这方灯火通明，正准备吃晚饭，信号兵突然发现雾中隐约有东吴水船，回身冲进主舰向曹操报告情况。曹操觉得可疑，就让人放箭击退敌人，于是在曹操强大的火力下，诸葛亮的草船收获了十万支箭。

◉ 赤壁烧了曹操的心

大战还没开始，曹操就损兵折将，还赔上了这么多武器，让他很是不爽。但是周瑜的诡计远没有停止。

一天，黄盖被揍得皮开肉绽以后，哭哭啼啼地写了一封"血书"，让阚泽送去给曹操，信中说得无限凄凉，先讲自己对孙吴有多么仗义，再讲周瑜刚愎自用、自以为是，又说自己对孙吴大失所望，希望曹操能收留他，他还能帮曹操拐带一批东吴水军。

曹操告诉阚泽说，黄盖要是真投降，就给他高官厚禄，让他吃不完拿不尽。被曹操遣送回来的阚泽在黄盖耳边嘀嘀咕咕说了一大堆，老黄乐颠颠地去向周瑜报告好消息：曹操中计了。这是黄盖和周瑜的苦肉计。

而后庞统又出马了，他到曹操那儿跟曹操聊天，曹操告诉他，这场仗自己最担心的就是自己军士晕船。

庞统给曹操出了个主意，让曹操用大铁索将船捆绑起来，二十艘大船为一行，三十艘小船为一列，船与船之间搭架木板，建造巨型的水上陆地。

曹操一听真是好主意，有学问的人果然不一样。他马上就照办了。但其实这都是诸葛亮他们的计谋。

曹操把船捆好了后，挑了个好日子，开战了。

一天晚上，曹操举目眺望，发现由对面过来数十只船，上插黄龙旗，写着"先锋黄盖"，果然是黄盖的降船。曹操刚想笑，却又发现黄盖那些船的甲板上空空如也，一个人也没有，不明所以。就在此时，东风突然刮起，黄盖的数十艘破船突然加速向曹操方向驶来，而且船尾竟然点着大火。

曹操这才明白自己中计了，但已经晚了，在大风的帮助下，火是越烧越大，曹操损失惨重，他本人因为提前溜到了陆地上，这才捡回了一条命。

曹操听了张辽的话往乌林跑，慌不择路，来到一处山沟，恰好遇上了大雨，道路又是泥泞又是沼泽，很多马和士兵都身陷其中。这一通水火相继，把曹操弄得狼狈不堪，曹军七零八落，逃到了南彝陵葫芦口。曹操一屁股坐在一棵枯树下，又爆笑出声，对众人说："我要是诸葛亮和周瑜，就在这里放一票人马，等我们走得筋疲力尽，便冲出来将我们一网打尽。"

曹操的"乌鸦嘴"再次发挥了超级强悍的作用，他即将走上的华容道上，关羽在那儿等着他呢。

但是曹操脸皮非常厚，他提起自己当初对关羽的好来，让关羽不忍心对他下手，还把他放走了。曹操跑回许都，休养生息去了。

◉ 蔡文姬归汉

赤壁之战失败后，曹操觉得老脸丢尽了，那之后的几年，他还真是安生了不少，也不出去惹事了，也不随便和孙权、刘备他们勾搭了。他好好在家反省，认真地操练队伍，决心要充实自己，证明给别人看自己是可以的，为了鼓励自己的信心，他自封为魏公。

公元216年，他又晋爵为魏王（都城在邺城），这下子，曹操的威望一下高了很多，就连南匈奴的呼厨泉单于也特地到邺城来拜贺。曹操把呼厨泉单于留在邺城，像贵宾一样招待他，让匈奴的右贤王回去替单于监理国家。

南匈奴跟汉朝的关系缓和了很多，曹操成天接待这位单于，忽然有一天，他想起了自己朋友的女儿还在南匈奴，就跟单于商量，能不能把这位女子接回汉朝。

曹操的那个朋友蔡邕已经死了，当初蔡邕是东汉末年的一个名士，早年因为得罪了宦官，被放逐到朔方（在今内蒙古杭锦旗北）去。后来董卓掌权的时候，又把他放回到洛阳。

董卓那会儿正想拉拉人气，听说蔡邕的名气很大，就想把蔡邕拉到自己这边来，让他为自己提提人气。为了让蔡邕甘心留在自己身边，董卓不但对蔡邕十分敬重，还封蔡邕做官，隔几天就升一次官，蔡邕觉得董卓真是不错。

结果董卓没蹦跶几天，被吕布杀死了。这下蔡邕的文人情怀涌上心头，他情不自禁地叹了口气，觉得董卓挺可怜。这下可惹恼了司徒王允，认为他是董卓一党的人，把他抓了起来。尽管当时很多人都替蔡邕求情，说蔡邕是个好人，但王允就是不放人，文弱的蔡邕就这么死在了监狱里，留下来个女儿叫蔡琰（音 yǎn），又叫蔡文姬。

蔡文姬跟蔡邕一样，博学多才，蔡邕死了之后，没人管她了，生活得比较凄惨。正巧那会儿关中地区又发生李傕、郭汜的混战，长安一带百姓到处逃难，蔡文姬也跟着难民到处流亡。蔡文姬长得还不错，就被匈奴兵抢走了，送到匈奴那里献给了左贤王。

打这以后，她就成了左贤王的夫人，左贤王很爱她。她在南匈奴一住就是十二年，给左贤王生孩子，跟左贤王过日子，虽然生活得也不错，但毕竟还是很想念自己的故乡，一想起来就落泪写诗，也就是后来流传下来的《胡笳十八拍》。

曹操不知道哪根神经搭错了，忽然想起了蔡文姬，就派人把她接回来。左贤王很舍不得蔡文姬，但是他又惹不起曹操，只好把蔡文姬送回去了。

蔡文姬到了邺城，曹操看她一个人孤苦伶仃，就自己做媒，又把她再嫁给一个屯田都尉（官名）董祀。后来董祀犯了事，被抓去要砍头。蔡文姬不想当寡妇，就去找曹操求情，而曹操也卖了这个面子给她，蔡文姬就这样把老公救了回来。

后来为了报答曹操，蔡文姬把蔡邕生前的一些文稿，默写了几百篇出来，献给了曹操，曹操很满意。曹操把蔡文姬接回来，在为保存古代文化方面做了一件好事。历史上把"文姬归汉"传为美谈。

【将战争进行到底】

◎ 不做私人医生

赤壁一战，让刘备和孙权成了紧密的伙伴。刘备更是向孙权借来数郡，连接整个南荆州站稳了脚。孙权只分得荆州东南方向的几个小城，但背后有大片的江东土地，与曹操遥相对峙（其实是不敢北伐，因为周瑜被屯兵江陵的曹仁一箭射中，重伤不起，后被诸葛亮气死了。孙权失了军事顶梁柱，只能龟缩江东不出）。

曹操也知道南攻对于北方军人来说太困难，且有朝廷反对派势力不断抨击自己，北有马腾、韩遂如锋芒在背，不如回许都修养，将北方的"蟑螂"真正扫净，再图整个天下。曹操派出曹仁留守江陵抵御刘备、孙权，自己领兵回朝。至此，三国鼎立的局面初具规模。

回到许都的曹操心情很不好，自己打了败仗不说，他心爱的小儿子仓舒也得了重病，眼看就要没气了。这时曹操感慨："要是华佗在，孩子不会死得那么早。"

曹操惦记的华佗是一名神医，什么病都能治好，但是华佗是个热爱自由的人，他拒绝当官，只想当个自由的行医者。

他成功的案例很多，最著名的当算是为关羽刮骨疗伤了。当时关羽中了毒箭，剧毒无法排除，让中箭的胳膊肿得老高。华佗就拿小刀划开关羽的肉，在关羽的骨头上划拉，把毒都刮了出去。

这个案例中不论是医生还是病人都是英雄，但接下来这个就不好说了。曹操一直有个治不好的偏头疼的毛病。他看过很多医生，但就是没有效果，听说了华佗的大名，曹操就派人去把华佗找来。

华佗在曹操的头上扎了几针，曹操的头疼就好了。曹操很高兴，他让华佗留下来，专门为他一个人治病。这可让华佗为难了，他志在天下，不想留在曹操身边，曹操看华佗不乐意，就把华佗关到了监狱里。

但是华佗宁死不屈，曹操最后就把华佗杀了，打从华佗死后，曹操发头疼病，就再没有找到合适的医生给他治疗。但曹操还死鸭子嘴硬，就是不肯承认自己的错，直到他的小儿子仓舒死了，他才懊丧万分。

◉ 刘备进益州

赤壁之战以后，刘备的日子稍微好过了一些，但还是寄人篱下，得看人眼色，诸葛亮给他分析，如今南有孙权，北有曹操，唯一的发展方向便是西面的益州（现在四川的大部分地区），和诸葛亮想到一起的还有庞统，他也曾劝过刘备说："如果不求向西发展，和孙权、曹操他们抗争的机会恐怕难以得到。"

益州当时主事的是刘璋，简单做个介绍：刘璋，男，字季玉，因为出身干部家庭，从小没吃过苦，所以导致长大后成天乐呵呵的，没有什么忧患意识。

这样的性格特点放如今可能还挺招人喜欢，但在那个时候，大家为了争地盘，抢势力打得龇牙咧嘴，头破血流，你一个人在圈外看热闹那是绝对不行的，一定要把你拉下水来。

赤壁之战前夕，曹操一路奔到江这边来挑衅，刘璋看到苗头不对，便想乘曹操还没想到打他之前，先跟曹操表明一下立场，说自己是和其他人不一样的，自己没有扩充地盘的野心，而且是非常愿意归顺的，只是千万不要攻击他。为了这个想法能顺利地传达给曹操，刘璋挑选了一个人作为他的使者，前去曹操那里。

此人名叫张松，体格瘦小，长相偏差，但是人不可貌相，小个子张松很有才华，尤其是口才不错，刘璋认为他一定能表达清楚自己的意愿，并且说服曹操放过自己。

带着刘璋的殷殷期盼，张松就上路了，俗话说短小精悍是为人精，说的就是张松这样的人。除了口才之外，他还擅长另一种本领——见风使舵。通俗点讲，就是谁给的好处多就跟谁干。

刘璋一向没什么大志，自然对手下也疏于管理，张松自认为才高八斗，是个有大作为的人，可是自从跟了刘璋每天不是闲坐就是喝茶下棋，而且工资也是常年不见涨。虚度光阴的张松认为跟着刘璋实在是没有前途。

曹操就不一样了，几年内将风暴席卷了大半个中国，跟着他混一定能混出个名堂来，可惜曹老板当时已经到达江陵，把刘备收拾得七零八落，痛不欲生，给了孙权一个结结实实的下马威，被胜利冲昏头脑的他，根本没把刘璋放到眼里。

刘璋？张松？贵姓？贵庚？真是没空搭理你们。

坐了冷板凳的张松气得不行，他认为这是曹操对他智商和人格的侮辱，所以一路骂着曹操的祖宗就回到了刘璋那里，添油加醋地对刘璋说了一通曹操的坏话，还捏造了情报说曹操很快就打算来攻打益州了。

急成热锅上的蚂蚁的刘璋慌忙问张松有没有什么应对的办法，他可不想打仗，更不想被打。

"我看如今只有联合刘备，一起来对付曹操了。"张松这个建议出的不明不白，就算曹操对不起你，你也没必要扯刘备来啊，看来此人的确是脑子有点问题，难怪曹操第一眼就没看上他。

话虽如此，刘璋还是赞同了张松的意见，又派了一个人去找刘备，传达自己希望结盟的意思。

这个人叫法正，除了个人素质稍微比张松高一丁点外，大致情况哥俩都差不多，怀才不遇的法正去到刘备那里，受到了刘备的热情款待，备受重视的法正觉得领导就应该是这样，顿时萌生了倒戈的想法。

其实刘备对谁都这样，这是人家的做人习惯。法正还什么都没搞清楚就急着当叛徒，说到底还是头脑有点简单。

诸葛亮在一旁看出了那么点意思，就鼓动刘备继续对法正好吃好喝地招待着，而他自己也不时地找法正聊聊天，借机会看看这个人水平到底怎么样，结果法正肚子里还真有点东西，不是个草包。

如果把法正争取过来，让他安插在刘璋身边充当间谍，那对刘备得到益州可就大有帮助了，诸葛亮对法正许诺如果刘备成为益州的主人，一定会给他加官晋爵，加薪提成的。

法正面对金钱和官位的诱惑，终于屈服了，拍着胸脯保证以后一定定期汇报刘璋的动向。看着法正离去的背影，诸葛亮没有高兴，政治上要点阴谋诡计是家常便饭，但诸葛亮不是阴谋家，他还是没有习惯这样的倾轧和覆灭。

但是有个人却很高兴，就是张松，这位仁兄一看自己有同盟军了，立马和法正联络了感情，交流了心得，在之后的日子里，两个人心有灵犀地在刘璋耳朵边为刘备说好听话。

本来就没什么主见的刘璋被这两位仁兄灌输的，认为天底下除了刘备再也找不出第二个可以帮助他的人了。

法正经常将刘璋的举动和言语汇报给诸葛亮，相比之下，张松的动作就狠多了，他不时地鼓动刘璋将刘备接到益州来住，理由是大家离近了，凡事好商量。

刘璋虽然没本事，但还不傻，知道整个军团来自己家会是什么后果，所以张松的险恶用心一直没能得以实现。

但是机会终于被张松等到了。

制造这个机会的是曹操，惹事的永远是这位大哥。

◎ 就不能消停会儿

吃了败仗，元气大伤的曹老板坚信阳光总在风雨后，自己还会再站起来的，所以沉寂了一段时间后，他再次站在了惹事排行榜第一名的位置。

曹操认为马腾与自己近在咫尺，最近动静特别多，显然是有造反的迹象。荀攸思考了片刻，建议曹操封马腾为征南将军，假意让老马去打孙权，实则引他入京再除掉他。曹操忙不迭地点头，传令叫马腾进京。

马腾心知曹操欲除掉自己，留了长子马超在家看守，带着两个儿子马休、马铁和侄子马岱去了许都，还未得到挂名的头衔，便被曹操在三句话间谋杀了，只有马岱逃出生天。

在西凉州等着父亲回家的马超忽然做了噩梦惊醒过来，下人忽然扑进屋里报告马腾身亡的消息。马超"咕咚"跪到地上，失声痛哭，哭够了之后，便与韩遂合伙发兵往长安方向进军，誓杀曹操为马腾报仇。在进军的路上，西凉各路人马皆痛恨曹操不仁不义，纷纷投靠了马超一方。吓得长安郡守钟繇魂飞魄散，急报曹操快派兵设防。

在曹操大军赶来之前，长安已经失守，曹操只好令曹洪和徐晃带一万兵马帮钟繇死守潼关。马超见很难攻过去，登上潼关口冲着曹洪、徐晃放声大骂，把曹操的爷爷、爸爸、曹操本人、曹操的儿子们全骂了个遍，跟当年陈琳骂曹操有一拼。只不过马超不太文明，骂语之间有粗口。曹洪的脾气向来暴躁，容不了马超在那里"谩骂"，徐晃却总是拦着他，让他不要轻举妄动，显然识破了马超的激将法。

马超看曹洪等人就是不出潼关，恨得牙痒痒，每吃完一顿饭便跑出来继续骂，骂累了回去吃，吃完再骂，实在太累就回去睡觉。如此循环咒骂好几天，马超的嗓子都发炎了，徐晃、曹洪愣是没动地方。

于是，接着骂曹操祖宗十八代。马超锲而不舍的精神终于"感动"了曹洪，洪爷终于按捺不住冲出潼关向马超杀来。

马超大吼"来得好"，几个回合便令曹洪败兵逃走。前者紧随曹洪的脚步冲进潼关，徐晃不得不放弃关口往东撤。

曹操看到灰头土脸的曹洪，本想喂他百八十个大板子，后来一想曹洪性格所致，罚了等于没罚，不如专心对付马超。

马超就这样和曹操杠上了，双方你来我往，打得很是热闹。曹操渡过黄河到马超的屁股后面打他，既可以让马超无险可守，也可痛击马超。此计是徐晃向曹操提出来的，深得曹操赞同。

但马超已经先一步猜到曹操、徐晃会选择在蒲阪津一带渡黄河，叫韩遂去渭河北岸拦住曹操去路。韩遂却认可"兵半渡可击"这种老兵法，非要等着曹操渡河到一半的时候迎头痛击，让曹操葬身大水之中。

双方都想得很美，但谁也没实现自己的想法，曹操把马超打得跑了很远，他满足了一下胜利心理，就回来了。

◉ 祸害活千年

公元 211 年，曹操派兵准备去征伐汉中的张鲁。这个大事让刘璋很害怕，张鲁就挨着他住，打完张鲁不就该轮到他了吗？这个危险的信号让刘璋坐立难安，这时张松又不失时机地来劝说将刘备迎进益州，两家共同抵抗曹操。

已经乱了方寸的刘璋这次没有反对，他派法正带领四千人马到荆州去迎接刘备，请他来和自己共同抵御曹操。

几年的筹备，又安插间谍，又观察局势，诸葛亮等待的就是这一天，他带着法正找到刘备，在地图面前，为刘备再次上了生动而激励的一课。

"我们现在在荆州，如果曹操或者孙权打过来，我们是毫无退路，而且没有防守，但是到益州的话，情况就大不相同了，可攻可守，而且那里刘璋的兵马几万，可以为我们扩充势力所用。"

"进入益州已经是水到渠成的事情了，法正对益州了如指掌，有了他做内应，益州，我们一定可以兵不血刃地得到。"

"将来蜀地就是我们的，全国的统一将从这里开始迈出第一步。"

演讲完毕，纵观此演讲，要点明确，思路清晰，语言生动，紧抓要害，别说文化不高的刘备，就连法正也叹为观止，自愧不如。

既然话都说到这份上了，我再不干也就太对不起诸葛先生的一番口水了。刘备大吼一声："拼了。"这位一直像温吞水的刘大叔，胸中的雄心终于被诸葛亮点燃，爆发出了燎原的气势。

话又得说回来，要去别人家住了，自己家也不能不管啊，诸葛亮留下张飞、赵云、关羽和他一起坐镇荆州，守住门户，而刘备则是带着庞统一干人马，大约两万人，随同法正西去，上了益州。

先走路后坐船，舟车劳顿一番后，在绵阳一带，刘璋带着仪仗队把刘备接进了益州。

要说刘璋这人可真不错，不但对刘备他们盛情款待，还主动把白水军的统兵权交给了刘备，自己躲到一边去当甩手掌柜，不管事。只盼着早点结束战斗，重过和平年代。

有了白水军，刘备的军队扩张到三万人，而且还补充了很多器械物资，一下子鸟枪换大炮的刘大叔激动了，还是军师说得对啊，益州不能错过，来了我就不能再走了。

吃了秤砣铁了心的刘备打算在益州生根发芽，虽然表面还是要做做样子，让刘璋看到他还是积极备战，不是来这里白吃白喝的，但私底下却是到处和益州当地的大族豪强结识，还老去刘璋的手下家里溜达，跟人家交流感情，说心里话。刘备这样过河拆桥，刘璋都没发现，还依旧对刘备好好招待着。

在后方坐镇的诸葛亮不断告诫刘备不要着急，先要厚树恩德，以收众心，然后再争取足够的时间来发展自己的势力。在军师英明的远程指导下，刘备在益州逐渐如鱼得水。等刘璋反应过来自己的主人位置被威胁的时候，另一件事情的发生却是直接加速他的下台。

这件事情的肇事者是曹操。一把年纪了，他没想过退休，活跃在政坛和军界的最前沿，今天打打这个，明天捅捅那个。

刚打完张鲁和马超，曹老板又惦记上了孙权，当年你烧了我那么多船，让我损失了那么多箭，给我造成的巨大损失，我今天让你全给我补回来。

孙权找到了刘备，让他看在自己把妹妹孙尚香嫁给他的分上，帮自己一把。刘备和诸葛亮商量了一番，决定帮这个忙。

达成共识的刘备和孙权，将之前二人一直争执不下的荆州一分为二，以湘水为界，湘水以西归刘备，湘水以东归东吴，然后就开始专心对付曹操。说来也怪，自从孙刘联合之后，曹操便开始吃败仗了。

阳平关的一次战役中，刘备战胜了曹操，把他的大将夏侯渊给杀了，这让曹操不得不退出汉中，撤回到了长安。刘备居然打败了曹操，这对刘备是个鼓舞，他决定自我鼓励一下，在公元219年，他自立汉中王。

当了王的刘备没放弃继续攻打曹操，按照诸葛亮的战略，要乘胜追击，从东面的荆州直接攻打中原。镇守荆州的是关羽，于是刘备让关羽带着大军去攻打中原的第一站樊城。

借着一场大雨，关羽来了个水淹七军。面对关羽，曹操忧心忡忡。以前无论面对多强的敌人曹操总是沉着迎敌，从来没有过躲避的想法，可能真是岁数大了，有了精神负担。

但是他的谋士司马懿安慰他说："别担心，我看刘备和孙权两家是貌合神离，这次关羽赢了，孙权肯定不乐意了。咱们干脆派人去游说孙权，答应把江东封给他，约他夹攻关羽，这样，樊城之围自然会解除了。"

曹操觉得这个主意不错，就派人去找孙权了。

【留下的全是遗憾】

◎ 红脸关公挂了

司马懿的分析是有道理的。刘备和孙权两家虽然结了盟，但是矛盾很大。鲁肃在世的时候，是主张吴蜀和好，一起对付曹操的。后来鲁肃死了，接替他职务的大将吕蒙，就和鲁肃的主张不同。

当初吕蒙不好读书，有些人瞧不起他，包括主公孙权、都督鲁肃。孙权劝吕蒙读书他还说忙，孙权说："你再忙有我忙吗？我日理万机还抽时间看书呢！"吕蒙一听也是，从此就开始读书，后来鲁肃到吕蒙军营巡查，一和他谈话吓了一跳说："我上次见你时你不是一介武夫吗？如今怎么有如此学识？"

吕蒙就说了一句话来反驳他："士别三日，当刮目相看。"之后鲁肃有事没事就找吕蒙说话，有时候鲁肃对他的想法也佩服得不得了，鲁肃去世后，东吴能挑都督这个担子的，就只有吕蒙了。

吕蒙接替鲁肃，在荆州与关羽演对手戏，他并不急于求成，学鲁肃那样先耗着吧，我不信找不着机会。

机会也不是好找的，关羽进攻曹仁的时候都留下重兵防备吕蒙偷袭。

突如其来的山洪围困于禁和庞德，让关羽捡了个大便宜。本来经过几年卧薪尝胆的孙权打算等关羽被曹仁打败后就势进兵荆州，听说关羽战胜很失望，也很担心。那关羽接下来不就要收拾我了？孙权连忙给关羽写了一封信，说希望关羽把女儿嫁给自己的儿子，实际上就是让关羽的女儿来东吴当人质，试验一下关羽有无出兵东吴的意思。

关羽确实想收拾完曹仁后收拾东吴，让大哥刘备一统华夏是他的最大梦想。对曹操作战的胜利使关羽心高气傲，他断然拒绝掉了孙权的联姻，让孙权探出了自己的底牌。

孙权就找吕蒙商量，吕蒙说："关羽进攻樊城，兵力不足还留下很多驻军守城，是在防备我啊，请你准我病假回乡休养吧。"孙权依计而行。

吕蒙建议陆逊代替自己驻守陆口前线，一介书生陆逊就走向了政治的舞台，在取荆州上他也着实出了一点力。他写了一封谦逊十足的信给关羽，送了一顶高高的帽子给关羽戴："关将军，现在谁还是您的对手？我镇守我方路口，希望我们和平共处啊。"

关羽自然很是得意，以为东吴无人，派了一个根本没有打过仗的黄毛小子任都督，彻底放松了对东吴的警惕。他不知道事实上陆逊雄才大略，早就撺掇吕蒙偷袭荆州，吕蒙辞职自己上台让关羽上当的点子就是他出的。

关羽果然上当，撤了荆州的守备部队，大家都去攻打樊城，共同立功。殊不知，背后出大事了。

装病的吕蒙渡江来到荆州江陵，轻而易举拿下，然后顺江而下突然出现在公安，守将糜芳、傅士仁不战而降。投降是因为糜芳、傅士仁刚挨过关羽的军棍，不久前他们两人喝酒不小心烧着了自己的军营，惹怒了关羽。其实这种处罚无可厚非，但是两个人怀恨在心，恐怕也是平时关羽傲气积下的怨恨。

之后，吕蒙又是兵不血刃地取得了襄阳，抓住了城中将士所有的家属，包括关羽的。不过吕蒙并没有怎么为难他们，反而一一抚慰，真是将瓦解敌军的计策用到了家。

于是关羽部将都没有了战斗的信心和勇气。

吕蒙的计谋让樊城的援军徐晃捡了个大便宜，面对傻了眼的关羽将士，徐晃果断出击，杀得关羽败退，但是能退到哪里去？现在关羽连营寨也没有了，手下的将士无路可走，又因为家属在吕蒙手里，纷纷投降东吴。关羽约束不住。面对溃败，他也学起自己的大哥——弃军逃走。退守麦城之后向上庸的刘封、孟达求救，在孟达的口舌之下，关羽多少年前在刘备认刘封为义子之时说的一句"大哥你都有儿子了还认义子做什么"激怒了刘封，面对正在麦城苦苦挣扎的关羽，平时好歹都能说得过去的叔侄关系如今却不共戴天起来。

关羽恼怒之下决定依仗自己的武力突围入川，不过在徐晃和吕蒙的共同追击下，他已经没有了水淹七军时的威风凛凛，陷入东吴军队包围还没有施展武力便被潘璋所获。在麦城，关羽就这样走到了他人生的尽头。

杀死了关羽，曹操认为孙权立了大功，把孙权封为南昌侯，到了曹丕即位称帝以后，又封为吴王。

在建安二十四年，也就是公元219年，随关羽一起死去的名将很多。在汉中，夏侯渊被斩杀在定军山下。在樊城，庞德被关羽所杀，于禁投降后更是生不如死。尽管后来蹒跚归国，但在新即位的主人曹丕的羞辱下迅速死去。在东吴，取得成就的吕蒙也没有潇洒多久，也因突发疾病而死。

◎ 曹操先走一步

人老的时候心也随着老了，这在一世豪杰曹操身上得到最好的验证。公元211年曹操在西北击败马超军队后没有穷追猛打，已经显出老态；公元215年曹操没有乘着平灭张鲁的余威打到益州去，反而说出"既得陇，复望蜀耶"，更是道出了他已经身心俱疲；三年之后的218年农历六月身体还算健康的曹操在许昌写下了自己的遗嘱，他知道自己时日不多了。

刘备与曹操对抗久了，也确实摸清了曹操的脾气，以前他见着曹操就跑，在汉中与曹操对决这次却没有望风而逃，而是据险不战，在曹操退走后占有了汉中。刘备之所以不逃，就是看出了曹操的心已经老了。

孙权看不透曹操。他杀了关羽之后还将关羽的首级送给曹操，并劝他代汉自立，曹操的反应是："你想让我往火炉上烤啊！"

当时能够阻止曹操称帝的就只剩下曹操自己了，可曹操偏偏迈不过这道坎，宁愿当他的丞相。代汉不代汉，留给我的儿子吧。选谁接替自己的基业呢？曹植虽然才高八斗，文采超过自己，但是仅仅是个文人，如果生在治世可以光耀曹氏的门楣，但是在乱世之中，如果他成为继承人，结果会基业断送，凄惨无比；曹彰则是一介勇夫，管理不好朝政国家；曹丕呢？他的诗文虽然小气，但是小气的根源是真正的自私和利己，也不乏残忍，在乱世中还算能够保全家业，现在只好矮子里挑将军了。

曹操死前最念念不忘的是他的长子曹昂，不时说："要是你母亲问我儿子呢，我该怎么回答啊？"他说的曹昂之母并不是生母，而是养母——曹操的元配丁夫人。曹昂虽是丁夫人的养子，但是因为她没有生儿子，感情恐怕比一般的母亲对亲生儿子还要亲。丁夫人因为曹昂在一场战役中丧生与曹操吵架闹气，被曹操一怒赶回娘家。后来曹操多次去请她回来都没有结果。有一次曹操再请，说了半天好话丁夫人也没有理他。最后曹操厚着脸皮又说："亲爱的，咱们一起回家，好不好？"丁夫人还是没有理他。曹操自觉无趣，只得郁郁回去，不过走到门外时候又问："到底回不回去？"丁夫人死心了似的还是不回应，曹操长叹一声"真拿你没有办法！"曹操有一段时间想帮她改嫁，可是曹操的元配谁敢要呢？

220年的农历一月，曹操死于洛阳。同年，他的儿子曹丕逼迫汉献帝与自己玩"石头、剪子、布"的游戏，汉献帝输掉了皇帝的宝座。之后江山就改了"魏"这个名字。当了皇帝的曹丕，追封自己的老爸为魏武帝，自己的儿子、外甥、七大姑八大姨、朋友爪牙等，统一称呼为曹魏集团，统统升官，芝麻开花节节高嘛。

◎ 大哥替你报仇

曹丕当了皇帝，与此同时，在成都的大耳朵刘备也忙不迭地称了皇帝，建立了蜀国政权，借口是汉献帝被曹丕害死了。其实汉献帝活得比刘备和曹丕都长，一直到234年三月才死掉，在这之前的229年孙权也忍不住建立了吴国，圆了自己的皇帝梦。

刘备称帝，完成了自己最初的梦想，也是最终的梦想，由卖草鞋的变成皇帝，这才是真正的奋斗。不过，迎接他的命运不是享福，而是灾难。

刘备对于自己的两个结义兄弟还是真心对待的，几十年生死不离，是谁都会有真情谊。当他得知关羽死亡的消息后，便要进兵东吴，报仇雪恨。诸葛亮说不可，他对刘备说，报仇可以，但现在时机还不成熟。诸葛亮劝得很少，说明当了皇帝之后，刘备更加疏远诸葛亮。

这时候赵云也上书冷静分析："代汉的是曹魏，不是孙权，如果先把魏灭掉，东吴便会不战而屈服。到时候想怎么报仇都可以。现在我们应该进攻关中，在黄河、渭河对抗魏国。我们是正统的汉室，一旦攻进关中，那里的老百姓都欢迎我们，做我们坚强的后盾。"这是赵子龙版的"隆中对"，入情入理。但刘备现在哪里还听得进去，动员了蜀国七十多万大军，分水陆两路，杀奔东吴。

"义"这个字在中华民族心中被赋予了很重的分量，所以才有了"舍生取义"这句很有境界的话。刘备的举动，作为一个正常人来说，无可厚非。因为任何一个失去手足的人都有权采取报复的行动，这可以理解。但是刘备忽略了自己的身份，现在的他已经不是那个居无定所的漂泊者了，而是一国之君。当刘备再听到张飞的死讯时，便彻底失去了理性。

七十多万大军开到了自己的境内，这种复仇的锐气吓倒了孙权，就像当初曹操兴兵为老爸报仇问罪徐州陶谦一样，亲情导致的战争是最不好妥协的，也近乎没有妥协的余地。

随着刘备大军的攻无不克，势如破竹，孙权一时想不出什么有效的手段说服刘备放弃。而刘备呢？也根本没有放弃这种念头，静下心来想想，自己报仇之余，还可以占有东吴，可以说是一举两得。先打下东吴，再收拾曹魏，还是按着诸葛亮"隆中对"来的嘛。

你死我活的战争开始了，虽然刘备赔进了老将黄忠，但是东吴的损失更大，甘宁、潘璋等东吴剩余的大将都为保卫自己的疆土尽了忠。面对孙权的无计可施，诸葛亮的哥哥诸葛瑾走到了台前，决定为孙权出使蜀营。子瑜（诸葛瑾字子瑜）先生真的是抱着必死的决心了。同时他也觉得这个时候只有他作为使臣出使才能有活着带回传话的概率了。毕竟他是蜀国丞相的哥哥。

诸葛瑾很会办事，把关羽之死的责任推给了已经死去的吕蒙的身上，尽管违心，但是有什么办法呢？而且开出的条件也是旷古绝今，换个人都会答应的：送还蜀国荆州全土，两国永结盟好，共伐曹丕。

看来孙权真的怕了，作出如此的妥协让刘备比较一下他和关羽的亲情何如与汉室的亲情，这种条件是对刘备空前有利的，但是刘备此刻不是蜀国皇帝刘备，而是关羽大哥刘备，斩钉截铁地拒绝了诸葛瑾。

◎ 刘备病逝白帝城

刘备死咬东吴不放，不明白得饶人处且饶人，这一点他连死去的何太后都不如。何太后还曾对弟弟何进说，思路决定出路，给人出路就是给自己出路。此刻刘备没有思路，只有拼杀一条原则，最终断送了自己的大好前途。

刘备兵临城下，孙权一筹莫展，大将吕蒙已经病故了，眼下谁还能抵御外敌？在案头徘徊许久突然想起吕蒙死前推荐的陆逊了，吕蒙保证说陆逊可以担当重任。陆逊是孙权的女婿，标准的裙带官，但是并不是浮夸子弟，而是很有才学，权贵要拉拢看中的后进，招其当女婿或者认其为义子都是常用的手段。这个女婿也没有给孙权丢脸，在袭取荆州的过程中出了大力。

如今让年轻的陆逊做大都督，反对声当然一片，韩当、周泰等老将就在大堂上直言不讳说：我打了这么多年仗还从来没有见过如此年轻的都督，他能行吗？反对归反对，大敌当前，孙权只有相信"死鬼"吕蒙的话，试一试了。

其实，孙权他们在争议的时候陆逊早已经在前线抗敌了。他在吕蒙取得荆州之后就没有回过朝中，待在荆州做长远的打算：对当地的少数民族领导封官许愿，对荆州的下层士人广开入仕门路。这些是刚愎自用的关羽想不到的，也是卖草鞋出身的刘备想不到的，他进军荆州的时候只能想到给少数民族的领导大把金钱收买起来指望他们不要变乱。他哪里知道，对少数民族的酋长来说，任命一个官位比黄金要重要得多，要那么多钱又花不了，一个官位换来的可是尊重。

陆逊玩这一招，怕是早就料到刘备的入侵。

所以刘备攻过来的时候，荆州当地人士并没有像刘备当初盘算的那样热烈欢迎他。到了陆逊和刘备对峙之时，荆州本地的少数民族反而与东吴军队一起同仇敌忾抗敌，刘备指望荆州变乱于内的图谋被陆逊化解了。

刘备心想，这也没什么，你们不支持我，我这么多兵，一起送你们上西天吧。

可是他遇到了一个更大的难题，他也曾给曹操出过同样的难题，那就是坚守不战。陆逊严令坚守隘口，不准出战，违令者必斩。刘备在长江各个隘口晃了八个月还多，多次求战，陆逊就是不出兵。

陆逊帐下也是一片嘘声。我们东吴为什么不出战？装孙子这种事传出去多丢人！这也怨不得那些武将们抱怨，当时有这么一个状况：孙权的侄子孙桓孤军被困在夷陵城中，如果被像疯子一样的刘备拿住，那还不给活吃了？所以众将屡次请缨，要求护主解围。但是陆逊微笑着没有理会，只是默默地等待时机。

这是一场双方毅力的较量，而刘备小看了陆逊，高估了自己，故作聪明的刘备在接下来的较量中犯了严重的错误，认为陆逊小子惧战，因此从巫峡到夷陵连营数百里，大大方方地摆出和东吴拼消耗的架势，正中陆逊下怀。

陆逊就等刘备联营百里的这一刻，他听到消息就从椅子上跳了起来，注定了自己的胜利。高明的棋手，在子数不多的时候，就是等待对手的昏招。陆逊等来了刘备这一招。你联营？我一把火不就烧了你吗？

终于，火着了起来，刘备也傻了眼，不知道怎么自己就处于失败之中了，我不是还没有与陆逊过招吗？他哪里知道战争局势的瞬息万变，他早就处于陆逊近乎完美的布局之下，现在只剩下在火海中四处奔命，而在逃命时，刘备就像被陆逊牢牢把住了脉一样，逃到哪里，哪里就有吴兵等着抓他，先遇见徐盛，又遇着丁奉，刘备身边张苞、冯习舍命相挡，才有了机会逃走上路。后来又被朱然截断了去路，多亏了老将军赵子龙救驾才得以逃生。刘备在逃窜中没有曹操大笑的豪情，小家子气的他一直在心疼自己的被烧得片甲无存的七十万人马。

赤壁之战后，曹操尚能死灰复燃并继续形成燎原之势，但在夷陵战后，刘备只能苟延残喘以图自保。蜀国不仅仅是兵员丧失无存，益州多年积聚的财富也在此役中丧失殆尽。

这次失利对刘备的打击空前绝后，空前是刘备以前也从来没有指挥过七十万兵马的战役，绝后是刘备不久后就病死了，历史再也没有给他机会再指挥一场战役。

在白帝城，刘备完成了最后一件事，就是托孤给诸葛亮。看到被诸葛亮带来的阿斗，他泪眼蒙眬，他向阿斗坦白了自己一生的作为，不配当儿子的模范。他写下这几个字："你的父亲没有德啊，你可千万别学我，多学学好啊。"人之将死，其言也善，刘备这辈子总算说了一句实话。

不过临死他还是吓唬了一下诸葛亮。他对诸葛亮说："你的才华比曹丕强十倍还多，你看着阿斗能辅佐你就辅佐，要是实在不成器，你就取而代之吧。"这样说让诸葛亮如何吃得消？诸葛亮吓得马上跪倒刘备床头，汗流浃背说，臣愿意鞠躬尽瘁，死而后已。诸葛亮度量大，不计较刘备的试探。要是换成另外一个人，比如魏国的司马懿，就一定会有很不好的反应：你既然不相信我，我又何必为你后代效力呢？

随着诸葛亮诚惶诚恐地接过了刘备的遗诏，桃园结义三兄弟就在白帝城落下了帷幕，随之而来的是两大高人的终极对决。

【 "冢虎" "卧龙" 斗智斗勇 】

◎ 司马懿发迹

刚满三十五岁的司马懿不声不响被曹操提升到了丞相府东曹属的职位上去，成为丞相府的一大奇事。关于他的飞黄腾达，相府内流传着多种版本，有的说司马懿总是拍曹丞相的马屁，有的说司马懿给曹丞相送了一份大礼，还有的说司马懿其实是曹丞相的私生子，众口不一，且没有哪种说法值得相信。但是司马懿当上东曹属，年纪轻轻便掌管了相府里的人事任命大权，实在值得那些熬多年也没有出头的大小官员们议论纷纷。这世道真是怪，怪得离奇：孙权手下那个故去的周瑜，二十七岁便当了东吴都督，统帅全军；蜀国那个书生诸葛亮，只凭着一出"隆中对"，也是三十岁不到指点江山，取荆州得益州。离谱得很！他们为什么会那样聪明，看透了这个时代的趋势，身边的司马懿也是如此厉害的角色吗？到目前为止还没有看出来！

他们没有发现是因为司马懿的隐忍之道，这也是司马懿的过人之处。

一直以隐忍为准则的司马懿还在丞相府中找到了两个榜样——曹操和荀彧。应该说，在丞相府以后的工作中，他时时处处都在向这两个榜样学习。一个榜样的力量是无穷的，何况现在有两个榜样，司马懿很快就超越了榜样，这是因为他总结出了榜样的优缺点：荀彧作为高明的谋略家，他的长处仅仅局限于运筹帷幄之中，发展的空间太狭窄，始终只能在幕后活动，无法驰骋疆场登上历史的大舞台；而曹操能谋善战，他的空间无限广阔，势必成为超级强者。有了这样的总结，有志于天下的司马懿就使自己一步步完善成为集曹操、荀彧两人所有长处为一体的真正枭雄。

但在曹操的眼皮底下，司马懿不敢展示自己的雄才大略，他做的工作主要就是指挥军队耕田，实现军屯。司马懿还亲自到牧场和田间督促农牧生产，夜以继日，不辞辛劳，顺便也消除曹操对自己的戒心，不让上司把自己视为眼中钉。让曹操高兴的是他在与东吴临近的淮河流域大规模屯田，供应军粮，让自己省心多了。

不露声色的司马懿在丞相府技高一筹。219年，关羽率军攻打樊城，水淹七军，取得全胜。曹操打算迁都到河北地区来避开关羽的军威。司马懿这时候出来说话了："丞相，我们应该联结孙权，孙刘联盟表面上亲密，实际上疏远，矛盾重重。"后来孙权派吕蒙从后路进攻关羽，关羽败走麦城，说明了司马懿确实看透了问题。他的建议，不费一兵一卒就解决了曹魏的危机，不可不说是高明而深沉。

司马懿虽然下足了功夫，也建了些功劳，但曹操始终没有完全消除对他的防备之心。你那么牛一个人，能让我放心吗？直到220年，曹操患头风病痛死后，司马懿才总算等到他的出头之日，这时他已经四十二岁了。曹丕委任他做一件看似不难、实则重要的事情：担任曹操的治丧委员会总干事。司马懿把曹操的葬礼办得风风光光的，功劳很大，所以曹丕继承魏王之后，马上提拔这位能干的亲信，封他做丞相的秘书长，这就意味着魏国的一切事情都要过他的手。这一次相府里没有人再敢对他议论纷纷了。

与此同时，他生平中最大的对手诸葛亮也掌握了蜀国的大权，他们二人一个被称为"冢虎"，一个被称为"卧龙"，龙虎斗即将轰轰烈烈地展开。

◉ 熬也熬死你

不息的战争已经闹得民不聊生了，没想到上苍也跟着来凑着热闹。231年春天的某一天，头顶的天空中有一颗硕大的流星，划着刺眼的弧线，砸在了魏国的领土上。

这事要是在现在也没有什么，可在当时却震动了魏国上下。从第二天起，进京的术士源源不断，解说天象。人不少，不过所有的术士都给出了同一个说法：天降异象，魏国有灾，死伤惨重。

魏国君臣都半信半疑。如今三国交战不断，几乎天天都有成千上万的将士死亡，司空见惯，没什么值得诧异的。如果你要是说，天降异象，今年三国之间不再打仗了，那才是天底下第一大奇事！

一听君臣都有异议，最后术士们又补充了一句，今年必有上将丧生。

这么一说，大家都不交头接耳了，都开始猜想了，上将丧生，会是谁呢？不过文官不禁都松了口气，自己又不上战场，也不是什么上将，灾难离我远远的！而武将都自觉或不自觉地在心底默默祷告：那员上将别是我！可千万别是我，我上有八十岁老母要养老，下有三岁小儿要抚养。

身为皇帝的曹叡想得就不像臣下那么简单了，他更认真严肃地关注着这件事。这个天象是不是预示着蜀国丞相诸葛亮又要进犯？根据他从战争前方得到的最新情报显示，自上次诸葛亮北伐失利之后，一直在厉兵秣马，准备再犯我边境。无论是否与天象有关，魏蜀之间的大战，都在所难免。

诸葛亮，你为什么不歇息一下？这位年仅二十六岁的年轻皇帝深深地忧虑着敌情。自他五年前登基以来，诸葛亮自恃天下无敌，小看自己，连年挑起战争，弄得自己东御西防，左支右绌，几乎没有喘息之机。幸亏在老爸曹丕留给自己的几位辅政大臣帮助下才渡过了难关。特别是得到辅政大臣兼宗室名将曹真的得力相助，要不是他，诸葛亮早就攻下都城了，还值得一说的是另一位辅政大臣司马懿，防吴工作也做得不错，让自己放心、省心。然而，才过了几天清静日子，不曾想到诸葛亮又开始蠢蠢欲动，伴随着这颗坠落的硕大流星。

诸葛亮在春暖花开喜气洋洋的烟花三月没有去郊游踏青赏花弄月，而是挥师十万，气势汹汹，再出汉中，大举进犯魏国边境！曹叡接到这份加急挂号信的同时还收到了一封信——魏国关中战区大将曹真暴病身亡。术士们的预言成真，所有的人都恍然大悟：丧生的上将，竟是大将军曹真！

八年来，抵挡蜀国进攻的战役，大多由曹真统率指挥。曹真以他顾命大臣之尊与百战不殆之勋，在魏国军队中建立了稳如泰山的威信。如今，将星陨落，蜀吴少了曹真这样的强劲对手，自是欢喜庆贺。诸葛亮更是焕发光彩，信心百倍披甲上阵，加快行军的速度，直奔祁山大营列阵对决。

诸葛亮觉得此次上苍保佑蜀国，就把汉中与后方的政务，都交给李严负责，自己缓解压力以便用全副精神与魏军决战。赵云等一批老将已经亡故，此次跟随诸葛亮上阵的将领有魏延、王平、高翔、吴班等。

魏方的统帅自然是老对手司马懿，大将有张郃、郭淮等。

诸葛亮有了充足的准备与斗志，对司马懿发起了猛烈的进攻，可是还是没有取得多少成效，原因就是老对头司马懿凭借天险，以守为攻，准备打持久战来拖垮他。拖得最后连被曹叡派在司马懿军中作"监军"的贾诩都看不过去，贾诩说："你这么怕诸葛亮，还出来打什么仗？这样下去天下的人都会笑你的。"

贾诩都这样说了，司马懿只好瞅准机会出战，不知道他瞅的是什么机会，一出战就被诸葛亮打得落花流水，看来司马懿确实不如诸葛亮。司马懿吸取教训，再也不出战了，任凭贾诩说。大权在自己手里攒着呢，急什么急？司马懿对蜀军的军事判断是正确的。蜀军孤军深入，战线拉得太长，粮草供给有困难，因此诸葛亮每次出征，都希望速战速决，如果不成功就会退兵。

诸葛亮屡次出征，都奈何不了司马懿，那家伙就是不战有什么办法？有一次不得已派人送一套女人的衣服给司马懿，羞辱他都不是男人，去穿女人衣服回家织布去吧。司马懿才不管这些羞辱呢，就一个字"忍"，仍不出战。

百忍成金。忍，是大政治家在权术斗争中制胜的重要因素。而诸葛亮天天操劳，事无巨细，亲自过问，吃得少，喝得少，身体终于扛不住了，病逝五丈原。历时七年的诸葛亮北伐战争结束，白白成全了司马懿在魏国的地位。

235年，司马懿因阻挡诸葛亮进攻有功，被提升为太尉，统领全国军事，大权在握。

◎ 司马懿的"鸠占鹊巢"

司马懿演技高超，三国时代要是办一场"奥斯卡"，司马懿肯定勇夺影帝地位。他吸取曹操与荀彧的精华，在魏明帝曹叡时期，从一个谋士顺利转型为武将，登上更为广阔的历史舞台，把以前深藏不露的军事才能淋漓尽致地展现在大家面前，所有的人都吃惊得睁大了眼睛。熬死诸葛亮之后，司马懿安排好边防就北上辽东攻打公孙渊。公孙渊是辽东太守公孙度之孙。公孙度依附曹操在辽东成为一方诸侯，他的孙子对魏国不满，就在辽东造反起来。

攻打公孙渊是一场远征战役，但司马懿只带了四万人马前往，也仅用了一年时间便灭了公孙渊，巩固了魏国的大后方，魏国欢庆，连远在东吴的孙权也不得不发出赞叹："司马懿，你真行！"

这个真行的司马懿也就接受了曹叡的托孤之事。被托孤可是好事啊，诸葛亮被托孤掌握住了一切大权，自己如今也有这个机会了，得好好抓住不放。司马懿也差一点丧失这个机会，当时司马懿正在关中镇守，接到曹叡的诏书，星夜驰奔，累死了十五匹快马，终于见了曹叡最后一面。

"仲达啊，我的孩子就交给你了……"曹叡拉着司马懿的手，将刚满八岁的太子曹芳交给了他，还让曹芳抱着司马懿的脖子，司马懿顿时跪下来痛哭流涕，周围的人都感动得一塌糊涂。

曹叡托孤，场面搞得与刘备托孤一样感人至深。也许是居高位者的想法都差不多，他和刘备一样，托孤的时候玩了一手，为了牵制司马懿，他同时还把曹芳托给了另一个大臣——曹叡的同族兄弟，大将军曹爽。

曹叡毕竟是曹操的后代，他的智商比刘备高了一点，他事先就把职责分得清清楚楚：曹爽掌握军政大权，负责政治上的事情，司马懿参掌军权，负责国家防务。曹叡的愿望是美好的，两位托孤重臣通力合作又相互牵制，确保曹家政权平稳过渡，等小皇帝长大亲政了，再由他收回政权。

对于这点，司马懿很清楚，所以，尽管曹芳抱着自己的脖子亲昵，司马懿哭泣的表情下掩饰着愤怒：你曹叡既然想让人出力，为什么做如此精细打算？我要是真替你儿子卖命，那不是傻瓜吗？

司马懿老谋深算，不露声色，而曹爽是一个绣花枕头，个大势强，如今一被托孤更加势大，那些朝中趋炎附势的纷沓而来，就有些独行专断的意思了。

不过，刚开始辅政，曹爽对司马懿这位老资格还是恭敬有加的。可不久，他的那些部下就开始撺掇了："老大，咱们得抓紧了，司马懿那老小子野心勃勃的，听说他现在到处收买人心，要抓紧时间行动啊！"可见很多事情由不得自己，手下为了谋取更大的利益推着头头向前，头头不是为了自己一个人活，能不向前吗？

部下的撺掇其实也不错，独掌政权很好啊，错就错在曹爽这些人志大才疏，不清楚自己的斤两，就想去扳倒司马懿。于是有一天，他给小皇帝曹芳一串糖葫芦，说："乖，是叔叔亲还是司马懿老东西亲啊？"

曹芳舔着糖葫芦说："叔叔亲。"

"那就听叔叔的话，让司马懿去当皇帝的师傅（太傅）去吧！"曹芳嚼着糖葫芦就答应了。

不过虽说司马懿没了实权，可有过那么多贡献，影响还在朝堂上弥漫。从此，曹爽虽然独掌大权，很多事情处理上还是不怎么顺手，他恼怒之下杀掉了几个亲马派人物，才奠定了自己的专政地位。随后几年，曹爽大量培植亲信，为非作歹的事干了不少。

而司马懿冷眼旁观这一切，什么也不说，等他的原配夫人张春华故去时，他趁机向曹爽打报告说想回家颐养天年。曹爽巴不得司马懿离开朝廷，立马同意，还举办了一场欢送会。司马懿的两个儿子司马师、司马昭也借口照顾多病的老父亲，办了停薪留职手续，挥挥手，走人，你们好好折腾吧。

曹爽自我感觉日益良好，他哪里知道司马懿的以退为进、韬光养晦。朝中一些政治神经敏感人物当然知道大风大浪还在后头。

可眼下曹爽更加得意忘形，和汉末董卓的行为差不多，比董卓好点的就是不乱杀人、不穿皇帝的衣服、不玩皇帝的珍宝奇玩、不睡皇帝的女人。自己专政的生活太有乐趣了，谁也管不了自己，他还隔三岔五地拉上一帮哥们儿，出城搞个自驾游，赏月观花。

大司农桓范就上前劝曹爽："你们曹氏兄弟掌握朝政，可不能一起离开岗位啊。要是有人不老实，把你们关在都城外边，即使你们手中有权，可是有权没有军队，怎么办？在都城赏月观花就好了。"

曹爽嘿嘿冷笑，然后恶狠狠放出话来："谁敢！"

"别忘了，司马懿还在城里呢！"桓范说。

桓范不说，曹爽差一点把司马懿忘了，想起司马懿，他越想越不放心，就派自己心腹李胜去看看司马懿在家做什么，司马懿听说后就再次施展了他的拿手好戏——装病。司马懿装病的本事到了老年已是练就得炉火纯青，他躺在床上装作风瘫，两个丫鬟伺候他喝粥，粥从嘴角直流出来淌到胸口。李胜在一旁看着就感到恶心，但为了试探就说："我马上要到本州（在河南）做官了，来给您老辞行。"

司马懿故意打岔，上气不接下气地说："本州那么远，一路颠簸，小心啊。我快要死了，我们以后怕再也见不着了，我的不争气的儿子们还要托你关照。"说着眼泪都掉出来了。如此不顾形象，自然顺利骗过李胜，曹爽认定曾经叱咤风云的司马懿现在成了只剩一口气的残废，可喜可贺，用不着防范了。

实际上司马懿早就让两个儿子安排一大批将士，潜伏于洛阳各处，随时准备兵变。249年一月魏明帝曹叡忌日那天，曹爽陪小皇帝去京外扫墓。司马懿听说后就从病榻上一跃而起，带领儿子奔向宫中，老当益壮，发动了宫廷政变，挟持太后之后就率兵占领了洛阳各个城门。曹爽兄弟几个在城外成了光杆司令，回想没有留两个兄弟守京，后悔得肠子都绿了。司马懿说，只要交出兵权，你曹爽兄弟的爵位仍会保留，绝不加害。曹爽居然相信了，把官符交出，投降了。大家拥着小皇帝刚回京，司马懿就马上诛杀了曹爽兄弟几个，夷灭三族，一时间洛阳城血流成河。

司马懿已经彻底走上了一条与曹魏政权决裂的路。

司马懿隐忍多年的狠毒面目到老终于暴露，曹魏政权果然如曹操最初担忧的那样落入了司马懿之手。尽管不久后司马懿病死，但他的两个儿子司马师、司马昭控制朝局，比当年曹操控制汉献帝还严。

这给东吴带去了连锁反应，司马懿夺权引起年迈的孙权的不安，他身边有个居于高位的陆逊。从荆州到夷陵，孙权目睹了陆逊从沉默中走向辉煌，辉煌得几乎盖过自己的光芒，自己百年之后，他会不会像司马懿一样夺得自己的江山？孙权既然有了这样的想法，年事已高的陆逊必然倒在他的政治祭台上。

◎ 吴国无人，蜀国有姜维

孙权除掉一切能给子孙后代带来威胁的力量后死去，不过他的后代一个比一个不争气，一个比一个残忍，也一个比一个短命，十几年中就有孙亮、孙休、孙和、孙皓四位君主，将士之中也没有出什么新的人才，所以就一直偏安东南，守住国土。蜀国倒还有一个姜维继承着诸葛亮的志愿，继续北伐，但依然没有取得成效。蜀国到了后期，一个黄皓就把朝廷搞得乌烟瘴气，身为大将军的姜维竟然沦落到去种田避祸的地步。

能够入诸葛亮法眼，收他为唯一的学生，可以想象姜维有何等的才气，姜维也从此开始成为三国后期最耀眼的将才。师徒关系在诸葛亮一出祁山的时候开始，魏国年仅二十六岁的姜维吸引了时年四十七岁的诸葛亮，诸葛亮决心捕获他。被抓的姜维无奈中只能投靠。从这一刻开始，便有了蜀国后期的风风雨雨。

234年，五十四岁的诸葛亮在最后一次北伐时，病故归天，姜维封闭消息，悄然退军。一方面避免蜀军自乱，另一方面克制司马懿全面进攻。但是司马懿的耳朵比顺风耳还灵，他还是得知了老对手死去的消息，自然大喜过望，立刻全面追击，姜维则不声不响布阵，树起诸葛亮的大旗，鸣鼓作战。多疑的司马懿以为这是诸葛亮拿自己的生命开玩笑实施的圈套，连忙撤退。姜维命参军署府事杨仪率小队人马在前方造势，自己率大军安全退回蜀国。

蜀国的败落从诸葛亮时已经显现，诸葛亮生前在平衡蜀内各个派系的斗争上费了不少心思，取得了不少成绩，大家团结一致对敌，但是没能彻底解决魏延和杨仪之间的矛盾。镇北将军魏延性格高傲，在军中大家都尽量避着他走，更不要说去惹他了，可是独杨仪好几次去惹魏延，有时候还开魏延的玩笑，魏延愤怒，二人势如水火。诸葛亮死后，杨仪手中握有军权，他找借口立刻把魏延杀掉，费祎又利用权术使杨仪被废为平民，不久后费祎也不知被何人刺杀了。事情如此混乱，蜀国已经不是姜维一人能够改变的，但是姜维依然用他个人的才智，写下了蜀国最后的辉煌。

蜀国的实力，在三个国家中倒数第一，丢掉荆州后就只剩一个益州了，敌众我寡，只能以攻为守，主动出击，步步蚕食敌方，这就是诸葛亮的规划，他五出祁山征讨魏国，有好几次都攻下了魏国的城池，这就是收获。按照蚕食的方针，如此循环，必将了却君王刘备的心愿。姜维彻底贯彻老师诸葛亮的策略，不停地进攻魏国，从238年第一次出祁山，直到262年最后一次出兵，二十多年间，姜维竟然组织了十一次北伐！胜败各有：胜五次，平手四次，败两次。与诸葛亮相比，毫不逊色，因为诸葛亮时期还有赵云等大将，而姜维独当一面时期真的就是独自上沙场，国中无大将，只好自己独力与魏国的众多大将屡次作战，但依然战功赫赫。

【战到最后的三国人物】

◎ 三匹马抢了"槽"

当大将邓艾率领魏兵从天而降，蜀中的兵将大为惊奇，这两千人有如此霸气，蜀国将士只能投降。蜀后主刘禅也投降了邓艾，至此，蜀国政权历二帝，前后四十二年，终于宣告结束。邓艾就在摩天岭上写下了属于自己的传奇——征服蜀国。

蜀国走到了尽头，没有什么事情可忙了，魏国这边依旧繁忙。

很多年前，曹操的儿子曹丕从东汉最后一个皇帝献帝手中赢得了皇帝的宝座，掌握了权力。历史的车轮滚滚前进，一般来说掌握权力就会腐化，曹魏集团也不例外，他们的战斗力不断下降，最后走路都走不稳，更别说骑马打仗了。就在曹魏集团的眼皮子底下，司马集团悄然壮大，终于有一天也会跳出来跟曹魏集团玩另外一场"石头、剪子、布"了——赢的得天下，输的下地狱！

曹爽兄弟被杀，钟会等作为司马氏的同伙自然飞黄腾达，一人升天，他的鸡猫狗鸭都会高升的。与此相对，与曹魏政权息息相关的夏侯氏却倒了大霉，驻守边防的夏侯渊之子夏侯霸逃奔蜀国，听说族人全部被杀，夏侯霸也就死心塌地效力蜀国了，为后来抵抗魏国进攻作出了和姜维一样的贡献。

魏国的前行步骤很明了。司马兄弟先是把曹芳废了，像最初董卓废皇帝一样，本来打算拥立曹操的一个儿子彭城王曹据当皇帝。但是太后觉得这样一来辈分就彻底乱了，太后的位置在朝中过于尴尬，自己的叔叔当皇帝，该怎么叫？就与司马兄弟商量着另外选一个人。钟会这时候就给司马两兄弟一个新的人选——曹丕的孙子高贵乡公曹髦。钟会把曹髦吹得才高八斗，司马兄弟就犯疑了："你找这样一位能人做皇帝，我们还怎么取而代之？"

钟会说："现在不是个过渡嘛，咱们还没有准备好。权力不是在咱们手上掌握着呢嘛。再说，现在要是取而代之，各地诸侯也会来征讨啊。要先解决地方势力。"

确实，有人已经不服气要采取行动，淮南的毋丘俭和曹魏集团的夏侯氏比较亲近，看见夏侯氏的人全部被杀，皇帝也被废除，就以太后的名义举兵讨伐司马兄弟。司马师找钟会商量，钟会给司马师出了个主意——拿淮南将士在都城的家属作要挟。先分五路兵马对淮南地区进行围困，但只是围而不攻，并颁布赦令，缴械者不杀！淮南将士顿时全无斗心。毋丘俭的军队在司马师的大兵压境之下，瓦解了。

不过，司马师也因为过于紧张，脸上的瘤子破裂，眼睛都流出来了，死在回军的路上。大权当然不会跑到别人的手中，他的兄弟司马昭在那等着呢。

司马昭当政，出兵灭掉了蜀国，以后他要做的事情就是顺流而下，去完成历史所赋予的某种必然——结束三国时代。在彻底完结这个时代之前，265年，司马昭的儿子司马炎逼着魏主曹奂禅位，改了个国号叫"晋"，司马炎就是晋武帝，历史进入了新的一页。

曹魏集团彻底下了地狱，曹操的梦终于得到应验，三匹马抢了"槽"（曹）。

◎ 不简单的投降

司马昭害死了魏帝曹髦，认为内部已经稳定，决心大举进攻蜀汉。

263年，魏国邓艾、钟会率领大军进攻蜀国，此时正因宦官专权不得不在外避乱的姜维听说后马上出山，驻守在剑阁进行对抗，一个人几千兵马就把魏国的大军压制得动弹不得。可惜，天要亡蜀，邓艾竟然领兵越过了四百里荒无人烟的险域，滚下连鸟都飞不过去的摩天岭，奇袭成都的北大门绵竹，守将诸葛亮之子诸葛瞻战死，绵竹失守。姜维接到消息后正欲班师抗敌，谁知成都刘禅已经投降。姜维只好投降了钟会。

姜维的投降不是简单的投降，他在等待一个时机。当成都城内的蜀国大臣举家自杀、悄然归隐、欢呼解放等都尘埃落定，姜维最悲壮最漂亮的戏份，才拉开帷幕。

带兵进攻蜀国的是钟会和邓艾两人，但攻进成都，接受刘禅降书的只有邓艾一个人。荣耀落在邓艾身上，钟会自然不快。姜维投降给钟会，钟会也并没有看低他，早先时候他们都在魏廷为臣，钟会也知道姜维的厉害，现在得到神人诸葛亮的指点，那是更加厉害了，所以有事还向他咨询意见。这次当然要听姜维的意见了，姜维就抓住了这个机会，建议钟会除掉邓艾。于是钟会收买了军中监军，监军就向朝中禀报邓艾坐拥成都，不思归返，要谋反。司马昭下令罢免并押解邓艾。邓艾莫名其妙地被关进了牢房，在264年的一月，钟会抵达成都之时，邓艾父子在牢中已经饿得半死了。这一计的成功，更让姜维成为钟会的心腹。钟会对姜维举着大拇指：高人！

随后高人姜维便开始了他的第二步棋——策反钟会。在一个夜深人静的夜晚，姜维对钟会说：“大将军，我对你说一件事，不知道你感不感兴趣？”

钟会当然要听听，姜维说：“您看邓艾，监军一句话就致他死亡，您在他身上看到自己的影子了吗？”

钟会示意他说下去，姜维娓娓道来：“魏军现在都听你的，而蜀国降军听我的，我们有三十万大军。魏国现在有这么多兵力吗？益州是我们的地盘，对抗魏国还不是举手之劳？”

钟会想想姜维说得很有道理，朝中斗争错综复杂，自己灭掉蜀国不知道有多少人眼馋呢，说不定自己一回朝就人头落地了，邓艾确实是自己的影子，如今有这么大的势力为什么不自己干一番事业呢？钟会决定倒戈，重立刘禅为皇帝，扶起蜀国的大旗，对抗魏国。

司马昭也确实防备着钟会，钟会前脚倒戈，司马昭后脚就带着一万精兵进入蜀内，宣布取消钟会的大将军职务，蜀中魏将不得听其命令。于是姜维和钟会只好走一步险棋，把所有的魏军将领关押起来。行动尚未进行，蜀中魏将生怕步邓艾后尘，立刻对钟会、姜维采取进攻，魏军、蜀军在成都城内激战，终因寡不敌众，姜维、钟会死在乱军之中。

◉ 扶不起的阿斗

邓艾灭了蜀汉以后，后主刘禅还留在成都。司马昭觉着蜀国都是自己的了，还留一个皇帝在那儿不妥当，于是他就派人把刘禅接到了洛阳来。

刘禅作为刘备的儿子，是一点没把刘备的优点继承上，作为一个富二代，他除了吃喝玩乐就是胸无大志。刘备活着的时候就很头疼这个儿子，让诸葛亮好好照顾，可是把诸葛亮都给累死了，刘禅也没长出息。

在诸葛亮死后，虽然还有蒋琬、费祎、姜维一些文武大臣辅佐他，可是这些人都不像诸葛亮管他管得那么严，刘禅也就开始肆无忌惮地玩儿开了。越玩儿蜀国越完蛋，最后被宦官黄皓得了势，蜀汉的政治就越来越糟了。

到了蜀汉灭亡，姜维被杀，大臣们死的死，走的走。刘禅身边已没剩下什么人，司马昭接刘禅去洛阳的时候，随行的人只有地位比较低的官员郤（音 xì）正和刘通两个人。

这两人一路上也够累的，刘禅什么也不懂，不会跟人打交道，不懂得跟人怎么说才是合规矩的话，这些事儿，全得郤正指点，一路上把郤正累得够呛，好不容易才到了洛阳。司马昭用魏元帝的名义，封他为安乐公，还把他的子孙和原来蜀汉的大臣五十多人封了侯。

司马昭这么做就是要做给别人看，让人觉得自己特有君王风范，也是为了稳住对蜀汉地区的统治，这一切在郤正眼里都很虚假，但是在刘禅看来，这就跟天上掉馅饼一样，真是天大的好事。

刘禅来到洛阳，天天吃喝玩乐，也不着急回去，反正在洛阳有人好吃好喝地伺候着。刘禅胸无大志的想法让郤正很是痛心，但是他也没办法，谁让自己跟了这么个不争气的领导呢，怨不得别人。

有一次，司马昭大摆酒宴，请刘禅和原来蜀汉的大臣参加。宴会中间，司马昭故意让一班歌女演奏蜀国的歌舞。蜀国的大臣们看到自己国家的歌舞，很是激动，想到自己的国家已经没了，更是激动，个个都要痛哭出来了。

唯独刘禅看得很高兴，就跟在自己家看一样，恨不得也上场跟这些歌女们一起跳一场。刘禅的神情被司马昭看了个正着，他想刘禅都没心没肺到这种地步了，难怪有诸葛亮那样的能人辅助，蜀国都没强大起来。

过了几天，司马昭在接见刘禅的时候，问刘禅说："您还想念蜀地吗？"

刘禅乐呵呵地回答说："这儿挺快活，我不想念蜀地了。"

司马昭高兴得哈哈大笑起来，一旁站着的郤正听着觉得太不像话了，好歹也应该说几句表示伤心的话应付一下，这样多不像话。

于是，他私底下告诉刘禅，下回司马昭再问他类似的问题，就应该做出悲恸欲绝的表情，说自己很想回家去。

果然，没过几天，司马昭又问刘禅还想回蜀国吗？刘禅想起郤正教自己的话，就重复给了司马昭听，还努力做出一副悲恸欲绝的表情，司马昭一看就是装的。刘禅见司马昭发现了，也就告诉司马昭，这都是郤正教的。

刘禅就是这么一个人，司马昭彻底对他放心了，专心致志地去对付吴国了。

三国演义终结

蜀汉被灭了以后，三国就剩下一个东吴，晋武帝迫不及待地要统一中国，279 年，他下令出兵攻打东吴。那个时候东吴的皇帝孙皓还沉浸在温柔乡中，成日花天酒地。

西晋的大兵分了三路进攻，其中王濬带着一路人马准备乘船走水路。他之前就做了充分的准备，光是超级战船就建了好几艘，上面的设施跟五星级酒店似的。其实早在王濬造船的时候，就有碎木屑从海上飘到了东吴，被东吴的一个太守吾言发现了。

可是当吾言把事情说给孙皓听以后，孙皓还不以为然，说什么自己没招惹别人，别人打他干什么。吾言心想这皇帝迟早要死，就没理他，自己开始着手防备西晋的进攻了。他叫人在江面下设置了很多障碍，有大铁链，还有大铁锤。

西晋部队的中路和东路都打得正得劲，捷报频传，可是王濬的水军却在水路上遇见了大麻烦。不过王濬灵机一动，也就把这麻烦给解除了。他让人又造了几十只大木筏，上面摆着稻草人，打扮成大兵的模样，再派上几个水兵领着木筏走，木筏撞到水面下的铁锤之后，铁锤自动地就扎在上面了。

至于大铁链，王濬也想了个好办法。那就是在木筏上捆上火炬，上面浇上足够的油，到了铁链所在之处就把火炬点燃，直到铁链被烧断为止。这样一来，水上的障碍就被扫清了。晋军直逼东吴都城建业，跟另外的两路大军会合。

东吴的无能主子孙皓这才被晋军的强逼惊醒了，他连忙出兵前去迎战，可是自己的部队一看到王濬进攻的架势，一个个儿地都被吓傻了，哪里还敢上前去打仗。孙皓没办法，又派了一个叫陶濬的将军，谁知道这将军竟然口出狂言，说是只需要两万兵力就能让西晋的部队死无葬身之地。

孙皓听信了陶濬，东吴的大兵自己却不傻，琢磨着这一仗除了送死还是送死，就赶紧逃跑了。

王濬率领的大军几乎都没开打，建业就被顺利地拿下，估计王濬心里也不怎么过瘾。孙皓想逃也逃不成，只好自己送上门去投降。280 年，随着东吴的灭亡，三国鼎立的时代正式宣告结束，西晋完成了统一中国的大业。

第七章

两晋风流　南北对峙

【昙花五十年】

◎ 比富玩儿

晋武帝在280年灭掉吴国之后，就算是正式地统一南北了，不过西晋的统一只是昙花一现，因为晋武帝实在不是个治理国家的人才，他能够统一南北，结束三国割据的战乱局面，完全是走了狗屎运了。

首先，他的爷爷和老子都很彪悍，替他坐稳了江山。其次他的对手实在太次了，晋武帝也就是晚生了那么几年，要是让他赶在诸葛亮活着的那个时代，他早没戏了。但不管怎么说，傻人有傻福，晋武帝就这么打了扶不起的刘阿斗，灭了只知道杀人玩儿的孙皓，将三国都划到自己的名下了。

晋军过江去接收吴国的时候，被孙皓杀怕了的老百姓以为自己可盼到救星了，纷纷夹道欢迎，就差铺红地毯，撒花了，大家高兴得跟过年似的，想着可是要从此以后过上安定团结的好日子了。

但是没想到，这个新皇帝照样是个不靠谱的家伙。正事不干，就爱喝酒作乐，虽没孙皓那么爱杀人了，可他也不管事，还是不理老百姓的死活。

晋武帝很爱面子，非常讲排场，他觉着自己统一了南北，算得上是名垂青史的大人物了，这生活质量怎么地也该提高提高。于是他就大兴土木，开始住豪宅，吃好肉，骄奢淫逸起来了。

在他带头提倡下，朝廷里的大臣把摆阔气当作体面的事。

在京都洛阳，当时有三个出名的大富豪：一个是掌管禁卫军的中护军羊琇，一个是晋武帝的舅父、后将军王恺，还有一个是散骑常侍石崇。

这三人一个比一个有钱，一个比一个有权，羊琇、王恺都是外戚，他们的权势比石崇大，但是石崇的钱可是比他们多得多，多到个什么地步，没人能说清楚。

石崇当过几年荆州刺史，在这期间，他除了加紧搜刮民脂民膏之外，还干过肮脏的抢劫勾当。有些外国的使臣或商人经过荆州地面，石崇就派部下敲诈勒索，给了就放你过去，不给就把你杀了，然后把你钱抢走。

那些年，靠掠夺了无数的钱财、珠宝，石崇成了超级富豪。后来石崇来到了洛阳，认识了这两人，三人凑到一起，天天就是攀比。

这三人他们也不用干活，每天就是闲得无聊，石崇听说王恺家里洗锅子用饴（音yí）糖水，他就让自己家的厨子用蜡烛当柴火烧。

王恺为了炫耀，他还专门在自己家门口的大路两旁，夹道四十里，用紫丝编成屏障。谁要是来王恺家，谁就能见识见识这个奢华的装饰了。

看着王恺比过自己了，石崇用了比紫丝贵重的彩缎，铺设了五十里屏障，这下王恺被比下去了。

为了赢回来，王恺去找自己的外甥晋武帝帮忙，晋武帝觉着这样的比赛挺好玩，就也要参加，他把宫里收藏的一株两尺多高的珊瑚树赐给王恺。王恺带着这株珊瑚树就去找石崇炫耀了。

没想到石崇想也没想就给王恺砸了，这下可把王恺气坏了，他要跟石崇理论，但石崇却把他领到了自己的仓库里，里头好多又高又大的珊瑚树，石崇让王恺随便挑不要客气，王恺这才真的认输了。

有个大臣傅咸看不惯这样的行为，他上了一道奏章给晋武帝，希望晋武帝能出面管管，但晋武帝也忙着搜刮财富呢，哪有工夫搭理这事儿？这事儿也就不了了之了。西晋王朝一开始就这么腐败，接下去肯定没好事。

◎ 皇帝是个活宝

晋武帝聪明，怎知生了个儿子却没继承他的优点，呆头呆脑的倒像个笨瓜。晋武帝整天捂着脑袋想，自己的老爹和爷爷也都是聪明人，怎么就有这么一个儿子呢？晋武帝甚至还怀疑是基因突变造成的。

这笨瓜孩子叫司马衷。朝廷里有这么个"活宝"太子，大臣们倒也觉得新鲜。可晋武帝却郁闷了，他还得考虑将来自己死了儿子怎么办。大家心里都琢磨着让晋武帝趁早换个接班人培养，可是嘴上也不敢明说。

有一次，晋武帝办了个宴会，大家喝多了以后又唱又跳的。这时候一个叫卫瓘的人装着一副喝了五斤白酒的醉汉模样，在晋武帝身边绕来绕去，一不小心就栽倒在晋武帝的宝座前。那人跪在那里，醉醺醺地说："哎，可惜了你啊，宝座！"

晋武帝这么猴精的人，怎么会不明白此人的意思，可正因为猴精，他也装糊涂地让人把这人带了下去，装着什么都不知道。后来也没人再敢跟晋武帝那儿提这档子事了。

晋武帝犯愁归犯愁，可儿子还是自己的亲，为了考察下儿子究竟笨到什么地步，晋武帝特意找人出了份卷子，拿去叫儿子填。

儿子一看卷子，上面大多是如何处理国家政事的题目，他怎么会做呢？这时候老婆抢下了卷子，就找了一个不错的老师来给司马衷作弊，让老师代替司马衷答卷。这老师肚子里有点墨水，答得一出是一出的。

正当太子的老婆满意得直点头的时候，身旁的一个太监挤眉弄眼地说："嗨，答得确实有水准，可是您想想，咱太子能这么说话吗？皇上还不知道他儿子几斤几两？到时候准怀疑。"

太子的老婆这才反应过来，于是就让这太监另写一份。太监也念过几年书，起码比太子高明多了，他答完了卷子以后让太子照着抄了一遍，就拿去给晋武帝打分了。

晋武帝接过卷子一看，该答的也都答了，虽然没什么水平，但是他本来就没对儿子有很大的期望，只要儿子能不把题目搞混就好。

290年，晋武帝到了大病的晚期，那时候的太子已经三十出头。晋武帝临死前叫人写了个遗书，交代他的叔父汝南王司马亮和皇后的老爹杨骏给司马衷当辅政大臣。可是当时在晋武帝身边的只有杨骏，后来杨骏又跟皇后联手弄来一封假遗书，说晋武帝只交代了杨骏一个人辅政。

老爹死了，司马衷坐上了皇帝的宝座，他就是晋惠帝。可是这三十多岁的人连一件芝麻大的事情都处理不了，搞得朝廷里的大臣们哭笑不得。

一日，晋惠帝在御花园里溜达，身边跟了一群太监。这时候荷塘里的癞蛤蟆叽里咕噜地叫唤，晋惠帝就问："这玩意儿为什么叫？为官还是为私？"太监们大眼瞪小眼，也不知道该怎么说，就忽悠说："在哪住就为哪！"

也不知道这晋惠帝听懂了没有，只见他迷迷糊糊地点着头。

又有一次，因为老天不给面子，所以全国上下一片饥荒的景象，饿死了不少百姓。晋惠帝知道以后就问："他们怎么会饿死呢？"

身边的人答："颗粒无收，吃不上粮食。"

晋惠帝又说："那就弄点肉粥吃吃嘛！"

这时候身边的大臣们什么话都不说了，各怀心事。自己的皇帝是这么个傻瓜蛋，那看来这皇位换成自己坐，这位皇帝应该也意见不大，那些野心家们开始蠢蠢欲动了。

◎ 频繁上岗再就业的女人

人们之所以为了当皇帝而豁出命去，那是因为无论是皇帝还是皇后，可以说是终身制的职业，一旦当上，便不会更改。

所以，人们憋足了劲要干上一把。不过干这行的风险也大，那就是要么被推翻下台，要么是归天死去，那这一切都是浮云了。

如果是后者，那自然有后继之人，可要是前者的话，那便是很少有人能够重新上岗。毕竟面对这种抢手而又富有诱惑力的职业，谁都不可能轻易让别人抢走机会。

所以，皇帝和皇后一旦下岗，那便可以说是永无翻身之日了。但有一位皇后却非常特别，她一共被废了五次，但又奇迹般地被立了五次，而且还有幸地成为中国历史上唯一一位做过两国皇后的女性。

这个女人就是白痴皇帝晋惠帝的第二任皇后羊献容。在西晋时期，最讲究出身门第，不论是做官还是嫁人，只要家庭背景好，那便一切都好说。当时天下最著名的七大家族便是：琅玡王氏、太原王氏、泰山羊氏、晋陵杜氏、清河崔氏、琅玡诸葛氏、阳夏谢氏。

这位羊皇后就是泰山南城人，出身其中之一的泰山羊氏。虽然身份也算高贵，但最初却是与皇后之位无缘的。晋惠帝还在太子之位的时候，就已经有了妻子，他的原配贾南风是个凶狠的丑女人，霸占权位，还贪图男色，搞得宫廷内外是鸡飞狗跳。最后因为谋杀太子落下口实，难堵天下的悠悠众口，被赵王司马伦毒杀，葬身于八王之乱的熊熊大火中。

贾南风一死，皇后的位子自然就空了出来，在新皇后该谁当的这个问题上，灭掉贾南风的赵王司马伦最有发言权。

不过可惜司马伦智商不高，便将这种大事交给了他的心腹孙秀，而孙秀恰好与羊献容的外祖父孙旂是同族人，所谓肥水不流外人田，这等美事自然要留给自家人。孙秀为了能赢得赵王司马伦的欢心，也为了能和皇室攀上关系，便极力推荐，立貌美如花的羊献容为新皇后。

羊献容就这样被羊家人送入了皇宫，开始了和傻皇帝共同度日的岁月，进宫后的羊献容并没有像她的家人那样得意洋洋。她每天不是发呆就是睡觉，毕竟，贾南风钻营权术，追捧美男，丝毫不在乎和一个傻丈夫过日子的感受。

但羊献容不一样，她是一个正常人，和一个傻子必然没有什么共同语言，而她也不会去结党营私，所以，她的婚姻生活这样看来是很无趣的。在羊献容当皇后的日子里，八王依然闹腾得风生水起，他们的互相吞并也牵连到了羊献容的命运。

很快随着赵王司马伦被齐王平定后，与赵王关系密切的羊献容被剥夺了她和惠帝的后代继承皇位的权利，但齐王好景不长，在他的部下抓捕长沙王时，长沙王率领百余人逃入了宫中，与羊皇后等原赵王的势力联合起来，最终将势力反扑过来。而后将齐王操控，羊皇后也得以重新上位。

但随着羊皇后父亲的去世，羊皇后再次被废，但是不久羊皇后的亲信、宫廷将领陈珍等就再次复立羊皇后，并挟持晋惠帝讨伐成都王。随着八王实力的此消彼长，羊献容不断被废被立。直到最后支持她的东海王打败了政敌，才确实地保住了她的皇后位子。但不久后随着晋惠帝的病逝，政局再一次出现变动。

帝王驾崩，皇位空缺，四面八方的王爷都对龙椅垂涎三尺。羊献容担心自己儿子年幼，周围虎视眈眈的人太多，会妨碍她当上皇太后，于是她便赶紧找到了前太子清河王，催促他赶快即位登基，可惜她的计划失败，皇位最终被攻陷洛阳的刘曜登上，而她也成了刘曜的妻子。

身处乱世的羊皇后就这样被几个武夫玩弄于股掌之上，说废就废，说立就立，在短短不到两年的时间里：永兴元年二月，被废；七月，复后位；八月，被废后；十一月，复后位……一共上岗五次，下岗五次。

刘曜有一次问羊献容："我比起晋惠帝来说，如何？"

羊献容毫不含糊地告诉他："你比他强多了，简直不能相提并论，他是亡国的昏君，而你是男子汉大丈夫。"的确，比起白痴皇帝来说，刘曜也的确算得上是英明神武了，但羊献容的这番话多少也含有诌媚的成分，毕竟作为一个前朝皇后，她需要小心谨慎，步步为营。后来在刘曜的宠爱下，羊献容不但当上了皇后，还能干预朝政。

可惜好景不长，嫁给刘曜之后没几年，羊献容在生产后得了产后风而死，获谥献文皇后。皇后是封建时期，每个女人至高无上的荣耀，坐上这个位子那自然是风光无限，但像羊献容这样上上下下，五起五落的女人，堪称传奇。

从最有身份的女人一下变为最不值得一提的庶人，又从庶人变为皇后，这期间几起几落带来的辛酸只有羊献容个人能得知。

◉ 流民集中大营

这边打仗，那边腐败，西晋的统治者把国家整得翻天覆地，热闹非凡。老百姓的日子已经够不好过的了，可是老天爷也跟着这帮统治者一起凑热闹，今天搞个水灾，明天再打个雷、放个火。

终于，百姓们没饭吃了。怎么办？逃！

298年，浩浩荡荡的逃荒大军从略阳、天水等地朝着四川就行了去，这里面就有一个叫李特的人。跟李特同行的还有他的老弟们，这一家的孩子倒还善良，一路上照顾着大家，特受大家伙儿待见。

流民们跟走两万五千里长征似的终于到了四川，放眼一看，这里的小老百姓生活得还挺滋润。于是他们就一个个儿地留了下来，在有钱人家做着保姆、保安一类的工作，混口饭吃。

就在流民们觉得自己后半生的日子有了点谱的时候，益州刺史罗尚却出来找他们的事了。这罗尚也是吃饱了撑的，估计想动动腿消化消化，于是就想把流民们赶走。

自己的老家成了那副鬼样子，谁愿意回去啊？流民们听到罗尚要赶他们走的时候，一个个哭天喊地地叫命苦，还跑去找李特想个办法。

那时候李特兄弟已经干起了慈善事业，在绵竹整了一个大房子，让走投无路的流民都住了进去。将近一个月吧，这大房子里就住了两万多人。

李特派一个叫阎彧的兄弟去跟罗尚谈谈，要求让流民在四川多住上一阵子，旅个游什么的，回了老家也好跟当地人显摆显摆。

阎彧见了罗尚之后也没跟他客气，直接说：“您可要当心我们这些个小老百姓呐，不是有那么一句俗话吗：水能让船载它上头行着，急了也能把船给打翻。”

罗尚却笑眯眯地回答：“我早就想通了，让流民多住几日，你放心地回去吧。”

阎彧回去后把罗尚的话转达给了李特，而且还让李特提防着点罗尚，李特也是这么想的。之后李特就组织流民，刀枪什么的都准备好，要是罗尚真的带了兵来，那么流民们就要跟他干上。

果然，罗尚不是个好人，当晚就带兵三万人杀进了绵竹李特的难民营。这时候正是睡觉的点，四周静悄悄的，罗尚的人以为流民们都在梦乡里溜达呢，吆喝了一声就动刀动枪了。可没想到刚才还能听见放屁呢，这会儿倒好，营中传来了阵阵的锣鼓声，流民们一个个拿着刀枪就杀了出来。罗尚的部队被打了个落花流水，满地找牙。

一不做二不休，既然已经开杀了，那么不杀到底也不行。流民们知道自己已经没了退路，晋军更不会放过他们，于是都纷纷嚷着要李特带着他们跟官府干。

就这样，李特被推选为镇北大将军，老弟李流为镇东将军，还另立了几个魁梧的人当首领。没过几天，旁边的广汉就被流民军队拿下。

李特的大军进驻广汉以后，他把汉高祖当偶像，捅开了官府的粮仓，还规定了一些注意事项。大家在广汉城中住得也算安稳。

可是罗尚那家伙怎么愿意消停？他表面上跟李特嘻嘻哈哈的，实际上却招揽了一帮有钱有势的人准备对李特下狠手。李特防不胜防，最终还是被罗尚做掉了。

不过李特也算是死能瞑目，因为他后继有人。他的儿子李雄继承了他的事业，继续在流民中混着，还混得有模有样，当了个成都王，国号大成。之后李雄的侄儿又把国号改为汉，于是历史书上就有了一个“成汉”。

【大大小小十六国】

◉ 匈奴人称汉帝

西汉末年的时候，有一批匈奴人在郡县窝着，他们跟汉人在一起混，日子久了，也觉得自己跟个汉人差不多，这叫同化。匈奴里的一些有钱人还觉着自己是汉朝皇室的亲戚，因为他们的老祖宗曾跟汉朝和亲，所以就想改个大汉皇帝的姓，于是就姓了刘。

自从曹操把北方整成一个地儿以后，匈奴也被他从三万个小部落合成了五个大部落，其中有一支部落的主帅叫刘豹。

刘豹有个叫刘渊的儿子，刘渊小时候是特招人喜欢一小孩儿，不仅长得好看，而且爱学习，文的武的都不赖。长大了以后，刘渊也挺有出息，先是接了死去老爹的班，在老爹的岗位上先干了几年。之后想着换个环境工作，于是就去了西晋的成都王司马颖那里当将军，管着五部匈奴军队。

八王混战那会儿，匈奴部落里的一些有钱人也看得心痒痒，人家一个个儿地都跟晋划清了界限，咱匈奴也不能落后啊。于是一些有钱的贵族就聚集在左国城开了个小会。

其中一个人说："咱打汉朝的时候就跟汉人拜了把子，虽然汉人给了咱封号，可那都是空头支票啊，连一寸土地都没有，这算什么皇亲国戚？跟个平头老百姓差不了多少！现在晋朝里正打得火热，不如咱匈奴也凑凑热闹？"

出席会议的其他贵族也都觉得这人说得在理，于是大家就开始推选头头。后来经过激烈的争论，终于认定这个头头非刘渊莫属。那家伙有才，而且也有点影响力，就让他当个单于吧。

商量好了以后，这帮人就派了个送信的去邺城找刘渊。刘渊一听是众人推举他当单于，这下可乐翻了天，就跟司马颖说自己要回家给老爹办后事，请几天假。可是司马颖死活不让刘渊走，刘渊无奈，只好先让那送信的人回去，告诉大家把军队整顿好。

过了一阵子，司马颖被晋朝的并州刺史司马腾、将军王浚跟鲜卑贵族联手给揍了一顿，兵败后连滚带爬地逃亡去了洛阳。这时候刘渊忽悠司马颖，说自己可以回去带匈奴兵过来帮他，于是司马颖就让刘渊去了。

刘渊回去后顺利地当了单于，先带了几万人马帮着晋军打跑了鲜卑，匈奴的人都奇怪他为什么不把晋朝给做掉，刘渊却说："晋朝就是根黄瓜，一掰就断，可是晋朝也不光是那些个贪官污吏组成的啊，还有那么多小老百姓呢，人家可不一定吃咱这一套。我琢磨着汉朝特别受老百姓待见，咱以前不也跟汉朝拜过把子吗，不如就自称是汉朝的继承人，老百姓一定向着咱。"

于是，在众人的拥护下，刘渊成了汉王。之后他一鼓作气，过五个关口就能做掉六个将士，迅速地拿下了太原等好几个郡，事业越做越红火。听说刘渊这么厉害之后，其他的小喽啰们也赶紧跟着他干了。

308年，刘渊把都城定在了平阳，还自称汉帝。这时候他正在集中火力打洛阳，可是城中的老百姓一听说他是匈奴人就不依了，刘渊两次往里冲杀都没有成功，只好暂时退下。

刘渊有生之年还是没把洛阳给拿下，不过他的遗憾也有儿子来完成。刘渊的儿子叫刘聪，他当皇帝后就派刘曜、石勒去打洛阳。终于在311年，将晋怀帝俘获，攻陷洛阳。

刘聪的脾气有点火爆。一次宴会上，刘聪叫晋怀帝穿着破烂衣裳为大家倒酒，不料一些晋朝的大臣心酸地掉起了眼泪，刘聪二话没说就把晋怀帝给杀了。晋怀帝死了以后，他的侄儿司马邺在长安的晋朝官员的拥护下也当了皇帝，就是晋愍帝。不过很快刘聪就把长安拿下，晋愍帝也难逃厄运。

存活了五十二年的西晋王朝在刘聪的马蹄下送了命，后来北方就更不消停了，前前后后、大大小小差不多有十六个国家。

◎ 听见鸡叫就起床

西晋初期时，有一个叫刘琨的年轻人在司州当秘书长。他有个关系非常铁的哥们儿，叫祖逖。两个人整天形影不离的，甚至晚上都躺在一张床上讨论社会热点问题。

一天晚上，两个人说累了都呼呼地大睡起来，正当刘琨在梦中流口水的时候，一阵鸡叫声把旁边的祖逖吵醒了。他起身看看窗外，发现外面还是乌漆抹黑的一片，月亮还挂在树梢上。可是祖逖怎么也睡不着了，于是他就把刘琨踹醒，说是要一起去院子里舞剑。

刘琨被祖逖搅得也没了睡意，于是两个人就在院子里瞎蹦跶。从那以后，每当鸡叫的时候他们两个就开始练武，一天一天地坚持了下来，终于把自己双双练成了将军。

西晋末年的时候，就算是匈奴已经把西晋王朝折腾到快尽了气数，可这时候仍旧有一些有骨气的兄弟们在誓死捍卫自己的民族，这其中就有刘琨。

308年，匈奴在并州为非作歹，百姓叫苦连天。晋怀帝让刘琨去那里当刺史，把当地的治安搞起来。接到旨意以后，刘琨二话没说就去了并州，他召集了千名士兵在并州的晋阳城里抓紧建设，还带兵在城门驻守，让匈奴不敢来犯。

仅仅用了不到一年的时间，刘琨就用自己的聪明才智忽悠了一万多名匈奴人，还经常给当地的百姓做思想工作，跟大家一起把家乡建设得有模有样的。

自称汉帝的刘渊看见刘琨的架势心里也有些发毛，不敢轻举妄动。刘聪后来占领了洛阳，这时候北方的晋军已经形同虚设，但是刘琨仍旧斗志昂扬地坚持抵抗。不久，晋愍帝就在长安宣布就职，刘琨被任命为并州一带的大将军。

在并州防守的那一段时间里，刘琨的军队腹背受敌，南边被刘聪包围着，北面则受着汉将石勒的监视。也不知道是不是吹牛，就算在这样艰苦卓绝的环境下，刘琨还是跟晋愍帝说："您放心，我跟刘聪、石勒总是要血拼到底，不是他死就是我活，不把他们踩平我绝对不回来见您！"

有天不怕地不怕的架势以后，刘琨还用上了自己的脑子。那时候他还在晋阳搞城市防守和建设，有一次被匈奴围得个水泄不通，而自己手上又没有足够的兵力打退匈奴那厮。这时候刘琨急中生智，在晚上偷偷地爬上城楼，拿出一支箫就开始乱吹。悲凉的音乐让匈奴的士兵眼泪哗哗地流着，哪还有斗志攻城，全都散了去。

然而纵然刘琨有着熊心豹子胆，也抵不过西晋灭亡的大势。为了给自己增添力量，刘琨跟鲜卑族的头头联系上了，并且要求一起向刘聪出击，可最后还是失败了。后来刘琨的军队又在途中遭到石勒的埋伏，士兵们几乎全都丢小命，刘琨无奈，只好往幽州逃了去。

◎ 王马共天下

晋愍帝的宝座没坐多久就被刘聪从长安拔了下来，不过他在自己被刘聪福俘房之前就已经安排好了新的皇帝人选，那就是当时在建康当琅玡王的司马睿。

要当皇帝那就需要有很高的威望，以便唬住自己手底下的那些人，让他们做牛做马地为自己服务。想当年司马睿最初到江南做琅玡王的时候，当地的大小贵族们并没有把他放在眼里，这让司马睿很是郁闷。那时候跟他一起下江南发展事业的还有一批官员，其中有一个最著名的便是王导。

司马睿觉得王导这人有点意思，估计能够给他带来点好运，于是就让王导想个办法让自己镇住江南的这帮财主。王导为了让自己办事办得超级有成效，就叫来了当时在扬州当刺史的堂哥王敦，两人一起商量着如何让司马睿在精神上盖过那一群没长眼的财主。

王导与王敦在江南这一片混得还算可以，于是在三月初三那天，也就是当地的传统节日禊节，王导和王敦在前面开路，司马睿则和一群官员在后面跟着，浩浩荡荡地走在江南的大街上，准备到江边去祈福。一群人敲锣打鼓地往前行进着，老百姓们都跑来看热闹，这场面也惊动了一个叫顾荣的大财主。顾荣一看了不得，连王导、王敦都亲自出马了，恐怕司马睿也不是个好惹的主儿，于是也赶紧跑到人前哭着喊着要拜主。司马睿的威望被顾荣这么一拜，噌地就上升了好几个点。

后来司马睿给顾荣等当地有名的财主们都大大小小地封了个官做。又由于北方战乱，一些有钱人拖家带口地都来到江南逃难，这时候司马睿听从了王导的建议，把这些贵族都叫到朝里来当官。这时候司马睿在江南就算是盘踞了。

317年，司马睿在建康当上了皇帝，就是晋元帝，史上把他的朝代称为东晋。晋元帝始终不忘王导的好，在他即位的那天还让王导过来坐坐龙椅。这可把王导给吓坏了，连忙说："陛下您是天子，那就是老天爷的儿子，我一个普通老百姓的孩子怎么敢坐上去！"

晋元帝听了王导这么一番话后乐得屁颠屁颠的，也就不再坚持要王导坐上来了。后来晋元帝对王导、王敦两兄弟一直很崇拜，不仅让王导操纵了朝廷大权，而且还给了王导的亲戚很多好处，王导的势力一时庞大起来。

晋元帝当时没留点心眼儿，这让王导越来越猖狂，他觉得晋元帝能有今天都是自己的功劳，因此也就不怎么看得上眼前的这个皇帝。晋元帝也不算很笨，王导心里怎么想的他也知道个一二，这才有意识地从王导的手里分出点权力给别人，东晋王朝的内部矛盾也因此而显现了。

◎ 前后两个"赵"

东晋建立之初，为立足江南，抵御北方匈奴、鲜卑等贵族的进攻，统治者还算是尽心尽力地维持着王朝的生机。他们一方面实行休养生息政策，一方面安抚北方流浪过来的农民，在统治者的尽心尽力下，不久后，江南这片土地就出现了"荆扬晏安，户口殷实"的局面。由于生活安逸舒适，一些原来还想返回中原的南渡士族，就不想回去了，山长路远的，不如就待这里算了。

那会东晋的最高统治者也不愿意再回去了，就留在了这东南的小角落里。但是好景不长，骄奢淫逸都是出现在情况稳定之后的，东晋的内部渐渐出现了问题，只是一开始，这个问题还比较小，统治者们还没察觉。

东晋算是安顿了下来，可是在晋元帝即位的第二年，匈奴族的汉国国主刘聪病死。汉国内部也发生分裂。刘聪的侄儿刘曜接替了国主的地位。

这位年轻人非常有想法，他觉得用汉朝的名义并不能欺骗人民，于是在 319 年，改国号为赵。而汉国大将石勒在反晋战争中扩大了兵力，不愿再受刘曜的统治，也自称为了赵王。

石勒是羯族人，家族也算不错，虽然没有很大的权力，但世代是羯族部落的小头目，日子也一直过得挺安稳。

后来，石勒长大了，并州地区闹起了饥荒，大家都吃不上饭了，纷纷外出找吃的，在这场混乱中，石勒和自己的家人走散了，他就开始从事各种职业谋生，给人当佣人、奴隶等。

石勒受了很多苦，他觉得生活无望，大家都活得这么累，不如造反得了。于是他就召集了一群流亡的农民，组成了一支强悍的队伍。刘渊起兵以后，石勒投降汉国，在刘渊部下当了一员大将。

当兵当久了，石勒悟出点道理，那就是只有蛮力，不懂得兵法那是不行的，但石勒是个苦孩子，从小没读过书，压根不识字。为了弥补他想学文化知识这个遗憾，石勒收留了一批汉族中的贫苦的读书人，组织了一个"君子营"。

石勒自己能打仗，身后还有这么一批人给他出主意，势力越来越壮大了，到了328 年，他终于消灭了刘曜，自己当了皇帝，历史上把刘氏的赵国称为"前赵"，把石勒建立的赵国称为"后赵"。

建国后，石勒依然十分重视读书人，他还下过命令，只要捉到读书人，千万不能处死，要送到他那里，让他亲自处理。

他还开办学校，要他部下将领的子弟进学校读书。他还建立了保举和考试的制度。凡是各地保举上来的人经过评定合格，就选用他们做官。

石勒虽然不识字，但却很喜欢读书，他常常让别人把书上的知识念给他听，他边听还边发表看法。他十分喜欢读史书，从史书中能吸取不少治国安邦的经验。由于石勒重用人才，懂得知人善用，也在政治上比较开明，后赵初期出现了兴盛的气象。

☉ 壮志未酬

随着匈奴对中原的占领，许多北方人到南方避难，刘琨的好友祖逖也带了几百家乡亲来到淮河流域一带。拖着几百个人逃难，真是一支大队伍，为了防止人员走失，祖逖主动出来指挥。

他把自己的车马让给老弱有病的坐，自己的粮食、衣服给大家一起吃用。人们都很敬重他，觉得他够意思，够兄弟，就推举他做了首领。

到了泗口（今江苏清江市北），祖逖已经在一路上收留了不少青壮年，大家都是被迫离开家园逃难的人，看到祖逖这么有才能，就希望能够跟着他，一起收复北方的家园。当时司马睿还没有即皇帝位。

祖逖渡江到建康，劝琅琊王司马睿说："晋朝大乱，主要是由于皇室内部自相残杀，使胡人趁机会攻进了中原。现在中原的百姓人人想要起来反抗。只要大王下令出兵，派我们去收复失地。那么北方各地的人民一定会群起响应。"

但司马睿很不想折腾，他觉得自己现在的生活就挺好了，但祖逖说得也有板有眼，他也找不出合适的理由来拒绝，只好勉强点头同意了。司马睿先给祖逖一个豫州（在今河南东部和安徽北部）刺史当当，还拨给一千个人吃的粮食和三千匹布，说这样做已经尽力了，剩下的武器和人马让祖逖自己想办法。

拿来这些赞助品，祖逖就带着他手底下的人横渡长江，要去收复被占领的失地，当船走到江水中心的时候，祖逖拿船桨拍着船舷向部众发誓，自己一定要扫平占领中原的敌人，不然绝不再过这条大江。

到了淮阴，祖逖迅速地扩招，马上就聚集了两千多人马，他带着这些人一路上收复了许多失地。他除了赶跑敌人，还说服那些为了争夺地盘，大打出手的地主贵族，让他们联起手来和自己一起打击敌人。

祖逖的名气越来越大，刘琨听说后也想着要起义呼应自己的好朋友。

祖逖在艰苦的斗争中，收复了黄河以南的全部领土，陆续向祖逖投降的后赵兵士也很多。晋元帝即位后，因为祖逖功劳大，封他为镇西将军。但可惜晋元帝心眼太小，觉得祖逖功劳太大了，怕他将来造反，自己压不住，就派了一个戴渊来当征西将军，统管北方六州的军事，叫祖逖归他指挥。

祖逖心里很不顺畅，不久后，他又听说好友刘琨在幽州被王敦派人害死了，还听说晋元帝跟王敦正在明争暗斗。高层就只顾得眼前的那一亩三分地，完全没把目光放长远，他辛辛苦苦打下来的山河只怕是很快又要丢失了。

心里很不舒坦的祖逖年纪也大了，身体也大不如从前了，经历了这番打击，很快就卧床不起，病死了。虽然没能够完成恢复中原的事业，但他那中流击楫的英雄气概，一直被后代的人所传诵。

【与自己人斗其乐无穷】

◎ 窝里反，能臣止

祖逖死了以后，东晋内部的人开始了窝里反。晋元帝本来是要把王敦除掉，反倒被王敦先将了一军。后来晋明帝当了皇帝以后，王敦又朝着建康这边打了一次，不过这次败了北，自己也郁闷得病死了。

晋明帝的儿子晋成帝在位的时候，历阳镇的大将苏峻也虎视眈眈地瞪着建康。晋明帝为了消除这个心头的祸患，就派了陶侃前去杀敌。陶侃前后用了两年的时间才把苏峻这小子给灭了。

陶侃之前在王敦手底下做事，因为屡建战功，所以十分遭人嫉妒，经常有人在王敦耳朵旁说风凉话。后来王敦也起了疑心，就打发陶侃去了边远的广州。

虽然被王敦降了职，但是陶侃也不因此而自暴自弃，他可积极着呢。陶侃每天早晨都要把一百块砖头从屋里搬到屋外，晚上又屁颠屁颠地把外面的一百块砖头再搬回屋里。

大家都看他忙得不亦乐乎，却也不知道为了什么。陶侃见大家大眼瞪小眼地看着他，他就解释说："在这边远地区也不能丢了志向啊，万一哪一天朝廷又用上我了，那咱还是硬汉子一条，我搬砖就是为了锻炼身体。"

后来王敦战败，东晋又让陶侃做了征西大将军，另外还给他搞了个兼职做着，就是荆州刺史。当地的百姓听说陶侃来了，都乐得直往天上蹦，可见陶侃是多么得人心。

陶侃从来都是个认真的人，不管当芝麻小官还是当大官，什么事情都要做得完美。他觉得自己不过是个普通人，没有神仙的本事，因此做事就要一丝不苟地完成。还教育手底下的人说："听说大禹是个神圣，人家当神仙的还分秒必争地做事，我们这些个凡人就更加不能马虎了。人活着就得做出点实事，你们说，我说的有道理不？"

陶侃在职的时候，经常对手下进行思想教育，而且还严格要求他们的言行。有好多小官因为吃喝嫖赌而误了工作，陶侃不仅狠狠地揍了他们一顿，而且还把喝酒的器具以及赌博的工具通通扔到了江里给鱼当玩具。

陶侃还是个有创意又节约的官，他懂得如何做到废旧物品的回收和利用，而且还利用得很有门道。因为荆州是坐落在长江边上的城市，所以官府造船时就有很多碎木屑从上游漂到这边，陶侃就让人把江里的碎木屑和竹头通通捡回去存起来。

后来到了冬天下大雪，又赶上有高官来视察，陶侃害怕路滑让官员们不好走，就派人把仓库里的碎木屑都洒在路上。还有一回，官府造船需要一批竹钉，陶侃就把自己派人捡回来的竹头都拿了出来。

此外，他还是个知道珍惜的人。一次他在外地出差的时候，看到一个人在路上走着，手里还不消停，不停地把路边还没长成的稻子拔下来玩。陶侃十分气愤，就拦住了他，问："你这是干什么？"

那人的眼神里也充满了奇怪，不耐烦地说："拔了玩呗，还能干什么？"陶侃一听更气了，嚷嚷道："人家稻子都没长成呢，你拔了干吗？你以为种粮食是容易的啊？！"说着就让人把眼前这不懂得珍惜的人揍了一顿。

乡亲们听说这事以后，更觉得陶侃是个好官，都积极地下地种田。在陶侃的带领下，荆州渐渐地富了起来。

◎ 南边乱完北边乱

陶侃平定了苏峻的叛乱以后，东晋王朝总算是安生了下来，能够过上安生日子了。但北边却又乱了起来。后赵国主石虎（石勒儿子）死了以后，内部发生大乱，赵国没了像石勒那样的人才管理国家，国家一团大乱，政权被后赵大将冉闵夺走了，他夺了权之后就称帝，建立了魏国，历史上称为冉魏。

不久后，鲜卑族贵族慕容皝（音huǎng）建立的前燕又灭了冉魏。352年，氏族贵族苻健也乘机占领了关中，建立了前秦。这闹哄哄地乱了好多年之后，北边的政权在硝烟中不停更替，看得东晋这边的人眼花缭乱。

在后赵灭亡的时候，东晋的将军桓温向晋穆帝（东晋的第五个皇帝）上书，要求带兵北伐，收回自己的地盘。桓温是个很有军事才能的人，他在当荆州刺史的时候，曾经进兵蜀地，灭掉了成汉，给东晋王朝立了大功。所以他要出马去收复失地，那胜算还是很大的。

但可惜那会东晋王朝内部矛盾很激烈，大家都在正在搞人民内部的斗争。晋穆帝表面上提升了桓温的职位，实际上又猜忌他。桓温要求北伐，晋穆帝没有同意，却另派了一个殷浩带兵北伐。

在政治斗争的暗算中，东晋失去了统一南北的最后机会，被派出去的这个殷浩肚子里没什么墨水，就是个会吹牛的人。他到了洛阳，还没怎么打呢，就被羌族人打得大败，死伤无数地退了回来。

看到这个下场，桓温又上了道奏章，要求朝廷把殷浩撤职办罪。晋穆帝这个时候没办法了，自己派出去的人不合格，活该被撤职，但眼下又没有合适的人去北伐，只得同意桓温带兵北伐了。

354年，桓温统率晋军四万，从江陵出发，分兵三路，进攻长安。前秦国主苻健派兵五万在峣关抵抗，但没能抵抗住，被打得稀里哗啦地逃回了长安。看到对手这么厉害，苻健只好挖地洞准备蛰伏。

桓温一路高歌北上，沿途的官员都向他投降。老百姓们也很高兴，自从西晋灭亡后，北方百姓可是吃了很多苦了，现在看到晋军又杀回来了，高兴得跟过年一样。

桓温驻兵灞上，本想着等关中麦子熟了，就派人去抢收，补充了粮草继续打，可惜苻健也厉害，他没等麦子熟就全收走了，桓温的军粮断了，待不下去，只好退兵回来。但这次是个大胜仗，晋穆帝把他提升为征讨大都督。

后来，桓温又进行了两次北伐。每次都打得不错，但都因为没粮草退了回去。连连打胜仗的桓温野心也越来越大了，就开始琢磨着自己也当个皇帝玩玩。他这个心思被心腹得知，就鼓动他废掉现在的皇帝，那会儿晋穆帝已经死了，在位的皇帝是晋废帝司马奕（音 yì）。

于是，桓温带兵到建康，把司马奕废了，另立一个司马昱（音 yù）当皇帝，这就是晋简文帝。桓温当了宰相，带兵驻在姑孰（今安徽当涂）。

掌握大权的桓温想着等机会把权力抢过来，可是他还没等着机会，晋简文帝就病死了，留下了诏书，传位给了太子司马曜，就是晋孝武帝。

看着老也轮不上自己当皇帝，桓温急了，他带着大队人马就冲进了建康，想要给文武百官来个下马威，让他们都服自己。

到了建安，桓温请两个最有名望的士族大臣王坦之、谢安到他官邸去会见，想软硬兼施地让这两人听自己的话。但这两人却没跟他站在一起，这让桓温很是失望，在他准备动手抢夺帝位的时候，病魔先一步把他召唤走了。

桓温病死了之后，谢安担任了宰相，桓温的弟弟桓冲担任荆州刺史，两人同心协力辅佐晋孝武帝，东晋这才算是稳定了下来。

⊙ 人才哪都要

王猛出生在贫困家庭，因为家里没争取到低保，所以他只好靠着卖簸箕生活。虽然人穷，可是王猛志却不短。他是个爱学习的孩子，因为书看得多，所以学问也自然高了。

那时候一些出自名门望族的人都瞧不上王猛，只给他弄了个小官去当，可是王猛也瞧不上这岗位，索性就不工作，躲到深山老林里去养生去了。

后来桓温打到关中，王猛听说了以后觉得是时候施展施展才华了，于是就去灞上，要求见见桓温。桓温也是第一次北伐，想搜罗点有文化的人，听说有个学问人要见他，也就欣然地答应了。

只见王猛穿得破破烂烂地就进来了，为了试探王猛究竟有多少学问，桓温就让他聊聊当今的社会政治问题。王猛一听这问题就来了兴致，这可是他的拿手强项啊，早就研究透彻了。王猛叽里呱啦地说了一大堆，桓温越听越觉得这人是个人才。

后来桓温又问王猛："我想请教一下王先生，我带了这么庞大的队伍来到关中，可是当地的志士怎么没一个来看看我呢？"王猛听了这问题之后不禁一笑，说："您来是来了，可您真的是来打仗的吗？那为什么一直按兵不动呢？大家伙都不知道您究竟是怎么个意思，所以才没敢过来拜见啊。"

桓温听王猛说得在理，而且自己也确实没有马上开炮的意思。这一次来就是想让自己的威风在关中显摆显摆，也不急着打长安。

通过这次的会见，桓温觉得王猛的确是有真材实料。当他准备退兵回去的时候，就几次三番地邀请王猛跟他一道往南走。可是据王猛了解，东晋现在正在起内讧，给他再高的官职他也不愿意回去受罪，就又回老林里修炼去了。

经过跟桓温这么一折腾，王猛的名声打了出去。之后苻坚接手管理前秦，他想找个靠谱的人给自己当参谋，听说了王猛之后就让他进了朝。

王猛跟苻坚两人第一次见面就聊得热火朝天的，还相见恨晚，王猛很快就成了苻坚左右手。后来苻坚当了大秦的皇帝，王猛也跟着升了职，除了苻坚以外，他在朝廷中就是最大的，说一不二。

不过那时候王猛虽然得势，但是年纪却不大，三十六岁，有些前秦的老臣不愿意受年轻人的管制，就跟王猛较劲。其中一个叫樊世的老臣，他以前跟苻健把天下打了下来，跟王猛较劲较得还挺厉害。

樊世经常背地里骂王猛，有一次干脆当着王猛的面就吵了起来："我们辛辛苦苦地种地，长出稻子来倒成了你的了，岂有此理！"

王猛也不示弱，说："嘿，我看您老以后还得把稻子做成熟饭给我端上来呢！"樊世一听王猛这么嚣张，直接嚷嚷道："我樊某人要是不把你的头砍下来示众我就去跳江！"

后来这两个人闹到了苻坚跟前，樊世居然伸出拳头想要揍王猛，苻坚哪里肯，直接把樊世拉出去做掉了。这件事后，再也没人敢跟王猛明里较劲了。

王猛通过法治帮着苻坚把国家治理得井井有条，不论哪路神仙都敬他三分，而且大家都不敢再为非作歹，好好地做起了臣民。前秦的国力也越来越强大，最终统一了黄河流域。

375 年，王猛病重，快要咽气之前他把苻坚叫到床前，语重心长地做了最后的叮咛："您千万不要小看鲜卑人和羌人啊，要把他们通通做掉，咱大秦才能安定！您也不能去打东晋，虽说它远在江南，可人家有着晋朝的正统，咱不要自讨苦吃！"

◉ 固执不是优点

虽然王猛活着的时候，苻坚很听他的话，但是王猛一死，苻坚就原形毕露了，重新展露出了他顽固不化的个性。之前，王猛临死前曾经给苻坚一个忠告，说前秦的最大敌人是鲜卑人和羌人，千万不能对他们心软，但苻坚非但没听进去，他还认为从前燕来投奔他的鲜卑贵族慕容垂和羌族贵族姚苌是好人，对他们非常信任。

王猛之前还劝苻坚千万不要攻击东晋，这事要等到时机成熟的时候再说，但是苻坚不听，反正王猛也死了，自己干什么他也管不住了，苻坚把东晋当作唯一的敌人了，非要把它消灭不可。

在王猛死后的第三个年头里，苻坚就派他的儿子苻丕和慕容垂、姚苌等带了十几万大军，分兵几路进攻东晋的襄阳。但是镇守襄阳城的东晋将军朱序是个很顽强的人，他就是死活不给前秦部队机会，让前秦军打了将近一年的时候，累得死去活来，才算是把襄阳城给攻打了下来。

后来，苻丕把朱序俘虏了，送到长安去。苻坚认为朱序能够为晋国坚守襄阳，是个有气节的忠臣，这样的人才不能浪费，杀了怪可惜的，就把他收编在了秦国当官员。

接着，苻坚又派兵十几万从襄阳向东进攻淮南。这次东晋派出了谢石、谢玄率领水陆两路进攻，把秦兵打得一败涂地。看到东晋里居然还有这么厉害的人物，苻坚本该听王猛的话别去招惹了，结果他不肯拉倒。

到了382年，他又一次想派大军去攻打东晋。他在大殿上和大臣们商量，看自己现在去讨伐东晋，大家是个什么意见。没想到，大臣们纷纷表示反对，也不知道是不是王猛显灵了，反正大臣们跟王猛之前说的口气一模一样。

这个情况是苻坚没预料到的，他觉得很不高兴，非要一意孤行地去攻打东晋。大将石越说："晋国有长江作为天然屏障，再加上百姓都想抵抗，只怕我们不能够取胜。"

苻坚却认为自己兵多人多，就算跳到长江里，也能把长江用人肉盾牌给堵得截流了，还怕什么。于是他要亲自带着兵马去攻打东晋，但是大臣们还是劝他要冷静，很不耐烦的苻坚把那些多嘴多舌的大臣们赶了出去，他要自己思考一会儿。

这时，他的弟弟苻融凑了上来，苻坚以为弟弟是支持自己的，可是没想到弟弟也说出了反对的意见，于是他很生气。苻融看见有苻坚这样一意孤行，就搬出了王猛，想让王猛赶紧显显灵，让苻坚打消这个念头。

但是苻坚毫不理会。从苻坚下定决心要再次攻打东晋，每天都有大臣到宫里求他千万别冲动，他都当耳旁风没听见。

有一次，京兆尹慕容垂进宫求见。苻坚跟他谈起了攻打东晋的事情，没想到慕容垂倒是举着双手双脚赞成。得到了支持的苻坚很是高兴，他决定马上准备兵马，他派苻融、慕容垂充当先锋，又把姚苌封为龙骧将军，指挥益州、梁州的人马，准备出兵攻晋。

就在苻坚乐得不知道自己姓什么的时候，慕容垂的两个侄儿却是在和慕容垂商量着如何恢复燕国呢。

【最后的道路】

◎ 就这么败了

小秋风每年都在淝水上显摆两下，弄得两岸的风景也有点小迷人。不过今年这小秋风好像不太高兴，估计是瞧见两岸的风景换成了军队。右岸的晋军装得跟树桩一样齐整，左岸的秦军可不喜欢装模作样，跟撒了一堆黑芝麻似的，黑压压的又跟蚂蚁窝有得一拼。

小秋风也不知道这是咋回事，只见秦军开始缓缓后撤，场面混乱，还有人在后面嚷嚷："秦军败了，秦军败了。"这一声不要紧，一时间风声鹤唳，草木皆兵，士兵们你推我搡，像亡命之徒般向后狂奔，不知多少人被踩到脚下，多少人因此丧命。

这时候晋军趁机开始渡河，穷追猛打一番，秦兵的尸体落入淝水，把淝水都阻断了。想当初秦军头头苻坚南下的时候是何等的意气风发："以我军的力量，把所有的马鞭扔到江中，这淝水还流得动吗？"

哎，如今这淝水果然是断流了，可是也不是马鞭阻断的啊。本来雄心勃勃地希望胜利而归，结果却落得如此收尾，连小秋风都感到十分地意外。晋军跟秦军更是一家欢喜一家愁。

不过什么事都说不准，中国历史上以少胜多、以弱胜强的战争多了去了，一点也不稀罕。而且苻坚骄傲得跟上了火星似的，与当年的曹操也有得一拼。其实苻坚在淝水败北还不是因为他骄傲自大，而是另有原因。

大概是当皇帝时间太久了，实践经验有点匮乏，苻坚在全国范围内征兵的时候总共凑了九十七万人，可是这些人原来不是种地的就是卖饭的，一点正规的作战训练都没有接受过，让他们去上战场打仗无疑就是送死。试想，一群乌合之众如何能够打胜仗？

当两军都在淝水两岸等着开战的时候，晋军的谢玄派了个人去跟对岸的苻融说："您大老远地跑来这里打仗，怎么还在岸那边列了个阵？这摆明了就是不想急着打嘛。不如贵军先稍往后面退上一退，让我军过了淝水，好让将士们从容不迫地打上一打，我跟诸君在隔岸欣赏着，不是也很有意思吗？"

谢玄的话跟东晋的修养性情之风如出一辙，真不愧是东晋人。不料苻融等人偏偏又沾染了一点汉族文化，竟然真的答应了。就是这一退，苻坚的统一梦玩儿完了。秦军本来招的就是一群农夫，这回更是不知道该干什么了。

在这之前晋军就成功地偷袭了驻扎在洛涧的秦军，秦军士气已经受挫，现在又莫名其妙地后退，一时间山崩地裂，完全失去了控制。苻融企图阻止，结果无异于螳臂当车，反被乱军踩死。晋军八万精兵顺利渡过淝水，秦军兵败如山倒。

这一戏剧性的逆转，不由得不让人目瞪口呆。但这就是历史，虽然苻坚没能实现自己当大皇帝的理想，可是有别人就愿意当个小皇帝。后来一些早就图谋不轨的人趁机在战争中保存了实力，北方又重新分裂，而苻坚在回到北方老窝之后又被他的羌籍大将姚苌亲手缢死。

苻坚也是活该，王猛在临死的时候早就警告过他要防着点鲜卑和羌族，可是苻坚自负得跟什么似的，硬是没把王老汉的话放在眼里，结果自讨苦吃。

中国的统一还真是跟蜗牛爬一样，一百年前的赤壁之战就让统一退后了八十年，这回的淝水之战可倒好，让统一直接推后了两个世纪。南北对峙开始了，东晋还在南边的温柔乡里度日，北方战乱一片，南边当然是不错的避风港。

不过虽然北边的五胡让百姓不得消停，不过从长远看来还能促成中华民族的大融合。所谓我中有你，你中有我。

◎ 谁都想当皇帝

淝水之战大获全胜后，有着首要指挥功劳的谢安本来想趁着前秦一塌糊涂崩溃的机会，将谢玄派过去收复黄河流域大片失地。可是晋孝武帝却重用他弟弟会稽王司马道子，竭力排挤谢安。这种小心眼的做法让谢安的计划没能顺利地实行下去，谢安病逝之后，东晋政权就落在了昏庸的司马道子手里，东晋的朝政越来越腐败了。

这个时期，东晋的土地兼并现象十分严重，农民赋税格外沉重。昏庸没头脑的统治者为了遏制地方割据势力的扩张，大肆征兵，最终导致了在 399 年，也就是晋安帝在位的时候，会稽郡一带爆发了孙恩领导的农民起义。

农民起义很快就发展起来，不到两年时间，起义军就发展到了十多万人，他们浩浩荡荡地杀到了建康门口，东晋王朝出动北府兵，才把起义镇压下去。但这个时候的东晋已经是名存实亡了。

农民起义刚镇压下去，统治集团内部又乱了起来。桓温的儿子桓玄占领了长江上游，带兵攻进建康，废了晋安帝，自立为帝。过了三四个月，北府兵将领刘裕打败桓玄，迎晋安帝复位。

但千万别以为刘裕是好心，他也是憋着劲要当皇帝呢。

410 年三月，晋朝大将刘裕想当皇帝但是不好意思说出来，就大集朝臣在寿阳欢宴。席间，为了试探诸人反应，他说："桓玄篡位，我首倡大义，兴复帝室，南征北伐，平定四海，而现在已经老了，想奉还爵位，归家养老啊。"

突然表示要告老退休，大臣谁也不知道他葫芦里卖的是什么药。席散之后，中书令傅亮是个明白人，他猜到刘裕的意图了，所以出门后又返回刘裕王府，连夜叩门请见。

行礼之后，傅亮先开口说话了："我现在应该马上回都城建康。"

刘裕也明白了他的意思，立即高兴地问："你需要多少人相随？"

傅亮答："十几个人就够了。"

傅亮回建康，马上操办禅让典礼的事情，以诏命"征"刘裕"入辅"。等刘裕率领大队人马至建康，傅亮就把已经拟好的诏书呈上，让司马德文照抄一遍。

"斜阳草树，寻常巷陌，人道寄奴曾住。想当年，金戈铁马，气吞万里如虎。"词中的"寄奴"就是后世辛弃疾由衷歌颂的刘裕。在注重出身的南北朝时期，刘裕年轻时家徒四壁，是个市井流氓，还特好饮酒赌博。不过英雄不问出处，日后成了名的刘裕，就连年轻时代的不务正业也成了"有大志向"的一种表现。

刘裕也不是偶然成功的，他会玩手段，战争更是让他发了迹。讨伐桓玄政变胜利后，最大的赢家就是刘裕。

在接下来的打击卢循起义的过程中，刘裕明白了在外面保留敌人的重要性，外患才可以内宁，正是由于卢循的存在，才使刘裕一直握有重兵，并靠这些资本最终取得成功。在和卢循作战的过程中，刘裕借机铲除了晋室那些威胁他地位的人。

此时此刻，刘裕的声望达到了顶峰，不当皇帝就对不起他的声名，而晋朝的皇帝很明白道理，既然是必然要下台，不如做得光明正大，主动把宝座让出来，希望落个好下场。

因为迎安帝反正，对晋室有"再造"之功，朝廷给了刘裕好多官做，可是刘裕却次次借故推辞，戏唱得是一场比一场真。刘裕越是退让，群臣就越是积极，簇拥着安帝亲幸刘裕宅第。

刘裕知道冒险当皇帝也落不得好下场，桓玄就是例子。所以他在京都之外操控着朝廷，远离是非之地的同时，也保证自己手里的军权不至于架空。如此一来，进退自如。等到安帝一死，刘裕又开始唱戏了，他立了琅琊王司马德文为恭帝，玩起了手腕，以便更好夺权。

420 年的夏天，天气闷得要死，恭帝拟了个草稿，说要让位于老英雄刘裕，从此南朝进入了一个新的时期，那就是宋。刘裕也不太厚道，人家恭帝都被软禁起来念佛了，他倒好，还派人活活地把这可怜的娃给闷死了。

不过刘裕的心狠手辣也没有什么好下场，他儿子宋文帝当年正在批奏折的时候，太子与谋反的士兵突然提着刀就闯进来把他杀死在床头边上，真是人生徒感慨啊。

既篡位又杀死前朝皇帝就是刘裕开的先河，有样学样，一代又一代，估计每位"开国皇帝"在锣鼓欢庆以及臣民的欢呼声中都不免存有彷徨顾虑的黑色意念：我家子孙何时何地会被何等臣下以何种手段杀死呢？

◎ 没后悔药可吃

439 年，北魏太武帝统一了北方。这时候，南边的宋朝已经建立了有十九个年头。中国历史上出现了南北对峙的局面。

宋武帝才当了三年皇帝，屁股底下的宝座才刚刚捂热就归了天。他儿子宋文帝赶紧拿过老爹手里的接力棒，继续当皇帝。这时候北魏的军队已经雄赳赳气昂昂地渡过了黄河，并且把黄河南边的很多地方都给占了。

宋文帝连忙派人抵抗魏军，这个人就是檀道济。宋文帝果然没有看走眼，檀道济一出马，魏军就吓得够呛，接连失败，而宋军则得意洋洋地望着边跑边摔跤的魏兵。可正因为胜仗打多了，檀道济心里那点骄傲的小情绪就蹦了出来，这就导致他对魏军的防守有点小失误。

魏军逮了个机会朝着宋军就开了火，最要命的是，魏军把檀道济部队的粮食给烧成了灰。宋军没了粮食就没办法打仗，毕竟再硬的汉子也得靠吃饭撑着。这时候偏偏有个宋军的逃兵跑去跟魏军说了宋军的情况，这可把魏军的将士们给乐坏了。

宋军的士兵们因为没了饭吃，一个个儿都蔫儿了，有的甚至还选择了逃跑。不过身为大将的檀道济看上去倒是逍遥自在，一点都不惊慌。

夜里时分，檀道济带着自己的部下到粮仓里清点粮食。手底下的人有的拿斗，有的量米，看上去像是忙得不亦乐乎，也不像是没有粮食的样子。这个场景正巧被在外面偷看的魏兵看到了，连忙回去禀报。

魏军得知宋军不但没有丧失粮食，而且粮食还很多以后，将军气得个半死，就把那个前来投降的宋兵给杀了。

这究竟是怎么回事？其实就是檀道济耍了个小聪明。他让将士们在布袋里先装上快满的沙子，然后再把部队中仅剩的米在沙子上铺上一层，每个袋子都是如此。然后大家再装着好像量米的样子，让魏兵以为粮仓里还有大量的粮食。

天快亮的时候，檀道济带着他的大部队就上了路。他们仍旧装着一副雄赳赳气昂昂的样子，就是想吓唬吓唬魏军。再加上魏军本来就吃过很多败仗，心里一直对檀道济有害怕的情绪，这一来就更不敢前去追打了。

就这样，檀道济平安地带着他的部队回到了宋朝。

檀道济也确实是个难得的军事人才，他在宋武帝和宋文帝这两个皇帝身边都表现不俗。也正是因为他的功绩太显赫了，让皇帝们也起了疑心。再加上嫉妒檀道济的大臣在皇帝耳边吹吹小风，檀道济的末日也就到了。

因为别人诬陷，皇帝害怕檀道济抢了自己的宝座，檀道济最终还是被宋文帝给做掉了。他在临死前还直嚷嚷："我看大宋的江山早晚毁在你们这帮狗贼的手里！"

檀道济被杀的消息倒是给魏军带来了极大的快乐，这以后他们也没了害怕的对象，能不乐吗？后来北魏肆无忌惮地进攻宋朝，宋文帝这时候才后悔杀了檀道济，可这世上哪里有卖后悔药的？

【改革之路不好走】

◉ 一个少数民族的自强之路

大概是因为古代的通信设备不发达，也没有什么新闻播报，这导致在一段时间内，长江以南的人民对北方住着的人都不了解，例如鲜卑族。

永安年间的时候，一个叫陈庆的南朝梁国使臣去洛阳旅游了一回，他回到自己的地盘建康以后说了这么一番话："我这次去洛阳旅游却发现情况大不一样，那地方物产还是非常丰富的，人也灵光，说起来还是个礼仪之邦。"听说自打这位使臣说了这番话后，曾自视清高的江南人民就再也不敢小瞧北方人民了。

386年，鲜卑族拓跋氏成立了我国魏晋南北朝时期的一个重要政权北魏，这也是我国历史上第一个由少数民族建立的、影响较大的政权。其实鲜卑这个民族之所以能够发展成陈庆眼中的礼仪之邦，关键还归功于北魏孝文帝大刀阔斧的改革。

鲜卑族的老祖宗以前在大兴安岭北面游荡，工作大多是放牛放羊外加打猎之类的。道武帝时期拓跋部勇猛地闯入了中原，想要在中原这边谋求更好的发展，不过梦境总是比现实生活完美得多，鲜卑族原先的发展计划实施起来也较为困难。

当时北魏北边的经济成分还主要是氏族经济，一眼望去仍旧是风吹草低见牛羊。一直到了太武帝末年，因为大规模的战乱都已经结束，所以社会经济也开始复苏，封建农业经济渐渐地代替了奴隶制经济，开始在中原的大地上开出鲜花来。

虽然经济有了些小起色，可是北魏社会经济封建化的步伐只是比蜗牛爬快那么一丁点，到孝文帝改革前，北魏国家仍然是几种经济制度搅和在一起的大面团。不过封建经济制度显然已经当上了大哥，他怎么能容忍其他兄弟们不服管教，因此几种经济制度之间不停地斗着，阶级矛盾跟蜘蛛网一样复杂。再加上那时候北魏的统治者都是些没文化的大老粗，他们征服人民的方式就是剥削和武力，所以民族矛盾也越来越尖锐。

太武帝为了让鲜卑拓跋更好地在中原地区扎根下去，他也勉为其难地让一些优秀的汉人参政，进行一些汉化改革，这些改革让太武帝统一了黄河流域一片的北方地区。

然而知人知面不知心，汉族官员在朝中也没有受到重用，大多只是些顾问级别而已，军政大权仍然操纵在鲜卑族手里。可是毕竟汉人是有文化的知识分子，打心眼儿里不服那些大老粗的管制方式，因此两家经常剑拔弩张的，谁也不让谁。鲜卑族认为，我用你汉人可以，但是你要在我许可的范围内行事，不然就别怪我不客气。

崔浩就是个不幸的人。他在太武帝跟前当参谋，而且是主要参谋，可以说为北魏的建设尽心尽力。可是在修撰国史的时候，因为把拓跋氏老祖宗的一点破事抖搂了出来，再加上太武帝是个小心眼儿，一气之下就把崔浩给做掉了，连同修史的一百二十八人，外带稍微跟崔浩沾上点亲戚关系的，全都没有保住小命。

那时候北魏并没有把汉化改革写进治国方针中去，仍然用政治手段压迫着汉人。文成帝即位后，虽然大家对打仗这事已经不怎么感兴趣，北魏政权进入了文治时期，可是各种各样的矛盾还是东冒一个，西冒一出的。北魏政权还在风雨中左摇右晃，晕晕乎乎。

◎ 成功背后的女人

传说每个成功男人的背后都有个懂事的女人来扶持。孝文帝之所以能够改革成功，也是因为他的背后有个女人在支持，只不过这个女人不是他老婆，而是他的祖母冯太后。

冯太后原是汉族的一成员，祖父还曾是北燕的末代国君。后来爹爹投降了北魏当了个刺史，叔叔之类的亲戚也都在北魏当官。文成帝挑老婆的时候看上了冯太后，那时候她才十岁，就被选为了贵妃，十四岁就当了皇后。

虽然成了北魏的皇后，可冯太后从小是在汉人堆儿里长大的，因此自身素质是相当地出色。再加上北燕灭亡以后，幼年的冯太后还过过一段苦哈哈的逃难生活，所以对民间的疾苦也相当了解。凭借着自己的两把刷子，冯太后把北魏建设成了一个像样的国家。

文成帝死了以后，献文帝继位，这位小皇帝当时才十二岁，什么都不懂，因此被太原王乙浑专了权。这位大王的行为太过放肆，略微看不顺眼的人他都通通杀掉，这让冯太后极为不爽，暗地里把乙浑给解决了。

之后冯太后就自己管起了国家大事，颇有武则天的风范。她在朝中重用了一批文化人，而且都是汉人，进行了一系列的改革，北魏政权终于从摇晃的小树枝稳定成一棵大树。一年零八个月以后，献文帝给她生了个小孙子，也就是后来的孝文帝，冯太后看着小孩儿高兴，就回家专心带孩子去了。

献文帝等着盼着冯太后赶紧退休，亲政以后就大力地为自己拓宽势力，任用的尽是鲜卑人。冯太后看着自己辛辛苦苦建设起来的国家政权眼看又要玩儿完，赶紧丢下孩子站了出来。她毒死了献文帝，再次出来执政。

这一次冯太后把年号改为了"太和"，大概就是希望建设一个和谐社会吧。之后，冯太后就开始大刀阔斧地展开了自己的汉化改革：废除"一族之婚，同姓之娶"，大大地提高了国民的智商；惩治贪污腐败，颁布均田制，缓和了阶级矛盾……总之，无论是民风民俗还是官场的黑幕，哪里不对她改哪里，直到看着自己的国家从野蛮一步步地走向文明，她这才放下心来。

无论改革走的是哪条路子，冯太后都秉着和谐的总方针，坚持向文明一步一步地迈进。北魏的社会治安越来越稳定，经济也急速地往上飙升，人口由稀薄变得浓密，全国上下一片欣欣向荣的景象。

冯太后给孝文帝后来的改革起到了奠基作用，原本一个穷得叮当响的弱国渐渐地过上了富足的日子。

◉ 天降大任于孝文帝

可怜的孝文帝，五岁的时候老爹献文帝就被祖母毒死了。不过因为当时人小不懂事，因此也没怨恨冯太后，继续给老太后当着乖孙子。孝文帝名叫拓跋宏，是由冯太后一手带大的皇帝，所以脑子里都是冯太后的那一套思想。

为了给北魏培养一个优秀的接班人，自打孝文帝出生以后，冯太后就尽心尽力地对其进行全面的汉化教育。她给孝文帝请了一批专职的老师，讲一些儒家文化的内容，要求孝文帝诵读儒家经典，还专门出了一本叫《劝诫歌》的书来教孝文帝如何当个好皇帝。

冯太后对孝文帝的管教十分严格，并让人十天就跟她汇报一次孝文帝的近期表现和思想动态。在冯太后的教育之下，孝文帝"五经之义，览后就讲；史传百家，无不该涉"，对汉民族的优良文化继承得数一数二。

孝文帝的汉化改革思想不仅得到冯太后的大力培养，而且在这期间，他的治国才能和胆识也得到了冯太后的刻意锻炼。在孝文帝少年时期，冯太后常把他带在身边，直接参与汉化改革的廷议和决策，言传身教，让他领悟其中的方略。

在生活作风上，由于冯太后的以身作则，注意节俭，对他施加影响，因此孝文帝也培养了宽容简朴的作风。为了锻炼孝文帝的实际才干，冯太后常常放手让他单独去处理一些政务，孝文帝的见识逐渐得到提高，处理政务也英明果断。太和十年以后，冯太后进而让他直接处理国家大事，自此以后，"诏册皆帝文也"。

490年，冯太后完成了自己的使命以后就放心地去了。这时候孝文帝已经长成了二十四岁的英俊小伙子，不仅才华满腹，而且有着青年政治家的才干和胆识。

在孝文帝亲政时，由于冯太后执政时期的一系列改革措施，北魏社会正处于一个由奴隶制向封建制急速变化的过渡阶段，氏族制和奴隶制经济成分渐渐萎缩，封建制经济则有长足发展，更由于"均田制"的实施，这种封建化的趋势已发展到较高阶段，而与这个过程始终相伴的是各族人民反抗拓跋政权的阶级斗争和民族斗争。

孝文帝在这个时候坐上了第一把交椅，这让他感觉到自己身上的担子相当重，北魏政权再也不能走老路子下去了。于是，他决定开始继续执行冯太后的思想，而且要更加深入地贯彻下去，让鲜卑族完全地汉化。

◎ 洛阳是个好地方

孝文帝做的第一件伟大的事情就是把自己的都城迁到了洛阳。为什么要迁都？这还得先从北魏当时的都城平城（今山西大同）说起。

平城位于黄土高原的北部，那时候那里的自然环境真可以用"鸟不生蛋"来形容，农业生产极为落后，老百姓吃不饱饭，朝不保夕。再有因为地势的原因，那地方从哪望过去都是山，交通闭塞，这对于一个国家的发展来说非常不利。

除了自然环境的因素以外，孝文帝还考虑着都城的战略意义。如果始终把都城定在平城，那就意味着孝文帝要在遥远的北方统治整个中原地区。这么一来，中原地区就是天高皇帝远，孝文帝不怎么能够得着，想要安安稳稳地控制住那里也不大现实。要是还想把疆土再稍微地往长江以南扩展一下，那就更加困难了。

除了内忧以外，平城还有受外族侵扰的危险，特别是北方柔然族势力，吃饱了饭就想要跟北魏玩玩。孝文帝要专心治理自己的国家，哪有工夫天天跟他打来打去的。孝文帝被冯太后培养得十分有远见，他还想到了平城是个缺乏文化底蕴的山旮旯，根本不是文明人所选的住地。

既然老家平城不能让孝文帝发挥才能大展宏图，那么迁都就是必然之选了，可是往哪迁呢？孝文帝心里盘算着两个地方，一个是许昌，一个是洛阳，两个都位于现在的河南省。

洛阳是东汉、曹魏、西晋的故都，自"永嘉之乱"以来，经过铁蹄的糟蹋，"自晋宋以来，号为荒土"，十六国政权无一定都洛阳，说明洛阳当时已经破烂不堪，不适合建都。

许昌在曹魏时曾为"五都"之一，其后，后赵、前燕均曾在此建都。当时河北是比较富庶的地方，一年之中便征到绢三十万匹以上，数目相当可观，元帝时因遭遇自然灾害，曾遣部分贫民到河北就食，反映了这里的农业也比较发达。自东汉末年，曹操经营河北，开凿白沟、利漕、平虏、泉州等渠后，由许昌城可以过利漕渠、白沟，通黄河，转江淮，使许昌城航运通漕也非常便利。

显然相比洛阳来说，当时的许昌更适合被封为都城，可孝文帝偏偏就没有选许昌。说来说去还是因为冯太后的教育有方，孝文帝是个有文化的皇帝，他最终选择了洛阳作为自己的都城，还是考虑着政治文化因素。

虽然当时洛阳的经济不堪一击，可是洛阳是华夏古都，更是汉族文化的中心之一。从地理位置来看，洛阳也是个四通八达的地方，去哪都方便，更不用太过担心北方少数民族的骚扰，就算往这里来也需要一点时日。而且当时很多汉族的公卿门阀大族都在洛阳发展，孝文帝对汉文化的崇拜和推崇，再加上他统一中国的恒心，选洛阳就不由分说了。

◉ 善意的谎言

经过孝文帝这么仔细一琢磨，迁都洛阳显然已经有了重要的意义。对别人来说迁都可能没什么大不了的，可是对孝文帝来说却是非比寻常。孝文帝迁都，势在必得。

孝文帝考虑清楚了以后就把自己的想法跟大家伙儿分享了一下，嘴上说是商量，其实心里却是没得商量，迁也得迁，不迁还得迁。果然，听了要迁都以后，反对的大臣还不占少数，心想着好好的安稳日子你不过，迁个什么都啊。

看见底下人叽叽歪歪的不肯迁都，孝文帝知道这些人是不愿意抛弃眼前的富贵生活，毕竟南下是件极为折腾人的事，还得搞建设。无奈之下，孝文帝就用了一计，他说要南下进攻南朝，我们称为善意的谎言。

孝文帝故意大发雷霆，嚷嚷说："由得你们不迁都？这究竟是谁的国家？谁是皇帝？！"听孝文帝这么一叫嚣，底下的人都不敢再说话，只有拓跋澄出来反驳："国家当然是你的，但我们也是国家的大臣，南下打仗根本就是胡扯，那么危险怎么打仗？！"

孝文帝看见拓跋澄这家伙吹胡子瞪眼的，心里就觉得乐呵，于是就宣布退朝了。后来孝文帝跟拓跋澄约好了单独会面，这才语重心长地告诉他说："嗨，您老别往心里去，我刚才就是想吓唬吓唬大家。你也知道，咱们平城用来打仗还可以，可是要建设成有文化底蕴的都城，那比登天还难啊！我觉得要移风易俗非得迁都洛阳不可，所以就假借打仗之名要南下，顺道迁个都，你意下如何？"

拓跋澄听孝文帝这么一解释，仔细一琢磨，觉得也对，也就不再反对了。

493年七月，南朝齐武帝死。孝文帝一看时机已到，八月就带着大军往南边走，一个月后终于折腾到了洛阳。那时候正是中原的秋天，九月里的小雨淅淅沥沥地下个不停，孝文帝命令大军原地休息。这时候孝文帝自己带着一帮大臣跑去西晋宫殿的遗址参观去了，看着眼前荒凉的一幕，孝文帝的眼泪哗啦啦地往下流，激动之下就诵读了《诗经》。

参观完以后，孝文帝身披戎装，装得跟真的似的就带着大军继续前进。这时候雨下得更大，脚下的路成了一片泥泞，这让随行的大臣们想起太武帝拓跋焘南征战败逃回的情景，不由担心这次征伐会重蹈覆辙，劳民伤财，而兵士们也劳苦不堪，都不愿再前进。

孝文帝见势更起了兴致，大声下令继续进发。群臣纷纷下跪，哭天喊地地不让往前走，安定王拓跋休还代表大家诉说了南伐是多么多么不明智的决定。

孝文帝趁机也表达了自己的意愿："费了这么大的周折，要是不折腾出个名堂，就这么灰溜溜地回去，我怎么跟老百姓们解释？我们鲜卑族世世代代都住在山旮旯，想着盼着入中原，如果你们真的不愿意南下打仗，那咱们不如也不回去了，就定都洛阳。谁愿意就站左边，不愿意就站右边，让我看看比例。"

很多人其实还是不愿意迁都的，可是一想到迁都就不用打仗，就也都站在了左边。就这样，大家嚷嚷着"万岁"，孝文帝看见这场面也觉得心满意足。后来他派人回去平城那边通报留守的官员，让大家收拾收拾也赶紧往洛阳走。

495年，北魏的新都城就落定在了洛阳。经过孝文帝大刀阔斧的改革，洛阳渐渐地被建设成了一个国际化的大都市，一片繁荣的景象。

【叨叨那点事儿】

◉ 戒色

梁武帝萧衍是个名人，他当皇帝，在政界有两个优点最为后世口口相传，一是高寿，二是不近女色，清心寡欲方能延年益寿看来有些道理。

在《梁史》中记载"萧衍五十外便断房室"，天监十二年（513年），萧衍就开始不与女人同屋了。如果以他八十六岁去世来算，就有将近四十年没有碰过女人。

这对于一个男人来说，简直是无法想象的事情，更不要说是一位整日深处绝色女人堆里的皇帝了。但萧衍果真是如史册上记载的那样，精通武功，又文采斐然，是一个文武双全，不贪图美色，励精图治的有为帝王吗？萧衍"禁欲"的真相到底是什么？萧衍是真的禁欲还是另有隐情？其实剥开历史的迷雾，便能发现，这一切不过是一个谎言而已。

萧衍生于 464 年，死于 549 年，终年八十六岁，唯一能和他比岁数的皇帝大概只有乾隆了。作为南北朝时期"宋、齐、梁、陈"中梁的开国皇帝，萧衍还是有几分智慧的，史书上夸赞他"生而有奇异，两胯骈骨，顶上隆起，有文在右手曰'武'"。并且还提到在萧衍三十九岁那年，齐帝萧宝融禅位于他，这完全是一个谎言，禅让并不存在，萧衍能当上皇帝是因为他十分有手腕，能够篡位成功。

当上皇帝后的萧衍勤政爱民，史书上记载他不爱女色，除了将贵嫔丁令光留在京城外，其他嫔妃都撵走了，跟各自分封在外的儿子去一起住了。皇帝一旦荒淫便会无度，而萧衍居然能如此克制，所以不少人认为他是一个难能可贵的好皇帝。

实际上，他本人的案底并不清白，也是一个荒唐皇帝，在南北朝时期，南强北弱的情况下，他为了自己的宏图伟业，不顾实际情况和民生民饥，多次北伐，导致民不聊生，怨声载道。而他自己最终也没能打赢这场仗，还使得自己的国力越来越弱。

通过这件事情就能看出，萧衍对外不能够做到明确领导，对内治理得一塌糊涂，在个人生活上也是十分混乱。

萧衍虽然没有像宋度宗赵禥刚当皇帝那样，一次宠幸三十名女子的记录，但他也能算是花天酒地，淫乱后宫的皇帝了。他的生活奢侈腐糜，不但大修宫殿，还将住处搬到了前朝帝王萧宝卷的豪华寝宫里，享受着前朝皇帝的美女。

南朝皇帝十分奢靡，尤其是萧宝卷更为荒唐，他有一名宠爱的妃子叫作潘玉儿，因为小脚犹如莲花般美丽，被萧宝卷十分宠爱。为了讨好她，萧宝卷大修宫殿，将其装修的富丽堂皇，还对潘玉儿的居所阅武堂内，各个房间和宫殿进行了超豪华装修。

潘玉儿所经之路，都铺上雕琢有莲花文饰的纯金地板，称是"此步步生莲华也"。后世便有言传，说中国古代女子裹小脚的习俗就是仿潘玉儿的"三寸金莲"而来。

萧衍看中了萧宝卷的宠妃潘玉儿，想要占为己有，后来在大将军王茂的力谏下，才狠心将潘玉儿勒死。不过他随后又看中了后宫中的第二号美女余妃，幕僚范云和王茂一起劝说，这个女人和潘玉儿一样是红颜祸水，留不得，他才将余妃杀死。

但对于其他女人，萧衍并没有放过，他身边的女人除了给他生过孩子的，除了原配郗徽外，少说还有 7 位女人，至于没有生育的女子，那更是不计其数。所以说，萧衍四十年不近女色的真相背后，其实是一个昏庸无道的君主夜夜生欢。所谓的萧衍文治武功的赞歌，都是统治者为了流芳百世，自己给自己脸上贴的金。

◉ 反复无常的男人

梁武帝一天晚上做了一个莫名其妙的梦，梦见北朝的刺史、太守都来向南梁王朝投降。后来他把这个梦分享给了大臣们，他认为这是一个好兆头。

可也巧了，过了小半个月，西魏的大将侯景派人来，说他跟东魏、西魏都有冤仇，决心向南梁投降，还表示愿意把他控制的函谷关以东十三个州都献给南梁。

这个侯景本来是东魏丞相高欢手下的一员大将，高欢让他带了十万兵马，镇守在黄河以南，后来高欢得重病要死了，想起在外头带着重兵的侯景，怕自己死后，侯景不好应付，于是就派人叫侯景回洛阳去，自己好在临死前解决了这个心事。

可没想到侯景也脑子活，他知道高欢要死了，就不接受东魏的命令，带着人马投降了西魏。西魏丞相宇文泰也不信任侯景，一面接受侯景的献地，一面召侯景到长安去，准备解除他的兵权。侯景琢磨出不对劲了，这才转向南梁投降。

梁武帝见了侯景派来的使者之后，就赶紧召开了紧急会议，想听听大臣们是主张留下侯景还是不留他。

大臣们基本持反对意见，怕接受北朝叛将会引起纠纷，但梁武帝认为自己那个梦是个警示，就是要让他接纳侯景，然后利用侯景恢复中原。于是他不顾大臣的反对，接受了侯景的投降，还把侯景封为大将军、河南王，并且派他的侄儿萧渊明带兵五万去接应侯景。

结果萧渊明带兵北上的时候遇到了东魏的袭击，被打得一败涂地，萧渊明也被抓走了。同时东魏也进攻了侯景，把侯景的部队打得跑到了南梁躲了起来。

东魏派了使者来南梁求和，侯景怕东魏和南梁之间达成协议把自己给卖了，他就先一步叛变了。他带人很快打过了长江北岸，梁武帝派了自己的侄儿萧正德在长江南岸布防抵抗。侯景引诱萧正德叛变，说自己会拥护他做皇帝。

萧正德就鬼迷心窍地投靠了侯景，还帮助侯景顺利地进入了建康，把梁武帝居住的内城给包围了起来。

侯景带人攻打了一百多天，终于打进了城里，把梁武帝俘虏了，自己当了大都督，掌握了大权，之前带路的萧正德被他给一刀结果了。梁武帝在侯景的软禁中，要吃的没吃的，要喝的没喝的，最后被活活饿死了。

后来，侯景又先后立了两个梁朝皇帝当傀儡。551年，他自立为皇帝。侯景就知道打打杀杀，老百姓都很痛恨他。552年，梁朝大将陈霸先、王僧辩率领大军从江陵出发，进攻建康。

侯景在被打败后落荒出逃的路上被部下杀了，但是南梁经过这场劫难后，也是四分五裂的没法收拾了。557年，陈霸先在建康建立了陈朝，这就是陈武帝。

◉ 总结规划一下

从420年到589年的这一百七十年里，南方政权更替频繁，先后经历了宋、齐、梁、陈四个王朝。这些王朝都在建康定都，史称"南朝"。

东晋大将刘裕，废晋帝自立后，建国号宋，他就是宋武帝，别看他是抢了别人的皇位坐，但他还是挺有作为的，在当皇帝三十年里，宋朝赋轻役稀，江南民殷国富，进入东晋南朝国力最强盛的时期。

陈朝后主叫作陈叔宝，是个完全不懂国事，只知道喝酒享乐的人，没什么崇高的人生追求，陈朝在他的带领下，越来越完蛋。陈叔宝就知道自己享受，给自己盖高楼大厦，给自己吃香的喝辣的，就是不管他底下的老百姓。

陈后主就这样过了五年的荒唐生活。这时候，北方的隋朝渐渐强大起来，决心灭掉南方的陈朝。隋朝后来出兵，轻而易举地打下了陈朝，589年，陈朝灭亡。

在东晋统治南方的时候，我国的北方和西南地区先后出现过十几个少数民族割据政权，史称这一时期为十六国。然后稍后一段时间，大概是439～581年，大约与南朝同一时期，我国北方先后出现少数民族建立的北魏、东魏、西魏、北齐、北周五个政权，历史上称为北朝。

南朝和北朝就这样南北对峙着，也就是历史上所谓的南北朝。

南北朝虽然政治混乱，连年征战，但却是一个思想很开放的时代，长期的封建割据和持续的战争，使这个时代的文化发展受到了特别的影响。首先就是玄学的兴起、佛教的输入、道教的勃兴及波斯、希腊文化的进入。

这些文化相互渗透，相互影响，使得那个时代的文风是比较开化的，知识分子没那么多规矩束缚。统治者天天打仗的打仗，避难的避难，谁还管那么多，所以知识分子们多出了一些放浪形骸、看起来像二流子那样的人物，例如阮籍，用放浪的外表，掩饰内心的失落。

十六国的后期，鲜卑族拓跋氏建立的北魏强大起来。他们原来一直生活在大兴安岭的北段，后来不断南迁，就进入中原了，北魏军事力量强大，逐渐消灭了抵抗他的势力，进入中原，但是发展到后期，周武帝死后，就慢慢不行了，大权就落入了外戚杨坚的手里。

一个新的朝代也就要拉开序幕了。

第八章

短暂隋朝　盛世基石

【老子英雄儿狗熊】

◎ 外孙无能，姥爷顶上

许多科学家在接受颁发给自己的荣誉的时候，总喜欢说一句谦虚的话："我是站在巨人的肩膀上才有了今天的成就。"也就是说，一个人或一件事情，想要达到鼎盛是需要一个过程的。而在动荡的两晋南北朝之后建立起来的隋朝，正是中国封建王朝向顶峰攀爬的一个重要基石。人们总是说大唐盛世，但如果没有隋朝在底下当基石，那唐朝也不能厉害到那种地步。

581年，北周外戚杨坚，改国号隋，因为杨坚在北周封的隋国公，而后定年号开皇，定都长安。杨坚也就是历史上的隋文帝。

说起杨坚，也是个"官后代"，杨坚是北周的外戚，也就是说，是皇帝的母族和妻族，杨坚他们家是属于皇帝老婆的娘家人。

按说自家人是应当帮自家人的，杨坚是皇帝老婆的娘家人，那他也算皇帝的半个亲戚，理应好好辅佐皇帝，管理好国家才是。可是杨坚却不这么想，他每天跪拜龙椅上那个小崽子，自觉心里很不是滋味。

小皇帝什么也不懂，大主意都是大臣们拿的，可是享受的却是这小子。杨坚寻摸出当皇帝的好处来了，于是便想取而代之。

思来想去，他终于走上了中国古代历朝历代都会发生的一些道路，外戚干政。杨坚起兵造反，拿下皇位，赶走小皇帝，自己披上黄袍，当了皇帝。

所以，当时的情况是这样的，杨坚作为北周静帝的姥爷，他废掉自己的外孙子自立，做皇帝，代周自立了。

当了皇帝之后，杨坚并没有忘记自己的职责，他一上任就开始兢兢业业地干活，忙活起了家国大事。他在589年，派他的次子晋王杨广，用水陆五十余万大军灭了陈国，陈国是南朝最后一个朝代，杨坚就此统一了南北。

其实，统一南北也并非是杨坚就有多么地厉害和神武，而是杨坚刚好就站在了时代的顶端，当时的民族大融合已经到了水到渠成的地步。杨坚不过是正好起了一个促进的作用，所以，可以说这个是历史便宜了杨坚。

不管怎么说，统一了南北之后，杨坚更是发光发热，继续进行自己的事业，那个时候北方因为长年征战，生产力水平大幅度下降，人们生活得比较困苦，杨坚就立志恢复北方农业的发展。

在他的努力下，北方农业和经济得到了发展，奠定了隋朝的经济基础。因为北方原来生产力水平就比南方要高，虽然经过战乱的破坏，但是这个时候它已经积极恢复与发展。统一需要打仗，但是打仗，说句实在话，靠的就是经济实力的支持，不然你上哪弄那么多粮草啊，马匹啊，将士的工资啊，这些都需要经济基础。杨坚有了这样的基础，自然打起来比较占便宜。

后来，杨坚努力发展，一鼓作气，慢慢地统一了南北。隋朝也就在杨坚的带领下，走向了辉煌，虽然这个巅峰持续的时间很短，但还是不能抹杀杨坚的功绩。

◎ 赵绰依法办事

为了把好不容易得来的统一的国家建设得更美好，隋文帝不仅采取了一系列的改革措施，而且还专门找人把法律修修，一些酷刑也因此被废除。这样的好事让全国人民都高兴得不得了，可是隋文帝自己并不严格执行。

虽然对外声称是天子，可说到底皇帝老儿也是个普通人，偶尔发发脾气也是正常事。但是身为一国之君，就要有效地控制一下自己的情绪。隋文帝经常发了脾气就违反法律中规定的条例，要把不该杀头的人给杀了，这让底下办事的官员都不好做人。

赵绰那时候在大理寺上班，做管理工作，他觉得维护法律的威严是他应尽的责任，可是隋文帝的行为让他难办了，两人也因此常常闹点小矛盾。

一次，一个叫辛亶（音 dǎn）的公务人员被告说他乱搞迷信，隋文帝还没查法律条款就让人把这人给杀了。可是赵绰说："这人没有犯下死罪，我不能杀他。"隋文帝一听赵绰的话就来气，说："你要是想救辛亶就拿自己的命来换。"

赵绰可不怕隋文帝这一招，更不怕死，就让隋文帝随便。这时候赵绰已经被拉了出去，准备等死。隋文帝突然又变卦了，他也不想把赵绰这么好的官员杀死，于是就传话说："你还想说点什么不？"

赵绰回答："我一心一意地严格执法，还怕什么死啊！"隋文帝东张张西望望，装模作样地等了一会儿，气也消了，就让赵绰回家去了。

还有一回，一个叫来旷的当官的不知道从哪里听来的闲话，说什么隋文帝不待见赵绰，于是就想拍拍隋文帝的马屁，就写了封信给隋文帝，说赵绰在大理寺办事办得太宽松，不得人心。隋文帝看了以后觉得信中所讲合情理，就给来旷升了职。

来旷以为皇帝真的待见他了，就更加放肆地诬陷起赵绰来。可是这回隋文帝留了个心眼儿，派人前去大理寺核实，结果根本就没有这等事，隋文帝气呼呼地又嚷嚷着要杀来旷。

隋文帝跟个小孩儿似的，想要看看赵绰这回怎么处置陷害自己的人。谁想到赵绰居然不同意杀来旷，还说来旷有罪是有罪，可是罪不及死。这可把隋文帝给气坏了，脸一耷拉就回了宫。

赵绰在后面跟着，还一边大声地嚷嚷："陛下，我不提那来旷小子的事了，我有要紧的事要跟您商量啊！"隋文帝以为这赵绰真的有什么紧要的事，就让他进来了。

赵绰说："我罪过可大了，三条：第一，没把手下的人管好，出了来旷这么一人渣；第二，刚跟陛下顶嘴，这也是大逆不道；第三，我刚刚说有急事是在撒谎。"隋文帝听了赵绰这么一说就乐了，也就没再继续追究，由着赵绰处置来旷。

隋文帝为了当好皇帝，平时生活也比较节俭，铺张浪费的事不仅自己不做，也不让亲戚朋友做。有一次他的一个儿子杨俊偷偷地在外面修了五星级的宫殿，隋文帝知道了以后就要撤他的职，大臣们纷纷给杨俊说好话，可是隋文帝仍然坚持依法办事。

后来，隋文帝发现太子杨勇平日里不知道节俭，生活作风极为不端，就多次警告他要好好地当太子。可是另一个儿子杨广听说了以后就顺着老爹的脾气走，表面上迎合着老爹，背地里却做尽了坏事。

隋文帝嫌太子杨勇没什么出息，就把他给废了，另立了杨广为太子。后来隋文帝才意识到自己当年的糊涂，因为他发现杨广是个人面兽心的家伙，可是也晚了。杨广之后无情地杀死了他老爹，自己当上了皇帝，他就是隋炀帝。

◉ 大兴土木

605 年，隋炀帝派管理建筑工程的大臣宇文恺（音 kǎi）负责造东都洛阳城，宇文恺是个高级工程师，也是个高级心理学家，他很懂得迎合隋炀帝的心思，就把都城的工程搞得特别浩大。

建造宫殿的材料都得从外地运，当地还没有，那会儿没车，就只能是靠人力，光一根柱子就得发动上千人去搬。可见这柱子得有多大，一根柱子都这么大，那可见这宫殿得修多大了。为了修这宫殿，隋炀帝每个月都要征发两百万民工，日夜不停地施工。

那会儿别说加班费，连工资都没有，民工们个个辛苦大半天，一分钱捞不到，还得挨打受气，所以就对隋炀帝产生不满了。

但隋炀帝不管这些，他只要住好吃好就行，宇文恺的确是个人才，他还在洛阳西面专门造了供隋炀帝玩赏的大花园，叫作"西苑"，周围二百里，园里人造的海和假山，亭台楼阁，奇花异草，应有尽有。这还不算完，到了冬天树叶凋落的时候，他们派人用彩绫剪成花叶，扎在树上，使这座花园看起来四季如春一样。

隋炀帝是享受上了，可是他还不满足，于是他在建造东都的那一年，又下令要修造大运河，隋炀帝下令修大运河的时候，可没想过是要为百姓谋福利，他就是为了让自己出门变得方便点。

他征发河南、淮北各地百姓一百多万人，从洛阳西苑到淮水南岸的山阳（今江苏淮安），开通一条运河，叫"通济渠"；又征发淮南百姓十多万人，从山阳到江都（今江苏扬州），把春秋时期吴王夫差开的一条"邗沟"疏通。

这样他从洛阳到江南就方便多了。后来尝到好处的隋炀帝，又连着两次征发民工，开通了两条运河，一条是从洛阳的黄河北岸到涿郡（今北京市），叫"永济渠"；一条是从江都对江的京口（今江苏镇江）到余杭（今浙江杭州），叫"江南河"。

他后来嫌四条运河不方便，就沟通了一下，让这四条运河变成了一条，就形成了一条全长四千多里的大运河了。

◎ 出门旅游就坐船

隋炀帝本来就特别爱玩儿，尤其爱旅游。自从大运河开通了，更是让他旅游的兴致来了，动不动就要带着人坐船出去玩儿，拦都拦不住。

从东都到江都的运河刚刚完工，隋炀帝就要出门了，他带了十二万人的庞大队伍就打算出门去江都旅游去了。这十二万人要比现在的超级旅游团还超级，浩浩荡荡比一个世界五百强的企业职工还要多。

隋炀帝不怕麻烦，他早就派官员造好上万条大船。让这些人上船走就行，不怕坐不下。到了出发那天，隋炀帝和他的老婆萧后分乘两条四层高的大龙船，船上有宫殿和上百间宫室，装修得十分豪华精致。

然后他的那些妃子大臣，文武百官们坐的船就要稍差一点了，但也是经济舱，再往后的几千条大船就装了保护他的士兵和一堆武器什么的，万一遇到抢劫的，自己也不怕。都准备妥当了，这上万条大船就浩浩荡荡地出发了，足足有二百多里长。

隋炀帝是出来旅游的，不是公干的，所以他不着急，那些专为皇帝享乐打算的人早就安排好了，运河两岸，修筑好了柳树成荫的御道，八万多名民工，被征发来给他们拉纤，还有两队骑兵夹岸护送。

也就是说，这船全靠人力拉着走，那能走多快，慢得跟蜗牛爬似的，几辈子能到了江都？可隋炀帝不管那个，他就在船上搂着大老婆、小老婆们看看风景，吃个水果。看着陆地上别人给他安排好的五彩缤纷的道路，非常享受。

这还不算完，皇帝是享受了，那帮王公大臣们也不能干坐着，隋炀帝很是大方，他让两岸的老百姓们，给他们准备吃的喝的，叫作"献食"。那些州县官员，就逼着百姓办酒席送去，有的州县，送的酒席多到上百桌。

这么多菜肴，他们一行人根本吃不来，剩下的菜他们也不打包，就在岸边挖个洞埋了，倒是不污染环境，可是那些被迫献食的百姓，却被弄得倾家荡产了。就这么劳民伤财一番，总算到了江都了，在江都玩一阵，隋炀帝又要回洛阳，之前的戏又得重演一遍。

享受到乐趣的隋炀帝几乎每年都要出去一趟，他出去一趟就得铺张浪费一回。可是也不能不让他出去，于是就只能变着花样逗隋炀帝开心，高级工程师宇文恺为了迎合隋炀帝，又发明了一种活动宫殿，这个宫殿可以装几百个人，但是下面有轮子，可以四处走动，很是时髦。

时髦完了，隋炀帝想干点正事吧，他琢磨来琢磨去，就决定炫耀武功，于是611年，他发动了对高句丽的战争。他还要亲自指挥战斗，依然是坐船去，他从江都乘龙船，沿着大运河直达涿郡。

他下令全国的军队都要集中到涿郡供他差遣，这个高句丽是中国东北地区和朝鲜半岛北部建立的一个民族政权，隋炀帝为了对付他们，动用了一百多万大军，但最后生还的就两千七百人，为了打高句丽，光从路上兴兵不行，还得走水路，走水路就需造战船。那些造船的民夫在官吏监视下，日日夜夜在海边造船，没法休息。因为下半身长期地泡在海水里，都腐烂生蛆了。

实在是忍不下去了，当时邹平（今山东邹平）人王薄，率先发动了农民起义，他在长白山举起大旗，为了说明自己的态度，他还专门赋诗一首《无向辽东浪死歌》（浪死就是白白送死的意思）："……忽闻官军至，提刀向前荡。譬如辽东死，砍头何所伤。"

很有气魄，后来其他农民也纷纷反了。

【兄弟都是好汉】

◉ 苦孩子有前途

隋炀帝脾气火爆，人也很野蛮，不听取别人的意见，第一次打高句丽的时候就吃了败仗。这不，野心上来以后，又准备亲自出马，第二次跟高句丽干一仗。他带着大兵往辽东走，这时候又派了大臣杨玄感在黎阳负责伙食工作。

隋炀帝之前的左右手杨素帮着他坐上了座儿，立了大功，可是这皇帝忒不厚道，倒怀疑杨素起了野心，心里一郁闷就把杨素给杀了。杨玄感正是杨素的儿子，他对老爹被杀这事一直耿耿于怀，成天琢磨着怎么把隋炀帝给做掉。

这一次，杨玄感觉得时机成熟了，就借着保证后勤工作的名义搜罗了很多肌肉男，准备带着他们大干一场。这些肌肉男们之前都干着苦力活，也十分痛恨隋炀帝，听了杨玄感的忽悠以后就立马加入了这支造反的队伍。

杨玄感手下的人差不多有了八千，他给每个人都发了武器，准备跟隋炀帝火拼。可是这时候杨玄感又觉得缺了点什么，后来才想到自己是想找个参谋，这才想起了李密。

李密年轻的时候在隋炀帝的身边当侍卫，是个聪明伶俐的家伙，可也正因为这点小聪明，他经常上班不好好站岗，有一次偷懒被隋炀帝给撞见了，隋炀帝立刻辞了这小子。李密才不觉得这事有什么大不了，他还看不起隋炀帝那暴脾气呢。于是李密回了老家，准备搞搞学问。

老家倒是清净，可是有时候也难免闷得慌。有一次李密读书读烦了，就想着如何让读书变得更有趣，也更能充分地利用时间。于是他就把一本《汉书》挂在了牛角上，自己骑着牛就出去溜达了。他边溜达边在牛背上看书，这才觉得生活有滋有味。

这时候刚好赶上宰相杨素从一旁经过，他看到眼前这小伙子以后就很好奇，问他这是做什么。李密看到了杨素，他认识这是大宰相，就赶紧从牛背上跳下来，恭敬地回答说："宰相大人，我在看《汉书》啊，正读到项羽的故事了。"

杨素看这小子有点意思，就跟他聊了起来。两人说着说着，杨素就发现这孩子还挺有文化。杨素回去以后就把今天的所见所闻说给了儿子杨玄感，还直夸李密比儿子强，说什么要是以后遇到了困难，就让儿子去找李密。由于老爹的关系，后来杨玄感就跟李密成了哥儿们。

杨玄感这次造反想找个参谋，立刻想到了李密，于是就让人直奔长安，接上李密就来了黎阳。杨玄感问李密如何干掉隋炀帝，李密想了一会儿，说："办法是有的，而且还有三种。"

李密瞪大了眼睛，让李密赶紧把这三种方法说出来，李密慢吞吞地说叨着："先说我的上策吧：皇帝老儿现在在辽东，咱带着大兵去追去，把他的后路给断了。而且那厮现在正要打高句丽，前面的高句丽也不会放过他。前后夹击，估计他也活不了几天了。此外，我还有一个办法：咱先把长安给拿下，在那边守着，等那厮回来再给他个措手不及。不过这是个中策。最后是下策：那就是先攻洛阳。"

杨玄感是个急性子，估计也难成大器。他听了李密的嘟囔以后，觉得前两个办法都不够快，于是就决定采用第三个办法，也就是下策。

商量好以后，杨玄感就开始朝洛阳开炮了，他的队伍也在不断地扩大，也打了几个胜仗。隋炀帝见势又上了暴脾气，派了大兵就往杨玄感那边去了。杨玄感抵不过隋军，只好往长安逃，可是还是没能躲过一死。

李密这小子比杨玄感运气好点，他成功地摆脱了大兵的追击，后来也寻思着再度造反。为了储积力量，李密跟老鼠一样东躲西藏，直到听说一个叫翟让的人，这才决定前去投奔。

◎ 开仓放粮

翟让原本只是在东郡当个跑腿儿的，因为惹了上头的人而被打入了监狱，有个看监狱的人觉得翟让这人挺厚道，就把他给放了。翟让出来以后就跑到了附近的一个叫瓦岗的小村子，还在那里搜罗了一批人，准备造反。

在翟让招揽的这帮人里，有个叫徐世勣的年轻人，长得挺帅，还挺有才。他让翟让带着人马到有钱人多的地方去，先张罗点粮食再说。翟让于是带着一帮子农民就去了荥阳，在那弄到了不少富人的粮食和财产，而且手下的人也越来越多。

后来李密也去了翟让的部队，靠着自己的才能跟翟让称兄道弟起来。李密是个有大志向的人，他让翟让把隋炀帝干掉，说："你回去温习温习历史书，看看以前的刘邦跟项羽，他们本来不也是穷小子吗？可人家后来都把秦朝给推倒了，那多了不起！"

起先翟让还没有这个想法，觉得自己没这个实力，可是经过李密这么一忽悠，翟让就决定这么干了。李密跟翟让这么一合计，就决定先把荥阳攻下再说。开战以后隋炀帝派了张须陀前来助阵，这厮以前经常镇压起义军，有了点经验，嚣张得很。翟让之前也吃过他的苦头，心里有点虚。

这时候李密就发挥了他的忽悠才能，说："张须陀那厮就是个粗老汉，凭力气干活，脑子都生锈了，咱肯定能干过他！"被李密这么一激励，翟让顿时信心百倍。随后翟让就带着大兵雄赳赳气昂昂地穿梭在深山老林里。

张须陀觉得翟让就是个棒槌，根本没把他放在眼里。这时候翟让故意让大军装成抵不过张军的样子，拔了腿就往回跑，老张的部队则在后面穷追。追着追着老张才发现不对劲，怎么路越来越窄了，还没回过神儿来，就见自己的部队已经被李密带领的人马给包围了。老张惨死。

这次打了胜仗以后，李密在起义军中的威望就越来越高，再加上李密很注意领导人平时的生活作风，将士们都喜欢他。后来李密让翟让趁着隋炀帝在江都巡游的时候进攻东都洛阳，可是后来却走漏了消息，这次进攻只好作罢。

李密改变了注意，准备进攻兴洛仓，也就是现在河南的巩县。隋炀帝那不知节俭的家伙在那里建了一个全国最大的粮仓。由于隋炀帝的暴政，当地的百姓早就想把他干掉，于是纷纷挤进了翟让和李密的部队，跟着一起造反。兴洛仓很快就被拿下。

兴洛仓得手以后，李密就下令把粮仓给老百姓开放了，百姓们乐得屁颠屁颠的，一个个儿都拿着工具过来装粮食，泪眼汪汪地感激着起义军。李密的威望越来越高，这时候翟让也自愧不如，觉得还是让李密来当最高领导人比较合适，他欣然地让出了位置。后来李密就成了魏公，还是瓦岗军的总指挥。

听说瓦岗军已经在洛阳有了政权，而且还接连地占领了很多地方，各地的老百姓纷纷前来投军，瓦岗军已经在全国打出了名声。然而这时，起义军的内部却有了矛盾。

要说李密也不是什么好人，人家翟让好心恭敬地把最高领导人的位置让给了你，你就安安心心地做你的首领，可是你居然怀疑起翟让来了。倒也是，翟让退位以后，自己手下的那些个死党心里十分不平衡，都叨叨着让翟让把位置抢回来，可是翟让始终都觉得自己窝囊，没李密那个本事，也就罢了。

可是那些人的话却让李密听到了，李密手底下的人也忽悠着李密除掉翟让，以免将来生出个事端。李密觉得他们说的有理，居然真的把翟让做掉了。从此以后瓦岗军就没有了以前的声势，倒是北边李渊带领的造反部队开始要慢慢地露出一些苗头了。

◎ 爹死得早

看到农民起义军越来越嚣张了，隋炀帝坐不住了，他就开始派人四处去打击农民起义军，其中李渊就是他派出的一员大将。

说起李渊，就有些来头了，566年，长安唐国公府里，李渊降生了，他老爸是安州总管、柱国大将军、唐国公李昞，所以李渊算是个官宦子弟，而且李渊的妈是杨坚老婆的同胞姐妹，也就是说李昞和隋文帝是"连襟儿"关系。所以李渊一生下来就不愁吃喝，比较幸福。

但是在李渊七岁的时候，李昞就去世了，从小死了爹，这也可能是让李渊日后变得坚强的原因之一。

按照当时的官吏制度，李渊袭封为"唐国公"。

小小年纪就有了封号，还得像成年人一样在官场中说一些脸不对心的话，这很考验青少年的纯洁度。李渊打小就被灌输教育，说他肩负着李家兴旺的重大使命，一定要好好努力，不能丢人。

所以李渊比较早熟，打小就有坚实的理想和目标，那就是振兴他们老李家。那会儿李渊也不会想到，他这一振兴，给振兴出新朝代来了。他那会儿想的也就是当大官，掌握大权势，所以，为了能够有足够的智慧，李渊爱上了读书。

什么《史记》《汉书》之类的历史书籍他都喜欢读，李渊是唐国公，不需要再去通过应试教育来博得地位，他读书完全是出于个人喜好，还有就是要从中吸取历史的经验，能够让自己在官场上多掌握一些权谋之术。

580年，周宣帝病故，皇后和八岁的周静帝无力控制朝政，李渊的姨父杨坚（周静帝的外公）趁此机会以大丞相的身份入朝辅政，其实就是为了篡夺帝位。后来地方上的一些掌握大权的头目看到杨坚想当皇帝了，于是纷纷起兵造反，其实是自己也想当皇帝，但是他们干不过杨坚，都被杨坚给灭了。

后来杨坚就开创了隋朝，称了皇帝。这一系列过程都是被李渊看在了眼里，记在了心里的，估计对他日后灭隋也有了点启发。

杨坚建立隋朝，就要开始大干一场了，选拔人才是必须的，那会儿李渊长得一表人才，少年才俊的。杨坚一看这个小伙子不错，而且杨坚算起辈分来，又算是李渊的姨父，所以，就让李渊当上了"千牛备身"，也就是皇帝的贴身保镖。

别看这个职位不怎么高，但是能够经常跟随在皇帝左右，那也是很威风的。况且李渊也不是白给皇帝当保镖的，他跟随杨坚的那些日子，跟杨坚学到了不少治国的本事，这也为他日后打下了基础。

但好景不长，杨广弑兄杀父，当了皇帝，李渊再次见证了权力的更替与血腥，他这个时候已经是个理性与头脑完全成熟的成年人了，隋炀帝虽然重用李渊，但是旁边说闲话的人也不少，李渊知道自己迟早会被隋炀帝猜忌，所以行事上一直很警惕。

617年，隋炀帝派李渊去太原去当留守（官名），镇压农民起义，这就给了李渊一次人生转折的机会。

开始李渊到了太原，还是打了几个胜仗的，但是农民起义军越打越强，越打越多，他也感到紧张起来了，看来隋朝灭亡是不可扭转的局势了。

◎ 都是民谣的错

李渊在太原左思右想的为自己想出路的时候，历史已经把他给逼到不得不反的地步了。当时的隋朝末年，"杨氏将灭、李氏将兴"的谶语广为流传。

这也不知道是谁编造出来的一句话，但这一政治预言在给当政的隋炀帝敲响警钟的同时，也为"密谋造反"之人创造了一个有利的舆论环境。当时颇具势力的李密、李渊、李轨都纷纷行动起来，借助这一谶语招募自己的追随者。

但可惜李密他们实力不够，魅力不足，起义得不够成功，在隋朝军队的打压下，累得抬不起头来。

这头在打压着农民起义军，在洛阳城里的隋炀帝也是不得安生，毕竟自己的天下刚坐稳没几天，就被人反成这样，是很头疼的事情。可能是日有所思，夜有所梦，一天晚上，隋炀帝就做了一个怪梦。

他梦见洪水滔天，淹没了都城长安，冲毁了宫殿，一切陷于一片汪洋之中，唯独城头的三棵李树安然无恙，并且枝繁叶茂，硕果累累。杨广从梦中惊醒，吓了一身冷汗。即刻召术士为他解梦。术士安伽陀为杨广解梦，揭示了"杨氏将灭、李氏将兴"的预言，并暗示杨广不可不防。

这个术士也就是个靠嘴混饭吃的骗子，他的话必然是不能相信的，但是隋炀帝那会儿就信了，他把所有姓李的都怀疑了个遍，其中李渊是首当其冲。不过是因为李渊要在太原为自己打击起义军，他才没有做什么动作，要是放在平时，只怕李渊早就找不到自己的脑袋哪里去了。

李渊后来也渐渐听到了点风声，一句平白无故的话就让自己陷入了危险之中，李渊很是叫屈。

此事听来蹊跷，不禁让人浮想联翩。陈胜、吴广起义时装狐狸叫声，王莽伪造天命之类似乎与其有异曲同工之妙。且不说梦与谶语的诸多牵强附会之处，也不说术士心怀鬼胎有什么不可告人的秘密，单就这条谶语，有心之人便可借题发挥，伺机而动企划大事了。

一不做二不休，反正不反也得被当成反贼杀掉，那不如反了得了。于是，李渊就将这首《桃李子歌》（"桃李子，莫浪语，黄鹄绕山飞，婉转花园里"）重新演绎了一番。

民谣中，"李"就是李渊的姓氏，"桃"解释为"陶"，是"陶唐"的意思，那是上古的帝王，而恰好李渊在隋朝被封为"唐公"。《起居注》引用李渊的话"吾当一举千里，以符冥谶"来表示自己的决心和立场。从此，李渊便在天下顺理成章地召集自己的追随者，为起事做好充足的准备。

当时李渊已年过五十，上了年纪，仍然不失为一个有雄心壮志而又生机勃勃，干练睿智的领导人物。

再加上李渊的儿子还有身边的将领个个能干，领导班子成员都不错，所以，李渊要起兵就成了顺理成章的事情了，他不反，反倒对不起跟着自己的这帮好弟兄了。

"人事有代谢，往来成古今。"朝代更替、国家兴衰，生老病死、悲欢离合，人事总在不停地更替变化。历史的舞台上，你方唱罢我登场，纵然立下千秋伟业，也不过是为他人作嫁衣。在历史对局的博弈中，李渊很快就会成为赢家，拉开了一个盛世王朝的序幕。

第九章

大唐盛世　五代十国

【亲戚的力量】

◎ 有人喜剧，有人悲剧

隋炀帝死了，隋朝被灭了。他身边的人自然也好过不到哪里去了，首当其冲受折磨的就是他的妻子萧皇后了。

隋炀帝和萧皇后是在 582 年结的婚，也就是隋朝开皇二年，本着父母之命，媒妁之言，十三岁的"晋王"杨广娶了十二岁的萧氏。

而后他们一起生活，一直到了 618 年的春天，隋朝大乱，隋炀帝被部下逼迫，自缢身亡，蹬了腿。而萧皇后便落入了当时的权臣宇文化及的手中，成为了战俘，成天被养在宫中，没了人身自由。根据《隋书·列传第五十》中的记载，这场婚姻被写为："宇文化及于是入据六宫，其自奉养，一如炀帝故事。"

隋炀帝死了，萧氏的处境自然不会好到哪里去。萧氏虽然已经青春不再，但依然端庄，俊美，怎么说人家也是个皇后，历史上能当上皇后的女人，再怎么也得算得上是一枝花了，放到今天，那得是选美冠军才行。

所以，宇文化及作为一个正常的男人，他对萧氏自然垂涎几分，在 619 年，宇文化及带着萧氏，居然跑到魏县，关起门来当皇帝。

不过可惜好景不长，皇帝并不是那么好当的，尤其是动乱年代，除非足够强大，否则只有等着被推翻。宇文化及还来不及巩固他的力量，就被窦建德率着一支农民起义军杀上门来，窦建德自称"大夏王"，口口声声为死去的杨广报仇。

宇文化及与窦建德在聊城展开了一场恶战，窦建德的军队战斗力很强，他动用了自己的战车，将石头抛上城墙，这种十分原始的"土炮"令宇文化及难以招架，聊城最终失守，落入了窦建德手中，而一同被窦建德接管的还有萧氏。

萧氏再次落入男人的手里，这次她虽然选择了自尽，但却被窦建德的部下抢救了过来，窦建德自称是杨广的拥护者，对萧氏一直以礼相待，在《旧唐书·列传第四》

里说："建德入城，先谒隋萧皇后，与语称臣。"

虽然如此，但萧氏也并未获得真正的自由，她一直在窦建德的军中，虽然历史中并未记载她曾被窦建德强行霸占，但从一些古代文献中，似乎也可以对窦建德与萧氏的关系作出一些推断。

在《旧唐书》中有过一段记载："建德每平城破阵，所得资财，并散赏诸将，一无所取。又不啖肉，常食唯有菜蔬、脱粟之饭。其妻曹氏不衣纨绮，所使婢妾才十数人。至此，得宫人以千数，并有容色，应时放散。"

从这段历史中可以看出窦建德是个正人君子，他不会去霸占他人的妻女，而且最主要的是，窦建德的妻子曹氏十分彪悍，对窦建德看管严格，绝不允许他与别的女人有染，而且萧氏留驻时间并不长，约莫两三个月后，她又转到了突厥人的手里。

萧氏之所以会去突厥，是因为突厥的义成公主从窦建德手上要走了她。

这位义成公主被杨坚嫁给了启明可汗。后来，她的丈夫死了，她便又改嫁始毕可汗、处罗可汗和颉利可汗。对于这段历史，《隋书》一笔带过："突厥处罗可汗遣使迎后于洺州，建德不敢留，遂入于虏庭。"

不论萧氏当时是否情愿跟义成公主去突厥，总之她一个毫无依靠的寡妇只能听从别人的安排，没有自己做主的权力，去到突厥后，她随同义成公主一起被纳入了处罗可汗的寝帐。后来，处罗可汗死了，姑嫂两个又顺理成章地嫁给他的弟弟——颉利可汗。

在突厥生活的萧氏早就断了回中原的念头，一直到 630 年，突厥大败，义成公主死了，颉利可汗遭擒。她这才回到长安，但此时的她已然是"战俘"的身份，回到长安后，虽然受到了大唐的礼遇，但她却深居简出，独自生活了十八年后，孤独终老。

《资治通鉴·唐纪》里说："庚子，隋萧后卒。诏复其位号，谥曰愍；使三品护葬，备卤簿仪卫，送至江都，与炀帝合葬。"萧皇后死后，她与隋炀帝合葬在了一起，夫妻二人也算是最终相守在了一起。

◎ 为民做主好皇帝

从萧皇后的遭遇可以看到，那个动荡的时代，就算你是皇室中人，命运也会突然从天堂跌入地狱的，就更别说那些寻常百姓了。

所以，李渊当上皇帝，第一件事情，就是要好好振兴自己的国家。

李渊绝对是一振到底的，谁能想到这个男人居然能从皇亲国戚当上了皇帝扬眉吐气了呢？总的来说，李渊终于振兴了他们老李家，这一振就振到了龙椅上，绝对地给老李家长脸。但李渊不是个贸然冲动的人，虽然取得了这么大的成就，但依然保持低调做派。

建国伊始，百废待兴。唐高祖在战火纷飞的内战中要重建一个能行之有效的中央政府，必然会遇到很大的困难。这些李渊都考虑到了，他将大殿重新装修了一番，别的皇帝都是按奢华的来，他是越装修越简朴，意思就是提醒自己要勤俭为民。

不过，他不勤俭也不行了，经历了这么久的战乱，国家已经变得很穷了。举个例子就知道有多穷了。

在617年唐军攻克隋都的时候，纸张极为紧缺，官吏们只得利用以前隋朝和北周的文卷的反面来书写。连纸都没的用了，那其他东西就更没有了，可是李渊刚刚建立王朝，怎么也得对自己手下的兄弟表示表示，他对这个赏赐两尺布，就得给那个三寸钉，赏来赏去，国库里更是没东西了。

但李渊不是光花不挣的人，他没有让唐人失望，唐王朝逐步扩大的领土统治权显示了它的军事力量，继而恢复了它的财政地位并渐渐获得了民众的信任。换而言之，李渊为"贞观之治"奠定了坚实的基础，正所谓"冰冻三尺，非一日之寒"。没有李渊前期的励精图治，就不会有唐朝后来的繁荣。

作为唐朝的奠基人，李渊得收拾隋朝之前那堆烂摊子，但他也不是把隋朝所有的东西都撤出去了，而是挑挑拣拣地利用了起来。

唐朝中央政府的基本结构承袭了隋代所用的三省制度，并逐步被合理化，每一省的职能都得到明确的分工。唐高祖李渊拥有一个最信得过的领导班底：他的密友，他的老臣宿卫，他的亲朋故旧。事实上，唐高祖的中央高级官员不外乎由下列三种人组成：经验丰富的隋朝官吏，北周、北齐或隋代官吏的子孙，以前各朝代皇室的遗裔。

其实李渊也是在摸着石头过河，一边摸索自己的实践经验，一边总结上个朝代的失误："隋末无道，上下互相蒙蔽，皇上骄横，臣下谄媚奸佞之徒不断。朕拨乱反正，志在安邦定国，平定乱世要用武将，守城治国要靠文臣，使他们各尽其才，国家才能安枕无忧。"

李渊爱总结和他小时候爱读书的好习惯分不开，爱读书的人一般都喜欢做个读书笔记，把自己的心得体会写一写，时不时地翻看一下。李渊这是把读书的劲头拿出来治理国家了，而且这招用得还不赖。

也正是因为李渊爱读书，能够意识到书本的力量，于是他要让天下爱读书的人多起来，他就想出了科举制度。

◉ 有功也有过

今天我们要上大学得考试，单位要用人也得面试，这种考试面试应该说都是从李渊那个时候的开科取士流传变异下来的。

李渊用科举考试的办法，让全国人民都去读书，然后他从中挑选出读书读得最好的人来当官吏，其中孙伏伽是唐代第一科状元，很受李渊的重视。

孙伏伽曾于武德初年上书，坦言三事：一是"开言路"；二是废"百戏散乐"；三是请"为皇太子及诸王慎选僚友"。这三项建议非常中肯。李渊看后大喜，任命他为治书侍御史，并赐帛三百匹作为奖励。

不久，孙伏伽又在灭王世充、窦建德后，建议李渊取消追究王、窦余党的命令，又为平定边防、减税赋等事频频上表献策，又请设"谏官"一职，李渊都虚心采纳了。可见李渊在纳谏方面也是可圈可点的。

喜欢听别人的建议是李渊的一个优点，但李渊毕竟也是个普通人，也有自己的小情绪，情绪一上来，就难免会做点错事。

在《旧唐书》中称赞唐高祖善于决策并知人善任，重用了大量有才之士，但也指出了李渊的一些过失。

书中说他"诛文静则议法不从，酬裴寂则曲恩太过"。这句话是说李渊斩杀刘文静的事，刘文静是李渊起兵时候的功臣，是唐朝的开国元勋。但这哥们比较骄傲，看到自己成功臣了，就不谦虚了，就不虚心向大家学习了，天天走路昂着个头，恨不得把头昂到天上去。

这样的人就恨不得让全天下的人都捧着自己，刘文静那会儿喜欢跟一个叫作裴寂的官员比才能。但裴寂跟李渊的关系要近得多，而刘文静则是跟李世民的关系好，一来二去的，刘文静把裴寂给惹火了，裴寂就去李渊那给他上眼药，说让李渊提防刘文静，怕他作乱。

那个时候李世民风头很强劲，足以压过太子李建成，为了让李世民的威风灭灭，也为了维护自己的皇帝威严，李渊就下令杀了刘文静，因为骄傲丢掉脑袋的功臣，刘文静不是第一个，也不会是最后一个。

李渊这么做也是有自己的考虑，但是不管怎么说，对待功臣如此，确实是他用人中的一个重大失误，这可能是君王维护其权威的必要手段吧。

懂得用人来帮助自己维护权力是对的，但再完备的制度如果没有经济作为支撑也会变得软弱无力。

一开始，李渊把隋朝剩下的吃的用的拿来自己用，虽然是缓解了一时的紧急之需，但也不是长久的事。李渊恢复了由国家控制土地使用和土地分配的均田制度，这是在北魏时期建立的一种制度，后来在北朝和隋代都一直沿用。

他这样做的用意是要根据成年男性纳税人的年龄和社会身份保证给他们一定数量的土地，并限制个人手中所拥有的土地数量和他们自由处理土地财产的权利。与此同时，政府还建立了一种直接税制，即租庸调制，在这里规定了每一个登记在籍的纳税人都得支付一定数量的谷物、布匹，并定期服劳役。

唐朝最初使用隋朝的五铢钱，后来唐高祖对唐代的货币制度也实行了改革。自从汉代灭亡以来，隋代第一次试图给中国北方提供一个可行的货币制度，但事实证明，它是很不够的；隋朝后期随着公共秩序的瓦解，伪造货币之风十分猖獗。其结果是，人民使用各种商品以取代钱币。621年，皇帝开始铸造其大小、轻重和成色都划一的新铸币。新币取名为开元通宝，整个唐朝它都是法定货币。

要说唐朝是栋大楼，那李渊就为唐朝打下了一个很扎实的地基，这才让李世民迎来了唐朝盛世。

◉ 亲兄弟也灭

"一个受到震惊的亚洲从他身上看到了一个陌生的、史诗般的中国。决不向蛮族求和，也不以重金去收买他们撤兵，唐太宗扭转形势，战胜他们，使他们害怕中国。"法国史学家勒内·格鲁塞在《草原帝国》一书中这样写道。

"自从盘古开天辟地，李世民大帝是中国帝王中最初一个被中国人真心称颂崇拜的人物，固由于他的勋业，也由于他本身的美德。他治理国家的一言一行，也成为以后所有帝王的规范。"柏杨这样夸过。

他们夸的李世民的确很不赖，人长得英明神武，打仗也厉害，文章写得也不是那么太差劲，但可惜的就是他生得不怎么好，他是李渊的二儿子，上头有个哥哥。如果李渊不是皇帝，那他当老二也就无所谓了，可偏偏李渊把皇帝抢到手了，那他当老二，就会感到特别地吃亏了。

老大李建成哪样都不如李世民，但古代立长子为太子的规矩就是这样，李建成将会是下一任的大唐皇帝，而战功赫赫的李世民则是臣子。

如果不是李建成和李元吉设下"昆明池政变"的计划泄露为他所知，李渊转交傅奕的密奏亦有暗示逼他自杀之心，李世民只怕也不会跳出来。

自古帝王"家天下"，皇帝的事就是大家的事，自己的命也不定就是自己的。皇家亲情也不见得多么深厚，就算这感情再瓷实，一遇到个换位继位什么事，那可就乱套了。皇家继位也有规矩，一看嫡亲程度，二看长幼伦常，谁坏了规矩，要么站出来作反，上演亲子相残、弑君篡位的历史剧，要么沦为阶下囚，埋骨深宫或他乡。

这人在朝堂也是身不由己，每次换皇帝老儿的时候都不知道废了多少无辜的小命，小命们的血不是让历史的车轮走不动，就是自己变成润滑剂，让车轮滑溜溜地往前一路小跑。

李世民就是风头太厉害了，这对他来说不是什么好事，自己的皇帝爹会担心他居心不良，自己的兄弟会防着他夺了自己的权力。但厉害的人物就是厉害，任凭你怎么防备，他们总是有能耐跳到历史的舞台中央来。

626年，一天，太子李建成和齐王李元吉骑着大马去找老爹李渊，各人有各人的心事，也顾不上看看周围是不是有什么不对头的。前一天晚上，李世民跟老爹告状，说太子要杀他，这不，为了尽到老爹的责任，第二天李渊就叫了三个儿子过来汇报汇报思想。

玄武门是宫内进进出出的要塞，看门的都是李建成的人，走在这里他有什么好不放心的？可正是这种想当然的心态，他把自己送上了西天。

都到了临湖殿了，两个人才发现气氛有点诡异，骨头里都冷飕飕的。再看看周围的侍卫，怎么一个都不认识，二人想这回可完蛋了！李元吉赶紧趴在李建成耳朵跟前说："要不咱先回去吧！"李建成正有此意，两人骑上马就往回掉头。

还没转过身来，就听到后面有人叫他们："殿下，别跑啊！"李建成知道是叫自己，回头一看，一群士兵已经涌在玄武门了，正杀气腾腾地要包抄过来。李世民这小子居然骑着大马在士兵中间凑热闹。穿得衣冠楚楚的，笑的样子让人以为天要下雪了。

李建成傻了眼，不过李元吉倒是脑子比他好使那么一点点，急忙抽出弓箭来，可那双发抖的手就是不听使唤。李建成直愣愣地盯着对面的李世民看，结果喉咙间溅出一捧鲜血，栽身马下。李世民的手法真不赖，干净利落，一箭就把他大哥解决了。还没回过神来，李元吉也跟着大哥去跟黑白无常拜把子了。

【大唐雄起】

◎ 一定要以民为本

"民，水也；君，舟也。水能载舟，亦能覆舟。"这是唐太宗李世民的口头禅，他老说这句话，意思就是提醒自己，别看不起老百姓，老百姓就跟你平时喝的水一样，看起来不起眼，但一旦发威，淹死你小意思。

也估计是因为对玄武门"原罪"耿耿于怀，在这件事的鞭策下，李世民借鉴历史，实行仁政，励精图治。

勤劳工作之余，他就总结总结经验教训，吸取一下前面几个朝代灭亡的原因，就是因为他们太不拿老百姓当回事了，这才被老百姓给灭了。自己可不能犯这样的错误，自己得重视老百姓的生活。

所以，他老强调以民为本，李世民即位之初，就下令轻徭薄赋，让老百姓休养生息。老百姓休息够了，李世民也舍不得让老百姓干重活，他特爱惜民力，从不轻易征发徭役。他患有气疾，不适合居住在潮湿的旧宫殿，但为了不让老百姓受累，替他盖新宫殿，他就一直在隋朝的旧宫殿里住了很久。

这么体贴的皇帝上哪找去，老百姓自然很拥戴他，虽说他杀了哥哥弟弟，干了件不光彩的事。可老百姓谁在乎那个，反正你杀的是你家兄弟，跟我们没关系，我们家兄弟几个现在过得快活着呢。

就这么着，唐太宗贞观之初，在唐太宗的带领下，全国上下一心，经济很快得到了好转。到了贞观八九年，牛马遍野，百姓丰衣足食，夜不闭户，道不拾遗，出现了一片欣欣向荣的升平景象。

在史书中记载，贞观五六年的时候，"米斗不过三四钱"，一斗米是十升，才三四文钱，粮食这么便宜，就是因为太多了，东西一多就不值钱，李世民那会儿，农业发展得太好了，粮食多得吃也吃不完，自然也就不值钱了。

史书上还写道："流散者咸归乡里。"原来打仗逃离的人全回来了。这就是人心所向，一开始大家都往外跑，现在大家都往回跑，这说明大家都信任了现在这个皇帝，老百姓们看到了希望，都想跟着他过好日子。

还有"岁断死刑二十九人"，就是说一年里判死刑的二十九个。古代要判个死刑是个很麻烦的事情，得皇帝本人亲自批准，而且要大臣求情三次，最后实在没辙了，才能把这人给杀了。

这是表示要慎杀，不能随便杀人。一年才杀二十九个人，那证明社会治安好，没什么人犯下很严重的法。

"九州道路无豺虎，行旅自长安越海表。"这个最好，就是你出门旅游或者办事，你只要带着换洗衣服就行了，走哪都不愁没吃的，因为大家都很富裕，你到了哪都能分一碗饭吃，而且唐朝那会儿，人们都很热情开放，十分好客。

这就是唐太宗时候的政绩，很是不错。

⦿ 人才储备足

唐太宗李世民的政绩之所以那么突出，之所以那么优秀，他成功的第一个原因是他拥有一个人才济济的心腹集团，他们团结一致，投入战斗，因而制胜。

自古人心最难测。纵观历史，有多少宏图伟业功亏一篑，毁于内奸之手；又有多少英雄豪杰没有死于敌人的刀口，反而死于自己人的手中。从来就是强者得天下为王，弱者失天下为寇。而那些争抢天下的帝王将相们，互相较量的除了智慧、勇气，还有知人善任的本领。李世民就有着知人善任、虚怀纳谏的能耐。

历史中的许多事情往往让人难以捉摸。无论是哪个朝代或是体制，在历史上总能找到与其相似的地方。

李世民与隋炀帝杨广，二人就有着极为惊人的相似之处。他们都出生贵族，惯于玩弄权术。他们都在父皇的统一大业中都立过大功。两人都是次子，都是通过非正常手段取得王位，都成功地在东北亚建立了军事霸权，都被各族人民所热爱，一个被尊为"天可汗"，一个被称作"圣人可汗"。

然而不同的是二人却得到不同的结局，一个成为让世人尊崇的一代圣君，一个则身败名裂，成为中国声誉最差的皇帝之一。究其原因不难发现，在用人方面，杨广的问题很大，而李世民则是遵循了"兼听则明，偏信则暗"的原则。

知人善任是唐太宗的一大优点。隋朝灭亡的惨痛教训历历在目，李世民很怕重蹈杨广覆辙，就注意总结隋朝灭亡的原因。他认识到隋炀帝也不是不聪明，亡国的原因就在于他用一人的才智决断天下，不能知人善任，结果弄得众叛亲离。唐太宗认为要安邦定国，必须要有大批贤能的人才辅佐。

在李世民的身边，既有房玄龄、杜如晦这些智慧而又忠心耿耿的谋士，又有尉迟敬德、段志玄等不为重金所动的猛将，还有张亮不为严刑拷打所屈服、程咬金宁死抗旨等这样为之卖命的心腹。这样一个人才济济的心腹集团是隋炀帝所远远不及的，也是李建成所不能比的，李建成想和李世民斗，可他只能去和自己的弟弟李元吉商量对策，两人都是半斤八两，商量半天也憋不出个主意来。

哪像李世民，身边始终有杜如晦、房玄龄、长孙无忌三人环绕在侧。他与这三人事无巨细、推心置腹地讨论，共谋大事。

当了皇帝后，李世民也不嫉妒别人有才，他很重用有才干的人，贤相有房玄龄、杜如晦，一个多谋一个善断，有"房谋杜断"之称。名将有李靖、李勣等，多次替李世民立下汗马功劳。

◎ 人才不问出身

储备人才也要注意新旧交替，李世民很注重选拔新的人才，而且他很有自己的一套选人标准，他曾说过："打天下用人在于人和，治天下用人在于无才不用、用尽天下才。"并鼓励任用德才兼备的人，他曾经对魏徵说："国君在选拔官吏上绝不能草率从事。我现在做的每一件事天下人都会看到，每一句话天下人都会听到。任用一个品行端正的人，大家都会勤勉工作；任用一个坏人，其他不好的人也就会前来投机。所以，用人一定要慎重！"

魏徵非常同意他的观点，认为考核官吏要以政绩来决定是否升迁罢免，要以德行好坏来决定用还是不用，并说："太平之时，必须才行兼备，始可任用。"

李世民爱才，更尊重人才，无论出身贵贱，皆一视同仁。他仿照汉光武帝画云台二十八将，命令人在凌烟阁画了二十四位功臣的像。这些人出身很不一样，有铁匠出身的尉迟敬德，士卒出身的秦叔宝等，但都根据功劳进入了凌烟阁。

唐太宗李世民是我们中国古代久负盛名的明君，在长期的实践中形成了自己的用人理论。唐太宗自己也很得意，认为天下英才都被自己搜罗过来了，称道："天下英雄，尽入吾彀中矣！"这种人才济济的盛况被称为"前有汉，后有宋，皆所不逮"。

他在晚年写的《帝范》一书中就反复强调："国之匡辅，必待忠良，任使得人，天下自治。"并且认为"黄金累千，岂如多士之隆，一贤之重"。在他的一生中，可以说彻底贯彻了这个理念。

◎ 打得你不敢来

贞观四年的冬天，大唐将军李靖带着三千精兵扑向了让唐人恨得牙痒痒的突厥。

当时的突厥可汗是颉利，这厮这会儿还在帐篷里做美梦呢，哪想李世民会派骑兵突袭。听到消息后，颉利大惊，赶紧把大臣们都拉过来商议，他们觉得唐朝的部队肯定是来了一大家，不然李靖的骑兵也不敢孤军深入啊。于是决定往北边逃跑。

李靖的脑袋可不是白长的，不像颉利那么蠢，他得知突厥要逃跑的消息以后就派间谍去对方营中说三道四，让可汗的亲信康苏密过来这边投降。于是，仗着大黑夜，李靖率领骑兵杀到了城中，收了一大把俘虏。颉利因为损失惨重，也顾不上什么家当了，直接带了几万人跑了了事。

李世民听说李靖大获全胜后高兴得不得了，跟大臣们显摆："汉朝那李陵带着五千兵在沙漠打仗，匈奴投降后他的功劳就被史书记了一笔。咱李靖才带了三千人，比他还少两千，这成就可是前所未有啊！长脸！太长脸！"

汉初的时候，西北来了个叫匈奴的民族。这回历史的车轮好像走错路了，唐初又来了个突厥。

李渊把精力都放在建设新国家上面了，哪有心思跟突厥叫劲。结果突厥趁机南下，不断地骚扰大唐边境。李渊不想理，发展才是硬道理，于是就跟突厥商量着走和平路线。

突厥也答应了，不过李渊也亏得有点大，成天派人带着礼物往突厥那边跑。突厥胃口是越来越大，等到新可汗颉利上任以后，李渊也快招架不住了。

玄武门之变的时候，颉利觉得可以趁机捣捣乱，就叫了其他部落的可汗一起出兵南下，直接就攻到了渭水河畔。二十万将士可不能小看，何况颉利还准备着打打长安。颉利也是异想天开，也不想想李世民是什么人，杀了兄弟当皇帝的人能跟他妥协？没门！

这时候唐朝的经济发展已经稳步上升了，李世民决定跟突厥小试一下身手，这才把李靖拉上了历史的舞台踢踢腿。后人多知道李靖跟红拂女那摊子小浪漫，让人浮想联翩。不过在事业上李靖却是大器晚成，李世民改元贞观的时候，他已经是五十多岁的人了。

这人不顺了喝口凉水都塞牙，就在大唐决定攻打突厥的时候，东突厥内部又不消停了，叛乱的叛乱，饥荒的饥荒。唐朝军队的机会可算是来了。李世民让李靖带了十二万精兵分成六路深入大漠，大举进攻突厥。

李靖在摸透了地势以后，趁着一个月黑风高的夜晚，带着三千骑兵就突然袭击了突厥军队。后来又神不知鬼不觉地杀到了颉利可汗的大营。结果颉利逃跑了。同时，李勣在白道也干了突厥一个来回。

其实，颉利是东突厥的可汗，除了他之外，还有个西突厥。不过东突厥被李世民拿下之后，西突厥就直接归顺了大唐。西北是彻底没了祸患。这一消息传来之后，大唐朝廷里是歌舞升平，老爹李渊亲自弹起了琵琶，李世民居然也会跳舞。

自从突厥被灭了之后，其他的少数民族都真心实意地归顺。李世民也被封上了"天可汗"，这皇帝当得真够豪气的。美事还不止这些，此后东西方的交通也越来越便利了，想致富先修路，大家交往得也是不亦乐乎。

【太平盛世下】

◎ 没人来接班

唐太宗李世民虽然是个好皇帝，是个英雄人物，是能够名垂青史的。但是他偏偏就没有个争气的儿子能够接他的班。

这点让唐太宗很是头疼。

虽然唐太宗在位二十二年期间，居安思危，任用贤能，虚心纳谏，推行均田制与租庸调法，轻徭薄赋，崇尚节俭，兴修水利，发展生产，协调民族关系，促进中外经济文化交流，从而使国家统一，政治清明，经济发达，文化繁荣，出现了历史上有名的"贞观之治"。但是他的家里事却是乱七八糟，一锅乱粥。

一些儿子看到唐太宗老了，也是时候退休了，就纷纷蠢蠢欲动，想要自己去当皇帝，于是有的开始争夺皇位继承权，有的企图举兵谋反。这让唐太宗感到选择太子势在必行了。

隋亡的教训与皇室的矛盾都使他感到，为了李唐王朝长治久安和皇室内不骨肉相残，选立与教育太子、诸王是一个迫切需要解决的重大问题。

对于皇储的要求，唐太宗自己琢磨了几条，要么说唐太宗事业干得就是大呢，主要还是他的思想好，有深度，有广度。

他对皇储的基本要求有这样几点：

第一，克己。不要因为生长于帝王之家就不注意克制约束自己。如果胆大妄为，言行放纵，会遭灭身之灾。

第二，惜民力。穿衣吃饭等日常享用，都是蚕妇农夫等辛勤劳动换来的，要倍加珍惜。意思是勿夺农时，勿滥用民力，使百姓安居乐业。

第三，戒骄奢。唐太宗希望诸弟"学朕"，外绝游览观赏的乐趣，内去歌舞女色的欢娱。处理军国大事不怕辛苦焦劳，不骄奢淫逸，不倚仗自己的长处而鄙视别人的短处，以"得免于愆过尔"。

第四，慎听断。审理案件不要感情用事，不要高兴时从轻，愤怒时从严，要虚怀纳谏。

而之所以选择李治作为接班人，除了李治仁惠、"孝爱"之外，也因为当时的大臣长孙无忌的极力推荐和唐太宗对于长孙皇后的厚爱。

不过，李治的性格过于软弱，甚至可以说有点窝囊，这样一个人应该会当一个好皇帝，但却未必能够驾驭整个大唐王朝。

所以，在晚年多病的时候，唐太宗为了有朝一日能走得放心，他便在贞观二十二年即他去世前一年，特作《帝范》赐给李治，对他进行完整、系统的教诫。

《帝范》因是太宗统治生涯的全面总结，所以涉及面是非常广泛的。但其中最核心的部分，大致可以概括为"君道"二字。《帝范》开篇就集中地讨论为君之道的理论，而且，其他各篇也都是围绕着"君道"这一中心思想而展开的，即"君道"在各个方面的具体体现。宋史学家范祖禹特别称赞"太宗可谓知君道矣"，是有道理的。

◉ 窝囊就是窝囊

649年，唐太宗病逝，他在位劳碌了二十多年，总算是能够安歇安歇了，他死了以后，接替他位子的是唐高宗李治。李治一点没继承李世民的英明神武，就算李世民呕心沥血地教育他，但"龙是龙，鼠是鼠"这句话还是很有道理的。

李治实在不是当皇帝这块料，先不说别的，单说他的体魄，就不够健壮。皇帝要日理万机，每天处理国事，身体得很结实才行。可是李治这哥们生下来，身体就不太健康，老是病病怏怏的，经常头晕目眩，动不动就头疼得不能见人，这要在今天看来，可能就是血压高的缘故。

但李世民就选了这么一个皇子来继承他的皇位，再怎么不行，也得就这么着了，大臣们还得用心辅佐着。

说到选择李治当太子的原因，这里要阐述一下。这其中也是有一定缘由的。当时唐太宗的五儿子李祐，和太宗那个倒霉弟弟李元吉一样被封齐王，这个儿子还和唐太宗的弟弟干了一样的事，就是造反。

李元吉没反成功，李祐也失败了，李世民那么彪悍的一个人，哪容得自己被人反了。现在看到自己儿子要对自己下手，于是他就先下手了，立马把儿子给镇压了，依旧是雷厉风行得没话说。

李祐被逮起来后送到了公堂上审问，这审问本来也就是要问问他为什么谋反，是你的皇帝爹对你不好吗？总之就是对其他皇子起个威慑和教育的作用，可是没想到，这一审问就审出事儿来了，牵扯出了当时的太子李承乾。

这里头居然还有太子的事，再一问下去，可了不得了，太子也在偷偷地想谋反呢，官员赶紧把这个消息报告给了李世民。

李世民听到这个消息很是震惊，赶紧派人调查去了。李承乾是长孙皇后所生的嫡长子，因为出于对长孙皇后的敬重，这孩子两岁的时候就被立为太子。那个时候李世民才不过二十多岁，正当年呢。

所以这个太子一当就当了几十年，太子很着急啊，眼看着自己越来越老，可是自己的皇帝爹却是越活越精神，这位太子就坐不住了，就怕等自己老子死了，自己是当上皇帝了，但也离死不远了。

为了能够及早享受到皇帝待遇，他就准备自力更生了，先是找了一帮巫师在自己府里念咒扎小人，希望唐太宗早点闭眼，然后就是跟一帮人密谋造反。查明了太子果然要造自己的反，李世民就把他废为庶人，幽禁起来。于是就剩下濮恭王李泰和晋王李治。

自己这么英明神武，可是却没有争气懂事的儿子，李世民也很心焦。但不管怎么样，太子还是要立的，如果从感情上来讲，李世民应该立李泰为太子，因为无论是从智商、情商，还是从人生观、世界观等方面来看，他都很是块当皇帝的料。

但也正是因为他太适合当皇帝了，太像自己了，李世民最后才没有选择他当皇帝，而是选择了三脚踹不出个屁来的李治。在李世民看来，李泰这么像自己，难保不会在登基以后，学自己那样把自己的兄弟杀了。

这种事一个朝代里干过一次也就行了，干多了太影响民心，所以他为了保护自己的儿子，也为了保护自己的国家，就牺牲了一个好皇帝，选择了李治当太子，他还把李泰给囚禁了起来。

李治也是长孙皇后的儿子，但是和其他兄弟一点不像，窝囊怕事，没担当。但没办法，李世民就决定让他来接班了，不管他愿意不愿意，能干不能干，反正就是他了。后来李世民死了，李治就这样被推上了皇帝宝座。

⊕ 凡事靠老婆

李治当了皇帝后，的确是没对他的兄弟下手，谁让他心地好呢。但他也不是干事的料，天天病病快快的，大臣们看见他就没了工作的激情。

幸亏唐太宗都给他安排妥当了，大事有大臣们担着，小事有宫里那帮人替他管着，他只用每天往龙椅上一坐，做做样子就行。

李治也没什么权力欲望，他也乐得清闲，但是他喜欢清闲，有人就想出手了，就是他的妻子武则天。

武则天本来是先帝的才人，十四岁入宫。

贞观十一年，李世民看着武则天长得不错，而且人也聪明伶俐，于是就把她弄进了宫，封了个才人先当着。进宫前武则天的老妈哭得那叫一个伤心，可是闺女却冷不丁地给她来了句："哎呀妈，见皇帝说不定是福分呢！"

就这样，小武美女带着对未来的美好期望来到了李世民这边，但是她性格特别倔强，有时候比男人还要好强，不太受李世民待见。

有一次，西域弄了匹大马给太宗献上，说是什么神马，叫狮子骢。长得倒是不赖，肥肥壮壮的，看起来还算可爱。不过听说这马有点暴脾气，动不动就发火，谁都不让骑。一天，唐太宗和李治一群人在御花园里围着这马转，太宗问："这么一匹火暴脾气的神马，你们谁有本事让它听话？"

一群人大眼瞪小眼，谁都没敢接话。这时候，只有十四岁的武则天说："我能！"唐太宗心想这妞开什么国际玩笑，就问她如何制服。武则天一脸严肃地说："臣妾就用三件东西：铁鞭、铁锤还有匕首。鞭子抽不行的话就用铁锤砸它脑袋，再不行，那就用刀子割它脖子呗。有什么难的？"

太宗被这小妞的话吓了一跳，心想这么一小身板儿还能说出这么豪气的话。不过又过了两秒钟，太宗一想不对，这小妞也太火暴了点，咱可是喜欢温柔一族的。于是太宗死的时候就让人把武小妞打发到感业寺当尼姑去了。

"看朱成碧思纷纷，憔悴支离为忆君。不信比来常下泪，开箱验取石榴裙。"谁也想不到"铁娘子"武则天还能写出这么感伤的诗吧？这就是她在感业寺过苦日子时发的感慨。不过她的苦日子没过多久。

李治早就在他爹还活着的时候，就已经跟武则天有一腿了，坐上座儿以后就想着把这妞再接回来。于是借着祭祀的名义到感业寺来探亲，两人小别胜新婚，哭得稀里哗啦的。

转了好几个弯以后，武则天终于如愿以偿地成了李治明媒正娶的老婆，也就是皇后了。

现在看来武则天不被太宗喜欢这也不是坏事，关键还在于她后来勾搭上了李治，这才是她人生的转折点。

李治不爱管理朝政，但是武则天喜欢。渐渐地她的权力欲望全部涌现出来了，李治一看这苗头不对，老婆太能干了也不是什么好事，他就想召集大臣把武则天的这个皇后给废了，但不巧的是武则天得到了消息，到李治面前大闹一场。

李治闹不过武则天，只得作罢，而且李治这个窝囊废，还把责任都推给了当时的大臣上官仪。后来李治是得清净了，可是却害得上官仪一家被武则天害得是暗无天日。

武则天这么能干，李治成了架空的傀儡，没过几年就病病恹恹地去世了，这下武则天更是没人管得住了，心也就更野了。

◉ 这个女人不简单

林语堂在《武则天正传》这样说道："武则天这个女人活了八十二岁，权倾中国达半个世纪之久。生活对她而言就如同游戏一样，她有比普通人更强烈的欲望，以至于秽闻不断；争权夺势的游戏，她玩得津津有味，她玩出的不像是一般妇人统治下的正常历史，更像一出梦呓般异想天开的荒唐戏。她决心要做一个有史以来最有权威最伟大的女人。她最后终归失败了，但绝不是她的过错；她武姓家庭中没有一个人有她一半的智慧、一半的个性、一半的政治才能。我们有太多的理由去关心这个女人，也会乐意去看一看那样历史，去看她怎样从一个才人变成一代女皇……"

武则天一开始也并没有这么强悍，欲望这玩意儿可不是一时生成的，而是一天天积累起来的。当初小武还在感业寺的时候，估计她也没空想什么国家大业之类的事，也就想想李治这个小没良心的怎么还不来接她回去。一旦回到了宫里，隐藏在她内心深处的欲望就跟洪水似的爆发了出来。

一开始，武则天跟李治之间应该也是有点真感情的，李治性格上软不拉几的，而小武的强悍正好跟他互补，两人想不黏在一块都难。李治害怕他老爹，不过老爹身边的小武美女让他神魂颠倒了。因为得到不容易，所以就更加爱慕和珍惜。

但长时间的相处之后，武则天的男性荷尔蒙分泌得越来越强烈，就让李治受不了了，等李治琢磨过来的时候，他已经治不了武则天了。

武则天为了登上权力巅峰，非常彪悍。都说虎毒不食子，但武则天连自己的孩子都不放过，生生是逼死了俩天真可爱的乖儿子。再说她那小公主，也是个为老妈铺路的人。为生为存，为名为利，武则天为了登上皇帝的宝座是什么可憎她就干什么。终于一步一叩首地完成了自己的理想。

在辅佐了三十多年的朝政后，武则天终于自己当上了皇帝，改国号为周。武则天成了中国历史上第一个女皇帝，当得美滋滋的。

说起来这女人还真有点治国的天赋，知道什么人要用在什么地方。还没有当上女皇帝那会儿她就已经表现得让人哆嗦了，当了皇帝就更不客气。不要看人家是小女子，可是气魄上从来不输给大男人。上官婉儿就是个活生生的例子，她爷爷被小武杀了以后，小武发现这老爷们儿的孙女是个才女，于是就把这孩子留在自己身边，平时弄个什么都能用上她。

小武心里明白，自己做过些什么事，是功还是过，她都无所谓，给自己弄了个墓碑还是无字的，为的就是让后人评价。不过这"铁娘子"也确实干了不少惊天动地的事，把大唐在中国历史的舞台上弄得欢天喜地的。

【女人来当家】

◉ 女人当家不容易

武则天在当皇帝之前，也是想了不少办法，她想让大家拥护她当皇帝，可是那个时候哪有女人掌权，所以武则天想当皇帝的想法，遭到了许多人的反对。其中一个官员徐敬业因为反对武则天，被武则天降职，他就干脆借着这个由头，在扬州起兵反对武则天。

看到出了这档子事，武则天就找当时的宰相裴炎商量对策，可是没想到裴炎说："现在皇帝年纪大了，还不让他执政，人家就有了借口，只要太后把政权还给皇帝，徐敬业的叛乱自然会平息。"

武则天觉得这些男人都是一丘之貉，都是要逼自己下台，将权力交还李家。武则天气不打一处来，就把裴炎打进牢监；又派出大将带领三十万大军讨伐徐敬业。徐敬业那点兵力哪禁得住折腾，三下两下地就被武则天打败了。

随后又有两个唐朝宗室——越王李贞和琅玡王李冲起兵反对武则天，也被武则天派兵镇压了。这往后大家就意识到武则天是个多么难对付的主了，也就没人敢明目张胆地反对她的专政了。

　　这个时候，有个拍马屁的和尚又伪造了一部佛经，献给武则天。那部佛经里说武则天是弥勒佛投胎到人世间的，佛祖派她下凡，就是要让她代替唐朝皇帝统治天下。虽然这瞎话编得一点技术含量都没有，但武则天听了很高兴。

　　她就拿这个作为噱头，自己也赶紧加紧了步伐，当上了皇帝。

　　当上皇帝的武则天很注意搞好自己的工作，在她当政期间，生产发展了，土地开发了，人口增加了，疆土开拓了，文化提高了，和许多国家也有了广泛的经济和文化交流。

　　除此之外，武则天还修订了《姓氏录》，借此打击了士族门阀势力，增强了庶族地主的势力。《姓氏录》列后族武姓为第一姓，打破了魏晋以来士族大姓排在首位的格局，对门阀制度进行了彻底地否定，人们的门第观念为之一新。隋唐以来，随着科举制的发展，大批的庶族地主知识分子进入统治集团，而出身庶族的武则天就是他们的总代表。武则天就是依靠这些人建立和巩固着自己的权力地位。

　　武则天来自庶族，对下层人民的疾苦有一定的了解，明白农业是根本的道理。她曾经向高宗上《建言十二事》，把"劝农桑，薄赋徭"列为第一条，由高宗诏令全国施行。在掌握政权之后，武则天也一直把发展生产放在首位。她把农业生产的发展和人口的增加作为考核地方官政绩、决定其升降的重要指标，还组织编写了农书《兆人本业》，颁发全国，指导生产。武则天还大力兴修水利，灌溉了大量的农田，对农业生产的发展起了极大的推动作用。

　　武则天做了这么多事情，为唐朝中期的发展作出了很大的贡献，但武则天却是个权力的坚决捍卫者，绝不允许别人动她手里的权力，为了捍卫自己的权力，她施展了很多铁血手腕。

◉ 铁娘子发飙

　　一个女人当家难，一个女人管一个国家更难。武则天知道在自己背后，有许多双眼睛盯着自己的这个位子呢。

　　为了把那些个想要谋反的人揪出来，武则天想了个"高明"的办法：她让全国上下的人都开始告密，无论是当官的还是普通的老百姓，只要告密有功的，那就是重赏。当然了，告密也得要讲点原则，如果发现是凭空诬告，那就是死罪一条。武则天还有一个规定，那就是告密的人必须亲自来跟她汇报，中间不能有中转站。

　　发布了这条命令以后，全国上下一片激动，因为告密能升官发财，大家都干起了这个行当。有人举报他人谋反，那就需要有人来审问被举报的人，武则天让一个叫索元礼的人负责这项工作。

　　索元礼是个惨无人道的家伙，只要是嫌疑人，他不分青红皂白就先给人家一个下马威，先上了酷刑再说。由于被审问的人经不过肉体如此得折磨，就算是被别人诬告了，他也得招供。这样一来，冤假错案层出不穷。

想必武则天也是昏了头，竟然觉得索元礼这个人是个能办事的，还大大地奖励了他。全国人民一看，索元礼这样的工作还不错，于是都学起了他。有一个人叫周兴，他可谓是第二个索元礼，甚至比索元礼还要猛，还有一个叫来俊臣。索元礼、周兴和来俊臣，估计上辈子是一个妈生的，残暴的手段一个赛一个。

虽然也有人品好的大臣奉劝武则天，说这样下去国家就不得了了。可是武则天跟灵魂出窍了似的，根本就听不进去劝，继续让告密的风气横行了下去。

有一次，又有人来跟武则天告密了。那人先跟武则天叨叨了半天已经被做掉的丘神勣，叨叨了半天，武则天都听烦了，这人这才把周兴给供了出来，说周兴跟丘神勣是一伙儿的。武则天一听，急了，再一想，怒了。她赶紧把周兴上辈子的"同胞兄弟"来俊臣找了来，让他去查问。

来俊臣听到这个消息的时候正在屋里跟周兴唠嗑，又是喝酒又是吃肉的。刚开始他也吃了一惊，不过仍旧装着什么事都没有的样子。来俊臣乐呵呵地跟周兴说："哎，我就犯愁了，最近又弄到了一批图谋不轨的人，可是愣是逼供不成，您给想个辙？"

周兴一听来俊臣向他请教了就高兴，连忙说："这有什么难办的！告诉你，准备一个大瓮，然后再生一堆旺火，把瓮放在火上，再把人丢进瓮里，你倒是看他招不招！"

来俊臣一听乐了，他照着周兴的说法让人搞了一套器材过来，就摆在他跟周兴所处的这个屋里。火辣辣的大瓮已经被烤得红艳艳了，这时候，来俊臣又跟周兴说话了："老周啊，真是对不住了，这有人说你跟丘神勣是一伙儿的，皇上让我盘问盘问。刚刚您自个儿不是想了个招供的办法吗？我就不委屈您了，照着您说的做，您就进去吧。"

周兴顿时傻了眼，他知道自己的"同胞兄弟"也是个狠角色，更怕遭受皮肉之苦，连忙招了供。后来来俊臣判了周兴死罪，可是武则天念着周兴的"好"，就让他去两广那边种地去。不过周兴在位的时候结下的冤仇太多，半路上就被人给杀了。

来俊臣也没落个好下场，因为老百姓都哭天喊地地让武则天杀了他，武则天无奈，也只好送他去见阎王爷了。

◉ 桃李满天下

武则天那会儿，天可是一会黑一会白的。准确地说，有的人一直顶着乌云，有的人却一直阳光普照。谁没有个偏爱，过去再明的明君都有个明确的爱与恨，更何况中国历史上唯一的女人皇帝。女人偏起心来那更是家常便饭的事情。

她也知道好不容易坐上皇帝这个位子，对那些和她对着干，一直骂她的人们绝对不能手软，等她落到他们手里，他们才不会什么怜香惜玉的；另外，要想让自己位子坐得牢稳，最重要的要有帮手，一个好汉三个帮，身为女人的她需要的帮助就更加多了。

在扫清威胁时她可是比铁娘子更加铁血。

而说到好，武则天对一些大臣的好可是没话说，这其中当然就有狄仁杰。

狄仁杰做了一辈子的官，没少办实事，正直那是肯定的，今天打开电视还能看到他老人家的身影。他九十三岁，寿终正寝的时候，武则天尊尊敬敬地叫他国老，厚葬了他，知道不能和老天去抢狄老爷子。要说狄仁杰究竟什么能耐，那么厉害能让这个铁娘子对他另眼相待，这其中可是有故事的。

狄仁杰也蹲过班房，坐过牢，得罪过不该得罪的人。要说普天之下，最不能得罪的自然是那个阴晴不定的女皇帝。什么事情又最能惹毛她呢？那就是造她的反。她拿着李陵等人骂她的文章，叫来旁边的人一起看：这孩子文章写得多好啊，只是可惜了。可惜什么呢？因为骆宾王最终是被杀了。

所以后来来俊臣那个中山狼得意的时候悄悄地在武则天耳朵旁递了句话，狄仁杰就被抓到了大殿上。武则天自然不是吃白饭的，造反的人她心里都有着数呢。可是武则天也气啊，你说你不造反，你招个别人出来也好啊，我这面子上也过得去，闹得那么沸沸扬扬的，不关着你我这老脸往哪儿放呢。

狄仁杰就这样进了大牢，没多久就出来了，说上面有人惦记着你，你总有重见光明的一天。可是武则天可没有打算让这个硬脖子再做宰相了，太招眼了。像武则天这样厉害的人身边肯定是有着一两个奸佞的跟班的，不然哪有当皇帝的优越感呢。

狄仁杰，你太厉害，我就把你调远点，但是没有你可不行，这国家不能毁了啊，我一个女子好不容易当上皇帝，哪能让你笑话呢。你不来当宰相，我可以找你看上的人当宰相，这样准差不了多少。

狄仁杰一辈子没少给武则天举荐能人贤士。武则天呢，也会心一笑，她相信狄仁杰的眼光准没错。张柬之啊，娄师德啊，肯定暗地里没有少谢狄仁杰的大恩大德，这种知遇之恩过去的人看得可比养育之恩还要重要。

武则天前前后后从狄仁杰那里搜刮到的名单上总该有几十个人的名字。正所谓"天下桃李，悉在公门矣"。桃李满天下，说的就是狄仁杰。不过在狄仁杰这里，她可不担心什么小团体、小党派的猫腻，人家毕竟是正人君子，她哪好意思用小人之心去度君子之腹呢，并且人家是做过宰相的，肚里可是撑得船的。

这些经过狄仁杰举荐，之后受到武则天重用的人自然都是一等一的人才。女皇帝这回也稍稍放了心，坐稳了江山，开创了女性力量的高峰。这一切当然有狄老爷子添砖加瓦的功劳，社会主义的一砖一瓦都不容易啊，封建社会更是，他老爷子脑袋里装的可是整个天下。

狄仁杰去世后，武则天的江山还是很稳，毕竟掌舵的是她，不是狄仁杰。等到她也撒手人寰，大周也跟着她殉了葬，一个人的力量是可以让历史小小地放一个假，但是滚滚长江还是要东逝水的。唐朝的气候未尽，有了这么个小插曲才让这个传奇的朝代有了些更多传奇的故事。

◉ 张说不做伪证

武则天当了皇帝，全中国的女人都扬眉吐气了。谁说这世界就是男的说了算，男人就可以左拥右抱，妻妾成群？武则天告诉你，女人照样也可以。她用自己传奇的经历告诉大家，一切皆有可能，只要你想。

她从一个小小才人一步步走到天子的位子，果真是量的积累换来了质的变化。她坐上皇位的时候，决定要彻底地颠覆一下，男皇帝做过的，她也要统统来个全套。她晚年的时候，就有这么两个英俊的小生尤其得到女皇宠爱，这便是臭名昭著的张氏兄弟。

张易之和张昌宗那可是少年得志啊，轻轻松松地凭着脸蛋换来了权与势。可是朝中还有很多做实事的大臣（武则天还都是心里明白的），他们早就看不惯这两个长得漂亮却没有教养的兄弟俩。

虽说以貌取人是不对的，但是追求美也是一件积极的事情。武则天可就是追求了美，于是她老人家睁一只眼闭一只眼，只要她的小天使们不要太捣乱，就让他们去。

可是，那个矫情的年代，大家都不知道通融，正直可是儒家的启蒙课。魏元忠贵为宰相，必定通晓事理，一直看不惯张氏兄弟，碍于皇帝的面子，只能稍微修剪下他们的枝叶，教训教训他们的家奴。

这一教训本是天经地义，却刺激了张氏兄弟敏感的傲气。你看看，本来人家魏宰相是为了杀鸡儆猴，谁知道，现在的猴子完全处于山中无老虎的状态。你触了他们的晦气，完全就是招惹了永远惹不起的小人。

这两兄弟就当作姓魏的向他们挑衅了，他们像都红了眼的野狗一样，一切目标都向着如何除掉魏元忠。说道除掉魏元忠，这对于此时要风得风，要雨得雨的张氏兄弟来说又有何难：他们不断对武则天吹着耳边风，同时在不停地在暗处做手脚。

这一天早晨，皇帝早早地上了朝，张氏兄弟拉着魏元忠要和他当堂对峙。这样的闹剧，武则天也觉得乏力，毕竟被闹不是一次两次了。她不会杀了忠臣，但是也不想让自己的宠儿们扫兴，做做样子，判一判就好，谁让这个魏元忠，倔脾气不给皇帝一个面子呢。

这回，张昌宗拉了个叫张说的人来和魏元忠对峙。武则天摆了摆手，同意让这个人上朝。人已经在殿外走动，张昌宗把魏元忠的罪状一条条数落出来。这一次，他来了个一招致命的：魏元忠这个奸臣竟然要造反！他知道，哪个皇帝能忍受造反的人呢。

张说走上殿，身后立刻来了非议，魏元忠可是死也没有想到张昌宗这回竟然拉了自己的亲信。他这回可按捺不住腹中的熊熊烈火了，指着张说破口痛骂。张昌宗可乐了，哈哈，魏元忠你动怒了就说明你输了。

武则天稍稍提起了兴致，这回看看你们又闹成什么样。结果张说开口了，大家都愣住了，包括危坐在那里的武皇帝。张说道，张昌宗你爱干吗干吗去，我就不相信在陛下面前，你还能逼着我作伪证。魏元忠没有造反，就算有，我张说也没有听说过。

"好了，你们总算闹开了，拿了个榆木疙瘩去敲门，碰了头了吧。魏元忠造不造反，我心里明白。把你们放在一起，整天吵得我不得安生，我还想好好地过我晚年呢，结果就被你们烦得觉都睡不好。"

结果，伪证没有作成，魏元忠还是被免了宰相，张说被流放了。真正把那个朝代都玩在手心里的是那个高高在上的女皇帝，她什么都清楚，什么都了解。

◉ 干正事不含糊

史书上记载，武则天主张"以道德化天下"，她曾建议"王公以下皆习《老子》"，反对酷刑与苛政。但政治是冰冷而残酷的，当她的统治权威受到威胁的时候，她还是选择了要用酷吏诛杀异己，摆脱危机。当她的统治稳固后，她又要以循吏治天下，适时地抛弃酷吏来更好地维护其统治。

武则天一直把行政大权牢牢地控制在自己手中。协助她处理朝政的主要人物不是酷吏，不是外戚，也不是男宠，而是一大批具有真才实学的贤才。她在朝和称帝的二十一年间，事事躬亲，"宵衣仄旦，望调东户之风；旰食忘眠，希缉南薰之化"。她的勤政和知人善用使得她的统治坚如磐石。

当她的武周政权得到了巩固，武则天也就不怎么需要天天拿铁链子吓唬人玩儿了，她应该好好地去干点正事，治国安邦，大展宏图，实现她的伟大抱负和人生理想了。

治国安邦需要的是真正的人才，那些天天琢磨怎么整人的官吏自然是不能重用的，武则天看看身边的人，她得看看谁是可塑之才。曾经甘为自己赤膊上阵的侄儿们，一个个都在做着太子梦，国家靠他们怎能强盛得起来？看来选拔人才还得从民间海选。

于是，武则天大刀阔斧地在全国范围内选拔人才。她认为"九域之至广，岂一人之独化？必仁才能，共成羽翼"。

她要求大家要有发现的眼睛，从身边挖掘人才，如果自己就是个人才，那也可以毛遂自荐。武则天如此地求贤若渴，好多人就纷纷举荐，而且武则天也不是个太注重形式的人，她要是觉得这个人合适，那就可以立刻让他走马上任，不需要太多的手续。

武则天这样做，自然为庶族地主广开仕途，有利于打破关陇士族控制政治的局面。同时，她进一步发展科举制度，特别是增加进士科，为庶族地主进入政权开了捷径。唐太宗执政的二十三年中，共取进士两百零五人，而高宗和她执政的五十五年中，所取进士达一千余人，平均每年所取人数，比唐太宗时增加一倍以上。

可见武则天需要人才需要到什么份上了，而且武则天还经常破格提拔人才，就算这人得罪过她，也照用不误。

初唐诗人骆宾王在徐敬业叛乱的时候，曾写讨伐武则天的檄文《讨武氏檄》。此文笔锋犀利，句句切中要害。当武则天看到"豺狼成性。近狎邪僻，残害忠良。杀姊屠兄，弑君鸩母"等句时，第一反应不是生气，而是深为这样的人才不在自己的手下而惋惜。

后来，唐玄宗开元年间的名臣姚崇、宋璟、张九龄等，都是武则天提拔上来的，武则天应该算是他们的知遇之人。

不但如此，她还让大臣们发表不同意见，供她采纳，为了采集更多的良好建议，她还在皇宫前面设立了东西南北四个箱子，分别接纳老百姓不同的意见，从而了解百姓的想法，以求更好地施政。

【还得男人当家】

◎ 孙子来做主

唐朝真的是个伟大的朝代，所谓伟大就是它充满了神奇。一个女人在中国的历史上可以爬到皇帝的位子实在是在那个伟大的朝代才能够实现。后来姓李的把皇位又拿了回来，这就是唐中宗。

唐中宗和韦皇后真的是奇怪的夫妻俩。李贤眼睁睁地看着自己伟大的母亲把父亲挤到小板凳上，她自己当然一屁股坐在了龙椅上面不愿意起来。这点总该教会他不能娶个太厉害的女人做老婆，可是他偏偏娶了个终身把自己婆婆当作偶像的韦氏。

而韦皇后也是的，无论怎么说她总该是李家的人，李家的江山是谁抢走的？自然是姓武的。他们回来的第一天就应该把威胁给除了，她竟然唱了个反调，重用武三思，实在是搞笑至极。

幸好，李家总算还有有出息的人在，命不该绝。李隆基就是姓李的希望，他年纪轻轻就除了想重走武则天道路的韦皇后，然后帮助自己的父亲复了位。

唐睿宗心里明白：自己这个儿子是他那伟大的妈妈武皇帝（武则天倒是生了几个有自知之明的胆小儿子）一手带大的，有出息。而看看自己已经这样了，不如让贤吧，让有能耐的人来接管这个烂摊子。

那就让李隆基来接吧。李隆基是一个充满玄妙的奇特之人，他玄就玄在几乎是个文武全才，史书上说他："性英武，善骑射。通音律、历象之学。"奇就奇在无论在什么场合中，都能扮演好相应而又出色的角色。

他出生的时候正是奶奶武则天主政要做女皇的时候，所以他幼时就经历了错综复杂的宫廷变故，这就促使他形成了意志坚定的性格，也培养了他卓越的政治素质，敢于在铁与血、生与死的光影中进行角逐。

他小时候就很有大志，在宫里自诩为"阿瞒"，虽然不被掌权的武氏族人看重，但他一言一行依然很有主见。他七岁那年，一次在朝堂举行的祭祀仪式上，当时的金吾将军武懿宗大声训斥侍从护卫，李隆基马上怒目而视，喝道："这里是我李家的朝堂，干你何事！竟敢如此训斥我家骑士护卫！"

这一举动让在场的人目瞪口呆。后来武则天得知后，不但没有责怪李隆基，反而对这个年小志高的小孙子倍加喜欢。到了第二年，李隆基就被封为临淄郡王。

李隆基虽然年轻气少，但不失老练，他将各种舆论视为玩物，一切从实际出发，凭需要而定扬弃态度。另外他对政治有着自己独到的见解。可能是受太宗皇帝的影响，他认为政治需要冒险精神，大成功必须大冒险，为了成功，可以不择手段，甚至不顾亲情。

所以，李隆基毫不犹豫地干掉太平公主，干掉一切跟他作对的人，自己夺过了李唐的大旗，气宇轩昂地走了下去。

☉ 姚崇灭蝗

李隆基刚当上皇帝的时候，大唐朝简直就惨不忍睹，这可激燃了他的斗志。他可是铁了心要做一个明君，当年，唐玄宗把年号改为"开元"，表明了自己励精图治，再创唐朝伟业的决心。

他做的第一件事就是把周围的亲信整了整。姚崇这个时候做了宰相。虽然不是在打仗的时候，扮演至关重要的角色，但是作为一个"救时宰相"倒是当之无愧的。

那个时候，整个国家的情况都不是很好，今天这儿起了水，明天那里又走了火。到了最后，连蝗虫也要来凑个热闹。一个个蝗虫在庄稼地里密密麻麻地示威游行，老百姓们是愁了又愁。心想这该除了的人都死了啊，新的开始怎么还不给人活路呢。

老百姓们的痛苦不断地升级，大家纷纷跑去求天求地，可就是叫天天不应，叫地地不灵的。真的是天地不仁啊。姚崇在京城里已经做到宰相了，按理说一般这个位子上的人哪能听到老百姓们叫天叫地的，他们锦衣玉食就好了啊。

但是，姚崇却不是，他上书给李隆基，毛遂自荐说：不就是个小蝗虫吗？陛下您批准我去治他们，保管让这些害虫们待在土堆里不敢再出来坏事。李隆基一看，可喜了，正愁没有人接这个苦差事呢，刚好，有人送上门来了。

姚崇切切实实走到闹蝗灾的农田里才明白什么叫作灾难：整个土地连一片生机也没有，蝗虫却依然猖獗。他开始想办法了，这些虫子，怎么才能弄死它呢？其实弄死还不简单，问题是这个数量，这个规模，让人看着就害怕，哪里有法子下手啊。

幸好姚崇自己说要来治理蝗灾，不处理完他也交不了差啊，他想了个好办法：在田地里生上火堆，这些个蝗虫喜欢光啊，它们就冲着亮堂的地方飞去，一个个小生命就这样被大火给吞噬了。没过多久，蝗虫就被姚崇给压下去了。

回朝请命的时候，李隆基暗地里高兴，他是找了个好的宰相帮着他啊，自然开心。后来姚崇当宰相的那阵子，他东面扑火，西面泄洪，做了不少实事儿，好事儿，为李隆基创作出来的开元盛世打下了基础。

后面，唐玄宗还有好几个宰相接姚崇的位子，也都像模像样的，比如说宋璟、张说。但是后来，唐玄宗厌烦了，他爱上了杨贵妃，再后来怎么样大家都知道，美人终究比江山难得啊。所以对于唐玄宗这样的聪明人来说，做得好没什么，主要的是你能不能坚持。

◎ 好环境惯出了坏毛病

唐玄宗统治前期，政治清明，国家强盛，经济空前繁荣，"开元之治"算得上是一部杰作。杜甫曾用那首《忆昔》对此进行歌颂："忆昔开元全盛日，小邑犹藏万家室。稻米流脂粟米白，公私仓廪俱丰实。九州道路无豺狼，远行不劳吉日出。齐纨鲁缟车班班，男耕女桑不相失。"

"公私仓廪俱丰实"，这意思就是无论是国库还是个人，那仓库里都是满的，全丰收。国家有钱，老百姓也有钱，公家和私人都很富，这样的国力才是最强盛的。那个时候的唐朝是西方仰慕的天朝上邦。

GDP 最能反映一个国家的经济水平，那么，如果用一些数字来证明唐朝当时社会的繁荣，下面这几个数字最有说服力。

第一个数字，7000 万。这是唐玄宗统治的天宝（742～755 年）年间的全国人口数。而那个时候的东法兰克王国从塞纳河到莱茵河之间的人口是 200 万～300 万。直到 16 世纪，地中海地区的人口才达到 5000 万～6000 万。在农业经济为主的时代，人口就是生产力。唐玄宗时期人口繁盛，反映了当时中国总的经济实力是独步于世界民族之林的。

第二个数字，66 亿亩。这是唐玄宗时期全国的耕地面积。唐朝的版图，比之于汉代，有新的拓展；大运河把黄河流域与长江流域更密切地联系在一起。根据史料推算，当时全国实际耕地面积约 850 万顷，折合今亩达 66 亿亩，人均占有达 9 亩多。

第三个数字，70 余国。这是《唐六典》列举的开元时期前来朝贡的蕃国数。这些蕃国，从东亚的日本、朝鲜到东南亚地区的诸国，从中亚到西亚乃至地中海地区的一些国家，都与唐朝中央政府建立了一种朝贡的政治关系。开元时代，长安、扬州、广州等城市，云聚着从海陆丝绸之路来华的胡商蕃客，成为沟通中外经济、文化与政治联系的重要渠道。

第四个数字，53915 卷。这是开元年间整理国家图书馆的藏书数。《新唐书》中记载唐朝"藏书之盛，莫盛于开元，其著录者，五万三千九百一十五卷，而唐之学者自为之书，又二万八千四百六十九卷。呜呼，可谓盛矣！"

这四方面，一个比一个牛，李隆基的确是个人才，年纪轻轻的随便搞了搞，就让唐朝发展得这么红火。也可能是成功得太容易了，李隆基很快就在安逸的生活中，滋生了不少坏习惯。

当时的社会也的确是没什么再有能够让他操心的事了，大臣们都吹捧着他，周围国家也都臣服他，他自然就飘起来了，他那些坏毛病，都是这大好的环境给惯出来的。

◉ 员工很给力

前面说到唐玄宗身边的好宰相姚崇，也说到他的接班人比如宋璟，比如张说，再比如张九龄，这些都是人物啊。有他们在，唐玄宗才能把武则天死了以后的颓败景象扭转了一把，换来个开元盛世，挣挣面子。

但是唐玄宗乖也就乖上前面那十几二十多年，国家平安无事，民丰物饶的，他就厌烦了。厌烦了每天如一地听那些老顽固们念经，就好像念紧箍咒一样，越念他的头就越疼。

而看着他眼下的太平盛世，他心里自然乐得不知道到哪里，可是还要强忍着心花怒放，一本正经地坐在龙椅上，操着天下事，他能不累吗？就算不累肯定也腻歪了很久了。所以说啊，有的人就要应运而生，这时候出了个特别会讨唐玄宗开心的人。

这个人就是李林甫。李林甫可不是个简单的人，像他这样的人竟然取得这样的成就，实在是天时地利人和全部都合在一起了。李林甫的老祖宗肯定是提前几辈子烧了高香，要不一个不学无术，游手好闲，也不是长得道貌岸然，修八尺有余的（古人长得漂亮可管用了），怎么就蹦跶到了宰相的位置呢？

要说这个李林甫也不是一无是处，他精通音律，过去的奸臣贼子都有点特长的：高俅是国脚，秦桧的字那可是宋体。这李林甫嘛，会音乐可是正好对了唐玄宗他老人家的胃口。他本人也是编钟敲得一流，还会写写小曲儿，编编舞的，后宫可热闹了。

话说，这个李林甫爬到唐玄宗面前的时候，已经修炼到了出神入化的等级。人人看到他都打打招呼、套套近乎。因为这个人啊，他就好像大海中的塞壬，谁听了他说话都特别开心，就像过年期间的灶神爷，嘴巴上都抹满了蜜。

打过招呼，套过近乎后，李林甫可就变个脸了，他肚子里的坏水可多了去了。才能高的，不能留；忠心的，正直的，更不行，留着他们不是给自己掘坟嘛。于是乎，李林甫一个"狠"在心，除掉了许多不和自己一个鼻孔出气的人。

这些李隆基可是都看在眼里的，他多么精明的一个人，哪能不知道李林甫这些小把戏。他可是经过大风大浪的老江湖了，年纪轻轻就把自己的姑姑都灭了。李林甫究竟葫芦里卖的什么药，他当然是了如指掌。

但是他就是需要李林甫这样的人在身边。人才？唐朝人才辈出，满大街上都挤满了人才，能挤到唐玄宗面前的，能单单只有才吗？这要求也太低了。

李林甫一辈子没少害人，可见他是有两把刷子的。首先这第一，他把唐玄宗服侍得舒舒服服的，怎么说这都是最重要的。唐玄宗正好处在那么个倦怠期，李林甫发挥了他的巧言令色，在唐玄宗旁边一待就是十九年啊，这就是本事。

另一方面，对于下面的人，李林甫把他们控制得牢牢的。管理学的鼻祖可能也要向他学习吧。无论你是阿猫，阿狗还是小刺猬，我让你向东，你就绝不能向西，这也是本事。

李林甫扑腾了大半辈子，最后扑腾来的是他想也没想到的安史之乱。当然，在这场洪流中，他顶多也就小推波助澜了一把。真正的罪人是喜怒无常，又是天生情种的李隆基，毕竟，天下是他的。

【盛世骤然抽搐】

◎ 惊破一帘幽梦

在中国历史舞台上活蹦乱跳的大唐，可能是鞋穿得时间太长没顾上修，鞋跟都快断了也没发现，还在那儿蹦跶着，一不小心就栽了个大跟头，伤筋动骨，打那起开始一蹶不振。

轻移莲步出华清池的玉环，体态生香，在丝竹声中翩翩起舞，游若惊鸿，目光流转百媚生，一旁的玄宗如痴如醉。"若禄山也在朕身边该多好！"想起上次为他饯行时，自己还将御衣脱下赠给他，想来已经是一年前的事了。殊不知安禄山那小子已经在范阳作乱了，渔阳的鼙鼓生生地将他的霓裳羽衣曲"撕"成了后庭花之乐。

755年，安禄山找了个烂借口从长安回到范阳，他找人弄了个假诏书给将士们看："看清楚了，这可是皇帝的密旨，让本人带着各位大将军去干掉杨国忠。"这才跟史思明串通，带着十几万人马哗啦啦地往南边去了。唐太宗云里雾里地跟做梦似的，刚才还念叨着爱臣禄山，这会儿可傻了眼。

其实，明眼人早就看出安禄山这家伙图谋不轨了，整天不务正业的，尽顾着给自己搜罗军队和人马了。天宝元年的时候，他手里的兵力已经占了全国的三分之一。

张罗了差不多十来年，老安已经准备得差不多了，这时候唐玄宗也步入了爷爷级别，朝廷里乱七八糟不成体统。老安之所以这回跟杨国忠过不去，就是因为这姓杨的不太老实，成天在唐玄宗面前告他的状，说他要造反之类的。

实际上杨国忠也搞不懂老安这家伙怎么跟他杠上了，其实都是私人矛盾。想当年，老安入朝的时候，杨国忠跟杨贵妃姊妹都出去迎接他的到来，奉为贵宾。杨国忠还特意地表现良好，扶着老安上下大殿的楼梯。可是老安却看不上杨国忠这小子，于是杨国忠怒了。

再加上太子李亨也天天在老爹面前说老安要造反，他手上可是有十几万人马啊！唐玄宗有点犯嘀咕，于是就听了杨国忠的话，把老安弄进朝廷来了，看着他，看他要干点什么事。老安这么猴精的一个人,怎么能不明白皇帝的意思呢? 他就这么进了长安,反倒让杨国忠犯了难。

天宝十三载,老安见了唐玄宗,一把鼻涕一把泪地说:"臣本来就是少数民族,陛下不嫌弃所以用了臣,对人对事都不敢怠慢。无奈杨国忠嫉妒臣,污蔑臣要造反,看来臣的大期也快到了。"

唐玄宗听了老安这些话心里也不是个滋味,赶紧安慰安慰这老家伙,从此更信任他了。以后谁要是再敢说老安要造反,唐玄宗就直接让老安来处置。后来大家都知道老安要造反,可是没一个人敢说。

老安从长安回到范阳之后,就发动了一场"安史之乱",搅得大唐王朝再也没了安稳的日子。大唐的百姓那可不是一般的百姓,多长时间都没见过战争长什么样了,这回可倒好,听说要打仗了,一个个吓得都丧了胆。就连在城楼上看门的士兵,听说叛军打过来之后,竟然屁滚尿流地从楼上掉下去了。

这时候唐玄宗正带着心爱的女人往成都那边逃,不料途中又出了个马嵬兵变,可怜玉环香消玉殒于此。没过多久,唐玄宗的儿子李亨在灵武坐上座儿,就是唐肃宗,他让郭子仪和李光弼去跟老安斗。

757 年,老安被自己的儿子杀死了,唐军趁机收了长安和洛阳等地。后来唐肃宗害怕郭、李谋反,又把兵权给了对兵法不巧不通的鱼朝恩。史思明也不闲着,不久他又把洛阳给拿下了,不料他儿子也不是个省油的灯,估计是跟老安的儿子学的,把他老爹也杀了。

762 年,洛阳又被唐军收回,史思明的儿子也被干掉。安史之乱折腾了八年总算是完事了,可是大唐王朝也快不行了。

◎ 就是不当官

唐肃宗运气挺不好,他刚在灵武即位的时候,身边的文武官员还不满三十人,什么都是乱糟糟的,宫殿也不气派,排场也不够大,这些都是小问题。安禄山还在一旁打着自己的江山,而身边的将军武将还大多不听话,反正朝廷上下一团乱麻,唐肃宗想要平定这场叛乱,任重而道远。

这个时候,他忽然想到了一个人,就是他当太子时候的一个好朋友李泌(音bì),李泌是长安人,小时候很聪明,读了不少书。当时的宰相张九龄看过他写的文章,直夸他是个神童。

后来长大了,李泌就想报效朝廷,他向唐玄宗上了奏章,对国家大事提了一些意见。唐玄宗看了很欣赏,召见他,想给他一个官职。可是李泌又说自己不想当官,说自己太年轻了,还想在社会上历练历练。

这个人也是个矛盾的人,不想当官还给皇帝写什么奏章,写了奏章又不要留在朝廷里，后来唐玄宗觉得他是个人才，就把他介绍给了太子，也就是现在的唐肃宗，让他多教育教育太子，好给太子做榜样。

就这样，李泌和唐肃宗成了朋友。这次唐肃宗有难，就派人把李泌从颍阳（在今河南省）接到灵武来，让他一定要帮帮自己。李泌挺仗义，看到自己当初的朋友现在虽然是当皇帝了，但是当得那么憋屈，就挺身而出，帮唐肃宗处理事情。

唐肃宗什么事都要和李泌商量，只要是李泌开口的事情，唐肃宗没有不答应的。后来唐肃宗想封李泌为宰相，可是这哥们矛盾的毛病又出来了，非说和皇帝当朋友挺好，朋友有难，他来帮忙，这是仗义，他不想当官，觉得那样不像朋友了。

反正他东拉西扯了一堆，就是不当这个宰相。唐肃宗说不过他，只能由着他来了。那个时候到处打仗，送到朝廷的文件特别多，而每天收到的这些文件，唐肃宗一律先送给李泌拆看，这可把李泌忙坏了，每天从早看到晚，觉也顾不上睡，饭也顾不上吃。

唐肃宗一心想回长安，问李泌说："敌人这样强大，我们怎么办？"

李泌除了要看文件，还得从心理上安慰唐肃宗，他给唐肃宗制订了一个长远的军事计划，就是暂缓收复长安，派郭子仪、李光弼分两路进军河北，攻打叛军老巢范阳，叫叛军进退两难，再发动各路官军围攻，把叛军消灭。

反正李泌说什么就是什么，唐肃宗觉得他的话就是真理，什么都照搬。第二年春天，叛军发生内讧，安禄山的儿子把安禄山给宰了，因为他想自己当皇帝。本来按照李泌的计划，趁叛军这个时候军心不稳，就可以一举将其消灭掉。

可是着急回长安的唐肃宗不听话，把郭子仪的人马从河东调回，强攻长安，结果打了一个败仗。后来，还是郭子仪舔着老脸，跟回纥借了点人马，这才把长安攻了下来，随后又收复了洛阳。

局势就此扭转，唐肃宗如愿以偿地回到了长安，他没忘记帮助过他的李泌，就派人把李泌也接到了长安。当时唐肃宗的宠妃张良娣和宦官李辅国嫌李泌权大，怕李泌夺他们的权，于是他们就想除掉李泌。

但没想到李泌压根没有想当官的意思，在去到长安后，李泌和唐肃宗喝了一顿酒，就告别离开了。不管唐肃宗怎么挽留，他就是非走不可，反正就是不当官，也不知道李泌这是什么心理。

后来李泌走了之后，唐肃宗身边就剩李辅国之流了。

◎ 失去对手了

坐稳长安，收复洛阳后，有了底气的唐肃宗派大军去围剿逃到河北的安庆绪。这次进军，唐军一共集中了九个节度使带领的六十万兵力，归郭子仪和李光弼领导。但是唐肃宗怕这两人拥兵自重，到时候不带兵打叛军，反而把自己给端了，那自己可把笑话闹大了，于是他就故意不设主帅，却派了一个完全不懂打仗的宦官鱼朝恩做观军容使（监视出征将帅的军事长官），九个节度使都得听他指挥。

唐肃宗这招实在太烂了，那个鱼朝恩除了会吃会喝，什么事也不会干。当时唐军攻打邺城的时候，史思明又举兵反唐，从范阳带兵救援安庆绪。六十万的唐军在鱼朝恩的指挥下，一败涂地，灰溜溜地逃回去了。

结果鱼朝恩还把失败的责任一股脑儿推给郭子仪，唐肃宗本来就怕郭子仪权势太大，这次可逮住个机会惩罚他了，就赶紧把郭子仪朔方节度使的职务撤了，让李光弼接替郭子仪的职务。

李光弼刚接手，还没有做什么准备的时候，叛军里头又出事了，史思明在邺城杀了安庆绪，自立为大燕皇帝，然后就整顿人马冲到洛阳来了。洛阳城的官员们很害怕，都想逃走，这个时候李光弼毅然决然地站了出来，他将百姓和官员撤出洛阳，然后就带兵去了河阳，等史思明进到洛阳城的时候，发现这已经成了一座空城，要米没米，要人没人的。

后来史思明害怕李光弼偷袭，就也去到河阳那边驻扎下来，和李光弼的唐军对峙。李光弼知道史思明人多，就不跟他硬拼，他听说史思明从河北带来一千多匹战马，每天放在河边沙洲洗澡吃草，就命令部下把母马集中起来，又把小马拴在马厩里，等叛军的战马一到沙洲，就把母马放出来和敌人的战马混在一起。过了一会，母马想起小马，嘶叫着奔了回来，敌人的战马也跟着到唐军阵地来了。

史思明白白丢了一千多匹战马，心里气得要命，他就想以牙还牙去报复唐军，为了显示一下自己的智慧，史思明也要智取，他集中了几百条战船，打算从水上进攻，前面用一条火船开路，想要把唐军准备的浮桥烧掉。

但他的计划被李光弼打听到了，就命士兵准备好又粗又长的竹竿，等史思明的那条火船一到，用竹竿顶住火船，把火船顶得沉入河底，然后唐军又在浮桥上用石头攻击史思明准备的战船，史思明又败了。

史思明几次三番的进攻，都被李光弼打退了，双方就这样僵持了很长时间，后来史思明兵力大减，他退回了洛阳。唐肃宗急于收回洛阳，加上一旁鱼朝恩在讲坏话，他就死命地催李光弼进攻洛阳。

李光弼说还不是攻打洛阳的时候，但是唐肃宗就是不听，后来李光弼攻打了洛阳城，还打了个胜仗，唐肃宗还是以他不听话为由，撤了他主帅的职位。史思明一看李光弼不领导队伍了，就赶紧去攻打长安，要不是他后来被自己儿子杀死，只怕安史之乱且没完呢。

史思明一死，叛军再次四分五裂，这下被唐军逮住了机会，狠狠地修理了一顿，安史之乱到此才算落下了帷幕。

【坏事还在发生】

◎ 再度出山

作为平定安史之乱的功臣，郭子仪很是清楚官场的险恶，他平定天下后，第一件事情就是辞职，他跟唐肃宗说自己老了，要回家养老去了。本来就害怕郭子仪位高权重的唐肃宗一听郭子仪这么说，赶紧点头同意说那您赶紧歇着去吧，唐朝有我呢。

郭子仪退休养老去了，唐肃宗也没干几天就两腿一蹬升天了，他的儿子李俶（又名李豫）即位，就是唐代宗。

唐代宗本事也不大，吐蕃贵族们就欺负他，纠合了吐谷浑等几个部落共二十多万人马打了过来，一路没遇到什么抵抗，一直打到长安。唐代宗又带着大臣贵族们开始跑路，一路狂奔到了陕州（今河南陕县）。

这刚平了内乱，外头又打进来了，唐代宗没招了，看了眼身边的人，谁也指望不上，他想到了退休的郭子仪，赶紧把郭子仪招了回来，你也别养老了，接茬替我打仗去吧。

那个时候郭子仪已经退休多年，身边也没什么士兵了，接到命令他临时纠集了二十个骑兵赶去了咸阳，那个时候长安已经陷落。郭子仪就带着手下的那二十个人白天打鼓，晚上点火，装作很多人的架势。吐蕃本来就对郭子仪心存余悸，这一听说郭子仪在外头叫嚣呢，心里一害怕，卷着点财物就逃出长安了。

长安被收回来了，郭子仪又立了一次大功，唐代宗回到长安后，重新封郭子仪为副元帅。过了一年，吐蕃、回纥兵又逼近邠州（今陕西彬县，邠音 bīn），郭子仪带不动兵了，就把儿子郭晞（音 xī）派过去协助邠州节度使白孝德防守。

可是郭晞仗着自己爹有威望，就不好好干，也不好好管教手下的士兵，那些兵不打仗，专门欺负百姓。邠州节度使白孝德是郭子仪的老部下，现在看到郭子仪的公子这么没出息，也很头疼，可是他也不敢去管。

他不敢管，有人敢管，泾州刺史段秀实听到这情况，就特地跑过来要求治理治理郭家军，白孝德求之不得，他就让段秀实在邠州当上了都虞侯。有一天，郭晞军营里又有兵士去闹事了，喝了酒不给钱，这事被段秀实知道了，就把闹事的那几个人全部正法了。

老百姓高兴了，可是郭晞军营里的人听说这事就很不爽了，他们穿戴好盔甲，就要来找白孝德拼命，白孝德吓坏了，直怪段秀实给他闯了祸。段秀实说："白公不要害怕，我自会去对付。"说着，就准备到郭晞军营里去。

段秀实到了军营外面，郭晞的卫士们都打算把他剁成肉酱，但是郭晞知道段秀实在自己的军营外面，就连忙请段秀实进来。段秀实把郭晞部下干的那些破事都告诉了郭晞，郭晞这才知道自己的手下多混蛋，他赶紧跟段秀实保证说自己肯定能管好部下，不让他们再作乱了。

当天晚上，郭晞把段秀实留下来喝酒，段秀实喝大了，就留在郭晞的军营里睡了一晚上，郭晞害怕手底下的人报复段秀实，自己不敢睡，专门给段秀实放哨，第二天，郭晞还跟段秀实一起到了白孝德那里赔礼道歉。

有了郭晞的配合，郭家军的纪律很快又严明起来，邠州地方的秩序也安定了下来。

◉ 死了又复生

长安还没安稳两天，又出事了，郭子仪手下有一名大将叫仆固怀恩，在安史之乱中立过战功。后来论功行赏的时候，这位仁兄认为自己遭受了不公平的待遇，一来二去的没想通，就要造反了。

他派人去跟回纥和吐蕃联络，欺骗他们说，郭子仪已经被宦官鱼朝恩杀害，要他们联合反对唐朝。

一听说郭子仪死了，吐蕃跟回纥的人很高兴地就派了几十万人跟着仆固怀恩进攻长安去了，可是仆固怀恩这人没福气，半途上，便得急病死了。不过没关系，吐蕃跟回纥的大军照样前进，唐军挡不住他们的进攻，节节败退。

唐代宗眼看着长安要失守了，就又想着溜掉，但是大臣们认为皇帝老这么跑路太不像话，就把他给拦下了。这个时候能靠得上的也只有郭子仪了，郭子仪那会正在泾阳驻守，手下没有多少兵力。但他毫不含糊地就应下了这差事。他一面吩咐将士构筑防御工事，不许跟敌人交战。一面派探子去侦察敌军的情况。

根据侦察到的情况，郭子仪打听到回纥和吐蕃虽然是联合作战，但是双方之间谁也不服谁，都闹着别扭呢。郭子仪是谁，老将啊，经验丰富，他一听到这个消息，就决定采取分化措施，先把回纥拉到自己这边。

郭子仪派了他的部将李光瓒偷偷地到了回纥的大营，去见回纥都督药葛罗，李光瓒跟药葛罗说郭将军派我来问你，咱们两家一向很好，你干吗要来打我们？

药葛罗说那个郭子仪不是死了吗，怎么还能派你来质问我。李光瓒说郭子仪活得好好的，一顿饭吃好几碗，谁说他死了。但是药葛罗怎么说也不信，非要亲眼见着郭子仪，才算是相信。

没办法，李光瓒回去后把这个消息报告给郭子仪，郭子仪说既然这样，那我就亲自去见他一面得了。大家都赶紧拦着，说您可别去，元帅亲自到敌营去太冒险。就算要去，也得派五百个精兵跟着一起去，万一动起手来，咱也不吃亏。但是郭子仪不同意，他说我这是讲和去，又不是打架去了，带那么多人去，容易破坏和谐气氛。

就这么着，郭子仪带着几个随从兵士，骑马出了城，向回纥军营的方向走去。见到郭子仪果然活生生地来了，药葛罗很是吃惊，他想坏了，郭子仪也是来找我报仇来了，他就赶紧派士兵摆好架势，准备迎战。

郭子仪一看药葛罗这是要跟他干架，他就把盔甲、武器都丢到地上，表示自己是来讲和了。后来郭子仪进了药葛罗的军营，双方亲切地会谈了一番，药葛罗这才知道自己是上了仆固怀恩的当。

一看药葛罗的口气软下来了，郭子仪就说那既然都谈开了，我们就讲和吧，你们也赶紧回去吧，大老远来这么一趟也不容易，我就不送了。

药葛罗就在自己的军营里跟郭子仪撒酒宣誓，说自己永远敬重大唐王朝，不再来犯，双方订立了盟约，回纥就开始准备撤兵了。这个消息传到吐蕃那里，他们害怕回纥和唐军联合起来打自己，也赶紧地连夜撤兵回老家去了。

◎ 新问题产生

一番折腾后，大唐王朝已经是摇摇欲坠了，总结一下之前安史之乱的原因，当时唐王朝的统治者为了加强统治，支持利用新兴的庶族打击士族门阀。而随着庶族势力的增强，士族不甘心失去已有的特权。双方为了各自利益，进行争斗。在国家强盛时，这种党争对皇权是有利的，皇帝得以用支持或反对来平衡王朝的稳定。而当祸乱来临，则是皇朝灭亡的祸根。唐宗室出身的奸相李林甫，为巩固自己地位提拔寒门、任用藩将，这就是安史之乱的种子。

藩将在藩镇，可以指挥军事，管理财政，甚至该地区用人大权，亦在他们的掌握之中。后来安史之乱虽然以史朝义自缢、其党羽纷纷投降唐朝而告终，但朝廷并没有力量彻底将这些势力消灭，只能顺势下坡，以赏功为名，授以节度使，由其分统原安史所占之地，以求得国家的安宁和表面上的统一。

唐朝这样做的直接后果，无异于养虎为患。藩镇就像一只受伤的老虎，打不得，杀不得，最后反过来咬你一口。这些藩镇内部及藩镇与藩镇之间，得意时称王称帝，纠纷时互相残杀。甚至他们的部下也经常起哄，赶走一个头头，拥立另一个头头。

唐朝后期，藩镇战争连年不断，朝廷每次镇压藩镇的战争都意味着一批新的割据势力又在酝酿之中。藩帅割据不能消除的重要原因之一，是他们得到本镇骄兵的支持。这种兵士全家老小随身，兵饷衣粮只供本人消费，家属妻子多赖赏赐为生。节度使对他们厚赏丰赐，他们就拥护爱戴，成为其进行割据叛乱的工具；节度使对他们刻薄衣粮，骄兵就起而逐帅杀将，因而形成了"兵骄则逐帅，帅强则叛上"的现象。

藩镇割据使安史之乱后一百多年的大唐王朝，一直笼罩在中央和地方拉锯战的阴影之中。双方力量虽间或互有消长起伏，但唐室从来没有能够完全控制藩镇。地方势力的过于强大，直接把大唐的琉璃乾坤敲得粉碎。

唐代宗死后，他的儿子李适（音 kuò）即位，就是唐德宗。唐德宗想改变藩镇专权的局面，曾做了一些削藩的准备工作，如加强禁军（神策军），充实府库。然而没有想到的是，结果却引起了藩镇叛乱。

唐德宗派兵去讨伐，叛乱不但没有平定，反而蔓延开来了。782年，有五个藩镇作乱，藩将都个个自称大元帅，举着大旗要来和唐德宗一较高低，这下可把唐德宗吓坏了，他没想到这些藩将这么猛，自己不过削弱了他们一点势力，他们就要来要自己的命，这下刚安生了没几天的大唐朝廷又闹腾了起来。

◉ 威武不能屈

在这五个作乱的藩镇之中，其中淮西节度使李希烈兵势最强。他自称天下都元帅，向唐境进攻。朝廷上下百官急得直搓手，也想不出解决的办法，唐德宗刚登基，本来想做点成绩出来，可是没想到成绩没做好，反而吃不着羊肉，惹了一身骚。

他找宰相卢杞商量该怎么应对，宰相跟他说没事，派一位德高望重、能言会道的大臣去劝服他们，让他们赶紧回头，这样咱们不用动用一兵一刀就能把叛乱平息了。

宰相的这个建议虽然主观意愿上挺好，但听起来实际可操作性却并不高，但当时唐德宗已经没招了，他只能听宰相的话了，于是他问卢杞说："你看派谁去合适？"卢杞推荐年老的太子太师颜真卿，唐德宗马上同意。

反正这个时候也没别的办法，那就死马当成活马医吧。颜真卿在安史之乱前当过平原太守。当时在安禄山发动叛乱后，河北各郡大都被叛军占领，那些官员投降的投降，逃跑的逃跑，唯独颜真卿带领着军士们坚决抵抗，平原城就没有沦陷。

后来，他的堂兄颜杲卿在藁城起兵，河北十七郡响应，大家公推颜真卿做盟主。颜真卿也切切实实地做了很多事，在抗击叛军中，立下了很大的功劳。到了唐代宗的时候，就把他封为了鲁郡公，所以，人们又称他颜鲁公。

不但当官厉害，颜真卿还写得一手好字，虽然古人那会儿都用毛笔写字，但能练成书法家的人不多，颜真卿的字就跟他的人一样，有劲，刚强，一看颜真卿的字就知道颜真卿这个人是个不服软的人，后来，人们把他的字体称为"颜体"。

但也正是颜真卿这人太直了，不合群，在官场中经常受到坏人的排挤和诬赖，但是颜真卿身正不怕影子歪，再加上他地位高，一般人都不敢得罪他，只能背地里说说他的坏话。宰相卢杞就经常在背地里说颜真卿的坏话，这次他看到藩镇作乱，就想到了这么个陷害颜真卿的馊主意，而唐德宗居然也同意了。

颜真卿那会儿都七十多岁一个小老头了，还要长途跋涉地去当谈判官。当时好多人都劝他别去，但颜真卿性子直啊，皇帝让我去，我哪能不去，他带着几个随从就奔淮西去了。李希烈听到颜真卿来了，就想给他个下马威，让他知道知道自己的厉害。

在见面的时候，李希烈叫他的部将和一干兵士都聚集在屋里屋外，跟开村大会一样，乌泱泱地蹲了一地。颜真卿刚开始张嘴劝他停止叛乱，那些人就亮出刀子架到了颜真卿的脖子上让他闭嘴，颜真卿不仅不闭嘴，还说得更带劲了。

李希烈这个时候假惺惺地骂退那些人，把颜真卿送到驿馆里，把他关了起来。过了几天，四个藩镇的头目都派使者来跟李希烈联络，劝李希烈即位称帝。李希烈大摆筵席招待他们，也请颜真卿参加。

在吃饭的时候，那四个首领向李希烈说："元帅要称帝了，颜太师来了不就正好是现成的宰相吗？"

颜真卿听到这话不高兴了，破口大骂："谁是宰相，谁是宰相，你们全家是宰相！我都快八十了，别跟我玩儿这一套，要杀要剐，随便！"

没办法，李希烈是软硬兼施，颜真卿就是不投降，他就只能把颜真卿逼迫自杀了，李希烈自称楚帝，就去跟唐德宗争天下了。

◎ 到底是没办法

颜真卿死了，唐德宗和平谈判的计划落空了。这个时候，李希烈已经派兵围攻襄城（今河南襄城）。襄城危急，洛阳吃紧。783 年，唐德宗从西北抽调泾原（治所在今甘肃泾川县北）的人马去增援襄城。泾原节度使姚令言接到命令，带了五千人马到了长安。

泾原兵士大老远地来到长安，本以为要替朝廷去打仗了，肯定得有什么奖励给自己，正巧到了长安的时候，天降大雨，把这群士兵淋了个湿透，第二天，朝廷官员带着军粮去慰问他们，结果这群兵一看，全是粗茶冷饭，简直就是猪食。

他们非常不满，本来就不乐意来，来了还不给吃好的，大家就骚动起来，一商二量地就决定去长安城里的仓库里抢钱。唐德宗听说了这件事情，赶紧派人带着二十车钱帛，去慰劳兵士。可这群兵根本不搭理这茬了，我们刚来的时候不好好对我们，现在我们要造反了，才来这一套，晚了。

眼看着这群泾原兵就要冲到皇宫里了，宫里的禁卫军根本拦不住，没办法，唐德宗只好带着人从后花园逃到奉天（今陕西乾县）去避难了。兵士们进了宫，听说皇帝跑了，就去抢皇帝的钱和皇帝的女人。

最后，他们找到节度使姚令言，要他替兄弟们想条出路，姚令言说，还不如请太尉朱泚（音 cǐ）来做个头吧。朱泚原来也是泾原节度使，后来因为他弟弟朱滔反叛唐朝，牵连到他，被唐德宗解除了兵权，留在长安，挂个太尉的名。

现在有一群兵拥戴他，他自然愿意做这个头领了。朱泚接管了长安兵权，就在长安建立起了新政权，自称是大秦皇帝，他还亲自带兵进攻奉天。

唐德宗刚跑到奉天，朱泚就带人打过来了，要不是德宗手下有个得力的将军浑瑊（音 jiān）能打仗，只怕他就报销在奉天了。浑瑊和朱泚耗在了奉天，打了一个多月，谁也没占到便宜。

就在朱泚着急的时候，唐德宗又来了两路援军，一支是朔方节度使李怀光率领的，一支是神策军大将李晟（音 shèng）。朱泚一看形势不妙，赶紧调头就回了长安，躲起来了。

唐德宗一看帮手来了，底气立刻足了起来，他命令李怀光和李晟乘胜收复长安。哪料到李怀光到了咸阳，却和朱泚暗中勾结，一起反唐。李晟晚到一步就遭遇到了前有朱泚，后有李怀光的尴尬局面，处境十分危险。

但李晟是个人才，而且他的个人魅力很强，唐军将士都愿意跟着他，不愿意接受李怀光的指挥。李怀光一看局势不受自己控制了，就跑了，李怀光一逃，朱泚就被孤立起来了。李晟派将士分批攻入城内，后来朱泚实在没法抵抗了，不得不丢了长安逃走。

于是784年，李晟收复长安，朱泚被杀。唐德宗总算又回到了长安，过了一年，浑瑊又进攻河中，消灭了李怀光。那个自称是楚皇帝的李希烈也被部将杀了。虽然李晟、浑瑊为唐朝统一立了大功劳，但是唐德宗怕他们兵权太重，就夺了他们的权，交给了宦官。从此，藩镇割据还没有完全解决，宦官的权力反倒越来越大，没法遏制了。

【永贞大变革】

◎ "不完整的男人"掌权

太监是专制制度的伴生物，是皇帝的家奴，在宫里干着伺候人的活。用周星驰电影里一句经典台词就是"太监，是不完整的男人"。事物总是不断向前发展的，太监也渐渐地庞大起来，成了一个宦官集团，复杂得很。由于太监都是从下层社会里拉出来的，从小他们的身体就被残害，所以心理上也难免不正常。

永贞的改革者不是一群不完整的男人。恰恰相反的是，永贞革新的主要对手就是不完整的男人——宦官。太监参与朝政那是常有的事，而且还通过影响皇帝的决策间接地掌握中央政权，是个不消停的集团。无论是唐代宗、德宗还是宪宗时期，太监在许多关键的决策中都起了决定性的作用。

僖宗时权阉田令孜独霸朝政，挟僖宗不得主断。僖宗末年，杨复恭代田令孜为神策中尉，"内外经略，皆出于复恭"。昭宗立，杨复恭视天子为门生。刘季述更甚，废昭宗。这一时期，宦官不仅影响皇帝决策，甚至达到了随意废立的地步。

"安史之乱"后继位的皇帝是唐德宗，这小孩儿可不是个昏君，还是办了点实事的。他首先是听了大臣杨炎的建议，实行了两税法，充实了一下唐朝的小金库。其次，唐德宗还让李泌当了宰相，采用了新的外交策略，跟北方的游牧民族和南面的南诏国联手，让吐蕃不敢轻易地骚扰大唐。此外，德宗还对军事建设作出了不少的贡献，让中央军的数量扩展到了十五万人左右，大大提高了唐朝部队的作战能力。

不过唐德宗虽然有功，可是过失也是明显的。德宗是个暴脾气，稍不如意就大发雷霆，而且这人猜疑心还比较重，一般不会轻易地相信别人，手下的人还不能比他强。这些性格中的负面因素让唐德宗自以为是起来，他不信任将军和大臣，反倒跟太监一群人打得火热。他重用了窦文场、霍仙鸣，使他们掌握了神策军的实际领导权，成为朝廷政治中无人匹敌的势力。

太监群体把朝廷折腾得不成样子，藩镇趁机捣乱，把长安城围了个水泄不通，唐王朝可以说是四面楚歌。在这种紧迫的形势下，怎样把太监手里的大权夺回来就成了当务之急。太监们一手握着政权，另一手抓着军权，两权都在手，两手都很硬。唐朝的政局日渐混乱，政治也黑得看不清未来，因此也有了南衙北司之争。

所谓南衙就是指朝廷中的大臣，而北司则是指太监。从肃宗开始，这两家就不停地明里争暗里斗，到了文宗的时候已经相当激烈了。文宗为了把权力从太监手里夺回来，多次重用外朝的大臣，但是都被太监给打压了下去。

顺宗时，翰林学士王叔文、王伾和宰相韦执谊等进行永贞革新，其中一项重要内容就是打击太监势力，企图从宦官手中夺回禁军兵权，结果以失败告终。

◉ 东宫智囊团

虽然"永贞"是唐德宗的年号，可是掀起这场改革的人并不是他，而是他的儿子李诵。李诵从小就是个有志向的孩子，他在东宫待了二十余年，经常关心朝中事情，也了解老百姓的苦衷。

"建中之乱"时，泾阳兵变，德宗李适被吓得屁滚尿流，匆匆地逃了出去。可是半道上却被叛军围在了奉天，还是儿子李诵带着大兵前去营救，这才让皇帝安然无恙地度过了险境。这次大战之后，李诵还时不时地关心战士们的情况，给点抚慰金什么的，李诵也因此得到了大家的称赞。

李诵是个好男儿，他看到朝中政治黑暗得跟乌云天似的，就决心为老爹办点事，为人民也除除害，让大唐的雄风再刮回来。可是他一个人有志向还是不行的，需要一些靠谱的人过来帮他，于是就张罗着搜集人才。

就在李诵四处打听人才的时候，一个叫王叔文的人出现在了他的面前。王叔文是越州山阴人，从小吃苦受累，了解老百姓的思想动向。而且他也是个读书人，跟李诵一样有着大志向，是一个难得的青年才俊。

贞元三年（787年）的时候，王叔文因为棋下得好来到了太子的身边，陪着太子走过了二十年的风风雨雨。其实，这二十年以来，王叔文早就成了太子的左右手，不光是负责跟太子下棋解闷，而且还帮着太子出谋划策，做点政治辅导工作。

李诵虽然只是个太子，可他想做的事却是把太监和藩镇割据给处理了，这样的远大抱负也让王叔文为之钦佩。在东宫的这些年，两人一起结交了不少贤才，到贞元末年的时候，李诵的周围基本上已经聚集起来了一群有才干的志士。

那时候太监们在民间巧取豪夺，干了不少让百姓哭号的歹事，而朝中的大臣只要敢对这些事说上几句，那就有他好受的。李诵看到这样的情况，就想让老爹制止，可是王叔文却说："按照老规矩，太子的任务就是关心一下皇上是否吃好喝好，要是太子殿下掺和了其他的事情，那还不遭人陷害吗？"

李诵听了王叔文的劝告后觉得十分在理，感动得热泪都流了下来，说："要是没有王先生，恐怕我的小命早都保不住了！"这以后李诵对王叔文就更加敬重了。

除了王叔文以外，李诵的政治小集团里还有一个姓王的，他叫王伾，也跟王叔文一起组成了"二王"。王伾字写得好，一直在李诵身边伺候着，同样是革新小组的主要成员之一。

另一个人叫柳宗元，既年轻又有才，按现在的话那就是人长得帅呆了。王叔文在替李诵招揽人才的时候发现了柳宗元，就积极地想把他搜罗过来。柳宗元通过朋友刘禹锡认识了王叔文，同样对王叔文十分仰慕，二人的志向也是不谋而合，后来在革新的时候，这两人的关系也十分密切。

王叔文尽心尽力地把革新的前期工作都做好了，不但不缺人才，而且还把组织搞得有声有色的。他之所以做得这么完美，就是想让李诵一当上皇帝以后就可以有所作为。

得力于李诵的信任，王叔文先后招揽了韦执谊、柳宗元、刘禹锡、韩泰、韩晔、凌准、李景俭等与自己志同道合的人士，为将来的改革准备了力量。他还经常给太子推荐一些不错的人选，看这些人将来哪个可以当宰相，又有那些能够带兵打仗。之后王叔文又跟太子妃牛昭容以及太监李忠言搭上了关系。

东宫的这个太子小集团正热火朝天地准备着一场革新运动，太子是大头头，王叔文和王伾就是左右手。

◉ 吹响冲锋的号角

正当东宫的改革小组织正在火热的进行时中穿梭时，老天爷居然忘了罩着点太子李诵，没留神就让他得了个中风。这下可好了，太子不能说话，这还怎么继承王位？

贞元二十一年即永贞元年，也就是805年正月初一，皇亲国戚都按列入宫拜贺德宗，只有太子还在床上躺着不能动弹，老爹听说儿子的近况以后悲痛地流下了眼泪，也一病不起了。二十三日，唐德宗病逝。

皇帝这一走可让太监们没了主心骨，他们知道太子李诵一直琢磨着怎么对付他们，这回要是让太子顺顺当当地继了位，那他们这群太监的小命还能保得住吗？

按理来说"二王"应该被告知德宗驾崩的消息，可是太监们却封堵着众人嘴巴，迟迟不敢让二人上殿。后来，他们急忙把翰林学士郑烟、卫次公召至金銮殿。这两人在写遗诏的草稿时听到有个太监嚷嚷："宫中正在议论，还未确定由谁继位。"

太监们大概是觉得太子李诵不是个好支配的主子，因此也就不愿意让他当新皇帝，琢磨着另立新帝。这也是把"二王刘柳"集团挡在历史舞台下面的最好办法，毕竟不革新就革不了太监们的命。

当时在场的人都大气不敢吭一声，怕的就是太监们的权势。可是李诵怎么说也是德宗亲自订下的人选，要换人，这说不过去，也违背了老祖宗的意愿。卫次公虽然不是革新派的成员，可是他也看得出其中的利害，急得直跺脚，说："太子虽然中风了，可是他毕竟是先帝的大儿子啊，不让他即位的话那情理何在？天下一定会乱作一团！"

郑细等人一听卫次公这么叨叨，赶紧也哼哼哈哈地迎合了起来，太监们的阴谋这才没有得逞。第二天，在宣政殿宣布遗诏，李诵披麻戴孝地就来见了百官。二十六日，在太极殿即皇帝位，是为顺宗。

太子登基的当天还有人怀疑那宝座上坐的是个假太子，一直踮着脚尖往前面仔细瞧，确认了是真太子以后才放下心来，有人甚至还激动地大哭起来。

按照之前的谋划，李诵继位以后立即就起用革新派。他对"二王"是一如既往地信任，再加上自己的身体不争气，李诵就让王叔文在朝廷里主事，时刻汇报事态与动向。而王叔文也就成了李诵跟外界联系的纽带，重大的决策都是王叔文拿主意。

二十二日，李诵正式任命王叔文为翰林学士，到了三月的时候，王伾也当上了翰林学士。王叔文实际上成了永贞革新的真正领导人，在他的谋略之下，革新派风风火火地成长了起来，改革的号角已经悄悄地吹响了。

◎ 六十天的重磅炸弹

永贞革新就这样踩着风火轮登上了历史的舞台。在改革中，王叔文充分发挥了他办事麻利、坚决果断的特点，就在他受命翰林学士的当天，就把大贪官李实给办了。

李实是皇家的贵族，同时又是个奸佞无比的大流氓。他在做节度判官的时候，私自克扣军饷，将士们恨他恨到了骨髓里，成天想着怎么把他做掉，终于将这一想法付诸了行动。李实闻声乘着夜里赶快逃到了城外。

贞元末年，关中大旱，德宗见势就准备给百姓减轻点赋税，还有点人性。可是李实那厮却骗了皇帝，说什么庄稼地里长得多么多么旺盛，粮食收成又多么多么好，强逼百姓们交税，大家哭哭啼啼地没处喊冤。

李诵刚当上皇帝的时候，李实仍旧不消停，不知道多少无辜的人被他活活地打死了。在京畿一代，无论是有钱的还是没钱的，没有哪个是不痛恨李实的。

王叔文看李实这么嚣张，心想不办你是不成了，三下五除二地就把这钉子给拔下了。这消息一传开，京城顿时沸腾了，老百姓争抢着往天上蹦，乐翻了天。永贞革新这么一开始就显示了它雷厉风行的一面。

还没过两天，就在二十四日，革新派又为人民做了五件大好事。这第一件好事就是把宫市给废除掉。所谓宫市，就是贞元末年，宫廷的太监以宫中需要为名强抢民财，搞得民不聊生，百姓叫苦连天。

第二件好事是废除了五坊小儿。这五坊小儿与宫市一样性质，同是暴虐之政。五坊是指宣徽院的鸲坊、鹘坊、鹞坊、鹰坊、狗坊。"小儿"是在长安城内外各处纵犬飞禽，为皇帝张网捕雀，所到之处，无恶不作的五坊人员。

他们经常吃霸王餐，不给钱也就算了，可走的时候还要留下一筐蛇，说是用来捉鸟雀供奉皇帝的，让店家好生喂养。店家无奈，只得赔钱赔礼，千求万求，这批恶阉才把蛇筐带走。王叔文革除了宫市与五坊小儿这两项虐政，人心大悦。

第三件好事是禁止征乳母。贞元年间，宫里要征奶娘，一般情况下是在寺观里挑几个婢女进来，可是婢女大多长得不太尽如人意，因此就经常在民间选购有几分姿色的民女送入宫内。永贞革新禁止征乳母，也算是为民除了一大害，至少不再残害良家女儿了。

皇帝大都贪恋女色，不征乳母也就表示着当今的皇帝李诵不贪恋女色，是个好皇帝。表达了这个意愿以后，李诵还需要跟大家展示一下自己对金钱的态度。于是就做了第四件好事，废除常贡以外的进奉。

唐朝时有一个很有意思的现象叫额外进奉，主要是地方上的"月进""日进"钱。为了讨好皇帝，节度使都在常贡外再"进奉"钱。有的每月进奉一次，称为"月进"；有的每日进奉一次，称为"日进"。到后来，州刺史、幕僚也仿效，竞相向皇帝进奉。这些"进奉"自然都出在人民头上。王叔文悉罢进奉，减轻了人民的负担。

接着在二十五日，王叔文又罢盐铁使月进钱。盐铁专卖是唐代中后期政府的重要收入，由盐铁使经管。所谓盐铁使月进钱，是后来巧立名目，在正课之外，每月向皇帝进的所谓"羡余"钱，专供皇帝私用。这项弊政不仅苛敛百姓，还影响国库的正常收入。它的废除，于国于民都有利。

后来革新小组又释放了不少宫女，让他们阖家团圆，另外也减免了百姓的不少赋税，也是第五件好事。

在短短的不到两个月的时间里，王叔文革新的动作之快、力度之大、效率之高，让文武百官和老百姓看在眼里，琢磨在心里，无异于在萎靡不振的社会里投下一颗颗重磅炸弹，炸毁了腐败、苛政，大快人心，改革也取得了民心和民间舆论的支持。

◉ 向纵深推进

革新小组的成员看着自己的成果心里都美滋滋的，他们决定让改革继续深入下去。

钱财和粮食是国家的最大根本，可偏偏这两样重要的东西都掌握在割据势力的手中。王叔文深知这一点的重要意义，于是毫不手软地开始了归属权的争夺。

贞元二十一年三月，王叔文让浙西观察使李锜做了镇海节度使，看上去好像是升了职，实际上是把他手里的权力抢了回来，还解除了与李兼领盐铁转运使的聘请合约。

当时的宰相杜佑还兼了一份职，就是加检校司空，王叔文让他跑去做度支及诸道盐铁转运使，这样就把盐铁利权收归国有了。不过没过两天，王叔文就把杜佑从正的位子上拉了下来，成了度支、盐铁转运副使，而实际的盐铁大权则由王叔文本人持有。

剑南西川节度使韦皋想趁朝廷换皇帝的时机扩大地盘，派副使刘辟向朝廷要求兼领三川，并且还恐吓王叔文说，要是不准王叔文就得玩儿完。王叔文是吃干饭长大的吗？他本人恨藩镇势力恨得牙痒痒，听韦皋这么一要挟更是气不打一处来。王叔文不但拒绝了韦皋的胡扯，而且还准备把刘辟做掉，吓得刘辟赶紧就逃。

藩镇的兵权算是拿到了手，这回就轮到跟太监们玩玩儿了。当时太监集团之所以猖狂，就是因为他们直接掌握了十五万神策军，而且还在地方军中担任监军，手里头握着兵权。能不能把太监集团搞下去也是这次永贞革新的成败点，因此王叔文可谓是拼尽了全力。

五月，王叔文任命右金吾大将军范希朝为右神策统军，充左右神策、京西诸城镇行营兵马节度使，接管太监手中的兵权。两天后，任命度支郎中韩泰为左右神策军行军司马，以专兵柄。这样一来，兵权也收归了国有。

王叔文有着不撞南墙不回头的硬汉精神，他知难而进，可是对手的反击战也开始打响了。

一天中午，殿中侍御史窦群谒见王叔文，对他说："去年李实那小子仗着皇上的恩宠，骄横跋扈，那时候王公你在哪里？不过是在前面给人开道的一个小官罢了！现在，你已处在与当时李实相同的形势上了。王公你怎能不想一想：今天的路旁是否会有像你当年一样的人？"

对于窦群这等无赖的挑衅和侮辱人格的话，王叔文根本就不在乎。不过革新派现在所面临的严峻形势也不得不让他打一个寒战。就像历史上许多改革一样，"永贞革新"中的许多措施，尤其是涉及财权、兵权、藩镇权的改革措施，在很大程度上触犯了当权者的利益。于是，从中央到地方，很多人公开地表示了不满，并且着手开始实施反击。

反对派想把李诵的大儿子李纯拿出来说事，为的是把他立为太子，再管住他，让他以后为自己这一派说话。其实这也怪唐顺宗李诵的身体不争气，这位皇帝从小身子骨就比较弱，常年跟药罐子睡一起。所以，他当上皇帝没多久，就有一批不怀好意的人借着皇帝身体不好的口风试探着让李纯当太子。

王叔文可不是傻子，他也不知道李纯这小子究竟心里是怎么想的，会不会站在革新派这边，于是便以"立贤不立嫡"为由，断然拒绝了立李纯为太子的要求。

实际上，当时立谁当太子，这问题还有点复杂。除了李纯之外，舒王李谊依靠德宗时期的旧人俱文珍、薛盈珍、刘光琦等也想抢夺太子的地位。但是，当俱文珍他们看到王叔文的新政实在是来势太猛，当时形势对他们已是极为不利，便舍车保帅，放弃争夺太子的想法，主动与卫次公等人联系，表明自己这一方愿意放弃太子之位的争夺，大家一致对外，共同对付新政。

就这样，一群恶狼达成了分赃协议，他们立马冲进了皇帝李诵的卧室。虽然当时在一旁伺候皇帝的牛昭容、李忠言都是王叔文的铁关系，可是他们也没力气阻挡这帮恶狼。

卫次公从袖中掏出一张早已准备好的纸条，送到李诵面前，李诵当时已经病得没了人形，更谈不上什么思考能力，离植物人都不远了。他傻乎乎地盯着纸条看啊看的，结果点了点头，那群恶狼看了以后立马下跪，嘴里还高呼"万岁"。旁边的牛昭容和李忠言都吓得傻了眼，因为纸条上写的是：立嫡以长。

没辙，李纯当太子那是不可改变了。第二天，天刚蒙蒙亮，王叔文就听到了这个消息，一股不祥的预感顿时笼罩在他的心头，他想革新恐怕是要失败了。

◎ 改革被拦腰截断

李纯顺顺当当地当了太子，见事态发展不妙，革新派的韦执谊脑瓜子还算灵光，立马让满肚子墨水的陆质当太子的侍读。韦执谊和陆质都是革新派的人，他的做法明眼人都知道是怎么个意思。也就是说，韦执谊想借机给太子洗脑，让太子在日后倒向革新派这一边。

然而，韦执谊虽然聪明，可他派去给太子洗脑的陆质却是个傻蛋，真是亏了那满肚子墨水。他在太子面前讲新法的好处也不挑时间地点，也不注意语言表达方式，所以往往是他刚开口说了几句，太子便不耐烦地说道："父皇让先生来，是为寡人讲解经义的，你谈这么多朝政做什么？请先生不要说了。"陆质被抢白得说不出话，只能默默退下。

陆质回来就把太子的反应如实告诉了王叔文，王叔文越想越发毛。果然，在这次事件之后不久，当王叔文同往常一样来到翰林院时，却看到同事们在对自己指指点点，窃窃私语。特别是那几个平日里就跟自己不对劲的小人更是春风满面。

王叔文知道，这些都是俱文珍那群狼搞的鬼，可是自己也没辙。他不停地给皇帝写信，想要挽回局面，可最终也只能隔个三五天进宫一次。王叔文郁闷至极，整天在家朗诵"出师未捷身先死，长使英雄泪满襟"。他知道，自己就跟那诸葛亮一个命。

给太子转正的当天，反对派太常卿杜黄裳仗着是韦执谊的老丈人，就迫不及待地说叫韦执谊，要他率领文武百官奏请太子监国，也就是要逼迫顺宗退位交权，韦执谊没有上这个当。

然而祸不单行，就在韦皋奏请皇帝李诵让位的时候，王叔文也接到了老娘病危的通知单。按照那时候的管理，要是官员的家里有爹娘病危，那么无论你担任着多么重要的职务，都要回去跟爹娘见最后一面，也就是"丁忧离职"。

看着眼前乱七八糟的这一切，王叔文不禁流下了泪水。他知道，他这一走就意味着改革彻底崩溃。但是也没办法，第二天，王叔文就收拾了行李上路了。

这个时候，革新派的内部也出现了不和，韦执谊不肯执行王叔文所定的谋略，"二王刘柳"集团公开分裂。由于王叔文回老家看望老娘去了，王伾一个人在翰林院中没人搭理。他所能做的就是每天奏请皇帝，让王叔文当个宰相，统领北军。而且还请朝廷让王叔文做威远军使、平章事，可是都没有音信。王伾心里清楚，革新已经玩儿完了，不久自己也得了中风，动弹不得。

见革新派已经在做垂死挣扎，太监集团开始疯狂地反扑。七月二十九日，俱文珍这厮要挟快死的李诵让位给太子。八月初五，太子搬进了兴庆宫。九日，太子顺利地接了老爹的班，就是唐宪宗。

同时，恶狼们也不放过曾经让他们难堪的革新派人士。八月六日到十一月十四日，"二王八司马"全部被贬了职。王伾没过多久就在不毛之地病死了，而王叔文在半年后也被赐死。永贞革新彻底呜呼。

【赤胆文人玻璃心】

◎ 老杜情深

杜甫，字子美，和李白一样，他也是唐代最著名的诗人之一，但他和李白又不太一样，李白处于盛唐时期，日子过得比较顺心滋润，杜甫处在唐朝最动荡的时期，受了不少苦，人也就比较忧郁。写出的诗歌来，都比较悲怆。

杜甫原先和李白一样，也是个积极向上的好青年，他生在一个没落的官僚家庭，打小就爱读书写诗，热爱旅游，徒步走遍了很多名山大川。在他三十几岁的时候，在洛阳遇到了李白，两人一见如故，聊得很投机。

分手后，杜甫到长安参加进士考试，可惜当时掌权的是李林甫，李林甫自己没文化，就很讨厌有文化的读书人。每次到科举考试的时候，李林甫就不让考生考中，唐玄宗很奇怪，怎么回回考试，没一个人及格的。李林甫就说那是因为人才都在朝堂之上啊，民间已经没有人才了。

就这么着，杜甫死活没考上进士。他在长安混了十年，没走进仕途，倒是吃了不少苦头，也见了不少受苦的人。人到中年，没有事业，这就让这个男人变得沉默寡言，比较郁闷起来，写诗也经常写得很压抑。

好不容易熬到四十多岁，唐玄宗封了他一个官，好日子就要来了，安史之乱爆发了。

长安一带的百姓纷纷逃难，杜甫的一家，也挤在难民的行列里，吃了好多苦，走了好多路，好不容易才又把家安顿在了一个村子里。

刚住下，杜甫就听说唐肃宗即位了，他就赶紧去投奔唐肃宗，想给唐肃宗出主意去，结果走半路上，遇到叛军了，被抓到了长安。杜甫想尽办法从长安逃出来后，依然去找唐肃宗，等他见到唐肃宗，身上的衣服已经破得不像样子了，唐肃宗觉得这人挺不容易的，就赏给他一个左拾遗的官职。

左拾遗是个谏官。唐肃宗虽然给杜甫这个官职，可并没重用他的意思。但杜甫是个死心眼，想着领了公家的工资，就得好好给公家干事。一次，宰相房琯（音 guǎn）被唐肃宗撤了，杜甫认为房琯很有才能，不该把他罢免，就给唐肃宗进谏，说了些不好听的话，这可把唐肃宗得罪了，要不是有人给他求情，他就下大牢了。

被撤销官职的杜甫只能回家去待着写诗解闷了。后来在唐军收复长安后，杜甫也跟着又回了长安，这次唐肃宗又派他到华州（今陕西华县）做个管理祭祀、学校工作的小官。杜甫没嫌官小，去那认认真真地干了起来。

但是两都那会儿虽然收复了，叛军还是没有消灭完呢，所以朝廷动不动就要拉壮丁充兵力，老百姓被折腾得都没法活了。看到这些，杜甫真是彻底看透了战争的残酷和人民的苦难，因此用啼血的声音发出了悲悯世人的最强音。杜甫从小就受儒家文化的熏陶，奉儒守素的家庭文化传统对他忠君恋阙、仁民爱物的思想有巨大的影响。

第二年，他辞去了华州的官职，没了饭碗，杜甫家的日子就难过了，接着一场大旱灾，更是让杜甫家没了饭吃，他只能带着家人四处流浪，靠朋友的接济生活，后来朋友也死了，杜甫就只能接着流浪，770 年，他又病又饿，死在了湘江的一条小船上，挺惨的。

◉ 一根绳上的蚂蚱

早先在王叔文实行改革的时候，他得罪了一批宦官，还有一些被损害到利益的大臣也对他不满，说这人太独断，跟他当同事没劲。这些反对王叔文的人联合起来，恨不得有他没我、有我没他地跟王叔文进行一番较量。

王叔文被陷害致死后，原先支持王叔文改革的八个官员，都被看作是王叔文的同党，现在头儿死了，同党也得跟着遭殃。

在唐宪宗的时候，这八个人一律降职，贬到边远地方当司马（官名），历史上把他们和王叔文、王伾合起来称作"二王八司马"。

"八司马"当中，有两人还是当时数一数二的文学家——柳宗元和刘禹锡。柳宗元很擅长散文，一篇文章洋洋洒洒；而刘禹锡擅长作诗，这两人本来就是好朋友，之间又有共同的爱好——文学，这次被发配，柳宗元被派到永州（今湖南零陵），刘禹锡被派到朗州（今湖南常德）。

两人远离长安，到了鸟不拉屎的穷乡僻壤里，同为天涯沦落人，这两人也算是知己。要是别人之前在中央风光了一阵，忽然被调到地方上，心理肯定不舒服，说不定得精神抑郁。但这两人不是，两人高高兴兴地去野外采风，回来作诗喝酒。

他俩觉得自己是做了对的事情，虽然没能得到采纳，但两人无怨无悔。当然，即便是被发配了，两个人也依然关心国家大事，在两个人的文章中，经常可以看出两个人还是很关心民间疾苦的。

在偏僻的地方一待就是十年，就在两个人以为自己就是死也回不去长安的时候，长安里的一些大臣忽然想起他们了。觉得这些都是有才干的人，放在边远地区太可惜了，就奏请宪宗，把刘禹锡、柳宗元调回长安。

都过了十年了，宪宗也就大度地把两个人安排了官职。刘禹锡很不适应回到长安的日子，他看看身边那些同事，都是他以前看不惯、谈不来的人，如今都成他上司了，这让他很是不爽。

文人心里一不舒坦，就想写出来，刘禹锡也不例外，他有一天去到道观里赏桃花，也不知道哪根筋被触动了，就写了一首诗：

紫陌红尘拂面来，无人不道看花回。

玄都观里桃千树，尽是刘郎去后栽。

刘禹锡的诗一向是写出来就被大家传开了，传着传着，有人就觉出不对劲了，那些和刘禹锡不和的大臣说这诗哪是写桃花的，分明是讽刺当时新提拔的权贵。然后就给唐宪宗打小报告，说刘禹锡不好好工作，挑拨同事间的感情，得把他赶走。

于是唐宪宗又把刘禹锡发配了，这次他被派到播州（今贵州遵义市）去做刺史，看着好像是升官了，其实播州地方比朗州更远更偏僻，刘禹锡这是又被发配了。

刘禹锡家里有个八十多岁的老母亲，要是刘禹锡走了，老母亲就没人照顾了。听到这个消息的柳宗元就赶紧上报朝廷，希望把派给他柳州的官职跟刘禹锡对调，让他到播州去任职。柳宗元的做法感动了很多人，在这些人的求情下，刘禹锡才被改派为连州（今广东连县）刺史。之后刘禹锡又被调动了好几个地方，十多年后才重回长安。

◎ 老白强出头

唐宪宗即位以后，倒是做了一些皇帝应该做的事情，他对政治进行了一些改革，任用了一些像李绛那样的正直大臣当宰相。但是他仍旧宠信宦官，那时藩镇割据严重，在大臣们的建议下，他想讨伐藩镇。

这本来是件好事情，但唐宪宗偏偏要用一个宦官头子做统帅。这件事引起一些大臣的反对。反对得最激烈的是左拾遗白居易。

白居易也热爱写诗，而且这哥们一生下来就是神童，打小认字特别快，别人还在吃奶的时候，他就开始动笔写诗了，而且写得还不赖。所以等白居易长到十五六岁的时候，他爹白季庚让他到京城长安去见世面，结交名人。

出名要趁早，白居易的爹考虑得倒是不错，但可惜白居易生不逢时，那个时候正是朱泚叛乱之后，长安遭到很大的破坏。大家生活都困难，每天紧张兮兮地掰着指头算明天还有没有钱买米，哪有闲工夫欣赏诗歌。

而那些生活无忧的富贵者们，又大多是些脾气高傲、不大懂得提携后辈的老家伙们。白居易在长安的情况不如他爹估计得那么乐观。但白居易是个不服输的人，他听说长安有个文学家叫顾况，很有才气，就是人不大好相处，白居易带了自己的诗歌就去顾家拜访了。

顾况一开始还对白居易冷嘲热讽的，但是看到白居易的诗歌后，脸色就缓和了下来，对白居易很是欣赏。那以后，顾况就十分欣赏白居易的诗才，逢人就夸说白家的孩子怎么了不起。凭着顾况的影响力和号召力，白居易很快在长安出了名，过了几年，白居易就去考取了进士。那个时候唐宪宗也听说过他的名气，就破格提拔他做了翰林学士，后来又派他担任左拾遗。

白居易虽然仕途走得很稳当，但是他不是一心钻营政权的人，当了官之后，白居易很是关心民间生活，看到老百姓们生活得很不容易，而朝政又操纵在一群宦官手里，他就受不了了，经常在宪宗耳边提意见，让他好好工作，别什么事都指望宦官。

一来二去地就把宪宗给说烦了，终于把他左拾遗的职务撤掉，改派别的官职。但白居易依然是写诗歌揭露当时社会中的丑恶现象，放今天，白居易绝对是个称职的新闻工作者，他的新闻稿写得特棒。

白居易这么做，得罪了不少掌权的宦官和大官僚，他们没少说白居易的坏话，唐宪宗本来就不喜欢白居易了，这样一来更讨厌他了，找了个机会就把他降职到江州（今江西九江）去当司马了。

因为说了大实话而被降职的白居易很是郁闷，只有一心投身于文学创作之中。后来他也被调回过京城，但是看不惯当时的朝政，只能隐退，把他全部精力倾注到诗歌创作中去。

【下坡路走得快】

◎ 瞎话没编好

从唐穆宗开始，唐朝之后的皇帝就都是由宦官拥立的了。宦官的权力大到了无可限制，想想，皇帝谁当都由他们说了算了，那这天下谁还能管得住他们。唐穆宗之后，他的儿子李昂即位，也就是唐文宗。在唐文宗即位的第二年，各地推荐的举人到京都应试。有一个举人叫刘蕡（音 fén），在试卷中的答题里公开反对宦官，认为国家如果要发展，就先得把权力从宦官手里夺出来，将政权交给文武百官。

这话说得很好，让阅卷的几位考官看得很高兴，但他们谁也不敢把这卷子递给皇帝看，万一这卷子被宦官们看到了，他们的位子也就保不住了。于是乎，说了大实话、文笔最好、思想最有深度的刘蕡没考中，其他人倒是都考中了。

　　这件事情说明那个时候的宦官势力影响之大，这事儿让唐文宗也很恼火，自己堂堂的一国之君，可是却要听一群太监摆布，这皇帝当得也太窝囊了，想来想去，他决定起而反之，干掉宦官们，自己当家做主人。

　　做好打算，就开始布置计划了，有一次，唐文宗生了场大病，正好宦官头子王守澄手下有个官员叫郑注，精通医道。王守澄就把他推荐给了唐文宗治病。

　　这小子果然有两下子，唐文宗吃了他开的药，病一天天地好了起来。在给唐文宗治病的这些日子里，唐文宗发现郑注口齿伶俐，是个人才，就把他提拔为御史大人。

　　郑注当了官，走了运，也不忘记帮朋友。他有个朋友李训，听说他当了大官就来投靠他，郑注就把他推荐给了唐文宗，很快李训也得到文宗的信任，后来，竟被提升为宰相。郑李二人成了唐文宗的心腹，唐文宗就把自己想铲除宦官的心事告诉了他们，他俩也积极地表示了支持。

　　当时的宦官头头王守澄掌握大权，要想解除宦官的权力，就得从他下手，他们打听到王守澄手下有个宦官仇士良，跟王守澄有矛盾，就让唐文宗把仇士良封为左神策中尉，让他跟王守澄斗去了。

　　等仇士良把王守澄斗下去，唐文宗就解除了王守澄的兵权，赐了他一杯毒酒。王守澄死了，接下来就该对付仇士良了。仇士良非常狡猾，不好对付，他们就决定智取。

　　李训联络了禁卫军将军韩约，决定里应外合。一天，唐文宗上朝的时候，韩约装模作样地说禁卫军大厅后院的一棵石榴树上，昨天夜里降了甘露。降甘露是个很吉利的事情，李训赶紧说要先替皇帝去视察一番，他晃荡了一圈回来说好像不是真的甘露，要让唐文宗再派人去查查。

　　唐文宗就让仇士良带领宦官去观看，仇士良又叫韩约陪着一起去。韩约胆子小，他走到门边的时候就已经吓得不行了。仇士良看他神情觉得不对劲，又觉得院子里有些诡异，就没进去，直接奔到唐文宗那里，把唐文宗绑架走了。

　　等到李训追上去的时候，仇士良领着一帮宦官早把唐文宗带没影了。看到预谋失败，李训只好化装潜逃，但还是最后被宦官们派人杀死，这次牵扯到了一千多人，无论官职大小，统统被诛杀，历史上把这个事件称为"甘露之变"。

　　甘露之变后，宦官们更加严密地把唐文宗看管了起来，唐文宗想到夺权无望，就干脆混吃等死起来，过了五年，病死了。仇士良立文宗的兄弟李炎即位，这就是唐武宗。

◎ 朋党的争吵

　　官场中有两伙官员，一伙是士族出身的官员，一伙是底层出身的官员。因为利益和目标不同，这两伙人成天地斗心眼，动心机，争争吵吵地一直闹了四十年，这场闹剧被历史称为"朋党之争"。

朋党之争起源于唐宪宗时期，唐宪宗在位时期的一次科举考试，要选拔敢说真话的人才，有人担心宦官势力，就不敢直言，但是有两个下级官员，他们看不惯当下朝政的黑暗，就在卷子里直言不讳地指出了宦官当权的种种弊端，也提到了当时朝政中一些官员的不好的做法。

考官一看卷子，嗯，答得很好，就推荐给了唐宪宗，唐宪宗也很满意，正准备重用时，一个人跳出来，横插了一杠子，他就是当时的宰相李吉甫，李吉甫是个士族出身的官员，门第观念非常重，他看不起来自底层的科举出身官员，现在这两人居然还敢批评时政，这要是让这两人来当官，那岂不是给自己添堵。

所以，他就跑到唐宪宗那打小报告，说这两个人是因为跟考官关系好，所以才能把题目答好，那是因为考官给他们透露试题内容了，他们提前去准备了。唐宪宗相信了他的话，也就没有提拔这两个人。

这两个人，一个叫李宗闵，一个叫牛僧孺。他们只能继续当自己的小官。后来李吉甫死了，他的儿子李德裕仗着老爹的地位当了翰林学士，他一看到李宗闵和牛僧孺就想到当年他们投诉自己亲爹的事，一直想伺机报复。

唐穆宗时期的一次科举考试中，两个大臣的朋友考试不行，就拖这两个大臣去向当时的考官钱徽求情，但钱徽比较正直，没搭理他们。正巧李宗闵有个亲戚应考，被选中了。这些大臣就向唐穆宗告发钱徽徇收了李宗闵的钱，所以才让他的亲戚考中了。

唐穆宗就让李德裕调查这件事，李德裕肯定地说这事是真的，唐穆宗就把钱徽和李宗闵降了职。

两人非常冤枉，就更恨李德裕了。牛僧孺自然也是跟他们站在一条战线上，从这以后，他们就跟一些科举出身的官员结成一起，跟李德裕这些士族出身的官员成天明争暗斗。在唐文宗的时候，李宗闵投靠宦官的权势，被推荐当上了宰相，一荣俱荣，牛僧孺也被提为了宰相。

风水轮流转，这两人一掌权，就把李德裕调出了京城，赶到了西川（治所在今四川成都）当节度使。李德裕心里不满，就想着报复，那时候李德裕正好收复了一个重镇维州，结果牛僧孺却把这属于李德裕的功劳算到了别人头上，把李德裕气得要命。

后来唐文宗得知了这件事情，对牛僧孺也有了看法。但是唐文宗本人没什么主见，他一会儿信李德裕，一会儿信牛僧孺，让这两派一会儿这派掌权，把那派收拾了，一会儿又反过来了。总之那时候的朝廷政权乌烟瘴气，非常乱。

但不论是哪派，他们都要讨宦官的好，因为宦官能够给他们很大的帮助。士族官员、科举官员再加上宦官，这个时候的唐朝政权已经是乌黑一片了，一直到了唐宣宗的时候，才把这伙人都贬出了朝廷。

这场闹了四十年的朋党之争结束了，但是混乱的唐王朝已经闹得更加不好收拾了。

⊛ 还是得反

唐朝末年换皇帝比换路灯的速度还要快，在宦官的操纵下，大臣们还没跟皇帝混个脸熟，新皇帝就又上位了。这样的朝廷如何能够管好天下，老百姓一看自己的死活没人管了，那就只能自己管自己了，反了吧，反了自己给自己做主，才是出路。

于是在唐懿宗即位那年，浙东地区爆发了裘甫领导的农民起义，队伍壮大得很迅速，从一开始的一百多人，发展到后来的三万多人，非常壮观，虽然这场起义坚持了八个月后最终被镇压下去了，但还是给唐朝的农民起义打了个头阵。

又过了八年，驻守在桂林的八百名兵士（大多是徐州一带的农民），因为驻防期满，上司一再延期不让他们换防。他们一琢磨，这是不花钱雇用便宜人呢，不行，不能这么受委屈，就杀了军官，发动了起义。

他们从桂林向北进攻，打回老家，沿路不断有吃不上饭的农民参与进了队伍中，队伍很快发展到了二十多万人。虽然这次起义也被镇压了，但老百姓反朝廷的火苗可是越烧越旺了。

黄巢就这个时候跳了出来，874 年，濮州（治所在今河南范县）地方有个盐贩首领王仙芝，聚集了几千农民，在长垣（在今河南）起义。

唐朝末年，盐税特别重，老百姓根本买不起盐，但人也不能老不吃盐，所以一些贫苦农民就去贩卖私盐。但贩卖私盐是犯法的，总是要遭受官府的打压，王仙芝被打击的时间久了，就想干脆反了得了，于是他自称天补平均大将军，发出文告，得到了很多人的响应，黄巢就是其中之一。

黄巢一开始也是个良好公民，还一心想着要考取功名，光宗耀祖呢，但是他考了好几次都没考上，反倒是觉得现在朝廷腐败，自己不能去跟这些人同流合污，于是他从放榜的地方出来，就写了一首咏菊花的诗，用菊花作比喻，表示他推翻唐王朝的决心。

待得秋来九月八，我花开时百花杀。

冲天香阵透长安，满城尽带黄金甲。

黄巢是表决心了，可是王仙芝却临阵退缩了，就在他们战绩一片大好的时候，王仙芝接到了朝廷招安的消息，他经受不住糖衣炮弹的诱惑，表示愿意投降。这可把黄巢气坏了，他去找王仙芝理论，但话不投机，黄巢就带着自己的部队离开了。那边等着招安的王仙芝后来也被唐军杀死了。

黄巢独自领着起义军对唐军发起了更猛烈的攻击。不禁打的唐军溃败后，唐僖宗带着家眷赶紧逃去成都了。当日，唐僖宗前脚刚跑，黄巢后脚就进了长安城。过了几天，黄巢就在长安的大明宫里称帝，国号大齐。

不过可惜的是，这场耗时七年的农民起义，最后还是因为战术问题失败了，因为黄巢的军队属于游击作战方式，打一枪换一个地方，没有留下人马防守，给了唐军反扑的机会。没多久，因为大将朱温的叛变，使得起义军陷入了困境。

后来黄巢领兵退出长安，在陈州（今河南淮阳）失败之后，受到官军紧紧追赶，最后，退到泰山狼虎谷，被人杀害了。

◎ 取唐而代之

黄巢起义失败后，唐僖宗回到长安。这时候的大唐王朝已经是四分五裂，破得像块抹布一样了。各地的藩镇在帮着朝廷镇压起义的时候，相互吞并，比着扩张，势力越发展越大，倒是唐王朝的中央政权，在这几年的过程中基本上已经是名存实亡，压根儿不起作用了。

在这些藩镇之中，势力最强大的要数河东节度使李克用和宣武（治所在今河南开封）节度使朱温了。

朱温出身不太好，从小家里就很穷，所以他也上不起学，没人管教，就养成了游手好闲的习惯，成天上街打架斗殴，是当地比较凶恶的小混混。后来黄巢起义了，他看着参军也是条出路，就也参加了起义军，因为比较能打，就受到了黄巢的重用。

但是眼看着黄巢的起义军后来不行了，他就投靠了唐朝，反过来打起义军，唐僖宗为了安抚他，给了他大量的金银珠宝，还赏他一个名字叫"全忠"，意思就是让他全心全意地忠实于唐朝，安心镇压起义军。

唐僖宗也是个没脑子的，重用一个叛军，还叫什么全忠。后来朱温攻打黄巢军队的时候，不小心打了败仗，眼瞅着就要被黄巢给收拾了，他赶紧向李克用求救。李克用比较够哥们，派兵救了他。

但朱温很不是东西，他想李克用以后肯定得跟他争地盘，所以得先把他除了。朱温就请客感谢李克用救了自己，他想把李克用灌醉了害死他。结果没成功，李克用逃走了，两人这就算结上仇了，这两支割据力量一直互相攻打。朱温的势力越来越大，李克用只能保住河东地区。

唐僖宗死后，他的弟弟唐昭宗即位，即位后，唐昭宗想废除宦官权势，但没想到宦官抢先一步把他给废了，另立了新皇帝。朱温看到长安内又有新变动了，他就也想来插一腿，他派亲信去到长安，跟宰相崔胤秘密策划变动，宰相有了朱温做后盾，胆儿就肥了，他发兵夺了宦官的权，迎接唐昭宗复位。

复位后，唐昭宗想借着朱温的势力消灭全部的宦官，宦官们也不能坐着死，就投靠了另一个藩镇凤翔节度使李茂贞，他们还把唐昭宗劫持到了凤翔。

朱温一看这还了得，太不把我放在眼里了。他立刻发兵去找李茂贞要人，李茂贞打不过朱温，就只能把唐昭宗送出去，举白旗投降了。

朱温攻下凤翔，把唐昭宗抢到手，风风光光地回到了长安，此后大权就从宦官手里转移到了朱温手里。唐昭宗忙活了一溜，还是没捞到权力，非常郁闷。

朱温不想在长安待，他杀光了宦官，强迫唐昭宗迁都到洛阳。临出发前，他还非让长安的老百姓把屋子的房板拆了，都送到洛阳去。一路上就看见老人小孩全都一人扛块板子，跟包工队似的。

到了洛阳，朱温就手起刀落，把唐昭宗杀了，他另立了一个十三岁的孩子做傀儡，就是昭宣帝。随后朱温就展开了进一步的清洗活动，他把所有反对的人都扔河里冲走，该杀的杀，该灭的灭，到了907年，看到时机到了，朱温就废了唐昭宣帝，自立为帝，改国号为梁，建都汴（今河南开封），朱温就是梁太祖。

近三百年的唐朝就此正式完结。

【五代十国乱糟糟】

◎ 觉都不敢睡

朱温即位，建立梁。这之后的历史就是一团乱糟糟，梁十七年后被后唐取代，后唐又被后晋取代，然后是后汉，后周。五十三年里换了五个朝代，而且这五个朝代里的大部分皇帝都不是病死的，而是被害死的。

所以说，那个时候真是乱糟糟的一团乱麻，除了当时中原地区王朝更替得快之外，在南方和巴蜀等地，还有许多割据政权，有的称帝，有的称王，前后一共建立了九个国（前蜀、吴、闽、吴越、楚、南汉、南平、后蜀、南唐），加上在北方建立的北汉，一共是十国。所以五代时期又叫作"五代十国"时期。

这段时期为什么这么乱，就是因为它每一个开国皇帝都是前一朝的大将军，他们手握重兵，干吗不能当皇帝？所以那个时候就是谁打赢谁，谁就是皇帝，于是五代十国时期的历史舞台就成了个擂台，那阵子有好多擂主被打倒。

朱温还想着自己要长长久久地让梁朝维持下去呢，他哪想得到梁朝会存在那么短的时间。他刚即位不久后，镇海（治所在今浙江杭州）节度使钱镠（音 liú）嗅着味儿就过来了，带着好多礼物来祝贺，还说自己愿意臣服。刚登基就有人来服软，朱温非常高兴，就封了个吴越王给他。

这个钱镠原来出身贫穷，小商小贩挣钱的买卖他都干过，后来到浙西镇将董昌手下当部将。黄巢起义的时候他因为保住了临安没被起义军攻陷，唐王朝就封他做了节度使。

当了节度使后，钱镠就摆起了阔气，他在自己的地盘上盖起了豪宅，用起了豪华马车，每回出门都前拥后护的，带着十几个保镖。钱镠爹一看自己儿子有钱了，就忘本了，开始显摆了，就不乐意跟他一起出门了，他要低调。

钱镠觉出亲爹跟自己不亲了，很纳闷，我又不是没给你好吃好喝，没伺候你，你干吗疏远我啊。于是他就跑去问他爹这是为什么。

他爹就告诉他，你怎么那么没脑子，现在什么时代啊，大家都在抢地盘，论势力，你这么显摆，不是告诉别人你有权有势吗？这要是谁眼红你，还不得把你做了。我可得离你远点，我还想多活两年呢。

钱镠一听自己爹说得有道理，打那以后，他就开始小心翼翼，只求保住这块割据地区。为了时刻提醒自己，危机尚存，钱镠就用一段滚圆的木头做枕头，叫作"警枕"，这枕头睡觉很不舒服，枕不踏实，刚睡熟，枕头就从脑袋底下跑了，人也就醒了。钱镠就想这样让自己日日夜夜保持清醒。

除了让自己保持清醒，他还严格要求将士，让将士们也不能放松警惕，晚上要是站岗的士兵打盹被钱镠发现了，那可就不得了了。

钱镠小心翼翼地保持他在吴越的统治地位。吴越国虽然小，但是因为长期没有遭到战争的破坏，经济渐渐繁荣起来。

◎ 戏子无能

朱温建立梁朝的时候，在北方还有两个较大的割据势力。一个是幽州的刘仁恭，一个是河东的晋王李克用。李克用一直对朱温看不上眼，憋着劲要干掉他。

这时候，契丹族开始强大起来，契丹首领耶律阿保机统一了契丹的各部，建立政权。在北方地区称霸后，耶律阿保机就想到中原来扩张，907年，他带着三十万人马，就杀进了云州（治所在今山西大同）。

契丹人这么一搅和，李克用就想借刀杀人，用契丹兵力对付朱温，双方在云州碰头，商量了下一步的对策。随后还结为了兄弟，大家拍着肩膀说好兄弟，好好合作，约定好了日子一起去打梁。但是没想到耶律阿保机一回去打听，原来梁的势力更大，他就跟朱温结成兄弟了。

这下可把李克用气得不轻，气得一病不起，拖到第二年春天就不行了。临死前，他把儿子李存勖（音xù）叫到床边，跟他说咱家有三个敌人，一个是朱温这就不用说了，那孙子当年恩将仇报，要不是你爹我跑得快，那可就没你了。第二个是刘仁恭，原先跟我是兄弟，后来居然投靠朱温，也该死。第三个就是耶律阿保机，看我势力小，就对我出尔反尔。儿子啊，这三个敌人，你可得替我灭了。

说完，李克用就交给李存勖三支箭，让他时刻记住这三个敌人。

李克用死后，李存勖接替他父亲做了晋王。他果然很孝顺，为了替父亲报仇就用心训练兵士，整顿军纪，把原先散漫的兵士训练得跟飞虎队一样。最大的敌人是朱温，自然是先去找他报仇。

李存勖出兵跟梁兵进行了几次大战，每次都把朱温打得头昏脑涨，后来朱温又羞又气，发病死了。第一个仇人死了，接着去打第二个人仇人，李存勖调转方向，又攻破幽州，把刘仁恭和他的儿子刘守光都活捉过来，押回太原。

916 年，耶律阿保机即位称帝，过了五年，派兵南下，李存勖亲自出兵，把耶律阿保机赶回了老家。

这边朱温的儿子梁末帝开始对李存勖不依不饶起来，你气死我爹，我就要打死你。双方你死我活地打了十余年仗，最后李存勖赢了，他灭了梁朝，统一了北方，后来他就即位称了皇帝，改国号为唐，建都洛阳。这就是后唐庄宗。

仇也报了，事业也有了，唐庄宗想自己这下可清闲了，就搞了点业余爱好，就是看戏。他从小就爱看戏，不过因为中间有事业要忙，就先把爱好放一边了，现在事业稳固了，就重拾旧好，不但爱看戏，他还喜欢上了演戏。

他还给自己起了艺名，叫"李天下"。李天下每天什么事情也不管，就是和一堆戏子在台上唱戏。时间久了，他就想把戏子封为官员。戏子哪会当官，所以后唐朝政越来越混乱了。

看不惯这些的后唐将军李嗣源（李克用的养子）带兵反了，唐庄宗对叛变毫无还手之力，后来他在混乱中被流箭射死。

李嗣源接替唐庄宗做了后唐皇帝，这就是唐明宗。

◎ 老不羞当儿子

唐明宗在位的时候，他手下有两员大将，一个是他儿子李从珂，一个是他的女婿、河东节度使石敬瑭。这两人都很能干，能打仗，能斗心眼。俗话说一山容不下二虎，这两个都能干的人到一起，准保掐架。

这两人就是互相不服气，互相打击对方。到了李从珂做了后唐皇帝（就是唐末帝）以后，两人终于闹到公开破裂的地步，谁也不服谁，那就开始打吧，谁把谁打赢了，那谁就是老大了。

李从珂派了几万人马攻打石敬瑭所在的晋阳城。石敬瑭挡不住了，眼瞅着自己就要被李从珂活捉住生吞活剥了，他手下的一个谋士桑维翰给他出个主意，让他向契丹人讨要救兵，打李从珂。

那个时候，耶律阿保机已经死了，他的儿子耶律德光成了契丹国的头儿。这小子是个野心勃勃的家伙，要是给他点好处，他肯定会出手。眼下也没更好的办法了，石敬瑭就同意了这个馊主意。

桑维翰帮石敬瑭起草了一封求救信给耶律德光，说如果契丹愿意救自己这一回，帮着自己打退唐军，那雁门关以北的幽云十六州的土地都献给契丹。

幽云十六州，即幽、涿、蓟、檀、顺、瀛、莫、蔚、朔、云、应、新、妫、儒、武、寰。东西约六百公里，南北约二百公里，面积约十二万平方公里。这么大一块肥肉送到嘴边，要是耶律德光不接着，那就真是傻帽了。

没说的，耶律德光大喜如狂，立即御驾亲征，亲自动手帮着石敬瑭去摆平李从珂。契丹人多猛啊，李从珂哪是对手，三下两下地就被收拾了，被打败的李从珂眼看着没辙了，就带着一家老小在宫里头自焚了。就这样，后唐完蛋了，只有十四年，比朱温建立的后梁还少了三年。

石敬瑭当上皇帝了，他果然认真地履行了自己许下的诺言，将幽云十六州划给了契丹，然后他又为了永久地得到契丹的保护，他就向耶律德光提出了一个请求："爹，让我当你的干儿子吧。"

当时石敬瑭四十七岁，耶律德光三十七岁。

这要求提得耶律德光都不好意思了，但没办法，石敬瑭坚持要当他儿子，那也就认了吧。石敬瑭给耶律德光当了七年儿子就挂了，接替他的是他的侄子石重贵。这石重贵对耶律德光就不那么客气了，他向契丹国主上奏章的时候，自称孙儿，不称臣。

而且石重贵还把在后晋经商的契丹人都抓去砍头，连个理由都不给，耶律德光这下可抓狂了。他再次带着兵来了，横扫后晋，依然毫无悬念地干掉了后晋。

后晋，建国十一年，就这么没了。947年，耶律德光进了汴京，自称大辽皇帝。这下中原百姓可惨了，过着生不如死的日子，有压迫就有反抗，中原百姓受不了辽兵的残杀抢掠，纷纷组织义军，声势浩大。

耶律德光心里有点发怵了，他就找了个借口说自己要回去看自己娘了，就退出了中原，不过幽云十六州，他依然霸在手里。这块土地后来就成了辽国进攻中原的跳板了。

◉ 宰相中的"老油条"

宰相是一个承上启下的职业，比较特殊，上要辅助君王，下要安抚群臣，可谓是责任重大，马虎不得。许多人千辛万苦爬上宰相的高位，但却总是临门一脚的时候犯了失误，被罚下场。例如明代第一奸相严嵩，将智商一流的嘉靖皇帝糊弄得团团转，但最后依然没有得到善终，饿死街头。

所以说，做宰相除了要能力卓越、胆识过人之外，还要在为人处世方面打得了太极，兵来将挡，水来土掩，能处事不乱，遇事不惊。这方面，五代十国的冯道可谓是第一高人，他可算得上是中国宰相中的第一"老油条"，历经十位皇帝，均能进退得当，永葆官位。

冯道并没有什么雄才大略，也没有安邦治国的才能，他不过是一个贪图官位，追求厚禄的庸人而已。而且还缺乏气节，一旦看到苗头不对，便立刻另攀高枝，他有一首诗就表达了他的为人之道："莫为危时便怆神，前程往往有期因。终因海岳归明主，未省乾坤陷吉人。道德几时曾去世，舟车何处不通津。但教方寸无诸恶，虎狼丛中也立身。"

从冯道的诗中可以看出他是一个见风使舵、"识时务"的人，在唐朝末年，他曾做幽州刘守光的参军幕僚。刘守光败后，他又转事大宦官、监河东军张承业。到了明宗的时候，他又拜端明殿学士，后来又做了宰相。

冯道也有自己的独到之处，他从不盛气凌人，始终以一副刻苦勤俭的君子模样示人。在后晋后梁隔河而战时，冯道在军中，就住在一个茅草屋里，当时有个将士抢了一个民间女子送给他，没想到他将那名女子安置在别的房间里，从不招惹。

对待他的上司皇帝，冯道也很懂得分寸，有一次，水运军将在临河县得到一个玉环，玉环玲珑剔透，上刻"传国宝万岁杯"六个字，于是他们便把这个玉环进献给了明宗。明宗十分喜爱，常拿出来和众大臣把玩。

但当冯道看到时，并没有像其他大臣那样阿谀奉承，而是说道："这是前世遗留下的有形之宝，不足为奇；陛下身怀无形之宝，才是旷世罕见。"

明宗不解，问他缘由，他便慢慢道来："仁义者，帝王之宝也。大宝曰皇位，何以守位则曰仁。"他的意思是说明宗是这个国家的无价之宝，这个马屁拍得极为高明，既让明宗心里美滋滋的，又显得自己格调高雅。

后来，明宗死了，他再相愍帝。不久，潞王李从珂在凤翔反叛，愍帝领兵就奔了卫州。而愍帝前脚一走，冯道就率百官将潞王迎入，李从珂继续用他为相。这种翻脸比翻书还要快的境界，冯道练得出神入化。

936年，石敬瑭灭了后唐，建立后晋。作为后唐的宰相，冯道居然毫不畏惧，竟然亲自找到了石敬瑭谈判，最后居然被石敬瑭任他为司空。在石敬瑭死后，石重贵继位。冯道仍然为相，并且加太尉、封燕国公。

但这个短暂的王朝仅仅保全了冯道十一年，之后不久，契丹大军便打来了，直攻开封，这时的朝廷一片大乱，唯有冯道方寸不乱，在面对契丹主耶律德光的训斥时也毫无惧色，耶律德光斥责他几次易主，是不忠不孝的人，不能被信任。这样的人居然还敢来上朝，简直是活腻了。

但冯道却说："无城无兵，安敢不来？"

耶律德光又讽刺他："你是何等的老儿？"

冯道谄媚地说："我是无才无德的痴顽老儿。"

耶律德光听完后觉得冯道有几分意思，便问道："倒也乖巧。我再问你，天下百姓如何救得？"

冯道答道："此时佛出救不得，唯皇帝救得。"

耶律德光被这马屁拍得十分舒服，便封冯道为太傅。

后来当后汉建立后，冯道又归附了汉，被封为大师。四年之后，随着后汉被后周所灭，冯道又成为后周的太师兼中书令。

直到后周世宗柴荣即位后，冯道一帆风顺的官运才受到了阻碍，柴荣有着雄才大略，他一向都不喜欢这个曾历四朝，侍奉过九君的老家伙，后来干脆找了个借口，罢免了他的太师职位，冯道一生大风大浪，最后在小阴沟里翻船，又羞又恼，郁郁而终。

不管怎么说，冯道这一生，无论天下如何是是非非，变化莫测，他都是稳坐钓鱼台，如果没有几把刷子，是没办法做到的。所以，第一"老油条"的称号，他是当之无愧的。

第十章

宋代风华　积弱积贫

【救世主驾到】

◎ 黄袍披上身

后周显德七年（960年）正月某日黎明时分，天地间雾霭迷蒙，冬雷阵阵，雨雪欲垂。穿云薄雾，隐约那陈桥驿外有火光闪动，在这冥晨之中犹如引导前路的幽灯。幽灯越聚越多，最后火光照亮了整个驿站，只见陈桥驿内外驻扎了百余帐篷，万余兵士手持火把穿梭于帐篷之间，蠢蠢欲动。

正当此时，主帐内一阵骚动，一个衣衫尚未穿好、犹有几分醉意的高壮男子，被几人拥出帐外。他尚未站定，周围蓦然爆起士兵的震聋呐喊："诸军无主，愿奉都点检为天子。"男子不及回应，拥他出帐的几人便将早已准备好的金色龙袍披在他的肩上。所有的兵将纷纷跪地，直呼："万岁、万岁、万万岁！"一时间声音响彻云霄，打破了晨曦的静谧。

男子慌忙俯身半跪在地，对众将道："这可使不得，我何德何能，怎可当皇帝……"他嘴上虽然推托，垂下头后，嘴角却逸出一丝不易察觉的笑意，眼中的精芒乍现，旋即敛去。下一刻，众将已不顾他推托，硬是将他"逼"上了马。看来，他这个皇帝不当也不成了。于是乎，将士们收拾行囊，掉转马头，直逼开封汴梁。

这不是在拍古装戏，而是古人在演戏，演的就是黄袍加身，政权更替的政治戏。这场戏的主演兼导演就是赵匡胤，赵匡胤跟着周世宗南北征战，是名得力干将。如果周世宗还在世，那他一定是名福将，但可惜周世宗死得早，这名福将就是祸害了。

赵匡胤打小就是个不服软的人，年轻的时候，他为了训练烈马，差点被马踩死都不肯撒手，终于让马服了他。后来赵匡胤开始找工作，但一开始，他的工作找得挺不顺利，总是受到白眼，这也更让他体会到职场的不易了。

后来慢慢学会应付白眼的赵匡胤也锻炼得越发老练，他明白在这个乱世中，如果没有权力，那根本无法生存下去。

后来他混成了周世宗手下得力大将，周世宗在位的时候，非常信任他，派他做禁军统帅，官名叫殿前都点检。这个职位虽然官不大，但权力可不小，禁军是后周一支最精锐的部队，里头的兵拉出来，一个顶十个用。

有了兵权的赵匡胤就成了大臣们忌惮的对象，在五代十国时期，武将夺取皇位的事情太多了。恰好这时，年幼的周恭帝即位，小皇帝更是压不住赵匡胤了，虽然有着宰相范质、王溥辅政，但文人哪有力气对付武将，整个后周政权谣言纷纷，说赵匡胤要夺皇位了。

960年，后周朝廷正在举行朝见大礼的时候，忽然接到边境送来的紧急战报，说北汉国主和辽朝联合，出兵攻打后周边境。

这个时候只能派赵匡胤出马了，但是没想到，赵匡胤带着兵从汴京出发了，但是到了陈桥那里，却自己当上了皇帝，彻底取代了后周。

这五十几年的混乱时光，总得有那么一个人站出来统一天下，还老百姓一个安宁日子，而赵匡胤就不小心被老天爷落下来的那个豆大的雨点儿砸中，此为时局所趋。

☺ 最有风度奖

战国的苏秦能说会道那是众所周知，想当年他忽悠着六国联合起来跟秦干，还身揣着六国的相印在大街上显摆。《孙子兵法·用间》就给了苏秦很高的评价，所谓"燕之兴也，苏秦在齐"，连司马迁也是他的小粉丝。

历史上有才的丞相一抓一大把，秦国的李斯、汉朝的萧何，再有光武时期的伏湛、卓茂，在历史的舞台上各显神通。不过有才也不能说明什么，无才也没说就不让当丞相，这不，眼前这个赵普就是个大老粗，可人家照样在历史书上跳得欢喜。

赵普从小就是个不爱学习的孩子，让他看几页书就跟要他的小命一样，长大以后就成了个没文化的人。不过那年代像赵普这样的小老百姓能读点书也不容易，大多是些市井小混混，顶多认识几个字。

赵普老哥虽说没念好书，不过脑瓜子还是灵光的，特别是政治方面的才能，尤其让人惊叹。当初就把赵匡胤哄得高高兴兴的，等老赵夺了天下之后，赵普也自然跟着吃香的喝辣的。不但当了枢密院直学士，后来还又做了枢密使，最恐怖的是这没文化的人居然连任了十年的"宰相"。

赵匡胤也是个爱面子的人，翻了翻史书，瞅见历史上大凡有功德的皇帝，其身边都有个知识分子做参谋。于是就成天嚷嚷着让赵普多看两本书，也给他撑撑场面。不过赵普老哥最不待见的就是那些个读死书的人，读了半天算术连个会计的活也干不了，读书做甚用？所以赵普脸不红心不跳地跟宋太宗说："老臣这有一本《论语》就够了，读一半就能帮太祖定了天下，再读后一半肯定能帮着您让天下太太平平的。""半部《论语》治天下"由此而来。

宋太祖和宋太宗虽然心里解不开，不过估计意识到赵普也就这破罐子破摔的人了，也懒得再管他，由他成天歪理邪说的，只要能帮着把社会弄得安定了就行。

想想这宋太祖之所以能够坐上座儿，除了有武林高手之外，赵普也是功不可没。赵普曾经忽悠着赵匡胤的部将把老赵推上台，兵变的时候又做牛做马地在赵匡胤身边当起了心理咨询师，帮助老赵解决心理问题。熬啊熬地终于建了国，这时赵普又给赵匡胤想了个"杯酒释兵权"的法子，让老赵安安心心地做皇帝。

其实，赵普之所以能在太祖太宗跟前当红人，那还有赖于他那灵光的脑袋瓜。不仅如此，更重要的是他能把赵匡胤想做但又不好意思说出来的话猜透，然后在一旁给他咕噜出来，赵匡胤觉得这孩子灵性，就越来越喜欢他了。赵普最善于把老赵的情绪诱发到最高点，帮着他捣鼓了好多"和平演变"的军事策略，安安稳稳地就能治理了国家，换了谁当皇帝都欢喜。

赵普在历史的舞台上蹦跶着，台下的观众有喜欢他的恨不得把他抱起来亲一口，不过也有讨厌他那副嘴脸的，也不会给他说几句好听的话。例如王夫之就十分不待见赵普，说这家伙不过是个幕僚。不过人家赵普能仗着一张嘴和几个计谋帮赵匡胤夺了天下，吓得武林高手们心惊胆战的，这也是一种至高的境界。

其实大宋的武将们都恨赵普恨得骨头响，摩拳擦掌地想揍他一顿，这是为什么呢？因为自从赵普成了国家的二把手之后，这个肚子里空空如也的"文人"却把武将们弄得无地自容，没有半点发挥特长的地方。

赵普虽然人有点磕碜，有点小气，见了比他强的人就嫉妒，不过他倒也能为国家选拔优秀的人才，而且认准了谁以后还相当地执着。例如有一次太祖想要谋一个官员，让赵普帮着张罗这事，赵普寻了一个人给太祖琢磨，可是太祖说什么都不待见此人，就拒绝了。过了几天，赵普又拉着这人来太祖跟前说叨，太祖怒了，把名单都给扯了。赵普当时没敢吱声，不过后来还是给太祖推荐此人，太祖无语之后也有一点动心，就答应了。

其实，赵普之所以能够从一介草民混到中央政府里头当大官，还跟宋朝的治国用才理念有很大关系。宋朝政府知道，科学是第一生产力，而要想让科学发达，就得大力选拔人才。不论出身，不论地位，只要是有才的人，都可以为我大宋出力。再加上赵匡胤是个礼贤下士的好皇帝，赵普这才有了出人头地的路子。

也正是从赵普开始，赵宋王朝重用文人才士才有了光荣的传统，宋朝的科举选拔人才制度就是很好的典范。

◉ 这顿酒代价真大

赵普那么精明，他自然知道赵匡胤担心什么，于是跟赵匡胤说想要国家长治久安，就要把兵权集中到皇帝手中，这样天下就太平无事了。

宋太祖连连点头，赞赏赵普说得好。于是就出现了下面这一幕历史名剧。

961年一个平常的晚上，几个人正在宴会上开心地喝酒，说笑，突然主人挥了挥手，音乐和助兴的舞蹈都退了下去。还有人没有反应过来，招了招手示意让人把酒满上，结果迟迟没有人来应答。

他抬起头一看，大家都已经停下喝酒的进度，低着头，一言不发。主人这时趁着酒意笑了起来："哈哈，爱卿们，别停下来啊。来啊，朕亲自替你满上。"说着向刚才要酒的人走去，笑着添上了酒，尽管握着杯子的手颤颤巍巍地抖了两下。

酒杯满上后，添酒的主人转身走向另一个人，身后却"扑通——"一声，"陛下，都是臣的不是，臣罪该万死！请恕罪！"

"哈哈，爱卿何罪之有！"主人转回身，将跪在地上的人扶起，"只是朕最近晚上一直睡不好，想啊，这皇帝还真的不好做！哎！我看我还是和哪位爱卿换一换，你们哪个来做皇帝，我去做个什么节度使之类的多逍遥自在，多好啊，也省得我天天睡得不安生。"

"臣罪该万死！臣罪该万死！"这些吓破了胆的大臣们全部扑通在地，把头深埋起来，两股战战，不敢抬头。唯一站着的万岁爷莞尔一笑。接着说道："谁不想做皇帝呢，可是这皇帝当得我睡不着觉啊。"

"敢问陛下此话怎讲，臣们一心服侍陛下，没有异心啊！"

"你们是朕的左膀右臂，没有异心朕当然知道，但是你们也知道朕是怎么做皇帝的，黄袍加身，又岂是你们左右得了的啊。"

席下跪倒的大臣们纷纷叩首表明忠心，一面表示绝对不会发生那样的事情，有一位最机灵的再叩首，说道："陛下啊，臣可是跟着您走南闯北，历经沙场，那样的事臣是绝对不会做的，那样的部下臣也是万万不会用的。再说臣也年事已高，没几天日子，望陛下准许老臣回乡养老啊！"

"爱卿快快起身，都怪朕最近睡眠不足，所以有点太当回事儿了，忘了爱卿你也一把年纪了，别累着了。"说完亲自扶他起身。其余的大臣这样一看全明白了，纷纷同样表示。

于是乎，音乐又响了起来，舞蹈也继续助兴，宫女、太监们纷纷搀扶起跪在地上的众大臣。众人抬头看着此时已正襟危坐的皇帝，暗暗心里捏了把冷汗。

赵匡胤抿了口酒，道："爱卿们跟着朕久经沙场，这份交情可是过了命的，朕哪能忘记。良田、美宅，朕都为你们置办好了。银两那些啊，更是小问题，到时候买些这样唱歌的，跳舞的，你们也能每天在家里过上清净的日子啊。你们也都是上了年纪的人了，这人活着不就是要享受嘛，我哪好意思还让你们为了我们家围墙的事情，天天还摆弄着刀光剑影的冷兵器啊！"

在座的纷纷谢恩。第二天，天刚蒙蒙亮，大家都赶着上朝，把昨天连夜回去写的请辞奏章呈上，生怕走不掉啊。有的甚至抱恙说上不了朝，以后也上不了了。就这样，赵匡胤笑了。他笑得可开心了，大宋的江山稳住了，所有的兵权都被他用几坛女儿红换来了。以后再也没有人能在军事上对他构成威胁。他笑了，笑了很多天。

他和他的老伙计们说："我的睡眠质量最近太不好了，老是怕你们抢我的皇位。"结果老伙计们一个个告老还乡，没有一个人再愿意和他玩，可悲啊，可怜啊！不过他好像丝毫没有觉得。

历史好像很难再找到第二个比赵匡胤还要矫情的人，更何况是在君主之间做比较。想当年还在带兵的时候，就不愿意挑开那层窗户纸，硬是要黄袍加身才不"情愿"地做了皇帝，辛苦死他了。现如今，收兵权就收兵权，除隐患就除隐患，老是要来拿睡眠来说事儿，真的是矫情至极啊。

但是他这种做法还是有前瞻性的，总比那些妇人之仁到最后失了江山又失了美人，又有着强大的自尊，只有抹了脖子免得再去丢人强。所以人做事就是要拉下来脸面，先说清楚总比后来扯皮的好。

就这样，赵匡胤成功地解决了封建社会的传统遗留问题中央集权问题。拿到了他想要的东西后，他自然低调地行事，没有再找自己老伙计的麻烦，时不时地可能还约着见见面，喝喝酒，逗逗乐，大家都相安无事才是老百姓的福气。

可能是受了开国皇帝的影响，整个宋朝都是个矫情的时代。没有前朝人的豪放，伤春悲秋，歧路沾巾那更是家常便饭。没有楚狂人的疯癫，他们的骄傲只能也数着自己头上的白发蓦地收回感慨。

这样的朝代当然也有美好的地方，大家都敏感、生动，就像开国皇帝一样对睡眠也能如此神经质地执着。大家守着自己的快乐，低调地过着偏安的生活，后来异族入侵叩响了宋朝的大门，皇帝也乖乖地搬了首都，不管怎么说，自己快乐就行，和平万岁那可是老祖宗给的家训。

◉ 皇帝也得心病

唐末五代在华夏的土地上吵吵了近百年，赵匡胤终于骑着大马、挥着大刀杀了出来，夺了中原最要害的地方。不过此时的局面也不安生，毕竟不是大一统，赵宋王朝的周围还有几只恶狼狠狠地盯着他，那就是十国。

赵匡胤听了赵普的话搞了个"杯酒释兵权"，成功地解决了内忧，睡觉的时候也安稳了些。不过来自外界的干扰还是让他睡到半夜两三点就惊醒过来，如何解决这些个周边的豺狼虎豹成了宋太祖日思夜想的大难题。

南唐位于宋的东南，与其直接接壤，当年赵匡胤杀到中原来的时候，南唐之主吓得屁滚尿流的，赶紧跟宋朝求和，每年送点礼物讨宋太祖的欢心，太祖也算是给了点面子，南唐也就多活了几年。其实，南唐是十国里面最不堪的一个国家，宋太祖也最不爱搭理它。等到老赵把周边的小国家一个个地处理完之后，就毫不留情地给了南唐一炮。

南唐后主李煜是个多情的孩子，他派人前去跟老赵讨个说法："我李煜怎么说也待你如父母，成天巴结着你，从来没个闪失，你怎么就这么不给我面子？"没想到却换来老赵这么一句狠话："我的床旁边怎么容得下你这号人物呢？不宰你宰谁？"

赵匡胤自从当了皇帝以后就得了个心理疾病，史上称"卧榻情结"，而且久治不愈。最让他睡不着觉的是后晋之主石敬瑭割让辽国的"幽云十六州"。虽然这"幽云十六州"不过是屁大点的地方，可是从军事角度来看却相当重要，囊括了当时中国东北部与北部地区最重要的险关要塞与天然屏障。若是把这块宝地给弄没了，那就相当于把本地区的长城放了风筝，华北大平原全都暴露在北方游牧民族的铁蹄之下。

因为宋和"幽云十六州"中间夹了个北汉，而北汉又有辽国老大哥罩着，所以赵匡胤也不敢轻举妄动，生怕跟北汉大干的时候让辽国沾了大光。

早在多年以前的风雪夜晚，赵匡胤就天天到赵普家去吵吵，两个姓赵的老汉就整日研究怎么才能把这喉咙里的"鱼鲠"拔去。不过赵普却认为，北汉恰好可以成为阻挡辽入侵宋的屏障，至少在几年之内还能保大宋北部一个平安无事，又因为南边的小国家都是些小喽啰，所以先打南边一定志在必得。

赵匡胤觉得赵普老哥说得在理，于是就暂时不跟北汉和辽国计较，先拿南方的小国家开了刀。赵匡胤在位的时候，大力建设国家经济，为国家积累了不少财力，给大宋今后的发展作出了不小的贡献。不过赵匡胤是个短命鬼，那"卧榻情结"的心理疾病还没治好就一命呜呼，统一江山成了梦一场。

赵匡胤死了以后，他老弟赵光义接了班，也就是宋太宗。老哥没完成的遗愿也落在了弟弟身上。赵光义大概是个追求完美的人，他在收归吴越、平定北汉之后，心里那就一个美啊，竟然想趁着灭北汉余威一举收复幽云十六州，给自己的军事生涯添上最完美的一笔。不料他两次大规模出兵都被辽国揍得满地找牙，差点就去找哥哥了。

但就是这种教训也没能让太宗长点记性，居然又出兵攻打十六州，结果在"高粱河之战"惨败，连滚带爬地逃回了宋国。后来他还大发感慨地说："一箭未施戎马遁，六军空恨阵云高。"看来想要把幽州拿下怕是轮不上他了。

三次败仗让宋军元气大伤，大家伙儿对太宗成天说三道四的，甚至想把他从皇帝的宝座上赶下来，让太祖的儿子德昭继位。这下可把太宗吓得够呛，他赶紧把事业的重心收了回来，先把内乱安抚了再说。没过多久辽国的主子就上了西天，年仅十二岁的辽圣宗坐上了座儿。宋朝的大臣们都觉得这是个好机会，叽叽歪歪地让太宗赶紧跟辽干上。

这次北伐由曹彬、田重进、潘美和杨业等分三路北上。杨业是宋太宗的爱将，他原来是在北汉做事，直到北汉灭亡了以后才投奔于大宋。然而此次北伐西线的战争，因为潘美那厮不肯出兵援救被困的杨业，杨业又因为心爱的儿子战死沙场，一下没想开就撞柱自尽了。北伐战争因此失败。

宋太宗没了爱将，也败了北伐，他终于不得不承认自己没有老哥那些军事本领，只好转为附庸风雅，开始"以文治国"。

不过经过太祖、太宗两兄弟的治理，宋朝的江山基本上确定了下来，中土也基本统一，跟辽、西夏、大理一起在九州之上臭美。

【治理天下还得靠脑子】

◉ 变成"小文人"

宋太宗经过几次败北终于知道老天爷没赐予他打仗的天赋，这才安慰自己说"王者虽以武功克定，终须用文德致治。"于是他开始致力于发展文科，又是搞科举又是编书的，而且他自己也确实好这一口。

虽然太宗有文科方面的才能，可是因为打小父母就给他弄了个错误的发展方向，整天动刀动枪地搞武行，因此也就耽搁了基础教育。后来虽然自学了许多本书，可写出来的东西还是缺乏厚度。太宗这一生也创作了不少诗词歌赋，可就是没一首让大家读了以后痛哭流涕抑或是感慨万千的。

太宗特别待见肚子里有墨水的文人，有的文人稍微糊弄了两首诗出来就当了大官。为了让整个国家都浸泡着墨水的气味，太宗甚至还时不时地把武将们赶到图书馆里去看书。

想当年太宗的老哥太祖为了避免大家都学他黄袍加身，于是就颁布了条国策，说是要"文武分途、以文制武"。不过因为太祖命短，这条国策也还没有深入地执行下去。直到太宗当了皇帝，才真正地实现了老哥的愿望。

原来每年参加科举考试人不过两千来号，到了宋太宗这里，差不多一次就高达五千来人，真宗的时候更恐怖，居然有两万余人，恐怕考试的人都没地方坐了。与前代相比，宋朝的科举制度更加透明，不像大唐那些个浪漫的传统，有时候走走后门就能做个大官。宋朝科举的考核制度非常严格，因此也给朝廷输送了一批不错的人才。

大宋民间有这么一说："好男不当兵，好铁不打钉。"宋朝的孩子考试一旦及格了就把父母乐得屁颠屁颠的，又是敲锣又是打鼓的，好不热闹。要是再努把力，考个进士什么的，那还有机会跟皇帝见上一面。有人就这么发了一感慨，说："高级知识分子结队去朝见皇帝的时候，要是正巧有位武将打了胜仗回来，他肯定不受待见。"可见习武之人可怜到什么地步。

宋朝以文治国的精神原是秉承着孔老夫子的儒家思想，可是人家孔夫子那时候也没有把读书跟当官扯在一起啊。在孔子那年代，你要是想当官，那脑子里就得有点计谋和策略，还得懂点兵法，光有墨水怎么能行。直到西汉武帝的时候，他创立了太学，这才把读书和考试当官扯到了一块。

实际上，孔老先生的原意是当官的人要是有空，那就应该多看两本书，以弥补一下自己的才疏学浅，让这官当得更加有滋有味。可是自从太学之日乃至科举兴起之后，读书就变成了官场的敲门砖。

总之要想在大宋王朝混得有声有色，不读书不行。宋真宗就说过："富家不用买良田，书中自有千钟粟。安居不用架高堂，书中自有黄金屋。出门莫恨无人随，书中车马多如簇。娶妻莫恨无良媒，书中有女颜如玉。男子欲遂平生志，六经勤向窗前读。"

其实，太祖在宋初打压武将，是害怕他们今后都跟他学着造反，想要打击武将们的势头，让他们知道点天高地厚。不料这样一搞，武将日后的悲惨命运也来了。宋朝俨然已经变成了一个"小文人"，也因此丧失了一些英勇和胆魄。

◎ 重文抑武

经过这一系列的武装斗争，宋太宗深切地意识到了重文抑武的好处，文人个个只知道舞文弄墨，想收拾他们，太容易了。武将可不一样，跟他们说道理，根本说不通，讲拳头，万一自己拳头不够硬，那可就栽进去了。

所以，宋太宗对自己的这一招重文抑武很是得意。看到这一招初见成效之后，宋太宗继续来个深入巩固，他要修书。

他命令翰林学士李昉、扈蒙等十多人编纂《太平广记》和《太平御览》。《太平广记》收录的是汉魏到宋初的小说野史之类的杂书，修成共500卷；《太平御览》就非同小可，它初名叫《太平总类》，分55部，4558类，共1000卷，征引各种书籍达1700多种。

这个工程非常浩大，这下文人可算是派上用武之地了，修好了这大部头的书，文人就彻底从春天过渡到夏天了，宋太宗会更喜欢文人的。

一般来说，修书在封建王朝时代，是一件惊天动地的大事。除了说修书具有的文化意义之外，修书还代表着那个时代的昌盛富足，说明那个时代的国君是圣明贤良的，是个明智的君主，是个注重德智体美劳全面发展的君主。

比如明朝朱棣修《永乐大典》，清朝康熙时代的《康熙字典》，还有乾隆时代的《四库全书》……

这些都是让人千古赞颂的事情。宋太宗估计是在战场上占不到什么便宜，决定改一下路子，要在文化方面有所建树。不管他是怎么想的，修书行动轰轰烈烈地展开了。但值得一说的是，修书并不是简单的事情。

修书非常地费人费力，《康熙字典》《四库全书》这样的书都是在盛世的时候修订的，那个时候人们酒足饭饱，闲着也是闲着，就修修书稿，充实一下精神生活，这可以理解。但是宋太宗现在是宋朝刚刚建国十八年，四周到处有强敌，不仅北方有强虏契丹，以及北汉，南方还有吴越。这个时候修哪门子书啊，但宋太宗说修就修，没人能拦得住，他在修书之前，先修了个建筑物，崇文馆，这事让文人们更是泪奔。

封建王朝一直都还是挺注重文化教育的，即便是在五代十国那样的乱糟糟的岁月里，依然保留着"三馆"——昭文馆、史馆、集贤院。但这三个地方在宋朝一开始的时候，特别地破旧，在宋朝初期，三馆建在右长庆门东北，就是几个小破屋子，没装修，没家具，特别地简陋。

宋太宗看过这个环境后，认为这样不行，他就命令在左升龙门东北为三馆选新址，选好地方就开工，日夜赶工地修这个新馆。而且宋太宗还担任监工，有空就查看施工进度，非常尽职尽责。

皇帝这么上心的事儿，底下人哪敢含糊，拼了命地加紧干。一年之后，新三馆落成了，然后就是把旧馆里的书分贮两廊。东廊为昭文书库，南廊为集贤书库，西廊为史部群书，分为"经""史""子""集"四部，共六库图书。其书原有12000余卷，平蜀得书13000卷，平江南得20000余卷，又下诏开献书之路，于三馆篇帙大备，正副本凡八万卷。

宋太宗非常满意，他给新三馆赐名为"崇文"之院，意思就是崇尚文治，这下，文人们可又扬眉吐气了。

【死得有点早】

◎ 近臣，诤臣，武臣

"波渺渺，柳依依。孤村芳草远，斜日杏花飞。江南春尽离肠断，苹满汀州人未归。"多柔情的一首词啊，看了这词以后估计谁也想不到这竟是出自莱国公寇准之手。其实，寇准表面上看跟个茅坑里的石头一样，脾气又臭又硬，可骨子里还是个剔透的人，伶俐灵气的，做起人来挺实诚。

寇准进朝廷做事之前一直在巴东做着芝麻小官，把巴东弄得还挺像样子，当地的小老百姓也都快活。不过寇准想着自己始终是干大事的人，总不愿意一辈子窝在这小山旮旯儿里，就随便写了个诗表示自己很郁闷。

他熬呀熬、熬呀熬，八年之后终于以一篇《御戎论》把宋太宗给糊弄住了。太宗让寇准来自己身边当近臣，寇准也抓住了机会，步步高升，直到最后当上了宰相。都说寇准这人说话不会绕弯子，死脑筋，可大家都不知道人家寇准有的是大智慧。他知道伴君如伴虎，就算太宗再待见他，他也得有个分寸。

有一次，太宗在北伐的时候受了伤，而且留下了后遗症，每逢个阴天下雨的时候身上就疼得厉害。日子久了以后，太宗寻思着自己也活不太长久了，就叫寇准过来聊聊天。他问寇准找哪个儿子当接班人比较合适，寇准没回答他的问题，只说："陛下啊，这个事情老臣可不能多言。挑皇帝这件事您有三种人不能问，一是女人，也就是您后宫里的那些个老婆；二是太监；这第三就是近臣。"

对于"近臣"这个身份，寇准把握得恰到火候，他才不是别人眼中那个说话不长眼的蠢人。他知道有时候在皇帝面前说点真话，那叫忠义勇猛；可是什么都傻不拉几地跟皇帝说，那就叫白痴。可见寇准不是一般的聪明。

寇准是个直肠子，别人不敢说的话他都嘟囔给太宗听。有一次他在跟太宗商量事的时候把太宗惹火了，太宗转头就往门外走，可这时候寇准这家伙竟不知天高地厚地拽住了太宗的龙袍，愣是不放行。连太宗都懵了，当时寇准也就二十出头的小伙子，太宗心想这小子够猛的啊，皇帝老儿你都敢拉扯。不过太宗也因此很待见寇准，一直到寇准叨叨完了，太宗才离开。

还有一次寇准跟温仲舒骑着马一起往前走着，突然不知道从哪冒出来一个寇准的铁杆粉丝，拦着马就吆喝"寇准万岁"，可把寇准给吓坏了。后来这事被寇准的老敌枢密院知院张逊报告给了太宗，还说寇准一定是想造反了。寇准得知此事以后气得两眼发晕，直接跟张逊在皇帝面前吵了起来。太宗闹心，一怒之下就把这两人的官职给撤了，寇准还被丢到青州当知州。

太宗其实也就吓唬吓唬寇准，他还不知道寇准什么人吗，忠义得跟月亮围着地球转一样。过了一年，太宗就派人去把寇准给接回来。寇准回来以后正赶上太宗害脚气，走路都犯愁。太宗见到寇准后居然撒起娇来了，还埋怨寇准回来晚了。没想到寇准却冷不丁地给他来一句："您不让我回来我敢回来吗？"

虽然太宗待见寇准，可是他那根直肠子也终究给他带来了麻烦。后来寇准得罪了权臣王钦若和丁渭，两次被踢下台，贬得他离京城越来越远。

寇准虽然是一代有名的文臣，可他从小的理想并不是学文，而是搞武行。他看见当兵的手里扛枪射箭的就激动，可没点小遗憾那还叫人生吗？

◉ 约法几章

宋朝有几条规矩，那是太祖皇帝的遗训，刻在碑上。这块碑放在宫中的一个秘殿里面，每一个新登基的皇帝都要去看那碑。不光要看，还要遵守上头的内容，谁不遵守那就是对太祖皇帝的不尊重，是忤逆。

那碑上刻了三条：

第一条，不得杀害柴氏子孙。这条比较人性化，老赵家的江山是从柴家手里抢过来的。当初小皇帝七八岁，赵匡胤就自己当了皇帝，他知道小皇帝打不过自己，就堂而皇之地建立了宋朝。

现在他立这么个规矩，估计是为了表示自己是很重感情的，也是为了说明当初的江山可不是我抢的，是底下人非让我坐龙椅，我没办法，我现在对柴家人好，说明我一直关照着他们呢。

第二条，不得杀害士大夫，上书言事者无罪。这条厉害了，说明在宋朝你只要是读书人你就没有死罪。不能杀士大夫，士大夫给皇帝写什么内容的信都没事，你不能因为他写了你不好就杀了他，这不行。士大夫那是给你提意见呢，你得听着。士大夫这么打不得碰不得，工资待遇也差不了。

那会儿宋朝的宰相工资特别高，折合成人民币一年得三百多万呢，还不算补助奖金。所以宋朝那些特别有名的官员，生活水平都很高，好比寇准、欧阳修等。他们生活特奢侈，工资高啊，怎么花也花不完呢。

第三条，不加田赋。这条宋朝没怎么深入贯彻下去，因为这条不太符合实际。不加田赋，皇帝和文武百官吃什么？再说那个时候官员工资那么高，不加田赋，怎么给官员付工资？皇帝也不能为了省钱给官员付工资就吃糠咽菜，那也太不像话了。

所以这第三条没怎么执行。

总之宋朝的皇帝基本就得把这三条贯彻下来。为了巩固政权，宋朝还规定为集中财权和司法权，在各路设转运使。这就是相当于把地方的财政都转运到中央来了。然后地方司法人员由中央派文官担任，这就是提点刑狱使。

死刑通报给中央，这事得皇帝点头才算数，这样地方上的官员就不能随便乱杀人了，要是他们干了坏事，想杀人灭口？那可不行，这得皇上点头才能作数。

有了这几条的规定，中央集权大大地加强了，之前散落给地方上、藩镇节度使手里的那些权力，统统地都握回了皇帝的手里。

中央集权这个问题解决得很好，但随之而来的也有一些弊端，例如宋朝的官员太多，工资太高，造成了政府的很大负担。官员们这个牵制那个，那个牵制这个，都不能独立完成一个部门的工作，要相互牵制，这样就造成了机构里人员职能的重叠。

一重叠就会造成人员矛盾，这事是你干还是我干，所以这效率反而低下。但宋朝又特别宽待文官，让他们养成了大爷脾气，越发地不好管理。

除了这个之外，还有一个毛病就是军队的战斗力下降了。造成了宋朝外强中干，总是受人欺负的状况。

◎ 妓女不丢脸

妓女这个角色，在宋朝一直都较为特殊，她们大多都比较受尊重，而宋朝闻名天下的艺伎几乎享誉古今。那时候，好多妓女还是皇帝的红颜知己呢，皇上一出宫就奔她们那去，喝酒聊天，周围一堆人守着。

皇上一走，这位妓女自然也很受保护，皇帝的女人，哪个敢怠慢。但是，妓女们终归都是孤女，没有哪个好人家的女儿会出来卖艺卖身。然而，促成她们沦落风尘的，常常不是她们自己，而是那些贩卖女子的市侩。

"市侩"本用来骂人，其实它的原义是买卖中介，相当于现在的经纪人、交易所、代理商、公证人，说难听一点，好比民间那"二道贩子"。"市侩"又叫牙侩、牙人，"牙"就是交互的意思。

宋朝对待商人的态度很好，可是与商人几乎从事相同职业的市侩、牙人们，却被众多人所厌弃。

民间的俗语常言："大凡求利，莫难于商贾，莫易于牙侩。"就连王安石在《寄曾子固》的诗里也说："思君挟奇璞，愿售无良侩。"他以奇璞与良侩比喻曾巩的怀才不遇，可见当时人们把"市侩""奇璞"当作社会最下层的"无良"者。

为何"市侩"受人鄙视？就在于这些人什么都卖，包括人在内。他们贩卖人口，包括苦力、长工或是女子。而所卖的女人常常是拐骗来的，有的被卖去做仆女，但绝大多数都当了妓女。在宋代的名妓里，不知道有多少是被骗去失了自由身。

古代女人无才便是德，天天不读书不看报，就躲在小黑屋里绣花，一点社会经验都没有。这一旦遇上个坏人，几句话就能给拐跑了。

但妓女的生活水平却并不差，而且地位也没有后人想的那么低。

宋朝女子的穿衣十分讲究，这和宋朝的纺织业发达有关。北宋的丝织行业以浙东、浙西和四川最为发达，而南宋时期范围更广。不仅如此，棉纺织业也迅速发展起来。每年生产绫罗绸缎的数量要远远超过前代，有些甚至还作为出口之用。宋时期不但出口自己的纺织品，也从外地引进了很多丝绸产品。南宋在临安销售业绩极佳的外地纺织品诸如萧山的纱、诸暨的吴绢、婺州的罗、台州的樗蒲绫等，都是上等的货色。

整个宋代时期，女子的衣服秀美瑰丽、大方典雅，正得益于这个时代纺织业的发展。并且好看的衣服不只局限于贵族所有，就连普通的艺伎也很讲究。南宋左司郎官张镃家的家伎，无论服饰还是绣饰，都不亚于富贵人家的女子。

张镃举行"牡丹宴会"，家伎们卷帘而入厅堂，手持酒肴丝竹，次第而至。头戴牡丹，衣领皆绣牡丹颜色，歌唱《牡丹词》，进酌而退。又有十数家伎，换装出来，大抵簪白花则穿紫衣，簪紫花则穿鹅黄衣，簪黄花则穿红衣。这场宴会喝了十轮酒，这群家伎的衣服与花也随着换了十次，跟现在模特走秀似的。

妓女们的生活都如此优越，就更别说一些普通老百姓了，宋朝人生活得如此富足幸福，从没有"路有冻死骨"的贫穷与"国破山河在，城春草木深"的悲观绝望，只有"西湖歌舞几时休"的醉生梦死和无限繁华。

难怪学者朱瑞熙先生会有此定论：宋朝在中国历史上的地位，则不再采用"封建社会中期"的旧说，而代之以中国古代的"一个新的继续发展时期"。在这样安逸的国度里，叫人怎能不为它的富丽堂皇而惊艳，毫无自觉地沉沦其中呢？

◎ 好吃好喝好生活

别看在宋朝社会中，市侩的地位很低，但他们却是不可或缺的，就像曾经的二道贩子一样，他们的存在能够为老百姓提供便利的商业条件。

所以，市侩和奇璞虽然地位很低，却是宋朝经济命脉之一。他与商贾从事的工作几乎一样。别人道商贾要四处奔波，以大资本赚小利，风险莫测；牙侩却稳坐一地，不管商贾是盈是亏，他都有佣金可取。这话其实是不对的，市侩也一样要奔波，不仅如此，他们奔波得比商贾还频繁，只要人们能想到的东西，都能从市侩那里淘到。

市侩是民间经济的交通道，倘使没有他们的存在，光凭商人往来于全国，宋朝的商品经济绝对不会取得这么大的发展。可以说，市侩在宋代从事的是最高级的经济活动之一，作为社会流通的润滑剂而存在着。

大宋在当时的世界，是一个富裕奢华的天堂。由于商品经济的发展，宋朝出现了大量的中产阶级，市民普遍过着富裕闲暇的生活。不仅如此，宋代也是最早出现城市化进程的国度。北宋首都汴梁和南宋首都临安都是超过百万人口的特大城市，十万户以上的城市由唐代的十几个增加到四十六个——"比汉唐京邑，民庶十倍"。而那汴梁城百万户家庭已经用煤生火做饭取暖，而非木材，可这时候的西方都是用木头劈柴维持生计。

宋朝城市的夜生活也是不亚于现代的，它不像唐朝的城市一到黑夜就一片黑暗了，宋城在黑夜里依然是灿烂的光明之城。在夜晚赶路游玩的人们都拿着各种各样的灯笼，城市里四处灯火通明，叫卖声至天明。

在"瓦子""勾栏"等固定娱乐场所百戏伎艺竞演，市民争相观看。夜间饮食店铺生意兴隆，直到太阳升起，街上一样挤满了人。桥道坊巷，亦有夜市卖果子糖等食物，至三更而不绝。冬月虽大雨雪，也有夜市盘卖。用一句"山外青山楼外楼，西湖歌舞几时休？暖风熏得游人醉，直把杭州作汴州"来形容宋朝的城市，是再妙不过。

这样的好日子要是能长长久久地过下去，自然不赖。但是宋朝一开国就注定是个内忧外患太多的朝代，所以这样的安乐也是很短暂的。

◎ 就这么撒手

统一一直是历代帝王的心愿，每一任帝王都希望自己的疆土无限扩大，自己的王国像铁桶一样坚固。赵光义也不例外。

宋朝虽然结束了五代十国的分裂局面，但周边的少数民族政权，还有一些地方政权一直在蠢蠢欲动。宋朝在若干年的休养生息后，也的确是得到了发展和恢复，变得比较富强起来，这就更让周边的人眼红了。

赵光义知道自己的王朝就像一块肥肉，迟早会被权势大的人给吞掉。为了避免被别人吞掉，他准备先吞掉别人。

经过一番精心部署，赵光义决心再次去征讨各个政权，力求在他有生之年能够统一中国。但是上天对这哥们不太公平，赵光义忙忙活活，眼看着胜利的曙光就快要到跟前了，老天爷忽然让他病倒了，而且这一病就再也没有起来。

977年的二月间，赵光义五十九岁了，年轻时候受的箭伤发作了，这次特别厉害，史书记载，他病情恶化，生平第一次在偏殿决事。就是连正殿都去不了了，那会儿没轮椅，他只能就近办公了。

眼看着统一大业就要完成了，可是眼下他只能命令停战，得病后的一个月里，宋史中再也没有任何政治、军事、人事变动的记载。很明显，大家伙都在忙着给赵光义治病呢，谁也顾不得发展其他事物了。

但是这样做也没用，人要死亡，娘要嫁人，这都是拦不住的事情。在当年的三月二十八日，赵光义病得没办法起床了，话都说不清楚了，第二天，他就病死了。

赵光义这人比他哥哥狠，为人毒辣，所以他活着到时候，没人敢说他不好。但是他死了以后，大家就都纷纷站出来说话了，在元朝有几位学者，他们就说他是"太祖之崩不逾年而改元"，这是说他对自己哥哥不敬。

关于赵匡胤的死一直是个谜团，许多人认为是赵光义把赵匡胤害死，自己篡位当了皇帝，但因为没有切实的证据，只能当作谜团了。

还说"涪陵县公之贬死，武功王之自杀，宋后之不成丧"，说他对自己哥哥不敬重，对他哥哥的妻子、儿子也很不好。

不管后人怎么说，对于赵光义来说，他有着远大的追求，但也正是这追求让他将宋朝带入了积弱时代。而且他这个人运气总是不太好，无论是两次北伐契丹，还是远征西夏，他都只差那么一步。如果他能再坚持坚持，没准就成了一个名声更响亮的皇帝了。

不过，他真正做到了"与士大夫共治天下"，这之后百余年间北宋的繁华昌盛、和平安定也有他很大的功劳。

【这些臣子的不同脸谱】

◉ 丢人的结盟

辽朝一直和宋朝对着干，宋太宗没来得及灭掉辽朝，自己先去西天报到了，到他儿子真宗赵恒即位后，辽国就更是嚣张了。他们多次进犯宋朝边境，让宋真宗很是头疼，这个时候有人向宋真宗推荐寇准担任宰相，说寇准忠于国家，办事有决断。

寇准在宋太宗的时候就已经担任过副宰相等一些重要的职位了，不过因为他是出了名的直肠子，说话不拐弯，让宋太宗很是受不了。后来被其他人诬告，排挤出了朝廷，现在辽国欺负宋朝欺负得太厉害了，大家又想把寇准叫回来。

寇准有经验，而且有本事，让他去对付辽国正合适。宋真宗一看也没别人了，就把在地方上当知州的寇准调回了京城。

契丹前锋统军萧挞览带着二十万大军越过瓦桥关，攻高陵，直抵澶渊，即将饮马黄河，直逼中原。宋朝内听说了这么不幸的消息后都慌了神，也不知道究竟是该打还是该投降。这时候寇准和毕士安建议真宗亲自去澶渊打上一仗，给士兵们鼓鼓劲儿，可真宗却始终拿不定主意。

边防告急的信跟雪花片一样飞到了真宗的手里，寇准在一旁坐着，脸上还带着笑意。这可把真宗给郁闷坏了，连忙问寇准干吗发笑。寇准就说："只要您亲自上马，到了澶渊以后兵将们就跟见了明星一样，内心那叫一个激动，他们一激动就得往前冲，一往前冲那就能打胜仗。"

就当真宗快要下决心披挂上阵的时候，却不巧杀出来两个老狐狸。当朝参知政事王钦若和陈尧叟没皮没脸地跟真宗说什么"三十六计，走为上计"。寇准大骂了两人一顿，真宗这才一脸郁闷地往澶渊去了。

也难怪真宗这小孩儿害怕打仗，虽说他伯父是当年的开国皇帝，扛着刀枪把天下给他打了下来，可是毕竟孩子们都是在蜜罐里长大的，生在幸福窝里，哪知道打仗是个什么滋味儿。不过真宗也不愧是老赵家的后代，害怕归害怕，还是硬着头皮上了阵。

皇帝来看士兵打仗了！作为士兵，若看到高官亲自来鼓励他们，冲杀得便很起劲，更何况皇帝亲临！真宗一上澶渊北城门楼，一呼而百应，大家顿时来了劲儿，一举反攻辽军。弯弓搭箭，一道长虹飞越战场上的晴空，直入辽军统帅萧挞览头颅，萧挞览带着一蓬鲜血，跌下马去。辽军一见主帅阵亡，顿作鸟兽散，弃甲掖兵，奔走逃亡。

萧太后听说这事以后，手捂着胸口就开始哭天喊地。可是又再也没了力气跟宋军打了，只好厚着脸皮跟宋军求和。

当时寇准死活不同意议和，他想的是让契丹对大宋称臣，把幽州交出来，让大宋百姓安安稳稳地过上太平日子。但有好人就有坏人，这时候那些个不安好心的孬种都在真宗面前给寇准戴帽子，一口一个不是，说什么寇准要扩大势力抢真宗的宝座。寇准虽然气得直哆嗦，可嘴上也不好再多说什么。

后来宋朝就派曹利用去跟契丹商量议和的事情，曹利用走之前问真宗，多少价位以内他能够接受，真宗说了个一百万。曹利用接了旨正准备往契丹那边赶的时候，却又被寇准拦了下来，对他说："别以为皇帝说了个一百万那就是一百万，你要是给我谈的价位高出了三十万，那就提着头来见我！"

曹利用被寇准这么一吓唬也拼了老命跟契丹那帮人杀价，最终不多不少以三十万岁币拿下。回来跟真宗这么一说，把真宗这小屁孩儿乐得跟吃了奶似的。爱好和平的真宗终于跟辽签了合约，订立"澶渊之盟"，每年给辽三十万的伙食费。

澶渊这一仗打得响亮，至少向一些人证明了宋朝不是个"文弱书生"。想当年赵匡胤骑着大马打下天下之后，他就非常注重真枪实弹，硬是把国家的科技实力搞了上去。什么造船术啊、火药武器啊、新型战斗装备啊，要什么有什么。到了太宗、真宗的时候，军队的建设已经非常厉害了。

实际上，当初萧太后跟他儿子杀过来的时候就是想吓唬吓唬宋朝，想从中赚些利润，而不是真的要灭了大宋。正巧这大宋国也是一知书达理的书生，喜欢舞文弄墨，不喜欢打打杀杀的，因此虽然打了胜仗，却还是跟辽国签了和平友好协议，顺带给了点款子让辽国先花着。

"澶渊之盟"这三十万的岁币对真宗来说根本就是牛身上的一根毛，因此签了协议大宋也不亏什么，倒是换来了三十多年的和平盛世，到处鸟语花香的，羡煞后世旁人。

◉ 先天下之忧而忧

那年，宋真宗带着百官去亳州朝拜太清宫。一群人压在马路上，大家争先恐后地要看皇帝。对于大多数人来说，看偶像事紧，毕竟过了这个村就没这个店了，然而有一个年轻小伙子却闷在家里，说什么都不肯出去热闹热闹。这孩子名叫范仲淹，皇帝亲临的时候他还把头埋在书堆里，朋友说他是个死脑筋，可他却说："将来再见也不晚。"

那朋友哪里知道小范心中的志向，果不其然，他第二年就参加了高考，并且上了本科，那时候的本科生是能够亲眼见到皇帝的。小范本科毕业后没有继续读研深造，他选择了先找一份工作糊口，于是就参加了当年的公务员考试，也顺利地进入了面试，最终考取了一个较低的职位。

小范的职业生涯并不十分愉快，短短的几年工作经历已经让他看尽了官场的贪污腐败。假如是为名为利，其实他完全可以让自己容身于这样一池污水中去，维持这杆秤的平衡。可小范终究是个思想境界高的人，他不愿意趟这浑水，因此一直遭到他人的排挤，工作不顺心，郁闷得很。

不过事情很快就有了转机。宋仁宗宝元元年，也就是1038年的冬天，党项族的头目元昊自称皇帝，建国号大夏，并征召全国十五岁以上的男子当兵。第二年，西夏军队进犯宋之边境，次年正月，元昊大军进逼延州（今陕北延安）。

西夏的进攻给宋朝带来极大的惊慌，北宋长期抑制武将，重用文人的政策牺牲了国防。又加上三十多年无战事，宋朝边防不修，带兵的将帅也多是皇帝的亲戚故旧，根本不懂军事。西夏兵势如破竹，北宋危在旦夕。

宋仁宗这才想到了被他遗忘在犄角旮旯里的小范同志，二话不说就让他担任陕西路永兴军的知军州事。其实这时候的小范已经不是当年的小范了，已经五十二岁的他两鬓染满了白发，不过当年那颗爱国之心还是那样火热，小范的心情十分沉重，于是就带着一颗沉重的爱国心来到了延州。

　　在延州这个鸟不生蛋的地方，小范多年的精神修养终于发挥了作用。纵然是环境艰险，他还是带着士兵在边防取得了暂时的稳定。只可惜宋仁宗错误地估计了当时的形势，他内心激动地要求小范的部队秉着进攻的精神往前冲，结果宋军被困在定川砦被西夏军杀了个狗血淋头。军事上的失利使宋朝被迫在军事上对西夏采取守势，外面还不消停的时候，宋朝内部的矛盾又尖锐了。

　　面对着自己带领的一帮贪官，再看看自己手中的国家，宋仁宗终于开始自责了，他决定小小地改革一下。于是在 1043 年，宋仁宗任命范仲淹和其他思想境界较高的人来当人民的好公仆，这就是庆历新政。

　　早在二十八年前，小范同志的心中就已经开始酝酿改革的思路，这回皇帝一下令，他的新政纲领就从心里蹦跶到了纸上，叫《答手诏条陈十事》。在短短的几个月中，小范同志的改革思想就付诸了实践，于是他看到这样的情景：政府机构精简了，裙带关系减少了，当官的不倚老卖老了。大家凭能力上岗，凭竞争上岗。

　　就在小范把改革的春风吹进每一条胡同的时候，宋仁宗突然发现这改革的幅度过大，与宋朝立国的方针相冲突。小范的改革动摇着腐朽的政治集团，要是真的让春风吹进每一条胡同，那么百分之九十以上的当官的恐怕都要回家种地去了。面对这样的情况，宋仁宗心中的软弱和不堪站出来说话了，他让小范暂时停下手头的工作，回去反思反思。

　　宋仁宗这么一位皇帝，虽然不能说太过不堪，不过也不能跟他的老祖宗们相比。这小皇帝有点心血来潮，想改革的时候就让小范快马加鞭，一看到改革过于猛烈，却又害怕了起来。有这样的皇帝也注定庆历新政要失败。而庆历新政失败的同时，宋朝灭亡的命运也就注定了。

　　1036 年，那时候的小范正在开封府做事，一天他接到了来自宰相吕夷简的调职通知，说是让他到饶州工作。后来连余靖、尹洙、欧阳修等人也遭到了小范同样的命运，纷纷被贬职，这也拉开了北宋"朋党之争"的帘子。1045 年，小范的命运又再一次往深谷里跌，朝廷居然不让他做官了。

　　小范虽然拿着本科的毕业证书，可他的境界早就在人生的摸爬滚打中混到了博士的水平，当他被贬到邓州以后仍然保持着乐观的心态。他"不以物喜，不以己悲"，"先天下之忧而忧，后天下之乐而乐"，但小范还是过于乐观了。"先天下之忧而忧，后天下之乐而乐"，在庆历新政中范仲淹确实为北宋忧愁了一把，但北宋已在政治上的泥潭中不能自拔了，宋朝的历史也再没有给范仲淹一个乐观的机会。

◎ 铁面无私包黑炭

　　宋朝有句民谣：关节不到，有阎罗包老。这里人们是用阎罗比喻包拯的铁面无私。直到现在，有一句歌词还在传唱"铁面无私包青天……"。

　　包拯生活在真宗和仁宗两朝之间，这是宋朝历史上政治相对清明的一段时间。作为封建士大夫的一员，包拯可以说完全能够代表宋朝士大夫的一个侧面。

虽然宋朝的士大夫在军事上苍白、无力，但也不能说宋朝的士大夫们是百无一用的书生，他们还是起到了自己关键的作用的。

包拯在景祐四年，也就是1037年正式登上仕途，那个时候的宋朝经过太祖、太宗、真宗三朝创业立制，宋朝的政治、经济、文化都处于一个稳定发展时期，所以包拯的运气还是比较好，大环境比较安定。

但包拯是个力求上进，要求进步的同志，他高瞻远瞩地发现现在朝廷内外存在着许多问题：冗官、冗兵、冗费日益严重，土地兼并激烈，小规模的农民起义接连爆发，社会矛盾、阶级矛盾都在发展，政治、经济危机四伏。外有辽、西夏与宋鼎足而立，宋朝每年以相当数量的"岁币""岁赐"维持着和平共处的局面。

于是他在自己的职责范围之内，提出了一些改革措施，虽然没有像范仲淹、王安石他们搞得那么声势浩大，但从客观效果上看，却有利于当时的下层人民。包拯之所以为天下百姓所爱戴，很大部分原因也在于此。

包拯最出名的要数他的倔脾气，司马光在《张方平第二札子》中说："向者仁宗时，包拯最名公直。"现在的电视剧里，包拯脑门上一个月亮，脸黑得跟炭似的，一看就是清官，不徇私枉法的官员。

在当时那个社会中，包拯也确实不是浪得虚名。在宋史上记载的包拯的一件事情充分说明了这一点。

他担任天长县的知县期间，有盗贼将人家牛的舌头割掉了，牛的主人前来上诉。包拯说："你只管回家，把牛杀掉卖了。"不久又有人来控告，说有人私自杀掉耕牛，因为当时法律规定，不准私自屠宰耕牛。于是，包拯道："你为什么割了人家的牛舌还要来控告别人呢？"这个盗贼听罢又是吃惊又是佩服。后来，包拯任端州知州，端州这地方出产砚台，在他任职期间，他没有拿一块砚台回家。

包拯不但清廉，而且正直，因看不惯朝廷中一些人自恃权贵，横行不法，他就亲自去找皇帝进谏。他口若悬河，言辞激烈，竟将唾沫星子溅了宋仁宗一脸。

包拯的风范不仅影响到大宋一朝，历经千年之后，他的风范一直为后人所景仰。尤其是他那传说中的三口铡刀，早就化为了民族良心，时时警醒着世人。

◎ 勇于有一说一

提到欧阳修，就不得不说醉翁亭了。欧阳修知滁州的第二年，在一个偶然的机会中发现了丰山脚下幽谷中的一眼泉水，经他实地察看，"俯仰左右，顾而乐之，于是疏泉凿石，辟地以为亭"，开始在这里进行美景胜地的建设。

没多久就修好了一处旅游景点，他自己给亭子取了名字，还亲自为这个亭子写了篇文章。这就立刻能体现出名人效应了，当下举国轰动，大家都想看看文章里这亭子到底什么样，就纷纷带着包裹来旅游了。

看到自己修建的旅游景点挺受欢迎，欧阳修也很高兴，他作为北宋诗文革新运动的领袖，文学成就以散文最高，影响也最大，他继承了韩愈古文运动的精神，大力提倡简而有法和流畅自然的文风，反对浮靡雕琢和怪僻晦涩。他不仅从实际出发，提出平实的散文理论，而且自己又以造诣很高的创作实绩，起了示范作用。由于他在政治上的地位和散文创作上的巨大成就，使他在宋代的地位类似于唐代的韩愈，"天下翕然师尊之"。其中，大明星苏轼最出色地继承和发扬了他所开创的一代文风。这也就使他的文风一直影响到元、明、清各代。

但别看他在文坛这么牛，但是作为封建的士大夫，他就不那么成功了。因为一点官场上的小事，他还差点丢了脑袋。

1063 年，宋朝朝廷上演了一出闹剧。当时，赵受益逝世，因为赵受益无子，赵宗实过继给了赵受益并即位为皇帝。在赵宗实应该如何称呼他亲生父亲（赵允让）的问题上，大臣发生了严重的分歧。当时任副宰相的欧阳修主张当然称为父亲，另一派以司马光为首的大臣，根据儒家学说，主张应该称他亲生老爹（赵允让）为伯父，并请求把欧阳修处斩，以谢天下。

这就是有名的"濮议"，外头打得火热的战争死多少人他们不关心，他们就为这该叫爹还是该叫伯父的小事闹个不停。

知识分子勇于内斗在宋朝体现到了极致，而且宋朝的内斗不论在规模上还是在无赖的程度上，都要盛于前朝。欧阳修显然不是一个善于内斗的人。三斗两斗就被排挤出朝廷了，欧阳修的人生，经常往返于各地和朝廷之间。

欧阳修作为庆历新政"四谏"之一，在庆历新政失败后，被诬为朋党，庆历五年（1045 年），被贬为滁州（今安徽滁县）太守。直到至和元年，即 1054 年八月，才奉诏入京，与宋祁同修《新唐书》。

结果没过多久，他又因为狄青树大招风，写给皇帝两封奏折，主要中心思想是说让狄青避开流言，好自为之，别太招摇。这两封奏折又差点让他被贬官。

明人茅坤在《论狄青札子》里，称赞欧阳修"言人所难言，见人所不见，只缘宋承五代之后，欧公不得不为过虑，然亦回护狄公，狄公亦所甘心"。由此可见，说欧阳修弹劾狄青是忠君误国，实在是冤枉了欧阳修，让他背了黑锅。在欧阳修的奏折中，既为狄青开脱，也评其不足。

欧阳修就是这么一个有一说一的人，但却总是得不到其他官员的认可。

总之，欧阳修是一个成功的文学家，但却不是一个成功的政治家，他没有那根筋，玩儿不转那一套政治游戏。

【英雄轰然出炉】

◎ 一份奏折，两张笑颜

二十来岁的宋神宗当上了皇帝，他还是个比较有作为的青年。那时候自己的国家不太景气，他就寻思着要搞个小改革，还召集了大臣开会讨论，希望能够找到富国强兵的道路，只可惜那些元老重臣们的劝告让他年轻的心拔凉拔凉的。

比如，他向德高望重的富弼征询边防的事情，这位当年支持过范仲淹实行"庆历新政"的老宰相忠告他说："陛下如果能够二十七年口不言兵，亦不重赏边功，则国家幸甚，天下幸甚。"之所以请陛下二十七年口不言兵，是因为老宰相与皇帝对话时，恰好距离庆历新政过去了二十七年。

这和皇帝的期望实在是差了十万八千里，年轻的皇帝怎么也想不通，为什么泱泱大国却要如此卑躬屈膝地跟契丹和党项人打交道。特别是党项人的西夏小国，既小又穷，哪里有资格算是国家，居然也能够让大宋帝国颜面扫地，这简直太不可思议了。

宋神宗琢磨，要改革现状，一定得找个得力的助手。神宗皇帝想到，在他当上皇帝前，身边有个叫韩维的官员，常常在神宗面前说点不错的见解。神宗还直夸他，不过他又说："这些意见都是我朋友王安石讲的。"

宋神宗虽然不知道王安石长什么样，不过对王安石已经有了一个好印象。现在他想找助手，自然想到了王安石，就下了一道命令，把正在江宁做官的王安石调到京城来。如果王安石有日记传世，想必他会发一番感慨。因为，这已经是他第二次进京面试了。

王安石是宋朝著名的文学家和政治家，抚川临川（今江西抚州西）人。他年轻的时候，那也是一个文艺男青年，欧阳修总夸他。王安石二十岁参加高考的时候中了进士，就在地方上当个小官。

他在鄞县当县官的时候，遇上了大旱，百姓都吃不饱饭。王安石就兴修水利，改善交通，治理得井井有条。每逢青黄不接的季节，穷人的口粮接不上，他就打开官仓，把粮食借给农民，到秋收以后，要他们加上官定的利息偿还。这样做，农民可以不再受大地主豪强的重利盘剥，日子比较好过一些。

就这样，王安石在地方上摸爬滚打了二十年，名声越来越大。后来，宋仁宗调他到京城当财政部副部长，他一到京城，就向仁宗上了一份约一万字的奏章，提出他对改革财政的主张。那个时候，宋仁宗刚刚废除范仲淹的新政，一听到要改革就头疼，把王安石的奏章搁在一边。王安石的万丈豪情被浇了一头冷水，他看出来朝廷没有改革的决心，同时自己的性格又跟一些大臣合不来，干脆趁老妈去世的时候辞职不干了。

但是这一回不一样了，他接到的可是宋神宗亲自召见的命令，又听说神宗正在物色人才，于是高高兴兴应召上京。王安石一到京城，宋神宗马上就派人把他叫到御书房单独谈话。这边内侍刚刚通报完，神宗就迫不及待地将王安石叫到跟前，上来就问：

"国家已经成这个样子了，你看要重新打理，应该从哪儿开始呢？"

王安石并不慌张，而是胸有成竹地回答说："要想改变国家的现状，就要先从改革旧的法度，建立新的制度开始。"宋神宗听了点点头说："好，那你回去写个详细的改革意见吧。"王安石回家以后，一夜没睡，专心致志地起草了一份改革意见书。第二天天刚亮，王安石就进宫把意见书送给了神宗。宋神宗越看越高兴，也特别待见王安石。

1069 年，宋神宗把王安石提拔为副宰相，让他筹办变法事宜。王安石知道，要推行改革就必须有一个自己的班子，于是他跟宋神宗商量了一下，任用了一批年轻的官员，并且设立了一个专门制定新法的机构，把变法主导权牢牢控制在手中。这样一来，王安石就无后顾之忧了，可以放手干他想干的事情了。

◎ 损有余而补不足

"损有余而补不足"本来是老子所著《道德经》上的一句话，意思就是天道行常，总是会考虑到一个平衡的问题，把多余的部分加到不足上，达到阴阳调和的目的。

拿贫富问题来说，如果富人为富不仁，让穷人越来越多，那么穷人的反抗只是时间问题。所以聪明的富人就应该经常拿出一些钱，给社会作些贡献，一来改善自己的形象，让穷人不要仇富；二来改善穷人们的处境，大家富才是真的富。王安石也是这个意思，因为当时贫富差距太大，如果不加以改变，后果不堪设想。

要达到贫富均衡，首先得把土地的事情弄好。王安石实行方田均税清丈土地。"方田"就是每年九月由县令负责丈量土地，按肥瘠定为五等，登记在账籍中。"均税"就是以"方田"的结果为依据均定税数。凡有诡名挟田、隐漏田税者，都要改正。这个法令是针对豪强隐漏田税，为增加政府的田赋收入而发布的。

青黄不接的时候，老百姓的日子难过得不能想象，因为大户会"及时"地借给他们粮食，但却是以高利贷的形式。这样，老百姓就背上了很重的负担。

宋仁宗的时候，陕西遭了旱灾，老百姓正在饿肚子。那里的地方长官李参想了一个办法，就是让老百姓自己估算一下当年自己田里能出多少谷子与麦子。然后规定农民可以先向官府借钱，等庄稼成熟之后，换成钱再还给国家，就是所谓的"青苗钱"。

王安石、吕惠卿知道了这个事情，觉得挺不错。于是他们就据此为经验，制定青苗法，把山西的这种做法推广到全国。宋朝有为备荒而设的常平仓、广惠仓，王安石就将这两个仓里面的钱谷作为本钱，每年在需要播种和夏秋未熟的正月和五月，按自愿原则，由农民向政府借贷钱物，收成后加息，随夏秋两税纳官。这样一来，农民在青黄不接时免受兼并势力的高利贷盘剥，并使官府获得一大笔"青苗息钱"的收入。

为了更好地发展农业，王安石奖励各地开垦荒田，兴修水利，建立堤坊，修筑圩埠，由受益人户按户等高下出资兴修。如果工程浩大，受利农户财力不足，可向官府借贷"青苗钱"，按借青苗钱的办法分两次或三次纳官，同时对修水利有成绩的官吏，按功绩大小给予升官奖励。凡能提出有益于水利建设的人，不论社会地位高低，均按功劳大小酬奖。此法是王安石主张"治水土"以发展农业，增加社会财富的重要措施。

上述规定让老百姓先填饱了肚子，让大户不能再发灾年财。然后王安石又想办法免除人民的苦役，而让富人们也出工出力。

免役法规定：废除原来按户等轮流充当衙前等州、县差役的办法，改由州县官府出钱雇人应役，各州县预计每年雇役所需经费，由民户按户等高下分摊。上三等户分八等交纳役钱，随夏秋两税交纳，称免役钱。原不负担差役的官户、女户、寺观，要按同等户的半数交纳钱，称助役钱。

此法的用意是要使原来轮充职役的农村居民回乡务农，原来享有免役特权的人户不得不交纳役钱，官府也因此增加了一宗收入。

王安石不但在农业上抑强扬弱，在商业上也是如此。他在东京设置市易务，出钱收购滞销货物，市场短缺时再卖出。这就限制了大商人对市场的控制，有利于稳定物价和商品交流，也增加了政府的财政收入。

处理完首都的事情，王安石又把改革的触角伸到了地方。他规定给朝廷采购东西的时候，必须清楚东南六路的生产情况和北宋宫廷的需求情况，依照"徙贵就贱，用近易远"的原则，必须在路程较近的生产地采购，节省货款和转运费。

另外，王安石还给了发运使一定的权力，让他们能够斟酌某时某地的具体情况适当地采取一些权宜措施。这就减轻了纳税户的额外负担，限制了富商大贾对市场的操纵和对民众的盘剥，便利了市民生活。

◎ 让腰杆子硬起来

农民的腰包鼓起来了，大宋就有了说话的底气。毕竟，皇帝不但要看到百姓手里拿着钞票，还得看得见自己的国家强大起来。这些年实在是受够了西夏和辽人的气，所以王安石开始将改革的触角伸到军队。

大宋连年征战，连年失败。归根结底就是军队战斗力太差。如果大宋的腰杆子挺不起来，皇帝的脸是绝对不会笑成花儿的。为了维护大宋的安全和稳定，免除内忧外患，王安石相继出台了一系列的法令以保证大宋的强大。

王安石也是个干才，他敏锐地察觉到，军队战斗力不是孤立的，而应从一个人未当兵时就开始培养。他在熙宁三年制定了《畿县保甲条例颁行》。其主要内容是乡村住户，不论主客户，每十家组成一保，五保为一大保，十大保为一都保。凡家有两丁以上的出一人为保丁，以住户中最有财力和才能的人担任保长、大保长和都保长，同保人户互相监察。农闲时集中训练武艺，夜间轮差巡查维持治安。王安石推行保甲法的目的主要是为了防范和镇压农民的反抗，以及节省军费。

解决了民兵问题，是时候整顿整顿正规军了。作为强兵的措施，王安石一方面精简军队，裁汰老弱，合并军营。另一方面实行将兵法。自熙宁七年始，在北方各路陆续分设一百多将，每将置正副将各一人，选派有武艺又有战斗经验的军官担任，专门负责本单位军队的训练，凡实行将兵法的地方，州县不得干预军政。将兵法的实行，使兵知其将，将练其兵，提高了军队的战斗素质。

王安石的周详之处还在于他并不仅仅是就兵改兵，而且还考虑到了配套措施，比如后勤供应。他规定百姓可自愿申请养马，每户一匹，富户两匹，由政府拨给官马或给钱自购。养马户可减免部分赋税，马病死则要赔偿，这就是保马法了。另外，由政府下令设置军器监，监督制造兵器，严格管理，提高武器质量。从此，武器生产量增加，质量也有所改善。

王安石在进行政治、经济和军事体制改革的同时，也非常关注人才的选拔、培养和使用，从而为变法造舆论。这方面主要有改革科举制度、整顿太学、重视对中下级官员的提拔和任用三个具体措施。

1071年，颁布改革高考制度，废除以前说大话的考试形式，恢复以三传明经取士，即要求考生联系当前实际采取参加经义策论的考试。这就把科举的立足点放在选拔具有经纶济世之志和真才实学的天平上，从而扩大了考选名额，使一大批新进之士取代反对改革的旧官。

同年秋，实行分上、中、下三班不同程度进行教学的太学三舍法制度。王安石变法，使我国在九百年前就已有了从实际出发的科举、学校制度。

◉ 一颗爱国心

没有人反对的变法称不了"变"，跟王安石的变法较劲较得最厉害的就是名臣司马光。司马光是个直肠子，也是个铁打的汉子，在政治这个问题上始终偏向于保守，但是在爱国的程度上也不亚于王安石。因为政治倾向的不同，司马光跟王安石所主张的措施自然也就有了抵触。

王安石觉得，要解决当前经济和军事所面临的大问题，那就要通过大干一场来实现。可是司马光则以为，这个问题的解决还需要先从人们的思想教育入手，因为"重建房子，非得有良匠优材，而今二者都没有，要拆旧屋建新房的话，恐怕连个遮风挡雨的地方都没有了"。

实际上，早在1068年，也就是王安石准备变法之前，司马光就已经跟他狠狠地辩论了一把。那时候王安石认为国家的财政状况非常差劲，说原因是没有找到一个善于理财的人。可是司马光却极力反对王安石，说那些所谓的善于理财的人，其实都是一些不法之徒，通过搜刮百姓来充实国库。司马光讲得头头是道，可王安石也不是懦弱的主儿，他说真正善于理财的人，即便是不增收捐税也能把钱填到国库里。

通过那一次辩论会，大家对司马光和王安石这两方的观点都已经看得清清楚楚。从此，朝廷内部便分成了两派。一派是倒向王安石那边的变法派，也就是新党；另一派则是跟着司马光走的保守派，也就是旧党。

两派互不相让的问题无非就是怎样才能解决好北宋长时间的老大难："三冗"和"两积"。在开源和节流这两种手段上，新党主张以解决"两积"入手，即在不改变"三冗"状况下，以开源为先；而旧党则相反，主张以解决"三冗"入手，即在不改变"两积"状况下，以节流为先。因此，新党主张"生财"，而旧党主张"治吏"。

说得简单一点，在财政和武力这两个方面，王安石主张的是"开源而不节流"。他并不觉得官兵多是造成国家财政匮乏的根本原因，倒是觉得兵多总比兵少强，强烈地反对节流，还说："我就算再蠢，也蠢不到认为官兵多了会让国库亏空啊！"

然而事实是什么呢？在变法的过程中，不仅没有裁减冗官，反而增添了很多新的政府机构。或许王安石是琢磨着为自己的改革添油加醋，但可以肯定的是，新党走的是由从解决"两积"入手而最终清除"三冗"的道路。

既然要跟王安石较劲，那么就要彻底地较下去，司马光无疑主张是的节流。之前韩、范等人统兵于外，尝试过军事改革，以解决"冗兵"的问题。韩琦曾"逐贪残不职吏，汰冗役数百，活饥民百九十万"。苏轼反对扩大税收，主张"安万民，厚货财，较役赋，有费用，均户口"，裁汰冗官冗兵，"广取以治用，不如节用以廉取之为易"。

司马光其实并不反对方田均税法，苏轼在元祐年间仍主张恢复免役法，可见这些人的脑子也不是完全僵化的，只是跟王安石那档子人的观点有些出入罢了。

◎ 大宋换新颜

在宋神宗和王安石的坚持下，变法持续了将近二十年，在富国强兵方面的收效还是不错的，扭转了北宋"积贫""积弱"的局面。

首先，国库里的金银因为增多而更闪亮了。通过一系列理财新法的实行，国家增加了"青苗钱""免役宽剩钱""市易息"等新的财政收入项目，在发展生产、均平赋税的基础上，财政收入有了明显的增加。据当时官员估计，这些金银珠宝可以挥霍二十年了，初步缓解了长期以来存在的财政危机。

其次，新政让兼并势力心里有点毛毛的。"青苗法"使年息百分之四十的"青苗钱"取代了"倍称之息"的高利贷，"方田均税法"限制了财主们的偷税漏税行为，"市易法"使大商人独占的商业利润中的一部分收归国家，尤其是"免役法"的推行，使原来享有免役特权的官户、形势户和寺观户也必须依法"助役"纳钱。中等以下民户的赋税负担逐渐趋向合理，特别是对贫弱下户的赋税剥削有所减轻，农民的生产积极性得到很大提高，社会生产得到了极大发展。

社会经济的恢复和发展也要归功于新政的农田水利法。由于大力兴修农田水利工程，农田地都有了水喝，对虫害也有了一定的抵抗力，对农业生产的发展发挥了巨大作用。可耕种的面积也扩大了不少，如京西路的唐、邓、襄、汝诸州，比变法之前多了很多。

而到了元丰六年，登记于版籍的垦田数字则达到了四百六十多万顷，不仅高出仁宗、英宗时的垦田数字，而且仅次于北宋全盛时期真宗时的垦田数字。

最后，官兵们也不再是之前吃软饭的官兵了，战斗力明显提高。通过"强兵"诸法，北宋军队的军事素质有了提高，初步改变了"将不知兵，兵不知将"的情况，军队战斗力有所增强，特别是扭转了西北边防长期以来屡战屡败的被动局面，掌握了宋、夏战争的主动权。熙宁五年八月，秦凤路沿边安抚使王韶打败臣属于西夏的吐蕃部落，设置熙州，次年占领河、洮、岷、宕、亹诸州，拓地千余里，这也是宋夏干仗以来的第一次胜利。

由于新法的推行，在神宗熙宁、元丰年间，贫困人民的生活有了基本的保障，人民生活得也算和美。而且这一时期农民们都很消停，也不天天想着要造反了，北宋中期以来日益加剧的阶级矛盾得到明显缓和。

◉ 咀嚼历史的青橄榄

历史就像一枚腌制的青橄榄，吃在嘴里有苦有涩还有一点小甘甜。"王安石变法"到现在都已经上千年了，可是翻开历史书再重新掂量掂量这一场失败的变法，想必我们的内心深处也应该寻思点什么东西。

熙宁二年是"变法"的第一年，而"富国之法"的几大条款中竟有三分之二出台于这一年，改革的法令看起来跟小雪花儿似的，可是落在地上那就是重磅炸弹，把习惯于安稳日子的人民炸了一个天翻地覆。

刘挚当时就急慌慌地跟皇帝说："太快了！太快了！"这其实也是代表着相当一部分反变法者的心声的。苏轼的见解更深刻，他也跟神宗嚷嚷："下求治太急，听言太广，进入太锐，愿下安静以待物之来，然后应之。"以往人们总以变法的反对者来看待苏轼，其实，苏轼并非不主张变革，他只是希望不"求治太急"罢了，因为他的依据是"法因则事易成，事有渐则民不惊"。

改革既要有朝廷大员的倡导，下层民众的拥护，也要有地方官的支持和参与。否则，失去中间环节的支撑，改革的两条腿也会在半路上瘸了。

再看看大宋的历史，没有哪个皇帝是不重文礼的，宋太祖立下的"不欲以言罪人""不杀士大夫"和"优待文士"的誓规看来是被其子孙很好地记在了心上。这种相对宽松的政治氛围，一方面造就了宋代文化的繁盛，另一方面也形成了宋代官场言路开明的气氛，所以大家也才敢七嘴八舌地嚷嚷王安石的变法。但是神宗皇帝解决此事的办法就是贬他们的职。

有证据表明，变法施行的第一年，翰林学士郑獬因反对均输法、青苗法被贬知杭州，宣徽北院使王拱辰、谏官刘挚、杨绘因反对免役法分别被罢判应天府、知邓州、监衡州盐仓。后来，知制诰钱公辅因反对市易法被贬知江宁府，右谏议大夫吕诲因弹劾王安石十大罪状而被贬知均州，如此事例，不胜枚举。

简单来看，把他们送到远离汴京的僻地，听不到他们在耳根边嚷嚷，似乎就可以静下心来开展变法活动了，其实也不是，这些对"新法"想不通，甚至鄙视新法的人一旦放任地方，把持基层权力，更可以借势阻挠"新法"。

他们有时以地方父母官的身份，现身说法，攻击"新法"的弊端，有时慑于皇权之威不得不执行"新法"，却也是阳奉阴违，以对策应政策。"新法"本身就有许多不足，加上这些走样的"执行"，岂不是漏洞更大，招来的反对声更多？

"变法"是新事物，用新人那是无可厚非，即使超常规地使用新人也无不可，重要的是这些新人是否真正赞同"变法"，是否能当好"护法善神"。曾布是大文学家曾巩的弟弟，因上奏讲"为政之本"而为王安石所器重。于是在王安石的推荐下，宋神宗三天之内封了他五次官职，将他从开封府的一个名不见经传的小吏擢升为变法核心机关——制置三司条例司的检正中书五房公事。

吕惠卿本是集贤殿里的一名校勘官，穷酸得很，但他因才学得到王安石的赏识，很快在一夜之间就被提拔为制置三司条例司的检详文字——负责起草、制定新法的条令。可令人摇头的是曾布走向了王安石的对立面，而吕惠卿则在王安石第一次去相后大树私党，排斥异己，擅改新法，成了朝中人人喊打的角色。这不能不说是王安石在用人问题上的一大失误。

变法集团人员水平的参差不齐给变法带来了非常大的危害。他们或者以权谋私鱼肉百姓，引起民怨沸腾，而百姓把怨恨的目光直接投向了王安石和王安石主持的变法；他们或者争权夺利互相倾轧，导致变法集团内部出现了分裂，防线从内部瓦解，面对守旧派的咄咄逼人他们不堪一击。

【越玩儿越出事】

◉ 浪荡子不像话

宋朝历代的皇帝中，宋徽宗是出了名的败家子。这位皇帝不仅不关心国家大事，而且还成日贪图玩乐，生活怎么如意就怎么过，怎么开心就怎么玩儿。当然，要玩儿得有兴致那还需要有人陪，而陪在宋徽宗身边的就是一个叫童贯的太监。

太监跟着皇帝，总得按着主子的兴趣行事，皇帝越高兴，太监就越吃香。童贯深深地领会了这一点，于是他就想着办法给宋徽宗找乐子，也因此成了宋徽宗最待见的一个太监。

宋徽宗平时没事的时候喜欢收集一些字画，其实他也没什么正经事，所以基本上每天都要跟自己的这个爱好打打交道。毕竟是皇帝，有这样的爱好就意味着见过的宝贝也不少，可是宋徽宗还是觉得不够新鲜，想多弄点他没见过的字画瞧瞧。

童贯一直就帮主子留意着这些东西，还东跑西跑地为皇帝搜罗。有一次他去了苏州，为的还是找些好字画。这时候有个叫蔡京的人送上门来，还把自己写的一个屏风给童贯瞧了瞧。童贯这一瞧就瞧上了眼，倒也不是蔡京这字写得有多好，而是他给童贯上了大礼。蔡京原本不怎么混得开，这回把童贯给哄高兴了以后，童贯就决定带着他回去见皇帝。

二人到了东京以后，童贯马上把蔡京推荐给了宋徽宗，还说这是个百年不遇的人才，把皇帝忽悠得晕头转向。除了童贯以外，还有另一帮人在宋徽宗面前大肆吹捧蔡京的才能，再加上蔡京字画的引诱，宋徽宗很快就让蔡京当了宰相，还请他帮忙变个法。

蔡京得了愿，上任之后立即给自己招兵买马，不但给自己张罗来一帮左右手，而且还把那些品行正直的官员通通打压了下去。除了这以外，蔡京的变法也是个豆腐渣工程，打着变法的旗帜，背地里干的却是压迫人民的烂事，把王安石的变法章程越搞越凄惨，让老百姓活着都整天想着要撞墙。

蔡京还把苏轼、司马光等人划入了奸党的行列，这一划就是一百来号人，就连已经去土地里歇息的人他也不放过。

后来也不知道哪家的道士去朝廷里传教，宋徽宗和蔡京一听就来了兴致，两人纷纷成了道教迷。一个国家的皇帝和宰相迷上了道士，那就可想而知了，从此以后全国各地得有多少道观从土地里站起来。

不仅如此，还有一个叫林灵素的道士在两人面前胡扯一番，说什么宋徽宗是天上的玉清王，宰相还有童贯都是仙人转世。这一忽悠可不得了，国家的几位最高领导人顿时就感觉自己飘上了天空之中，腾云驾雾，优哉游哉。

都腐败成这样了也该反省反省了吧，谁想到这些个国家领导人依旧执迷不悟。这不，皇帝又有了新的爱好，没事喜欢叫人整点石头来玩儿。底下的人把全国各地的奇珍异石都搜罗到了宫中还不够，因为皇帝这时候又喜欢野味了。这回底下的人又开始忙活着找野石头。

有个叫朱勔的市井流氓，声称自己能够弄到皇帝喜欢的石头，蔡京就派他去了苏州，专门做起了找石头这项工作。这朱勔干起这件事来还真是投入，他这一投入可不要紧，把当地的老百姓给砸进去了。谁家要是有了好石头什么的，那这家就别想安稳地过下去了，余下的日子只要等着朱勔手下的人来欺负就对了。

由于朱勔搜集石头这活儿做得不错，宋徽宗在京城里边也十分乐呵，朱勔的生意也因此欣欣向荣起来。再加上有皇帝老儿罩着，既有钱又有权，大家都管他开的那专门搜罗石头的应奉局叫东南小朝廷。

◉ 纸老虎不禁打

辽国长期的残酷统治让东北的女真人实在是受不了了，只要轻微地往女真人的怒火上浇点油，那肯定得把辽国给烧个痛快。1112 年，辽天祚帝终于把这点油倒在了女真人的头上，而这人还不是别人，他正是金的建国者完颜阿骨打。

这一年春意盎然的时候，辽天祚帝跟往年一样又来到了春州，他不仅要在这里钓钓鱼，而且还要接见一下女真各部落酋长，让他们做个思想汇报什么的。

春州有个传统，那就是每年的春天都要在河里捕鱼，然后把这些鱼给老祖宗们供上，还要欢天喜地地乐上一乐。辽天祚帝正是喜欢热闹的人，这天他就在春州办了个鱼宴，让大家在宴会上尽情地玩乐。

辽天祚帝跟酋长们边吃边聊天，边聊天还边喝酒，不知不觉地，这皇帝就喝高了，还兴致勃勃地要求在场的酋长们站起来给他跳个舞。皇帝发的话谁敢不从，只见酋长们一个个儿地都起身手舞足蹈起来，只有一个人直愣愣地坐在原位上不动弹。

辽天祚帝虽然喝多了点，可是这个没动静的人他还是看见了，这样的行为让他很是不快。这个敢于当面顶撞皇帝的人就是完颜阿骨打，那时候他还是完颜部酋长乌雅束的儿子。一旁的老爹早就吓得快尿裤子了，可是任凭别人怎么规劝，阿骨打就是不给辽天祚帝跳这个舞。

辽天祚帝虽然被气得脸都绿了，可是在鱼宴上他还是没说什么。后来他跟一个叫萧奉的大臣埋怨起来："那小子胆子可真大，皇帝他都不怕，反了天了！把他给我逮起来，让他知道什么叫死得惨烈。"

在一旁的萧奉听了皇帝的话以后赶紧安慰皇帝，说阿骨打那小子根本就不是个材料，跟他生气不值得。后来辽天祚帝也想通了，他也觉得阿骨打是个智商低的牛脾气，哪里值得他如此大动干戈，也就不再追究了。

然而让他们没想到的是，完颜阿骨打还真是个猛人，活生生一条汉子。他后来接过了老爹的班，自己当上了酋长，为抗击辽国做着前期准备工作。没过多久，这事儿就给辽天祚帝知道了，他派人找阿骨打问话，阿骨打才不乐意搭理他，心想死到临头了还敢派人来质问我！

还没等辽军出击，阿骨打就来了一个先发制人，辽天祚帝这回才真的知道什么叫死得惨烈。打了胜仗以后，1115 年，阿骨打随即在会宁称帝，国号为大金，自己当上了金太祖。

幸亏辽天祚帝逃得快，小命算是保住了，于是张罗了几十万人准备跟阿骨打来硬的。这时候阿骨打也在整顿兵马，集结了二十几万人，还扬言让辽天祚帝前来作揖。这话可把辽天祚帝给气坏了，除了开打还能怎样。

可辽天祚帝这人运气不太好，正当阿骨打带着大兵跟他干仗的时候，辽国的内部又出了乱子。不仅如此，由于长期受着辽国统治者的血腥压榨，北方的百姓们都陆续地开始起义。内忧外患之下，辽天祚帝他还想干吗？还能干吗？三十六计，走为上计，逃！

面对岌岌可危的辽国，宋朝也起了杀心，想要拉拢着大金把辽给灭了。他们双方都觉得这生意可以做，于是就签了个合同，历史上叫作"海上之盟"。合同规定仗打胜以后，幽云十六州归宋所有，而宋朝则要把之前每年孝敬辽国的宝贝转而献给大金。

双方把各自要攻克的城池都写进了合同，大金国先向辽国开了炮，打胜以后就嚷嚷着让北宋赶紧的。北宋以为辽国都要灭亡了，应该是十分好打，谁想到这临死的辽国比北宋强硬得多，太监童贯尽打败仗。

无奈之下，童贯只好跟大金求救，金国一股脑儿地把燕京也占了。不过北宋接下来的日子也不好过，谁让童贯这太监把大宋朝这张纸老虎展示给阿骨打看了呢。

◎ 新皇帝接班

金太宗灭了辽朝之后，就盯上了宋朝，但出师要有名。金太宗很有才，他借口宋朝收留了一名辽朝逃亡的将领，他要去搜查这名将领，将其缉拿归案，于是派了两路大军进攻北宋。

捉拿一个将领要派两支队伍去，这真是糊弄鬼呢。而且这两路大军都是厉害的大将军带着，西路由宗翰（又名粘罕）率领，攻打太原；东路由宗望（又名斡离不，斡音 wò）率领，攻打燕京。

明眼人一看就是来打仗的。金太宗给两路大军的要求就是，他们要在东京会师，赤裸裸地侵略。

前线告急的文书像雪花一样不断地传到北宋朝廷。宋徽宗紧张得要命，都快不知道自己姓什么了。

金太宗又派出使者到东京汴梁，胁迫北宋割地称臣。这雪上加霜的消息让满朝文武都大眼瞪小眼，纷纷主张把地割给金朝算了。整个朝廷只有太常少卿（掌管礼乐和祭祀的官）李纲坚决主张抵抗金兵。

但这个时候，西路金兵已经打下了燕京，宋朝有个大将叫郭药师，别看他就跟黄药师只差一个姓，可性格却差远了，这个药师不但投降了，还带着金兵一路南下，直奔东京来了。宋徽宗受不了这个刺激，当场昏厥了过去。

大臣们一顿抢救，他才清醒过来，醒过来的宋徽宗做了一件让所有人目瞪口呆的事情，他向左右侍从要了纸笔，写下了"传位东宫"的诏书，然后就宣布退位当太上皇，不管这些烂事了。

不久后，他就带着两万亲兵逃出东京，到亳州（今安徽亳县）避难去了。宋徽宗有过多的艺术气质，他喜欢踢球，爱好古玩玉器，他在宫掖设立市肆，使宫女当垆卖酒，自己化装成叫花子行乞。

后宫声色让他厌倦，那颗放荡的心驱使他无数次因猎新艳而出游，玩转都城。宋徽宗还尊信道教，大建宫观，自称教主道君皇帝，并经常请道士看相算命。他的生日是五月初五，道士认为不吉利，他就改称十月初十；他的生肖为狗，为此下令禁止汴京城内屠狗。

就这么一个把玩艺术当成人生的皇帝，就这么赶紧地退位了，把这个烂摊子交给了太子赵桓即宋钦宗。

宋钦宗比他爹有志气，当下就把李纲提升为兵部侍郎，并且下诏亲自讨伐金兵。可是前线不断传来战败的消息，宋钦宗渐渐挺不住了，刚即位时候的英雄气概也没了，想收拾包裹开溜。

但是李纲得知这个消息，立刻求见宋钦宗，他坚决要求宋钦宗留在东京，稳定军心。但是丞相白时中、李邦彦主张逃跑，宋钦宗也是左右为难，看到这种情况，李纲告诉宋钦宗这一路逃出去，没有大量士兵保护，万一被金兵捉住，那还不如就留在这呢，好歹还有禁军护着。

一听说逃跑有风险，宋钦宗才算是勉强同意留下了。一看把宋钦宗稳住了，李纲立刻去找禁军动员，让他们誓死保卫东京。还说皇帝也会留在东京，和他们同生共死，听说皇帝也要留下，将士们的确是士气大振。

过了没几天，金兵已经到了东京城下。金兵一上来就用猛招，他们从上游开着几十条火船冲下来，准备火攻宣泽门。李纲让两千士兵在城下防守，当这些火船一到，将士们就用挠钩钩住敌船，使它没法接近城墙。

城墙上头，李纲命人用大石块砸船，金兵个个都成了落汤鸡。攻了几回都没攻下来，金兵有些扛不住了。就在李纲挽着袖子打算大干一场的时候，金朝派人来通知宋钦宗，要求讲和。

害怕得不得了的宋钦宗巴不得赶紧讲和，就立刻派出使者到金营谈判议和条件。这边李纲在浴血奋战，那边宋钦宗的使者正在和金朝拟定谈和的合约。李纲这忙活得可真是够冤的了。

就在李纲准备殊死搏斗，要和金兵同归于尽的时候，宋钦宗的使者带着金营的议和条件回来了，李纲也不用去死了，但是他觉着还不如死在战场上算了。

⚬ 下岗再就业

金朝提出来的议和条件十分苛刻，他们要求北宋赔给金朝大量金银、牛马、绸缎；割让太原、中山、河间三镇土地。这还不算，还要让宋钦宗尊称金皇帝为伯父，就是让金朝皇帝当宋朝皇帝的叔叔。这么丢脸还不算，还要让宋朝派出亲王、宰相到金营作人质。这一条比一条难接受，但急于过安稳日子的宋钦宗打算全部接受。

这可把之前忙活的李纲气坏了，他极力反对，他主张跟金人拖延谈判时间，只等四方援兵一到，就可以反攻。

李纲反复跟宋钦宗说不要签合约，不要签合约，把宋钦宗给说烦了，他让李纲只管守城，其他的事别掺和。因为有李纲的坚持，宋钦宗没有和金朝签订那个合同。过了十天，各地救援东京的宋军陆续到了城外，共有二十万人。

看到自己人来了，城里的宋军更是勇猛了。其中援军大将种师道、姚平仲都支持李纲的抗战主张。他们都是经验丰富的老将，知道如何打仗，能够最大程度地减少宋军的损失，又能够打退金兵。

其中姚平仲心急，想夜袭金兵，没想到消息走漏，金兵提前做好了防备，姚平仲偷袭没成功，中了埋伏，损失了一些人马。但消息传到宋朝朝廷里，一些本来就主张投降的大臣就夸大其词，说宋兵偷袭金兵，被金兵打得全军覆没了，这下不投降就得亡国了。

宋钦宗吓坏了，赶紧派人去金国赔礼道歉，说自己没管好手下人，他还把李纲、种师道撤职表示自己的诚意。

这个消息让东京里全民气愤，尤其是太学里的学生。他们天天到皇宫的宣德门外静坐表示抗议，还给宋钦宗写信表示自己的愤慨，要求朝廷恢复李纲、种师道的原职，惩办李邦彦、白时中等奸贼。

学生们天天聚集在宫门外头，自己静坐还不算，还发动广大的人民群众。有一次，李邦彦正好从宫里出来，百姓们一看到他，就个个摩拳擦掌地涌上去了，指着他的鼻子大骂。骂完还不解恨，大家就地捡起石头、砖块一些材料当武器用，拿李邦彦当靶子练习。吓得李邦彦抱着脑袋就跑掉了。

宋钦宗在宫里听见群众闹了起来，吓得要命，赶紧派了一个官员去安抚，告诉激动的百姓们，李纲罢职不过是让他休息休息，等到过一阵子，就让他重新上岗。

但是百姓们的眼睛是雪亮的，他们哪肯受这糊弄，大家愤怒地冲进朝堂，拼命敲打那里的"登闻鼓"，把鼓都敲烂了，就是要让皇帝恢复李纲的官职。

宋钦宗一看这场面没法收拾了，再这么闹腾下去，自己到半夜也别想睡觉，想着没辙，他就派人把李纲召进了宫，当众宣布恢复李纲、种师道的职务。

这次活动才算结束，后来李纲重新上岗，鼓舞热情的重整队伍，他下令凡是能够英勇杀敌的将士，通通重赏。就算为了钱，大伙也得好好干啊，于是乎，宋军士气高涨，看到金兵脑袋就像看到钱，想要拉下来放自己口袋里。

金兵统领宗望看到这种情况，也有点害怕，不等宋朝交足赔款，就匆忙撤退。

◎ 靖康之耻

宗望带领的金兵因为东京城里的顽强抵抗不得不往后退了，宋军如果能乘胜追击，那一定能把金兵干掉。这也是种师道的意思，然而他把自己最大众化的想法表达给宋钦宗听之后，却被皇帝无情地拒绝了，自己还丢了工作。

金兵总算是回了老家，北宋的领导人们想着这回能过得安稳了，于是都松懈了防备。正当大家乐得庆祝的时候，李纲依旧在宋钦宗耳朵旁嚷嚷着让他不能放松，说金兵不会善罢甘休，很快就又要杀过来了。宋钦宗本来挺高兴，被李纲这么一说就没了兴致，不过他心里也没把李纲的话当回事，只觉得李纲在说梦话。

退去的金兵是宗望的东路军，可是还有西路的宗翰部队盯着太原。听说金兵又杀到了太原以后，宋钦宗火急火燎地就派种师道赶往太原当支援，不料这支救援队却在半道上被金兵杀了个片甲不留，种师道也死了。

正值北宋的危急时刻，本应该让李纲死死地守在京城保卫皇上，可就是有人看李纲不顺眼，活生生地把这么一个保护网给赶到了河北去打仗，白痴得要死。

不仅如此，让李纲去河北就去河北，你给人家官兵的待遇好点。可实际上正相反，李纲要什么没什么，李纲准备做什么朝廷就反对什么。说起来好听，李纲是统帅，实际上呢，连个指挥的力量都没有攥在手里，这还让李纲怎么打仗？后来朝廷干脆就把李纲给辞了，让他去南方开发土地去了。

李纲这一走可把金兵的将士们给乐翻了天，他们唯一的对手都被朝廷撵走了，这往后的仗打起来还不跟吃糖一般享受。金兵死守在太原城外，把里面的宋军守到断了粮，无奈之下，宋军将领王禀只好带着手底下的兄弟纷纷投河自尽了。

金兵拿下太原以后就继续朝着东京开进，后来在黄河南岸驻守的宋军也被金兵用计一哄而散，十几万人马顷刻间就散了席，还在京城里享福的宋钦宗赶紧派老弟赵构去跟大金求和。然而赵构在路上就被百姓们堵住了去路，说是金兵都到了皇城根了，去求和还有什么用，赵构也就没能再往前走。

这时候东西两路金兵一路迅猛地就杀到了宋钦宗的脚下，这皇帝估计是被金兵吓傻了，在临死的时候居然听信了一个江湖术士的胡扯。这术士忽悠宋钦宗跟一帮大臣说自己会法术，只要带上七八千人就能把金兵杀个狗血淋头。结果当然可想而知，金兵胜得那叫一个痛快。

这时候宋钦宗还能干什么呢？求饶吧！大金也同意饶这皇帝一条小命，条件是让这落魄的皇帝把金银宝贝都送上来。宋钦宗不敢怠慢，带着人就抄了一帮子皇族的家。1127年，北宋皇族剩余的全部人都投了降，北宋在中国历史舞台上的演出也正式宣告结束。

【南宋小王朝】

◉ 硬汉不硬气

1127年，宋钦宗的老弟赵构在南京接了大哥的班，继续做大宋的皇帝，就是宋高宗，史称南宋。

宋高宗的身边有两个左右手，一个叫汪伯彦，另一个叫黄潜善。刚成为国家一把手的宋高宗本想让自己的这两个兄弟坐到龙椅旁边的位置上，可是那时候老百姓都在大街上搞游行，哭着喊着要把李纲找回来。宋高宗无奈，只好又把李纲弄回来，并且让他当了宰相。

李纲给宋高宗推荐一个跟大金干仗的人，叫宗泽，说那人很猛，北宋的时候就不给金兵好脸色瞧，现如今依然恨着金兵。听李纲这么一嘟囔，宋高宗倒是也想起了宗泽这么一个人，也知道这人是条硬汉子，就让宗泽去开封当了个知府。

宗泽的部队纪律非常严谨，因为开封经过大战早已乱了人心，到了开封以后，他就命令下去先把社会治安工作搞好了。为了做好这项工作，宗泽还专门抓了几个不听话的家伙，眼睛都不眨一下就把这些个扰乱公共秩序的人给做掉了。

老百姓看到宗泽这么严明以后都安稳下来，跟着宗泽一起加强开封的防御设施，以抗击金兵的强攻。那时候宗泽还靠着他的威望和信用拉拢一个叫王善的义军头头，由于这家伙手上带着七十万的人马，归了宗泽以后，宗泽的部队立马龙是龙、凤是凤。另外还有一些义军的队伍也加入了宗泽的部队。

有这么一个好知府，开封城中一片春色，老百姓也不再愁眉苦脸了，上大街买菜都笑嘻嘻的。然而就在宗泽决心把开封建设得更美好，而且要北上去跟金兵干仗的时候，他听说李纲被宋高宗辞退了，还听说宋高宗在南京待得害怕，要继续往南边迁。

这可把宗泽给气坏了，心想一定是那汪伯彦和黄潜善搞的鬼。宗泽激动地给宋高宗写信，可是信件通通到了那两个奸臣的手里，他们带着宋高宗屁颠屁颠地逃到了扬州。

后来宗泽在跟金兵将领兀术血拼的时候打了个大胜仗。可是没过多久，金兵就又派宗翰前来与宗泽讨说法来了。宗泽让李景良和郭振民两个人出去跟宗翰干仗，可没想到这两个人是棒槌，双双投降了。

金将收服了李、郭二人以后就让他们去找宗泽，劝宗泽也投降。二人心里犯着嘀咕，可还是硬着头皮去见了宗泽。宗泽看到这两人心里就来气，而且气还不小，简直是怒火冲天。在宗泽的人生观里就没有"投降"这么一说，怎么自己手底下培养出两个窝囊废，宗泽怎么也想不通，就让人把这两人给做掉了。

陪着李景良和郭振民来的还有一个金兵的将领，宗泽把那两个人解决了以后就回过头来笑眯眯地看着这名金将，金将这时候早都被吓得快尿裤子了，被宗泽这么一看更是不得了，全身直哆嗦。宗泽毫不留情地就把他弄死了。

大家听说宗泽豪气地杀了三个人，士气顿时就升起来了。宗泽觉得当前的形势还是挺不错的，就给皇帝写信，要求把中原给收回来。可是这些信件又都落到了黄潜善和汪伯彦这两个人手上，也就没有音讯了。

宗泽上了年纪，朝廷也对不住他，于是他就抑郁地死去了。百姓们一把鼻涕一把泪地送宗泽上了路，这时候一个叫杜充的无赖接了宗泽的班，开封人民知道自己又没好日子过了。

◎ 转战朱仙镇

岳飞出生在汤阴，俗话说穷人的孩子早当家，岳飞从小就知道老爹老妈的辛苦，立志将来要出人头地。他刻苦学习文化知识，同时还跟一个乡亲学习射箭，时间久了就练得一身的武艺。

长大后岳飞就参了军，没多久就在军队中当上了小军官，有一次他领着手下的一百来人竟然把金兵的部队给打散了，事情传出去以后岳飞一夜爆红。

后来岳飞又到宗泽手底下做事，他觉得宗泽这个上司人品端正，也很爱国，跟自己是一路人，就安安心心地干着。宗泽也十分待见岳飞，而且觉得这小子将来要成大器，也耐心地培养着他。

岳飞果然不负宗泽的希望，逐渐地成长为一名猛将，在威猛的同时还不失智慧，是个打仗的好材料。一次，岳飞主动向宋高宗提出了申请，批准让他带着部队去讨伐金兵，把中原收回来。没想到结果自己却连军官的职位都被宋高宗革掉了。

岳飞的导师宗泽后来也去世了，岳飞感到十分悲痛，这时候他又到了杜充的手下工作。杜充是东京留守，也是个不仗义、没胆的家伙，经常是仗还没打就要举手投降。岳飞对上司这种做法很是看不惯，自己则带着兵马在前线血拼。

岳飞带的部队纪律严明，他要求手下不能抢老百姓的一针一线，就算饿死也不能抢老百姓的粮食。不过严格要求士兵是一方面，岳飞还是一个细心善良的将领，他会经常关心一个士兵的生活情况，给他们做一做思想工作，帮助他们解决一下心理问题。久而久之，岳飞的兵对岳飞佩服得五体投地。

在岳飞和韩世忠这样勇猛将领的保卫下，南宋其实根本就不用怕金兵，可是宋高宗那窝囊废偏偏喜欢求和，愣是不让大宋展现一下武将的风采。1139 年，南宋给大金当了兄弟，又是割地又是赔款，弄得岳飞和韩世忠很没面子。

当大哥的好处就是想怎么样就怎么样，1140 年，金朝又不愿意收南宋这个兄弟了，单方面把合同一撕毁就又开始打兄弟。朝廷赶紧让岳飞带着大兵前去抵抗，岳飞盼星星盼月亮终于盼到了可以跟金兵算账的日子，当然不会手软，雷厉风行地就上了战场。

金兵的将领是兀术，他一向自视甚高，觉得谁都不是他的对手，却没料到岳飞这小子如此猛，一连几次地栽在岳飞手里，想翻身也很困难。因为败仗打得多了，兀术就想到用自己手下经过训练的特种部队"铁浮图"跟岳飞干。谁想到岳飞的大脑特别好使，一下子就找到了对方的弱点，又打了金兵一个满地找牙。

兀术败了郾城又挪了地方接着败，后来又想把颍昌弄到手，可是还是逃不过岳飞这一劫。岳家军因为一直打胜仗，士气都快冲上天了，金兵一看对方那火红的样子就吓得胆都破了，哪里还敢打仗。岳家军胜利在望，转战到了朱仙镇。

◎ 没原则的人

秦桧之前在北宋干得好好的，突然接到了北宋灭亡的不幸消息，他不得已就跟着宋徽宗和宋钦宗两个杂牌皇帝去了大金。秦桧是个没什么原则的人，到了金朝以后发现那里的生活还不错，就主动跟金太宗示好，以表自己愿意为大金效劳的衷心。

秦桧的老娘给了他一张好嘴，他把金太宗忽悠得高高兴兴的，于是自己就弄了个参谋当着，他的上司是大将挞懒。

1130年，挞懒带着大兵要攻打楚州，可是又有点犯嘀咕，因为南宋怎么说也还有韩世忠和岳飞这两个不怕死的人扛着。金太宗眼睛一转就想到一个方法，他让秦桧和老婆回老家去，帮着金朝探探形势。

就这样，秦桧和他老婆假装着从大金逃回来的可怜相回到了南宋。宋高宗听说秦桧回来了，就接见了他。秦桧在宋高宗这个糊涂虫面前一把鼻涕一把泪地胡扯着自己逃亡的凄惨日子，说自己是怎么怎么对南宋忠诚，在金朝又怎么怎么受人歧视，后来又怎么怎么跟老婆逃了回来。

秦桧的谎虽然撒得有些技术含量，可是旁边还是有一些老大臣对他产生了怀疑。幸好秦桧这个人好交朋友，宰相范宗尹就跟他是哥儿们，一直在旁边罩着他。再加上宋高宗那个白痴大脑，秦桧顺顺当当地就在南宋朝廷站稳了脚跟。

后来宋高宗又琢磨着秦桧在金朝待过，对那里的情况应该有所了解，于是就跟秦桧说了自己求和的意向。秦桧不但不反驳宋高宗，让宋高宗没想的是，秦桧居然事先就写了一封求和的草稿，这可是做事做到皇帝的心窝子上了，秦桧他想不红都不行。

没过多久，秦桧就在南宋朝廷里谋到了一份好工作。宋高宗先是让他做礼部尚书，后来又给了个副宰相让他做，再后来居然把他扶正了，另外还搞了个兼职，就是枢密使。秦桧这回知道自己发了，因为兵权他都攥在了手里。

秦桧知道，要是南宋不跟大金求和，那他的日子也绝不会好过，于是就张罗着完成宋高宗的心愿，跟大金商谈求和的事宜。可是他又看到在前方打仗的岳飞太猛，金兵没人拿得住他，这对求和的事无疑是个大障碍，这就开始寻思着怎么把岳飞给弄下来。

这时候岳飞正打仗打得火热，眼看胜利就在眼前，却在一天收到了宋高宗要他撤兵的消息。岳飞以为宋高宗脑子进水了，就赶紧去信说明前方的战事，还表了决心说自己一定能打金兵一个落花流水。可是这信到南宋朝廷以后就被秦桧截了去，秦桧还骗宋高宗，说岳飞的军队已经快不行了，得让他赶紧撤兵。

宋高宗被秦桧这么一忽悠也急了，又怕岳飞不听话，于是火急火燎地就下了紧急金牌，一连下了十二道，说什么也要让岳飞回来。岳飞无奈，只得带着大兵灰溜溜地往回走。

朱仙镇当地的老百姓都不明白这是怎么一回事，怎么眼看着要打胜仗了岳将军却要回去。岳飞不得不眼泪哗哗地跟老百姓解释，还把皇帝的紧急金牌拿了出来。这时候老百姓跟岳飞大军抱在一起痛哭流涕，感慨着皇帝的脑子被门挤了。

岳飞撤兵了，秦桧这下可是春风得意。1141 年，他跟金朝的使者签了一份合同，内容是南宋要跟大金称臣，不仅如此，还得每年送大礼给大金。这份合同的名字就叫"绍兴和议"。

◎ 精忠报国

一纸合同就让南宋又跟大金和好了，可是大金那边还是不甘心，如果想要再进犯那就得把岳飞做掉，这可是金兵最大的敌人。于是兀术就给秦桧送信，要求他赶紧把岳飞给除了。上头布置下的任务秦桧不敢不办，再说他本来对岳飞也不怎么待见，就开始密谋如何杀岳飞。

要把岳飞弄死首先就得给他定上一个罪名，可是岳飞堂堂的抗金大将，士兵跟百姓捧在手心里还怕化了，怎么能干出不正当的事呢？秦桧琢磨来琢磨去就是抓不住岳飞的把柄，没辙了，只好走上诬陷这条路，这也是他的老行当，拿手着呢。

跟秦桧一伙儿的有一个叫万俟卨的人，他是监察御史。秦桧先让此人给皇帝写了封检举信，状告岳飞在抗金的时候不怀好意，活活地让金兵夺走了许多南宋的地盘。万俟卨洋洋洒洒地胡扯了一番，就把信给皇帝呈了上去。

朝廷里的人见有人跟岳飞过不去了，自己心里的那点小嫉妒也都窜了上来，纷纷开始跟皇帝胡扯，说岳飞怎么怎么的。岳飞也没处喊冤，更不爱搭理朝里这帮孬种，就跟宋高宗说自己想辞职，宋高宗也立马签了字。

然而岳飞并没有因此得到安宁，因为秦桧是非将他害死才罢休。秦桧想起有一个叫张俊的将领，以前是和岳飞一起打仗的，可是岳飞的功绩让张俊十分嫉妒，张俊心眼儿太小，居然恨起了岳飞。秦桧就抓住了这一点，忽悠着张俊去皇帝耳旁说岳飞的坏话。于是张俊就跟宋高宗说岳飞想要谋反，说和岳飞一伙的还有岳飞的儿子岳云以及一个叫张宪的人。

宋高宗听了这事以后就让秦桧负责调查，秦桧喜洋洋地就把张宪先抓了起来，然后又把岳飞和他的儿子通通押入大牢。岳飞为人正派，思想也是朝着正面发展的，他被关起来以后依旧认为邪不压正，觉得自己肯定能出去，却忘了秦桧是个什么东西。

秦桧先后派了两个人去审问岳飞，一个是万俟卨，另一个是何铸。审讯的时候岳飞面不改色心不跳，他也知道审问他的人都是秦桧的同党，就不爱搭理他们，只说自己一心为了南宋，没那么多心思琢磨其他事情，还让他们不要太费心了。

这可把两位审讯的人难为坏了，后来何铸估计是把岳飞惹怒了，岳大侠居然扯开了上衣，脊背上赫然地露出了四个大字：精忠报国。何铸于是不敢再跟岳飞嚷嚷了。

秦桧觉得何铸是个窝囊种，连岳飞都搞不定，就让万俟卨去办这事。果然，秦桧没看走眼，这万俟卨就是比何铸有诡计，一口咬定岳飞叛国，气得岳飞在监狱里头又写出了八个大字：天日昭昭，天日昭昭。

朝廷里谁都知道岳大侠是被冤枉的，可是站出来喊冤的人都被秦桧拿下了，就再也没人敢吭气。只有韩世忠出来为岳飞洗冤，可是秦桧那厮却用"莫须有"三个字就交代了他。

虽说秦桧一心想着做掉岳飞，可是他还是犹豫着，迟迟没敢下手。结果一天里被自己老婆激了一下，为了证明自己是条汉子，也为了不被老婆看扁，秦桧毅然决然地把岳飞给杀了。岳飞死的那年才三十九岁。

【最后的骨气】

◉ 文天祥起兵

文天祥的老家在江西，他从小就有英雄情节，把历史书上的英烈都当作自己的偶像。就这么一个小粉丝，小时候就已经立志要当英雄了。

长大以后，文天祥参加了科举考试，答题的时候尽情地将自我的英雄情结展现了出来，因为爱国心浓厚，居然中了当年的头名状元。考试成绩这么理想，在朝廷里找个好工作当然是没太大问题。文天祥顺顺当当地就有了工作，而且还是当官的。

然而工作不久文天祥就看出了政府的黑暗，他觉得朝廷里的太监们是国家的蛀虫，特别是一个叫董宋臣的老太监，居然在蒙古攻打南宋的时候还忽悠着皇帝开溜，岂有此理。文天祥气不打一处来，一口气给皇帝呈上了一封奏章，要求把那老太监给辞了。

文天祥当时还是个年轻人，涉世未深，他哪里知道朝廷黑暗到何种程度，到头来自己反倒被辞退了。之后文天祥又因为得罪了人而遭到了罢免，那时候他正当年。后来南宋王朝差不多气数要尽了，文天祥才被起用，到江西当了个小州官。

那时候，元朝已经建立，元世祖忽必烈开始了统一天下的战斗。眼看元朝的军队就要杀进临安了，小皇帝赵㬎（音 xiǎn）年仅四岁，显然得由其他人为国家大事做主，而这个任务就落到了他奶奶谢太后跟一帮大臣的头上。一群人急忙召集各地的官兵前来临安救命。可是召来召去，就是没人搭理，最终只有文天祥跟张世杰两个人带着人马火急火燎地跑到了临安。

这时候元军的将领伯颜已经快杀进临安城了，大部分临安城里的官员跟没了魂儿似的一溜烟儿地逃跑了，其中还有左丞相留梦炎。

到了临安以后，文天祥跟张世杰两人合计着要联手跟元军大干一场，于是就去跟右丞相陈宜中商量。谁知道这陈宜中是个贪生怕死的老家伙，胆子比老鼠还小，说什么都不让二人起兵。谢太后和陈宜中的意思是想跟元军在桌子前面谈谈，于是就派了一群人去到伯颜的营地。

本来伯颜是要求陈宜中去跟他谈，可是陈宜中这老家伙却把这活儿揽给了文天祥。文天祥天生威猛，哪里害怕这么一小小的谈判，于是雄赳赳气昂昂地就站到了伯颜面前。事前太后和丞相再三嘱咐文天祥，说去了以后要好声好气地跟伯颜谈，赔赔笑脸。可是文天祥去了以后就直接给了伯颜一张比黑炭还黑的脸。

伯颜等着文天祥低声下气地求他饶了大宋，万万没想到文天祥一张口就比钢筋还硬，说："你们要是想跟我们大宋和好，那么就赶紧把兵给撤了，否则别怪我对你们不客气！"伯颜一听这话就怒了，他也没好气地跟文天祥说："就你们这弱不禁风的国家，我元军吹一吹小风就把你们给吹倒了！"

文天祥又说："正是因为我们大宋现在情况紧急，所以我决心拼了老命跟你们大干！"伯颜讨了个没趣，心想着你软硬不吃，那我就来暗的。于是他就派人偷偷地去找陈宜中和谢太后，把文天祥前来说的话通通传了过去。这二人一听就急了，赶紧又打发了其他人去跟伯颜投降。

文天祥知道以后南宋已经投降了，包括文天祥在内的南宋一行人被元军压着就准备往大都去。不过文天祥机灵，半道上跟几个手下偷偷地溜走了，划着船去了真州。那时候在真州守门的是一个叫苗再成的人，他是文天祥的粉丝，一听说文天祥来了赶紧把城门打开欢迎，而且还决心要跟偶像一起抗元。

正当大家信心百倍的时候，扬州主帅李庭芝也不知道从哪里听说文天祥是叛徒，竟然要苗再成赶紧把他杀了。苗再成可是粉丝级别的人物，他怎么能信这种侮辱偶像的鬼话，然而又迫于无奈，只好放偶像一群人走了。

后来文天祥这一帮人遭到了全国通缉，他们不得不隐姓埋名，还自己给自己化装整容，东躲西藏的，后来一行人逃到了温州。

◉ 死守不管事

元军三下两下地就杀到了临安，宋朝的小皇帝赵㬎被俘，幸亏他还有两个兄弟接班，一个叫赵昰，另一个叫赵昺。这兄弟俩都不到十岁，尤其是赵昺，还是一个六岁的小屁孩儿。就是这么个小年纪，这两兄弟都是被俘小皇帝赵㬎的哥哥了。

这时候南宋的大臣陆秀夫和其他的人抱起这哥俩就往福州那边逃去，到了以后，陆秀夫又赶紧让人去通知张世杰和陈宜中二人，让他们火速赶往福州。二人到了以后，跟在场的大臣们合计了合计，就决定让九岁的赵昰继位。

文天祥听说大宋又有了后继者之后也兴奋得睡不着觉，急急忙忙地到了福州。他觉得宋军应该从水路跟元军干，可是陈宜中觉得这样打太危险，就没同意文天祥的想法。后来文天祥在南剑州那里搜罗将兵，做着攻打江西的准备工作。由于准备充分，之后果然打了不少胜仗。

就在文天祥接连收复了几个城之后，元军又派了一路人马过来，宋军寡不敌众接连失败，陈宜中这胆小的家伙居然坐着船往外国逃了去。这时候为了保护小皇帝，张世杰和陆秀夫等人就偷偷坐船想往广东走，不料途中遇到了风暴，小皇帝被吓住了，郁闷地得了病，一死了之。无奈之下，还在海上的张、陆两人又把六岁的赵昺拉到了皇帝的位置上。

没过多久，元朝就派了张弘范跟文天祥干了起来，文天祥的部队抵不过元军，都成了俘虏。这时候张世杰和陆秀夫已经把南宋的水兵都转移到了广东，张弘范还顾不上跟文天祥聊上几句就又往南边去了。

本来张弘范是指望着张世杰能够跟元朝投降，这样他也就不用再费力了，可哪想到张世杰还是个豪杰，给他来了一个宁死不屈。张弘范没了辙，又想到让文天祥给张世杰传个话，投降算了。可是文天祥手里拿着笔，居然写下了"人生自古谁无死，留取丹心照汗青"这几个大字，把张弘范气得够呛。张弘范眼看着和平解决不行，就又带着大军死命攻打。

张世杰所在的广东厓山是个险要的地方，进攻起来比较困难。张世杰料到元军要用火攻这一招，于是他早早地就在战船上涂了一层湿泥土，而且还把战船都排成了一条线，以抵挡张弘范的进攻。

张世杰虽然挡住了元军的火攻，可是却抵不过元军的封锁。他的官兵们因为在海上没了粮食，一个个儿不是饿死就是渴死。趁着这个时机，张弘范再一次朝着张世杰的部队开了火，再加上元朝将领李恒率领的部队的加入，张世杰的部队很快就崩溃了。

眼看着宋军已经奄奄一息，可是小皇帝还在陆秀夫那条船上。为了保住小皇帝的命，张世杰赶紧叫人去找陆秀夫，然而陆秀夫却怀疑来者不是张世杰派来的，就拉着小皇帝一起跳海自尽了，真是可怜了赵昺这小小的娃。

后来张世杰的船也在海上翻了，南宋彻底地玩儿完。1279年，元朝穿着少数民族的盛装就在中国历史的舞台上闪亮登场。

◉ 正气也没用

一直坚决抵抗的文天祥最终还是落在了元军的手里，这时候张弘范带着一群将领就来跟文天祥谈判，想让他归顺大元。文天祥天生是条硬汉子，爱国心那叫一个浓烈，怎么肯归顺了元朝。无论张弘范一群人怎么劝说，文天祥就是一根筋拧到底，死活不同意。

张弘范没了办法，只好带着文天祥回了大都，把他暂且安顿在五星级酒店里，好吃好喝伺候着，想要用高官俸禄将其打动。没过多久，元朝就派了已经投降的宋朝官臣留梦炎到文天祥的房间跟他谈话。

文天祥一看到这个留梦炎就气不打一处来，心想着你投降也就罢了，还有脸来劝我也投降，真是连狗都不如的卖国贼。文天祥气愤之下就狠狠地把留梦炎骂了一通，留梦炎颜面扫地，只好灰头土脸地回去了。

后来，宰相博罗又打算亲自劝说文天祥，就把他招到了枢密院里。文天祥被士兵们带上来之后就一动不动地站在那里，还用鄙视的眼光瞅着博罗，任凭士兵们怎么拖拉，他愣是不下跪，这可把博罗气得够呛。

无奈，博罗还是得忍着怒火跟文天祥好说歹说一番。他问："文将军现在可有话要讲？"文天祥看见博罗就来气，嚷嚷道："我还能说什么？国家都亡了，我也就求个一死，什么也不求。"

博罗见文天祥这么个臭脾气，就想用软话来暖暖场，可是没说几句就被文天祥的话给噎了回去，脸都气绿了。博罗立马让手下把文天祥带了下去，还跟元世祖嚷嚷着要做掉文天祥。不过皇帝考虑着杀了文天祥恐怕会引起民众的不满情绪，就先留着不杀，看有没有机会再劝劝他。

文天祥被打入了大牢，他在里面待得十分郁闷，就写了一首《正气歌》。说自己在环境如此恶劣的监狱中之所以没有得病，正是因为自己胸中的那股正气起了作用。还列举了历史上的一些为国捐躯的著名人物，表示自己也属于这一类人。

文天祥在大牢里一待就是三年。后来河北一带闹了一场起义，说是大宋的后代在招兵买马，想要把元朝给推翻，还说要把文天祥给救出来。元朝的皇帝一听可着了急，害怕这一闹要闹出个大事，于是元世祖决定亲自出面去跟文天祥聊聊。

元世祖怎么说也是个皇帝，比博罗那宰相沉得住气，任凭文天祥怎么反怎么闹，他愣是不发火。这次文天祥依旧不肯下跪，见了皇帝以后还是那句话："我就求一个死。"元世祖耐心地劝说着文天祥："老文啊，归了我元朝吧，弄个宰相给你当当，你看怎么样？"

文天祥心想，我在大宋当的那也是宰相，怎么会稀罕你元朝的宰相，答说："我要是给两国当宰相，那大宋人民见了我还不把我扔到黄浦江里喂鱼去，就是死了也没脸见之前的皇帝老儿啊。"

这时候元世祖还是不罢休，又说："那不如给你弄个枢密使当当？"文天祥急了，心想这老皇帝怎么就是听不懂话，再一次强调说："我就求个死啊！"

这回元世祖终于明白文天祥的意思了，他无奈地摇摇头，让底下的人把文天祥带了下去。1283年寒冬腊月的一天里，文天祥英勇就义。

第十一章

大元时代　东方帝国

【射雕真英雄】

⊙ 草原上的成吉思汗

当宋金两朝还在你来我往死拼的时候，北方的蒙古族却一天比一天强大了起来。

1206年，蒙古各部落首领在斡难河（今鄂嫩河，斡音 wò）边，举行了一次盛大的集会，公推铁木真做全蒙古的大汗（就是大帝的意思），并且给他上了一个称号，叫成吉思汗。

"郭靖接过弓箭，右膝跪地，左手稳稳托住铁弓，更无丝毫颤动，右手运劲，将一张二百来斤的硬弓拉了开来。眼见两头黑雕比翼从左首飞过，左臂微挪，瞄准了黑雕项颈，右手五指松开，正是：弓弯有若满月，箭去恰如流星。黑雕待要闪避，箭杆已从颈对穿而过。这一箭劲力未衰，接着又射进了第二头黑雕腹内，一箭贯着双雕，自空急堕。"

这是金庸名作《射雕英雄传》里的一段描写。

这段描写的确精彩，不折不扣地勾勒出了一位草原英雄射大雕的精彩场面。当然小说中的人物是虚构的，但射大雕的英雄却是真实存在于历史之中的，只不过他的名字叫孛儿只斤·铁木真。

著名的《哈伯斯杂志》给了他这样一句评价：起于灾难而终于卓越，除了耶稣，恐怕再难有人与成吉思汗匹敌。

铁木真本来是蒙古族孛儿只斤部酋长也速该的儿子。

一天清晨，草原上和往日一样的晴朗，好像伸出手便能抓到云彩似的，一声婴儿的啼哭划开了整个早晨的寂静，整个蒙古包也跟着活跃起来。一代天骄就这样在大家的瞩目下诞生了，他出生在蒙古的贵族世家，可谓是含着金钥匙来到了人世。

可是在宽阔的蒙古大草原上，含着金钥匙可能算不了什么，但是铁木真娃娃从娘胎里出来可是拿着血块块的。虽然可能没有贾宝玉那么离奇，但是人家这样也是有来历的：这个娃娃长大后肯定会掌握生杀大权。

孛儿只斤·铁木真生下来就注定是个人物，他有着鹰一般的眼睛，洞察着草原上的猎物，将草原迅速地变成自己的小花园，然后他要跳跃，要起飞，因为他有着鹰的眼睛，鹰的视角，知道自己的方向。

但是，他却有着痛苦的童年。如果这位了不起的人物有写回忆录的话，那么开篇肯定是"悲惨的童年，无情的壮年。"铁木真也是个可怜孩子，谁让他家是贵族呢，就是有人看着不顺眼，缺德的人用了毒药这种下三烂的手段把他的父亲给杀了。

可怜寡母牵着几个可怜的娃，东藏西躲，吃了上顿没有下顿的。天将降大任于斯人也，必将苦其心志啊，劳其筋骨啊的，就这样小孛儿只斤娃娃长大了。

铁木真后来成了整个草原的大可汗后，他还一刻也没有消停过他的野心，一直不停地在扩张与征服（这和拿破仑倒是有点相似，这个法兰西的小个子甚至还削掉了胡夫金字塔前面狮身人面像的鼻子），这可能是和他在成长的路上所形成的心理有很大的关系：只有自己更强，才能不被打倒，真理就是更快、更远、更强，这样才能有安全感。

◉ 蒙古灭金

铁木真背负着深仇大恨，年纪轻轻的就一心想着要给父亲报仇，恢复父亲的事业。这样的人往往最有毅力，他们心里坚定得很。

铁木真为了扩大势力，先是做公关，将他们部落失散的亲属和百姓聚集起来。然后开始跟别的部落战斗，在输输赢赢之间，他的力量渐渐壮大。

铁木真跟另一个部落的首领札木合是朋友，关系非常铁，好到要穿一条裤子了。但是后来铁木真事业搞得很成功，而札木合就稍微逊色一点，他手底下就有人偷偷跑去投靠铁木真了，这事让札木合很是不爽，心里暗暗和铁木真结下了梁子。

有一次，札木合的弟弟抢夺铁木真的马群，被铁木真部下杀了，这还了得，自己亲弟弟没了，这个仇得报。札木合就带了他手底下所有的兵马去攻打铁木真，兄弟一翻脸，是很无情的。

铁木真也不示弱，他和札木合在斡难河边的草原上展开了一场大战，铁木真没打过札木合，败退了。

但札木合这个时候做了件很不得人心的事，他把俘虏们都杀掉了。人家都投降了，你还杀了人家，这太不人道了。

札木合手下就对他渐渐不满了，纷纷去投靠铁木真了，这次铁木真虽然打了败仗，但实力反而更强大了。这真是运气好了，拦也拦不住。后来杀害了铁木真父亲的塔塔儿部首领蔑古真·薛兀勒图得罪了金朝，金朝丞相完颜襄约铁木真配合进攻塔塔儿部。

铁木真义不容辞地就去了，他非常猛地把塔塔儿部打得七零八落，金朝认为铁木真立了大功，就封他做了前锋司令官。

后来金章宗死后，完颜永济即位，金朝派使者去找到铁木真，让他下拜接受，继续臣服金朝。但是铁木真这个时候已经很牛了，他看不起金朝这个小皇帝，更不想永远臣服金朝，他就辱骂了使者一通，自顾自地走了。

从这以后，铁木真和金朝就彻底决裂了。

1211 年，他决心大举进攻金朝。出发前他跑到山上跟老天爷祈祷，说金朝皇帝杀了我的祖先，我这是报仇去了，你可得保佑我。

可能是老天爷真的听见了他的祈祷，铁木真带着自己的四个儿子，兵分好几路围攻金朝的中京，杀得是不亦乐乎。那个时候的金朝朝廷一片混乱，金主完颜永济被杀，新即位的金宣宗希望和气生财，他就派人向铁木真求和，并且还献出大批金帛，把公主都要嫁给铁木真了，铁木真这才回去。

后来这位老兄对打仗很上瘾，他的后代们个个也是打仗高手，蒙古军曾经一直带着兵打到了现在的中亚细亚各国，前锋一直打到现在的欧洲东部和伊朗北部，才带兵回国。

铁木真死后，他的儿子窝阔台接替他做大汗。铁木真一心想灭掉金朝、南宋，他儿子自然要替他完成这个心愿。在 1233 年，蒙古军攻破开封，金哀宗逃到蔡州（今河南汝南），蒙古又联合南宋围攻蔡州。金哀宗走投无路，只好自杀。

◎ 以德服人

作为蒙古帝国的第二位大汗，窝阔台在位的十三年中，继承了成吉思汗的业绩，为继续扩大帝国的版图，巩固蒙古对北方草原和占领区域的统治，作出了卓越的贡献，被称为"马上治天下"的第一人。他在耶律楚材的辅佐下，制定和实施了许多治理天下的举措，受到了世人的广泛称颂。

宋濂在《元史·窝阔台传》中对他作了极高的评价，说："帝有宽宏之量，忠恕之心，量时度力，举无过事，华夏富庶，羊马成群……时称治平。"

可见这个人最注重的就是以德服人。

有一件小事可以说明。中亚某国曾将一条用宝石镶嵌的金腰带献给窝阔台，他十分喜欢，平时都把它系在身上。有一次金腰带的扣子坏了，窝阔台就把它交给工匠修理。这位工匠私下里却把腰带拿出去卖了，对大汗派去拿腰带的人只推说还没有修好。

可是大汗手下的人又不是傻子，就把这名工匠抓去噼里啪啦揍了一顿，他才说了实话。偷拿大汗的东西，死罪。

这名工匠被丢进了死牢，但是窝阔台知道真相后说他干这种事说明他是穷得走投无路了，给他一百五十两银子，他以后肯定就重新做人了。

本来以为就要脑袋搬家的工匠，不但出狱了，还白得了一百多两银子，这真是天上掉馅饼的好事，他逢人就夸大汗是个好人。

其实窝阔台也不是个天生心眼就大的人，他以德治国是由那个时期特殊的社会状况决定的。当时，蒙古帝国虽然还在迅速扩张，但占领地的治理问题已经突出地摆在了蒙古人的面前，在这种情况下，光靠武力是不能解决问题的，而应该以一种仁慈的政治思想为基础,实现帝国的有效管理，让人民能够在思想上和体制上两方面来接受大汗的领导。

窝阔台事事都对自己严格要求，他坚决贯彻以德治国的方针。在窝阔台看来，作为永存之物的德，包括两个方面的内容，首先是忠，就是忠于祖业，忠于主人；其次是仁，就是对下仁慈。这些思想贯彻在他的治国方略中，无论是文治武功，还是日常言行，他事事都以此为准绳。

《合罕言行录·概述》中曾记载窝阔台对他的下属们说，"我们的习俗风尚的声名传给叛逆者，他们的心必然倾向我们……这种善行，使得军队和百姓免除征伐他们之苦，无须大量履危涉险"。在这里，善行被看成是比征伐更为优越的手段。

在这一点上，窝阔台做得要比其他元朝的领导们做得好，其他领导们认为只有武力才能维护政权。但窝阔台偏偏就喜欢搞柔性化那一套，有一次，宫中佣人去枣店买回一盘枣，已经按照窝阔台的规矩多付了一倍价钱，但窝阔台还嫌少，叫人添钱送去。

这事要搁到忽必烈身上，那卖枣的肯定一分钱都挣不着，可是窝阔台很爱干这事，他觉得这样能给自己带来好名声。

但这个特别热衷慈善事业的人，却在 1341 年，因为狩猎后饮酒过量而死，这样的结果多少让人不能接受。这么一个人没在战场上战死，居然喝酒喝大了，酒精中毒死了，听起来有点搞笑。

◎ 亲哥俩也不合

在蒙哥成为大汗之前，历史上很难找到忽必烈的名字，而随着他的哥哥蒙哥的继位，忽必烈这个名字一夜之间就飘遍了草原。如果要想评选出年度最常听见的名字，恐怕忽必烈也会拔得头筹吧。

其实忽必烈一直都野心勃勃，他曾在他的王府接见禅僧海云及弟子刘秉忠，忽必烈问海云禅僧：佛法中有安天下之法否？

看看，还当着王爷呢就已经惦记起如何安天下了。这之后，忽必烈就经常从中原招徕贤人显学之士来为自己讲解中国的历史和文化，了解前代帝王之治与朝代兴替，听"修身齐家治国平天下"的儒学之道。

认真好学的忽必烈知道，只是顺耳听听并不足以使他成为一代杰出的帝王，更要身体力行，深入学习中国先王的贤明圣迹。

听了那么多有关中原大地上的盛世，忽必烈这心里也是痒痒的，他也想搞一个自己的盛世王国。机遇总是偏爱有准备的人。凡是有雄心抱负的人无不是从平时就注意积累，忽必烈更是如此。他一点一滴地积累，为登上帝位做着各种准备。

1251 年，蒙哥命忽必烈总理"漠南汉地军国庶事"，从这一刻起，忽必烈的命运就和华夏大地上的汉室江山紧密地联系了起来。

忽必烈上任后，充分运用了多年来广学博采的治理之道，知人善任，奖罚分明，积极整顿吏治，恢复农业，成功地迈出了开创伟业的第一步。

看到自己兄弟干得这么出色，蒙哥心里开始打鼓了，这小子万一成材了，那我岂不是就危险了。于是蒙哥对忽必烈产生了防范之意。

后来蒙哥借口忽必烈刚打完仗，太操劳了，要休息休息，就把他留在了家里休息，让别人替代了忽必烈，解除了忽必烈的兵权。

自己亲哥哥这是想要干掉自己了，忽必烈坐不住了，为了示弱，他把妻子、儿女送到汗廷做人质，表示自己没什么特殊想法，就是做人太能干了一点，要是自己哪得罪了哥哥，还请哥哥见谅。

忽必烈这么一来，反而把蒙哥搞得很不好意思，兄弟俩拍拍肩膀，以后还是好兄弟，后来在进攻南宋的时候，蒙哥又命忽必烈重率左路军征宋，忽必烈又重新把大权控制在自己的手中。

巧的是，忽必烈刚掌权，蒙哥就被打死了，这真是老天开眼。忽必烈靠武力解决了所有和他争可汗位子的人，然后他灭了南宋，统一了全国，拉开了大元朝的序幕。

忽必烈在平定南宋、迁都大都、入主中原之后，颁布的一道《归附安民诏》中，就特别提及：名山大川寺观庙宇，并前代名人遗迹，不毁拆。由此可见忽必烈对臣服国家文化的爱护，同时也表明其将所继承的国家正体。这一点，表现出一个积极学习和尊重历史的态度。

忽必烈还尊孔重道，任用贤才，兴办学校；劝课农桑、安恤流民。他还"复租税，均赋役；明刑典，理狱滞"。元朝幅员辽阔，"初步奠定了中国疆域的规模"，忽必烈注重"发展边疆经济"，"发展各民族经济文化的交流"，同时，"南北方的统一，为社会经济进一步发展开拓了前景"。

看来之前的课没白学，忽必烈有模有样地开始统治自己的国家了。

【巩固国家】

◎ 守家更难

打江山难，守江山更难。早在漠北和林时，汉僧刘秉忠就提出了"以马上得到天下，不可以马上治天下"的大问题，并将历代封建统治的经验，灌输给忽必烈。

忽必烈也是活学活用，他懂得只有保持中原地区的政治经济制度，才能成为统治全中国的皇帝。于是在他即位后不久就采取一系列的措施，推进社会政治、经济的发展。

后世史书称其为"创一代之制，立不世之功"，对于中国封建社会后期的发展进程影响更为巨大，明朝的政治制度基本上承袭了元朝。

1260年五月，忽必烈设立中书省一个月后，随即设置了十路宣抚司，"以总天下之政"。这十路分别是：燕京路、益都济南等路、河南路、北京等路、平阳太原路、真定路、东平路、大名彰德等路、西京路、陕西四川等路。

每司分领一路或数路，派藩府旧臣出任宣抚使、副，作为朝廷的特命使臣，监督和处理地方政务。但宣抚司无处置军务的权力，使、副又多数没有宰臣职衔，如果发生叛乱或社会治安等方面的特殊情况就不足以应付了。于是忽必烈把一些地区改置行中书省。1261年十一月，忽必烈撤销了十路宣抚司。在第二年的十二月，重新设立了宣抚司，但将它作为中书省的派出机构。

看忽必烈来回调整的这架势，就能看出他是怎么都不满意，不知道该如何将中央集权更集中地握在自己手里。

中央集权这是许多皇帝头疼的问题，都握在自己手里，自己太累，分发下去，自己倒是清闲了，可没准哪天就有人打上门了。

忽必烈在外路设立的第一个行中书省是陕西四川行省（京兆行省）。陕西四川行省设立在阿里不哥叛乱时期。

1260年，京兆宣抚使廉希宪到任时，为防止阿里不哥派来的亲信大臣刘太平联络六盘山既四川蒙古军帅，占据京兆地区。廉希宪果断地捕杀了刘太平等人，征调秦、巩等处诸军进入六盘，发仓库金银充军赏，同时遣使入奏，自劾越权的罪过。忽必烈并没有责怪他，因为这是他建立的制度存在的缺陷造成的。

相反，在这件事后，他大加赞赏廉希宪善于行权应变。这一年的八月，忽必烈将京兆宣抚司改制为行省，即陕西四川行省，以廉希宪为中书右丞，行行省事。这以后，忽必烈又在其他地区先后设立了行省。由于种种原因，几经置废分合，最后稳定为十个行中书省，分统除中书省直辖诸路以外的各大地区，形成了"都省握天下之机，十省分天下之治"的行政区格局。

元朝全境共划分十二个一级政区，即中书省直辖、十行省及吐蕃。在1286年以前，行省仍属于中书省的临时派出机构。直到1290年，忽必烈在晚年再次调整了行政建制。他将山东、山西、河北等地直接划归中书省管辖，称为"腹里"。腹里以外的地区则分置岭北、辽阳、河南、陕西、四川、甘肃、大理、浙江、江西、湖广十个行省。自该年始，行省各长官不再是中书省衔，这样，行省就成为最高地方行政机关。

通过上述种种措施与政策，元朝廷实现了对行省的严格控驭和有效监督，使其诸权力基本保持在大而不专的范围或限度内。朝廷对行省就能始终处于以重驭轻、以内驭外的有利地位。

◎ 民以食为天

忽必烈深知"民以食为天"的古训，曾经以"户口增，田野辟"作为考核各级官吏的重要标准，这是符合当时社会发展需求的。

那个时候不讲计划生育，本来经过连年的战乱，人口就锐减，在13世纪初的时候，金朝和南宋的人口总和有7300多万，而到了1275年，全国人口只剩下2400万左右了。

现在国家稳定了，那就开始生吧，生得越多越好，生得越多说明国家越富足，1271年，忽必烈颁布了《户口条画》，对全国户口进行了一次大清查，将诸王贵族、权豪世家非法占为"驱口"的百姓追查出来，甚至还采取奖励生育的措施，如中统二年（1261年）九月，"河南民王四妻靳氏一产三男，命有司量给赡养"。

多生了养不了，国家还给钱养，这样的好事哪去找。于是老百姓们就铆足了劲生孩子，再加上忽必烈采取了召集流亡、鼓励农耕、禁止杀戮等措施，一方面北方流亡的人口逐渐固定下来了，另一方面在进攻南宋时屠杀人口相对减少，因此全国的人口逐年增加，基本上应了"户口增"的要求。

人口增加了，劳动力也就充足了，有了劳动力，农业生产和手工业生产的发展就有了条件。

忽必烈刚即位不久，就在诏书中说："国家以人民为本，人民以衣食为本，衣食以农桑为本。"并采取了一系列恢复和发展农业生产的措施。

1260年，忽必烈设立了十路宣抚司，并命令各路宣抚司挑选通晓农事的人当劝农官。第二年又以姚枢为大司农，并在各路设立了劝农司，从中央派出八名通晓农事的官员为八路劝农使，由他们分头去考察各地的农业生产情况。

到了1270年，他又在中央正式成立司农司，"专掌农桑水利。仍颁布劝农官及知水利者，巡行郡邑，察其勤惰。所在牧民长官提点农事，岁终第其成否，转申司农司及户部，秩满之日，注于解由，户部照之，以为殿最。又使提刑按察司加体察焉"。

忽必烈如此重视农业，但他的部下大多还是有着蒙古人豪放的习气。他们过惯了骑马到处乱跑的日子，现在到处都是耕地，没地儿跑马了，心里很是不爽。就想要把京城近郊的农田割地变成牧场，以便牧养宫中的马匹，忽必烈听后欣然应允了这个计划。

察必皇后听说后马上来见忽必烈。正好看到站在一旁的太保刘秉忠，马上生气地责备他说："你是个聪明的汉人，皇帝对你的意见总是非常重视，如果你的意见正确，说了陛下就会听取，而你又明知道这样做不对，为什么不劝阻呢？"

接着察必皇后进一步说："我们刚到这里时并不主张农耕，割地牧马还讲得过去，现在天下已定，郊外的田地也各有其主，百姓安居乐业，这种情况下把良田变为牧场，可以吗？"忽必烈听了察必皇后的话，觉得十分有道理，于是取消了割地放牧的计划。

在忽必烈的支持下，元朝的土地有了很大程度的增加，做到了"田野辟"的目标。

◎ 郭守敬修订历法

忽必烈刚即位那会儿，有个叫刘秉忠的人给他推荐了不少有才的汉族知识分子，以便帮助他把元朝建设得更美好。元世祖忽必烈虽然是个少数民族，可也是个十分开明的皇帝，对大汉的人才能够加以重用，所以这些个汉族的知识分子就发挥出了自身的才能。有一个叫郭守敬的科学家就是其中之一。

要说郭守敬，还得提到他的爷爷郭荣，郭守敬后来之所以成了一位科学家，那还得仰仗于他从小就有一个有文化的爷爷。郭荣是个全才，无论是文学还是科学，他都有研究。受到爷爷的影响，郭守敬自然而然也就对这些知识有了兴趣。

郭守敬小的时候，有一次刘秉忠到郭守敬的老家邢州开了个学术讲座，郭荣听说了以后就赶紧把孙子带进去旁听，还请求刘秉忠收郭守敬为学生。就这样，郭守敬后来就跟着刘秉忠学习，还结识了不少跟他有着共同兴趣爱好的朋友。

在刘秉忠这个恩师的教导下，郭守敬慢慢地成长为了一名有作为的科学家。那时候忽必烈刚刚把北方稳定了，正发愁没有科技人才帮他搞农业生产，这时候刘秉忠的好朋友张文谦就把郭守敬介绍给了忽必烈。经过面试，忽必烈觉得郭守敬是个靠谱的人，学问也做得不错，对北方的水利情况也比较了解，于是毫不犹豫地就派他负责这项目。

在水利这方面，郭守敬做出了不小的成绩。除了治理北方的水利，后来忽必烈又派他到西夏去工作了一段时间。郭守敬尽职尽责地在西夏为人民服务着，把当地的农业生产搞得有声有色，农民们的生活条件得到了极大的改善。看到郭守敬如此有能力，忽必烈还让他去江南逛了逛。郭守敬在江南开凿了一条叫惠河的运河，让大都跟江南能够直接通航，便利了当时的交通。

后来忽必烈快马加鞭地把南宋给灭了，这时候就要在南方搞经济建设，郭守敬又有了展示自我风采的用武之地。以前蒙古使用的历法是金留下来的，可是这种历法很不科学，总是对不上实际生活，元世祖就琢磨着让人制定一个新的科学的历法。

忽必烈还是让郭守敬负责新历法的制定。郭守敬对待科学始终秉承着理论联系实际的态度，他首先把已经破烂不堪的旧仪表给换了，制造出一种新的、更加精准的仪表。后来他又请求忽必烈建造一个新的天文台，在全国各地设下将近三十个观测点，以便让天文观测更加精准。考虑到国家的发展，忽必烈高兴地答应了郭守敬这个请求，而且拨了一大笔经费予以支持。

在郭守敬的带领下，新的历法班子在经过两年多的刻苦钻研之后，终于制定出了一个行之有效的科学历法，它计算出一年的天数是365.2425天，与现在的公历周期相同，这部历法叫作《授时历》。

◎ 要想富先修路

"八百里加急！八百里加急！"一卷黄尘，骏马飞驰而至，人影一晃，跳将下马。大喝："八百里加急！御赐金牌，阻者死。"随即另有一人翻身上马，绝尘而去，这是在影视剧中常见的镜头。

古时候送封信是难事，不像现在鼠标一点，邮件就发出去了，那会儿春天写封信，路远了夏天才能看到。要是遇到路不好走，那就更没准了。

所以说，道路如同血管，只有有了道路所需的各种给养才能源源不断地输送到各地，自古至今，莫不如此。而在没有现代通信手段的古代，驿路就是一个国家的神经，没有了畅通、及时的通信，一个国家很快就会陷入瘫痪。

蒙古建立了庞大的帝国，而这个庞大的帝国要维持统治，不至于瘫痪，自然也要保证驿路的畅通。

驿路就跟现在的国道一样，你要是想开车从一个城市到另一个城市，最便捷的就是走国道。元朝的时候也一样，为了传达政令、互通情报、运送物资，就需要修建大量的驿路，铁木真那时候，驿路还不是很规范，到了窝阔台当大汗的时候，他才进一步地将驿站制度严密化、系统化。

后来，元朝沟通南北大运河的开凿，使中国的驿路交通空前发达。陆路交通方面，全国各地设有驿站1500多处，其中包括少数水站。驿道北至吉尔吉思，东北至奴儿干，西南至乌思藏、大理，西通钦察（金帐）、伊儿两个汗国。

元朝的这路不但连通国内，还连向了国际，这在当时很了不起。好多外国人还路过咱们这，对元朝人修的驿路夸赞不休。

能不夸赞吗，那个时候在每条大路上，按照市镇坐落的位置，每隔四十或五十公里，都设有驿站，筑有旅馆，接待过往商旅住宿。这些就叫作驿站或邮传所。

这些旅馆修得非常华丽，跟现在五星级宾馆一样，那时候外国人马可·波罗来中国旅游的时候，就对此十分羡慕。

他回去后在他的书里就写到过："这些建筑物宏伟壮丽，有陈设华丽的房间，挂着绸缎的窗帘和门帘，供给达官贵人使用。即使王侯在这样馆驿下榻，也不会有失体面。因为需要的一切物品，都可从附近的城镇和要塞取得，朝廷对某些驿站也有经常性的供应。"

而且在元朝那会儿也有快递，要是有什么加紧的信件，两三天就能送到，那会儿的元朝皇帝就经常能在两天内收到按平时速度要十天才接到的消息。

加急快递的驿使都有自己的特殊的通行驰驿的牌符证件，各个朝代的称呼不一样。元代称呼为"铺马札子"，不过不要把它当成今天的马扎子，最常见的"铺马札子"是金银字圆牌，还有一种叫"铺马圣旨"的证明。金、银字圆牌是紧急驰驿的证件，专门递送军情急务。

为了保证驿路的畅通，元朝还建立了严密的"站赤"制度，使邮驿通信十分有效地发挥效能。所谓"站赤"，是蒙古语"驿传"的译音。站赤制度，是一种系统而严密的驿传制度。这些对驿站管理和对驿官考核的具体条例，对元代邮驿发展起了保证作用。

◎ 欧洲来客

马可·波罗是个旅行家，不过他对旅游的热爱还得归功于他的老爸和叔叔，他们分别叫作尼古拉·波罗和玛飞·波罗。那时候这两个人是威尼斯的生意人，不满足于国内的市场，他们就相跟着到了外国去谋求发展。后来他们在一个叫作布哈拉的地方定居了下来。

一次忽必烈的部下外出办事，途经布哈拉。他无意间看到两个相貌奇特的外国人，高鼻子大眼睛，也就是马可·波罗的老爸和叔叔。忽必烈的部下觉得这两个人长得很好玩儿，于是就邀请他们一同去中国走一遭，让忽必烈也开开眼。

那时候中国是世界上非常强大的国家，这两人接到邀请之后乐得开了花，屁颠屁颠地就跟着忽必烈的部下上路了。果然，忽必烈见到这两人之后也十分新奇，不但让他们参观了中国的名胜古迹，而且还关照他们回到威尼斯之后请他们的教皇派几个人来中国传教。

之后，马可·波罗的老爸和叔叔带着美好的回忆回到了老家，他们把在中国的所见所闻讲给了当地的人们。尼古拉·波罗还绘声绘色地把他脑子里存留的东西讲给了儿子听，这极大地勾起了儿子的兴趣。

当二人准备再次出发到中国访问时，儿子马可·波罗死活也要一起去。由于儿子的老妈已经不在人世，老爹还是把他带上了。当三人经过三年的跋涉再次到达中国的时候，忽必烈已经当上了皇帝。听说马可一家子又来了，忽必烈热情洋溢地款待了他们。

后来三个人就生活在中国，由于马可·波罗这个小屁孩儿学习能力极强，不出一会儿的工夫就把蒙语跟汉语通通学会了，忽必烈因此也十分待见他。就因为小孩儿记忆力比较好，忽必烈后来就经常让他去外地旅游，而且把途中的所见所闻都记述下来，回到宫中以后再描绘给忽必烈听。

叶落归根，在中国待得久了也难免会想家。马可一家三人因为思乡心切，就跟忽必烈请求回老家去，可是忽必烈无论如何也不准他们离开中国，尤其是马可·波罗，忽必烈如此待见他，怎么能让他走呢？

说来也巧，这时候有一个国王死了老婆，那边就派了个使者跟忽必烈请求说在中国再讨一个新老婆。忽必烈也是个爽快人，反正自己身边的美女多的是，公主们也个个儿长得漂亮，于是他就挑了一个女孩儿送给了那个国王。

可是由于这个送信的人没什么方向感，竟然忘记了回家的路，又听说马可一家人比较熟悉去他国家的海路，就请求忽必烈让他们三个帮忙带带路。忽必烈无奈之下只好答应了这个请求，于是马可一家三口就上路了。

把信使跟女孩送到地方以后，马可一家人又继续往老家走，这一走又是三年，终于回到了日盼夜盼的威尼斯。可是不幸也因此到来，不久以后，威尼斯跟另一个国家打了起来，马可·波罗是个爱国人士，他也投入了爱国战争中去。可是因为威尼斯最终以失败告终，马可·波罗也不幸被敌人关进了大牢。

后来马可·波罗在大牢里结识了一个作家，两人没事的时候就闲聊，马可·波罗还把自己在中国的游历说给了作家听。作家对这事儿特别来劲儿，后来就把马可·波罗的讲述编成了文字记录下来，也就是《马可·波罗游记》。

◎ 好马也得鞭着走

骏马跑得快，大家都知道它能让主人骑在背上打仗，假如遇到了好马，那这个仗没打之前就已经赢了一半。蒙古人对马的热爱超出了常人的想象，也更加有效地把骏马在沙场上的作用发挥到了极致，训练了一批善战的骑兵。

随着元朝内部的逐渐稳定，元朝的皇帝突然之间发现自己的骏马整天没精打采的，脑袋耷拉着，大嘴巴也嘟囔着。皇帝心想，也没少给这些家伙吃好的啊，怎么一个个这副德性呢。其实皇帝不知道，骏马们是在感慨自己的没用。这正如战功赫赫的武将退休之后大多患了抑郁症一样，骏马们也因自己久没被派上用场，整天为吃干饭而苦恼着。

思来想去，为了给骏马一个发泄之地，也为了让蒙古的版图更大、更猛一些，皇帝决定向海外杀去。要打海外的国家，那就要走海路，皇帝这才发现自己的优良大马还是派不上用场。

其实，蒙古军队之所以战无不胜，主要依靠的是它的骑兵，事实上蒙古军队在所有无法展开其骑兵优势的战场上鲜有胜绩。如在安南、爪哇和高丽都遭遇了失败，这也是蒙古扩张力量由盛到衰的必然过程。而蒙古帝国也终于止住了扩张的步伐。

虽然扩张的步伐被止住了，但交流却是不能停止的。皇帝又琢磨着给骏马找个别的活干，那就是驮着好东西去外国旅游旅游，顺便跟人搞好关系，忽悠他们也来蒙古做生意，一来二往的，蒙古也就更开放、更富裕了。皇帝心里美滋滋地琢磨着这事，好像蒙古俨然已经一副发达的样子了。不过皇帝很快就将这个美好的想法付诸了实践。

1278 年，元朝福建行省参政都派使节到达占城（越南中南部古国）。使节回报占城国王有归顺之意，元世祖忽必烈封其为占城郡王。但此后不久，占城王子布德（史书写为补的）专权，扣押了元朝派往暹国（泰国）、马八儿国（印度半岛南端佩内尔河以南）的使者。忽必烈数度讨伐，但都没有结果，元成宗时，元朝与占城恢复了友好关系。

这样，当元朝的边疆稳定下来后，逐渐与周围各国建立了友好往来的关系，经济文化交流日益频繁。正如邱树森先生所说：东亚、南亚各国都是我国的近邻，元朝交通方便，与这些国家的经济文化交流是非常密切的。

这样的成果让骏马们发现了自身的另一种魅力，毕竟，国家的繁荣和富强自己也是出了一份力的。这以后，骏马们更加卖命地充当起蒙古跟其他国家的友好使者了。

其实，这种称兄道弟的友好往来不仅是在经济上，而且还包括宗教文化等各个方面。例如，当时有一位中国的禅师一宁就被日本天皇尊为国师。当时，元成宗为与日本修好，派遣一宁等为使者，出使日本，受到日本天皇后宇多隆重的欢迎。后宇多天皇对一宁十分尊敬，将一宁留下担任镰仓建长寺的住持。一宁也就留在日本弘扬佛法。1317 年，一宁在日本京都南禅寺圆寂。他的塔祠至今仍存于日本京都南禅寺。

骏马们不仅发挥了自身的力量，让祖国跟日本和越南等搞好了关系，而且还把高丽给逗乐了。

有个例子很能体现这种友好的交往。当时高丽商人通常是与亲戚邻里合伙入元营商。而且高丽商人常喜欢与中国商人一路同行。元朝商人对之热情关照和教导，做商业参谋。高丽商人很感激地向人介绍说："他是汉人，俺沿路来时好生多得他济，路上吃的、马匹草料，以至安下处，全是这哥哥生受。"启程回国时高丽客商对中国商人依依不舍地说："咱们相处了这么几个月，从来没有面红耳赤地争执过什么，今后再见面，还是好兄弟啊。"

当元朝学会以另一副友好的面孔与其他国家交往的时候，人们发现，骏马的另一种魅力并不逊于全副武装的甲兵。

◉ 行要有行规

蒙古军队的战斗力的确是猛得惊人，可以说在那个时代，整个世界上，没有什么军队能够跟蒙古军相匹敌。那些蒙古军就好像受过训练的野兽，去追逐猎物，牙关紧咬，奋力去杀敌。

可是在太平无事的日子里，他们又像是绵羊，生产乳汁、羊毛和其他许多有用之物。在艰难困苦的境地中，他们毫不抱怨倾轧。他们是农夫式的军队，负担各类赋役，缴纳分摊给的一切东西，无论是忽卜绰儿、杂税、行旅费用，还是供给驿站，马匹和粮食，从来都是无怨言的。

他们也是服军役的农夫，战争中不管老少贵贱都成为武士、弓手和枪手，按形势所需向前杀敌。无论何时，只要抗敌和平叛的任务一下来，他们便发放需用的种种东西，从十八般武器一直到旗帜、针钉、绳索、马匹及驴等负载的动物；人人必须按所属的十户或百户供应摊派给他的那一份。检阅的那天，他们要摆出军备，如果稍有缺损，负责人要受严惩。哪怕在他们实际投入战斗，还要想方法设法向他们征收各种赋税，而他在家时所担负的劳役，落到他们的妻子和家人身上。因此，倘若有强制劳动，某人应负担一份，而他本人又不在，那他的妻子要亲自去，代他履行义务。

成吉思汗当时颁布的札撒对蒙古帝国是非常重要的改革文件，作为正式法令对领导权、社会习俗和律令都重新规定，规范了各阶层人的行为准则。

札撒还编制了军政同一的千户军，家有男子十五岁以上七十岁以下，尽签为兵，十夫长、百夫长和千户长就是这些士兵的军政长官。

千户、万户的名号代替了原来氏族、部落的名号，变成了有编制的军队，而不是随时可以分裂，随时可以投奔他部的松散的部落联盟。开国有功者为千户，分封所得的牧地范围，世袭管理。千户既是行政的也是军事的组织，他们要生死在一起，在战斗中若不是整个军团退却，部分退却者一律处死，若有人被俘，同伴没有去救也要处死。人们只能留在指定的百户、千户或十户内，不得转移到另一单位去，也不准到别的地方寻求庇护。

违反此令，迁移者要当着军士被处死，收容者也要受严惩。因此，谁都不得庇护谁；如果长官是位宗王，那他绝不会让一个最普通的人在他的队伍中避难，以免破坏这条札撒。所以没有人能够随意改换他的长官或首领，别的长官也不能引诱他离开。

为了让大家都遵守，札撒规定的刑法非常严厉，对杀人者、通奸者、盗窃者处死刑；抓了别人的逃犯不归还其主人的、经商而第三次破产的人也是处死；对汗出恶语的人，用土填嘴，然后杀死。几乎对所有的犯罪都处死刑。

动不动就拿脑袋说事，效果自然很显著。无论如何，元朝的高压统治是不能否认掉的。

【太阳下山了】

◎ 为谁辛苦为谁忙

王朝由盛而衰是难逃的宿命，但中国的好几个朝代也曾出现过"中兴"时期，让王朝步入第二春，在元朝也曾出现过一抹曙光，但那太短暂了，可以说是转瞬即逝，就是在元顺帝统治的时候。

《元史》关于元朝帝王的本记一共四十七卷，而顺帝一个人就占了十卷，接近四分之一的篇幅，比起元朝其他的短命皇帝来说，元顺帝坐宝座的时间非常长。元朝一百多年的历史中共有十一个皇帝，第一个皇帝世祖忽必烈从称帝之日算起，在位三十四年，此后的九个皇帝一共只经历了三十八年，而最后一个皇帝孛儿只斤·妥懽帖睦尔却在位三十五年之久。

忽必烈在临死前，下了个规定，以后皇位的继承，可以父死子继，也可以兄终弟继，下任皇帝由现任皇帝指定。他这就把话说活了，要是兄弟和儿子都想当皇帝，那这事可就不好办了。

顺帝的父亲明宗与弟弟文宗就出现了这样的情况，两人谁都想当皇帝，但谁也不好意思先提出来。就互相推让，非常假。最后明宗去当皇帝了，但是他在当皇帝的路上莫名其妙地猝死了。

这事很蹊跷，而且妥懽帖睦尔作为明宗的长子而非嫡子，在父亲死后，一度被放逐。

这摆明了是政治阴谋，但没有证据，也没人敢站出来。后来文宗即位后，很快也死了，他死后皇帝之位几经周折。

由于先前太子阿剌忒纳答剌的身亡，文宗的皇后卜答失里执意遵照先帝遗嘱让明宗的儿子继承皇位，不料即位的明宗嫡子懿璘质班没过多久也病故了。在卜答失里心中，这皇位多少有些不吉祥，或许也是大权旁落的疑虑，她坚决反对立小儿子燕帖古思为帝，因为燕帖古思不仅是她的亲生子，又是权臣燕帖木儿的义子。

在皇后的固执之下，燕帖木儿也没了脾气，于是妥懽帖睦尔便登上了皇帝之位。卜答失里究竟是怎样打算的，后人不得而知，或许是想用明宗的儿子冲冲皇位的杀气吧。但她没有料到的是，妥懽帖睦尔这皇位一坐就是三十多年。

要说元顺帝也不容易，自即位时起，身边便没少了把持大权的重臣。

自从世祖忽必烈之后，元朝只有一个皇帝即顺帝的祖父元武宗海山以赫赫战功稳坐龙廷，武宗解除了元帝国在西北部的威胁，也成就了手下的三个部属，即燕帖木儿、康里脱脱和伯颜。康里脱脱早死，燕帖木儿和伯颜则成为影响了几朝的权臣，着实让顺帝头疼不已。

燕帖木儿死后，其子唐其势也加入了夺权之战，为了压制燕帖木儿家族的势力，顺帝大力提拔伯颜。政治也就是那么回事，不是东风压倒了西风，就是西风压倒了东风。清除了唐其势等燕帖木儿家族的残余势力后，伯颜的气焰又日渐高涨。顺帝于是故技重施，利用伯颜的侄子脱脱再次将权倾天下的伯颜扳倒。

伯颜的侄子脱脱虽为伯父一手教养，却对汉族文化颇为看重，因此后来掌权的脱脱着实进行了一番改革。

脱脱在顺帝的支持下推行"更化"政策后，朝政为之一新，"中外翕然称为贤相"（《元史·脱脱传》）。顺帝也开始用心攻读圣贤书，裁减宫女、宦官，节省御膳、御装，关心政治，常在宣文阁与大臣商谈国是。广大汉族和其他少数民族知识分子因受到重用，多"知无不言，言无顾忌"（《元史·苏天爵传》），欢呼"至正宾兴郡国贤，威仪重见甲寅前"，准备在"至正中兴"中一显身手。

然而，顺帝与脱脱在才能与气魄上都有些缺陷。脱脱在治国方面有些心有余而力不足，虽然上台之初，他一定程度上改变了伯颜的排汉政策，恢复了科举取士，重开经筵，又修《宋史》，提倡文治和经史，但在国家的大政方针上他并没有多少建树，改革措施流于表面而未触及根本，结果必然以失败告终。

如果只从前面来看，元顺帝以一个孤儿的身份登位，孤单无援的情况下，化解了多次权臣逼宫的危机，实属不易，让人不禁想到了康熙。然而，顺帝的性情却让他甘于沉浸在后宫的温柔乡中，又如何能够承担中兴大任呢？

◎ 挑动黄河天下反

脱脱虽然才能有限，但终究给大元带来一丝"中兴"的希望，脱脱第一次当政期间，连顺帝也大有励精图治、大干一场的意思。谁知，此时，政治纷争又开始了。脱脱执政不到四年，便因政敌的攻击，于1344年被迫辞相。之后的五年中，元朝的政治机体日益腐化，问题丛生。顺帝不得不于至正九年即1349年再次任命脱脱为相。

脱脱二次为相后，面临的是个难以收拾的烂摊子，而他自身的短板也暴露无遗，治河与变钞两项举措，看似英明，实为败笔。邱树森先生在《元朝史话》中说："如果说，元末农民起义是元朝社会矛盾发展的必然结果，那么，'开河'和'变钞'就是这次大起义的导火线。"

至正四年（1344年）五月，大雨二十余日，黄河暴溢，北决白茅堤（今河南兰考东北）、金堤。沿河郡邑，包括山东、江苏、安徽、河南、河北等诸多州县均遭水患。黄河泛滥如此严重，受害地区如此之广阔，是河患史上所罕见的。由于当政者没有采取果断的治河措施，水势不断北侵。到至正八年正月，河水又决，北侵汇入运河，河间、山东两盐运司所属几十个盐场也面临覆灭的危险。

河患使得社会矛盾尖锐，河泛区"所在盗起，盖由岁饥民贫"，大批流民涌入长江下游，"沿河盗起，剽掠无忌，有司莫能禁"。起义此起彼伏，《元史·顺帝纪四》中记载：监察御史张桢惊呼："灾异迭见，盗贼蜂起……若不振举，恐有唐末藩镇噬脐之祸"。天灾人祸使得全国上下一片混乱，此时的官吏却纷纷浑水摸鱼，贪污盘剥，中饱私囊。民间有诗嘲笑顺帝派出的反腐倡廉的廉访司官员："解贼一金并一鼓，迎官两鼓一声锣。金鼓看来都一样，官拗穗贼不争多。"时人叶子奇说，"及元之将乱，上下诸司，其滥愈甚。"

苛税赋役如猛虎，水深火热的农民纷纷揭竿而起。面对日益激化的民族矛盾和阶级矛盾，脱脱采取了两项措施：变钞和治河。让脱脱预料不到的是，这两项在他看来的妙策居然使元朝步入深渊。

世祖至元后期以来，国库严重空虚，入不敷出，财政渐见拮据，纸币发行量猛增。几代皇帝积累的纸币印量到了至正年间濒临崩溃，加之伪钞横行，钞法几被破坏殆尽。至正十年（1350年），在脱脱的大力支持下，开始变更钞法。

用旧日的中统交钞加盖"至正交钞"字样，新钞一贯合铜钱一千文或至元宝钞两贯，两种钞并行通用，而中统交钞的价值比至元宝钞提高一倍。《元史·食货志五》中记载："每日印造，不可计数。舟车装运，轴护相接，交料之散满人间者，无处无之，昏软者不复行用。"这一举措造成的后果可想而知：恶性通货膨胀。"京师料钞十锭易斗粟不可得……所在郡县，皆以物货相易，公私所积之钞，遂俱不行。"（《元史·食货志五》）到至正十六年时，纸币"绝不用，交易唯用铜钱耳。钱之弊亦甚……且钱之小者，薄者，易失坏，愈久愈减耳"。这种以"钞买钞"，治标不治本的方法，非但没能解决问题，还使得社会更加动荡不安。

治河问题更体现出脱脱的短视，他采取都漕运使贾鲁的治河方案："疏南河，塞北河，使复故道。"当时，工部尚书成遵等出面抗争，脱脱再次力排众议。《元史·成遵传》中记载成遵力主黄河故道不可得复，说："济宁、曹、郓，连岁饥馑，民不聊生，若聚二十万人于此，恐日后之忧，又有重于河患者。"事实胜于雄辩，结果证明成遵看得更准。

至正十一年（1351年）四月初四，顺帝正式批准治河，下诏中外，命贾鲁为工部尚书兼总治河防使，发汴梁、大名十三路民十五万人，庐州（今安徽合肥）等地成军十八翼两万人供役。四月开土，七月完成疏浚黄河故道工程，开始堵塞黄河故道下游上段各决口、豁口，修筑北岸堤防。八月二十九放水入故道。九月初七，贾鲁用船堤障水法开始堵水工程，至十一月十一终于使龙口堵合，"决河绝流，故道复通"。

治河取得了成功，脱脱原本可以成就千古美名，但却在这个节骨眼上出了事，一场起义掀起了高潮。此后，元朝忙着平叛，忙着肃乱，也忙着窝里斗，忙得不亦乐乎，败得也是一塌糊涂。当脱脱忙着镇压起义并渐有起色时，一场导致他政治生涯结束的厄运降临到他头上。皇太子因不满"未授册宝之礼"，而支持顺帝宠臣哈麻弹劾脱脱，致使脱脱被革职流放，1355年底，脱脱死于毒酒。脱脱的死使得他殚精竭虑修补的元王朝统治堤坝再度崩塌，此时，离毁灭已经不远了。

◉ 由内而外的杀戮

正当外面乱成一锅粥时，元朝内部也乱得风生水起。自从成吉思汗那会儿起，元朝朝廷里面就没有消停过，今天你杀我，明天我杀你。

一只眼的石人把天下弄得一时大乱，红巾军红红火火地开展着自己的事业。元顺帝不得不向镇守北方的各位蒙古宗王下诏，让他们赶紧带着大兵过来保护朝廷。

可没想到，镇守北藩的蒙古宗王阳翟王阿鲁辉帖木儿却趁火打劫，还伙同了当地几个宗王一起造反，他们还骂元顺帝说："老祖宗把天下给了你，你瞅瞅你弄成什么样子了？赶紧把传国玉玺交给我，我来帮你搞搞建设吧！"

乱军当前，元顺帝也不敢跟他们嚷嚷，生怕一嚷嚷自己没了性命，于是就低三下四地说："嗨，那什么，咱都消消气，冷静冷静。"可是阳翟王才不吃他这一套，仍旧给元顺帝摆出一副死驴脸。

元顺帝没辙了，只好强打着精神派大兵去收拾阳翟王，谁想他派去的将领秃坚帖木儿是个中看不中用的绣花枕头，他所强征的部队更是外强中干，临阵丢盔弃甲，争相投敌，秃坚帖木儿全军覆没，"单骑还上都"。

之后，顺帝采用离间之法，利用阳翟王之弟忽都帖木儿扰乱阳翟王帖木儿的军心，同时出兵讨逆的将领老章更是以金钱珠宝开路，买通阳翟王的手下和被裹挟的宗王，结果，阳翟王窝里反，其部将脱欢反水，阿鲁辉帖木儿被五花大绑押送大都。

到此，顺帝对这场"本是同根生，相煎何太急"的内乱处理得一直很得体，不料，到了最后关头，却来了个败笔。依据旧制，宗王谋叛，一般是"赐死"。元顺帝却被仇恨蒙了心，一纸诏书将阳翟王押至闹市砍头，北边诸王知道后心生隔阂，日后都对大都元廷的存亡睁一只眼闭一只眼。

1367年底，朱元璋正式开始了北伐。明军势如破竹，逼向大都。在这紧急关头，顺帝只得不顾以前的猜忌再度倚重王保保，可王保保却不爱搭理他，没有带着兵跟朱元璋干仗，而是往云中消遣去了。

朝廷都快被朱元璋灭掉了，可元朝的各部将领却都在一旁看热闹，谁都不肯出兵，那结果是可想而知了。大都快要被攻克之前，元顺帝带着老婆孩子正商量着往外逃跑，可这时候有个老太监却嚷嚷了起来，说："哎哟喂！陛下应该在这里死守着天下啊，怎么反倒要跑了呢？！我们愿意率军民出去跟他们打啊，只要您在这儿好好待着！"

元顺帝那时候心里想得都是逃跑，哪顾上听那老太监嚷嚷。1368年阴历七月二十八日晚上，元顺帝拖家带口地总算是往上都方向逃去了。八月三日，朱元璋攻入了大都，元朝灭亡。

元朝灭亡以后，那个当初逃跑的王保保倒是表现出了他的忠贞不贰，一直追随北元朝廷，还时不时地跟老朱的部队打个游击玩玩。朱元璋也好几次派人去漠北让王保保投降，可是王保保就是不听劝。

《新元史·李思齐传》中说，割据关中的李思齐在洪武初年投降了明朝，奉朱元璋之命前往漠北，王保保对李思齐这位老朋友"待以宾礼"，觥筹交错之后，派兵士送李思齐回国。到了边境，兵士说，主公有命，请留一物为别。李思齐说，我远来无所蓄。士兵说，那就留条胳膊吧。

没过多久，北元也被明朝给打击死了，大家都对王保保这人感到奇怪。既有今日，何必当初，窝里斗得如此热闹，等鹬蚌相争渔翁得利之后再故作姿态，又有什么用呢？

第十二章
大明王朝　集权裂变

【乞丐的皇帝运】

◎ 一只眼的石人

　　元朝末年，统治者腐败不堪，这个朝代终于走到了该歇脚的地方。元惠宗算是给元朝皇家端洗脚水的最后一个皇帝，他也不是个省油的灯，坏事做尽，让老百姓把他恨到了骨髓里。终于，反抗的热情高涨了起来。

　　一个叫韩山童的河北农民，他接过了爷爷白莲教的大旗，说是弥勒佛祖马上就要来人间，让百姓们都时刻准备着，笑脸迎接弥勒佛祖来拯救大家。那时候的百姓都很傻很天真，也就相信了韩山童率领的白莲教的胡扯，大家都等着弥勒佛从天而降的那一天。

　　这年，黄河白茅堤发了洪水，朝廷派了些当官的前去做防洪救灾工作。那些个当官的到了当地以后，召集了一批民工就开始干活，可是民工们却常常饿着肚子，没有吃过一顿饱饭。原来是这些无耻的官府人员把大家的粮饷克扣了，揣进自己的腰包，这让干活的民工们忍无可忍，骂声一片。

　　韩山童打算抓住这个好时机把元朝给灭了，于是，他偷偷地跟周围的民工说了一句神神叨叨的话："石人一只眼，挑动黄河天下反。"民工们都没念过书，也不知道这话是干什么的，就傻里傻气地继续干活。突然有一天，一群民工呼哧呼哧地从河底挖出来一座石人，而且还是一只眼睛的，这群民工一下子就想起了韩山童那句神神叨叨的话。

　　这以后，大家就更加相信元朝快呜呼了，韩山童耍的这个小伎俩让起义的热情再一次高涨。后来韩山童跟朋友刘福通一起，谎称自己都是大宋的皇家后代，前来带领老百姓反元复宋。百姓们这一听都乐了，终于盼到个人来解救他们了，于是纷纷举起了起义的大旗。然而后来因为有人不小心把消息给泄露了出去，韩山童就被官府抓住了，结局无疑是一个死。

之后刘福通继续带着一批人马反抗，因为他们的头顶上全都裹着块儿红布，也因此称作红巾军。在对统治阶级的痛恨之下，这批人马的数量很快就攀升到了十万以上。起义军的声势浩大把皇帝的腿都吓软了，他赶紧派军前去镇压，可是都被红巾军打得落花流水，灰头土脸地就回去给皇帝磕头了。

刘福通的红巾军越来越壮大，接连地攻下了几个城，四面八方的地主财神听说刘福通是个厉害人物，也就纷纷地跟他示好。这时候除了刘福通的队伍以后，还有一些起义军也在反抗者元朝的统治，其中张士诚的队伍就是很有名的一支。

那时候张士诚在高邮打仗，皇帝就派人马朝着高邮杀了过去。可正当仗打得火热的时候，朝廷内部却出现了混乱，带兵打仗的宰相被撤了职，元军没了头头，自然散了去，还打个什么仗啊。刘福通趁着这个机会就把已经溃散的元军又杀了一通，后来他的儿子韩林儿就在亳州当上了小皇帝。

之后老刘家父子还在不停地南征北战，打得不亦乐乎。元朝皇帝这时候着了慌，急忙点了兵将就去迎战，还用好处把张士诚的队伍给招揽了过来。1363 年，在元军跟张士诚部队的联手打压之下，刘家父子率领的红巾军最终失败了。

◎ 悲惨童年

1328 年，朱元璋降生在一个贫困的农民家庭，他爹朱五四是个老实巴交的农民，生活得很是贫困。在朱元璋降生之前，已经有了一大串的哥哥姐姐，所以，朱元璋一生下来就没享受过什么好的待遇。

混吃混喝地好不容易长到大，却遇到了百年难见的大饥荒，老朱家的人一个接一个的都饿死了，就剩下了朱元璋，他借钱把亲人埋了之后，就跑去附近的皇觉寺谋生。他以为当和尚总是不会饿肚子，起码能有口饱饭吃了。

但很快他发现，在寺庙里的日子也不好过，那帮和尚天天欺负他年纪小，让他干重活，还不给他饭吃，日子过得并不好。这个时候元朝的灭亡已经是大势所趋了，各地的起义军纷纷举起大旗。

这个时候，朱元璋的发小汤和给他写了一封信，汤和说自己做了起义军的千户，他希望朱元璋能来和他共成大业。

朱元璋本来没有想去投靠起义军，那会儿朱元璋就想吃口饱饭，还不想干这掉脑袋的事。但是当天晚上，他的一个师兄就告诉他，有人知道他跟起义军联系了，还知道起义军首领给他写了信，准备去告发他。

朱元璋一听慌了神，他去找到一个叫作周德兴的人，问他自己该怎么办。

那个周德兴想了半天，也想不出个所以然来，就叫朱元璋算一卦，让老天爷来定。朱元璋欣然同意，于是两人鼓捣了一阵，老天爷的意思是让朱元璋造反。既然老天也放话了，那朱元璋也就不顾忌了，他当下就逃走了，要去造反去。

他要去投奔汤和，也就是郭子兴的起义军，在刘福通红巾军转战北方的时候，濠州郭子兴红巾军正在壮大起来。郭子兴本来只是定远（今安徽定远）地方一个财主，因为没权没势的，经常受官府的欺压，他气不过就加入了白莲教。

后来在1352年，也就是刘福通起义的第二年，郭子兴看见时机成熟，就和几个朋友杀了官吏，把濠州城占领了，宣布起义。郭子兴自称元帅。

后来元军就派大部队去围攻濠州，朱元璋来投奔的时候，正是郭子兴快顶不住的时候，朱元璋的加入很快让郭子兴从劣势转入了优势，朱元璋充分发挥了他将领的天才，在起义军中发挥了巨大的作用。

郭子兴很欣赏他，就把自己的义女嫁给了朱元璋，还升他为军队中的总管，娶了妻子，还升了官。朱元璋正美的时候，出事了。

原来在这支队伍中，和郭子兴一同当领导的还有四个人，以孙德崖为首都是农民，而郭子兴是财主，他们成分不一样，自然看问题也就不一样，所以他们有着很深的矛盾。

一次郭子兴在逛街，突然被绑票了，朱元璋得知了消息，就猜出是孙德崖干的，他带着人去找孙德崖要人，软磨硬泡才把被打个半死的郭子兴救了出来。也正是通过这件事情，朱元璋看出这支队伍没什么大前途。

他就主动跟郭子兴提出了辞职，郭子兴本来也就觉得朱元璋风头盖过了自己，想除掉他，这下省事了，于是他很高兴地答应了。

朱元璋走的时候就只带走了二十四个人，这下郭子兴更高兴了，看你能蹦跶多久，但朱元璋可比他蹦跶的时间久多了。

◎ 当上领导人

告别了郭子兴以后，朱元璋就暂时回老家去了。他跟小时候玩得不错的几个哥儿们召集了几百来号人马，后来又干掉了一些元军，组成了一支人数不少的队伍。朱元璋对这队人马进行了严格的军事训练，没过多久，他的部队就成了一支拥有良好作战素质的队伍。

原本朱元璋也没有当皇帝的野心，都是被一个叫李善长的人忽悠的。李善长是个肚子里有点墨水的人，他跟朱元璋嘟囔了历史上那些破事，什么刘邦啊这些人，搞得朱元璋从今以后就一心想当国家的最高领导人。

后来朱元璋带着自己训练出来的大兵拿下了滁州、和州。那时候小明王韩林儿当了皇帝，因为郭子兴病死了，他就让郭子兴的儿子郭天叙当上了元帅，而朱元璋成了副元帅。虽然是个副的，可是朱元璋却掌握着实权，谁让郭天叙是个军事棒槌呢。

朱元璋先是在水上大败元军，后来又大举开进了集庆，把集庆的名字也给改了，叫应天府。从此，应天府就成了朱元璋的根据地。

朱元璋打算在南方那一带先发展发展，可是有个叫陈友谅的家伙却总是让他费心。

这个陈友谅当年把自己的老上司徐寿辉做掉了，自己当上了汉王，霸占着湖南、湖北以及江西一大片地界，还一心想要把朱元璋给灭了。

你想灭我，那我就先灭了你。于是朱元璋召集手底下的人赶紧开了个会，问问大家对这事儿有什么好主意。可让老朱郁闷的是，底下的人总是说陈友谅强大之类的话，让老朱好生不爱听。后来朱元璋发现一个叫刘伯温的人坐在角落里一直不吭气，就让其他人先回去，把刘伯温一个人留了下来。

刘伯温之后单独跟朱元璋的谈话正合了老朱的心意，两人一致认为要跟陈友谅大干。刘基还建议朱元璋明的不行来暗的，还说自己认识一个叫康茂才的人，他以前跟陈友谅干过，先让老朱找康茂才打探打探陈友谅的消息。

康茂才如今也在朱元璋手底下做事，朱元璋让他给陈友谅捎个信，就说这边琢磨着要跟陈友谅投降。康茂才按着老朱的意思给陈友谅写了封信，并且让一个老汉送了去，这老汉之前是给陈友谅看大门的。

陈友谅见熟人来送信了，而且写信的人更是熟人，他看了内容以后也就没怀疑什么，还兴奋得不得了。后来老汉跟陈友谅说康茂才就在江东桥，让陈友谅带着人马过去跟他会合，还说那桥好认，是座木头桥。

之后的事情就按着朱元璋的想法走了。老朱把木桥改成了石头桥，陈友谅去了以后连声叫着康茂才的名字，可始终不见这家伙出来，这才意识到自己可能上当了。正要调头往回返的时候，却不幸被朱元璋的大军围了上来。后来陈友谅的几万大军都被朱元璋收了去，而陈友谅则逃走了。

陈友谅回去以后气得个半死，决心一定要报仇。三年以后他又带着大军在水上跟朱元璋的部队相会，准备打死朱元璋那厮。可是老朱却又用火攻把陈友谅给干掉了。

干掉了陈友谅，朱元璋成了吴王，后来老朱又把小明王和张士诚给收拾了。终于在1368年，朱元璋当上了梦寐以求的皇帝，改国号为明，就是明太祖。

◎ 甩开膀子使劲干

经过二十多年的混战，那时候的中国大地上，到处是一片惨不忍睹的景象。开国皇帝最主要的工作就是恢复生产，朱元璋在这一点上做得就相当好，他把所有的热情都倾注到了农民兄弟身上，可能因为自己也是穷苦农民出身，所以他对农民兄弟特别有感情。

在朱元璋的大力支持下，农业发展得有声有色。而且为了鼓舞种田，他还发布命令，犯罪之人，只要不是杀头的罪，统统发配去种地，犯人改劳力，这也算是件不错的事。

而在政治制度上，他几乎照搬了元朝的各项机构，中央设中书省，左右相，主管国家大事，下设六部。估计是朱元璋肚子里没多少墨水，再则国家刚建立，很多事情要忙，他就偷了个懒，把前朝的制度拿来自己先用用，反正前朝都亡了，也不会有意见。

接下来还有一件事情，朱元璋干得力度很大，那就是科举。明朝的科举制度非常壮观，虽然科举是唐宋时期发起的，但是那个时候录取人数特别少，到元朝就更别提了。但在明朝自从洪武三年，也就是1370年起开科举，便实行扩招。

憋了好多年的知识分子纷纷开始报名考试，都要挤破头了。当时的考试分为三级：第一级是院试，考试者统称为童生，等通过这第一级的考试，这些人就可以被称作秀才了；第二级的考试叫作乡试，这是省一级的统考，不仅难度就加大了，名额也少了很多，这关过了的人叫举人；第三级考试就是国家大考了，考中的人第一名叫会元，这可是读书人的最高荣耀，不但能见皇帝，还能当官发财，光宗耀祖，是件大好事。

但明朝的考试也非常让人痛苦，他们考八股，这可以算是明朝的发明创造了，考试科目分为三场，第一场考四书五经，第二场考文体写作，第三场考时务策论，一个比一个难写。但最难的，也是最重要的要算四书五经了。

答这部分要看个人的发挥，八股文分破题、承题、起讲、入题、起股、出题、中股、后股、束股、收结几个部分，其中几个部分必须用到排比对偶，多一个字，少一个字都不行。

这种形式化的考题还必须得从四书五经里出，这难坏的可不只是学生了，还有老师。一到要考试的时候，就头疼。

【朝廷的斗争】

◎ 准备看好戏

同样是开国功臣，李善长当的是丞相，而刘伯温只是个御史中丞。其实，朱元璋之所以要这么分配，除了因为李善长是他老乡以外，还因为刘伯温太有才了。朱元璋害怕刘伯温的才华最后盖过了自己，那就不是什么好事了。

因为杀了李善长手下的人，李善长跟刘伯温从此死死地结下了梁子。大凡有人的地方，总能弄出个花样来，在朱元璋领导下的朝廷里也已经搞起了小团体。以李善长丞相为首的是一伙人，而刘伯温手底下也有一群人。就这样，两个小团体杠上了。

有一次，因为求雨的时候老天爷没帮忙，刘伯温不小心失败了一次。本来朱元璋就因为这事郁闷着，李善长这小心眼儿又来煽风点火，终于把刘伯温送回了老家。不过刘伯温也不是吃干饭的，心想我好好的官怎么被你李善长这个小肚鸡肠的人给搞下去了，我走之前也得布置布置才对得起我自己。

就这样，刘伯温回老家之前找到一个叫杨宪的人，让他在朝廷里看着李善长那伙人，继续跟他们干，而刘伯温则先回家享享清闲。杨宪跟刘伯温的关系那是铁打的，刘伯温走后他就接手了老刘的工作，当了御史中丞，琢磨着怎么对付李善长那帮人。

一开始的时候，杨宪对付李善长的办法都是靠着一张嘴，他瞅准了时机就在朱元璋面前嘀咕几句李善长的不是。本来朱元璋也是个明白人，他分得清是非，可是像杨宪那么个炮轰的方式，时间长了朱元璋也顶不住。渐渐地，朱元璋也的确有点讨厌李善长了。

李善长是个聪明人，更是个有小聪明的人，他看出来皇帝不像之前那么喜欢他了，不仅如此，而且还有意要办办他。为了避避风头，他赶紧学着刘伯温的做法，也给自己找了个垫背的人，就是胡惟庸。

由于朱元璋对李善长有些反感了，他也想换换口味，于是又把刘伯温从老家叫了回来。刘伯温这一回来待遇也更好了，李善长那帮人在皇帝面前不怎么吃香了，如今春风得意的是刘伯温和杨宪一群人。

然而刘伯温自己是个说话不会拐弯儿的人，有时候虽然是肺腑之言，可是却让别人听了心里不怎么舒服。久而久之，朱元璋就觉得刘伯温这人有点不可靠，于是把他找来谈话。这一次谈话的内容是关于选拔丞相的，也是朱元璋想要试探一下刘伯温有没有野心。

朱元璋一连说出了两个人的名字，杨宪和汪广洋。刘伯温知道，这两个人都跟自己有密切的关系，他也了解皇帝这是在考察他的思想，于是就赶紧说这两个人都不配当丞相。后来朱元璋问他胡惟庸怎么样，刘伯温告诉老朱说，胡惟庸是个不好搞的家伙，野心太大，虽然现在是个小喽啰，但说不定将来就要干出点什么事。

朱元璋满意地点了点头，刘伯温觉得自己的思想汇报做得很成功，就放松了警惕，哪里想到老朱的诡计还在后面呢。老朱问："看来是没人适合当丞相了啊，我倒是觉得老刘你挺合适的。"刘伯温由于刚才太紧张了，现在也有点累，于是犯了糊涂，他居然说了一句："我也是这么觉得的。"

这下完了，刘伯温又被朱元璋辞退回了老家，他的老朋友杨宪也被杀了头，老刘这一伙人从此没了好日子过。而这时候，李善长那边又有了光彩，因为胡惟庸当上了丞相。

李善长这帮人都不太厚道，得势之后还是不放过在家种地的刘伯温，不停地捏造事实在朱元璋面前告刘伯温的状。刘伯温听说以后，就决定自己去找老朱，让老朱看着自己，这样他就不会疑心了。

可是刘伯温猜错了朱元璋的心思，去了京城不久刘伯温就病倒了。朱元璋叫胡惟庸去看看他，胡惟庸带了些汤药给刘伯温喝，刘伯温喝了以后就病死了。要说是胡惟庸杀了刘伯温，那也不为过，可是他真的敢对刘伯温这样的功臣下如此的毒手吗？他的行为很有可能是经过朱元璋点头的。

◎ 赶尽杀绝

朱元璋心想，自己既然当上了国家的一把手，那就要对得起这个职位，给民众搞点福利是应该的。再加上老朱也是农民起家，对农民和田地有着深厚的感情，在制定政策的时候就给了农民不少的好处。这样一来，明朝初期的时候，农业就发展得相当不错。而中国又是个农业大国，农民高兴了，国家自然就不会太动荡。

朱元璋对待农民宽厚，可是对他朝廷里的那些官员就不那么仁慈了，谁让官员们离他近呢。上朝的时候，要是谁说的话让朱元璋听起来不大舒服，甚至把老朱惹怒了，那这当官的就没什么好下场了，轻则打板子，重则砍头，没得商量。

朱元璋害怕有人不怀好意地要谋反，特别是对那些跟他一起打下天下的开国功臣，更是不放心，于是就弄了个机构专门看着这些人，这机构就叫"锦衣卫"。

1380年的时候，也不知道是谁，在朱元璋耳朵跟前嘀咕了一句胡惟庸想造反，这可把老朱给气炸了。胡惟庸当时是丞相，丞相想要谋反那可了不得了，老朱赶紧灭口，不仅杀死了胡惟庸，而且还杀了他家里的人以及跟胡惟庸沾点关系的人，总数是一万五。

出了这档子事，皇帝对身边的大臣更是没了信任，而且也找不出合适的人当丞相，他干脆把这职位给撤掉了。从此以后，皇帝身边就没了丞相，老朱自己兼职干起了本来应由丞相干的活。这样，老朱手里的权力就大大地集中了。

朱元璋这人疑心太重，估计是自信心不足的问题吧，要是当时有心理辅导老师，他着实应该去请一个回来开导开导他。老朱谁都怀疑，有一个叫宋濂的人也包括在内。这宋濂也是开国功臣，之前还跟刘伯温是同事，后来又被派去给太子上课。为了考察宋濂，朱元璋也派人监视他。

一次，宋濂在家里办了个小宴会，请了一帮子人，不为别的，就想大家一起乐呵乐呵，热闹一下。那晚宋濂喝了不少酒，还吃了不少肉，他的一举一动全被朱元璋派去的人看在眼里。第二天在朝上，老朱就问宋濂昨晚干了什么，宋濂如实地回答。他这回答让老朱十分满意，还直夸他是人民的好干部。宋濂年老体迈以后就退休了，朱元璋念着他的好，还送了礼物给他。

宋濂虽然回家去种地了，可是朝廷这边还是不消停。胡惟庸那档子事又牵扯进来一帮子人，传说宋濂的孙子宋慎也参与其中，这样就跟宋濂扯上了关系，朱元璋决定杀了宋濂。这一回幸亏老朱身边有个厚道的老婆，就是马皇后。马皇后觉得宋濂在乡下，没什么机会跟他朝廷里的孙子沾上关系，况且宋濂还曾是太子的老师，怎么着也应该尊重人家。就这样，在马皇后的金口之下，宋濂逃过了劫。结果他被老朱发配充军，在充军的路上死了。

十年以后，由胡惟庸引发的案件仍旧没有完。后来朱元璋得知老乡李善长跟胡惟庸有关系，就把七八十岁的李善长也杀了，而且还杀了他家七十多口人。再加上追究出来一帮子同党，这一回老朱又杀了个痛快，一杀又是一万五。

胡惟庸一案的血流成河，并没有让朱元璋放心，因为宰相虽然没有了，还有很多劳苦功高的大臣呢！很难保证他们不会起异心，于是他又举起了屠刀，洪武二十六年，也就是1393年正月，蓝玉案起。蓝玉以谋逆罪被杀，连坐被诛杀者又是一万五。

朱元璋杀人的时候大概认准了一万五这个数字，后来在办大将蓝玉的案子时才又搞了个一万五。

◎ 普法运动

朱元璋放到现如今，那绝对是一个犯罪心理学专家，他斩尽杀绝开国功臣后，就去除贪污腐败分子，然后还潜心研究犯罪案例，他采集一万多个罪犯的案例，将其编册成书，名为《大诰》。

这本书里主要是将那些罪犯的犯罪过程，还有处罚方式写进去，然后他让人印刷了很多册，发了下去，让大臣们学习学习。

这书应该算是政府发的学习书籍，但想来没有哪个官员能够从头到尾地看下去，书里仔细详尽地描写了一些剥皮、抽筋的限制级场面。这些文字足能让人看得把隔夜饭都吐出来，虽然恶心了点，但朱元璋就是要用这个办法让他的官员一辈子都不敢触犯法律，那么他的目的也就达到了。

朱元璋为了向老百姓普及自己制定的法律法规，可谓是煞费苦心。经常派人到基层去宣传，但是因为他制定的法律太复杂，也太多了，如果都要写出来，估计得有十几万字，老百姓哪记得住这个，所以就出事了。

某一天，南京城风和日丽，一派平和景象，正是游玩与放松的好天气。在一片绿草如茵的空地上，有很多人正聚在一起玩耍，传来一阵阵的嬉笑声，好不热闹。走近再看，原来是一群军人、游民，他们将靴子的高帮截短，并用金线做装饰，足蹬短靴，穿着艳丽的服装，肆无忌惮地玩着蹴鞠。他们万万没有想到，灾难已经悄悄降临到他们身上。

他们正玩到兴头上时，街头突然出现一队官差，一把铁链，将这些人锁上，带往五城兵马司。上报朝廷后，得到的回复是：卸脚。

他们竟然因为一场蹴鞠活动就被砍了脚？其实他们是触犯了朝廷的另一项法律。朱元璋对服装的颜色搭配、用料、图案都有着严格的规定，如违反，是要杀头的。

众所周知，元朝统一中国后，改变了中原的服饰旧制，代之以"胡俗"，即不论是士绅还是布衣百姓，都是辫发椎髻，衣服则为袴褶窄袖，还有辫线腰褶。妇女的衣服为窄袖短衣，下穿裙裳。而朱元璋是不愿意延续元朝这种穿衣的"胡俗"特点的，因此他向气象恢弘的大唐看齐，下令恢复唐代的衣冠制度。

他还从面料、样式、尺寸、颜色四个方面确立了明朝初期服饰的等级制度。不同等级的人，只能穿着本等级所规定的服饰，不可僭越，否则就是犯罪。

从服饰面料来看，只有王公贵族、官员才能使用锦绣、绫罗等高级面料，而庶民百姓之家却只能用绸、素纱等普通的面料。并且只有皇宫后妃、命妇可以用金、玉一类的首饰，一般的平民女子起初耳环还可以用黄金、珍珠、钏、镯，其他的首饰只能用银子，或者在银子上镀金。后来，百姓家的妇女只能用银子来做首饰了。

如果谁不小心穿错了衣服，走到了大街上，被人看见了，那就倒大霉了。像那群踢球的人，就是穿了不该穿的衣服。本来进行体育运动挺好，但这下，只能进监狱里运动去了。

◉ 小皇帝的忧虑

朱元璋生前就决定让孙子朱允炆接自己的班，可他又对孙子有些不大放心，毕竟孙子年纪还小，不知道人世的险恶，所以就帮着孙子找了几个心腹，说是让孙子继位以后重用这些人。

其实朱爷爷并不知道，在孙子幼小的心灵里，早就受到权势的压迫了。朱允炆十分害怕自己的那些叔叔们，他们个个手里头都有军队，有些叔叔的军队甚至力量还非常强大，其中有一个叔叔，叫朱棣，朱允炆就曾经受到过他的鄙视。

一次，朱元璋让朱允炆对上他的一道上联，这上联是这么写的："风吹马尾千条线"，朱允炆摸了摸脑袋，想了半天，总算是糊弄出一个下联："雨打羊毛一片膻"。听了这下联之后，朱元璋无奈地摇摇头，心想这孙子还真是继承了我农民出身的血统啊，对个联都这么富有泥土气息。

可是这时候朱元璋的身边还站着一个人，这个人就是让朱允炆郁闷的叔叔朱棣。朱棣也想在老爹面前展现一下自己的文采，可他这人也真是不知羞耻，跟侄子这个小屁孩儿来比试文化，也亏他干得出来。朱棣的下联是："日照龙鳞万点金"。

是个人都看得出谁的下联对得好，虽然朱元璋对这次的对联没太在意，可是朱棣已经给朱允炆幼小的心灵造成了一点点伤害。朱允炆觉得，将来自己要是当了皇帝，这个朱棣叔叔一定不会给自己好脸色看的，甚至他还要造反。想着想着，朱允炆不禁打了个寒战。

也不知道朱爷爷看出来孙子心中的这些忧虑没有，他在表面上倒是经常跟孙子说叔叔们的好话，说什么叔叔们将来会保护你的，你就放心地当你的小皇帝吧。有一次，朱元璋又这么跟孙子唠叨着，可是孙子这回按捺不住了，他把自己心中一直忧虑的那个问题向爷爷提了出来。

朱允炆问爷爷："爷爷，你说万一叔叔们想要把我吃了怎么办？"朱允炆问得很委婉，可是朱元璋一听就知道这是什么意思，而且这句问话也把朱爷爷吓了一跳，似乎他根本没有想过这个问题。

朱爷爷没有直接告诉孙子应该怎么办理这样的事，倒是先让孙子说说自己的看法。于是朱允炆噼里啪啦地把自己对付要造反叔叔的方法都说了出来，朱爷爷听了以后狠狠地夸奖了他，而且觉得这孙子以后当了皇帝一定大有作为。

朱允炆说的那些方法好是真的好，可是那有什么用呢？万一朱允炆是一个纸上谈兵人，就算是有再好的方法，而又不能将其付诸实践，那叔叔们还是照样可以谋反。看来朱元璋这个做爷爷的还是做得不够到位。再看看朱爷爷给孙子找的心腹，也都是些舞文弄墨的人，至于他们遇到大事的时候究竟能不能扛得住，那就说不准了。

朱元璋觉得自己已经为孙子安排好了一切，于是他安然地闭上了双眼，撒手人寰。1377年，朱允炆正式继承了皇位，就是明惠帝，年号"建文"。

朱允炆当上皇帝以后做的第一件事就是把爷爷生前给他招揽的三个心腹重用起来，一个叫方孝孺，一个叫齐泰，另一个叫黄子澄。以小皇帝为中心，以这三个大臣为半径，一个崭新的领导班子现身大明朝廷，也不知道接下来这个小皇帝能干出一番什么样的政绩来。

【江山还得儿子坐】

◎ 叔叔 PK 侄子

建文帝打小衣食无忧，健健康康地成长。他接手祖父留下的江山，一改朱元璋刚猛治国的政策，实行仁政，这样的皇帝当然会受到百姓的爱戴，但如果放到太平盛世还可以，在有人觊觎皇位的时候，他就危险了。

可惜建文帝从小在深宫中长大，既没有经历战场风云，也没有身陷政治争斗，接受的又是儒家正统教育，仁厚、温文尔雅。在他遭遇到历经大风大浪、政治手腕极高明而又心狠手辣的叔父朱棣时，只能甘拜下风，失败是必然的。

叔侄相斗，在历史上是常事儿。朱棣是朱元璋第四子，生于战乱的年代，虽然他一直说自己是嫡出，但是谁知道呢，那时候朱元璋很多儿子都不知道自己的亲生妈是谁。朱标是长子，正正规规的马皇后所生，又深受老爹的偏爱，朱棣虽然无论是在任何方面都更加像他的老爸，却只能拿个亲王的名号乖乖地在自己的领土守着兵强马壮，等着有一天有一个机会。

结果机会还真的是给有准备的人，朱标如果有好命的话，肯定是个好皇帝。仁啊爱啊，是朱标的撒手锏，这可不像自己那生性残暴、不择手段的老爸。乱世之中的确也只有朱元璋这样的人才能够打出江山。

朱标没有那么好的命，不久他就得病去世了，剩下儿子——也就是皇孙朱允炆在皇爷爷的厚爱下，稳坐江山。眼看一个小娃娃要把大明江山拿走，朱棣再也坐不住了。

朱允炆可能从来都不是朱棣的对手，但是朱元璋可不是那么简单就能应付得了的。

朱元璋在位期间，燕王也只能暗暗地摇头，暗度陈仓，慢慢地把自己的兵儿养强、马儿养壮，等待机会把江山一把夺回来。同时，在表面上，他还是乖乖的儿子，和蔼的四叔，毕竟没有胜算的时候还是要夹紧了尾巴做人。

更何况，从小和朱元璋一起征战的四儿子，是最了解自己的老爸的。他知道不听他的话会换来什么样的后果，更知道老爸对自己安排好的事情会一直坚持下去的，对着干，只能成为他的眼中钉，然后被无情地砍了。他了解得太清楚了，所以才会一直那么冷静，在管理好国家之前，这位仁兄很早就学会了管理自己。

看着一个个构成皇孙朱允炆登基的隐患被自己老爸无情地给除去的惨状，朱棣心里肯定是拔凉拔凉的，但是同时他也心里有了点胜算，想着这个老不死的为了自己的孙子竟然做出这样的事情，难道没有想到最大威胁不在于那些大臣、将军，而真正的威胁是他在九泉之下也想不到的。朱棣就这样强忍着未来的胜利给他带来的喜悦，先睡了几天饱觉来养足精神。

终于，等到了真正战争的那一天。朱棣究竟是朱元璋的儿子，老狐狸的儿子老了之后自然也是只老狐狸。建文帝上台后，还没有站稳脚跟，竟然要开始削藩。不过他不急着找他叔叔，他叔叔也迟早会找到他的，这只是个时间问题。

◉ 做男人要够狠

朱允炆削藩多是大臣们撺掇的，对于和平爱好者朱允炆来说，没有什么比天下太平更好的事情了。

可是，黄子澄那帮老臣天天在他耳朵边上唠叨，削藩啊，削藩啊。日子久了，朱允炆也就有了这个打算。他这个打算刚打算实施，朱棣就跳起来了。本来就憋着要反的朱棣，这个时候，正好有了借口，好个一上台就乱杀无辜，轻信周围奸臣贼子的话的昏君。就算弑君是永远不成立的借口，但是"清君侧"，还是一呼百应的。就这样，燕王的部队浩浩荡荡的就要向京城挺进了。

所以说，这小朱允炆被朱棣给灭了也是正常的事，做了鬼也不应该埋怨自己的亲叔，谁让他没能打过他，让朱棣埋怨自己呢。并且由于自己的那短命的老爹，朱棣这半辈子可没有过上好日子。

朱棣的大军眼看着就要杀向皇宫了，守将宋忠看在眼里急在心里，这时北平附近的南军全部都跑到了他这里来。宋忠用最快的速度安排了这些兵士，将他们重新编队，为了安抚这些士兵的情绪，好让这些士兵能够发挥最大的能量去和朱棣干架，宋忠说下了一个弥天大谎。他派人四处散布谣言，说家住在北平的士兵家属们都被燕王朱棣杀掉了，这下这些士兵果然个个红了眼，都想抓住燕王剥掉他的皮。

看到自己的计谋起作用了，宋忠很高兴。可是到了两军对垒的时候，他突然笑不出来了。因为燕王的队伍根本不着急进攻，而是在另一端派出打头阵的士兵大声嚷嚷，仔细一听，可了不得了，全是宋忠这边士兵的亲戚家人。

顿时，呼朋引伴之声此起彼伏，非常感人。自己的亲人活生生地站在对边，那些士兵感到上当受骗了，当下扔了武器就跑了。没想到会是这么一个局面，但事到如今，宋忠只好亲自上阵，跟敌人过了几招，就被活捉了。

朱棣看宋忠也是条汉子，想让他投靠自己，但宋忠坚决不干，最后光荣就义。宋忠战败的消息很快传到了朝廷里，朱允炆大惊失色。他知道，自己这位六亲不认的亲叔叔要来找自己麻烦了，而且是要来拿自己的命的。

没办法，那就打吧，朱允炆开始选拔能够打仗的人才，但是这样的人才早被朱元璋给咔嚓完了，就剩下一个耿炳文。这位仁兄和朱元璋是同乡，因为战功赫赫，后来被朱元璋提拔成一等功臣。

现在只有耿炳文能派上用场了，朱允炆命令耿炳文带领三十万大军，前去将朱棣的叛军一举荡平。但是理想是美好的，现实是骨感的。耿炳文的大军很快到达了真定，他派出徐凯驻守河间，潘忠驻守莫州，杨松为先锋进驻雄县，待主力会集后再发动进攻。

耿炳文对这次战争确实是下工夫了，但是他摆出的这个阵形对于朱棣来说却不是那么坚不可摧。从小在军队里长大的朱棣还怕这个，他和耿炳文的大战就要拉开了。

◎ 难搞的敌人

在决定跟耿炳文大战之前，朱棣就派了年轻人张玉前去打探敌情，得到的答案是：那家伙根本不是个对手。可就算是别人不知道耿炳文的厉害，别人再瞧不起这位老将，朱棣对他的能耐还是十分清楚的，因此朱棣从不犯轻敌的臭毛病。

其实张玉敢说这样的话也并非没有道理，而且这位年轻人还谋划了自己作战方案，大受朱棣的赞赏。于是，中秋节的当晚，也就是中国人民的花好月圆之夜，朱棣决定打驻守雄县的杨松一个措手不及。

为何选择一个节日进行攻城，原因很简单。中秋嘛，守城的士兵们都在城楼上想爹想娘，再加上看到大黄的月亮，惆怅一深，大兵小将们再来点小酒，那这城门还守得住吗？朱棣就是想要利用中国人"每逢佳节倍思亲"这致命的一点来完成他的宏图大业。

正当大家一把鼻涕一把泪地哭爹喊娘的时候，朱棣的大军开始进攻了，守城的头头杨松这时候才发现不对头，连忙跟潘忠打招呼，叫他快马加鞭地带着大兵来雄县这边支援。潘大将是个够义气的人，接到信二话不说就带着人马往雄县赶，可谁想半当腰却被朱棣的军队打了个大大的埋伏。

估计潘大将长两个聪明脑袋都想不到朱棣的埋伏法，因为朱棣把一部分大兵安排到水底下去了。也就是在一座叫月漾桥的地方，大兵们钻在桥底，头上顶着一推水草，等到潘大将的人马从桥上经过的时候,桥底下的大兵立马现出原形,杀对方一个活见鬼。就这样,杨松还在雄县的城头东张西望,可他怎么也想不到,够义气的潘忠早死在了支援的路上。

朱棣用自己的聪明才智一步一步地实现着自己的理想,在攻下了雄县以后,他决定实施自己的第二次作战计划。然而,这时候他的大营中来了一个出自耿炳文大军的叛徒叫张保。当然了,大概是耿炳文教育手下的方法不得当。

张叛徒跟朱棣说,耿炳文的部队现在是一个撒芝麻的状态,也就是说太散了。朱棣是人逢喜事精神爽,本来胜利就在望了,这回又来了个催化剂,他能不乐吗? 张保原是想让朱棣趁着这个机会去攻打老耿,可朱棣的脑袋偏偏就不是普通人那么长的,他倒是让张叛徒回去给老耿报个信,说朱大哥已经全力以赴准备大打出手,希望他赶紧集中兵力迎接朱大哥的部队。

耿炳文也不知道自己手底下出了叛徒,反倒十分相信张保的话,于是就把三十万大军集合到了一起,准备跟朱大哥开战。可是老耿想不到,他这样的做法正是朱大哥所期盼的啊。朱棣就想一不做二不休,等到耿炳文的部队集中以后一起攻打,省事!

决战的时刻来了,朱棣乐了,耿炳文傻眼了。杨松和潘忠轻而易举地就被朱大哥拿了下去,偏偏耿炳文自己也是年过六十的老爷爷,现在又中了朱棣的计,失败看来是注定的了。耿炳文本来就准备等死的,可是等啊等,等啊等,却怎么也等不到老朱弟弟。

原来朱棣又跟他耍了个花招,人家根本就没从正面进攻,而是从西南方把老耿包了起来。到了这个时候,耿炳文已经没什么好说的了,虽然死到临头,可是怎么也不能坏了自己辛辛苦苦赚下的名声,"拼"就一个字!

可事实又让老耿哽咽了,因为就在他跟西南方向的朱军火拼之时,朱棣又派了朱能从正面发起了进攻。老耿打哪哪不利,他心想,自己的打仗生涯说什么都不会圆满落幕了。无奈之下,老耿发挥出了他最后的优点,那就是死守真定城。

果不其然,朱军连续攻了三天都没拿下里面的耿炳文。然而耿炳文真的能靠死守把注定要输的一局棋翻盘吗? 他自己心里都犯着大大的嘀咕。

◎ 馊主意一箩筐

朱棣遇到耿炳文的确很头疼,这个身经百战的老将虽然打不过朱棣,但他能守,而且这位老兄忍耐功力十分深厚,不论朱棣他们怎么辱骂,他就是不出兵,你们骂吧,反正骂我,我身上也少不了一块肉。

就这样,朱棣算是和耿炳文耗上了。耿炳文不着急,反正他是公费出来打仗,时间一大把。但朱棣不一样,他好不容易鼓动了一帮不要命的人跟他一起干事业,如今这事业刚刚看到点春天的颜色,这被耿炳文一搅和,又回到了冬天。

万一自己手下的人扛不住，丢下自己跑了，那自己真是丢脸丢到姥姥家去了。正当朱棣犯愁的时候，黄子澄帮了朱棣一个忙，当然他不是故意的。

耿炳文这边老没有进展，朝廷那边很着急，黄子澄就提议用李景隆换掉耿炳文，悲哀的是朱允炆同意了。得到这个消息后，朱棣顿时不愁了，他载歌载舞地庆贺了一番，因为李景隆那个草包，除了吃喝，什么也不会，派他来对付自己，简直是让自己顺利打进京城去。

但为了确保万无一失，朱棣还是决定去拉一个帮手，这样保险一些。他将防守北平的任务交给了他的长子朱高炽，然后自己就去搬援兵去了。

朱棣的援兵就是宁王，在众多的藩王之中，宁王是非常聪明的一个人，朱棣就喜欢聪明人，他一路就奔到了宁王那里。朱棣一见到宁王，就摆出一副苦大仇深的样子，说建文帝对他是如何如何的不公正，狡兔死，走狗烹，自己活得真是太不容易了。

一番说辞之后，朱棣求宁王替自己向朝廷求情，希望能让自己重新当回王爷，别再派兵打自己了。

宁王没有怀疑朱棣的诚心，他在朱棣的央求下同意替朱棣出面，然后宁王把朱棣送出城门的时候，却被朱棣挟持了。朱棣要求他和自己一起发动靖难，不然就砍掉宁王的脑袋，为了保住自己的脑袋，宁王被迫踏上了贼船。

朱棣这边成功了，北平那边也热热闹闹地打了起来。李景隆亲自带着五十万大军围攻北平，北平的形势非常紧急。

但朱高炽也不是吃干饭的，而且还有老天爷也罩着他，那时正好是十一月，天气非常的寒冷。李景隆的兵用各种各样的办法攻城，忙活得很。朱高炽的活儿很轻松，他不过命人将水从城墙上倒下去，周而复始，这样一夜过去，北平城就变成了冰雕。

本来城墙那么高，想往上爬就够费劲了，现在居然搞了这么一出，李景隆的兵彻底犯愁了。这滑溜溜的，根本爬不上去，更不用说攻城了。李景隆这次是彻底傻眼了，他肯定没想到朱高炽会给他来这么一出。

在朱高炽的智慧和李景隆的愚蠢较量中，朱棣成功带着援兵返回。

◉ 再赌一次还是输

李景隆看到朱棣回来了，吓得赶紧逃命，要命的是这哥们只顾自己跑，忘记招呼大部队也撤了。当李景隆都跑出去几十里的时候，围攻北平的士兵们还在凿冰呢。黄子澄最先得到这个消息，他恨自己瞎眼了，竟然选了李景隆。

但是大错已经铸成，就不能回头了，如果承认李景隆的失败，那就说明是自己举荐的人不行。黄子澄为了自己的位子，他替李景隆瞒下了这次失败。

于是李景隆再接再厉，要和朱棣再大战一场。但失败已经是注定的了。经过较长时间的战斗，明显可以说明李景隆不是朱棣的对手。

到了建文四年，也就是 1402 年的元月，朱棣开始了最后一次，也是最为猛烈的攻击。这次，之前和他干过仗的老冤家都出马了，他们要来群殴朱棣，但是事实证明，朱棣太聪明了。

这边建文帝的人修好碉堡等着朱棣来进攻的时候，那边朱棣已经带着人取道馆陶渡河，连克东阿、东平、单县，兵锋直指徐州了。

这真是天大的滑稽，这边严以待阵地磨刀霍霍呢，身后疆土却是已经丢失了大半。朝廷将士一听这个消息，慌神了。他们开始对朱棣进行追击，现在他们明白，眼前的这个敌人太厉害了，不是简单就可以对付得了的。

但朱棣还是不能掉以轻心，建文帝这边的兵力还是很雄厚，他稍一放松，就有可能满盘皆输。在朱棣专心对付敌军的时候，他没想到自己的内部居然搞起了内讧。

他手底下的将领们内心的不满终于爆发了，而且一发不可收拾。朱棣总结了一下，将士们基本上是对这种持续作战厌烦了，这也怪朱棣，在一开始撺掇这些兵造反的时候，他可没说战线会拉这么长。

将士们觉得胜利无望，不想打仗了，都想歇着去了，他们纷纷要求朱棣渡河另找地方安营扎寨，这是变相地要求朱棣撤退。

朱棣是又苦口婆心地劝慰了一番，大体意思就是咱们这么不容易，好不容易走到这一步了，何必再退回去呢，只要大家伙再坚持坚持，我相信，我们一定能够成功的。朱棣是个天才演讲家，那些将士们又被他说得不闹腾了。

但经过这么一闹，朱棣也是下定决心，得赶紧速战速决，不然后果很难说。朱棣这边麻烦刚解决，朝廷那边又出乱子了。建文帝手下的那帮大臣搞搞文学创作还行，指挥战斗还差点。他们拿出做学问的劲头来分析当下的形势，那哪能分析出个所以然来？朱棣的军队越来越靠近了，坐在皇城里的朱允炆沉不住气了，他听从了方孝孺的建议，去找朱棣谈判，希望能够通过和平手段，化解这次事件。

谈判的任务交给了庆成郡主，她是朱元璋的侄女，也就是朱棣的堂姐，堂姐找到堂弟，两个人亲亲热热地交谈了一番，最后得出的结论就是：要退让，绝不可能。庆成郡主带着朱棣的原话交差。

◉ 遁地有术

根据庆成郡主带回来的消息，朱允炆对和谈彻底死心了，看来他这个叔叔是要把他逼死不可了。

但朱允炆貌似还不想死，他在自己的宫殿里独自一人沉思了许久，然后就放了一把大火，让皇宫变成一片火海。等太监们将火扑灭后，朱允炆不见了，活不见人死不见尸，他就好像遁地一样，消失了。

但这一切对朱棣来说并不重要。

经过三年的征战，朱棣的军队以摧枯拉朽之势打败了他的政治对手建文帝，于建文四年，也就是 1402 年六月十七日，进入南京城，他终于可以堂而皇之地拥有整个大明江山了。而与此同时，建文帝的下落却成了一个谜，有人说他在宫中投火而亡，也有传说说他化装成和尚逃亡了。

多年后在狮子山上的一处古迹有副对联：

僧为帝，帝亦为僧，数十载衣钵相传，正觉依然皇觉旧。

叔负侄，侄不负叔，八千里芒鞋徒步，狮山更比燕山高。

传说就是逃出去的朱允炆所写，看来这小子虽然当了和尚，但还是六根不净，心里还怨恨着抢他地盘的朱棣叔叔。当然了，朱允炆出家当和尚只是民间的一种说法。

至于后来到底朱棣、朱允炆是怎么样做最后厮杀的，至今还有着很多种不同的说法。毕竟，正史只有一个，野史家家都有一本，不过皇宫是失了一场大火的，建文帝是消失了还是被亲叔叔手刃了，这可能要去问朱棣本人了。

朱棣没有回答自己侄子是死是活的问题，相信也没有人敢去问他这个问题。他坐上皇位后，也励精图治了很久，有了好名声，大家都记得他的功劳，也渐渐地淡忘了这出宫廷政变的闹剧。

被亲叔叔抢走了皇位，并且被他坐稳了皇位，不知道建文帝就算变成了鬼之后能不能释怀。永乐盛世，天下太平，朱棣辛辛苦苦，拼了半辈子的江山到手后，自然要打点得漂漂亮亮，大家开始在想：叔叔毕竟是干过大事的人，那个白白净净的书生娃娃能把大明带向哪里。

大家忘了朱棣的残忍，忘记了燕王是怎么样一下子坐上皇位的。历史本来就是胜利一方的颂词，更何况可以轻轻松松把自己的侄子杀害的冷血叔叔，谁愿意去触这门子的晦气。明朝的开始就这样一波三折，注定了后来会有更多的故事，天下太平的话，大家庆祝得还太早了些。

无论如何，既然朱允炆已经下台，那么大明的历史就与他无关了，因为一个新的皇帝诞生了，一个新的时代开始了。

【开创新时代】

◉ 巩固内政

对于这位从侄子手中夺权的皇帝，张廷玉在《明史》中曾大加赞扬："文皇少长习兵，据幽燕形胜之地，乘建文屠弱，长驱内向，奄有四海。即位以后，躬行节俭，水旱朝告夕振，无有壅蔽。知人善任，表里洞达，雄武之略，同符高祖。六师屡出，漠北尘清。至其季年，威德遐被，四方宾服，明命而入贡者殆三十国。幅员之广，远迈汉、唐。

成功骏烈，卓乎盛矣！"

这番话几乎是把朱棣夸上天了，不论褒贬，朱棣还是继承了他爹朱元璋的残忍基因。在坐稳江山后，他杀光了所有反对他的人，手段之残忍，比起他爹来是有过之而无不及。

首先将方孝孺带到面前来，方孝孺名满天下，是个名人。既然是名人，就得好好对待，不然名人出去张嘴一乱说，自己的声望就毁了。朱棣是厚着脸要和方孝孺拉近关系的，但方孝孺却不吃他那瓣蒜。

朱棣在大殿上和声细语地劝方孝孺，让方孝孺为他起草诏书。这样能够让天下人心得到安抚。

但方孝孺却压根不理他那一套，方孝孺号啕大哭着被人拉进大殿里，一屁股坐到地上接着哭，都不搭理朱棣。

朱棣脸上有点挂不住了，他跟方孝孺说，自己不过是学着周公辅政而已，让方孝孺别这么大惊小怪的。

但是方孝孺拍拍屁股站起来，跟朱棣进行了一场皇位继承权的辩论，辩得朱棣脸要拉到地上去了。朱棣最后实在受不了方孝孺，就逼着方孝孺让他写诏书，但方孝孺却端端正正地在纸上写下四个大字："燕贼篡位"。

这下可把朱棣给气得够呛，将他的野性荷尔蒙统统激发了出来，朱棣让人把方孝孺拉下去，给了他一个不听话的结局：凌迟，诛十族。

从方孝孺开始，朱棣开始了他的屠杀，基本上是能杀的一个都不留，能留下的也不让他过好日子。

然后他就开始削藩。

之前建文帝要削藩，朱棣拔出了反对的宝剑，然后他胜利了。现在他要削藩，其他藩王可是没他那么大本事了。最先被开刀的是宁王，宁王本来不是个很有野心的家伙，但是朱棣造反的时候，为了确保实力更大，硬是把宁王拉下了水。

现在朱棣赢了，他又要拿宁王开刀，倒霉的宁王一定觉得自己上辈子是做了天大的坏事，不然为什么这辈子这么倒霉。

当然了，宁王朱权也是个明白人，朱棣把他分到了南昌，他什么话也没说就去了。接着朱棣就继续对他的其他兄弟下手，不是被分到偏远地方，就是被贬为庶人。反正就是不能让他们有和自己争夺权力的机会。

◎ 干点体面事

巩固了自己的权力，就需要干点有文化的事了，朱棣想到了编书，说到编书就不得不提到解缙。

说起解缙，不能不提到他参与编著的那部《永乐大典》。能编《永乐大典》那可不是常人，一定是肚子里墨水很足的人，毕竟编书不是普通人能够干的活，就算抄也得抄得有水平。没错，解缙原本就是十足的文人，喜欢研究学问，而且研究得也很地道。

可毕竟人生路途这么漫长，思想也会随着人生阅历和时间长短的增加而变化，解缙的思想也不例外，总是那么不专一。他文人做得好好的，非得去政治里面掺和，这一掺和，却把自己的命给送了。

朱允炆，曾经向解缙伸出过手，想要把他拥抱到自己的身边当参谋。可是解缙嫌弃他，还嫌朱允炆给他的官职太小，根本配不上他的才学，于是就没搭理朱允炆。解缙其实是看上了朱棣，而且朱棣也看上了他，两人这么一对眼，就给接下来的历史增添了几分色彩，好不精彩。

朱棣给解缙的官位那是相当的高，让他成了内阁中的一员，要知道，那时的内阁里才只有七个人。除此之外，朱棣给解缙的表扬那也是相当的多，经常在大臣面前毫不掩饰自己对解缙的喜爱，甚至有些崇拜。正因为朱棣一看见解缙脸就开了花，才让解缙越来越找不着北，行为也越来越糊涂。

解缙知道朱棣在给自己寻思接班人，而且还知道朱棣心目中最理想的接班人是朱高煦，因为朱高煦无论是哪一方面都表现得相当出色。可是解缙心目中也有个最佳人选，那就是朱高炽，而且这朱高炽是长子，按照老祖宗的规矩，理应被立为太子，成为皇帝的接班人。

要知道，此时的解缙已经不再是当年那个"两耳不闻窗外事，一心只读圣贤书"的学者解缙了，他俨然已经跳入了政治这潭浑水中，而且由于朱棣的待见，解缙也觉得政治这事儿挺好玩，于是不再专心搞学问。解缙知道，要玩政治，那就得让自己长久地胜下去，他知道朱棣总有一天要死，朱棣死了便没人待见他了，所以他得找一个朱棣死后继续待见他的人，而这个人就是朱高炽。

当时朱棣把解缙找来谈话，解缙毫不掩饰地表达了让朱高炽当太子的想法，而且朱棣也被他说动了。可是朱棣怎么会这么轻易就被解缙说服了呢？因为朱高炽有个叫朱瞻基的儿子，也就是朱棣的孙子。这孙子可不是一般的孙子，而是朱棣最最最疼爱的一个孙子。

朱棣的接班人确定下来了，当了太子的朱高炽对解缙的支持表示了万般的感谢，这也就意味着日后继续待见解缙的人也有了。解缙可谓是进入了春风无比得意的时代，他连走路都是蹦着走的。

可是朱高煦可不能放过解缙这家伙，毕竟之前他一直想着太子的位置是自己的，如今活生生地被人扒走了，这算个什么事呢。虽然不是太子，但是朱高煦的表现却胜似太子，这让解缙很不欢喜，于是就去朱棣面前告状。可是朱棣听了解缙的话也不欢喜了，这是皇帝家的家事，一个大臣老来掺和，实在是很讨厌。

朱棣开始反感解缙的做法，而且是对解缙这个人很不喜欢，因为他管了自己根本不该管的事。

后来解缙的行为越来越让朱棣反感，终于在 1407 年，朱棣把解缙弄到了广西。解缙很郁闷，可他依旧觉得朝廷还会重新重用他，毕竟他还年轻，还那么有才华。

◉ 坚持原则

朱棣在位做的伟大的事情一只手就能数过来，除了编书，就是迁都了。现在北京城热闹非凡，高楼林立的，可是朱棣迁都以前，北京城就是一个小疙瘩地方。至于朱棣为什么会要迁到北京来，后人分析他是有这么两种考虑。

第一，就是西北忧患不绝，建都在北方，便于就近制御。当然，西安、开封都可选择，但朱棣在北京住了二十三年，对这里感情很深。第二，由于"靖难之役"，朱棣在南京杀人太多。建文帝的支持者多半是江南士族，朱棣对他们大开杀戒，因此结怨于江南。在江南他已经失去执政基础。

其实早在朱元璋那时候，就已经有了迁都的念头，他认为南京为六朝金粉之地，脂粉气太浓，而且都是短命王朝，再者北部边患严重，需要他老人家过去震慑一下。不过他考虑再三，处于种种刚建立王朝时候的不方便，最终没有实行。

朱棣继位，他着实不喜欢南京，皇袍加身后，他让太子朱高炽留在南京监国，自己仍回到北京住下来。当时的情况是南京仍作为首都，而北京则成为行都。六部等中央机构在北京也成立了一套，称为"行在"。

尽管这样，在第二年，朱棣就开始了北京的建都工作，现在的故宫和天坛在成祖时才初具规模，并最终在 1421 年迁都成功。

但这迁都不是他想迁就能迁的，历史上那么多次的迁都过程，哪次不是费钱费力，最后总是还遭人骂，这是件吃力不讨好的事情。

朱棣要迁都一开始可是费了吃奶的力气了。在永乐十九年，也就是 1421 年四月初八的深夜，北京城突然风雨大作，惊雷阵阵，突然一声巨响，太监忙出去查看，原来北京新宫中的奉天、谨身、华盖三大殿遭雷击起火，化为灰烬。清晨，这件事情被报告给了朱棣。

这消息可把朱棣镇坏了，他正琢磨着是不是老天爷看不惯他老不迁都，正催他呢。这时礼部主事肖仪的奏本就呈到御前。这位六品官（相当于今天的司局级）认为：奉天殿遭雷击是因为迁都的缘故。把国都从南京迁来北京，不但诸事不便，就连大明的皇脉也撂在江南，这可是大不敬。

朱棣看过奏本后非常生气，想你小小芝麻官竟敢如此讽刺我的壮举，这才是真正的大不敬，须杀之而后快，于是没有作任何审判，这无辜的肖仪就被以"谤君之罪"而被处以了极刑。

但肖仪的观点在官员中仍有不少市场，同情他的官员多半是科道言官，这些官员很年轻，都是说真话不考虑的人，他们还没有真正地了解朱棣的残暴，看到这群愣头青，朱棣也不好全都杀掉。

他想出了个主意，让这些科道言官与部院大臣一起到午门外跪下对辩。迁都究竟好不好，让双方各抒己见。当时正下着小雨，一群大臣跪在地上，七嘴八舌地争论个不休，到天黑也没个结果。

到了第二天继续辩论，朱棣在一旁喝着茶水，嗑着瓜子看热闹。反正不论底下反对的声音多热闹，朱棣就是打定主意迁都，而后来的事实也证明，朱棣的选择是正确的。

◎ 三宝哥航海

宦官好像一直是和奸臣绑在一起的，他们的存在就注定了他们在中国的历史上是独特身份，像幽灵一样出现在史籍之中，却没有正式的地位，尴尬地留下印迹。

按理说，他们也该算是受害者，所以就算是有点坏心，我们也应该理解，像是典型的反面代表：十常侍，魏忠贤，他们就算是在皇帝身边，终究也就个奴隶，伴君如伴虎啊，怎么能够睡安稳，脖子上的人头永远只是借来的。

整天提心吊胆，睡不安稳，还拖着残缺的身体，无论是身体还是心理都一直受着折磨。动点小心眼，打着小算盘，想着小主意是完全可以理解的。那个时代也不能责怪他们些什么。

郑和就是有着这么个尴尬的身份，可是他却做了件了不起的大事。这件大事后来还一直被人惦记着，这么说三宝太监还真的是个人物。

三宝太监没进宫前，战火毁了他的家，没亲没故，还被朱元璋的部队当成俘虏抓了。结果你说充军或是当苦力哪点咱都认了，小三宝竟然因为长得周正被选中当"秀童"，不过这可不是好当的，稀里糊涂的，小三宝就被阉了。当他意识到时，已经无路可走了。

那个时候尴尬的人不仅郑和一个人，朱棣也尴尬地当上了皇帝。就算他是迫不及待地坐上皇帝的位置的，但是坐稳了之后，想到自己是怎么样把自己亲侄子杀了又是怎么样坐上皇帝的宝座时，肯定心里有着大大的疙瘩。

他需要的不仅仅是众人的呼喊"万岁，万岁，万万岁"。真的活上那么久，又有什么意义呢？朱棣清楚地明白自己要做什么。他做了很多很多的改革，留下了诸多政绩。但是毕竟是有过不光彩的过去，一定要切切实实地听到人夸，心里才能舒服吧。

有一天他把自己的心腹三宝叫到身边："三宝啊，我知道你心里一定对我有记恨。"三宝听到这话，肯定是扑通一下跪地，心想我怎么得罪他老人家了，一大清早就让我的心脏受不了，我到底又做了什么啊我？

"三宝，你起来啊，朕这次叫你来，是有好事情要交代你的。我知道你这辈子不是仅仅是小太监的命，你肯定会成就一番事业的。"跪在地上的郑和心里不停地嘀咕，有话您老人家就直说啊，我这半条命都在悬着，别兜这种圈子啊。

朱棣把郑和扶起来，和他说了种种似锦的前程，指了指真的是很遥远的方向，一般人要是听了这个差事肯定不会那么痛快就答应下来。要不怎么能显出来郑和是个人物呢，他听了后竟然立刻就接旨谢恩。

他就算是十万个不愿意也知道拒绝这个差事就代表了一辈子被打到冷板凳，虽说那也没有什么不好，但是人都是有点野心的，郑和的野心可能比一般人还要野，况且他还一身功夫，前路再危险，他也不放在眼里。

就这样一切准备完善后，郑和上路了。他走的这条路后来又被称为海上丝绸之路。后来在这条路上行走的人们，看着一望无际的海水还有遥远的大陆，拿着硬邦邦的干粮开始从心里佩服这条路的开创者——郑和。人家可是来来回回走了七趟啊，七趟这么一走，大半辈子就要在船上度过了。

这样漂泊的年岁里，郑和肯定自己也在纳闷，这万岁爷龙椅刚坐稳当，差我干这个差事不知道究竟是有什么目的。他寻思来寻思去，你说炫耀国威吧，也不至于，大把大把东西送给人家，谁不心疼。

怎么说也跟着朱棣小半辈子了，有些话说白了哪能看出交情呢？他明白那些冠冕堂皇的借口都是浮云。他心里明白，这个半道出家的皇帝心里有个大大的疙瘩。这建文帝活不见人，死不见尸的，简直就是他的十字架，每天到处背着，累啊。

当然，郑和南下的目的是为了找朱允炆，在郑和心里也只是个猜想。毕竟在皇帝身边那么久了，有些事情猜得到，有些规矩他都懂。下南洋可不是闹着玩的，这一路有瘟疫，有海盗，有饥饿，有混乱。这后来的盛誉可不是凭空就能赚到的。

郑和这一下南洋，换来的价值可远远不止出发前的期待。如果没有这么一活动，跟着郑和屁股后面跑的人不知道还要受多少累才能把海上的丝绸之路给敲定。毕竟还是跟着大队伍的脚步走，才踏实，才靠谱。

【新一轮争霸赛】

◉ 考察在继续

朱棣的年纪一天比一天大了，谁该接班成了他的心头病。

朱棣的长子朱高炽也就是前面在朱棣叛乱时候，帮他守住北平的那个小子。说实话，朱棣不是很喜欢这个儿子，朱高炽和朱棣很不像，朱高炽肥胖不堪，像头猪一样，而且行动还不便，一瘸一拐的。

英明神武的朱棣很不希望这样一个儿子来接自己的班，他还是偏爱朱高煦一些，这个儿子很像自己，英明能干，打仗在行，更重要的是，性格也很像自己，这才是自己的儿子，朱棣想让朱高煦顶替朱高炽当太子，他将这个想法透露给大臣们。

大臣们基本分为两派，打仗的那派要求立朱高煦，文治的那派要求立朱高炽。两边人争论不休，这让朱棣很是头疼，他那个时候已经将朱高炽立为了太子，这和解缙有关，因为解缙说朱高炽有个好儿子。

如同之前提到过的那样，解缙作为朱高炽一派，他不遗余力地要为朱高炽做推荐。朱棣曾经私下里问解缙，该立谁为皇太子。解缙说："皇长子仁孝，天下归心。"他是支持朱高炽的，待他说完再看朱棣，发现这位皇帝没什么表情，也不说话。解缙接着说道："好圣孙。"朱棣听此言后，连连点头。

为什么一句"好圣孙"就让朱棣改了主意呢？这位好圣孙乃朱高炽的长子朱瞻基，他自幼聪颖机敏，为成祖所钟爱，后来成祖亲征蒙古时，特意带上他，有历练之意，为日后做皇帝积累经验。看来朱高炽竟是父凭子贵了，真是走了狗屎运了。

但此刻，朱棣还是有些动摇，毕竟自己的内心天平还是倾斜于朱高煦的。解缙再次发挥作用，一次有个大臣献上一幅画，画上头是一头老虎带着一群幼虎，十分亲密。解缙突然在画上题诗一首：虎为百兽尊，谁敢触其怒。唯有父子情，一步一回顾。

这首诗彻底让朱棣偏向了朱高炽，都是自己的儿子，自己不能那么没良心去偏爱小儿子，而把宅心仁厚的大儿子抛弃。于是，他就不再提换太子这件事情了，解缙按说是立了大功了，但也彻底得罪了朱高煦。

受朱棣宠爱的朱高煦听他如此维护自己的亲大哥、现在的太子，怎能不怒火中烧，他就天天揪解缙的小辫，朱棣也开始讨厌解缙了。

后来解缙又去了化州当个小官，一次他获得了机会进京，竟然冒昧地去见了朱高炽，而且是在没有请示朱棣的情况下去见的。这事被朱高煦抓住了，朱高煦又告诉了朱棣，结果朱棣把解缙打入了大牢。解缙吃了五年牢饭。在永乐十三年（1415年），锦衣卫指挥纪纲进呈在狱的囚犯册籍，朱棣很惊讶地看到解缙还活着，说了句："缙犹在耶？"纪纲立即明白了朱棣话里的意思，回去后将解缙灌醉，埋在积雪中，不一会儿就冻死了，一代才子死时年仅四十七岁。

解缙的一生可以说是悲喜交加，大起大落，也不知道他本人喜不喜欢这样跌宕起伏的人生。

◎ 不服气的朱高煦

手心手背都是肉，可是太子的位置只有一个，朱棣当初忍着对朱高煦的喜爱，立了长子朱高炽为太子。可是失宠的朱高煦会服气吗？当然不会，他一向自我感觉很良好，甚至是优秀，曾经在靖难之役中帮着老爹夺取了皇位，而且自己怎么也算得上是风流倜傥、才华横溢了吧，怎么还连残疾人朱高炽都不如了呢？

虽然立下了太子，可是朱高煦觉得，现成的皇帝还有被拉下马的那一天，一个小小的太子也不是打不倒的，于是，朱高煦开始了他对太子朱高炽的反击战。

可正巧这个时候，朱棣又让他这个可爱的朱高煦儿子去云南放松心情，这可把朱高煦吓坏了。他知道，去了那样的边远地区就意味着自己永远跟皇位无缘，所以他死皮赖脸地不肯去。老爹看这儿子也实在可怜，太子没当成，再去云南，真是苦了他了，也就不逼着他去了。

于是，朱高煦继续美滋滋地开展着他对朱高炽的攻击。他第一个下手的对象就是解缙，并且于1407年获得了第一场反击战的成功，解缙被朱棣呵斥回老家种地去了。

第一回合胜利了以后，朱高煦变本加厉，大概也是因为当太子的心太急切了，所以在1412年的时候，他又等到了一次绝好的打击朱高炽的机会。那时候朱棣刚刚从北边回来，到了京城以后太子应该在门外热烈欢迎胜战而归的老爹，可是这朱高炽居然迟到了！

这下被朱高煦抓住了把柄，他趁机在老爹跟前吹耳边风，说什么朱高炽在密谋造反之类的鬼话，老爹又想到太子迎接自己回宫的时候迟到了，说不定就是在做什么坏事。朱棣本来就是造反起家的，他对造反、谋反、叛乱等词那是相当敏感，因此绝不允许自己手底下的人做这一类事情，整个一只许州官放火不许百姓点灯。

为了探探太子究竟想做什么，朱棣后来又整了几出小戏，谁帮着太子说好话谁就遭了殃，可是只有杨士奇一个人跟没事人似的，即便他也是跟太子一伙的，可是朱棣愣是没看出来，还对杨士奇十分信任。

杨士奇是东宫的人，一直陪同着太子监国，帮着太子一步步走向成熟，他拿太子当自己的儿子对待，感情深厚。而且杨士奇觉得朱高炽这人虽然长得不咋地，但是是一个具有慈悲心怀的人，要是他当了皇帝，将来百姓一定有好日子过，所以他力挺太子。

朱高煦打击太子的活动搞得一浪高过一浪，这时候朱棣对太子的态度也十分不好了，好像太子真的要造个反似的。朝廷里的大臣们看着朱棣对太子的这态度，都觉得朱高炽这太子的位置是保不住了，于是一个个都不愿意再拥护朱高炽。然而当朱高炽感叹世态炎凉，人心叵测的艰难时期，杨士奇却始终对他不离不弃。

有一次，朱棣把杨士奇叫到身边问话，他问杨士奇太子近来表现如何，杨士奇考虑了一会儿，说："太子做事还是比较努力认真的，也能够听取别人的意见，有时候他的想法跟一些大臣们不一样，或者身边的一些大臣有不太合适的请求，他也不会随意姑息。"

杨士奇的这一番回答把朱棣那颗小鹿乱撞的心给安定下来了，因为这个回答实在是太精妙了。既表达出了太子的勤奋监国，又没让朱棣觉得太子这种勤奋是急于想要登上皇帝的宝座。朱棣觉得自己的这个朱高炽儿子并没有结群结党，再加上他那么老实，应该不会谋反。

朱高炽太子的位置在杨士奇忠贞不贰地保护下终于是保住了。杨士奇其实就是个普通人，但他却能用不普通的心态去面对宫廷里的权力斗争，这和他打小受到的早期教育是分不开的。

◎ 杨士奇的轨迹

1365 年，这是很普通的一年，可这普通的一年却出生了一个不大普通的人，他就是杨士奇。杨士奇是袁州人，自打他出生的那一刻起，他就拥有了一个不平凡的人生。

说起来杨士奇也很可怜，在他很小的时候，大概还在老妈怀里吃奶，他的老爸就已经离开了他去了另一个世界。那时候一个家庭若是没了男人，那么这个家也就称不上像样的家了。可是杨士奇虽然可怜，却也十分幸运，因为他有个了不起的老妈。

那个时候正值朱元璋全力为自己的皇帝宝座奋战的时候，在那样的战乱年代，杨士奇的母亲居然还认为读书是一件很重要的事。

正是杨士奇老妈对文化知识的这份执着，才让杨士奇在那样穷酸的家庭中还能够保持思想的充实。杨士奇从小就知道自己不是一般的人，也不愿意做一般的人，只是谁也不知道他的这种想法，因为他表现在外的实在是太普通了。其实大家不知道，杨士奇这叫低调。

1371 年，对于年仅六岁的杨士奇来说又是不寻常的一年，因为他的老妈找到了新的伴侣，一个叫罗性的官员。杨士奇对于老妈的选择没什么可多说的，毕竟一个女人带着一个孩子，在那样的年代无论如何是活不下去的，她总得给自己和孩子找一个依靠。杨士奇知道，老妈这样做也是为了他。

罗性并不是个仁慈的继父，他这个人本来就有点小瞧别人，自以为很了不起，再加上杨士奇不是他的亲骨肉，他就更不待见这小孩儿了。杨士奇是个干大事的人，遇上这样的继父他并没有什么怨言，相反，有饭吃还是一件不错的事情。而且杨士奇是有眼色的孩子，因此在新的家庭中生活得倒还算可以。

有一次，罗性一家子要拜祭罗家祖先。在这个氛围里，杨士奇忽然想到了自己死去的老爹，眼泪哗哗地流，想着自己的老爹在那边一定很孤寂，于是他决定要拜祭自己的亲爹。杨士奇偷偷地用土疙瘩做了个牌位，在四下无人的时候给老爹磕了几个头。

其实杨士奇磕头的时候已经被罗性瞧见了，也正是这一眼，改变了罗性对杨士奇这小子的看法。他觉得，单凭拜祭老爹这一行为，这小子将来就一定有出息。于是罗性跟杨士奇说："哎，还是你有出息啊！你以后还姓回你的杨姓吧，你比我那几个亲儿子都厉害！"

罗性改变了对杨士奇的看法，这是件多么好的事情啊，因为杨士奇从此就可以舒服地活着了。他可以轻轻松松地读书，快快乐乐地生活，将来还可以参加高考，然后凭着高学历去朝廷里找个好工作。然而杨士奇年轻时候的命运注定悲惨，因为他的后爹罗性后来被朝廷贬到偏远地区扶贫去了。杨士奇和老妈不得不重新过穷人的日子，事实上他们两个根本就没过上几天好日子。

之后，杨士奇一边在外打工养活着自己和老妈，一边还坚持每天学习充电，他知道，总有一天自己要出人头地。在当大官之前，杨士奇还有一段当小芝麻官的经历，不过后来他弄丢了官府的学印，为了避免麻烦就一个人跑了。反正这小官他也不爱当，跑了还能给自己更多的机会。

杨士奇的仕途是在他三十六岁的时候正式向他招手的，那时候建文帝正在招揽人才，他要编《太祖实录》。这正是杨士奇拿手的啊，不然也枉费了他在那么艰苦的几十年里埋头苦学的成果。在编书的过程中，方孝孺发现杨士奇是个不可多得的人才，就让他负责了这次《太祖实录》的编撰，虽然职位是个副的。

后来朱棣把建文帝弄了下去，自己当了皇帝，他也十分看重杨士奇，就让杨士奇跟解缙等人一同组成了内阁，可见杨士奇当时是多么重要的一个大臣。虽然杨士奇也主张让太子朱高炽继位，但是比起解缙来，杨士奇更加深沉、老练，为人也更加正直，这也是他没有走上解缙那样的悲惨道路的原因。

杨士奇靠着自己的努力，从一介贫穷的小子一步步地成了四朝功臣，其中的艰辛大概只有他自己才能体味，但是他的人生经历却告诉想有所作为的人六个字：在低调中努力。

◉ 再度被耍

在杨士奇的保驾护航下，朱高炽的太子之位越坐越牢固，而且朱棣似乎也越来越认可了自己的这个大儿子。

朱高煦充满希望的心灵又被老爹打击了，可是他这个人有一个优点，那就是不撞南墙不回头，不到最后一刻绝不放弃。所以，朱高煦的美梦依旧很精彩，他继续认为自己是下一任皇帝的最佳人选，而且他觉得，事实也一定是这样的。

朱高煦有个毛病，他总喜欢把自己与前代的英雄豪杰相提并论，特别是对李世民，那种喜爱程度可谓是有些膜拜了。朱高煦觉得自己就是李世民，而朱高炽是李建成，他的弟弟则是李元吉，那么自然而然，他的老爹就是李渊了。

朱高煦这样打比方可谓意味深长，明眼人都知道他想要干什么。他的偶像李世民当年就是杀兄弟起家的，很明显，朱高煦想干掉朱高炽，然后逼老爹退位。可是他的比照只对了一半，就算是他有李世民那样的能力，可是他的老爹朱棣也绝不可能是李渊那样的人。试问一下，像朱棣这样拿权力当命看的人，他会主动退位？看来朱高煦的美梦是越做越大了。

有时候，别人不跟你斗，这并不表示别人害怕你，躲着你，而是在别人眼里，你根本就配不上当人家斗的对象。可是你要是做得过分了，别人也不会饶过你。这不，帮太子说话的那一帮人中就有一个决定对朱高煦的垃圾行为进行反击了，这个人当然还是杨士奇。

1415年，老爹朱棣看到朱高煦的行为和要求越来越无礼，越来越神经质，他觉得这儿子的脑子大概是被太子的位置给折磨坏了，就决定把他弄到青州去。朱高煦能愿意吗？不能，他依旧死皮赖脸地缠着老爹，说自己不想去。可是这一次，老爹也看不惯他这个原本十分喜爱的儿子了。

正当朱棣犹豫的时候，杨士奇勇敢地冲了出来，因为他觉得，要是再不给朱高煦扇一耳光，那么他还会变本加厉。有一次，朱棣又把杨士奇叫过去谈话，朱棣这回的问题不是关于太子的，而是关于朱高煦的。朱棣问："听说朱高煦最近的表现有点神经兮兮的，还做了不少坏事，真是这样吗？"

杨士奇答曰："这个我就不清楚了，朱高煦干什么怎么会让我们东宫的人知道呢？可是陛下，您都两次让朱高煦去做藩王了，他两次都赖皮着不走，他有什么想法恐怕陛下也应该仔细想想了。"

他这么一番话可把朱棣的心事给说了出来。于是二话不说，1417年，任凭朱高煦怎么跺脚，怎么捶胸，朱棣还是把他赶走了，他去的地方是乐安州。然而朱高煦还是不服气的，他等着下一个反击的机会，恐怕那时候所要做的事就是他老爹当年的行为了，造反。

之后，北边蒙古又有些不消停，虽然朱棣已经年老，可他依旧带着大兵出征蒙古，终于在第五次亲征，也就是1424年的时候，朱棣死于征战的途中。

朱棣死后，随行的将领把皇帝驾崩的消息封锁了起来，为的就是不让有歹心的人把这消息过早地传回去，那样朱高煦就有机会造反了。而太子那边则是例外的，得有人抓紧时间告诉太子，让他赶紧准备登基的事宜。就这样，朱高煦又一次被耍了，他的皇帝美梦看来是彻底地破碎了。

◎ 不打仗的好皇帝

朱高炽终于要当皇帝了，他在经历了二十多年不平静的太子生涯后，终于要当皇帝了，真是可喜可贺。

在他阴谋家父亲和阴谋家弟弟的双面夹击下，朱高炽还能挺到最后，的确是不容易。朱高炽即位后在政治上励精图治，想要有所作为。他承继大明开国六十年以来的成就，苦心经营，继续采取重农、用贤、惩贪的一系列政策，加之仁宗本人仁厚，政治环境宽松，由太祖、成祖时期的严急趋向于平稳，大明王朝在平稳中呈现出上升的势头，开创了"仁宣之治"局面，进入了明朝的鼎盛时期。

确实，朱高炽即位后，任用贤良，友爱二弟，轻刑薄役，核查冤狱。"在位一载，用人行政，善不胜书"，确实是明朝历史上罕见的仁德皇帝。可惜老天爷不长眼，明仁宗当了一年皇帝就病死了，时年四十八岁。

终于，朱棣的"好圣孙"朱瞻基继承大统，改年号宣德，是为宣宗。

自古以来，好皇帝就分为两种：一种是像朱棣那样的，能够南征北战，扩大疆土，把国家发展得更强大；而另一种皇帝，则是像朱瞻基这样的，能不打仗就不打仗，因为打仗对老百姓是一种极大的伤害。至于前一种好皇帝，他的功绩在很大程度上是想自我表现，自我证明，而后一种好皇帝，他更多的是站在百姓的立场上，真正地为民着想。

朱瞻基的好，首先体现在他对人民的关照上。一日，朱瞻基去坟头拜祭老爹，拜祭完之后路过一片田地。他看到田里面正有一群农民在干活，于是就上前去想要跟农民们聊上几句。他问其中的一个农民："为什么干活这么拼命？"那农民当然不知道眼前的这个人是皇帝，就不耐烦地说："废话，不拼命干活你养活我啊？少一个季节偷了懒，到了冬天可就没饭吃咯。"

朱瞻基愣了，他原来还以为这农民会这么说："嗨，为了国家建设呗，咱当农民的也得给国家出点力不是？"可是农民的回答显然跟国家没什么关系，只是为了自己填满肚子而已，这难免会让当皇帝的朱瞻基有些失望。

朱瞻基又问："既然春夏秋都得干活，那就冬天里好好歇息了吧？"农民回答："歇个屁！冬天了还得服徭役！"说完之后农民就急着要回去干活，没工夫搭理朱瞻基。朱瞻基无奈地摇摇头，拍拍屁股也回宫去了。

朱瞻基是个为他人着想的好皇帝，看到农民们这么辛辛苦苦地下地干活，到头来自己却丝毫不能享受到什么，他回到宫里以后就睡不着觉了。于是就趁着天还没亮大大地感慨了一番，而且把这番感慨写到了纸上，分发给每位大臣，让他们今后多多体恤人民，不可以胡作非为。

朱瞻基不愿意做他爷爷朱棣那样的人，当然，他也未必不钦佩自己的爷爷。毕竟每一个男人心中都有一个英雄梦，而他的爷爷朱棣则是一个不折不扣的真男人。然而朱瞻基的理想却不是当那样的一个英雄，他宁肯看着自己的老百姓每天都乐呵呵的，也不愿意看到因为征战收税，百姓们一副副愁苦的脸。

正是由于朱瞻基的这份宅心仁厚，在他统治国家的期间，国民生产稳定，人民生活安居乐业，老百姓脸上经常洋溢着幸福的微笑，大概也只有哪天跟老婆吵架了才会摆出一副臭脸给人看。历史上称朱瞻基和他老爹统治的时期为"仁宣之治"，这也是对当皇帝的人相当美好的嘉奖了。

【中兴过后是衰落】

◉ 好人不长命

不论如何，朱高煦死后，朱瞻基总算是能够一心一意地干事业了。他摆脱了这最后一个累赘，一心一意地去奔着明君去了。

从萌芽到发展，总会有一个高潮，步入顶峰，之后就会是渐渐地衰落了，朱瞻基生的时代好，他站在了这个顶峰。当然，这个盛世强音也要靠自己来鸣奏，朱瞻基没有辜负祖父与父亲的厚望。他初登皇位，就向世界昭告了自己是一个明君。

诸葛孔明先生在很久以前，说出了一句领导人可奉为经典的话：亲贤臣，远小人！朱瞻基做到了。他继续任用父亲曾经重用的正直大臣：杨士奇、杨荣、杨溥、夏原吉、蹇义，其中前三人合称"三杨"。

这三位兄弟非常彪悍，都是治国平天下的能手，朱瞻基在他们的帮助下，将天下管理得妥妥当当的。后代历史学家认为朱瞻基在位的那十年，和他爹朱高炽在位的那一年，这加起来的十一年，是能够和"文景之治"拼一把的"仁宣之治"，是一个盛世。

当时边境安定，蒙古虽有扰边的行动，但没有发生过大规模的军事行动。朱瞻基实行安抚的政策，力主和议，保持了和平共处的局面。

后来，朱瞻基还继承了他爷爷朱棣的志愿，派出郑和继续下西洋，郑和也把自己的最后一次远航献了出去，再也没有回来。随着郑和的死，大明朝的帆影从此远逝。

朱瞻基的英明还表现在对国民经济发展的贡献上，他爱惜民力，与民休息，重视农业，力劝农桑，鼓励垦荒，农民得以安居乐业，社会财富迅速积累起来。时称"宇内富庶，赋入盈羡"，是明王朝财力最雄厚的时期。

太祖朱元璋时撤了宰相，收了兵权。吏、户、礼、兵、刑、工六部各司所事，同时六部尚书与都察院之都御史合称"七卿"，这"七卿"与通政司的通政史、大理寺的大理卿合称"九卿"，分别理事，互相制约，对皇帝负责，权力都集中在皇帝手中。但是天下事何止千千万，遇到朱元璋这样精力充沛的皇帝，倒还能勉强应付。

但是朱瞻基明显没有那么好的体力了，他每天工作个十七八个小时也干不完手里的活，当皇帝当得腰酸背疼实在不行了，他就开始想主意了。

全国大大小小的奏章，甚至老百姓给皇帝提出的建议，都由通政使司汇总，司礼监呈报皇帝过目，再交到内阁，内阁负责草拟处理意见，再由司礼监把意见呈报皇上批准，最后由六科校对下发。内阁大臣的建议是写在一张纸上，贴在奏章上面，这叫作"票拟"。而皇帝用红字做批示，称为"批红"。可是这样批示还是很麻烦，于是皇帝就开始象征性地批写几本，大多数的"批红"则由司礼监的太监按照皇帝的意思代笔。

这样做，皇帝是省事了，每天做做样子就完成工作，能去吃喝玩乐了。但是却逐渐地把权力都交给了太监，明朝后期太监专权就是从这里埋下伏笔的。

不过朱瞻基统治时间并不长，他在当皇帝的第十个年头，也就是1435年，身染疾病，经太医们会诊抢救无效宣布死亡，年仅三十八岁。

"仁宣之治"也随着朱瞻基的死亡而宣告结束。

◉ 坏人马上出场

在朱瞻基临死之前，他把自己年仅九岁的儿子朱祁镇托付给了五位顾命大臣：杨士奇、杨荣、杨溥、张辅、胡濙。他希望这五个人能拿出辅佐自己的力气来辅佐自己的儿子，帮着他们老朱家继续大明盛世。

但他绝想不到，这五位精英最终还是没能让他泉下安稳。因为坏人即将要登场了。

王振，《明史》上讲，"王振，蔚州人（今河北蔚县），自少选入内书堂"，据查继佐《罪惟录》说，王振"始由儒士为教官，九年无功，当谪戍。诏有子者许净身入内，振遂自宫以进，授宫人书，宫人呼王先生"。意思是说他年轻时潜心读书，却屡考不中，愤愤然"自阉"，落榜男儿就以这种看似悲壮的方式毅然走入了太监社会，最终成了名。不管怎么说，王振也是个有知识的太监。

在朱瞻基还在位时，立朱祁镇为太子，王振是东宫中下级宦官"局郎"一类的陪侍。他很讨太子的喜欢，太子平时老跟他玩儿，现在太子成了皇帝，这位志向远大的太监也想走到政治前台来露露脸了。

但有人牢牢地挡住了他的路。1436年二月，朱祁镇的祖母张太皇太后召开了一次大会。她把五位顾命大臣叫到皇帝面前，让朱祁镇好好认认这五个人，并且让朱祁镇听他们的话。

一番嘱托之后，张太皇太后就叫人宣布王振进宫，王振进来还没站稳，张太皇太后就指着他的鼻子大骂起来，"汝一宦者，侍皇帝起居，多有不法之事，今当赐汝一死！"说时便有女官立刻上前，横白刃于王振后颈之上。

王振本想着太皇太后是来升他的官的，没想到是来要自己的命，顿时吓得趴在地上求饶。朱祁镇也赶紧替他求饶，其实张太皇太后也没想真要王振的命，她就是给王振打个预防针。事实证明，张太皇太后的警惕性很高，她隔三差五地就把王振叫过去骂一顿，这一搞就是七年，这七年里，王振什么想法也不敢流露出来，他每次都表现得老实本分，这让五位顾命大臣作出了错误的判断，认为他是个不错的人。

其实，王振这一切不过是在做戏，他暗地里却不断地拉帮结伙，扩大自己的势力，他利用司礼监的权力安插自己的侄子王山为锦衣卫同知，并广结党羽，控制朝臣。

这一切进行得密不透风，张太皇太后也没有收到消息，不然她早把王振剁剁喂狗了，但是张太皇太后没能活过王振。1442年农历十月，历经四朝的张太皇太后离开了人间，王振这下可能松口气了。

此时，三杨中的杨荣已经去世，而剩下的杨士奇和杨溥也已年老多病，根本管不了事了。王振小心翼翼这么多年，可算等着机会了。

⊙ 皇帝听我的

朱祁镇打小不爱干正事，就喜欢玩儿，有王振在一旁替他管着国家大事，他还省得劳累呢。于是在朱祁镇的默许下，王振肆无忌惮地弄权，大兴土木，广收贿赂，使用重刑，权倾朝廷。

柏杨曾说过："权力所在，谄媚必然集中。"当时的工部侍郎王祐就是个典型的例子。有一次他去王振家串门，在明代，大臣们都留有胡须，但偏偏王佑没有留胡须。

王振感到很奇怪，就问他为什么不留胡须，王祐恭谨地回答道："老爷没有，儿子辈安敢有。"这一回答真是令人拍案叫绝，古往今来，什么都缺，就是不缺这种逢迎拍马的人。

王振是太监，当然长不出胡须，但王祐先生作为一个正常男人，却这样去逢迎有权势的人，真是不要脸到了极致。

不过话说回来，这也不能完全怪那帮大臣，朱祁镇对王振的宠信，也给了王振许多别人没有的特权。

1441年末，朱祁镇与文武百官饮宴。按照惯例，宦官没资格参加。但朱祁镇时刻不忘他的"王先生"，宴会中间专门派人探视。使臣到时，王振怒气正盛，说："周公辅成王，我独不可一坐乎？"使臣回报，英宗不仅不以为忤，反而不惜违背祖制，召王振入席。王振到时，百官望风而拜。从中可见王振权势之盛，以及百官的奴媚之相。

王振独揽大权、无限风光的时候，也感觉到了内心的空虚，他想找点事情干干。王振之前也算是个读书人，有点个人追求。当时他就非常崇拜郑和，认为郑和是自己的偶像。郑和可以七下西洋，成为民族英雄，自己也可以横刀立马在战场上一展英姿。

有了这个念头后，王振开始不安分了。很快他就找到了实现自己人生理想的机会。

话说在宣宗时，对北部的蒙古进行安抚政策，使得北部边防近十年平安无事，可是这也助长了蒙古的一支——瓦剌部势力的增长。瓦剌虽然年年都来明朝朝贡，但是每次都能拿到更丰厚的赏赐，他们乐此不疲。当也先成为瓦剌首领的时候，1449年二月，他遣两千多人向明朝进贡马匹，却号称三千，向明朝多要回赐。

这样的做法让王振愤怒了，他觉得这也先太过分了，吃着碗里的看着锅里的，不教训教训说不过去。当年七月，将领脱脱不花与也先率领大军，分四路侵入明境。结果大同的参将吴浩阵亡，消息传到北京，王振认为机会到了，他就怂恿朱祁镇御驾亲征。

本来这场战争根本不需要皇帝亲自出马，明朝的这些边境重镇的防守实力要对付也先部队还是绰绰有余的，也先也就是想到中原来弄点好东西回去，没想把事情搞大。把事情搞大的人是王振。

事情坏就坏在这个王振身上，他不甘于只当一个"默默无闻"的人，心里总琢磨着要做点什么事，也让他能够在史上留个名，顺便也能耀武扬威一番。

在王振的一番花言巧语、极力劝说之下，二十三岁的英宗正是年少气盛啊，心想也对，当皇帝这么久了，也没能好好地上战场显摆显摆，这次来个御驾亲征，说不定也先部听到我的名号，就吓得回老家去了。

英宗心里越想越美，完全不顾那些那些忠臣的良言相劝，在京城附近临时拼凑了几十万大军，浩浩荡荡地向也先部队开去。可这一去，英宗也就踏上了一条"不归路"。

⚫ 丢人的时刻

历史上有几个皇帝可真的是丢人啊，本来前一晚还作威作福地在皇宫里睡大觉，第二天一不小心就被人给俘虏了。这样的皇帝，老脸还往哪儿搁啊，大内高手还不赶紧一个个拉出去喂狗，竟然这么不堪一击，真的是比豆腐还要脆弱。

这样的皇帝还真不少，从宋朝的徽宗、钦宗两父子，再到大明奇耻——全军覆没，皇帝被俘。糗事还真的是成筐筐啊。

明英宗朱祁镇出生仅四个月就被立为皇太子，多少皇子皇孙对他眼红妒忌啊，他可谓是权力斗争中的胜利者。在胜利者的周围总是会有那么一些阿谀奉承的小人。要想在你的锅中分得一杯羹，自然会给你说点顺耳的话，灌点"迷魂汤"。在英宗的身边，首屈一指的代表人物当属太监王振。英宗对他的话是言听计从，你说怎么好就怎么好。

所以，这次王振都开口了，怂恿得英宗是五迷三道的。

由于这支庞大的军队是临时拼凑的，后方的供给并不能跟上，在这个听信谗言的皇帝和野蛮专横的宦官的指挥下，军队的士气一天比一天低落，一个个都蔫了，再加上吃不饱穿不暖的，一路上，越接近也先部队，心里就越发虚。

历经千辛万苦，明军好不容易来到了双方交战的地方。本来王振是想，到了之后先给也先部来个下马威，让他们看看这是谁来了，知道知道厉害。可是，当看到战区，明军将士尸横遍野，明宗和王振都慌了，连忙决定撤兵。

你说你要不打了、想逃了，你就赶紧撒丫子跑嘛。王振还不，他还没有忘记他来的主要目的，就是炫耀炫耀自己的权威。他想出了一个招，那就是部队从他的家乡蔚州撤退。这几十万的大军，我王振指挥着，就连皇帝老子对他的话也是说一不二，这要是让父老乡亲们看看，多长脸啊。

好不容易，王振想从蔚州路线撤退的方案得到了英宗的首肯，大军也就依照这个路线往回撤了。可是，"细心"的他猛然间想到，这几十万大军洋洋洒洒就这么过去了，沿路的庄稼肯定遭殃。这大军一过，家乡的人还不把他骂个狗血喷头啊，这在其他地方他可以不在意，可是他不能让他的祖宗在家乡也背上骂名啊。

于是王振又临时改变了撤退线路，本来撤退的关键就在于一个时机，越快越好，哪里经得起你这样来回折腾。就这样，行至土木堡，被也先部队追了上来了。明军只见也先军队像饿狼一样，朝自己扑来。本来就饥寒交迫的士兵见状十分恐惧，纷纷逃命去了。所以土木堡之战中，基本上没有经过什么激烈的战斗，明军就全军覆没了。

一个没有军队可指挥的指挥官，当然就逃脱不了任人宰割的命运，一贯作威作福的宦官王振被护卫将军樊忠杀死了。而英宗的命运比王振稍微好点，好歹他也是皇帝，也先部队还期望能用他来换一些什么好处，所以英宗被也先部队俘虏之后，保住了小命。

经历了土木堡的惨败，英宗的生活自此大变样，真可谓是昨日天堂，今日地狱啊！

◎ 英雄上场

英宗被俘消息传来，京城大乱，国家危急，呼唤英雄出现，于是一代名臣于谦从历史中走来。

"千锤万击出深山，烈火焚烧若等闲。粉骨碎身浑不怕，要留清白在人间。"这就是于谦的大作。能写出这种气势的诗歌的人，必然是个很有种的人。的确，于谦就是这样的人。

就在皇帝被俘，群龙无首，一片混乱的时刻，负责居守的郕王也一筹莫展，大臣们更是"相看泪眼，竟无语凝噎"。等到同年八月十八日，皇太后孙氏召百官，确定了英宗朱祁镇的同父异母弟弟郕王朱祁钰的监国身份。

朱祁钰召群臣们商讨战守大计。竟有人提出要迁都南京，以避灾祸。幸亏时任兵部侍郎代理部事的于谦坚决反对，并主张马上召集军队，誓死保卫京师，不然大明就要走上另一条路了。

于谦表过态度之后，就开始进行实施。首先，他拥立郕王朱祁钰为皇帝，即是景帝，改年号景泰。定下一号领导人后，接着就是清洗王振的余党，王振为很多大臣所痛恨，因以前有皇帝撑腰，只能敢怒而不敢言。且这次皇帝的亲征正是他的调唆，才惹出了天大的祸事，朝臣们更是恨之入骨。因此，他死在乱军之中，他的同党、亲族的末日也就到了。于谦辅助朱祁钰处置了这些不得人心的奸佞，平息了众怒，朝廷内部稳定。

后院不至于起火，大家就会同心协力，抵御外敌。于是于谦作为兵部尚书，开始着手北京的防卫工作。他征集粮饷，任用贤能的将领，增强城防。总之，在于谦的筹划下，逐步形成了一个依城为营，以战为守，分调援军，内外夹击的作战部署，一切准备就绪，只待与瓦剌军决战于北京城下。

北京城准备好了，于谦也准备好了。而也先怀揣的却是另一番心思，他以为捉住了朱祁镇，就可以奇货可居，于是用要挟的手段逼明朝议和，但于谦却告诉他一个事实"社稷为重，君为轻"。

一句话打消了也先的念想，也让英宗没法回来了。当然于谦不是故意的，他只不过是在维护自己国家的尊严而已。

也先看没得谈，那就打吧。面对瓦剌的大兵压境，于谦身先士卒，身披甲胄，临阵督战，并下令将九门全部关闭，规定："临阵将不顾军先退者，斩其将；军不顾将先退者，后队斩前队。"

铁命令都下了，将士们也没办法，一鼓作气地就去打仗了，也先被打惨了，落荒而逃，走的时候还不忘记带上英宗。于谦派兵追击，结果途中又大败瓦剌。是为"北京保卫战"。

北京保卫战在明朝历史上乃至中国历史上都占有重要的地位。它不仅确保了都城北京的安全，避免了宋朝南渡悲剧的再次发生，也粉碎了也先图谋中原的企图，此后蒙古很难再次组织起大规模的武力入侵行动。同时，北京作为抵抗蒙古的最为重要的堡垒依然发挥着重要的作用，并形成了以北京为中心，以宣府、大同、居庸关为屏障的整体防御体系，有效地抵御了蒙古军队的侵扰，确保了内地人民正常的生产生活。

于谦成功地击退了也先，但他却给自己日后留下了祸根。

【一代不如一代】

⊙ 夺门之变

也先大败，朱祁镇失去了利用价值，成了也先的一个包袱，于是迫不及待地想将其送还。这就遭遇一个尴尬局面，如果朱祁镇回来，这朱祁钰哪里放？

在大臣们坚持要迎回英宗时，于谦说："天位已定，宁复有他！固理当速奉迎，万一彼果怀诈，我有词矣。"因此景帝疑虑顿消，其实于谦对迎回英宗朱祁镇是否会夺皇位的问题并不是十分关心，他说"社稷为重，君为轻"的意思就是谁当皇帝都一样，只要对天下社稷有益就可以。因此他对朱祁镇被迎回之后的政治斗争中显得很平淡。

朱祁镇在外担惊受怕了一年之后，回到故国，兄弟二人相拥痛哭。朱祁镇倒也懂得深浅，这帝位经过一番"授受"与"推逊"，朱祁钰继续做他的皇帝，而哥哥朱祁镇被软禁在了南宫，什么事也不许干。

按说朱祁钰也算是有情有义了，他还继续养着他哥哥。但是时间一年一年过去，问题又出来了，朱祁钰的儿子被立为太子后，居然得病死了，悲哀的是朱祁钰只有这一个儿子，这下皇位的继承者成了个问题。

1457年，朱祁钰病倒，眼看着就快不行了。一些阴谋家就开始蠢蠢欲动了。武清侯石亨与都督张轨、太监曹吉祥等密谋发动政变，拥英宗复辟，以邀赏功。一月十六日夜，徐有贞、石亨等引军千余潜入长安门，急奔南宫，毁墙破门而入，扶英宗登辇，自东华门入宫，升奉天殿。这就是"夺门之变"。

早晨大臣上朝的时候，忽然看到龙椅上坐了一个熟悉的陌生人，此人就是朱祁镇。这到底是个什么情况，大臣们丈二和尚摸不着头脑，但既然龙椅上有人坐了，那自己干好自己的本职工作就行了。大臣们该汇报工作汇报工作，该闭嘴的就闭嘴。

这边朱祁钰听到哥哥复辟，竟连声大叫"好"！也不知道他这好表示什么意思，是反讽还是真心，那就不得而知了。反正，他被移到了西宫，一个月后神秘死去，时年三十岁。

谈迁在《国榷》中充分肯定了景帝的功绩："太祖之后，有功劳的皇帝，谁不知道是成祖？有德行的皇帝，谁不知道是孝宗？然而，还有一个景帝。土木之变发生后，如果没有景帝，我们都会沦为异族统治下的奴仆了。景帝的德行有哪些？一个是他善于知人，一个是他懂得安民。"

但是这位好皇帝最终没有被葬到自己修建的皇陵之中，直到天顺八年（1464 年）英宗朱祁镇驾崩以后，已经更名为朱见深的宪宗朱见濬继位后，没有记恨叔叔废掉自己太子之位，而是念叔叔朱祁钰当年的功绩，以亲王之礼葬景帝于北京西山。

⊙ "胡汉三"又回来了

当年的囚犯朱祁镇又回来了，他重新坐上了龙椅，八年了，他熬了整整八年才重新当上了王者，真是不容易。

英宗继续他的执政生涯，改年号为天顺。他在复辟当天，就把拥立朱祁钰的于谦等人逮捕，不久这位功臣便以谋逆罪被处以极刑，于谦的党人也一一被杀、谪戍、罢官。

然后拥立朱祁镇登位的几个人：徐有贞、曹吉祥、石亨纷纷加官晋爵，成了大官。但这几个人都不是什么好鸟，一上台之后就开始铲除异己，排除政敌。

其中的徐有贞还算是有点追求高度的人，起码还知道工作时间看看文件，做几件正事。至于曹吉祥和石亨，那完全就是草包两个，除了疯狂的贪污腐败，就不会干别的事情了。徐有贞慢慢地就看不起他这两个战友，决心要跟他们划清界限了。

这三个人之间渐渐出现了裂痕，而徐有贞则打算先下手为强，他要先干掉这两人，免得夜长梦多，于是他指使御史写了一封弹劾石亨的奏折给朱祁镇。

朱祁镇当时当着石亨的面将这封奏折读了出来，上头写满了石亨的罪证，可把石亨给吓得不轻。虽然当时朱祁镇没有说要那石亨怎么办，但是石亨也不能坐以待毙，他赶紧跑去找到了曹吉祥，希望他能给自己做主。

曹吉祥一听，这还了得，明显是要拿我们开刀了，于是他给了徐有贞有力的一个反击。在朱祁镇面前告了徐有贞一个黑状，让徐有贞吃了哑巴亏，后来他又调动太监的全部力量，将徐有贞拉进了监狱。

在这场较量中，徐有贞输了，官被撤了，钱也没了。后来回老家待了十几年，贫病交加死了。

但赢了的曹吉祥和石亨也没过几天舒坦日子，因为还有一个人是他们的隐形对手，那就是李贤。

李贤是个好官，也是个有正义感的人，他当初看到于谦就这样被这几个人冤杀，心里很是气不过，一心想要为于谦报仇。只不过在朱祁镇刚坐上龙椅的时候，这三个人的势力还太大，自己贸然出手，只怕不成，于是他就静静地等待机会。

看到这三个人内讧，斗得你死我活，他也不出面说帮谁，就那么置之事外。后来在最有头脑的徐有贞倒下后，李贤看到机会来了，他开始行动。

石亨一直借着自己夺门有功，天天地跟朱祁镇那得瑟，很是让朱祁镇讨厌。但朱祁镇又念及他帮助自己夺回皇位，一直也没跟他计较。

这下李贤专门找到朱祁镇，跟他谈起了夺门之变的真谛，那就是这是一个政客玩儿的游戏。当初的景帝并没有儿子，而且景帝自己也是重病在身，一旦归天，那皇位自然就是归朱祁镇所有。

再说当初徐有贞为了杀于谦，编了个理由说于谦要拥立在外地的朱祁镇的叔叔当皇帝，但后来这位叔叔亲自跑到京城澄清了这件事情，这根本就是没影的事。

所以，朱祁镇重新当皇帝，不用夺门，也能当上。反倒是那几位老兄一搞政变，成功了还好，不成功，那朱祁镇的脑袋可就不保了。

听到这几个人拿自己的命做赌博，朱祁镇怒由心中起，他愤然地将石亨处理掉，随后开始办曹吉祥。

曹吉祥为了避免被办，自己先行造反，他要废掉朱祁镇，自己当皇帝。但事实证明，蠢材就是蠢材，成不了大气候。

造反了一天一夜，最后被灭了。就此，夺门之变的"有功之臣"，全部得到了报应，为于谦还了一个公道。

◉ 儿子也苦命

解决掉要了自己好多年的夺门大臣，朱祁镇还干了几件好事，一件就是释放建庶人。建庶人是建文帝次子朱文圭。1402 年，明成祖攻入南京之后，建文帝及其长子朱文奎不知所踪，次子朱文圭则被朱棣幽禁起来，称为"建庶人"。

到了朱祁镇那时候，这位兄弟从两岁的娃娃已经长成了五十多岁的老头，就一直被人看着，没过过正常人的自由生活。

大概由于也曾经历过长期被囚的生活，突然有一天朱祁镇想起了这位远房叔叔，动了恻隐之心，将其释放。他身边的人担心放出建庶人会出变故，他倒很有气度，说："有天命者，任自为之。"

看来朱祁镇折腾了这几年，肚量倒是变大了，不管怎么说，释放建庶人一事还是受到百官和百姓们的真心赞叹。

还有一件事就是废除殉葬制度。明太祖死的时候，许多宫人陪葬。自此之后，成祖、仁宗、宣宗、代宗去世都以宫妃殉葬。其实这是一个非常残酷的制度，朱祁镇临终前遗诏停止殉葬。此后明代各帝都遵从这个遗诏，不再以宫妃殉葬。

朱祁镇复辟后又当了八年皇帝，《明史》称英宗在位期间，"无甚稗政（坏政策）"。但这个时候，明朝已经是一个奄奄一息的病人在苟延残喘了。1464 年，朱祁镇三十八岁，将他儿子，也就是被朱祁钰废掉、又重新登上太子之位的朱见深叫到床边，嘱咐了一番，然后闭眼离去了。

1464 年，十八岁的朱见深继承了父亲的皇位，开始了他二十三年的统治，年号成化。

后人对他的评论几乎一致，无论是对于他的统治，还是他本人，那就是一个字——乱。"朱棣以后，明朝历代皇帝的颠顸、下作、昏智，明显呈逐代上升之势，到成化皇帝朱见深，算是又创了一个新高。"

这位老兄说起来也是个可怜人，当年他爹一腔热血奔前线去了，就再没回来，可是苦了他了。

牙还没长全呢，就被扔在居心叵测的深宫之中。当时朱祁镇战败被俘，朱祁钰即将顶替他哥哥的位置。孙太后想到这个弟弟不会归还皇位，于是她就招呼人拥立朱见深为太子，用来作为支持朱祁钰登基的交换条件。

就这样朱见深两岁就当了皇太子，而孙太后为了避免朱见深被别人害死，就把自己的亲信，一个姓万的宫女派去保护他，那年这位万宫女已经十九岁了。

后来果然不出孙太后所料，朱祁钰坐上了皇位，他还想让自己的儿子、孙子都坐上皇位。于是他就废了朱见深的太子，立了自己的儿子。

太子之位被废除，朱见深也成了人见人嫌的主儿，大家纷纷去投靠新的太子了，但唯独这位万宫女留在朱见深身边保护他。

这位宫女的身份比较复杂，先是乳母，后来成了养母，再后来是玩伴，后来是知心姐姐，最后是枕边人，妻子，爱人。

总之，朱见深对这位万宫女的感情非常独特而不可替代。

◎ 年龄不是问题

当了皇帝，那可就是权力大大地有了，要什么来什么。一般皇帝都会三宫六院的选好些个美女陪自己，但朱见深不一样，他就要万贵妃，其他女人看都不看一眼。

朱见深当皇帝的时候已经十八岁，而万宫女已经三十多了，在古时候，这个年纪就已经是人老珠黄，残花败柳了。

皇帝宠幸的女人哪个不是嫩得可以掐出水来的小姑娘，但朱见深不，他就喜欢这位长他十多岁的万宫女，还把她封为了贵妃，真正地年龄不是问题。

万贵妃到底有什么魅力值得朱见深这么上心，好多人也是充满了疑惑。《罪惟录》的作者查继佐描述她"貌雄声巨，类男子"，朱见深之母周太后也曾大惑不解地问儿子："彼有何美，而承恩多。"但就是这样一位没有什么魅力的"老女人"得到了宪宗朱见深的万千宠爱，且左右了他的一生。

后世人猜测其因童年的创伤，所以有恋母情结，也有一定的道理。毕竟在朱见深的童年时期，少年时期，唯一陪伴他、给他温暖的就是这位万贵妃。所以，朱见深不论别人怎么说，自己就是一如既往地宠着万贵妃。

总之，万贵妃是恃宠而骄，内乱宫廷，以致延伸到外廷。1466年正月，万贵妃就为皇帝生下了一个皇长子，本以为从此高枕无忧，谁知命运偏偏和她过不去，这孩子竟然没活多久，就死掉了。

而已经三十八岁高龄的万贵妃是不可能再生育了，虽然朱见深也受到了打击，但他还是一如既往地守在万贵妃身边，不离不弃。

这让其他大臣们受不了了，眼看着皇帝年纪也不小了，可是一个子女也没有，这将来要是有个三长两短，江山可怎么办？

于是他们纷纷上书劝皇帝不要只守着一个老婆，其他老婆那里偶尔也要去光顾光顾。其实朱见深并非没有去其他老婆那里留宿，但就是没有子嗣出来，这个幕后原因，就是朱见深宠爱的万贵妃。

试想在美女如云的后宫之中，一个青春不再、姿色难留的女人面临着无子的命运，还是在皇家，她会怎样？于是万贵妃来个一不做，二不休，史称："掖廷御幸有身，饮药伤坠者无数。"她变成了一个专门谋害胎儿或婴儿的杀手。

自己生不出来，也不让别人生，万贵妃秉承着自己得不到，别人也得不到的专业精神，用非专业的妇产科技术暗地里杀害了朱见深许多个儿子和女儿。而这一切后宫人都知道，但就是没人敢告诉朱见深。

就这样朱见深被蒙蔽了好多年，一直到他的亲儿子站到他面前，他才知道自己原来是有后的。

这件事情是万贵妃预料不到的，她认为自己手段很高明，绝不可能留下活口，但再高明的杀手总有失手的时候，她唯一一次的失手就给孝宗朱祐樘的横空出世提供了一个难得的机会。

◉ 藏着掖着盼天明

据说朱祐樘的生母纪氏是普通宫女，在宫里的工作是管钱库，每天数钱玩儿。一天，朱见深无意中去到钱库，和这位纪姑娘邂逅，朱见深觉得纪姑娘人很好，谈吐很大方，就临幸了纪姑娘。

本来这事儿就算完了，朱见深回去后继续宠他的万贵妃，而纪姑娘也是继续数钱，可是没多久，纪姑娘发现自己怀孕了。本来怀了龙种是件高兴的事情，要是在别的时候，肯定得敲锣打鼓地四处宣扬去。

但现在，这就是一个悲剧，要是让万贵妃知道了，那得一尸两命。这位贵妃的手段可是毒辣得很。纪姑娘的母性细胞迸发，她要保护自己的孩子，于是她偷偷地拿布带捆住肚子，就是不想让别人看出自己怀孕了。

但世上哪有不透风的墙，万贵妃耳目众多，她听说了这件事情后就派自己的一个亲信宫女去查证。

但也不知道为什么，那位宫女见到肚子已经很大的纪姑娘后，居然没有向万贵妃说实话，她就说纪姑娘是害病了，而不是怀孕了，这才保住了纪姑娘的一条命。

后来纪姑娘怀胎十月，生下了一个男孩，这事又被万贵妃知道了，这次她派了一个叫作张敏的太监去淹死那个孩子。

但这个太监同样是个有良心的人，他没有淹死孩子，而是把孩子抱到了一个安全的地方藏了起来。

万贵妃接连几次都被骗了过去，孩子是留下来了，但如何养活成了个问题，那会儿宫女、太监们的生活也不富裕，自己吃也才勉强够，哪还能负担得起一个孩子？这时，一位大侠出手相助了。

她就是当初被万贵妃用计策废掉的皇后吴小姐。这位吴小姐虽然是前皇后，但家里有钱，养个孩子对她来说不算什么，而且她估计也藏着私心，想借这个孩子将来打击万贵妃。

不管怎样，这个孩子就这样偷偷摸摸地在后宫中成长了起来。成化十一年（1475年），五月，丁卯，这个孩子重见天日的时刻终于来临了。

这天，朱见深坐在镜子面前，张敏正站在他的身后为他梳头，朱见深看到自己多了好多白头发，就对着镜子自言自语地说："虽然我还不到三十岁，但老没有个孩子，还真不是个事儿啊。"

当朱见深为自己的不育问题而烦恼时，张敏知道告诉朱见深真相的时刻到了，虽然说出了真相，自己就必死无疑，但为了良心，张敏还是下跪告诉朱见深，他有个儿子，而且现在活蹦乱跳地活在后宫里呢。

听到这个消息，朱见深大吃一惊，他赶紧派人去把自己的儿子接过来，这时他的儿子朱祐樘已经六岁了，但因为这六年来从没理过发，头发都长得可以挨到地上了。

看到自己的儿子活蹦乱跳地向自己走来，朱见深很是高兴，他抱着儿子热情地介绍给了自己的母亲周太后和所有的大臣们，自己有儿子了。

所有人都欢呼雀跃，大明有继承人了，但有几个人却不高兴，首先就是万贵妃，她气得要死，居然有人瞒了她这么久，她要疯狂地报复。

还有就是纪姑娘，在朱祐樘身份明朗一个月后，她暴死于后宫之中，死因不明，而太监张敏也吞金自杀。但他们誓死保护的朱祐樘活了下来，而且还活得很好，这无疑让万贵妃怒火中烧。

◎ 有人欢喜有人愁

朱祐樘的存在是有人欢喜有人愁，为了保护自己这唯一的孙子，周太后是煞费苦心。朱祐樘被祖母皇太后，也就是周太后领去抚养，她十分小心，时时刻刻警惕着万贵妃的魔爪伸过来。

这中间有一件事情很值得细说。一次万贵妃召朱祐樘去她那里吃饭，太后叮嘱："儿去，无食。"告诉他不要吃东西。到了那里，万氏赐饭，朱祐樘答："已饱。"再送上汤，朱祐樘毕竟年幼，不知如何应付这场面，于是说了实话："疑有毒。"

一个人孩童时期的经历可以影响一生，而朱祐樘童年生活在恐惧中，这使他在肉体和性格两方面都成了一个柔弱的人。再加上后来他身边的大人们时刻让他提高警惕，说有人要害死他，处在有今天没明日的恐惧中，朱祐樘也是活得够累的。

朱祐樘的存在让万贵妃失去了斗志，反正皇帝都有儿子了，一个也是有，两个也是有，她干脆不管堕胎这事了。

于是朱见深一鼓作气，连生了十几个儿子，一举洗刷了不育的传言。这之后，朱祐樘就这样在他的恐惧中等待着走上皇位，而朱见深依然宠幸着他的万贵妃，消耗着大明朝的列祖列宗励精图治积累下来的资本。

没有了奋斗目标的人生不是圆满的人生，万贵妃不整别人孩子了，她开始捣鼓钱了，她和自己的三个兄弟里应外合，与太监梁芳、韦兴勾结在一起，将大明的国库存银挥霍殆尽。一次，朱见深接到举报，去视察国库，结果是"帝视内帑，见累朝金七窖俱尽"。七个藏金窖竟然空空如也，史载朱见深见此骇人之状，竟说了两句不痛不痒的话："靡费帑藏，实由汝二人。"（这二人就是太监梁芳、韦兴。）"吾不汝暇，后之人将与汝计矣。"（我现在没有时间和你计较，但是后人会和你清算这笔账的。）

朱见深宠幸万贵妃，万贵妃信任一个叫作汪直的太监，于是朱见深就连那个太监一起宠了。西厂就是朱见深专门为他设立的，权在东厂之上。这一特务机构横行霸道，搞得人心惶惶。同时，成化一朝为了从民间搜刮财富满足宫中的奢侈生活，还设了"皇庄"，为皇家敛财，此风一起，加快了土地兼并的步伐，农民起义的事件也增多了。

朱见深还打破了官员选拔的老例，通过钦点自设官员，这种不用通过科举，有皇帝设立的官员被称为"传奉官"。从此，这官职就是皇帝的私人物品了，他可以随意拿来买卖，今天高兴，他就可以随意任用官员，这样做，皇帝是高兴了，可是却破坏了皇帝与官僚士大夫之间的平衡。

宪宗自己，也往往一传旨就授官百数十人。对于士大夫们来说，官爵原是"天下公器"，皇帝这样的行为，无疑将官爵变成了"人主私器"。卖官鬻爵之风日盛，贪污之风愈烈。

就在1487年的时候，朱见深因爱妃万氏去世，伤心欲绝，半年之后追随而去，将一个烂摊子留给了他的儿子朱祐樘。

【难得一见的好时候】

◎ 从苦难中走来

明末清初的一位大学者钱谦益，编写了《列朝诗集》。其中明代部分就收入了一首诗《静中吟》：

> 习静调元养此身，此身无恙即天真。
> 周家八百延光祚，社稷安危在得人。

坦率地说，这首诗写得并不好，前两句还有些养身术的气韵，但后两句很合儒家学者"文以载道"的口味。据钱谦益说，诗歌是从弘治朝臣李东阳的《麓堂集》里摘抄出来的，还有大诗人李东阳的赞词，其中几句说："大哉王言，众理兼有，惟德与功，为三不朽。"

这位"不朽"的"王"就是朱祐樘，别看他诗写得不怎样，但人确实不错。他那关心社稷安危的心倒是可见一斑，比起父亲只知道喜欢老女人要好得多。

朱祐樘打小就几次死里逃生，不到二十岁就经历了人世间的险恶，这让他立志做个好皇帝，清洗掉天下的罪恶。

但他首先要做的就是把他爹留下的那些妖魔鬼怪都铲除掉，他第一个动手的就是之前一直为朱见深炼丹药的李孜省。这位仁兄还想装神弄鬼地混下去，但朱祐樘根本不跟他讲封建迷信的那一套，继位第六天就把他送去劳动改造，对他手下也是也毫不含糊，该打发的打发，该关监狱的关监狱。

这下，在朱见深时期还耀武扬威的法师们，瞬间全部下岗再就业了，回家后该种地种地，该算卦算卦，反正是不能在宫里混了。

接着就是研制春药的梁芳，朱祐樘十分麻利地将他关进牢房吃牢饭去了。而万贵妃的弟弟万喜也是被抄家、送审，就差砍头这最后一步了，朱祐樘却选择了放他一条生路，可见朱祐樘内心多么的仁慈。

还有养育了他好几年的吴皇后，朱祐樘也是把她迎出冷宫，像伺候母亲一样伺候她，这些事情都干完，朱祐樘就开始做他的明君了。

一天，他在整理朱见深遗物的时候，无意中发现了一本小册子，他打开一看，竟然是黄色书籍。这让好青年朱祐樘十分恼火，堂堂一国之君居然收藏这种玩意，太丢人了，他开始追查这书作者是谁，结果就在书的封底发现了这三个字——臣安进。

于是之前靠琢磨春宫图的万安被朱祐樘革职赶回了老家。随后便起用一批贤臣入阁，如刘健、徐溥，以及威望很高的王恕等。任用贤臣使得吏治清明，这也是他开一代中兴气象的主要原因。

接着便罢黜奸佞。这是梁芳等太监的末日，梁芳获罪最后死于狱中，而原西厂的领导汪直则因失宠早，逃过一劫，在南京得了善终。朱祐樘也看出了"传奉官"制度的荒唐之处，于一个月间罢黜了传奉官两千余人，僧道官一千余人。

流氓垃圾全军覆没了，朱祐樘终于可以大展身手了，他要为自己的盛世开创做准备了，他首先将两个人召回京城。

这两个人一个叫王恕，另一个叫马文升。

因为朱祐樘知道，这两个人绝对是可以帮助自己的。

◉ 还得高手帮忙

王恕要算得上是一位活雷锋级别的人物，他在成化年间，认真工作，毫不含糊，从不迟到早退，如果朱见深能见到，肯定也得给他发一朵小红花。

但是他有一个缺点就是爱骂人，也敢骂人。什么话都能从他嘴里说出来，只要是他看不惯的事情，这位老兄就会张嘴训斥，非常勇猛。

他每天就像督察员一样，谁干了坏事，他就骂谁，还写奏折告诉皇上，就算是皇上犯错了，他也照骂不误。朱见深可是被他给烦透了，作为一个时刻想偷懒，想省事，怕麻烦的皇帝，遇到这么一个较真的部下，真是太痛苦了。

朱见深每天上朝就是看着王恕唾沫横飞地说这个不好，那个不是，如果朱见深不及时改正一些错误，这位老兄就会一而再，再而三地上书，直到把朱见深烦得失眠睡不着觉，答应他的要求为止。

后来到了1476年，朱见深实在是受不了了，就把王大人打发到云南出差，后来又调他去南京出差当兵部尚书，但就是这样，王大人依然不肯闭嘴。

虽然离得远了，但王大人可以写奏折，他天天写好几封奏折，大事小事都说，朱见深每天一睁眼，就能看到他的奏折。

就这样，一直到王恕过了七十大寿，还是孜孜不倦，后来正巧南京兵部侍郎马显上书要求退休，朱见深就说那王恕也老了，一起退了吧。

这是个什么理论，退休还得手拉手吗？

不管王恕愿不愿意，他就这样被退休了。虽然朱见深不懂得欣赏王恕，但他儿子懂得，在1488年，七十三岁高龄的王恕被重新任命为六部第一重臣——吏部尚书。重回朝廷，他依然脾气不改。

刚一上任，王恕就提出要加一个午朝，加快工作速度，他开始折腾那些偷懒的官员了。对此朱祐樘表示了支持。

而此刻，兵部也迎来了他们的新上司——马文升。这位老兄当初得罪了汪直，被降职了，现在重回到朝堂，干劲也很足，一上任就开除了三十多个不干活、贪污腐败的官员，让他们都回家种地去了。

这两个六七十岁的老头一回来，朝廷上下立刻大变样了。二位老前辈上台之后一阵猛搞，没过多久就把成化年间的那些乌七八糟的东西扫空了。这也正是朱祐樘所希望看到的，朱祐樘和他爹不一样，朱见深是混吃等死的，但朱祐樘却是想干事业的。

晚明学者朱国桢就说："三代以下，称贤主者，汉文帝、宋仁宗与我明之孝宗皇帝。"认为孝宗是夏商周三代以后，与汉文帝、宋仁宗相比肩的贤主，这评价是相当高的。

朱祐樘成为明朝皇帝治国的典范，首先来自于他个人的修养。他在被父亲发现之后，就开始接受了正规的儒家教育，且教太子读书的人都是天下英才，因此他深得儒家治国思想的三昧，且身体力行。再者，幼年丧母，弱者的心态使得他更富同情心，因此性格温和、善良而宽容。

而且朱祐樘还非常有理性，懂得以家国社稷为重，这为他开创一代盛世打下了良好的基础。

◎ 又一件好事

当老臣们大展神威的时候，新生的力量也逐渐开始发展起来了。1489 年，学士丘浚接受了一个特别的任务——编写《宪宗实录》。其实这也是老规矩了，每次老皇帝去世后，他的儿子接替皇位之余，也必须整理出他老爹执政时期的史官记载，制作成实录，这些史料非常真实，价值很高。

朱祐樘又是个认真负责的人，他想把这本实录编好，偏偏他选择的邱浚有个不太好的习惯，就是比较懒散，无组织无纪律，工作效率不高。

他接到这项重要却又烦琐的工作后，不想埋头查资料，就把这个活交给了当时一个刚进翰林院的新人。

过了一阵子，邱浚想起这事了，赶紧去问那个新人写得怎么样了。没想到这位老兄已经完稿了。

邱浚拿过稿子一看，大声感叹，人才啊，真是人才。文稿非常完美，他拍着小伙子的肩膀说："好好干，前途大大的有。"事实证明，邱浚是个有眼光的人，因为此人就是日后权倾三朝而不倒的重臣杨廷和。

编好实录，又开始了搞会典。

"明之一代立法创制，皆在太祖之世。至孝宗朝，始有修明之举。"这是明史专家孟森说的话。意思是说，明代的制度基本上是在明太祖朱元璋统治的时候就已经奠立，后来的皇帝中能够提出较贤明的政治制度的，也就是孝宗朱祐樘。而弘治朝制度建设的基础就是《大明会典》的编撰。

会典是一种典章制度的汇编。1497 年，朱祐樘下令编撰《大明会典》。编修的总裁为当时的大学士徐溥。经过五年的时间，《大明会典》在 1502 年完成。正是在这个基础上，朱祐樘有过许多的制度创设。例如，太庙制度即规定太庙的庙制为"各室一帝一后"。

总之，朱祐樘在位期间，治国有方，他勤政、宽容，尊礼儒臣、体恤民生，使他赢得儒家士大夫的一致好评，被视作明代历史上最符合儒家伦理的君主典范。他在位期间，出现了一个明代历史上的中兴盛世。史家称之为"弘治中兴"。

朱祐樘上台后，就没怎么好好休息过，为了实现盛世的理想，他没日没夜地干活，召集大臣们商量各种事物。他的努力没有白费，天下的确出现了生机，看到这些，朱祐樘应该是欣慰地笑了。

但朱祐樘在笑的同时，他做出了一个决定，那就是扭头进入深宫，开始继承他爹的事业去了，就是炼丹。

朱祐樘是个好皇帝，但好皇帝也得有点个人爱好，之前朱祐樘的爱好是写诗，弹琴什么的，非常文艺。但现在朱祐樘劳碌了一阵，他改变了方向，开始追求长生不老，估计是想活个千八百年的。

◎ 托付儿子

神仙没开眼，朱祐樘还是病倒了，他感染了风寒，而且看样子，有可能就要蹬腿闭眼了。为了自己的江山稳固，他将自己的十五岁的儿子朱厚照托付给大臣，只留一句："东宫年幼，好逸乐，先生辈善辅之。"

意思就是我这个儿子年纪太小，只懂得玩儿，各位麻烦看我面子，多罩着点，然后，就闭上眼了。

1505年农历五月，朱祐樘在位十八年后，因偶染风寒去世了。

专情帝王中兴主，身后留下的却是一个玩心不褪的大顽童，短暂的"弘治中兴"的光环在明武宗的挤眉弄眼中消弭殆尽，大明王朝的元气也在君王的玩耍中日渐损耗。

大明皇帝的基因是一代不如一代，而且都是一些奇形怪状，性格迥异的人物登场，这位朱厚照兄弟，就是大明王朝三百多年里来，最能折腾的一位。如果用一句话来概括朱厚照的人生写照，那无非就是：别人笑我太疯癫，我笑他人看不穿，人生不过一场戏，嬉笑怒骂玩玩看。鲁迅先生有一句著名的评论道："其实唐室大有胡气，明则无赖儿郎。'无赖儿郎'四字，用在厚照身上，可称的评。"

朱厚照是嫡长子，又是独子，生辰八字也特别吉利。他生于辛亥年甲戌月丁酉日申时，如果按照时、日、月、年的顺序读就与地支中的"申、酉、戌、亥"的顺序巧合，在命理上称为"贯如连珠"，主大富大贵，据说同明太祖朱元璋的生辰有相似之处。于是，理所当然地得到各种正史的交口赞扬，说他貌似太祖皇帝，神采焕发，气质如玉。

反正就是把他夸上天了，但看来早期教育还是很重要的，一开始就给朱厚照灌输了太多让他骄傲自负的信息，导致这小子后期张狂得很。

朱厚照八岁时，在大臣的请求下，正式出阁读书。他年少时十分聪慧，前天讲官所授之书次日他便能掩卷背诵。数月之间，他就将宫廷内烦琐的礼节了然于胸。

朱祐樘几次前来问视学业，他率领官僚趋走迎送，贤于礼节。孝宗和大臣们都相信，眼前的这位皇太子将来会成为一代贤明之君。说到此，不由让人想到一句话："小时了了，大未必佳。"

这话用来说朱厚照一点不错。大明王朝荒淫帝王多，英明君主少，孝宗朱祐樘是屈指可数的明君之一。如果说"弘治中兴"给了臣民一丝兴盛的希望，那么这种天真的期盼很快便被一个"无赖"新君打破了。

这里所说的"无赖"并非明朝开国皇帝朱元璋式的无赖，创业皇帝身上的痞气掺杂着豪气，颇有几分"我是流氓我怕谁"的气概。到了明武宗朱厚照这里，"无赖"出现了基因变异，成为"我就无赖我愿意"的刁蛮，明朝进行到这里，也算是无可奈何了。

【最闹腾的哥们出场】

◎ 我是皇帝我怕谁

朱厚照虽然聪明，但也架不住他玩物丧志的厉害。这位老兄一辈子就是以玩儿为自己的人生准则。

随心所欲的朱厚照废除了寝宫和文书房侍从皇帝的内官，以减少对自己行动的限制。借种种因由逃避为皇帝而设的经筵日讲，后来索性连早朝也不愿上了，为后来世宗、神宗的长期罢朝开了"先例"。

看到皇帝刚登基就这么玩儿，这接下去还了得，于是几位大臣就开始苦口婆心地劝朱厚照，让他稍微收收心。但朱厚照不但不听，反而把几位老臣给逼迫退休了，这下朱祐樘为朱厚照找的几个指路名师都被朱厚照给辞退了。

再也没人能管得了朱厚照了，朱厚照更是放心大胆地开始玩儿了，但一个人玩儿也挺没意思，很快，朱厚照就找到一个能够跟他玩到一起的人，此人叫刘瑾，职业是太监，专长是拍马屁。

从小朱厚照身边便如影随形地跟随着这些被世人鄙夷的奴才们，宦官刘瑾殷勤小心地侍奉着主子，也不时缅怀一下心中的偶像，即朱厚照的曾祖父朱祁镇的玩伴宦官王振。

一人得道，鸡犬升天。自感"咸鱼翻身"的刘瑾也有着远大的理想，毕竟他不是一个人在战斗，他的身边有一个核心集团，被称为"八虎"。马永成、谷大用、魏彬、张永、丘聚、高凤、罗祥等爪牙紧紧团结在刘瑾周围，组成了一个铜墙铁壁，以声色犬马侵蚀皇帝手中的权力。

在刘瑾一帮人的折腾下，朱厚照是玩儿完了东边，玩儿西边，他住进了皇城西北的豹房新宅，豹房成为武宗居住和处理朝政之地。豹房多构密室，有如迷宫，又建有校场、佛寺等，朱厚照就在豹房里玩儿得不亦乐乎。

他还在豹房召妓，十分淫乱。看到这种现象，谢迁、刘健连同各部（尚书）部长，联合要求朱厚照排除"八虎"。朱厚照肯定是舍不得除掉八虎，除掉他们谁陪自己玩儿啊，但是大臣们给他的压力很大。

就在朱厚照准备屈服的时候，刘瑾出场点了朱厚照的死穴："老奴们死不足惜，可他们是要孤立皇上啊！"

如果谢迁、刘健等人就此流放"八虎"，或许这场清除"阉患"的行动便可胜利告终了，不过大臣们的想法是"野火烧不尽，春风吹又生"，斩草除根是必须的，谁叫"君子小人不并立"呢？于是，一面是大臣们义正词严要求"除恶务尽"，将"八虎"悉数处斩，一面是"八虎"环跪在朱厚照面前，哀哀哭求；一面晓之以理，一面动之以情。

这些都不是最重要的，重要的就是刘瑾一语道破天机，他告诉朱厚照，你是皇帝你怕谁，你不点头没人能逼你。

于是，朱厚照堂而皇之地护下了刘瑾一干人等。第二天早朝，文武百官以为皇帝一定会下令把"八虎"砍头时，皇帝却下令把谢迁、刘健撤职。政府大权立即落到刘瑾手上，他用皇帝名义公布"党"名单，包括谢迁、刘健和儒家阳明学派的创立人王守仁，中央政府全体官员跪在金水桥南，恭听此项谕旨。

文官们这次彻底败了，刘瑾得意了，他玩儿得更大了。

◉ 星星还是那个星星

刘瑾战胜了文官集团，地位更加提高了，得志后的刘瑾最后做到了司礼监的秉笔太监，相当于现在的领导人秘书的角色，权力可大可小，这得看皇帝是勤快还是懒惰。

朱厚照必然勤快不了，他得忙着玩儿呢，于是刘瑾一手遮天就成了必然。刘瑾很会挑时候，他专门在皇帝玩乐时请示，"武宗辄叱曰：'吾安用尔为？而一烦朕！'自是不复奏，事无大小，任意裁断，悉传旨行之，上多不之知也"。（《明史纪事本末》卷四三）此后，刘瑾大权在握，把持朝政，被世人称之为"立地皇帝"。

就在刘瑾无法无天的时候，正德五年（1510年）出了一件大事，安化王以诛刘瑾为名反叛，虽然叛乱在一个月就被平定了，但檄文中陈述的刘瑾罪状还是引起了朱厚照的警惕。此时，同样是宦官的平叛功臣张永趁机又狠狠地告了刘瑾一状，罪名是历朝历代皇帝们都异常敏感的——谋反。

这就让朱厚照坐不住了，虽然平时咱哥俩怎么玩儿都行，但你想抢我的位子，那我就容不下你了。

于是有了忧患意识的朱厚照开始盘查这件事情，刘瑾的确是坏事干得太多了，随便提一两件就够杀头的。

后来在抄刘瑾家的时候，更是抄出了无数的金银珠宝，原来这哥们比自己都有钱，朱厚照忍不了了，下令把刘瑾关进了监狱。

昨天还是一人之上，万人之下，今天就是阶下囚了。仅一步之遥，便是万丈深渊，这下刘瑾彻底失去了东山再起的机会。这位颇有野心的宦官最后等来了凌迟的罪行。凌迟在明朝属于法定刑，按规定要割3357刀，三日而死。每下一刀吆喝一声，犯人昏厥则泼醒再割。如犯人挨不足三日，据说刽子手是要抵罪的。刘瑾挺过了第一天，回牢居然还喝了两大碗稀粥，睡了一大觉。

没心没肺到了这种地步，也只能让人望而却步了，不过第二天刘瑾就不那么幸运了，他没有挺过去。

朱厚照收回权柄，大臣们仿佛又看到了黎明的曙光，然而，随即他们便发现了自己的天真，星星还是那个星星，月亮还是那个月亮，皇帝仍然频频消失，宦官依然握有大权。

去了一虎，后有群狼，因为病根在玩乐天子的身上。刘瑾走了，但陪朱厚照玩儿的人还多得很。

朱厚照是没得救了，但就是这样昏庸的王朝里，也曾出现过闪烁着光辉的人物，他们令这个摇摇欲坠的大明朝，显出了那么一点与众不同的特性，其中，王阳明就是重要人物之一。

提到这位老兄，他的主要功绩以一介书生征战沙场的传奇故事，王阳明一生所立的最大功业就是平宁王之乱。

清代著名学者王士慎给了他很高的评价："王文成公为明第一流人物，立德、立功、立言，皆居绝顶。"

每个成功人士的过去都有一段不一般的历史，王阳明也不例外。

◎ 大人物登场

我们现在的人对王阳明也不陌生，在中学学历史的时候，大家也都背过，有一个叫王阳明的人，他是搞心学的。

实际上此人还有一个名字，那就是王守仁。王守仁1472年出生在浙江余姚，家庭条件相当不错，再加上造物主的恩赐，他的老爹没过多久就中了状元。王阳明无忧无虑地生活在有钱人的家中，可是他却有着一般孩子没有的思想。

王阳明的老爹名叫王华，他本来也没觉得自己应该怎么培养儿子，可自打中了状元以后，就开始觉得儿子也不能给自己丢脸。1481年，王华一大家子人搬到京城去住了，没办法，谁让人家是状元。那时候的王阳明才十岁，跟着老爹去北京城里转悠对小孩子来说也是一件美事。

到了北京以后，王华就开始实施自己培养儿子的计划，他给儿子请来了一大堆老师，让王阳明背四书五经。说起来这儿子也是十分争气的，大概是继承了老爹的优良基因，背书就跟吃饭一样简单。而且这小子极为聪明，一般的孩子只要能把书中的字句死记硬背下来就不错，可是王阳明却能够真正地领悟其中的意义，实在是不简单。

可正当老爹王华为自己有个聪明儿子感到无限欣慰和骄傲的时候，他却发现王阳明这小子并不是盏省油的灯。王华原本想着儿子能够读好书，照着自己的路子再做一遍，中个状元当个官什么的就算是给祖宗长脸了，可他偏偏从王阳明的一首打油诗里发现了非同寻常之处。

这诗是这么作的："山近月远觉月小，便道此山大于月。若人有眼大如天，当见山高月更阔。"什么意思呢？就是说，在一般人眼里，高山远大过于山头的月亮，可是在王阳明的眼里，月亮可比高山要大得多，因为这小子懂得用辩证的方法看问题。

年幼的儿子有这样的本事，做父亲的本应高兴才对，可是王华却开始了自己闷闷不乐的人生。王华自己是个安于现状的老实书生，最大的志向也就是中了状元以后在朝廷里谋个好点的职位，养家糊口，光宗耀祖。他从没想过自己要干出一件超乎别人想象的大事情，而且他也不愿意太过招摇，太出风头。可自己偏偏生了这么一个不消停的儿子，这可如何是好。

正当王华犯愁的时候，他的宝贝儿子却前来给他愁上加愁了。王阳明对老爹说："爹，我已经跟皇帝说好了，让他给我派些人马，我带着大兵去前线打仗去！"本来就闹心，一听儿子这话王华就怒了，一巴掌上去打了王阳明一个满地找牙。

儿子委屈，没搭理他爹就自个儿回去反省去了。一段日子以后，王阳明又来找爹，说："爹，我不带兵打仗了，我有了新的理想，我要当大圣人！"王华二话不说，一巴掌又上去了。王阳明哪知道自己的爹是怎么想的，可是王阳明才不管他，自己的志向难道自己还不能做主吗？

老爹王华实在是气炸了，怎么办怎么办，终于，他想出一个好办法，那就是给儿子找一房妻子。老爹相信，爹办不了的事，妻子一定能办得了。这是什么事呢？说起来不大也不小，就是管住王阳明这小子。说这事大，因为王阳明的心比天高，管也管不住；说这事小，因为被老婆抓住了心，什么都好办。

于是，王华决定把儿子赶到江西去，不让他在京城里混了，毕竟这里太繁华，太诱人。王华给儿子找好亲家以后就让儿子去了，儿子倒也听话，老爹让干什么就干什么，不就是结婚吗，结呗。王华原以为事情就这么稳妥了，可他哪里知道，自己的儿子差点整出一个结婚当天逃婚的惊险事迹。

事情是这样的，结婚的当天，王阳明的岳父怎么也找不着王阳明。他发动了一帮人去找，结果在第二天早上，大家发现王阳明在道观里悠然自得地待着呢，他居然把结婚这茬给忘了。等知道自己误了结婚这事以后，王阳明这孩子还是很听话，回去就把这婚事给补上了。

1489 年，王阳明带着新妻子回老家，他在路上遇上了一个读书人，于是两人聊了起来。王阳明在聊天的时候还是耐不住地问出了自己心中疑惑已久的东西，那就是怎么当大圣人。读书人告诉他说，当圣人那就得跟朱熹学习。王阳明听到这话以后乐了，因为他终于可以有地方入手来实现自己的大理想了。

◉ 继续找理想

自从知道了朱熹这么个圣人以后，王阳明就决定学习他的理论。大凡是有点文化理想的人，都想要到大都市去发展，因为那里不但是人多，人才也多，人们的思想先进，可以相互交流。王阳明也是这么觉得的，为了让自己当圣人的理想尽快实现，他带着老婆就去北京找他爹去了。

王华见了王阳明以后虽然欢喜，可是欢喜之余还是有些担心的，他担心儿子还是以前那个不着调的儿子。可是日后王阳明的言行却让老爹提着的心放下了，老爹发现，自己的儿子结了婚就是懂事了许多，整日闷在书房里学习，日后一定能考个状元，找个好工作。

可是老爹这样的想法没过多久就又被儿子给灭了。一天，王阳明在院子里瞪着一根竹子瞧，目不转睛，谁叫他他都不搭理。老爹无奈，只好大声嚷嚷了一句，只听儿子回了他一句："爹，我在找当大圣人的方法呢！您别吵好不好？"王华晕了，他比以前更郁闷，于是他决定不管这不成器的儿子了。

王阳明一直在学习朱熹的理学，也就是什么是"存天理，灭人欲"。开始的时候，王阳明是抱着崇拜的思想来学习的，朱熹说什么都是对的，朱熹说什么都是好的。王阳明还照着说法格起了物，这首先就把自己家的竹子格了。然而格来格去，王阳明却发现，自己越来越不能领会朱前辈的思想了。

正当王阳明百思不得其解的时候，老爹王华又开始嚷嚷他了，说："无论如何，你这败家小子也得给我考个进士，不然你太给我丢脸了！"王阳明心想，反正自己现在的圣人之路也受到了阻碍，先考个进士也无所谓。果然，王阳明开始读四书五经了。他还真是聪明，不久就中了举人。

老爹乐了，原来优秀老子生出来的儿子还真不赖。为了让儿子更上一层楼，老爹又督促着儿子参加了全国的大考，可是这回儿子却不行了，第一年没考上，复读了一年还是没考上。王阳明也开始怀疑自己的能力有问题，他心想，原本还想当圣人呢，连个高考都通不过，这可怎么实现大理想。

就这样，老爹也郁闷，儿子也郁闷。一天，儿子终于想通了，他跟老爹表明了自己的想法。老爹原以为儿子是来承认错误，重新努力学习的，可没想儿子却给他这么来了一句："爹，考不上大学其实也没什么大不了的，之前我没想通，不过现在终于想明白了。我觉得从今以后我就转行吧，读读兵法，将来打个仗什么，还能报效国家，您说是吧？"

王华听了以后，心想自己生这个儿子生得实在是太失败了，恨不得把王阳明重新塞回他老娘的肚子里。可是没辙，儿子想干什么他也拦不住。后来王阳明果真学起了武，到后来，他竟然成了这方面的专家，无论是理论还是实践，他都是数一数二的。不过在学习之余，他也没做一个不孝子，还是又参加了一次高考，顺当地在朝廷里找了份差不多的工作。

儿子上班了，老爹王华这才放心下来。不过工作以后的王阳明并没有认真地当差，而是继续做起了当圣人的梦。他又开始研究朱熹的理论，不过这时候王阳明已经开始觉得朱熹的脑子有问题了。

1501年，王阳明做起了类似刑警的工作，他这差事还有去外地出差的机会。一次，王阳明去杭州办事，工作完以后就去了一家寺庙，他跟寺里的一个老和尚聊了起来。

他看见老和尚一副苦大仇深的样子，就问："您这是怎么了，不会是想老娘了吧？"老和尚没说话，只是流下了两行意味深长的泪水。让人想不到的是，第二天老和尚就收拾行李回家看望老娘去了。

老和尚为什么二话不说就不当和尚了，只因为王阳明对他说："想娘是非常非常非常正常的一件事，是个人都会想自己的娘，不是人的才不想。"这也正是王阳明在琢磨朱熹的理论时所发现的问题，他认为朱熹的"存天理，灭人欲"简直就是谬论，想念老娘就是人的欲望，可是这欲望凭什么要被灭了呢？

☉ 修炼成圣人

渐渐地，王阳明发现朱熹那老家伙横行了那么多年的理学居然是错误的。不过这样的想法也只是在王阳明的头脑中模模糊糊地闪现着，他还不敢确定，因为他找不到天地之间究竟什么是所谓的"理"。

就在王阳明的圣人事业快要成功的时候，他却意外地遭到了一次打击。这次打击源于工作上的"失误"。当时有个叫戴铣的南京言官，他因为上书而受到权势刘瑾的责打。戴铣大概是平时做人挺讲义气，这会儿出了事，居然有一帮人出来为他说好话。可是这些帮着说话的人说的都是些不痛不痒的话，这样王阳明看着十分讨厌，于是他亲自出马了。

王阳明也上书了，他说刘瑾是个不厚道的人，还说刘瑾简直就是个"权奸"。刘瑾一听，怒了，而且是大怒。他首先让人把王阳明给逮了起来，然后打了他四十大板，最后他还贬了王阳明的职，让人家从一个普通官员的位置上掉了下去，居然成了贵州龙场驿的驿丞，说白了就是小旅店的经理。

刘瑾是个心眼极小的人，他把王阳明弄到鸟不生蛋的贵州龙场还不肯罢休，非得把王阳明给做掉。王阳明听说以后也有些犯嘀咕，心想自己当圣人的大业还没完成呢，怎么能让你刘瑾就这么干掉了呢。于是，王阳明想了一个妙计，那就是诈死！

要是连这点聪明都没有，那王阳明还怎么干自己的大事业呢？王阳明边想边付诸行动，他把自己的衣服通通扔进了杭州的钱塘江，这样一来，追捕他的刘瑾的人就会认为王阳明已经自杀，不必继续追下去。王阳明安全了，他决定往福建去。

到了福建的武夷山，王阳明见到了自己的一个朋友。这时候的王阳明一副苦大仇深的样子，虽然逃离了死海，却陷入了一个比死亡还要难堪的境地，那就是让活着的人看不到他。在朋友的帮助下，王阳明找了个学周易的算了一卦，卦象上说让王阳明留在南方发展。

王阳明觉得也对，京城那地方是待不下去了。现在既然要在南方安居，那不如先去看望一下久违的老爹王华，也算是自己这个不孝子尽到的最后的义务了。王阳明当时是这么想的，万一他哪天又被刘瑾给逮住了，也不枉让老爹见了儿子最后一面。

王阳明想着想着就往南京去了，因为他老爹这时候在南京当大官。让王阳明没想到的是，老爹的开明程度是随着他年纪的增长而递增的。这一次，老爹非但没有责骂儿子，反倒一改往日的态度，跟儿子好生言说。其实王阳明不知道，老爹一直在反省自己，他觉得自己这一辈子也就是这样了，中规中矩，当个官，做个事。可是儿子不一样，他有大志向，这小子不一般。

王华建议儿子去贵州龙场驿站去做事，因为那里清静，不会受到旁人的打扰，也不会担惊受怕。可是王阳明怎么也不愿意去那个鸟不生蛋的地方，不过为了自己的理想，委屈一阵又如何！想通了之后，王阳明带着一帮手下就上路了。

到了贵州龙场，办了交接手续，王阳明光荣就任九品都算不上的旅店经理。接下来的生活让王阳明懂得了什么是艰辛，什么是穷，可是王阳明没有就此放弃自己的理想。他带着手下的人决定在这个鬼地方大干一场，因为他知道，凡是要成就大事业的人必定要吃一番常人所不能忍受的苦。王阳明是这么想的，他也是这么做的。

当旅店经理的生活很平淡，不过这样也给了王阳明很多的空闲时间，他利用这些空闲时间继续干着他未果的大事业，那就是想什么是"理"。既然他觉得朱熹的天理是荒谬的，那么究竟什么是正确的"理"。

王阳明想啊想，想啊想，他先把自己走过的人生回顾了一遍，又把古今中外大名人的人生回顾了一番。于是乎，王阳明总结出一个人生定律：先富有，再穷困，先繁华，再落寞，这样的人才能尝尽人间疾苦，这样的人最终才能获得真正的智慧。而王阳明自己正是这样的人。

没错，他终于知道了，所谓天人合一，正是他苦苦追寻的"理"，所谓的"理"也正是人们心中所想。"理"在哪里？"理"在人心！什么是"天理"，天理就是人欲啊！既然如此，那么朱熹那老家伙的理论就是自相矛盾了。

就这样，在经历了人生的跌宕起伏之后，王阳明终于如愿以偿地坐在了圣人的位置上，他所创立的"心学"也备受世人的关注。

【幸福生活】

◎ 玩是最重要的

朱厚照想要一种自由自在、无拘无束的生活，他生性如此，不愿受人束缚。然而当了皇帝就不能随着自己的性子来，因为皇帝应该做的事情都是不自由的。朱厚照心里一点都不愿意当这个破皇帝，他想要有自己的生活，但不是像皇宫里那样没劲。

朱厚照贪玩，他做出的每一件事都是发自肺腑的，也都让宫里的人瞠目结舌。他究竟做了些什么呢？这些事很大程度上跟朱厚照的感情生活有关。

朱厚照跟很多皇帝都一样，他喜欢美女，但是他又跟任何皇帝都不一样，他喜欢有点风韵的美女。朱厚照觉得，女人不仅要脸蛋长得漂亮，而且还得有十足的风韵和魅力，而这风韵和魅力正来自于年龄。

年纪轻的女人，虽然长得好看，可是看来看去就是嚼不出什么味道，朱厚照不喜欢这样的女子。他喜欢年纪大一些的，要是结了婚、生了孩子那就更合他的胃口了！还有一点，朱厚照也不知道为什么，就是不喜欢后宫的三千佳丽，死活要到外面去拈花惹草，照他的话来说，这叫寻找刺激。

有一次，出乎所有人的预料，朱厚照居然从宫外弄来一个怀了孕的女子。这件事让杨廷和知道了，他脸都绿了，心想着，这要是不小心生在了宫里可了不得啊，朱厚照又没有正式的儿子，万一这女人生了个儿子出来，那算谁的啊？不过这件事朱厚照还算没干得太离谱，也算是让杨廷和松了一口气。

如果说"女人是老虎"，那么既然朱厚照跟女人有着不解的姻缘，特别是上了年纪的女人，那么他也一定跟老虎有着些什么瓜葛。

自打刘瑾不在了以后，一个叫钱宁的人就整天陪着朱厚照玩耍。这天，朱厚照不知道从哪弄来一只老虎，他大概是武松打虎看多了，也想自己亲自尝尝打虎英雄的味道。可是刚要下手，他就发怵了。怎么办？于是朱厚照下了命令："钱宁，你来搞定它吧！"

钱宁听了这话之后差点没晕过去，他哪敢跟老虎玩儿啊，为了保住自己的小命，钱宁死命地摇着自己那颗对别人来说并不怎么珍贵的头颅。可是朱厚照也不甘心，他继续示意着钱宁一定要完成这项艰巨又有趣的任务，于是朱厚照不停地用手招呼着钱宁。

他俩这么一来二去的可把老虎惹急了，老虎心想，你们这俩没用的东西，到底谁上啊！不上我就先上了！于是，老虎二话不说就朝朱厚照扑了过去。朱厚照差点翻了白眼，不过在危急之时他还是发挥了自己的聪明才智，躲了过去。后来还是身边的一个练武的把这老虎给拿下了。

杨廷和也算是认识到了，朱厚照这小子根本不是当皇帝的料，他太调皮了！他渴望自由，可是这自由是皇宫生活永远也给不了他的。

◉ 夜路狂奔

1517年，八月，甲辰，夜深人静，鸟都睡着了的时候，还有一个人醒着，并且非常清醒，他就是朱厚照。

他之所以清醒，是因为他要在今晚干一件很重要的事情，他要出宫。朱厚照常年在深宫中玩儿，虽然玩儿的花样百出，但日积月累的实在也是太无聊了。朱厚照决定玩出皇宫，玩向边疆。

但他想出宫，不是想想就能出去的。作为一个荒唐爱玩的皇帝，有许多大臣们成日地盯着他，就是怕他做出什么荒唐的事情。这次出宫，朱厚照筹划了很久，他低调得一点风声没透露。巧的是杨廷和爹死了，他要回家守孝，没有杨大人盯着自己，朱厚照顿时觉得又添加了几分自由。

在朱厚照看来，他这次不是去玩儿的，而是去实现自己伟大理想的。当然他这个理由肯定跟大臣们说不着，所以他要偷偷地跑，乘着大家都睡着了，朱厚照带了几个亲信就出了德胜门。

第二天，大臣梁储、蒋冕去宫里找朱厚照商量点事，却被告知皇帝今天休息不工作，两人正打算回家，却得到了一个可靠消息，皇帝不是不办公，而是根本不在宫里，昨天大半夜就跑了。

这个消息把两位大臣吓坏了，他们赶紧的就叫了几个随从，骑着快马追去了。朱厚照这边已经到了居庸关，他给居庸关巡守御史张钦下了一道命令，让他开关放自己出去。张钦知道这位皇帝是个什么人，他哪敢轻易放皇帝出关，万一皇帝有去无回，那他可就是要被千刀万剐了。

他找到了守关大将孙玺，两人商量来商量去，最后决定，打死也不开门，就是不放皇帝走。这边朱厚照等到都要打瞌睡了，门也没开。他派人去找孙玺，孙玺装糊涂，说这事得张钦说了算，然后他派人去找张钦，张钦说这事他得和孙玺商量。

朱厚照算是看出来了，这两人是挡着不让他出去，拖延时间等后头来人把自己带回去呢。果然，没一会儿梁储和蒋冕带人赶到了，千说万劝地把朱厚照给劝回去了。朱厚照第一次逃跑失败。

但这位老兄不是个认输的人，他很快就选择了第二次出逃。这次他有经验了，他等到张钦出关巡视之后，才带人狂奔，出了德胜门，直奔居庸关。

第二天，还是蒋冕要进宫办事，却看到了梁储向他跑过来，他一问才知道皇帝又溜了，两人赶紧又去追。

这次朱厚照等在居庸关，确定了张钦不在，他才带人冲了出去，这次张钦没能拦住他，其他人更不敢拦他。朱厚照和这帮大臣们斗智斗勇，终于赢得了阶段性的胜利，他很高兴地跑到关外，等到大臣们都赶到居庸关的时候，朱厚照早跑得人影子都没有了，大臣们只能望"关"兴叹。

之所以大家都不让他出关，是因为关外常有蒙古兵出没，如果让他们逮到朱厚照，那可就有朱厚照好看了。可是朱厚照就是为了给自己好看才出关的，他出关是为了见一见传说中的小王子。

◎ 较量较量

小王子就是鞑靼部落的一位优秀军事官员，明军那个时候，没有哪个将才能够治得了他。

后来到了1515年，小王子更是带领了十万大军，大举进攻边境，杀得明军惨不忍睹。大臣们提到这位惹是生非的兄台就一脸的严肃，谁都不想去招惹他，但是朱厚照本人也是个惹事高手，他一听说有小王子这么个人，很是兴奋，有点棋逢对手的感觉，坚决要去会一会。

这也就是他为什么费尽心思要出关来的原因。

出关后，朱厚照一路直奔阳和，在那里驻扎了下来，还搞了个办公室，像模像样地搞起了军事演习，就等着小王子送上门。他还给自己整了一个挺唬人的封号"总督军务威武大将军总兵官"，表示自己的决心。

他没有白等，小王子率军出征了，一共五万人。大同总兵王勋赶紧报告给朱厚照，希望他赶紧走人，不然打起来，皇帝要是有个三长两短，那他可担不起这个责任。但朱厚照哪里肯走，他坚决要留下，亲自会一会这个小王子。

朱厚照指示王勋，立刻集结部队北上主动迎击鞑靼军。王勋明知道打不过小王子，但也只好出发。

战争在山西应州打响，小王子二话不说，就发动猛攻，明军这边也赶紧回应。双方你来我往，战场上血肉横飞，十分激烈。

王勋十分勇猛，他知道自己打不过小王子，就往死里进攻，小王子看到这位老兄这种不要命的打法，也迷惑了，害怕对方兵力过强，自己吃亏。于是小王子就命令先包围明军，等到天亮歇够了再打。

可是晚上突然降下大雾，王勋溜进了应州城，不跟小王子硬碰硬了，小王子一看这情况，怒了，命人攻城。

此时，王勋已经是快扛不住了，朱厚照终于出场了，他率领大军，向应州挺进。朱厚照十分勇猛，在他的精神鼓舞下，明军个个像打了鸡血一样勇敢，小王子他们实在是扛不住了。

小王子本来就是想威风一下，可如今却遇到了这么个不要命的主，再打下去也占不到便宜。于是小王子就退兵了。朱厚照不懂穷寇莫追的道理，还派人去围追堵截了一番，直打到够本才回去。

可惜的是这场雄伟的战役没有多么详细的记录，因为当时朱厚照是偷着出去的，没带史官，陪他打仗的又是些大老粗，所以，这场听起来很浩大的战争也就变成了一场没有记录的传说。

打够本回去的朱厚照，过了几年荒唐日子，他只顾着玩儿，三十多岁了还没子嗣，大臣们总是劝他选皇储，可是朱厚照认为自己壮得很，不用考虑下一任皇帝的问题。哪知道在他三十一岁时，却因为一场小风寒而见了阎王，根本来不及立遗诏、传宗嗣。在他驾崩之后，大好江山没有后嗣继承，内宫、大臣们匆忙选立新君，期间出现了三十多天的权力真空阶段，为历朝所罕见。

◎ 新主人登基

这等江山无主期，政府的工作自然就落在当时内阁大学士杨廷和身上。杨廷和与其他大学士商议来商议去，决定从武宗的堂兄弟中下手，于是选定了兴献王长子朱厚熜。原因在于武宗死后，他是"厚"字辈中年龄最大的那个。

朱厚熜跟死去的朱厚照有着很明显的差异，十五岁的他就已经有着对权位强烈的渴望，而且为了达到自己的目的，他也有着非常的手段和心机。可是不幸死去的朱厚照就不同了，他终于在追求自由的过程中扔掉了自己痛恨的皇位，把机会留给了远在湖北地区的朱厚熜。

想不到自己也有当皇帝的一天，朱厚熜在来京的路途中尽情地狂想着当上皇帝的日子会是什么样子。可是他怎么也没想到，在还没进宫之前，一帮不争气的老大臣就先给他来了一个下马威。

朱厚熜乘坐的轿子在城门口停了下来，因为一群人在这里迎接着他，并且齐声要求他从东安门进宫，先到文华殿那边去住两天。朱厚熜才不是傻子，他知道正宗的皇帝都是从大明门走向奉天殿的，他堂堂一个即将当皇帝的人，怎么能不遵循这个老规矩呢！

朱厚熜厉声要求自己要走正规的路线，可是却遭到了大臣们拒绝。好吧，你们不给我好日子过，那我也不跟你们客气。十五岁的朱厚熜在城门口一脸沉稳地拿出了朱厚照的遗书，跟在场的老大臣们说自己是前任皇帝亲自提拔的新皇帝，谁要敢违抗谁就人头落地！

朱厚熜显然还是年纪太轻，他根本不了京城里这帮老骨头的硬度，都到了这个时候，大臣们还是没有被朱厚熜吓到，依旧不从。没关系，朱厚熜还有最后一招，大不了这个皇帝他不当了。于是，他说："那你们回去忙吧，我要回湖北去了。"

这回大臣们傻眼了，看来这小孩子还是有两把刷子的，看来这未来的小皇帝不简单啊。就这样，朱厚熜凭着自己的聪明才智顺利地走上了皇帝进宫的正规路线。朱厚熜不傻，他知道，要想对付京城里的这帮老骨头，那就要来硬的。

朱厚熜如愿以偿地坐上了皇帝的宝座，他准备宏图大展，让后人在评价自己的时候来上一句："嘉靖是个好皇帝！"然而皇帝是这么好当的吗？朱厚熜当然知道没这么容易了，他还明白一句话，那就是"新官上任三把火"。朱厚熜时刻迎接着老骨头们放给自己的第一把火。

这第一把火是关于究竟谁是朱厚熜父母的事。说来也是笑话，朱厚熜长了十几年，也叫了十几年的爹娘，这回进宫当上皇帝了，反倒不知道该认谁作父母了，这是倒了哪门子的霉啊！起因是这样的，大臣们认为，既然朱厚熜进宫当了皇帝，那么他就不能再叫亲生父母为父母，而应该认孝宗皇帝为爹。

朱厚熜觉得这事很滑稽，真的很滑稽，滑稽之余还感到十分地气愤。于是他去把杨廷和找来，希望能通过杨廷和的力量给自己亲生父母一个名分。然而，杨廷和可是宫里最硬的一把骨头，任凭朱厚熜怎么说好话，他就是不松口。

朱厚熜没办法，只好把这项工作交给了内阁，可是内阁又偏偏不给他办这件事，因为内阁认为朱厚熜的要求很无理！朱厚熜这时候才知道什么是有苦没处说，没辙，谁让内阁有这个权力呢，他们就能将皇帝做得不对的事情打回去。于是，朱厚熜郁闷了。

【最精明的皇帝来了】

◉ 认爹不是个问题

就在朱厚熜为自己进宫以后不能认亲爹娘为亲爹娘而吃不下饭睡不着觉的时候，他收到了一封如同给自己打鸡血一般的奏折。奏折上对有关礼仪的事项进行了长篇大论，虽然行文枯燥，然而却论述得十分有理有据，让朱厚熜大喜。其实，这封奏折真正让朱厚熜高兴的是，他终于可以理直气壮地让杨廷和给自己父母一个名分了。

这就是著名的"大礼议"事件，这件事的开端源于一个叫张璁的人。张璁是浙江温州人，他从小就跟同龄的孩子一样，上学考试做官，走着非常普通的人生路线。然而张璁在这条路上走得实在是很艰难，因为他自从中了举人之后，连续七年参加全国高考都落榜了，这让他在乡亲们面前抬不起头来。

这时候张璁已经年近五十，看着皇榜上一个个的名字，唯独没有自己，于是他决定放弃高考。可就在这时，他遇到了一个人称萧御史的算卦先生，听别人说此人算命算得特准。张璁想，反正自己都要离开这个鬼地方了，不妨在走之前留个纪念，让京城的算卦先生给算一算吧。

这一算不要紧，萧御史居然让张璁来年再参加一次高考，还说他将来一定能当宰相！这是开哪门子国际玩笑啊，张璁心想，我要是当宰相的材料，还能连续七次高考连个专科线都没达到？！可是后来张璁又犹豫了，万一这萧御史说的是正确的，那怎么办呢？考吧！反正破罐子破摔，再考一次也没什么关系。

就这样，在1521年，张璁参加了他平生的第八次高考。这一次与以往不同的是，他中了进士，这对张璁来说也是一些安慰。不过当他想起去年萧御史的那番话以后，他又在心里把那姓萧的骂了一通，什么宰相，明明就是个进士而已！

虽然中了进士，而且也被分配到了礼部，可是张璁就是没有活干。他整日无所事事，看东看西的，无意间就看到了毛澄给朱厚熜上的那封奏折，也就是让朱厚熜认孝宗皇帝为爹的那封。张璁看了一遍又一遍，看了一遍又一遍，每看一遍他的脸上就比前一次看有更多的笑容。为什么？因为他真的能当宰相了。

张璁明白，这封奏折明显是关于礼仪的，而这正是他张璁所拿手的啊！此时此刻，张璁做了一个非同小可的决定，他决定自己也给皇上写一封奏折，专门就皇帝能否认自己的亲爹娘为亲爹娘做一番论述，而论述的结果当然是肯定的，以此博得皇帝的赏识，再由这高度的赏识来打开自己的官途。

这是一个多么惊世骇俗的决定，一个连活都没得干的礼部小喽啰，现在居然要给皇帝帮助。张璁没想那么多，他立马拿起了笔墨开始写这篇论文，熬了一宿以后，他终于一气呵成。之后当朱厚熜看到这封奏折以后的高兴程度就是前面所介绍的了。

朱厚熜兴致勃勃地把杨廷和找来，把奏折往他面前一扔，看去吧。杨廷和看了，却把奏折一扔，走了。杨廷和的意思就是告诉朱厚熜说，这事没戏。朱厚熜这次真的怒了。

◉ 辣妈很牛气

朱厚熜即将满二十岁之前，以"母后仪驾"的礼节接自己的母亲蒋氏入朝，至此开始"恢复"父亲为皇室正宗的"篡宗"专政。紧接着一连串违背所谓"礼制"的行动开始了，群臣们、儒生们到殿前哭了数次，直呼："礼法啊！社稷啊！"闹得朱厚熜头疼得厉害。

这时，他妈隆重出场，这位妇女三十多岁，在这件事情之前也就是个良家妇女。但她非常有胆识，听说了这事儿后，就把车停在通州不走了，别人问她怎么不动身了，她说什么时候杨廷和把名分给她了，她再进京。

这下可热闹了。朱厚熜一听到自己亲妈就在通州给自己无声的支持呢，更加闹腾了，他派人告诉杨廷和，如果你不让我爹妈有个名分，我妈要回家去，我也不干这个皇帝了，谁爱干谁干。

而张璁也看准了机会，又写了一篇论礼仪的文章，具体内容就不说了，总之就是那些车轱辘话，中心思想就一句话，让杨廷和给他们一个名分。杨廷和是什么人物，岂会被这几个人吓倒。

他主动前去拜访朱厚熜，告诉他内阁经过研究决定，已经将他的亲爹和亲娘分别命名为兴献帝和兴献后。这事办得也算符合朱厚熜的要求，他很高兴，斗争总算有了初步的胜利，但他没想到，悄悄地，杨廷和已经把张璁分配了工作，把他调到南京当了刑部主事，这就是告诉他，别再回来挑事了，不然没你好看。

大家都满意了，但朱厚熜的娘可不满意，她非要在称呼前加一个皇字，显示自己的尊贵。但杨廷和坚决不同意，他说加一个字可以，那他就辞职。杨廷和走了，谁还买皇帝的账？思量一番，朱厚熜妥协了，杨廷和胜出。

这场礼仪之争持续大概四年之久，其间曲曲折折，无非也就是权臣们的倾轧罢了，大臣们把朱厚熜惹得实在是忍无可忍了，他就愤然出击了。

这位皇帝在忍无可忍的情况下，便不再忍耐，一口气将五品以下官员一百多人逮入诏狱拷讯，四品以上官员姑令待罪。这件事，当时称为"大礼狱"，明朝士大夫们当时的惨烈状态，令后人都禁不住凄然。

朱厚熜终于达到了他修复"正统"的目的，如愿以偿地叫孝宗为"皇伯考"，昭圣太后张氏为"皇伯母"；称自己的老子"恭穆献皇帝"为"皇考"，蒋氏"章圣太后"为"圣母"。估计兴献王也没料到，自己在死后竟然成了"皇帝祖宗"。

这场持续四年、看似围绕"大礼"的争议终于落幕，其实也不只是礼仪上的争执。朱厚熜明确地表明孝宗只是自己的伯父，但是他既然在当初反对称亲生父亲为皇叔父的理由是"如果称皇叔，就要讲君臣之义"，那么称孝宗为皇伯考不是也要讲君臣之义吗？难道要把孝宗当作世宗朱厚熜的臣子吗？这一切都是如此的矛盾。

其实明朝"大礼议"一事，并无是非曲直，而明朝的君臣们，对于礼制的理解也是粗疏的。这一事件倒是真实地反映了明代皇权专制力量的强大。在议礼一事上，朱厚熜非但对其生父称帝称考，而且称皇称宗，乃至超越武宗而配享于明堂。这样的做法，连张璁等人都觉得有些不对。但是，谁又能控制帝王的权力欲呢？

◎ 打结是个技术活

嘉靖二十一年，也就是1542年十月丁寅，这天宫里发生了一件通天大事，嘉靖差点在他的睡梦中丢了性命。

事情是这样发生的，那天深夜，嘉靖一如既往地睡在端妃的房间里，睡到半夜的时候，一群人摸进了房间，走到床前，把一根绳子套在了嘉靖的脖子上。

本来在人熟睡的时候将其杀死是件挺容易的事情，但是这位凶手心理素质太差，她想打个结把嘉靖勒死，可是却手忙脚乱地把结打成了死结。

这下可好，嘉靖被勒得难受，醒了，哼唧了几声就被勒得昏死过去了。可是这位凶手还是没有把握好这宝贵的机会，继续摆弄那个死结。

旁边的同犯实在是扛不住了，她怕嘉靖万一醒过来，那她就暴露了，于是她决定弃暗投明，去找皇后。

这里交代一下，勒嘉靖的人叫杨金英，胆小的同伙叫张金莲，两个人都是宫女，半夜不睡觉偷偷摸摸来勒嘉靖玩儿，现在玩不下去了，又去找皇后帮忙，总之这个夜晚简直是乱套极了。

皇后听到这个消息，赶紧带人过来，她拿下杨金英，亲手将嘉靖解救出来，皇后顿时从一个失宠的人，变成了头号功臣。

她开始安抚嘉靖的情绪，然后就当起了福尔摩斯，力查此案。这个案子很奇怪，根据两个宫女的交待，指使她们的幕后黑手是王宁嫔。她也是嘉靖的妃子，嘉靖对她还算凑合，可是她为什么要派人来谋杀嘉靖，就不得而知了。

在皇后的大刀阔斧之下，王妃子和她的一干从犯统统被砍头。其实这个案子有很多疑点，王妃子根本没有理由去杀嘉靖，嘉靖死了，对她也没有什么好处，但是史书上对此没有更多的记载，只能留给后人凭空猜测了。

皇后在除掉了王妃子这个劲敌之后，她又干脆把当时和皇帝睡在一张床上的端妃也拉下了水。

皇后买通了身边的人，证明端妃也是居心不良，不然为什么皇帝偏偏在你的床上被套住了脖子，而不是在别人的床上被套住脖子呢？

端妃百口莫辩，也只能自认倒霉，被送上了刑场。这件皇帝遇刺案成了街头巷尾的热门话题，大家茶余饭后都会拿出来说一说。这个案子虽然最终也没有验证出，到底真凶是谁，而是以这样不了了之的方式结束了，但是这个案子在明朝的发展中，却是起到了一个转折的作用。

嘉靖在自己的床上差点被人谋杀了，这件事情让他十分郁闷，心情顿时很不好。于是他搬出了后宫，搬进了西苑。这件事情之后的一段时间，嘉靖说自己身体不舒服，要修养一段时间，不上朝工作了。

大臣们也以为嘉靖顶多过个十天半个月就会重新投入到工作中，可是没想到他们等到花儿也谢了，嘉靖还是没出现。大臣们这一等，就等了二十多年。

◉ 光辉英雄

嘉靖自从受了那次惊吓，就再也不管朝政，不上朝了，他天天躲在深宫里炼丹药，想要得到成仙。

可是人间这边还在继续呢，嘉靖之前玩儿的礼仪游戏，丝毫不能拯救大明朝于不断下滑的态势。

国家当下最需要的就是开明的政治、经济、军事政策这种物质层次的实事，王朝的危难时刻，尤其是外患加身的时刻，就极需要有人挺身而出，去拯救摇摇欲坠的国家，使生灵免遭涂炭，山河得以完好。时势呼唤这样的英雄，急盼他们勇敢地站在历史的转折点上力挽狂澜，他们的出现是家国之幸、时代之幸。

戚继光有幸成为了这个时代的骄子。戚继光一生最辉煌的时刻就在明世宗嘉靖年间。作为一个武将，他的辉煌代表国家的动乱。当时明朝的君臣正沉迷于关于"大礼"及其时间的斗争，而管理国家内部事务的朝臣们也浑浑噩噩。不巧的是，嘉靖皇帝一心只顾着国家的大礼，却忽视了百姓的安生，国家频频出现财政危机，百姓生活困苦不堪。

正所谓"屋漏偏逢连夜雨"，明朝此时的东南沿海遭受葡萄牙军队的侵袭，倭患也变得白热化，虽然葡萄牙军队被赶走了，但是倭患情况却丝毫没有改善，国家此时正值内忧外患的窘境。

东南沿海的倭寇祸患并不是在明朝中期才出现，早在元末明初就已经有了。但是明初国力强盛，重视海防设置，倭寇未能酿成大患。正统以后，随着明朝政治的腐败，海防松弛，倭寇祸害越来越严重。嘉靖年间，倭患已经一发不可收拾。

而造成这一局面的原因，一则在于世宗的昏聩以及宠臣严嵩庇护、纵容通倭官吏、打击、陷害抗倭将领；二则嘉靖年间商品经济的发展，对外贸易相当发达，沿海一带私人经营的海上贸易也十分活跃。那些海商大贾为了牟取暴利，不顾朝廷的海禁命令，和"番舶夷商"相互贩卖货物，他们成群分党，形成海上武装走私集团，甚至亡命海外，勾结日本各岛的倭寇，在沿海劫掠。

带着"封侯非我意，但愿海波平"的灭倭志向，戚继光一上任，就看到旧军作战能力极差，这样的军队想打赢倭寇和奸商，那肯定是做梦。他认为当下最紧急的就是整顿水兵。

当地百姓也曾组建民兵抗倭，但毕竟不是专业的，战斗力跟不上。戚继光将强壮的民众组织起来，再加上原有的水兵，组成了新的队伍——戚家军。他针对明军兵器装备种类繁多、沿海地形多沼泽、倭寇小股分散的特点，创立攻防兼宜的"鸳鸯阵"，以十二人为一队，长短兵器迭用，刺卫兼顾，因敌因地变换阵形。

这一系列军制改革后，一支全新的军队出现在浙东沿海战场，抗倭形势很快改观。倭寇再也不敢嚣张了，看到戚家军，就赶紧溜了。

戚家军在浙江、福建、广东三省转战十年，日本海盗只要见到他，腿肚子就抽筋，头皮就发麻，哪还敢再来捣乱。

利用作战训练间隙，戚继光收集了水战、陆战的经验，撰成《纪效新书》，阐述选兵、编伍、操练、出征等理论和方法。这部有关"海军陆战队"的兵书，比之金庸笔下的《武穆遗书》，也是很厉害。

可惜的是，这位勇猛无匹的抗倭名将，在明神宗万历年间，随着庇护他的张居正失势而受到排挤，归乡而逝，结束了自己在史册中的最后一笔。此后，明朝东南沿海再无名将守护，倭寇虽减，然而葡萄牙侵略者却多次骚扰明国领土，久占澳门不还，最后澳门终落入外人手中，至此与国家分别了四百余年。

【越来越不堪的时代】

◎ 救时宰相

明王朝内忧外患，毛病一堆：内有土地兼并，流民四散，国库空虚，用度匮乏；外则北方鞑靼进兵中原，制造"庚戌之变"，南方土司争权夺利，尤其岑猛叛乱，"两江震骇"。面对这些，张居正只能闭嘴，挽起袖子好好干了。

张居正清醒地认识到，小修小补已无法挽救明朝的覆亡，只有进行大刀阔斧的全面改革，才能使国家真正走出困境。

其实早在隆庆二年（1568年）八月，他在《陈六事疏》中就从省议论、振纪纲、重沼令、核名实、固邦本、饬武备六个方面提出改革政治的方案，其核心就是整饬吏治，富国强兵，明确地把解决国家"财用大匮"作为自己的治国目标。

张居正的改革是在统治机构近乎解体，财政濒于破产的局面下，自上而下发动的一场自救运动。改革是触动社会体制的变革，这虽然是在同一社会制度下的推陈出新，自我完善，但却是"变"字当头，改变某些不合时宜的规章、制度和政策，与渐行渐变不同的是，改革是带有矛盾的集中性、突破性和体制性的改变，集中表现为法制的推陈出新，所以又被称为变法运动。

作为一个历经三朝的伟大人物，张居正是很有思想深度的。他对明王朝所面临的问题有深刻的认识。他认为当时国力匮乏和盗贼横行都是由于吏治不清造成的。官吏贪污，地主兼并，使部分人钱包大鼓，公家却是囊中羞涩，穷光蛋一个；加上皇帝太不像样，挥霍无度，百姓因此吃不饱睡不好，无奈之下上山当了草寇。张居正很高明地把了国家的脉象，政不通，社会问题就得不到解决，本来这些年经济就不好，再加上一群不干正事、中饱私囊的贪污蛀虫，不帮百姓解决问题，还搜刮他们的脂膏，国家能不乱吗？

但光省也不是个办法，经济学上有个词叫"开源节流"，张居正很懂得这个道理。他一边节省开支，一边加大国库的收入。在张居正的要求下，全国上下，都勒紧了裤腰带过日子，就连皇帝也不例外。因为张大人自己都过着紧巴巴的日子，儿子回江陵应试，他吩咐儿子自己雇车；父亲生日，他让仆人带着寿礼，骑驴回乡祝寿。万历八年（1580年），次弟张居敬病重，回乡调治，保定巡抚张卤例外发给"勘合"（使用驿站的证明书），张居正立即交还，并附信说要为朝廷执法，就得以身作则。

如此严格执行自己定下的规矩，张居正做得的确是让人没话说。

张居正在明朝官场中游刃有余，最终实行了大刀阔斧的改革，以一己之力实现了大明帝国短暂而辉煌的中兴。在中国封建社会中并不乏起自平民而荣登宝座的皇帝，刘邦、朱元璋都以开国的一代君主享名青史，但却少有出身寒微而力挽狂澜的宰相，张居正就是罕见的一位。

他从秀才、举人、进士，官至内阁大学士，从平民中崛起，在明朝万历王朝初年当了十年首辅，协助十岁的小皇帝推行改革，把衰败、混乱的明王朝治理得国泰民安，人们赞扬他是"起衰振隳"的"救时宰相"。

◉ 死后有点惨

万历九年，也就是1581年，五十七岁的张居正终因劳累病倒。他日理万机，为国事没日没夜奔忙，连十九年未能见面的老父去世都不能服丧守制，这么尽职尽责，放到现如今，都能为他评上一个十佳劳模。

当然了，张居正也是没办法，国家实在离不开他。第二年六月二十日，张居正病逝，这位重臣终于撒手人寰。在他死后万历皇帝为之辍朝，赠上柱国，谥号"文忠"，用来表示对这位大臣的敬重。

按说张居正也算是圆满了这一生，但是他死后，却还是没能安稳，因为他的改革着眼于地主阶级的长远利益，因而不得不在某些方面损害一些官僚、大地主的利益。他自己在政策及用人上也存在一些失误。他死后，有些人就开始了肆意地报复和攻击。但这些都不是最主要的，小人能够得逞，在于他们有了可以施展阴谋的空间，正是张居正拥戴的神宗为他们创造了可乘之机。

神宗也是个善变的男人，张居正活着的时候，他见到张居正就犹如老鼠见到猫，在那时，张居正是老师，是首辅，是他背后最强有力的靠山，是解决问题时的最佳顾问，是复兴国家的得力助手。

现在张居正死了，不满的小火苗逐渐燃烧在神宗的胸膛里，张居正的存在，让万历觉得自己就像个摆设，大臣们眼里就只看到了张居正高大的"背影"，张居正当政十年，所揽之权，是神宗的大权，这是他效国的需要，但他的当权便是神宗的失位，他的关系在朝廷盘根错节就是对神宗的威胁。

张居正越是为国家拼命，神宗就越是鄙视他，国家是我的，权力是我的先祖打拼下来的，你只不过是我雇来的臣子，凭什么让你站得比我还高，把国家和皇权的大部分都揽入怀里？那我还当什么皇帝，老子的脸往哪里搁？就算你再忠君爱国，那也不行，我的天威是否还在这才是我最关心的。

这种憋屈的感觉，在张居正死后开始全面爆发，张居正死后第四天，御史雷士帧等七名言官弹劾潘晟。潘晟是张居正生前所推荐的官员，他的下台，标志着暴风骤雨的到来。

不多久，神宗就开始下诏书，指出改革的许多不合理的地方，原先被称赞的地方全都成了失误。今天说土地丈量不合法，明天说房屋买卖不行，后天就说税收不对劲了。总之是人死如灯灭，什么都不是了。

人亡而政息，张居正在位时所用一批官员有的被削职，有的被弃市。而朝廷所施之政，也一一恢复以前弊端丛生的旧观，朝堂上没有人敢为张居正说句公道话。

张居正死后的第十四年，神宗就以疯狂的掠夺破坏了国家机器的正常运转，给明朝带来了一场空前的灾难。官僚体制被破坏，国家库藏被耗尽，平民百姓生活在水深火热中，终于激发民众起义，全国各地怨声载道，动荡不安。

此情此景，千古名相当有无尽的叹息！

◉ 慢慢变样子

万历皇帝一开始也并非他后来那么混，万历还是很聪明的一个人，打小就开始当皇帝，别的孩子还在玩儿泥巴的时候，这位老兄已经开始在玩儿权谋了，所以说比较早熟。

早熟的孩子一般都有点让人猜不透，万历就是这样的。其实在一开始，万历也不是个平庸的君主，毕竟在其当政的早期，他搞定了三大征，即东北、西北、西南边疆几乎同时开展的三次军事行动：平定蒙古鞑靼哱拜叛乱，援朝抗日战争，平定西南杨应龙叛变。

他对于每一次军事行动，似乎都充分认识到其重要性。而且，在战争过程中对于前线将领的充分信任，对于指挥失误的将领的坚决撤换，都显示了他的胆略。

但这位有胆有识的皇帝也是个权力欲望极其严重的人，张居正一事就能看出他的内心偏执来。

万历皇帝在处理了张居正、平定三方之后，彻彻底底不理朝政了，他整天哼哼唧唧，说自己"一时头昏眼黑，力乏不兴"。

礼部主事卢洪春还为此特地上书，指出"肝虚则头晕目眩，肾虚则腰痛精泄"。不久，神宗又自称"腰痛脚软，行立不便"，病情加剧，于是真的就不再上朝，总是召首辅沈一贯入阁嘱托后事。

一开始好端端一个皇帝，挺能干的，怎么就沉沦成后来的混皇帝呢？不用后人去总结，皇帝当时的臣子就给他列出来了。

大理寺左评事雒于仁上了一疏，疏中批评了明神宗纵情于酒、色、财、气，并献"四箴"。给皇帝提了点建议，这一"四箴"可把皇帝气疯了，于是办了雒于仁，但这四箴却恰恰可以形容万历帝的后半生。

其实他的这些毛病正被雒于仁说中，都来源于他的贪酒、贪色、贪财、贪享乐。

万历好酒，一则他自己爱喝，二则明末社会好酒成风。清初的学者张履祥记载了明代晚期朝廷上下好酒之习：明代后期对于酒不实行专卖制度，所以民间可以自己制造酒，又不禁止群饮，饮酒成风。喝酒少的能喝几升，多的无限量，日夜不止，朝野上下都是如此。

万历头晕眼花，肾虚，那都是酒精多了闹的，虽然古时候的酒度数高不到哪去，但是也架不住万历没日没夜地猛喝。

哪个皇帝不好色？万历自己也承认自己很好色。但他对专宠贵妃郑氏，有自己的说法："朕好色，偏宠贵妃郑氏。朕只因郑氏勤劳，朕每至一宫，她必相随。朝夕间她独小心侍奉，委的勤劳。"

这样一个"勤劳"的妃子，把万历迷住了，万历日日宠幸其，怎能不肾亏？

至于贪财一事，万历在明代诸帝中可谓最有名了。他说："朕为天子，富有四海之内，普天之下，莫非王土，天下之财皆朕之财。"在他亲政以后，查抄了冯保、张居正的家产，就让太监张诚全部搬入宫中，归自己支配。为了掠夺钱财，他派出矿监、税监，到各地四处搜刮，他把钱当成命根，恨不得钻进金银堆里。

关于"气"，万历有说："人孰无气，且如先生每也有僮仆家人，难道更不责治？"

看来他认为惩治那些不听他的大臣，便是一种生气。然而，这个皇帝"气"倒是没有生太多，反正他对朝政爱理不理，但是他好鸦片可是不争的事实。

金庸先生说：这个皇帝是明朝诸帝中在位最久的。他死时五十八岁，本来并不算老，可是他却未老先衰，更抽上了鸦片。鸦片可能没有缩短他的寿命，却毒害了他的精神。他的贪婪大概是天生的本性，但匪夷所思的懒惰，一定是出于鸦片的影响。

◎ 唯一一次碰面

自打张居正死后，万历就长期地消极怠工，不干活，每天躲在后宫里吃喝玩乐，醉生梦死。大臣们也没人敢管他，那就只能互相斗着玩儿，万历也不管，反正你们斗你们的，别打扰我的悠闲就行。

万历不爱上朝管事，他也不轻易授权于太监或大臣，整个文官政府的运转陷于停顿，由于年轻时受到太监冯保和权臣张居正束缚的影响，他对太监和大臣没有任何好感，但他又不愿意理朝政，竟导致朝内官员空缺的现象超常严重。

由于缺少官吏的管理，万历后期政府运作的效率极低。官僚队伍中党派林立，门户之争日盛一日，互相倾轧。东林党、宣党、昆党、齐党、浙党，名目众多。整个政府陷于半瘫痪状态。

但万历才不管这些，他只顾他自己的悠闲，他这一悠闲就是二十六年，1615年，他才因"梃击案事件"勉强到金銮殿上亮了一次相，和各位大臣见了见面。

那一年，一个名叫张差的男子，闯入太子朱常洛所住的慈庆宫，被警卫发现逮捕。政府官员们对该案的看法分为两派，互相攻击。一派认为张差精神不正常，只是一件偶发的案件。另一派认为它涉及夺嫡的阴谋——万历帝最宠爱的郑贵妃生有一个儿子朱常洵，她企图使自己的儿子继承帝位，所以收买张差行凶。

万历帝和太子都不愿涉及郑贵妃，为了向官员们保证绝不更换太子，万历帝才在龟缩了二十六年之后，走出他的寝宫，到相距咫尺的宝座上，亲自解释。

这一次朝会很是有趣。万历帝出现时，从没有见过面的宰相方从哲和吴道南，率领文武百官恭候御驾。然后万历和他的太子开始向大臣们表示彼此关系的亲密，以及对太子的信任，并询问诸大臣有何意见。当时方从哲除了叩头外，不敢说一句话，吴道南则更不敢说话。两位宰相如此，其他臣僚自没有一人发言。

御史刘光复大概想打破这个僵局，开口启奏，可是，一句话没说完，万历帝就大喝一声："拿下。"几个宦官立即把刘光复抓住痛打，然后摔下台阶，在鲜血淋漓的惨号声中，他被锦衣卫的卫士绑到监狱。

对这个突变，方从哲还可以支持，吴道南自从做官以来，从没有瞻仰过皇帝仪容，在过度的惊吓下，他栽倒在地，屎尿一齐排泄而出。万历帝缩回他的深宫后，众人把吴道南扶出，他已吓成了一个木偶，两耳变聋，双目全盲，几日之后方才渐渐恢复。

这就是二十六年之后唯一的一次朝会，没谈国家大事，只有万历皇帝那声莫名其妙的"拿下"，让大臣们胆战心惊，且后果惨重。估计这也是万历要的后果，虽然自己很少露面，但还是要让大臣们知道自己是很牛的。

从此又是五年不再出现，五年后，万历帝终一命呜呼。就在万历帝把自己的基业一点点地向悬崖边上推去的时候，一个未来明朝的掘墓者诞生了，它就是后金。

◎ 非常开放

由于受到程朱理学的影响，明代的儒学走入了困境，自然而然，仰赖它的士大夫们也遇到了思想或僵硬或空虚的窘境。而这个时候，一缕思想的新风突然吹入，几乎动摇了整个封建王朝的思想秩序。而这个对封建思想"大不敬"之人，便是李贽。

此人追求个性，追求解放，是个不折不扣的新潮青年。李贽以他的绝世之姿出现在历史之中，明确地表示非孔非圣。李贽认为，千百年来"咸以孔子之是非为是非，故未尝有是非耳"。人们对是非的评论，本来没有固定的标准，对人的评论也没有固定的结论，是非如同岁月一样，日夜不停地发展变化，而衡量的标准也应该随着社会前进而发展变化。

他还积极地宣扬他的"私欲"与"童心"，最终实现了王学向人文主义的转化。他说："夫私者，人之心也。人必有思而后其心乃见，若无私则无心矣。"

他认为思想解放是很重要的，人有私欲也很正常，不应当压抑，虽然当时许多人反对这样的说法，但不可否认，这样的思想还是对明朝后期的发展产生了影响。

明朝小说的发展程度很迅猛，《三国演义》《水浒传》和《西游记》三部小说，已经占了当代四大名著中的三部。更别说还有其他的，其中还有著名的爱情小说《牡丹亭》。

说起《牡丹亭》，自然而然会想到那饱受相思之苦的杜丽娘，这个姑娘是个美女，打小就被灌输三从四德，但人家一点也没放弃追求自由爱情的向往。终于有一天，她在梦中与一位书生幽会，梦醒后见不到那位情郎，心里非常想念，就得了相思病，最后郁闷死了。

书生柳梦梅拾到杜丽娘的画像，深为爱慕，与杜丽娘的幽魂一见钟情，两人痴痴缠缠、情深义重，终于感动了冥府判官，让她死而复生。

《牡丹亭》讲的这个爱情故事就非常的反传统，女人也可以勇敢地追求自己的爱情了，可见明朝后期的思想还是比较开放了。

不但文化发达，明朝的旅游业也很兴旺。由于古代的交通工具不发达，旅行非常不方便，所以若是没有特殊的旅游爱好，大部分人都不喜欢旅游。不过，明朝中后期却出现了如醉如痴、举国若狂的旅游热潮，这是古代历史上所罕见的。

由于水运航运的发达，南方的人特别喜欢旅行，历史上称："吴人好游，以有游地、有游具、有游友也。"在这里，所谓的"游友"便是明代文人笔下的"游伴"，这些旅游伴侣除了情趣高雅、志同道合的雅士之外，很大一部分人是能歌善舞、能说会道的清客，他们在陪伴达官贵人游览时，往往作为"导游"的角色。有了这些便利的条件，明朝南方怎么可能少了旅游热！

旅游是一种休闲活动，它能在明朝兴起，也在于明代民间百姓的业余生活增加了，它是经济发展与文化发展的一种证明。明朝虽然内忧外患齐集一身，朝内朝外烟尘弥漫，却依然随着时代在不断改变它的风貌。

◉ 思想冲击波

万历中期，西方的耶稣会士来到中国，西学东渐的思潮开始了。教会的东渐与海权国家的兴起是同步的，而天主教的思想，就是跟在明朝当时两个海权大国葡萄牙和西班牙的屁股后面而来。

葡萄牙人沿非洲西岸绕好望角而到达印度，并到达远东的日本与中国，发现这里有巨大的市场。

而天主教的教士们，也觉得这是一个天主教会"叫卖"的地方，于是他们抱着传道的热忱，历尽千辛万苦，翻山越岭、跋山涉水地来到这个"黄金国度"，做一番开辟的工作。

第一个来到中国的传教士是利玛窦。1578 年，利玛窦从葡萄牙首都里斯本出发，辗转数国，经过四年的艰苦历程，终于到达中国澳门，看到了中国广袤的国土，禁不住为这个国家感到惊叹。他认定了要将天主教在这个国家传播下去。利玛窦经过当时的明朝大臣徐光启引见，到北京朝见万历皇帝，从此揭开了"西学东渐"的序幕。

利玛窦是个聪明的老外，他懂得循序渐进地让人们接受他的思想。他聪明地将尊重中国文化、介绍西方自然科学和宣传天主教义三者良好地结合在一起，让中国人较容易地接受西方天主教的思想。

于是，与中国文化成功融合的天主教宗教思想，慢慢地获得保守的明国百姓的青睐，教徒也渐渐地多了起来。

利玛窦不但成功传教，还与徐光启合作翻译外国的数学著作与文献，将外国文化传输进了中国。

现在初中生学数学一定会学到几何学，在古代，这门数学分科并不叫"几何"，而是叫作"形学"。是徐光启将几何正式用做了一个名词。

徐光启力图融会中西科学的思想，突出地体现在修订历法方面。徐光启采用西法改革历法，他的改历计划是：集中力量翻译编辑欧洲天文书籍，提出"叙述既多，宜循节次；事绪尤纷，宜先基本"的编译方针；同时，安排制作观测仪器和观测的计划，以获得修历的基本数据，并且验证西法的正误。

要知道，徐光启不是个光说不干，指挥别人动手的人，他自己的动手能力非常强，有人亲见并记述了他的这段生活，说他"扫室端坐，下笔不休，一榻无椎……冬不炉，夏不扇……推算纬度，昧爽细书，迄夜半乃罢"（张溥为《农政全书》所写的序）。要知道这时的徐光启已经是古稀之年的老人了，研究热情却依然不减。

徐光启等人开启了中国人的外向性思维，让中国人了解，中国并不是世界的中心，在中国之外，还有一个更大的世界。

【还是没得救】

◎ 终于熬出头

明神宗朱翊钧，万历四十八年（1620 年）逝世，年五十八。这位精明了一辈子、胡闹了一辈子的皇帝终于寿终正寝了。

接下来上场的明朝皇帝是万历的长子朱常洛。这个人当万历的儿子，真是很不幸，万历一直没说要把皇位传给他，所以，朱常洛在担惊受怕了三十八年后，终于能够喘一口气了，因为他还是当上了皇帝。

1620 年农历八月一日，朱常洛正式登基，即后世所称的明光宗，定年号为泰昌。按照惯例，要等到这一年过完，第二年才能用自己的年号，但是没想到，朱常洛是等不到那一天了。

刚坐上龙椅，朱常洛决心好好干一番，不能让大臣们看扁了，于是他给辽东前线的士兵发工资，废除各地矿税，以及补充空缺的官员。把他爹当年没干的事，他都干完了，而且干得很及时，很完满。

大家觉得好皇帝终于来了，大明朝该有希望了。可是就在这个时候，朱常洛却一下子病倒了。

这就要怪他自己了，常年在自己爹的压制下，朱常洛是什么也不敢做，现在好不容易轮到自己说了算了，他就开始放肆起来，每天白天日理万机，晚上回到后宫就开始过起了丰富的夜生活。

书上是这样写的，"是夜，连幸数人，圣容顿减"。身体吃不消的朱常洛在即位后的第十天病倒。皇帝病了是件大事，大家张罗着给他找大夫。这时，时任司礼监秉笔太监崔文升来了，他给皇帝开了一服泻药，表示皇帝吃后，肯定药到病除。

崔大夫是有理论依据的，根据皇帝一晚上连幸数人的经历，皇帝是吃了春药，药力积攒在体内，搞得身体有点上火。所以吃了泻药，败败火就没事了，理论上到也成立，崔大夫就开始着手配药了。

但毕竟是副业，不是专业，崔大夫对药剂的量拿捏不准，他把药放多了，导致朱常洛吃了药之后狂泻，一晚上跑了十几趟茅房，第二天就更加虚脱了。

这下，大家都慌了，这刚盼来一个好皇帝，眼看着就又要没了，于是人们开始纷纷为自己找后路。有人忙着救皇帝，有人忙着找下家。

在生病期间，朱常洛听说有个鸿胪寺的医官进献金丹，说可以长生不老，药到病除，他便把那人叫去问了问。

此人名叫李可灼，他给皇帝号了脉，然后拿出了金丹给皇帝服下，也就是历史上有名的红丸。

吃过红丸之后，朱常洛觉得自己好像好了很多，浑身舒畅，也不拉肚子了，吃饭也有食欲了，也能下床走动了。

这个消息让大臣们欢呼雀跃，朱常洛自己也很高兴，看来他还能再当几年皇帝，于是为了早点康复，他在几个小时之后，又吃了红丸巩固疗效。

但是六个时辰之后，朱常洛一命呜呼了，这就此拉开了明朝后宫疑案——红丸案的序幕。红丸到底是什么东西，李可灼为什么要给皇帝吃这样的东西，无人可知。

朱常洛的突然驾崩引得朝野上下议论纷纷，有人说是吃红丸死的，有人说是劳累过度死的，还有人说是纵欲过度死的，总之争争吵吵，一直争吵了八年，成为了明朝的，继"梃击案"之后的第二大后宫疑案。

但人们很快就把目光移向了别的地方，因为那个时候，人们更关心的是，下一任皇帝该由谁继承。

朱常洛死后，尸骨未寒，又发生"移宫案"。朱常洛死后，长子朱由校继位，那年他十六岁。所谓"移宫"，便是从一个宫殿搬到另一个宫殿，前后分为两个阶段，分为"避宫""移宫"。

"避宫"是朱由校为了夺回皇权，与西李进行的一场争夺住所大战，朱常洛有"东李""西李"两位选侍，朱由校托付给西李选侍照管，西李为了控制朱由校，要求他与自己同居一宫。但朱由校不同意，这才有了后面的"避宫""移宫"之说。

"明宫三案"——梃击案、红丸案、移宫案，牵涉到了万历、泰昌、天启三代皇帝，是宫廷斗争引发的朝堂之争，这三件案子加速了宦官专权，还成为党争题目，令整个大明朝廷乌烟瘴气，一步步走向坟墓深处。

◉ 好木匠朱由校

中国历史上有许多不务正业的皇帝，而明朝中叶以后更是为后人提供了许多噱头，其中"木匠皇帝"朱由校便不啻为历史舞台上的一个皇帝丑角。比起他来，万历简直是要算的上一个好皇帝了。

要说朱由校的木匠故事，还要从一个宦官和一个奶妈说起。

宦官就是魏忠贤，他原名李进忠，但本人一点也不忠厚，反倒是奸诈狡猾的人，好赌还无赖。因为赌技不行，输了钱没法还，魏忠贤就下了一个大胆的决定，自己阉割自己，然后进宫去当了太监。

他入宫后，在宫里结交了太子宫的太监王安，他拍王安的马屁拍得很舒服，一直被王安罩着。

后来在宫里时间久了，魏忠贤还找到了女朋友，别看魏忠贤是个太监，但或许是他经常锻炼的缘故，体格非常健壮，和宫里那些女里女气的太监很不一样。魏忠贤完全就是太监中的男人。

他受到了朱由校奶妈客氏的青睐，两人一来二去的就好上了。后来1620年朱由校即位，是为熹宗。

人生的许多战场都存在着竞争对手，太监们也不例外。《明史纪事本末·魏忠贤乱政》中写道："上（熹宗）即位数月，一夕，忠贤与朝争拥客氏于乾清宫晓阁，醉詈而嚣，声达御前。时上已寝，漏将丙夜，俱跪御榻前听上会。客氏久厌朝狷薄而喜忠贤憨猛，上逆加之，乃退朝而与忠贤。"

魏忠贤倚重"女友"的力量，打败了一手提拔自己的魏朝，爱情与事业同步青云。目不识丁的魏忠贤则升为司礼秉笔太监，而后更是一路高升成为权倾一时的"九千岁"。

朱由校虽然当了皇帝，但他并不爱管理天下，他有个自己的爱好，并且爱得欲罢不能，就是做木匠。

说实话，朱由校的手艺很是不错。明代时候的床非常笨重，十几个人才能移动，用料多，样式也极普通。熹宗朱由校便自己琢磨，设计图样，亲自锯木钉板，一年多工夫便造出一张床来，床板可以折叠，携带、移动都很方便，床架上还雕镂有各种花纹，美观大方，让当时的专业工匠都很佩服。

除了床，朱由校还做各种各样的小玩具，他曾做过小木人，跟活人差不多。他还做屏风，让太监拿到集市上去卖，说开价一万两，过一会儿，太监就捧着一万两的银票回来了，可见朱由校的手艺还是很有市场的。

但可惜他生在帝王家，皇帝是不需要这门手艺的，皇帝需要的是治理国家。但是朱由校却把这个职能交给了魏忠贤。

朱由校是一名出色的工匠，却使大明王朝在他的这双巧手上摇摇欲坠。他名义上统治了王朝整七年，实际上却是他信任的一个太监在掌控着政治权力与国家机器。

最后，只能说，朱由校是个好木匠。

◎ 下任继承者

1627年八月，朱由校病危，眼看就要不行了。这个时候，魏忠贤很是伤心，他当然不是替皇帝难过，他是为他自己。

熹宗时期，宦官的专权表现遮蔽了半边天，魏忠贤手中握有的权力其实是皇权的变相。现在皇帝要没了，下一任皇帝还不知道怎么对他呢，这真是风云莫测啊。

朱由校决定让自己十七岁的弟弟信王朱由检接替他的差事，但是魏忠贤知道，一且朱由检当上皇帝，那他的日子可是不好过了。

所以在朱由校死后，魏忠贤封锁了消息，秘不发丧。

但是趋势已经由不得他选择了，宫里还是走漏了消息，皇帝已死的消息被英国公张维得知。这位老兄世袭爵位，是个很厉害的人物。他进宫来找魏忠贤，说他已经知道了皇帝死亡的消息，让魏忠贤别装蒜了。

魏忠贤不敢得罪他，只好公布了皇帝已死消息。

就这样朱由检住进了皇宫，开始了自己战战兢兢的皇帝生涯。他比起他哥哥来，是个十分精明的人。他知道魏忠贤看自己不爽，欲除之而后快，所以他进宫后十分谨慎，不吃宫里送来的食物，自己进宫前就在袖子里准备好了大饼，饿了就啃两口。

他也不怎么睡觉，在自己屋子里聚集了很多人，反正就是让魏忠贤无从下手。眼看这位新皇帝的龙椅是要坐稳了。既然杀不得，那就继续让他宠着自己吧。魏忠贤开始和新皇帝搞好关系。

而朱由检似乎对魏忠贤态度也不错，总是"厂公"长，"厂公"短地叫魏忠贤，魏忠贤曾试探性地递过一回辞呈，但被驳回了。因为朱由检说朱由校在临死前，让自己重用魏忠贤，不能随便辞掉。

这样，魏忠贤就放心大胆地在宫里留下来了，可是他不知道，朱由检已经在暗地里安排好了实力，就等着一步步地铲除魏忠贤的爪牙。

首先走的是客氏，客氏一看魏忠贤去辞职没批准，自己也要去。结果她辞职信刚递上去，朱由检就批准了，而且理由十分得当，客氏是奶妈，这皇帝都死了，她也没有可奶的对象了，留下也没什么用，不如回家算了。

就这样客氏被赶出了宫，随后就是一批一批的清洗运动展开了。大臣们看到魏忠贤大势已去，就纷纷站起来弹劾他。朱由检这个时候正式变脸，发配魏忠贤去凤阳看坟。但是魏忠贤走的时候过于嚣张，带了上千号人给他押送行李。

这下把朱由检惹火了。他派人去追魏忠贤回来，害怕回去被千刀万剐的魏忠贤非常自觉，在半道上就上吊自尽了，一了百了。

魏忠贤死后，朱由检把客氏也找了回来，大刑伺候让她交代了以往的犯罪经过，随后便乱棍打死。

至此，才算肃清了朝廷的奸党，而朱由检也正式展开了他完全统治的时期，是为崇祯年间。

◎ 女真不是闹着玩的

1616 年，蒙古草原。喀尔喀部首领莽古尔岱的宠姜、刚嫁入一年多的叶赫部大龄女青年（史称"叶赫老女"）——东哥病逝，时年三十四岁。这本是历史长河中微不足道的一滴水，却因为一段征战、一个人，而映射出一片历史洪波。

这段征战，是女真族的统一战；这个人，叫爱新觉罗·努尔哈赤。虽说努尔哈赤与美女东哥之间没什么交集，但这两人却影响着历史，引领着女真族走向统一。

女真民族在12世纪的辉煌时期，曾建立金帝国，征服了中国大半土地，还活捉了当时宋王朝的徽、钦二帝。金帝国灭亡时，进入中国境内的女真人，大部分被歼灭。只有未入关的若干原始部落存在，他们分为野人女真、海西女真和建州女真三部，其中以建州女真最为强大。努尔哈赤就是建州女真的后裔。

1559年，努尔哈赤在赫图阿拉的一个小部酋长家里出生了。努尔哈赤他们家世袭建州卫都指挥使，配龙虎将军印。这是明朝给他们封的官，行羁縻之策。但是家家有本难念的经。

王杲跟明军打仗那会儿，这爷俩在前面给明军指路，后来王杲的儿子要给老爹报仇雪恨，这爷俩又给明军当了一次向导，不料明兵里有睁着眼的瞎子，竟然误杀了老爹。那时候努尔哈赤正是血气方刚，想着要给老爹报仇，不过他孤零零地也没这个能力，只好先忍着。

1583年，努尔哈赤准备开战的时候只有甲十三副、部众三十人，不过这小子顺应了时代的潮流，采取了正确的方针政策，队伍也因此越来越壮大。尤其是在选拔人才方面，努尔哈赤可是有自己的一套。

他用人一定要用好人，而且不能走后门，要是遇到穷苦人家的有志之士，他也要毫不犹豫地破格使用。另外，努尔哈赤也鼓励大家推荐不错的人选，有好苗子就好好地栽培。对于那些奸诈的烂人他也不手软，该怎么处置就怎么处置。

在战事上，努尔哈赤也有自己的一手。他是先打近的后打远的，先打不堪的再打强大的。早年他就积极地拉拢蒙古，以免让明军早早地就盯上自己。努尔哈赤经过一番拼搏厮杀最后成了建州女真的头，还逐渐开始去统一女真各部。野人女真实力不足虑，海西女真四部则是一块难啃的骨头，尤以叶赫女真部为最。

其实两家结下梁子已经很久了，期间谁都没占到大便宜，这次努尔哈赤是下定决心要干掉海西女真了。

而美女东哥就是他拿来使用的政治工具，东哥短短的一生中换了七个未婚夫，除去十一岁时为父亲夺得海西四部（叶赫、乌拉、哈达和辉发）头把交椅"牺牲"一次外，此后六次许婚都与努尔哈赤有着直接或间接的联系。

首先是海西女真乌拉部首领为其弟布占泰聘娶东哥，东哥的老爹、海西四部首领布斋，为了巩固联盟、组建九部联军攻击努尔哈赤——建州女真的统一让他们备感威胁——答应了这门亲事。结果，努尔哈赤以少胜多，大败联军，布斋被杀，而以女婿身份参战的布占泰则做了俘虏。

布斋之子布杨古忙祭出将妹妹东哥（此时仅十三岁）嫁给努尔哈赤为妻的条件，请求"联姻盟好"。努尔哈赤允诺，取代布占泰成为东哥第三任未婚夫，只是东哥还挺有气节，不愿意嫁给杀父仇人努尔哈赤，叶赫悔婚，并以杀死努尔哈赤为条件向各部征婚。

努尔哈赤也没说什么，毕竟他也不缺女人，他很是懂得积极向上，学习好文化知识，他熟读《三国演义》，汉文化水平很高。所以，努尔哈赤在女真民族中也算得上是个绅士。

东哥嫁来嫁去，最终也没干过努尔哈赤，反倒是先努尔哈赤一步去见她爹了。但努尔哈赤却是在东哥的仇恨中，日益壮大起了自己的力量。

在统一女真过程中，努尔哈赤把女真人编为八个旗，旗既是一个行政单位，又是军事组织。平时种地，战时打仗，省事又省力。后来看自己发展得差不多了，努尔哈赤就在1616年，在赫图阿拉（今辽宁新宾附近）即位称汗，国号大金，历史上称为后金。

【抢你没商量】

◉ 萨尔浒大逆转

努尔哈赤看自己发展得挺不错，就决定与大明撕破脸皮。与任何一场"师出有名"的战争一样，每位征讨者都是搜罗罪状、寻找借口的高手。于是便有了努尔哈赤的"七大恨"祭天告地，誓师伐明。"七大恨"中，除去"杀我父祖"的血海深仇外，努尔哈赤又把"叶赫老女"这件过时的政治工具搬了出来，将"援助叶赫，致使我已聘之女转嫁蒙古"列为七大恨之一。难怪柏杨先生会说除去第一大恨外，"其他六大恨不过一些微不足道的鸡毛蒜皮小事"。

努尔哈赤的举动很大，"七大恨"激励着女真儿郎们势如破竹，连下抚顺和清河等四城。这下，大明王朝辽东地区门户大开，明廷举朝惊骇，作出了大举剿灭后金的决定。

但凡有点能力的人都想在史册上蹦跶上几页，明神宗万历也是。虽然他被后人说成是个独断专横的皇帝，可想当初万历也是壮志雄心，打了三次大仗都胜利了。不过一次萨尔浒战役让他从此走上了不归路，大明王朝也跟着遭了殃。

作家夏坚勇说，这个时代的改革夭折了，武事消弭了，思想自刎了，只剩下几个不识相的文臣在那里吵闹着"立国本"，却被皇帝打烂了屁股，又摘了乌纱帽，发配得远远的，至此皇帝就不用上朝了。

张居正的新政已经不吃香了，没过多久就被废掉，大明靠着先前攒下来的食粮苟活着。无奈此时东北关外新起了一股势力——后金。后金是1616年努尔哈赤在赫图阿拉建立起来的，动不动就想骚扰一下明朝北方的边境，实际上是想把明朝弄下历史的舞台。

大明怎么说也曾光荣过，为了让辽东那块暂时安生，决定先发制人，于是就跟后金干了起来。当时，杨镐大将军带了九万多人马分四路围攻后金，不过这也只是表面文章。明末政治已经腐败到不能再腐败的程度，辽东的军兵已经十分地不堪，能打仗的也就一万来人，一点组织性纪律性都没有。

就算朝廷又从全国弄来了一些兵，可也都跟辽东那块的兵一副德行，能派得上用场的掰掰手指都能数清楚。将兵们一把鼻涕一把泪地不想出关，就连朝廷自己都觉得这场仗跟赌博似的。

面对明军四路围攻，努尔哈赤采取了"凭你几路来，我只一路去"的作战方针，集中八旗兵力，打歼灭战。在短短的五日之内，努尔哈赤就在三个地点进行了三次大战，杀了明军一个片甲不留。

后金的军队那叫一个作风良好，在战场上速战速决，打仗比闪电还迅猛。明军光将士就死了三百多人，士兵就更不堪了，四五万人都再也见不着娘了，这就是中国历史上那场著名的"萨尔浒之战"。

这场大战以努尔哈赤的胜利结束，历史在此发生转折，一举奠定了此后后金与明朝的攻守之势。回想那三场大战役，平定蒙古鞑靼叛乱、助朝抗日、平定西南杨应龙叛乱时，万历是多么光荣！那时的嚣张霸气、举国欢腾，却在最后成了根蔫了的黄瓜，真是今非昔比。

明朝从此一蹶不振，只有招架之功，再无还手之力。

◎ 最后的贡献

努尔哈赤取得萨尔浒大捷后，一点不骄傲，他冷静地分析了一下，虽然眼下的胜利是明显的，但日后的努力还是需要加倍的。明朝的熊廷弼的"固守不浪战"的政策让伐明之师暂时难以推进，而身后的叶赫仍旧是努尔哈赤的一块心病，既然不能前进，那不如先后退，利用这个空当，扫除了后顾之忧再说。

从这件事情上，就能看出努尔哈赤是个头脑很灵活的人，走不通大路就走小路，走不了小路就走水路。反正本来没有路，走的人多了，也便有了那羊肠小道。

等待是没错的，努尔哈赤的耐心又一次得到回报，明王朝一年之内帝位三次更迭，熊廷弼被排挤罢免，新帅变更对敌方针，努尔哈赤抓住时机，突破了明军辽河防线，连克奉集堡、沈阳、辽阳、广宁等。并于1625年迁都沈阳即盛京。

努尔哈赤也是个热衷搬家的人，从他当头开始，后金都迁都三次了，一开始的据点是费阿拉，但努尔哈赤嫌那地方太小，不够大气，而且还在山里，不好发展，就筑造赫图阿拉城，后来努尔哈赤就在那当的皇帝。

后来随着努尔哈赤打仗地点的转移，他的都城又迁至界凡城、辽阳，现在又到了沈阳。努尔哈赤之所以这么频繁地迁都，主要是因为他内心的一种渴望，就好比现在大学毕业生都愿意留北京工作，不愿意回老家一个意思。

大地方毕竟能够满足人的一种欲望心理，努尔哈赤就很向往大地方，中原在他看来，那就跟繁华的大都市一样。

但是迁都不是个容易事，贝勒大臣一致反对，理由是：东京辽阳宫室已经修建，且年景不好，迁都劳民伤财。

努尔哈赤说：沈阳形胜之地，西征明，由都尔鼻渡辽河，路直且近；北征蒙古，二三日可至；南征朝鲜，可由清河路以进；且于浑河、苏克苏浒河之上流，伐木顺流下，以之治宫室、为薪，不可胜用也；时而出猎，山近兽多；河中水族，亦可捕而取之。

以大战略家的眼光，从政治、军事、民族、物产、形胜、交通上分析了迁都沈阳的有利因素，其实努尔哈赤是皇帝，他说搬就得搬，没人能拦得住。这下他搬出这么多理论，大臣们更是没话说了。

就这样，努尔哈赤将都城搬到了沈阳，离中原更近了一步，但是他却在这个时候出了点小小的意外。

1626年，努尔哈赤在宁远打仗的时候，被大明将军袁崇焕打输了，这是头一回破了他不败的战神神话，也让他受了重伤，撑了没几天，努尔哈赤就留下他未尽的事业，离开了人世。

◎ 四板斧的威胁

1626年，盛京。天命汗努尔哈赤的葬礼，袁崇焕来吊唁了。他的到来让努尔哈赤的子孙们怒了，你杀了我们的爸爸，爷爷，居然还有脸来上香，大家纷纷摩拳擦掌地要把袁崇焕干掉。但是后金新君皇太极把他们拦住了，他对袁崇焕挺客气，还提出了与明议和修好的建议。

皇太极脑子没进水，他这是故意的。他做出这个决定并非怯敌，而是综合考虑各种政治军事因素的结果。

首先，从努尔哈赤与袁崇焕宁远城楼的一战中，皇太极看到了大明王朝虽然内部已经腐如朽木，但外围仍有道坚固的"长城"需要突破，袁崇焕就是其一。即使能够突破，两强相争，损耗极大。而此时，左右两边又有明朝的附国朝鲜和虎视眈眈的蒙古，与明直接以硬撼硬并非明智之举。

其次，努尔哈赤后期，特别是进入辽河平原以后，实行了一些错误政策，如清查粮食、强占田地、满汉合居、杀戮诸生等，有组织的武装暴动此起彼伏，面对辽东汉民的反抗，努尔哈赤继续执行高压政策，结果矛盾进一步激化，人口逃亡、丁壮锐减、田地荒芜、民不果腹、盗寇横行，使得后金的经济大打折扣。所以，必须争取一段休养生息、调整治理的时间。

最后，则是皇太极谋取大明江山的战略问题。皇太极认为明朝已然是一棵败坏腐朽的大树，与其强力伐之，不如待其内部朽蚀，则唾手可得。这从他后期提出的"取燕京如伐大树，须先从两旁斫削，则大树自仆"的理念就可看出，对于取明朝，他早已成竹在胸。

聪明的"伐木人"皇太极利用争取到的宝贵时间，开始他层层递进的"伐大树"行动。第一斧，皇太极"砍"向内政。他改变对内政策，尤其是对待汉族，"治国之要，莫先安民"，他采取安抚政策，强调满洲、蒙古、汉族之间的关系"譬诸五味，调剂贵得其宜"。他决定：汉族壮丁，分屯别居；汉族降人，编为民户；善待逃人，放宽惩治，从而"民皆大悦，逃者皆止"。此外，他明白任何时候人才都是最关键的制胜因素，重视对汉族文人的提拔，让他们入朝为官。

第二斧，皇太极"砍"向朝鲜。后金的左邻朝鲜一直是明朝的附国，对皇太极来说是潜在的威胁，于是，他两次东征朝鲜。第一次，逼迫朝鲜定下"兄弟之盟"；第二次，利用朝鲜使臣搅乱登基大典的借口，一直打到朝鲜的王京汉城，朝鲜王吓得龟缩于南汉山城，向大清臣服，定下"君臣之盟"。这下，彻底断绝了朝鲜与明朝的关系。

第三斧，皇太极"砍"向蒙古。漠南地区察哈尔部林丹汗日渐强盛，逐渐控制了辽河以西的蒙古部落，并时有东进行动，骚扰后金。皇太极继位后，把林丹汗作为主要征讨对象。他三次向西用兵，将林丹汗驱逐至青海，占领了漠南蒙古。

第四斧，皇太极"砍"向杀父仇人袁崇焕。用反间计借敌手将袁碎尸万段，出了心中那口恶气。

皇太极这"四板斧"，斧斧斩实，每一下都砍在明朝外围，却痛在大明心里。对朝鲜与蒙古的征服，一方面为自己扫除威胁，一方面也切段了明朝的左右两翼，相当于砍掉了一个人的左右助手，完全将明朝孤立起来。

皇太极不是程咬金，不止有"四板斧"的武功，还有谋略中原的智慧。一方面砍掉明朝的旁枝，一方面又施展快如闪电的突袭，五次绕过宁远和山海关，直入中原，甚至抵达北京城下，不断向明朝施压，令明朝军民惊恐万分。

这五次长驱直入，如五把利剑，插向明朝心脏，让死水般的明政府也泛起波浪。

一番大刀阔斧的斩砍之后，皇太极率领着各位贝勒大臣们祭告努尔哈赤说："朝鲜已纳贡，察哈尔等部已归附，今为敌国，唯有明国耳。"

凭着技高一筹的谋略，皇太极整顿内政，发展经济，战抚兼用，同时试图联络农民军夹击明朝、拉拢山海关守将判明降清，用他的文治武功扫清了大清前进的左右旁枝，缓缓举起了斩向明朝的巨斧。

◎ 回天乏力

皇太极这边事业干得风生水起，那边崇祯皇帝可是急眼了，眼看着老祖宗的基业就要砸在自己手里，这可真是受不了哇。

将来下到地下，如何去面对自己的爹爹、爷爷们。崇祯皇帝很是头疼，但他又是个好面子的人，轻易不承认自己不行，他惯用的伎俩就是用小动作掩人耳目，他最勇敢的事就是杀人。他发脾气时，像一头挣脱了锁链的疯狗，人性和理性全失。一个城市沦陷了，他就会把守城的将领杀掉。

所以，明朝末年，外有皇太极在鼓捣，内有李自成的农民起义军在折腾，这个王朝简直就是摇摇欲坠，马上就要塌了。崇祯皇帝对这些他无法解决的事情都很愤怒，他恨皇太极，恨李自成，也恨饥饿的武装群众，简直就是恨之入骨。

他坚决地指控明朝内的农民武装起义只是一撮奸邪分子煽动起来的，有人向他提及饥馑和官员乡绅贪暴，他就发怒，发怒的原因是他无法解决，所以他不愿听到。不过他却相信小动作可以帮助他，确信仅虚心假意地表演一下就能掩盖天下人的耳目，所以他不断地宣布"避殿""减膳""撤乐"，不断地声言流寇也是他最亲爱的赤子，不断地下令政府官员自我检讨。

有一次，崇祯将宰相们请到金銮殿上，向他们作揖行礼，说："谢谢各位先生帮助我治理国家。"然而不久就大发雷霆，把被他谢过的"各位先生"杀掉了。

崇祯就是这么喜怒无常得跟神经病似的，当然了，这在一定程度上也不能完全怪他，他十七岁承继大统，从他那木匠哥哥手里接过这么一个烂摊子。

虽然他想整治朝纲，安定天下，可是根基已经烂掉了，他再怎么勤奋工作也是没用的。天天把崇祯累得要命，但是国家还是不见好转，他要是能温和下来就有鬼了。他后来认为重刑是促使他部下创造奇迹的动力，但是眼瞅着自己的部下个顶个的没本事，他估计想张嘴骂娘了。

天下是越来越乱，崇祯四处灭火，但是火却是越烧越旺。崇祯就天天这么瞎忙活着，一直忙了十七年。最后李自成闯进了北京城，崇祯也不用忙活了，赶紧逃命去吧，再不逃就没命了。

逃了也没捞到命，后来崇祯皇帝在山上一棵树上吊死，临死前还不忘记用点小伎俩掩人耳目，他在自缢之前留下这样一份遗书："朕凉德藐躬，上干天咎，然皆诸臣误朕。朕死无面目见祖宗，自去官冕，以发覆面。认贼分裂，无伤百姓一人！"

意思是说：虽然由于我品德不好，上天才降下亡国惩罚，但也是群臣误我。我死无面目见祖宗于地下，请去掉我的帽子衣服，把头发披到我脸上。任凭逆贼割裂我的尸体，不要杀伤人民一人。

死都死了，还把责任推给了大臣们，崇祯的脸皮也的确是有够厚的。李自成虽然进了北京，坐上了龙椅，而且还受到了穷苦百姓的拥护，他打出的"高筑墙、广积粮、缓称王"和"迎闯王、不纳粮"的口号，群众基础良好。

但是自从进入北京，坐上皇帝的宝座，被胜利冲昏头脑的他对形势缺乏清醒的判断，以致作出一系列错误决策，最后节节败退，被皇太极插了空隙。

明朝皇帝上吊了，皇后上吊了，贵妃上吊了，两皇子跑路了，留着将来振兴明朝。可惜清朝统治得太严厉了，两皇子没逮着机会。

◎ 就为了个妻子

在边疆放牧的游牧民族要想统治一个政权，这怎么说都不是太容易，可人家女真族的后代就做到了，而且还做得有模有样的，中间还上演了一段爱情与政治纠缠不清的好戏。

话说自古红颜多祸水，这女人啊，尤其是脸蛋漂亮的女人，在男权社会里时不时地就被拿来当棋子。不管是哪一边的男人，也不管他谁输谁赢，女人都是命里苦哈哈的，西施如是，圆圆亦如是。不过圆圆还比西施好过点，毕竟有个男人能为了他连命都顾不上要，她还要求什么呢？

陈圆圆本姓邢，长得那叫一个花容月貌，十六岁的时候就在江南出了名，跟柳如是、李香君、董小宛一起被列入秦淮八大美女。据说，当年田贵妃的老爹田畹见崇祯皇帝成天摆着一副苦瓜脸，于是就把陈圆圆买了去，并且送给了崇祯。

崇祯见了圆圆之后就圆润了，一连三天都不上朝。可这崇祯在欢愉的时候一不小心又想起了自己手上的江山依旧是个烂摊子，就通通往圆圆身上发泄，说她是妖女转世，误国误民，还让田畹把她带回去。圆圆可怜啊，莫名其妙地成了国家衰亡的替罪羊。

圆圆回到田宅之后，偶然又遇见了吴三桂，也应该是那个时候，她的爱情才真正地开始了。吴三桂跟着老爹一同到田家吃酒席，看见圆圆后就不知道该说什么话了，心想天底下还有这么美的美人，于是就跟老田把圆圆要了回去。后来吴三桂因为军务要返回辽西，就把陈圆圆留在了北京的家里。

吴三桂是江苏高邮人，军人门户出身，个头儿一般，不过脸上却长得不错，算得上是小帅哥一个。加上他又精通骑马射箭，整个儿一意气风发的少年郎。二十八岁的时候就被任命为宁远总兵。

那时候明朝的气数已经快要尽了，北边是满洲八旗武装席卷而下，南边是李自成带着大顺军步步逼近。1644年春天，李自成快要打到北京来了，崇祯皇帝赶紧让吴三桂做了个平西伯支援京师。可到了河北丰润的时候，李自成已经把北京给拿下了。崇祯在景山上吊死了，于是引兵北反，退守山海关。

这个时候，山海关被南北两面夹击着，吴三桂究竟要帮哪一边这可是关键。如果他向清军投降，那么山海关那边就会不攻自破，满洲八旗也可以直奔中原。如果他归顺了李自成那边，那么李自成就可以守着中原，同时也可以用吴三桂这支军队北御八旗，保证辽东的稳定。

吴三桂有自知之明，他知道自己的力量还不足以三分天下，所以就琢磨着究竟往哪边倒。刚开始的时候，他还犹豫着要顺了李自成，心想这穷酸小子当皇帝也没什么不好。而且那时候他的家人都被扣押在北京，他一直想着把家人都弄出去，于是就没搭理皇太极的招降，准备跟李自成说叨说叨。

不料就在这个时候，李自成的手下居然把陈圆圆抢走了，他老爹也被扣押。吴三桂大发雷霆，又拍桌子又摔杯："大男人连自己的亲人都保不住，还算什么男人！"就地就把李自成的一个送信的手下给杀了，还割了另一个人的耳朵，并且让没耳朵的这兄弟回去告诉李自成："送贼头过来！"这就是著名的"痛哭六军俱缟素，冲冠一怒为红颜"。

吴三桂这一怒可让李自成那窝里起了争议，好多人都觉得吴三桂也不是好惹的家伙，还是先按兵不动为妙。可是李自成这没文化的偏要亲自上战场打仗，吴三桂听到后也害了怕，赶紧跟多尔衮那边投降，请求支援。

可是多尔衮轻易不答应吴三桂的请求，还要求他剃成光头，并且下地跪拜，这才勉强说和。李自成的部队在第二天的山海关战役中一败涂地，打开的山海关大门再也无法对清军关上了。

吴三桂原本还想借着清兵的力量把大顺干掉后，再把明室给弄活过来，现在看起来是没了希望。于是他就带着陈圆圆一起双飞到了云南，但也有代价，那就是一家三十八口人全部被李自成杀了。

让世人可惜的是，吴三桂跟陈圆圆后来的爱情生活并不美满。吴三桂也是个花心的男人，后来在云南又弄来了诸多美女，厌倦了就换新的，可怜圆圆备受冷落。老吴估计在闲暇的时候也能想想，当年那冲冠一怒为红颜的激情上哪去了？最后只感慨一句：老了，老了。不过老吴当初那一怒却是惊天地泣鬼神，一脚踢出个清王朝。

第十三章

大清王朝　封建末世

【大清的旭日】

◎ 紫禁城易主

皇太极即位后，改族名为满洲，改国号为清，皇太极就是清太宗。皇太极虽然没有经历过白手起家的艰辛，但是他和努尔哈赤一样，怀着一颗誓成霸业的火热的心。在李自成和吴三桂有意无意的帮助下，他顺利地进入了一直想进入的北京城。

话说打江山容易，守江山难。皇太极很清楚坐稳江山需要很多人才，于是他在人才的笼络上，开动脑筋，想出了很多软硬兼施的办法。

例如吴三桂那样的人，要给他诱惑才行。像袁崇焕这样死心塌地为了大明朝卖命的人，那就只能把他的脑袋给咔嚓掉，不然将来不是你杀死他，就是他杀死你。除了会用人，皇太极还非常有战争手段。

他打出替明朝"驱逐流寇"，为明朝子民报君父之仇的口号，俨然一副大侠风范。进入北京城内，清军采取的一系列措施也充分体现了这一点。

吊死鬼崇祯皇帝还有他的老婆们，皇太极都给予了厚葬，葬礼举行得十分隆重，官民戴孝三天，以示对亡明的尊重；宣布"官来归者复其官"，降清的汉族文武官员，都升级任用；宣布"民来归者复其业"，即恢复汉族地主的田产；宣布按照明朝会计簿租税额，征收地亩钱粮。如宣布文官衣冠，暂用明制。

皇太极很聪明，他占了别人家的地盘，还把别人家的雇佣工继续雇佣。反正上哪都是混口饭吃，那不如留下来在我这干，绝对比你的老东家待遇好。许多汉族官员就是看到反正明朝已经亡了，不如跟着清朝干，他们中的一些人成了清朝的得力臣子。

比如范文程，清朝的一些最初举措就是他的贡献，他认为战胜农民起义军的办法"当申严纪律，秋毫无犯"，"官仍其职，民复其业"，维护汉地原有的封建秩序。他的建议对安抚民心，发展国家的和谐建设很有帮助。

所以，无论是皇太极还是多尔衮都相当倚重范文程，对他的建议也能做到欣然采纳。

清朝就从这里拉开了序幕。

阎崇年先生指出，清朝的百年大计是清太祖、清太宗定的，把这个事情变成现实的人是多尔衮，而实施者则是他手下的精兵强将，享用者是幼主福临。所谓的"真命天子"，其实还是由人决定的，没有了太祖、太宗的积累，没有了多尔衮的辅政，没有了手下文臣武将的效忠，清朝也没有日后的兴旺发达。

历史的发展有其偶然性，更有其必然性。明朝的灭亡是必然的，紫禁城四十三天内两易其主是偶然的。偶然的发生，则是许多必然因素不断积聚所致。

◎ 第一绯闻

皇太极前一天还忙前忙后的，谁想第二天就因病猝死。不过皇太极的死让三个人有机会坐上皇帝的宝座，一是皇太极的长子豪格，二是他的第九个儿子福临，三就是他的十四弟多尔衮。

这三个人除了中间的福临之外，另外两个都是当皇帝的热门人选，可是福临却是后来的顺治帝，这又是怎么回事呢？其实，豪格和多尔衮手里头都有不小的兵权，实力那是相当地大。不过福临却是皇太极的宠儿，只是因为那时候还是六岁的小毛孩儿，所以大家都不看好他。

在后来争夺皇位的过程中，豪格与多尔衮两个集团可谓是谁也不让谁。但是这里面还有一个集团，他们除了不支持多尔衮以外，至于究竟是豪格还是福临当皇帝都无所谓，反正只要是皇太极的亲儿子就行，谁当不是当啊。正在这几方闹得不可开交的时候，济尔哈朗提出一个折中方案：让福临当皇帝。

鹬蚌相争，渔翁得利。没想到这个提议居然让豪格与多尔衮双双妥协，他们两人的妥协使得清室内部避免了一场内战，也让幼小的福临不费吹灰之力登上帝位。而孝庄与多尔衮也就是从这件事惹上了满身绯闻的。

有人觉得多尔衮之所以同意让福临即位，是因为多尔衮与福临的老妈孝庄有暧昧关系，甚至还有人认为福临是多尔衮跟孝庄的私生子。

显然，在大多数人心中，最有资格当皇帝的莫过于多尔衮。他不但有胆识，而且还很有才，建了不少战功，威望那是相当地高。有不少贝勒甚至哭爹喊娘地让他即位，可见此人功力非同凡响。

说多尔衮心里没点想法，那是骗鬼的。但是不管他内心经历过怎样的挣扎，最终还是扶持小屁孩儿福临当上了皇帝，这是毋庸置疑的事实。然而，正是这个事实让太多的人脑子转不过弯来。为什么明明自己可以做皇帝，偏偏让给一个小毛孩儿呢？

这在旁人，尤其是见惯了皇室之间为夺皇权相互倾轧的汉人眼中是一件很令人费解的事。好奇心促使他们凭借想象力寻找答案：嗯，中间肯定有猫腻儿，说不定……

这些流言中，最核心的说法就是"下嫁"说，孝庄皇后用"嫁给"多尔衮的条件换得多尔衮对福临尽心竭力地支持。而且,支持这一说法的人还找到许多颇有利的证据:什么孝庄皇太后懿旨,令摄政王多尔衮"出入禁中不避嫌", "多尔衮多次夜入深宫与太后相商",顺治帝封多尔衮为"叔父摄政王"等,其中,最有震慑力的"铁证",就是孝庄太后的昭西陵被划在了皇室风水墙之外。他们认为,连皇族子孙都觉得"颜面尽失",不肯将她划入风水墙内,这不是最好的证明吗?

对于多尔衮与庄妃之间的私情,阎崇年先生曾一针见血地指出: "庄妃和皇后、其他妃子住的地方像个四合院,东边屋里能看见西边窗户,多尔衮要是来了还过夜,那多少双眼睛得盯着?这压根不是戏说,是胡说。"

这个分析也有道理,但是看看清朝那个时候的风俗习惯,又会觉得野史演绎得也有几分真实。

【兴盛时代的前奏】

◎ 爷俩的发展道路

1661 年,可怜的顺治皇帝因为出天花而病重,看起来是快要不行了(也有一说是因为爱情问题,出家当和尚去了)。孝庄太后急急忙忙地召开了大会,会议的主题是讨论下一届皇帝的人选。顺治帝本人是想让皇二子福全接自己班的,可是突然有人用蹩脚的中文提出一条建议: "为了避免圣上出天花不治的悲剧重演,应该挑选一名出过天花的皇子即位。"

孝庄太后觉得这句话挺中肯,于是她一激动就决定采纳了。托那位德国传教士、钦天监监正汤若望的福,已出过天花的玄烨即位。他,就是历史上赫赫有名的康熙大帝。康熙不仅接了老爹的班,而且连登基后的状况都跟老爹那时候的差不多。

顺治帝六岁的时候坐上了座儿,十四岁亲政,康熙八岁登基,也是十四岁亲政,不过直到十六岁把鳌拜老贼除了以后才真正地掌握了国家大权。这么看来,父子俩不仅登基年龄相若,亲政年龄相同,而且在他人摄政的情况下,受窝囊气的时间也基本相等。

只不过,摄政之人不同罢了。父子俩亲政路上的拦路虎分别是"叔父摄政王"多尔衮和辅政大臣鳌拜。

顺治即位时,年龄尚幼,摄政王多尔衮辅政。在多尔衮辅政的八年里,顺治形同傀儡,过得都是忍气吞声的日子,他是不允许儿子受老爹这份苦的。然而,继承帝位的儿子玄烨年龄亦幼,根本不能处理政务,必须有人辅政。怎么办?

顺治思来想去,觉得多尔衮之所以把自己当木偶一样架空,是因为他是宗室亲王,有恃无恐。因此,一定不能把辅政大权交给宗室亲王,而且不能交给一人,必须由几人共同辅政,一来防止权力过分集中,二来也可让他们相互牵制。

于是，顺治特命内大臣索尼、苏克萨哈、遏必隆、鳌拜四位异姓，也是他特别信任的大臣辅佐皇帝执政。并规定凡事需由四人协商一致，然后请示皇帝和太皇太后批准，四人中的任何一位，都不得私自上书或朝见皇帝，不得私自决策大事。

做完这一切以后，顺治帝认为老爹该给儿子扫除的障碍也都扫完了，于是安然地去了。可是他没料到，历史总是在跟人们玩捉迷藏，这个一手砸碎顺治帝自认为"无虞安排"的人，正是他视为心腹重臣的鳌拜。

鳌拜是将门出身，功夫了得，从年轻的时候开始就已经屡建战功了。他曾经跟着皇太极打察哈尔部、征朝鲜，表现不俗。

皇太极死后，在继承帝位问题上，他与两黄旗将领坚决主张拥立先皇（皇太极）之子，并不惜以武力相威胁，促进了顺治的登基。此后又忠心效忠顺治帝，屡受多尔衮的打击。顺治亲政后，重用鳌拜，鳌拜亦不负圣望，忠心事主，始终不渝。所以才被顺治钦点为四辅政大臣之一。

◉ 后来者居上

四位辅政大臣中，索尼显然是老大，不过这位爷们儿却已经是年老体迈，而且还多病，也有点怕事避祸的嫌疑，所以在许多事情上都处理得不太妥当。排行老二的是苏克萨哈，这位兄弟本来是跟多尔衮要好的，可没想到多尔衮死后他居然出来告发，结果受到了顺治帝的重用，也因此让索尼等人对他瞧不上眼。

鳌拜虽然跟苏克萨哈是嫡亲，可是这两人却经常因为政见不合而闹矛盾，看起来像是死敌。这排行老三的人是遏必隆，虽然此人出自名门，可是他遇到事情的时候似乎没什么主见，而且常常附和了事。第四就是鳌拜了，不过虽然这老家伙屈居第四，可是他仗着自己年长功高，常常以气势夺人。

在这种情况下，鳌拜虽居四辅臣之末位，却得以擅权自重，日益骄横，开始走上专权的道路。这样，顺治帝本以为替康熙准备了一个好开局，然而洗来洗去，发到康熙手中的还是当初老爹登基时的那手牌。历史把他们父子俩拉到同一个起点上，而他们的人生长跑的成绩却迥然不同：一个英年早逝，一个则成为历史上在位时间最长的皇帝，开创出一代盛世。

父子同命不同运，开局相同，结局却大相径庭。这里面，除去各种外界因素外，最主要的是两人自身的努力，与父亲顺治相比，在奔赴亲政的路途上，康熙更幸运，表现得也更积极、更主动。

首先在学习上，顺治帝本身"先天不足"，他曾说："朕极不幸，五岁时先太宗早已宴驾，皇太后生朕一人，又极娇养，无人教训，坐此失学。"以致十四岁亲政时，"阅诸臣章奏，茫然不解"。

而康熙则要幸运得多，他身受了三种文化的影响，他的家庭说蒙语，他的满族师傅教给他说满语，学满文，教给他骑射，他的汉族师傅给他讲"四书五经"，他又受到儒家文化的教育，所以他既受到满洲骑射文化的影响，又受到蒙古草原文化的熏陶，还受到汉族儒家文化的影响。

而且康熙的学习从四周岁开始，每天早上到上书房学习，晚上很晚才回来。更重要的是他很自觉、主动地学习知识，无论是严寒酷暑，没有一天中断，"早晚读书年无间日"，累得吐血了，仍然坚持学习。相比之下，顺治就显得逊色了，顺治幼时贪玩，因此受到孝庄太后的严厉管教，并直接导致了母子二人关系不融洽。

其次，除了学习努力与否之外，父子俩在心态上也有很大不同。同样的情况下，顺治帝的心理素质显然没有儿子好，多尔衮给他留下了很深的心理阴影，这从他在多尔衮死后，追加罪名、挖坟掘墓、毁尸泄愤可以看出来。

董鄂妃死后顺治几欲自杀，这也是心态不好的延续，后来崇佛谈禅，心态比以前好了，却矫枉过正，滑入空虚的旋涡。而康熙则要"阳光"得多，鳌拜的专权虽然给他造成很大的心理压力，也令他极为愤怒，然而，康熙能够制怒，而且把愤怒转化成动力，不动声色地与鳌拜周旋。

再者，在如何对付老贼的战略战术上，顺治帝也不如儿子做得好。顺治帝对除去摄政王多尔衮一直没有什么想法，一方面是多尔衮权倾当朝，功高震主，威赫一时；另一方面，也是年幼、怯懦而倔强的顺治一直没有主动去思考这个问题，也想不出解决问题的办法。如果不是多尔衮在壮年暴卒，顺治的傀儡生涯不知到何时才能结束。

康熙则不同了，其实他亲政时的年龄与顺治相同，都是十四岁，而且当时鳌拜权势正隆，很难对付。康熙没有被吓倒，他制定了良好的战略战术。战略就是上面提到的韬光养晦，不露锋芒，麻痹鳌拜，以免打草惊蛇。战术上则充分贯彻战略思想，以与同龄贵族子弟嬉戏为幌子，暗中筹划并练习制伏鳌拜的办法。

◎ 摔跤也得讲含量

南明政权翘着的最后一条腿也终于撂下了，这时候顺治帝也归了天，儿子玄烨当上了皇帝，也就是日后大名鼎鼎的康熙大帝。整体大环境已经是清净了，就等着清理内部呢，康熙憋足了劲头。

辅政大臣苏克萨哈，他跟鳌拜那老家伙闹了些矛盾，鳌拜是个小心眼儿，就跟康熙帝说苏克萨哈该去阎王爷那报到了。康熙帝虽然心里向着苏克萨哈，可是鳌拜掌握着军权，他也就不敢跟这老家伙明目张胆地干，最后只好忍着气让鳌拜把苏克萨哈给除掉了。

这件事情一直让康熙很憋气，但是他知道时机还不到，所以他一直忍着。平时有事没事的时候，康熙就和他弄来的这十几个年轻的小伙子在宫里玩儿，这十几个小伙子明面上都是给康熙当侍卫的，而且个个儿都是型男，天天在宫里强身健体，跟过路人展示他们美好的肌肉。

鳌拜路过御花园的时候,只想着这些个小屁孩是给康熙帝解闷的,因此也就没留心。不料,一日康熙小皇帝叫他一个人到宫里做客,商量商量国家大事。他什么也没想就抬着两条大腿进了宫。一只脚还没踏进门呢,就见眼前来了十来个彪形大汉,一个比一个年轻,抢起了胳膊就把他给弄住了。

康熙小皇帝高兴地不得了,赶紧叫人把这老家伙送进了监狱,让他等候审问。朝里的大臣们得到这消息之后一个个儿都蹦起了高,哭着嚷着让康熙帝把他干掉。不过康熙念着旧情饶了老家伙一命,让他回家种地去了。

经过鳌拜这件事后,朝中的大臣都知道这小皇帝有两把刷子,不是好惹的,于是就越来越听话了。康熙帝后来把国家治理得有模有样的,全国上下一片欢天喜地的景象,康熙自己心里也美滋滋的。结果,在他的精心筹备下,兵不血刃,一举拿下鳌拜,并迅速处理,短短十天之内"声色不动而除巨匿",权力更迭而不株连,将影响降到最低,波澜不惊地将大权过渡到自己手中。

看来,顺治与康熙的不同结局虽然与他们所处的环境及外界因素有很大的关系,可是最终决定他们成败的还是自身的素质问题。在这一点上,明显是长江后浪推前浪,儿子要比老爹强。

乐归乐,可是总有个事情让他不消停,就是南边的三个藩王:吴三桂、尚可喜以及耿仲明。之前这三人都因为帮着清朝干掉了南明而立了大功,于是清廷就让他们在南边先当着地方王。

吴三桂是平西王,在云南和贵州享受;尚可喜是平南王,在广东消遣;耿仲明则是靖南王,福建归他管。吴三桂是三藩中的老大,兵力也最强,一直不太老实,一心想着谋反。

除掉鳌拜,少年天子康熙开始了他对国家治理的思考。这一日,康熙在乾清宫内批阅奏章,几封奏章下来,眉头紧锁,他站起身来,在殿内踱来踱去。良久,他拿起笔,在殿内的柱子上写下三件必须解决的事情,第一件,就是——三藩。

康熙要开始干自己的大事业了。

【开始干大事】

◎ 一场歼灭战

三藩拥兵自重、割据一方,形成了尾大不掉的独立王国。

三藩经济上铸钱煮盐,贩洋开矿,横征暴敛;政治上挟制地方都抚,结党营私。朝廷也授予他们很大的权力,如三藩王"用人,吏、兵二部不得掣肘;用财,户部不得稽迟"。

例如势力最大的吴三桂，他任命，甚至向全国选派的文官武将，吏、兵二部"不得掣肘"，称为"西选"，以至于"西选之官几遍天下"。他们并借口"边疆未靖"，要挟军需，致使"天下财赋半耗于三藩"。

藩镇割据的危害，前面的汉朝、唐朝最有发言权了。实力雄厚的藩王或称雄一方的将领颇让帝王们费了一番脑筋和手脚来治理。

宋太祖赵匡胤做过帝王们的表率，他一当上皇帝，就开始动手削藩，加强皇权，但是这个问题却是始终都没有能完全地解决掉。后来自作聪明的朱元璋却故技重演，又将分封藩王从祖宗口袋里倒腾出来使用，结果却要了明惠帝朱允炆的小命。

有了这些前车之鉴，康熙还是十分警觉的。他可不想不久后的将来，自己被这些藩王要了脑袋。

到1673年削藩时，看似康熙才执政四年，实际上已经将削藩这件事情筹备了四年以上，可谓成竹在胸。而且此时，经过康熙四年的治理，清廷上下也大有改善，虽然此前也对三藩的权力进行了一些限制，但没有触动他们的根本。

三藩依然我行我素，严重影响了政治、经济的发展，如若让他们继续壮大，治理起来会更困难。就在康熙寻找下手的机会时，机会却自动送上门来。

康熙帝一想起这三人就闹心，也知道这三人是他统一政令最大的隐患，于是就找着机会灭灭他们的士气。正巧尚可喜想着告老还乡，给康熙捎了个信儿说想让儿子继位，康熙也不傻，准了老家伙的退位请求，却不让他儿子继位。吴三桂和耿精忠被康熙帝这种做法给吓住了，想要探个究竟。

吴三桂耐不住性子，于是就要求康熙帝撤了他的爵位，康熙帝招来大臣们商议，大家伙儿一致认为老家伙想要谋反，于是康熙帝就真的准了老吴的请求。老吴这下可怒了，终于忍不住于1673年在云南起兵造反，还口口声声说是为了反清复明。

老百姓哪能上他的当呢，当初是谁把永历帝给灭了大家心里都清楚，现在反倒又在人家坟前哭了一把，哭给鬼看呢吧？吴三桂给广东的尚之信和福建的耿精忠（耿仲明死得早，孙子耿精忠成了靖南王）吹耳边风，让他们跟着一起造反，结果这两个家伙也加入了反清的大队。"三藩之乱"就是这么个来历。

康熙帝从小吃的也不是糠，打心底就没怕过这些个不老实的家伙，一举将他们拿了下来。打了八年的仗，老吴估计是挺不住了，病病快快地去投了阎王。1681年，清军又大举攻下了昆明，老吴的孙子也没脸见江东父老，自杀了事。

◎ 我的地盘听我的

除掉三藩，康熙心情很是愉悦。但他的大业还远没有完成，因为就在海的那一端，台湾还没有收回来。

郑成功当年收复了台湾之后，就把家扎那了。后来他死了，他儿子郑经继位后，继续推广反对清政府的政策，坚决不和清政府穿一条裤子。郑少爷的具体行动就是封锁海疆，断绝台湾和大陆的来往。

康熙十分迫切地想收回台湾，一方面，他觉得台湾本来就该是属于他的；另一方面台湾的战略位置很重要，保卫着中国的海疆。郑氏后人的这种分裂行为，影响了康熙的统一大业，也大大威胁着清政府东南沿海的安全。

所以，从康熙二年（1663年）到康熙二十年（1681年），清政府多次晓以大义，招抚台湾，但是不料郑成功后人油盐不进，坚决不跟清政府妥协。当十八年的招抚均告失败后，康熙终于憋不住了，谈不拢就打吧，于是开战了，一个多月后，台湾被收复了。

这一个多月的战争，看似简单，实际上是数十年不断努力的结果。康熙也不是个热爱打仗的皇帝，劳民伤财的，凡是能和和气气解决的事情，他也不想搞得太大。所以一开始，他才一直主张和谈。

作为清政府的"一把手"，康熙的决策更是起着主导作用。就和平统一的这个问题，清政府前前后后和台湾郑氏先后进行了十次和谈，前九次都失败了，最后一次清政府使用了武力手段，大兵压境，以战逼和，使和谈取得了成功。

其实以战迫和的手段是清政府惯用的，早在他们未入中原以前，对待明政府他们采取的就是这种策略，皇太极及其部下数次突破长城，长驱直入，甚至攻至燕京城下，以此逼迫明政府承认后金政府的存在，从而达成和解。

当然，由于皇太极不肯接受作为明朝的藩属，而且要求将长城以外三个据点割让给他，这场和解注定不能达成。没想到三十年后，这种情况竟惊人般地重现，不过，这次清政府位置换了，由挑战者变为招抚者，对手也换了，由明朝变成了台湾的郑氏集团。

☺ 这也是没办法

其实打仗不是康熙的本意，他这样先文后武的策略是很严谨的，与当时清政府所处的大背景是相符合的。

康熙刚当上皇帝的时候，国家刚将各地的暴动压制下去，由于长年的战争，无论是经济还是政治上都很虚弱，处于战后百废待兴的建设阶段。更何况清军是陆上骑兵，尚没有形成自己的水师力量，对海峡对面的台湾，只能望洋兴叹。这时，采用和谈是最明智的方法。

等康熙发展起来，又得忙着跟鳌拜抢夺权力，还得应付三藩那三个老头子，头都大了，根本顾不上台湾那边，也只能用和谈拖着。虽然当时郑氏集团也曾串通沿海的耿精忠在三藩战争中窜上岸来，但随着三藩的失败，只能灰溜溜地回去。

后来一切都妥当了，就剩台湾这边了，康熙这才有大把的闲工夫来对付了。说起台湾最终被康熙抢回去，主要原因还得从郑氏集团内部来找。

这个集团并不和谐，内部关系比较乱，属于外强中干的集团。虽然他们对外都一致宣称坚持分裂、反对统一，但心里却是各有各的小九九。康熙看到了这一点，他知道自己只要动用强大的武力压力，就能让这帮人乖乖地交出台湾。

认识到这一点，康熙迅速调整和谈方针，和谈还是要进行的，但同时必须组建自己强大的水师力量，以战迫和，在战争上越是占据主动，谈判的筹码越大，胜利的天平就会向自己倾斜。这就是康熙的"因剿于抚"、武力统一台湾的军事策略的本质。

既然要动粗了，那就得找个老大来带领清军水师才行。选拔水师主将成了首要问题，清朝将士们虽然个个都是骑马射箭的高手，但是一到水上，他们全都白瞎了。海军必要的素质他们是一点没有。

这下可难住了康熙，他眨巴眨巴眼睛，在自己的队伍中四处寻找海陆作战的两栖高级将领。他找到了当时的水师提督万正色，但是此兄台虽然擅长海战，战功卓著，但他是武力统一台湾的坚决反对者，无法正确地贯彻康熙皇帝的战略思想，所以必须另选将帅，训练士卒。

这时，重要人物出场了。在姚启圣与李光地的极力推荐下，施琅出场了，而康熙也没别的人选了，就接受了他们的推荐，任命施琅为福建水师。但事实证明康熙的这次选择非常正确，起用施琅，是这场战争的关键一招。他的确是攻台主将的合适人选。

◎ 收复台湾

施琅他爹是个做生意的，但是交通工具选得比较特殊，那就是船。施琅打小跟着他爹出海进行各种贸易活动，精通航海，对海疆的气候、地理等方面的情况了如指掌。这段岁月为施琅打下了很好的基础。

后来弃商从军的施琅转战东南沿海，有丰富的海战经验。还有很主要的一点是，施琅这人很爱学习，孜孜不倦，追求上进，他在成长的过程中，不断学习兵法、战阵，很有军事作战头脑。

当然了，他也是个主张以武力统一台湾的人，他多年来精心谋划对台用兵方略，提出"因剿于抚"的战略方针及一整套实施方案，不但周密完备，而且是切实可行的。

这些还都不是康熙最满意的，康熙最满意的一点是施琅的原先身份，施琅是从郑氏军营中反叛出来的，他熟悉台湾郑氏集团内情，这样的人一出马，那就是个万事通啊，他什么都了解，这还能不赢吗？

施琅人缘很好，他在郑氏集团中的故旧很多，为他争取内应和情报工作提供了便利条件。总而言之就是他了。

施琅上任以后，积极训练水师，督造战船，选拔将领，全力筹备攻台行动。他提出的尽量避免在台湾本岛作战的方略,建议先取澎湖,逼降台湾,这和康熙"因剿于抚"、以战迫和的策略不谋而合。

此时,台湾郑氏集团发生内乱,实力削弱,清政府看到统一台湾的契机,立即行动。康熙对自己不善海战是很有自知之明的,为了不贻误军机,颁旨授予施琅"相机自动征剿"的自主权。

施琅也很争气,凭借多年海疆活动积累的丰富经验和对海峡季风规律的掌握,他决定把渡海时机选在夏季的六月。

因为夏季的西南季风比较柔和,海上风平浪静,清军船队可编队航行,官兵可免除晕眩之苦,也有利于船队集中停泊,实施下一步作战行动。同时,由于夏季多台风,按常规此季节不宜渡海,所以敌人防备定然松懈。此时,发动攻击,可使敌猝不及防,取得兵法所说的"出其不意,攻其无备"的奇效。

在进攻路线的选择上,施琅根据风向和敌方防御情况的情报,决定清军船队从铜山(今福建东山岛)起航,乘六月的西南季风向东穿越台湾海峡,首先夺取地处澎湖主岛以南、郑军防守薄弱的八罩岛。

这样就可获得船队的锚泊地和进攻的出发地,占据风向上流的有利位置,向澎湖发起攻击。攻下澎湖后,扼敌咽喉,然后兵锋直指台湾,可顺利实施"因剿于抚"的战略方针。

实战证明,施琅是正确的,战役中,清军击沉敌舰两百多艘,击毙敌军军官三百余人、士兵一万两千余人,郑军主力尽失,无法再和清军对抗,残余部队自行散去。郑氏家族终于俯首称臣。

1683年农历八月十四,施琅踏上了台湾的土地,接受郑氏家族的投降,几天之后,施琅又当着台湾百姓的面,宣读了康熙的诏书。康熙保证,只要那些对抗清廷的人能真心悔过,大清既往不咎,一定会好好安排他们归降后的生活。

台湾收复了,但北边又闹腾了。

◉ 雅克萨的胜利

虽说是定了三藩,收复了台湾,南边儿也算是安稳了,不料这时北边又开始不消停,沙皇俄国频频在边境找事,康熙帝那叫一个烦心。

想当年清军一心要往关内爬,北边就稍微没顾上管,沙皇俄国钻了空就一直跟黑龙江闹事,又是杀人又是放火的,让全国人民不得安宁。终于等到清军进入了关内,这才开始跟沙俄那边干起来,一举收复了黑龙江北岸的雅克萨。

后来在平定三藩的时候,康熙帝又把大部分兵力投入到了西南,沙俄又重新盯上了雅克萨。康熙帝这时候刚刚把西南边弄安稳了,一听到这个消息就气不打一处来。为了给沙皇那厮点颜色瞧瞧,康熙一边全力准备着进攻,一边又给沙俄送信,让他老老实实地把雅克萨交出来。

只可惜沙皇那厮不识抬举，康熙大帝给他面子他都不要，不但不从雅克萨撤军，而且还要不时地增兵，让康熙郁闷极了。康熙帝心想不动用武力是不行了，于是就下令朝雅克萨开火。

1685年，彭春大将军带着一万五千的人马从陆路和水路一举攻到了雅克萨城下。不过沙俄经过长时间的准备，那城堡修得叫一个坚挺，一点都不好打。老彭这回犯了难，他仔细地琢磨了一下地形，就叫部队在雅克萨南边修起了土山，还下令朝那块儿放箭。沙俄那群吃干饭的，以为清军要从城南开始进攻，于是大脑都不转上几转就把兵力全都拉到了南边。不料清军却又在城北开了火，沙俄的军队傻了眼。

康熙大帝先前就吩咐彭春打胜了以后就把那群俄国鬼子给放了，让他们滚回自己的老窝待着去。按照康熙的命令，彭大将军让托尔布津领着他那群兵回了老家。

后来彭大将军又把雅克萨的城堡全都给拆了，把土地都还给农民耕种，之后才带着部队回了瑷珲。谁想到沙俄那厮还是死心不改，清军前脚还没走利落，他后脚就又回到了雅克萨，又把城堡给修了起来，这回还改良了一下技术，修得更加坚挺了。

康熙帝听说沙俄这厮又偷偷摸摸地杀了回来，顿时龙颜大怒，心想先前顾着邻居的份上放你一把，你倒是不识抬举，又来了，那这回就甭怪我不客气了。到了第二年，正值天气燥热的夏天，萨布素带着他的人马进攻雅克萨，清军不耐烦了，大力开炮，终于是把他们灭的灭，赶走的赶走。

沙俄主子一看情况不妙，赶紧派人跟紫禁城那边报信，说想要坐下来谈谈。康熙稍微压了压火，同意了。

1689年，康熙派了些人去了尼布楚，沙俄那边也派了戈洛文去。双方吵吵了几天以后终于是谈妥了，哪哪哪归中国，哪哪哪归俄国，弄得一清二楚。

这回可算是跟沙俄说清楚了，黑龙江和乌苏里江流域的广大土地都是中国的领土，它以后要是再敢入侵那就叫毁约，这就是《尼布楚条约》。

【权力是个好东西】

◉ 儿子很麻烦

康熙帝在当皇帝这个问题上自己并没有费多少事，可是他的儿子们却比他苦多了，陷入了激烈的争斗。1722年农历十一月十三日，康熙皇帝突然去了，可是他给后人留下了一个很大的难题，那就是没说清究竟让谁接班！虽说接班的皇帝是雍正，他的继位也算是平息了一场争斗，然而这也成为困扰后世的一个历史疑团。

后人也不知道雍正是合法继位还是篡夺皇位，他是不是真的有野心而把康熙的遗诏给改了？雍正的老爹康熙，他一生辉煌，可末了在选拔继承人这上面却出了此生最大的败笔，一点坚定的意志都没有。

康熙二十二岁的时候就已经立了二儿子胤礽为太子，可偏偏这小子不给老爹争气，嚣张得跟什么似的，康熙实在是看不惯，于是就把他给废了。废了太子之后，康熙大帝自己心里也十分难过，甚至连续七天七夜都不吃不喝不睡，郁闷极了。

康熙大概是想借废太子之际给其他儿子一个杀鸡给猴看，警示一番，谁想到皇太子的位置一空出，恰似把一只羔羊投到饥饿的狼群中，引起了更激烈的争夺。废太子后，皇子们争夺太子位的斗争愈演愈烈。这对心理素质还算不错的康熙的造成了很大的打击。

废太子后的第二个月，康熙甚至用哀求的口气跟儿子们说，十八阿哥刚死，胤礽的事情又让我伤心不已，身患重病。我现在已经老了，心存畏惧，只盼着能够平平安安得终天年。众阿哥当思我为君父，我如何降旨，你们就如何遵行，安分守己，这才是做子臣的正理。要是你们争斗不休的话，等到哪天我死了，你们还不把我的尸体放在乾清宫，然后又像齐桓公的五个儿子一样，到时候你们"束甲相争耳"！

康熙也曾经考虑过是不是立八阿哥做皇太子，有一次康熙征询大臣们的意思，大臣们立刻附和，后来在征询儿子们的意见时，大阿哥说，要是立八阿哥做皇太子的话，我会尽心辅助。康熙一听怒了，这不是除了一个太子党，又出来一个八阿哥党，于是怒斥大阿哥，要把他囚禁起来。后来在众阿哥的苦苦哀求之下，这才作罢。

后来康熙为了平息阿哥之间的争斗，又不得不重新让二儿子当了太子，可是三年后又一次把他废了，原因是太子党的威胁。康熙说他所找的这个人的标准是一个"坚固可托之人"，说明康熙对谁继位已心中有数。而众皇子中，雍正性格坚毅，治理国家的能力有目共睹。而且康熙老爹对雍正这个儿子也十分看重。

雍正不是傻子，他知道老爹喜欢自己，也看到了这位皇兄是怎么为此争斗的，他没有等着当皇帝，而是做了精心的准备。雍正有自己的一套理念，而且还总结了四条准则：一是要诚恳地孝敬老爹；二是要跟兄弟们团结友爱；三是积极上班；四是不骄不躁，不急能忍。

雍正对自我的鞭策十分合乎老爹的意愿，虽然雍正登上皇帝宝座之前和之后，在对兄弟和近臣的态度上，表现出两种性格、两张面孔和两副心肠，但这已经超出康熙的意料范围了。

康熙儿子们之间的争斗并没有因为他的死亡和雍正的即位而告终。雍正继承皇位之日，就面临着兄弟们的不满和挑战。康熙崩逝的噩耗传出，京城九门关闭六天，诸王非得令旨不得进入大内。箭在弦上，形势紧张。后来雍正逐渐巩固了自己的皇位后，开始了大规模的清算。

◎ 得让大家服气

康熙是个好皇帝，但却不是一个好父亲，他一辈子一共生了三十五个皇子，除去夭折的十五个也还有二十个，大家个个都想当皇帝，这场战争进行得十分惨烈，虽说最后雍正获得了胜利，但是也给人留下了话柄。

很多人谣传他的皇位来路不正。雍正即位以后，极力排除异己，很快处理了他的几个兄弟，后来还把帮助他登位的年羹尧和隆科多都杀了，就是要灭口，以免留下对自己不利的证据，这也说明他有问题。

还有人说雍正的陵墓之所以没有随着他的父亲建在东陵，而另外寻址，就是因为他心里有鬼，死了之后，灵魂愧对他的祖父顺治和他的父亲康熙。

正如易中天先生说："胤禛在康熙的精心安排下当上了大清帝国的第五任皇帝，是为雍正。但他的悲剧性命运也就由此注定：没有康熙的精心安排，他当不了这个皇帝；正因为康熙的安排如此精心，他这个皇帝当得十分别扭。"以至于在他即位之初，他继承人的身份就备受猜疑。

有人说他是篡改了康熙的遗诏。因为康熙临终前曾三次召见雍亲王，也就是后来的雍正皇帝，在这三次见面中，康熙都没有向雍正透露他将来会是皇位继承人，这是不合常理的。

康熙五十四年（1715年）的时候，曾颁布一个诏书，这就是后来的康熙遗诏。遗诏的最后是这样一句话："皇四子胤禛，人品贵重，深肖朕躬，必能克承大统，著继朕登极，即皇帝位。"这个遗诏是在康熙死后的第三天才拿出来的，有人认为雍正在这中间做了手脚，后面那句话是他自己加上去的。

雍正也不是傻子，他知道人们对他有意见，于是就多多进行工作，好改善人们对他的不良看法。

针对人口增多的情况，雍正取消了人头税，改为摊丁入亩，即将人丁税摊入地亩，地多者多纳，地少者少纳，无地者不纳。这项措施有效地减轻了农民负担，受到了百姓的拥护。但是这在康熙帝"盛世滋生人丁，永不加赋"的基础上，又刺激了人口的增长，到乾隆时期，清朝人口已达三亿，加重了社会负担，为盛世的衰落埋下了伏笔。

雍正为百姓做的另外一件大事是废除了贱籍。这种制度是从宋朝流传下来的，分军籍、民籍和贱籍，民籍是士农工商。贱籍就是贱民，他们的地位非常低下，不能读书，不能参加科举考试，这种身份还世代相传。

雍正下令取消贱籍，把原来的贱民编为民籍，社会上就只有军籍和民籍。

取消贱籍，毋庸置疑，这是一种进步，无论从观念还是从社会现实来说，这都是一种进步。

☺ 勤劳当家的

雍正的勤快无人能比,除了工作没有其他的业余爱好,生活非常简单,那就是上班、上班还是上班。

最大的皇家猎场,木兰围场,自康熙以来的历代帝王都要到此巡秋,即木兰秋狝,也称狝秋大典。但雍正帝在位十三年,一次也没有到过围场,这是为什么呢?因为他忙。

忙得连饭都顾不上吃了,哪还顾得上打猎休闲?雍正曾经说自己是"以勤先天下",这不是自夸。形容雍正勤政的有两个词:朝乾夕惕,宵衣旰食。意思是说:清早就穿衣服起床了,很晚才吃点东西,说明他整天都是很勤奋地工作。

这样的工作态度不要说皇帝,就是普通人也很难做到。而且,皇帝的事情是没有人督促的,做与不做全凭自觉,而且雍正不是一天这样做,他这样做了十三年,坚持不懈,这就是他的可贵之处。十三年间,雍正共处置了六部及各省题本十九万二千余件,每年平均达一万四千七百件之多。每日览题本在四十件以上,光是在这些题本上的朱批就有八千余字。还有奏折,雍正期间亲手批阅的奏折在两万三千~三万五千本之间,可见工作之繁重。

不要以为这就是雍正的全部工作,这只是小菜一碟,大盘还在后头呢。除此之外,雍正还要处理各种军国政务,官吏任免、人民生活、农业工商等,雍正都要亲自过问。而且以他多疑、敏感的个性又不会找人代劳,只有繁累自己。

雍正不光勤快,还勇于创新,他刚刚即位的时候,就发现了他爹留下的问题,因为康熙晚年管理不利,官员贪污腐败,国库亏空多达八百万两白银。"新官上任三把火",雍正的第一把火就是惩治官员腐败。

而且雍正说干就干,从不含糊,他一个月内,十三道谕旨,一级一级向下传,中央查地方、后任查前任,就连老百姓也被牵涉进来,雍正告诉他们谁也不许借钱给地方官员抵挡亏空。

皇帝开口了,哪个敢不从,就这样,在《清史·食货志》曾记载:"雍正初,整理财政,收入颇增。"这就说明雍正的整治很有效果。

整治腐败还有一项政策就是耗羡归公。"耗羡"是征税时附加的货币损耗费,这也是官员贪污的一个重要来源。雍正规定耗羡归公就是把征收的这一部分附加税归国库所有,作为"养廉银",用来奖励清廉的、有政绩的官员,是吏治的一大进步。

钱的问题解决了,就该解决权的问题了。创立军机处,这是属于皇帝的秘书班子,内设军机大臣,具体处理各部事务。雍正还推广了密折制度,就是奏折可以直接呈送皇帝本人,类似于现在的意见箱、公开电话等,也是一种广开言路的做法。这样,雍正可以很及时地了解下情,也可以使官员之间互相监督,而且避免了偏听偏信、冤假错案的产生。

雍正处在承上启下的关键阶段，康熙晚期已经出现了一些问题，如果他让这些问题继续恶化，清朝的末日也许会来得更早。但是，雍正做得很好。

【峰回路转走下坡】

◎ 乾隆禁书修书

在康熙和雍正两个皇帝的经营下，大清王朝总算是被搞得有声有色的，国家上下一片欢大喜地的景象。时间过得也真快，一转眼就轮到了乾隆当皇帝。

乾隆皇帝骨子里淌着的是大清的血，虽说天生是个浪荡子，可对国家大事还是关心得可以。爷爷和老爹没弄好的事，他倒是通通安顿好了。

国家安定了就该好好地搞搞文化工作，做好舆论宣传。他也跟老爹学了两手，一手抓着文字狱，另一手还大搞文化建设。

乾隆皇帝的文字狱丝毫不亚于他老爹，长江后浪推前浪嘛，他的火暴程度早就把他老爹雍正拍在了沙滩上。不过乾隆皇帝比雍正聪明那么一点点，他知道光搞文字狱力度还不够，因为民间还流传着各种各样的书籍，里面反清的内容多了去，对国家安定很是不利。

乾隆皇帝思来想去，终于想出个办法，那就是把全国各地的书都搜罗起来，然后再经过编撰，汇集成一本大书。在编撰的过程中把那些个诋毁清王朝的文字删掉，再美化美化大清的统治，歌功颂德一下，这样一来就两全其美了。

想好了以后，1773年，乾隆皇帝就下令开了个四库全书的馆子，让朝廷的一些大臣们都挂个职，当个管理人员。而真正负责编书的还是一些文人学者，例如纪晓岚就是大家耳熟能详的一位。此外还有戴震、姚鼐等人。

乾隆皇帝把这部书称作《四库全书》，所谓四库，就是中国古代的经史子集，经过大家伙儿的这么一搜罗、一集合，就成了全书。

要想把全国各地藏匿的书都弄到朝廷里来，那也不是一件容易事，不花银子还是办不成事。于是乾隆皇帝就通过奖赏的办法激励大家伙儿都把书主动地送上门来，这一招果然好使，大约用了两年的时间，朝廷就从民间搜罗了两万多种书籍。

等书搜集得差不多可以的时候，乾隆皇帝就派人开始对这些书的内容进行审查。里面凡是有造反文字的，通通都被抹了去，有甚者更是大烧特烧。不但是反清的言论不能有，就连宋朝人反抗辽、金、元的内容也不放过，因为这容易让人想到反清复明。总之，差不多有三千多种书籍都是在那个时候被毁灭了的。

历经千辛万苦，众知识分子终于是把这本《四库全书》给编了出来，为了很好地保存下去，还派人分别抄了七本，那抄得叫一个累。

《四库全书》差不多用了十年的时间才搞完，可谓是乾隆皇帝有生以来做的一件大事，虽然他修书修得有点神经质，不过贡献也是不能被磨灭的。

公干旅游代价大

古时候，最怕的就是黄河水泛滥，那会儿防洪措施不怎么高明。黄河水一决堤就损失惨重。在康熙时期，他格外重视这个问题，多次乘南巡的时候，亲临治河工地，看望百姓，并对工程给予指导。在皇帝的直接支持下，治河工程历时数十年，终于取得了显著效果，有效遏止了黄河水患，并疏导了运河，促进了当地经济的发展，人民生活得以稳定。

后来到了乾隆时候，他也想享受一下夹道欢迎的热乎劲，就一直嚷嚷着也要学他爷爷那样下江南巡视去。

乾隆皇帝目的不纯，康熙下江南，那是为了工作，可是乾隆这，明显就是显摆去了，后来在思想觉悟不断提高中，乾隆晚年也觉得自己年轻时候太爱玩儿，耽误了好些事，他自己做检讨的时候说他在位六十年，"惟六次南巡，劳民伤财，作无益，害有益"。

因为乾隆没吃过苦，他爷爷、他爸爸给他打下了大好江山，还把一切都给他搞得妥妥当当的，他才当了皇帝。

所以这哥们凡事都不太讲究节约，他大概认为自己家很有钱，多少花点也无所谓。康熙南巡的时候主要走水路，沿运河而下，经直隶（今河北）、山东、江浙，最远到苏杭。而且康熙一般在旅途中都住官员家里，非常节省。

但是到了乾隆时候，他就是一路修着房子过去的，自北京到杭州建造了三十个行宫，相当于三十个豪华别墅。

这还不算，他一路上吃吃喝喝，玩玩乐乐的都要花钱，他又大手大脚的，吃要吃最好的，玩要玩最高档的，这样一算，乾隆每次下江南，花费都不少。

还算好的一点是，乾隆也不光玩儿，他也会在沿途办办公，处理一些公务，有时候也得忙活到半夜。

但乾隆就是太铺张浪费了，他每到一处地方，那地方就跟过年似的，到处张灯结彩，好不热闹。乾隆一般会很早就定下出行计划，这时沿途所经过的城市接到计划，就早早地开始准备了。

他们为皇帝巡行大做准备，修路、建行宫，还在繁华街市搭建了许多牌楼、彩棚、点景、香亭等，并每隔二三十里设尖营，供皇帝临时歇脚。乾隆巡行队伍的船只多达上千艘，所到之处旌旗蔽空，仅拉纤之人就有三千六百之众。

这还只是最普通的，有些官员为了显得自己有创意，还会想出很多新花招。例如有一次，乾隆去到运河南岸，发现岸上立着一个硕大的仙桃，待船临近，这仙桃忽然烟火四溅，迸裂开来，桃中竟是几百人正在演寿山福海的新戏，此为水路。当巡行队伍在路上行走时，地方官员为避免灰尘扬起，都会安排人"泼水清尘"，还在各桥头村口等地派兵驻守，务必保护圣上安全。

乾隆出趟门就是这么大腕儿，他一路上干的那点活儿，丝毫抵不上他这么浪费的。

◎ 搭帮结伙搞发展

乾隆浪费，在他当政期间，还是没有太显露出什么来。因为那时的清朝还算是挺有钱的。这里主要就说一下清朝时的商帮。

中国明清时期有晋、徽、陕、鲁、闽、粤、宁波、洞庭、江右、龙游十大商帮，类似于现在的企业集团。十大商帮中以晋商和徽商规模最大、实力最为雄厚，这两大商帮跨明清两朝，纵横商界五百余年，直到清末民初。

在努尔哈赤时期，满族崛起，战争中的军需民用多由晋商供给，清入关以后，晋商中以范姓为代表的八家遂成为皇商，在蒙古商道自在穿行。蒙古商道上的各种贸易也都由晋商经营。

晋商里有钱的商人，收入是很可观的，他们的钱能够给朝廷补充军款，这气派不是一般人能做出来的。后来乾隆以后，嘉庆和道光年间，晋商开始发展票号、有利润的放贷。到咸丰时期，国家危难，晋商还曾代理省库、国库，在接济官府的同时赚取了大量财富。可谓是慈善投资两不误。

而徽商则主要是以盐业为主，经营范围包括四川到江南的大部，与晋商形成南北对应格局。除盐业外，徽商的另一著名行业是典当，同样是操弄资金的金融业务。

这两大商帮从明朝到清朝中期的兴旺，与当时的国家实力是分不开的，尤其是"康乾盛世"时期，统治者放松了对商业与手工业的限制，实施了一系列减轻农民措施的措施，社会各阶层的购买力都有所增长，促进了商业的繁荣。

尤其是在康熙统一台湾之后，他下令开放海禁，允许商人出海贸易，并开放广州、漳州、宁波与外国通商。这一措施让商人们举双手双脚的赞成，这样能够让他们走出国界，走向世界。

当时晋商的商路踪迹发展到了俄罗斯、日本、蒙古等国。与此同时，康熙时期还放松了对手工业发展的限制，扩大织户规模，允许民间采铜铁矿，允许私营炼铜煮盐等工业。这对于以经营盐业为主，兼营茶、粮、棉、布、丝绸等业务的晋商来说，也是一个极好的发展机会。

"康乾盛世"延续百余年，是我国封建历史上最辉煌的一个阶段。经济基础决定上层建筑，盛世的形成与康、雍、乾三代帝王所采取的连贯性的、目标明确的经济策略密切相关。不管后世对这三代帝王的功过如何评价，他们为促进清朝经济发展制定的种种措施，都体现了政治家的谋略，为清朝近三百年的延续打下了稳固的根基。

虽然看似风光，但其实内里已经是非常纠结了。乾隆时候，他挥霍了他爹和他爷爷给他留下的大笔财富，他是享受了，可是他的后代就得受苦了，一个比一个活得憋屈窝囊。当然了，乾隆活着的时候可不管这个，他只顾享受，看到主子都这么乐活，底下做臣子的哪好意思落伍，于是个个争先效仿，其中最牛的要算和珅了。

◎ 敛财第一把好手

是人大凡都容易骄傲，当皇帝的也不例外，稍微有个丰功伟绩的，平日里都得意洋洋，春风满面。比起爷爷和老爹来，乾隆皇帝这方面的表现就更显得露骨了点，越老越喜欢听别人奉承他的话。

爱听好话归一码，可听的时候也得自己留点神，别让旁人把权专了。乾隆皇帝哪会有这心思，时不时地就要上江南逍遥两天，哪还顾得上有人想要贪赃枉法。

这不，又赶上乾隆皇帝要出宫去溜达溜达，他正让手下的人准备仪仗队，可这底下的人就是笨，偏偏不让乾隆皇帝顺顺心心地走，愣是没找着黄盖。乾隆气得脸一阵青一阵白的，正要大动肝火，不料这时候有人嚷嚷了一句："可不能饶了管这事的人。"

乾隆皇帝这才发现，有个长得还算标准的美男子在那边站着呢。这人看上去一点都不害怕，是个校尉。乾隆皇帝大概是看他长得一个清秀，心情顿时大好起来，就跟这年轻人聊了起来。没想到这年轻人还真会说话，把乾隆皇帝逗得那叫一个开心。

此人不是别人，正是日后响当当的大贪官和珅。为了表达自己对和珅的欣赏，乾隆皇帝立马给他弄了个仪仗队总管当了当。因为表现不俗，后来和珅又被提拔成御前侍卫。

和珅他娘给了他一张会说话的嘴，嘟噜嘟噜地就把乾隆皇帝哄得稀里哗啦的。要说这和珅办事也让乾隆一百个满意，于是官是越做越大，最后成了大学士。之后和珅又哄着乾隆把公主嫁给了自己的儿子，这回和家可跟皇上攀上了亲家，和珅的老谋深算终于得逞。

其实和珅也没什么大志向，实打实也就算得上个视财如命的人。揽了大权以后就从全国各地搜刮民财，各种稀世珍宝尽归他所有，还私自克扣百官进献给乾隆皇帝的贡品，可谓胆大包天。

因为手上的权势大，再加上乾隆皇帝被他哄得滴溜溜转，什么事情都听他的，和珅也就越来越放肆了，胃口也越来越大，跟老虎狮子有的一拼。朝廷中大大小小的官员都知道和珅好哪一口，于是想跟他套近乎的都拿财物来讨好他，把和珅乐得都不知道东南西北了。

乾隆当了六十年的皇帝，终于骄奢腐败地把大清的风头给败下去了。这时候轮到了儿子继位，就是嘉庆帝。

和珅是乾隆身边的大红人，可嘉庆却极不待见他。嘉庆刚一坐上座儿就琢磨着怎么收拾和珅，不过老爹还没死，他也不敢大动干戈。大概过了三年，乾隆皇帝终于吐出了最后一口气。嘉庆觉得是时候收拾和珅那老家伙了，于是马上派人把他逮了起来，并且查封了所有家产。

不查不知道，一查吓一跳。和珅被抄了家以后大家才知道他有多富贵，那才叫真正意义上的"富可敌国"，嘉庆皇帝这下可有饭吃了。

【落后就要挨打】

◎ 鸦片害人不浅

清末的时候，封建统治者仍旧沉迷在"天朝上国"的光环里，在紫禁城里歌舞升平的，以为太阳还照着东边这块儿呢。嘴里天天念叨着"上下五千年，纵横九万里"，成天跟自己周边的小国家比来比去，觉得自己跟活在天上似的，日子久了，就不知道自己长什么样了。

一个人被太阳照得时间长了，猛地把他弄到一个黑乎乎的旮旯儿里，不管是眼睛还是头脑都会在瞬间变得昏沉。

鸦片就是这玩意儿，它不过是历史拿来办事的工具，所以带过来的也不光是黑或者白这么简单。它更像是西方洋鬼子手里的一把刀，残忍地隔开了中国这只大蛹，希望能从里面弄出个大蝴蝶，按着自己的指使呼扇翅膀。不过要想真正地破茧而出，中国就必须从自己的伤痛中完成蜕变。虎门销烟正是中国与洋鬼子打架时发出的一声怒吼。

1839 年 6 月 3 日，销烟池边，五百多名役夫哼哧哼哧地把一筐筐鸦片倒进两个大的生石灰池里。池子里之前就放上了卤水，鸦片被泡了半天。把石灰倒进去之后，池子里的水就咕嘟咕嘟地冒起了大泡。

林则徐在一边看着指挥，鸦片跟在水里跳舞似的，把病魔全都烧死，来治治中国人快要不行的精神和心智。也不知道老林当初知不知道自己的这一壮举让后来的自己和中国发生了多大的变化，他毅然地把烽火点了起来。

老林之前给道光皇帝写了封信，说："要是再这么下去，再过个十来年，中国可就没有能打仗的人了，国库也要亏空了！"老林绝不敢说瞎话，英国佬往中国运鸦片可不光是想赚钱那么简单，还想着吸咱中国人的骨髓，一个个好好的人都变得跟鬼似的，怎么保家卫国？道光皇帝看了信后翻来覆去睡不着觉，这才痛下禁烟的决心。

清朝一向是在地里打转的社会，自己种的够自己吃，很少跟海外做生意。乾隆的时候，更是下令让除了广州之外，厦门、宁波等通商口岸全部关闭。在跟西方做生意的过程中，中国一直是收银子的，这让当时的海上霸主英国心有不服，所以带着鸦片来跟中国人抢钱了。

鸦片就是狮子身上的虱子,被咬得要紧了,刚才还在睡觉的狮子自然就会睁开眼睛。这一睁眼不要紧,要紧的是发现外面都变天了!清廷为了让自己的天下再坐的时间长点,就不得不选择禁烟,不过禁烟的意义可远远比这大多了。

林则徐被大家说成是第一个睁开眼看世界的人,后来,整个社会都在说着"禁烟"这个话题,也是近代"经世致用"的先声。还在中庸之道里摸爬滚打的老学究们也开始重新审视身边的世界了。

柏杨在自己的作品中描述19世纪的西方和中国的差别:欧美两大洲进入一个崭新的科学、追求人性尊严以及疯狂地向外扩张的轰轰烈烈的伟大时代,诸如:发明火车铁路、电灯、有线无线电报、电话、电车、电影、X光、留声机、轮船、打字机……绝对专制政体和无限权力的君主制度没落,议会民主政府迅速普遍兴起……中国一直到19世纪40年代,对上述新生事物还一无所知,大黑暗如故,学术思想如故,社会结构如故,科学知识如故……拒绝进步和改革的结果,是使庞大的中国从光辉灿烂的顶峰,堕落为一名国际间的丑角,不断战败,不断割地赔款,但当权者冥顽不灵如故。

老林的虎门销烟引来了一场鸦片战争,英国鬼子的利炮朝中国古来文明的身上开了一个洞,从此中国就乱套了。不过五花八门的思潮也因此从各个地方冒了出来,中国的有志之士开始给祖国开各种各样的药方,怎么着也不能让这头雄狮病死了不是。

◎ 禁烟之后

在开始禁烟的前半年里,英国那边似乎没什么动静。当然,英国内部肯定有反应,只不过人家做事比较低调,没有大摇大摆地表示出来罢了。历史上也没什么关于这方面的记载。风平浪静之下,那时候的道光皇帝对于林则徐那是相当地满意啊!

对英国那边,道光皇帝也想得很美好,他觉得那样的海岛小国肯定已经被我大清帝国的雄威吓得尿了裤子,他哪里知道人家已经在为战争积极地做准备。当然,我们的道光皇帝有这样美好的幻想也是正常的,试想清政府自皇太极到嘉庆以来,什么时候能看得起那些蛮夷小国家呢?

所以,当1839年的11月,林则徐下令向进入广东海港的英国商船开炮,击毙英船水手数人以后,道光皇帝还是很高兴,并大力支持林则徐,随后又宣布与英国绝交。后来他大概才觉得自己当时真是傻到家了。

但是,禁烟这件事显然是把英国佬给惹恼了。第二年,他们就开始商讨着怎么对付大清帝国。1840年6月21日,英军就侵入了广州附近海域,遭到顽强抵抗,后又转到浙江镇海,从镇海一路北上到大沽,直逼北京。

这个时候,道光皇帝才暴露出自己的本性,他把责任全部推给了林则徐,老林命苦啊。道光并没有组织兵力抵抗,他哪有那个胆,而是以"贪功启衅、误国误民"之罪把林则徐革职。当时的军机大臣、大学士王鼎进谏道光帝重用林则徐,抵抗英军侵略,道光帝没有听从他的建议，既然忠言逆耳，王鼎就选择了尸谏，即自杀。

自杀前他就写好了一封遗书，想要当作奏章给道光老儿瞧瞧，看能不能把道光那死脑袋给敲醒。事实证明，道光皇帝的确长了一颗死脑袋外加一个破胆。大清帝国也跟个上了年纪的老头一样，浑身散发着要死的味道。

林则徐照旧被革职，琦善被任命为钦差大臣赴广东与英国谈判。琦善与英军谈判的结果是，中英双方代表私拟了《穿鼻草约》。草约规定把香港割让给英国，并向英国赔款六百万两白银。以此为条件，英军撤回广州。

这时候道光皇帝又来显摆自己的"威力"了。他觉得这草约签得很是窝囊，却没想到自己有多窝囊。于是，他下令把琦善给逮起来，然后又对英宣战，并派奕山到广东主持军务。一国之君，昏庸至此，国岂有不亡之理！就在道光高高兴兴地坐在皇宫等待各战线凯旋的时候，却不知半壁江山已尽入人手。

各线作战失败以后，清政府决心向英军求和，并与英国恢复商贸往来。其时英军在广东三元里遭到了当地民众的抗击，将英军围在了四方炮台，而最终为他们解围的却是奕山。求和的结果是，1842年8月29日，中英签订《南京条约》。条约规定：中国向英国赔款两千一百万两白银，开放广州、上海、宁波、厦门、福州五处为通商口岸，准英国派驻领事，割让香港。

又是割地又是赔款，堂堂一个大清帝国，丢人丢到了极点。

◉ 女人不好惹

慈禧对权力的渴望那是普通人所不敢想象的。传说咸丰皇帝活着的时候十分待见这女人，还经常和她一起聊聊国家大事，这样一来二去的就渐渐勾起了慈禧对皇权的兴趣。所以，咸丰帝前脚还没离开人世，慈禧后脚就开始了她的夺权计划。

咸丰死前指定了他的独生子载淳继承皇位，并任命了八个"赞襄政务大臣"，总揽朝政。还把"御赏"和"同道堂"这两枚印章分别交给慈安和慈禧掌握。如果皇帝要发布诏谕，需同时盖上这两枚章才能生效。咸丰想得很周到，他想通过这种办法来起到互相牵制的作用。

但是咸丰刚死，慈禧就开始联合咸丰的亲弟弟恭亲王发动政变。当时恭亲王奕訢还在北京，得知太后意图后，他就要到承德奔丧，但是被八大臣拒绝了，他们要求恭亲王留在北京。奕訢哪肯罢休，又以手足情深为理由屡次申请，八大臣考虑到人之常情，就允许了。他们怎么也不会想到，这是慈禧太后与恭亲王给他们设下的圈套，就等着他们伸长脖子往里钻呢！

奕訢到了避暑山庄，先在咸丰灵前假模假样一番痛哭，那哭声惊天地泣鬼神的，能把人吓死。哀悼完了，他就要求见两宫太后，八大臣想以叔嫂见面不便为由拒绝，奕訢就说八大臣可以一块见，这是他的一个策略，他就知道八大臣不会与他一起见两宫太后。最后，八大臣没有与他一起见，他自己见了两宫太后，密谈了两个多小时，政变的计划就敲定了。然后，奕䜣又在承德待了两天，遂回北京做具体部署。

而这边的两宫太后则在与八大臣打时间差，最终他们比肃顺一行早到达京城四天。回到北京后，慈禧太后就以小皇帝的名义发布圣旨，解除了八大臣的职务，并将其逮捕。这就是历史上的"辛酉政变"。政变以后，慈禧废掉"祺祥"年号，改第二年为"同治"元年，由两宫太后垂帘听政，这是清朝政权体制的一个重大变革。

此后的十三年里，清朝的统治还算稳当，没有外国的欺负，也没有内部的不消停。可以说，历史给了大清帝国一个面子。在这段时间里，清政府也确实采取了一些实际措施来进行改革。如：设立总理各国事务衙门、派官员出国考察、开办新式学堂、派留学生出国、建工厂开矿山等。

通过这些改革，清政府又给中国社会刷了一层彩色油漆，看起来亮堂堂的，很是气派。不过这些事情主要是恭亲王奕䜣在主持，同治帝亲政时已经十八岁，第二年就去世了，这些事情都与他关系不大。

其实，同治帝是个可怜的皇帝，他在位期间由于慈禧的掌权，一直没机会亲政，这也是同治帝为什么早早地就死了的一个原因。他虽然是皇帝，又有亲生妈妈，也结婚成家了，但是这些却也成了他不幸的根源。他是皇帝，可样样都得看脸色，长期下来，同治帝就得了抑郁症，亲政了两年，死了。

同治帝死得太早，连个儿子都没留下，接下来谁当皇帝呢？在这关键时刻，慈禧的妖术又使出来了，她居然选了四岁的小屁孩儿载湉继承大统。让一个四岁的孩子做皇帝？这看起来像个玩笑。但慈禧就这么做了，她的目的只是为了自己可以更长时间地亲政。

从这里就能看得出，慈禧这个女人也成不了什么大气。她慈禧根本没有为国家民族考虑的全局观念，她似乎认为，皇宫就是我自己家，我是这个家的主人，我想让谁做皇帝谁就做皇帝。同治帝去世的第二天，光绪帝就进了皇宫，先拜见了两宫太后，又在同治帝灵前祭奠，这样就算是入了皇室大统，做了皇帝。

☻ 再变也法不了

日本在德川幕府时代那也是黑暗一片，特别是19世纪中叶，锁国的政策让美帝国主义欺负到家门口了，也就是"黑船事件"。不过人家小日本的知识分子要求上进，于是忽悠着统治者搞了个明治维新，这一搞可不得了，国力蹭蹭地往上蹿。

日本从此走上了富强之路，只留得可怜的清政府还在白日梦里晃晃悠悠地荡着。不过也就是这个时候，中国的知识分子也给两次鸦片战争弄得挺没面子，开始要求改革。他们秉承"经世致用"的思想，提出"师夷长技以制夷"，即学习西方的先进技术用来抵抗外国侵略。

"经世派"要求改革的声音嚷嚷得很响亮，可就是勾不起统治者的兴趣，这又有什么办法呢？不过这种流风遗响，却是整个晚清改革的滥觞。他们敢于议政和倡言改革的风气对稍后崛起的洋务派人士产生了极大的影响。洋务运动遭到了来自各方面的层层阻挠，也由于其自身的局限性，并没有达到富国强兵的目的。

后来，又有一批人主张中国的和西方的混合着用，也就是所谓的"中学为体，西学为用"的理念，指出欲使中国富强，应进行制度、法律等领域的全面改革。可是这改革还没个音讯的时候，甲午中日战争就爆发了，让小日本很牛气地展示着自己明治维新后的国力。

是个人都知道，中国又败了，还签了丢人的《马关条约》。资产阶级维新派一听说这消息就怒了，他们的领导者康有为上书清政府，陈述了变法主张，这就是历史上的"公车上书"。可由于顽固派在一旁指手画脚的，康有为连着上书三次，这才传到了光绪帝手里。

那时候的实权实际上落在慈禧的手里，要想实行新政，那就得由慈禧同意才可。光绪本来还颤颤巍巍地以为慈禧要阻拦，没想到慈禧这次的表现非常良好，居然没反对。估计是她也意识到大清的江山要是再不来点改革的小微风，恐怕真的要倒塌。

有了慈禧的支持，光绪帝放心大胆地开始了改革，他于1898年6月11日颁布了《定国是诏》，这标志着戊戌变法的开始。戊戌变法的内容非常全面，包括文化教育、经济、军事、社会风习以及政治方面的改革。主要就是废除八股文考试，改试策论；在各省设商务局，促进商业发展；废掉军队中用的弓、刀、矛等传统工具，改用枪炮；改变社会上崇拜鬼神的不良风气。政治方面则开放言路、精简机构、任用新人等，这相对洋务运动来说是一个突破。

然而，正因为戊戌变法太过完美，触犯了一些守旧派的利益，他们当然不愿意了。发现反对无效以后，还一个个跑到慈禧的心腹直隶总督荣禄那里诉苦。荣禄也正在害怕光绪帝掌握实权后，自己失去势力，再经守旧派这样一说，他就开始派人散布"皇上病重"和"皇上与维新派阴谋加害慈禧太后"的谣言，又去向慈禧报告新政的流弊以及众大臣的意见。

这下好了，慈禧本来对变法持的就是观望的态度，既不明显支持也不明显反对，就是要看光绪到底怎样变，会不会威胁到自己的统治。别人再这么一忽悠，说变法怎么怎么不好了，她当然不能容忍。

1898年9月21日，慈禧与荣禄借天津阅兵之机发动了戊戌政变，将光绪帝囚禁在瀛台。戊戌变法从开始到失败只经历了一百零三天，又称"百日维新"。不过光绪帝还挺够意思的，在去瀛台之前，给维新派下了一道密旨，让他们赶紧逃难。

接到密旨后，康有为逃到了香港，梁启超到了日本。唯有谭嗣同傻乎乎地留在了原地，说："各国变法，没有不流血的。"决心以死抗争。七天后，慈禧下令将谭嗣同、林旭、杨深秀、刘光第、杨锐、康广仁等维新派人士处死，这就是历史上的"戊戌六君子"，也是为维新变法流血的第一批人。

戊戌变法是清政府第一次，同时也是最后一次主动的、全面的改革，结果因为守旧派的忽悠夭折了。

◎ 不平等条约

有时候一些数字还是不统计为好，因为一旦统计出来了，许多人会经受不住打击。就拿清政府来说，自1840年鸦片战争以来至1912年清朝灭亡，在这短短的七十二年时间里，清朝政府同外国政府或外商、国际组织之间签订的不平等条约、契约、协约和合约竟多达一千一百七十五件。

纵横对比世界上任何一个国家，都没有这般遭遇，可谓空前绝后。而每一个不平等条约背后，都记载着殖民主义、帝国主义通过血与火的残暴手段，来达到他们卑劣目的的过程，也同样记载着中国人民在面对外来侵略者时的顽强斗争与悲惨命运。

1842年8月29日是个非常让人难忘的日子，因为就在今天，清政府有了不平等条约零的突破。在与英国签订的不平等条约中，第一个就是鸦片战争以后的《南京条约》。条约的中英文本均为英方制定，共十三款，主要内容是：清政府向英国赔款两千一百万元，分四年交纳，倘未能按期交足，则酌定每年百元应加利息五元；开放广州、福州、厦门、宁波、上海等五处为通商口岸；将香港割让给英国；准许英商与华商自由贸易。

接下来的日子里，清政府签订不平等条约的速度越来越惊人，熟练程度也越来越高。1843年10月8日，清朝钦差大臣耆英与英国驻华公使璞鼎签订了《虎门条约》。该条约共十六条，另附"小船定例"三条，主要内容包括：关税自主权；片面最惠国待遇即一体均沾；各通商口岸都要英舰停泊，并允许英国人在通商口岸租地建屋。

1858年6月26日，清政府代表桂良、花沙纳与英国代表额尔金签订了《中英天津条约》。共五十六款，另附专条一款。主要内容有：英国人可在京师，或长行居住，或能随时往来，可在北京租地、租屋，并在通商各口设领事馆；允许英国传教士进入中国，清政府要一体保护；增开牛庄、登州、台湾、潮州、琼州为通商口岸；许英商船驶入长江至长江沿岸各口岸经商；英国兵船亦得进入各通商口岸；英商进出口货物于内地应"综算货价为率，每百两征银二两五钱"，一次缴清；英国享有清政府给其他国家的特权；赔偿英国商民损失及军费共四百万两，以此作为偿还广州的条件。

此外，还有1860年签订的《中英北京条约》，1869年签订的《中英新修条约普后章程》，1876年签订的《烟台条约》，1885年签订的《中英烟台条约续增条约》，

1890 年签订的《中英印藏条约》，1898 年签订的《中英展拓香港界址条约》，1904 年签订的《中英续定印藏条约》等一系列不平等条约。

触目惊心，触目惊心！可怎一个触目惊心了得啊！因为除了跟英国签署了数不胜数的不平等条约以外，清政府还把自己白花花的银子以及地盘拱手送给了其他国家：如 1844 年 7 月 3 日，与美国签订了中美《望厦条约》；1858 年 6 月 18 日，美国打着中立的旗号与清政府签订了《中美天津条约》；此外还有 1868 年签订的《中美增续条约》；1894 年签订的《中美华工条约》等。

俄国也趁机欺负着弱弱的大清帝国。1851 年 8 月 6 日，中俄双方签订了《伊犁塔尔巴哈台通商章程》，这以后，俄国就从陆上打开了中国西北的大门。1857 年 5 月 28 日，在俄国的威胁恫吓下，中俄双方签订了《瑷珲条约》。1858 年 6 月 13 日，俄国借第二次鸦片战争之机同清政府签订了中俄《天津条约》。

此外，还有 1860 年签订的《中俄北京条约》、1864 年的《中俄勘分西北界约记》、1879 年的《中俄里瓦几亚条约》、1881 年的《中俄伊犁条约》以及 1896 年的《中俄密约》等。通过这些不平等条约，俄国掠夺了我国的大片领土。

另外，与法国签订的不平等条约有 1844 年的《黄埔条约》、1858 年的《天津条约》、1860 年的《中法北京条约》、1884 年的《中法会议简明条款》以及 1885 年的《中法新约》。与日本签订的条约有 1871 年的《中日修好条约》、1874 年的《中日北京条约》、1885 年的《中日天津条约》、1895 的《中日马关条约》《中日辽南条约》、1905 年的中日会议《满洲善后条约》、1915 年的《中日二十一条条约》、1918 年的《中日军事协定》等。还有 1896 年与德国签订的《中德胶澳租借条约》、1887 与葡萄牙政府签订的《中葡北京条约》以及 1901 年签订的《八国联军辛丑条约》等。

从这些不平等条约里，我们再也找不到努尔哈赤以少数民族入主中原时的豪情和霸气，看不到"康乾盛世"巡行江南时的歌舞升平，唯一的感受就是煌煌大清王朝如小绵羊般任人宰割。有人说，这时候的清朝就像走到了一年的尽头，到了新旧交替的时候。

如此抽象看来，整个清朝风云又像极了一出戏剧，观众还在品味过程的精彩，悲剧的结局却毫无征兆地上演了，那巨大的落差甚至令人有些懵懂。

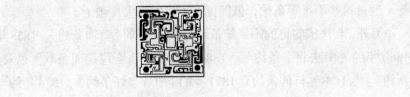